빅 히스토리

A BIG HISTORY OF LIFE
FROM THE BIG BANG UNTIL TODAY

빅히스토리

생 명 의 거 대 사 , 빅 뱅 에 서 현 재 까 지

A BIG HISTORY OF LIFE
FROM THE BIG BANG UNTIL TODAY

최 민 자 지음

빅 히스토리는 다중심적이며 통섭적인 시각에서
빅뱅에서부터 '포스트휴먼'에 이르기까지
우주와 지구, 생명의 역사를 통합적으로 조망한다

둘어 모시는사람들

왜 빅 히스토리인가?

『평행우주 *Parallel Worlds*』의 저자 미치오 카쿠(Michio Kaku)는 "우주가 끈으로 연주되는 교향곡이라면 그 곡을 누가 작곡했을까?"라고 묻는다. 필자의 대답은 이렇다. "우주는 넘실거리는 파동의 대양[氣海]—교향곡 그 자체일 뿐, 작곡한 자가 따로 있는 것이 아니다." 우주와 생명의 기원을 탐구함에 있어 종종 빠지기 쉬운 오류는 우리와 우주의 관계를 주체와 대상의 관계로 분리 설정하는 데 있다. 인간과 우주의 분리는 의식[파동]과 물질[입재]의 분리에 기인한다. 우주의 기원이 '영원' 속에 있는가, 아니면 '시간' 속에 있는가 하는 문제는 신학자들과 철학자들 그리고 과학자들에게 많은 혼란을 야기했다. 그러나 이러한 혼란은 불변(不變)의 '보이지 않는 우주[본체계]'와 필변(必變)의 '보이는 우주[현상계]'의 관계적 본질을 이해하지 못한 데에 기인한다. 우주의 본질인 생명이 곧 '영(靈)'—천지만물이 생겨나기 전에도 있었던—그 자체임을 인식한다면, 어떻게 '영원한 현재(eternal presence)'인 생명의 기원을 '시간의 역사' 속에서 찾으려고 할 수 있겠는가?

지구의 나이 45억 5,000만 년을 하루 24시간으로 환산하여 0시에 지구가 탄생했다고 가정해보자. 괄호 안의 시간은 지구의 나이를 하루로 환산한 것이다. '원시해양의 수프'에서 자기복제가 가능한 최초의 단세포 유기체가 탄생한 것은 약 38억 년 전(새벽 4시쯤)이고, 박테리아가 지구 표면의 대부분을 덮고 지구 생태계의 중요한 물질대사와 효소 작용을 위한 기초적 기제들을 획기적으로 발전시킨 것은 박테리아가 생긴 후 20억 년쯤 지난 지금으로부터 약 18억 년 전(오후 2시 30분쯤)이다. 이때쯤 진핵세포가 등장하여 진핵세포로 만들어진 생명체들이 두 개의 성(性)을 필요로 하는 재생산 방식을 발전시킨 것은 17억 년 전~15억 년 전(오후 3시 30분쯤)이고, 진핵세포가 세포 소기관들을 갖게 되면서 다세포 생명체를 형성한 것은 약 6억 년 전(밤 9시쯤)부터다.

　캄브리아기(Cambrian Period) 대폭발은 5억 4,200만 년 전~4억 8,830만 년 전(밤 9시 8분~9시 25분)에 일어났고, 동식물이 육지로 올라온 것은 식물이 4억 6,000만 년 전~2억 5,000만 년 전(밤 9시 35분~10시 40분쯤), 동물이 4억 5,000만 년 전~6,500만 년 전(밤 9시 38분~11시 40분쯤)이다. 지구 역사상 가장 참혹한 대량멸종―지구상 생명체의 약 95퍼센트의 종(種)이 사라지고 50퍼센트 이상의 과(科)가 사라진―이 일어난 것은 약 2억 5,000만 년 전(밤 10시 40분쯤)이다. 공룡은 2억 2,500만 년 전(밤 10시 50분쯤)에 나타나 약 6,500만 년 전(밤 11시 40분쯤) 멸종했다. 현생 인류인 호모 사피엔스(Homo sapiens)가 등장한 것은 약 30만 년 전(자정 5.7초 전쯤)이고, 이보다 더 진화한 호모 사피엔스 사피엔스(크로마뇽인 화석이 대표적임)가 등장한 것은 약 4만 년 전~3만 년 전(자정 0.7초 전쯤)이다.

　이처럼 호모 사피엔스가 최근에 등장하기까지 기나긴 지구 생명의 진화 과정이 있었다. 시아노박테리아가 이끈 '산소혁명'은 진화의 방향을 재조정해 마침내 인간의 탄생으로 이어지는 새로운 생물 계통으로 안내했고, 고세균, 세균과 같은 원핵생물의 다양한 물질대사는 지구상의 생물이 서식하기에 적합한 환경을 유지시키는 화학순환을 쉼 없이 가동하는 방식으로 지구 생태계의 맥박을 조절해오고 있다. 동식물이 이루는 생태계 작동의 열쇠는 먹이사슬의 정점에 있는 큰 척추동물이 아니라 박테리아처럼 작고 단순한 미생물들이다. 인류의 진화과정에서 다양한 계통의 인류가 있었지만 대부분 멸종하고 현생 인류인 호모 사피엔스 계통만 살아남아 오늘날의 인류로 진화했다. 현생 인류의 직계 조상인 호모 사피엔스 사피엔스는 자정 0.7초 전쯤에 등장하여 너무나 많은 일을 벌였다.

현생 인류가 벌인 이 '너무나 많은 일'을 기록한 것이 세계사다. 그렇다면 왜 빅 히스토리인가? 빅 히스토리의 등장 배경 요인은 다음과 같다. 지금까지 세계사는 특정 국가나 민족, 인종, 성(性) 또는 종교의 시각에서 권력사의 일종으로 다뤄진 것이 대부분이다. 권력사로서의 세계사는 '강력한 사회는 보편화하며 허약한 사회는 특수화한다'는 권력사의 법칙을 충실히 따른 것인데다가 다분히 기술적이고 분절적인 관점을 적용한 것이어서, 세계사의 무대에서 면면히 펼쳐지는 역사에 내재한 심오한 의미를 통찰하는 데는 한계가 있었다. 따라서 오늘날 과학기술 패러다임의 변화가 지식의 대통합을 통해 총체적인 패러다임 전환을 주도하고 있는 이 시대의 메가트렌드(megatrend)를 반영하여 세계사를 새로운 프레임으로 조망하는 빅 히스토리(거대사)가 등장하게 된 것이다.

빅 히스토리의 관점은 세계사를 특정 국가나 민족, 인종, 성 또는 종교의 시각에서가 아니라 다중심적이며 통섭적인 시각에서 빅뱅에서부터 '포스트휴먼(posthuman)'에 이르기까지 우주와 지구 그리고 생명의 역사를 통합적으로 조망한다. 따라서 특정 세력집단의 권력사와는 확연히 구별되며, 개인과 국가와 세계를 관통하는 새로운 세계관 및 역사관의 정립을 전제로 한다. '빅 히스토리'라는 용어를 처음 사용한 데이비드 크리스천이 빅 히스토리를 '다양한 학문 분야를 함께 묶어 빅뱅으로부터 현재까지의 과거를 통일된 하나의 이야기로 만든 새로운 지식 분야'라고 했지만, 그것이 생명의 전일적 흐름(holomovement)과 연결되지 못하면 그가 주장한 '빅 히스토리'는 단지 분리된 무수한 사건들의 단순한 집합에 지나지 않게 된다. 빅 히스토리라는 이름으로 우주론, 지구물리학, 생물학, 역사학 등의 다양한 학문 분야를 동원한다 할지라도 통섭적 사유체계에 입각한 패러다임 전환이 없이는 명실상부한 빅 히스토리가 되기 어렵다.

필자가 말하는 빅 히스토리는 정신·물질 이원론에 입각한 낡은 패러다임에서 벗어나 지식의 대통섭을 통해 현상계와 본체계의 상관관계를 조망하는 생명의 거대사라 할 수 있다. 존재계와 의식계가 상호 조응·상호 관통하고 있음을 보여주는 역사다. 거대사(Big History)가 생명의 거대사일 수밖에 없는 것은 우주의 본질 자체가 생명이고 생명의 전일적 흐름과 연결되지 못한 것은 결국 허구이기 때문이다. 생명은 천·지·인을 포괄하며 전 우주가 생명의 전일적 흐름인 까닭에 생명 아닌 것이 없으므로 생명의 거대사인 것이다. 생명이란 만물이 만물일 수 있게 하는 제1원인[神, 天, 靈]이다. 그것은 우주 지성[性]인 동시에 우주 생명력 에너지[命]이며 우주의 근본 질료[精]로서, 이 셋은 이른바 제1원인의 삼위일체이다. 생명 차원의 통섭을 배제한 거대사란 시간의 파편들의 단순한 집적(集積)에 지나지 않는다.

존재계와 의식계의 관계성에 대한 명징한 통찰은 게오르크 헤겔의 『정신현상학 Die Phänomenologie des Geistes』(1807)에 나타난 '주인과 노예의 변증법'에서 찾아볼 수 있다. 인류의 정신사를 송두리째 그 속에 용해시켜 근대 유럽의 정신적 삶에 새로운 지평을 열었던 헤겔의 장대한 역사철학은 일찍이 필자의 사상체계 정립에 커다란 영감을 주었을 뿐 아니라 빅 히스토리 개념 정립에도 영감의 원천이 되었다. 그는 역사 발전 과정을 '절대정신(Absoluter Geist)'의 필연적 자기법칙성에 의한 자유의 자기실현화 과정으로 보았다. 절대정신의 변증법적 자기발전은 '신적 이념(神的 理念)'이 역사발전을 통하여 실재화된 인류가 될 때까지 계속된다. 헤겔이 그의 『정신현상학』에서 역사의 전 과정을 주재하는 것으로 설계한 그의 '절대정신'은 곧 생명이다. 생명은 내재된 필연적 법칙성에 따라 스스로 생성되고 변화하여 돌아가는 '스스로(自) 그러한(然) 자'이므로 생명은 자유다. 따라서 우주의 본질인 생명은 필연적으로 자유를 향하여 나아가도록 되어 있다. 빅 히스토리에 함축된 역사철학의 진수(眞髓)도 이와 같은 것이다.

본서의 특징은 다음 몇 가지로 요약할 수 있다. 첫째는 '빅 히스토리'가 과거사의 단순한 집적이 아닌 생명의 거대사임을 동서고금의 철학사상과 과학을 접목해 새롭게 체계화시키고 있다는 점, 둘째는 빅 히스토리에 함축된 역사철학의 진수는, 완전한 자유를 향해 나아가는 영적 진화(의식의 진화)의 여정이 바로 인류의 역사임을 밝히고 있다는 점, 셋째는 생명에 대한 새로운 철학적·과학적 성찰을 통해, 생명을 '물(物) 자체(thing itself)'로 귀속시킨 근대 서구 문명의 대안을 제시하고 있다는 점, 넷째는 서구중심주의에 함몰된 시간의 역사(세계사)를 넘어 인류의 뿌리 문명에 대한 탐색을 보여주고 있다는 점, 다섯째는 시간의 역사가 입각해 있는 단선적인 사회발전 단계이론의 한계를 벗어나 역사상 실재했던 진보된 문명에 대한 증거를 진지하게 받아들이며 영원의 견지에서 세계 역사를 조망하는 통찰력을 제공한다는 점, 여섯째는 우주만물이 홀로그램적으로 연결되어 있는 에너지 장(場)에서 살아간다는 것의 의미와 그것이 우리 삶에 끼치는 영향에 대해, 그리고 우리의 선택을 통한 '양자 지우개 효과(quantum-eraser effect)'에 대해 통찰할 수 있게 한다는 점 등이다.

본서는 총 3부 9장으로 구성된다. 제1부는 「우주와 지구 그리고 생명」에 관한 것이고, 제2부는 「생명과 진화」에 관한 것이며, 제3부는 「포스트모던 세계와 트랜스휴머니즘」에 관한 것이다. 각 부는 각 3장으로 구성된다. 제1부는 생명의 거대사란?, 빅뱅과 우주의 탄생, 지구, 생명체의 보고(寶庫)라는 세 장으로 구성되어 있고, 제2부는 과학과 영성 그리고 진화, 인류의 진화 계통수와 생명체 진화의 역사: '나'의 세계, 홀로세(Holocene Epoch 沖積世(현세)): '우리'와 '그들'의 세계라는 세 장으로 구성되어 있으며, 제3부는 포스트모던 세계와 포스트휴먼 그리고 트랜스휴머니즘: '우리 모두'의 세계, 4차 산업혁명과 'GNR' 혁명 그리고 플랫폼 혁명, '특이점'의 도래와 새로운 문명의 가능성이라는 세 장으로 구성되어 있다.

1장: **생명의 거대사란?** 여기서는 생명이 비분리성·비이원성을 본질로 하는 영원한 '에너지 무도(energy dance)'임을 현대 물리학과 동양사상의 접합을 통해 밝힌다. 천지만물이 생겨나기 전에도 생명[靈]은 있었다! 바로 그 '생명'의 자기조직화에 의해 우주만물이 생겨난 것이다. 생명이 무엇인가 하는 것은 각자의 앎의 수준에 따라 달라진다. 우리의 앎이 조야(粗野)한 물질적 지배를 받는 '몸' 단계에 머물면 생명은 곧 몸 그 자체로서 타자를 인식하지 않는 오직 '나'의 세계만이 존재할 뿐이다. 다음으로, 자신의 정체성이 다른 사람들과의 관계를 맺는 상태로 확장되는 '마음' 단계에서는 타인과 가치관이나 상호 관심사, 공통의 이상이나 꿈 등을 공유하는 데까지 정체성이 확장되기는 하지만, 생명의 전일적 본질을 깨닫지는 못하는 까닭에 세계는 아직은 '우리'와 '그들'로 분리되어 있다. 끝으로, 자신의 정체성이 '우리'에서 '우리 모두'로, 민족 중심에서 세계 중심으로 확장되는 '영' 단계에서는 모든 존재의 유익을 구하며, 영적인 것이 모든 생명체의 공통분모가 되는 단계다. 의식이 진화할수록 생명의 전일성을 자각하게 되므로 인간의 제 가치가 실현된다.

생명의 거대사는 인류의 역사가 단순한 물질문명의 역사가 아니라, 물질문명과 그 배후에 있는 인간 의식의 진화 과정이 거울처럼 상호 대칭적으로 작용하며 짝을 이루는 관계성의 역사이다. 통섭적 세계관에 기초하여 시간의 역사를 만든 원천을 이해하게 하고 시간의 역사의 의미와 가치를 파악할 수 있게 함으로써 시간의 역사를 변화시킬 수 있는 추동력을 제공한다. 역사상 그 무수한 국가의 명멸(明滅)과 문명의 부침(浮沈)과 삶과 죽음의 투쟁, 그 모든 것은 존재로서의 체험을 통해 '참나'와 대면하기 위한 과정이었다! 인류 역사 속의 지배관계는 선(善)도 악(惡)도 아니며 단지 거칠고 방종한 자아를 길들이는 (taming), 그리하여 의식을 진화시키는 교육기자재로서의 의미가 내재되어 있다. 이러한 물질계의 존재이유를 직시하지 못하고서는 지배적 쾌감이 주는 사디즘(sadism)적 유혹에서 벗어날 수가 없고 따라서 자유니 평등이니 정의니 평화니 인류애니 하는 주장들은 공허한 광야의 외침에 지나지 않게 된다.

2장: **빅뱅과 우주의 탄생** 우주 삼라만상은 작위함이 없이 자연히 생겨나는 까닭에 무위의 천지창조 또는 생명의 자기조직화라고 명명한다. 생명의 자기조직화는 진화의 과정인 동시에 새로운 구조 및 행동 양식의 창발이라는 점에서 '창조냐 진화냐'라는 이분법적 도식보다는 '창조적 진화'라는 통섭적 개념으로 접근하는 것이 더 적절하다. 빅뱅이 일어난 후 약 38만 년쯤 되었을 때 '플라스마 우주'가 끝나고 우주가 충분히 냉각되면서(약 3,000도) 생명의 '자기조직화'를 위한 모든 재료들이 나타났다. 그때 이후 같은 에너지와 같은 물질들이 여전히 존재하고 있다는 점에서 실제로 변한 것은 없다. 빅뱅 이후 팽창과 냉각 과정 속에서 이리저리 떠다니던 전자의 속도가 줄어들면서 양전하를 띤 원자핵이 자기를 이용해 음전하를 띤 전자를 끌어들여 가장 가볍고 전기적으로 중성을 띠는 최초의 안정적인 원자인 수소(H)와 헬륨(He)이 만들어졌다. 모든 원자핵이 안정되면서 광자(빛)는 방해받지 않고 이동할 수 있게 됐고, 불투명하던 우주가 투명해지면서 우주배경복사가 방출됐다. 빅뱅의 잔광, 즉 우주배경복사를 실은 광자들은 약 138억여 년이 지난 후에 지구의 망원경에 포착됐다.

우주가 138억 2,000만 년 전 '빅뱅 특이점'에서 일어난 대폭발로부터 생성되었다는 빅뱅이론은 현재 '표준 우주론'으로 널리 받아들여진다. 특이점의 대폭발로 생긴 원시우주는 폭발 후 급격히 팽창하면서 온도와 밀도가 급감했고 에너지가 물질로 응결되면서 최초의 입자가 탄생했다. 아인슈타인의 방정식

E=mc²은 물질과 에너지가 서로 변환될 수 있음을 보여준다. 에너지가 질량으로 변환될 수도 있고, 질량이 에너지로 변환될 수도 있다. 말하자면 물질의 입자는 고밀도로 농축된 작은 에너지 다발이다. 빅뱅이 우주의 탄생과 진화를 설명한다면, 여전히 남은 의문은 '애초에 무엇이 빅뱅을 일으켰는가?'라는 것이다. 많은 과학자들은 빅뱅을 만들어 낸 에너지가 우리 우주가 시작되기 전부터 다중우주라고 불리는 시공간 속에 존재했을 것이라고 주장한다. 빅뱅은 우리에게는 엄청난 사건이지만, 무수히 많은 다른 우주들이 있다고 보는 다중우주론의 관점에서는 일상적이고 별 의미가 없는 것일지도 모른다. 다중우주가 수많은 다른 빅뱅도 일으켜 거품 같은 우주들을 수없이 만들어낸다면 우리 몸과 지구의 물질들을 형성하는 패턴도 수없이 반복될 수 있을 것이므로 우리의 삶 또한 다중우주 어딘가에서 반복되고 있을지도 모른다.

우주 초기 90억 년 동안 서서히 원소 주기율표의 모든 물질들이 만들어졌다. 대부분의 수소와 헬륨은 빅뱅 당시에 만들어졌지만 그것만으로는 복잡계인 생명체를 탄생시킬 수 없었다. 원자번호 6인 탄소부터 질소, 산소 등 원자번호 26인 철까지의 원소들은 중·대형 별의 중심부에서 핵융합으로 만들어졌고, 철보다 무거운 원자번호 27인 코발트부터 92인 우라늄에 이르는 원소들은 초신성 폭발에서 나오는 엄청난 에너지로 만들어졌다. 원자번호 1부터 92까지는 자연(천연)원소이고, 93부터는 인공원소다. 지구와 생명 자체를 가능하게 한 원소들이 초신성 폭발로 만들어진 것이다. 우리의 DNA를 이루는 질소, 치아를 구성하는 칼슘, 혈액의 주요 성분인 철, 그리고 우리 인체의 90퍼센트 이상을 차지하는 산소, 탄소, 수소 등의 모든 원소가 별의 내부에서 합성됐다. 인간은 초신성의 잔해로 만들어졌고 그래서 별의 자녀들이다. 별들이 태어나고, 일생 동안 핵융합반응을 통해 새 원소를 만들고, 초신성 폭발을 통해 성간 물질을 풍부하게 만들고, 그렇게 해서 다음 세대의 별이 태어나고 다시 사라지는 과정을 계속한 끝에 빅뱅 92억 년 후(약 46억 년 전) 태양이 만들어졌고, 그로부터 약 5,000만 년 후(약 45억 5,000만 년 전) 지구가 만들어졌다.

3장: **지구, 생명체의 보고(寶庫)** 1960년대에 확립된 판구조론은 대륙이동설, 맨틀대류설, 해저확장설을 종합하여 지구 전체의 움직임을 통일적으로 설명하는 이론이다. '윌슨 주기'는 대륙이 갈라지면서 형성되는 열곡대(裂谷帶)에서 시작해 열곡대가 확장되어 바닷물이 들어오면 홍해와 같이 새로운 해양이 생겨나고, 계속 확장되면 대서양과 같이 커다란 대양으로 발전하며, 더욱 확장되면 태평양과 같이 판의 가장자리에 해구가 생성되어 오래된 해양판이 섭입하기 시작하고, 마침내 해양판이 모두 섭입하면 히말라야산맥과 같이 대륙판과 대륙판이 충돌하는 형태가 되며, 언젠가 충돌운동이 멈추면 새로운 초대륙이 형성되고 또 언젠가 갈라져 새로운 윌슨 주기에 접어들게 된다는 것이다. 45억 5,000만 년 전 우주 공간의 성간(星間)가스와 먼지가 응축해서 지구가 생겨났고, 뜨거운 용융 상태였던 지구가 냉각되면서 지표면이 굳어져 지각이 형성됐으며, 지구 내부에서 나온 가스에 의해 대기가 만들어졌고, 대기 중에 존재한 염산이 수증기 안에 용해되어 염산비가 내리면서 원시해양이 형성됐다. 생명체의 탄생 시기는 바다가 중화한 직후인 것으로 추정된다.

바다는 생명체의 모태다. 바다는 생물을 생육하고 결국은 육상으로 올려 보내는 까닭이다. 시아노박테리아는 지구 대기에 처음으로 산소를 공급한 광합성 생물로서 오늘날에도 전 세계의 바다와 민물에서 발견된다. 시아노박테리아가 이끈 산소혁명은 마침내 인간의 탄생으로 이어지는 새로운 생물 계통으로 안내했다. 고세균, 세균과 같은 원핵생물의 다양한 물질대사는 지구 생태계의 맥박을 조절한다. 이 세상은 지금도 원핵생물들의 세상이다. 원핵생물의 물질대사가 생태계의 기본회로를 이루고 있을 뿐만 아니라 생물권의 활동을 효율적이고 지속가능하게 지탱하는 것은 포유류가 아니라 박테리아라는 사실이 이를 뒷받침한다. 현재 과학자들이 최초의 생명체가 탄생한 곳으로 주목하는 곳은 심해의 '열수분출공(熱水噴出孔)'이다. 그 근거는 생명체에 필수적인 화학물질이 풍부하고 열수로부터 에너지가 공급되며, 철이나 망가니즈(망간) 등의 금속 이온이 촉매로 작용해 화학 반응이 일어나 복잡한 유기물질이 만들어질 수 있기 때문이다.

캄브리아기에 들어 최초의 소수 동물군으로부터 갑자기 수많은 다양한 동물군들이 생겨났고 또 이후에도 계속해서 확장된 것에 대해, '이보디보(Evo-Devo: 진화발생생물학의 애칭)'는 진화를 '유전자의 빈도 변화'보다는 '유전자 발현의 변화'로 해석함으로써 집단유전학적 진화론을 재고하게 만들었다. 진화란 근본적으로 '구조 유전자의 변화'가 아니라 '이미 존재하는 구조 유전자를 통제하는 조절 유전자(regulatory gene), 즉 스위치의 변화'라는 것이다. 이보디보는 혹스 유전자(Hox gene) 복합체들이 사람이나 코끼리를 포함하여 거의 모든 상이한 동물군의 발생에 동일하게 영향을 미치고 있으며 상이한 동물들이 똑같은 유전자들로 만들어졌다고 본다. 지질시대의 마지막인 신생대 제4기는 지구상에 인류가 등장하는 시기이며, 플라이스토세(洪積世, 258만 8,000년 전~11,000년 전)와 홀로세(沖積世, 11,000년 전~)로 세분된다. 연대학적으로 호모 사피엔스는 호모 사피엔스(舊人, 30만 년 전)와 현생 인류인 호모 사피엔스 사피엔스(新人, 4만 년 전~3만 년 전)로 분류된다.

4장: **과학과 영성 그리고 진화** 오늘날 과학의 진보는 과학과 영성, 물질과 비물질의 경계를 허물고 영성을 측정 가능한 방식으로 보여주는 단계에 진입해 있다. 중력이론과 양자역학의 통합을 통하여 거시적 세계와 양자역학의 세계를 결합하려면 물리적 우주를 넘어선 의식 차원과의 연결이 필수적이다. 양자물리학과 영성의 접합은 우리가 관찰하는 대로 세계가 존재하고 물질들이 변화한다고 보는 양자물리학의 '관찰자 효과(observer effect)'와, 일체가 오직 마음이 지어내는 것이라고 보는 '일체유심조(一切唯心造)'가 상통하는 데서 찾아볼 수 있다. 존 하겔린은 그의 통일장이론의 확장버전이 마하리시 마헤쉬 요기의 '의식의 통일장'과 동일한 것으로 간주한다. 과학과 종교의 오랜 불화는 비이원론적인 앎의 결여와 종교의 본질인 영성에 대한 몰이해에 기인한다. 영성은 종교라는 외피를 필요로 하지 않으며, 신학이라는 이론을 필요로 하지도 않는다. 그러나 영성 없는 종교나 신학은 알맹이 없는 껍데기에 불과하다. 영성은 특정 종교나 신학의 전유물이 아니다. 그것은 만유의 내재적 본성인 신성, 즉 참본성을 일컫는 것이다.

인간 사회의 진화는 우주의 실체인 의식의 진화(영적 진화)와 표리(表裏)의 조응관계에 있다. 찰스 다윈의 자연선택에 의한 진화는 주로 생물학적 형체와 현상에 대한 분석에 치중한 관계로 진화의 전 과정에 함축된 심원한 의미를 들여다보지 못했다. 19세기 후반 이후 파워엘리트에 의해 권력을 강화하고 특권을 정당화하는 도구로서 물질문명의 근간을 이루었던 그의 적자생존의 이론은 생물학적 진화 역시 우주의 진행 방향인 영적 진화와 조응관계에 있다는 사실을 간파하지 못했다. 삶에서 일어나는 모든 현상을 통제하는 주체는 심판자로서의 신이 아니라 인간의 의식이다. 지구 문명이 대변곡점에 이르렀다는 징후는 지구의 생태학적 위기와 새로운 테크놀로지의 부상, 그리고 과학과 영성의 접합에서 확연히 드러난다. 인류의 진화과정에서 획기적인 전기를 맞고 있는 지금, 우리 모두가 이 거대한 개벽의 파도를 타고 넘으려면 삶의 존재론적 반경을 설정하는 '세 중심축', 즉 과학과 영성과 진화에 대한 통섭적 이해와 존재론적 통찰이 절실히 요구된다.

5장: 인류의 진화 계통수와 생명체 진화의 역사: '나'의 세계 현생인류의 진화에 대한 가설로는 인류의 조상이 아프리카에서 처음 출현해 약 10만 년 전~5만 년 전 호모 사피엔스가 전 세계로 퍼져나가 각지에 흩어져 살고 있던 호모 에렉투스를 비롯한 다른 종을 대체함으로써 현생인류가 됐고 지구를 지배하게 됐다는 '아프리카 기원설'과, 약 180만 년 전에 아프리카를 떠난 호모 에렉투스가 아시아·유럽·중동 등 각지에서 각각 진화해 오늘날의 호모 사피엔스가 됐다는 '다지역 기원설'이 있다. 인류의 기원론은 새로운 화석이 발견됨에 따라 계속 새롭게 바뀌고 있다. 우리 종의 진화는 사람족 진화의 전체 역사에서 단지 작은 부분(약 3퍼센트)에 지나지 않으며, 주목할 만한 대부분의 물리적 진화는 호모 사피엔스가 등장하기 이전에 일어났다. 수렵채집 시대는 인류사에서 가장 긴 시기였으며 인류사의 기초가 마련된 시기이기도 했다. 수렵채집인들이 환경에 미친 영향은 처음에는 미약했지만 점차 빨라져 5만 년 전에는 기술과 기법이 더욱 다양해지고 정교해지면서 주변 환경을 더욱 집약적으로 이용할 수 있게 되었다.

세렝게티 법칙은 전 세계 생태계에 적용할 수 있는 보편적 법칙으로 생명체 사이의 연관성을 설명해 주고, 동식물과 나무, 깨끗한 공기와 물을 생산하는 자연의 능력을 결정한다는 점에서 놀랍고도 심오한 법칙이다. 생물학의 세렝게티 법칙은 물리학의 통일장이론에 비견될 수 있다. 분자세계의 미시적 법칙과 생태계의 거시적 법칙은 세부 사항은 다를 수 있어도 하나의 보편적 법칙이 관통하고 있다는 점에서 매우 비슷하다. 대장균에서 코끼리까지 모든 것은 조절된다는 것이다. 생명체의 가장 근본적인 속성은 자기복제이며, 성공적인 자기복제의 필연적인 결과로서 나타나는 것이 유전(heredity)이다. 생물학적인 관점에서 개체의 주인은 뇌가 아니라 유전자이며, 뇌는 유전자의 안전과 복제 기능을 보다 효율적으로 만드는 대리인이다. 생명체는 자기복제를 통해 자신의 존재를 지속하기 위해 진화의 산물인 '지능'을 사용한다. 뇌와 더불어 지능은 유전자가 자기복제를 위해 발명한 가장 유용하고도 경이로운 도구다.

6장: 홀로세: '우리'와 '그들'의 세계 기원전 11000년경 이후 현세의 전개과정은 '메타 경계'의 출현과 맥을 같이 하는 것으로 볼 수 있다. 모든 경계는 기술적, 정치적인 힘을 수반하는 동시에 소외, 파편화, 갈등도 수반한다. 이렇게 해서 '우리'와 '그들'로 이분화된 세계가 시작되었다. 오늘날 양자물리학자들은 경계라는 것이 실재하는 것이 아니라 일종의 관습에 불과하다는 것을 인식하게 되었다. 경계란 실재를 느끼고 만지고 측정한 산물이 아니라, 영토를 지도로 그려내는 것처럼 실재를 작도하고 편집한 방식의 산물이라는 것을 알게 된 것이다. '실재는 무경계(reality is no-boundary)'이며 순수 현존이다. 인간 버전의 수렵채집 시대에 해당하는 약 30만 년의 기간에 비하면 농경 시대는 1만 년 정도에 불과하지만, 인류 전체의 약 70퍼센트가 농경 시대를 거쳐 간 것으로 추정된다. 농경은 점차 복잡성을 증가시킴으로써 피시스(자연)에서 노모스(인위)로, 자연에 대한 권력에서 인간에 대한 권력으로, 도시와 국가 그리고 '문명'의 세계로 이행하는 교량 역할을 했다.

　요하문명의 대표 문화로 꼽히는 홍산문화는 세계 4대 문명보다 1000~2000년가량 앞선 것이라는 점에서 주목할 만하다. 기원전 3500년에서 기원전 약 800년까지 아프로유라시아 연결망의 중심에 있던 지역들은 안정된 도시와 거대한 규모의 제국을 건설하고 유지할 만한 사회구조와 체계를 만들어냈다. 기원전 첫 밀레니엄(BC 1000~BC 1) 동안 보편적 질서라는 개념이 뿌리를 내리게 되는데, 경제적인 화폐 질서, 정치적인 제국의 질서, 그리고 불교, 기독교, 이슬람교 같은 보편적 종교의 질서가 그것이다. 유럽인이 세계 탐사를 하기 직전인 1450년경 90퍼센트에 가까운 인류는 문화적, 경제적, 정치적으로 이미 밀접하게 연결되어 아프로유라시아라는 하나의 큰 세계에서 살았다. 서구 문명의 동양적 기원을 밝히려는 것은 단순히 동양의 우월성을 주장하며 또 다른 이분법적 구도를 만들어내기 위한 것이 아니라, 사실 그대로의 역사를 밝히고 서양의 뿌리 문명에 대한 통찰을 통해 동서를 융섭하는 새로운 문명 창출의 토대를 마련하기 위한 것이다.

7장: **포스트모던 세계와 포스트휴먼 그리고 트랜스휴머니즘: '우리 모두'의 세계** 포스트모던 담론은 근대 서구의 세계관과 가치체계의 근본적인 변화를 함축하고 있으며 공존의 대안사회 마련에 주안점을 둔다. 트랜스휴머니즘은 과학기술의 발전으로 지능적, 육체적 한계가 극복되고 인체가 강화된 포스트휴먼의 등장과 접합된 개념으로 포스트휴먼에 의한 호모 사피엔스의 대체를 현재진행형인 '사건'으로 이해한다. 포스트구조주의자들의 다원적이고 탈중심적인 경향은 포스트모더니즘 사조와 맞물려 이분법적인 근대의 도그마에 대한 근본적이고도 종합적인 비판과 이성의 자기성찰을 담고 있다. 포스트모더니스트들의 인식의 근간을 이루는 세 가지 핵심 가정은 '구성주의, 맥락주의, 통합적 무조망주의(integral-aperspectival)'이다. 포스트휴먼은 기계, 기술과 융합된 인간, 즉 사이보그다. 포스트휴먼 시대에 새롭게 등장하는 사이보그는 사물인터넷과 인간의 연계로 네트워크를 통해 인간의 능력이 증강된 '네트워크 사이보그'다.

'인간 강화'에는 인공장기 이식은 물론 뇌 임플란트, '브레인 업로딩'에 의한 정신적인 확장까지도 포함된다. '트랜센던스(transcendence)' 프로젝트는 현재 여러 대학과 연구소에서 진행 중이다. 포스트모던 시대의 인공 진화는 인간의 몸과 유전자에 대한 직접적인 개조까지 포함될 것으로 예상된다는 점에서 모든 개조과정은 근본적으로 정치적 성격을 띠게 될 전망이다. 트랜스휴머니스트들은 트랜스휴머니즘에 대해 낙관적인 전망을 하면서도 인간의 근본적 한계를 극복하기 위한 기술의 잠재적 위험과 새로운 기술의 오용을 경계하며 기술의 윤리적 사용을 강조한다. 인간 사회의 모든 기술과학적 진보는 '인간 종의 변형'을 향해 맞추어져 있으며 인공지능의 급속한 발달로 자연선택은 지적 설계로 대체되고 있다. 미래학자들은 포스트휴먼이 현재의 인간보다 훨씬 업그레이드된 육체적, 지적 능력을 갖게 될 것이라고 전망한다.

8장: **4차 산업혁명과 'GNR' 혁명 그리고 플랫폼 혁명** 4차 산업혁명에서 인간과 기계와 자원은 가상 물리 시스템(CPS)을 기반으로 전 과정 논스톱 커뮤니케이션을 한다. 4차 산업혁명의 개념은 2010년 독일에서 처음 등장한 '인더스트리 4.0'에서 출발해 2011년 하노버 산업박람회에서 소개된 이후 전 세계에서 사용되고 있고, 특히 전통적인 제조 기반 사업에 디지털 트랜스포메이션이 빠르게 도입되고 있다. 2015년 하노버 산업박람회에서 독일 산업부와 교육연구부가 발표한 '플랫폼 인더스트리 4.0(Plattform Industrie 4.0)' 이니셔티브가 보여준 강력한 파급력으로 인해 4차 산업혁명은 산업계의 가장 중요한 화두가 되었으며, 2016년 다보스포럼 이후에는 좀 더 광의의 개념인 4차 산업혁명이 더 자주 사용되고 있다. 여기서는 세계 여러 국가가 4차 산업혁명을 어떤 방식으로 도입하고 있는지 살펴보고, 4차 산업혁명을 견인할 대표적인 브레이크스루(breakthrough) 기술이자 21세기 인류 문명의 획기적인 전기를 마련할 것으로 주목받는 'GNR' 혁명, 사물인터넷과 플랫폼 혁명에 대해 살펴볼 것이다.

특히 인공지능(AI) 혁명은 지능을 정복하는 것이라는 점에서 인간 문명이 경험하게 될 가장 심원한 변화이며, 궁극에는 공학기술로 인간 지능을 증폭시킴으로써 100조 개의 너무도 느린 개재뉴런(interneuron) 연결을 극복할 수 있을 것으로 전망된다. '좁은 AI'의 적용 사례를 다양한 분야에서 살펴볼 것이다. 비우호적인 초지능의 등장에 대해 우려하는 목소리가 높지만, 초지능의 거대한 잠재력을 감안할 때 오늘날 인공지능을 비롯한 과학기술의 발달이 진화의 필연적 과정이며 휴머니즘의 확장을 가져올 것으로 기대된다. 비생물학적 지능이란 인류의 집합의식이 이입된 것이기 때문에 무엇보다도 인간 의식의 패턴 자체가 바뀌어야 할 것이다. 사물인터넷은 다양한 플랫폼을 기반으로 사물과 인간과 서비스를 연결하는 새로운 패러다임을 창출하고 있다. 사물인터넷의 발전 경과와 대표적인 적용 사례 그리고 플랫폼의 파괴력과 미래에 대해 살펴볼 것이다. 플랫폼의 파괴적 혁신은 궁극적으로 인간의 제 가치가 실현된 세상에 초점을 맞추어야 한다.

9장: **'특이점'의 도래와 새로운 문명의 가능성** '특이점' 논의가 중요한 것은 많은 과학자들에 의해 특이점의 도래가 임박한 것으로 판단되고 있고 또한 그것이 우리 삶의 전 영역에 치명적인 변화를 가져올 것으로 예상되기 때문이다. 특이점을 완전히 이해하면 인생관이나 삶의 태도가 본질적으로 바뀌기 때문에 이 시기에 대한 대처능력을 증대시킬 수 있다. 레이 커즈와일은 특이점을 수학 가속의 법칙이 가져올 필연적 결과라고 본다. 그가 밝히는 특이점을 향한 진화의 역사와 특이점의 원리에 대해 살펴보고, 기술의 진화가 초래할 사회적 파급 영향 및 효과를 여덟 가지 측면에서 고찰할 것이다. 또한 기술과 인간의 상호작용에 대한 인문사회과학적 이슈에 대해 일별하고, 인공지능 윤리의 딜레마에 대해 살펴볼 것이다. 생명공학에서 인공지능까지 4차 산업혁명으로 촉발된 기술혁신은 결국 인간이란 무엇인가에 대한 개념을 재정립하는 것으로 귀결된다.

우리가 살고 있는 물질세계는 아무런 방향성 없이 이리저리 흘러가는 것은 아니다. 우리의 생각이 세상을 만드는 것이니, 물질세계의 진화는 의식의 진화[영적 진화]와 표리의 조응관계에 있다. 우리가 살고 있는 상대계의 존재이유는 영적 진화를 위한 학습여건 창출과 관계된다. 그 시대 그 사회 사람들의 집단에너지의 총합이 영적 진화에 필요한 최적 조건을 창출해내는 것이다. 문명의 전환이라고 하는 것도 그 시대 그 사회 사람들이 진화에 필요한 학습을 끝내면 다음 단계의 새로운 학습여건 창출을 위해 새로운 문명이 나타나게 되는 것이다. 인간의 의식이 계속해서 진화하고 그 과정에서 새로운 세계가 열린다. 이처럼 인간과 세계에 대한 개념을 재정립하는 것이 새로운 문명을 여는 단초가 될 것이다. '특이점'을 향한 카운트다운은 이미 시작되었다. 문명의 대변곡점에서 우리는 인간과 세계의 개념을 재정립하고 인간과 인간, 인간과 자연의 관계 개념도 재정립해야 한다. 왜냐하면 인간의 의식이 바로 새로운 문명을 여는 마스터키이기 때문이다.

빅뱅으로부터 138억 2,000만 년이라는 시간의 긴 터널을 빠져 나와 강둑에 앉았다. 유유히 흐르는 '시간의 강'을 바라본다. '자성자도(自性自度: 자기 본성에 의하여 스스로 건너다)'의 지혜로 저 시간의 강을 건너 피안의 언덕에 오르는 육조 혜능(六祖慧能)의 모습이 아지랑이처럼 아른거리고…그 뒤로 숱한 목숨들은 그저 시간의 강에서 종이배처럼 출렁이다가 아무 일도 없었던 것처럼 그냥 그렇게 사라졌다. 내면의 하늘에 빛나는 '진리의 달[참본성]'은 '망각지대(limbo)'에 버려둔 채 강물에 빠진 달그림자를 건지러 시간의 강물에 뛰어들어 '존재'가 되었다는 전설 같은 이야기를 떠올리며, '달을 듣는 강물'의 지혜를 간구(懇求)하며 이 글을 마친다. 끝으로, 이 책이 출판되기까지 성심을 다한 도서출판 모시는 사람들의 박길수 대표와 편집진 여러분에게 감사드린다.

인류의 집단의식을 높이는 데 기여한 동서고금의 영적 스승님들과 천지부모(天地父母)님께 이 책을 바친다.

2017년 12월
우주 가을로의 초입(初入)에서 최민자

빅 히스토리: 생명의 거대사, 빅뱅에서 현재까지
A BIG HISTORY OF LIFE FROM THE BIG BANG UNTIL TODAY

표 목차

그림 목차

우주와 지구 그리고 생명

"과학은 자연의 궁극적 신비를 풀 수가 없다.
최종 분석에서 우리들 자신이…우리가 풀려고 하는
신비의 일부이기 때문이다."

"Science cannot solve the ultimate mystery of nature.
And that is because, in the last analysis, we ourselves are
…part of the mystery that we are trying to solve."

- Max Planck(1858~1947), physicist

01

생명의 거대사
(Big History)란?

- 생명의 거대사
- 생명이란 무엇인가
- 거대사 VS 시간의 역사

거대사가 생명의 거대사일 수밖에 없는 것은 우주의 본질 자체가 생명이고 생명의 전일적 흐름 (holomovement)과 연결되지 못한 것은 결국 허구이기 때문이다. 생명은 천·지·인을 포괄하며 전 우주 가 생명의 전일적 흐름인 까닭에 생명 아닌 것이 없으므로 생명의 거대사인 것이다. 생명의 거대사는 정신·물질 이원론에 입각한 낡은 패러다임에서 벗어나 지식의 대통섭을 통해 '보이는 우주[현상계]'와 '보이지 않는 우주[본체계]'의 상관관계를 조망하는 역사이다.…생명이란 만물이 만물일 수 있게 하는 제 1원인[神, 天, 靈]이다. 그것은 우주 지성[性]인 동시에 우주 생명력 에너지[命]이며 우주의 근본 질료[精]로 서, 이 셋은 이른바 제1원인의 삼위일체이다. 지성·에너지·질료는 성(性)·명(命)·정(精), 신(神)·기 (氣)·정(精)과도 같이 유일자인 생명의 세 기능적 측면을 나타낸 것이다. 생명은 분리 자체가 근원적으 로 불가능한 절대유일의 '하나', 즉 영성[靈] 그 자체다.…생명 차원의 통섭을 배제한 거대사란 시간의 파편들의 단순한 집적(集積)에 지나지 않는다. 생명의 거대사는 영성과 물성의 역동적 통일성에 기초한 생명의 순환에 대한 인식을 바탕으로 역학적(易學的) 순환사관에 입각해 있으며 통섭적 사고의 긴요성 을 강조한다.

- 본문 중에서

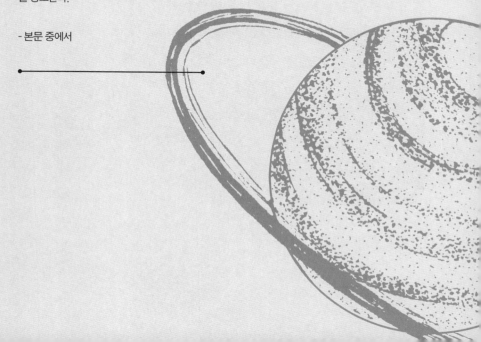

01 생명의 거대사(Big History)란?

생명의 거대사

이 책 『빅 히스토리: 생명의 거대사, 빅뱅에서 현재까지』는 그 제목과 관련하여 상호 연관된 두 가지 물음이 제기될 수 있다. 그 하나는 왜 '거대사(Big History)'인가? 하는 것이고, 다른 하나는 왜 생명의 거대사인가? 하는 것이다. 우선 첫 번째 물음과 관련하여 거대사의 의미부터 살펴보기로 하자. '빅 히스토리'라는 용어를 처음 사용한 호주 매쿼리대학교 교수 데이비드 크리스천(David Christian)은 그의 『시간의 지도 *Maps of Time*』(2003) 한국어판 서문에서 "빅 히스토리는 우주론, 지구물리학, 생물학, 역사학 등의 다양한 학문 분야를 함께 묶어 빅뱅으로부터 현재까지의 과거를 통일된 하나의 이야기로 만든 대단히 흥미롭고 새로운 지식 분야"[1]라고 정의한다. 거대사의 관점은 세계사를 특정 국가나 민족, 인종, 성(性) 또는 종교의 시각에서가 아니라 다중심적이며 통섭적인 시각에서 빅뱅에서부터 '포스트휴먼(posthuman)'에 이르기까지 우주와 지구 그리고 생명의 역사를 통합적으로 조망한다. 따라서 특정 세력집단의 권력사와는 확연히 구별되며, 개인과 국가와 세계를 관통하는 새로운 세계관 및 역사관의 정립을 전제로 한다는 의미에서 '거대사'라고 부르는 것이다.

이러한 거대사 관점의 출현 배경은 시스템적 사고(systems thinking)* 혁명과 깊은 관계가 있다. 이러한 사고 혁명은 일명 네트워크 과학이라고도 불리는 복잡계(complex system) 과학의 핵심 원리가 20세기 이후 양자물리학, 유기체 생물학, 게슈탈트 심리학, 생태학 등에 광범하게 적용되면서 초래된 패러다임 전환(paradigm shift)과 그 맥을 같이 한다. 거대사는 부분과 전체의 역동적 통일성에 기초한 시스템적 사고를 바탕으로 인류의 역사를 재구성한 것이다. 오늘날 새로운 우주론에서 우주는 '상호 긴밀히 연결되어 있는 에너지-의식의 그물망'인 까닭에 물질을 근간으로 삼는 근대 과학에서와는 달리, 진동하는 파동을 근간으로 삼는다. 마치 구두의 모든 구멍이 구두끈으로 연결되듯 자연 또한 어떤 근본적인 특성을 지닌 실체들의 단순한 집합이 아니라 상호 연관된 사건들의 '역동적인 그물망'인 것이다. 이는 불교의 연기적(緣起的) 세계관**이나 제프리 츄(Geoffrey Chew)의 '부트스트랩(bootstrap 구두끈)' 가설에서 보듯, 자연은 물질의 기본 구성체와 같은 독립된 실체로 환원될 수 없고 자기조화(self-consistency)를 통해서 이해되어야 한다는 주장[2]과 일맥상통한다.

이러한 상호 연관과 상호 의존의 세계 구조는 수많은 구성요소들이 유기적으로 링크되어 있는 복잡계의 특성을 여실히 보여준다. 미국 태생으로 영

---

* 시스템적 사고는 맥락적 사고(contextual thinking) 또는 과정적 사고(process thinking)라고도 한다.

** 『中阿含經』: "此有故彼有 此生故彼生 此無故彼無 此滅故彼滅(이것이 있으므로 저것이 있고, 이것이 生하므로 저것이 生한다. 이것이 없으므로 저것이 없고, 이것이 滅하므로 저것이 滅한다)." 이러한 緣起의 진리는 상호 연관과 상호 의존의 세계 구조를 명징하게 드러낸 것으로 『華嚴經』에서는 이를 인드라망(Indra網)으로 비유한다. '인드라'는 제석천왕을 가리키는 梵語이니, 인드라網은 곧 제석천왕의 보배 그물을 뜻하는 것이다. 帝釋天宮에는 그물코마다 보석이 달려있는 무한히 큰 그물이 있는데, 서로의 빛을 받아 서로 비추는 관계로 하나만 봐도 나머지 전체 보석의 영상이 보이게 된다는 것이다. '이것'이 곧 다른 '모든 것'임을 뜻한다는 것이다.

국 런던대학 교수를 역임한 세계적인 양자물리학자 데이비드 봄(David Bohm)의 '숨은 변수이론(hidden variable theory)'이 말해 주듯, 다양하게 분리된 것처럼 보이는 물리적 세계 즉 '보이는 우주[explicate order]'는 일체의 이원성을 넘어선 전일성의 세계 즉 '보이지 않는 우주[implicate order]'³가 물질화되어 나타난 것*으로 이 양 세계는 내재적 질서에 의해 하나의 고리로 연결되어 있으며 분해되지 않는 전체성을 그 본질로 한다. 이러한 질서를 봄은 부분이 전체를 포함하는 홀로그램(hologram)적 비유로 설명하고, 현실세계 또한 각 부분 속에 전체가 내포되어 있는 홀로그램과 같은 일반원리에 따라 구성되어 있는 것으로 보았다. 이는 곧 개체성[物性]과 전체성[靈性], 특수성과 보편성, 개인과 공동체의 유비관계에 대한 인식을 전제한 것으로 '자기조화'의 의미를 내포하고 있다. 비유컨대, 거대사는 나무를 보되, 숲과의 관계 속에서 보는 것이다. 이러한 통섭적 사유체계에 입각하여 물리적 세계[현상계]와 전일성의 세계[본체계]가 상호 조응해 있으며 상호 관통하고 있음을 인류 역사의 전개과정을 통해 보게 될 것이다.

다음으로, 거대사가 생명의 거대사일 수밖에 없는 것은 우주의 본질 자체가 생명이기 때문이다. 이 시대의 가장 큰 사건은 현대 과학의 발달에 따른 생명의 재발견이다. 우주만물은 분자, 원자, 전자, 아원자(亞原子) 입자들의 쉼 없는 운동으로 진동하는 에너지 장(場)이다. 이 우주는 분리 자체가 근원적으로 불가능한 거대한 파동(波動 wave)의 대양[氣海]이며, 우주만물은 그 파동의 세계가 벌이는 우주적 무도(舞蹈 dance)에 동등한 참여자로서 참여하고 있다. 일체 생명은 파동체일 뿐이므로 생명에 관한 기존 과학계의 도식화된

---

* '보이는 우주'와 '보이지 않는 우주'의 관계는 '多'의 세계와 '一'의 세계, 즉 현상계[물질계]와 본체계[의식계]의 전일성을 나타낸다.

분류법인 생명과 비생명의 경계는 오늘날 파동과학에서는 사실상 사라지고 있다. 생명의 외연이 우주적 차원으로 확장된 것이다. 이 우주는 거대한 홀로그램적 투영물로서 부분과 전체가 상즉상입(相卽相入)의 구조로 상호 연기(緣起)하고 있으므로 관찰자와 관찰 대상이 따로 있는 것이 아니며 주체와 객체의 이분법은 성립되지 않는다. 영성(靈性) 과학자인 그렉 브레이든(Gregg Braden)은 우주만물을 잇는 에너지 장(場), 즉 '디바인 매트릭스(Divine Matrix 우주지성)'[4]가 언제 어디에나 이미 실재하며, 바로 이 에너지 장에 의해 우리 모두가 하나라는 인식이 고대로부터 전승되고 있다는 사실을 보여준다.

인간과 동식물 그리고 광물은 진동수의 차이가 있을 뿐, 파동체라는 점에서는 모두가 같은 생명체이다. 일체의 생명은 에너지의 항상적 흐름(constant flow)에 의존하는 우주적 생명(cosmic life)이다. 천지에 미만(彌滿)해 있는 '우주적 무도'는 '참여하는 우주(participatory universe)'*의 실상을 드러낸 것으로 파동체로서의 생명의 특성을 여실히 보여준다. 덴마크의 물리학자 닐스 보어(Niels Bohr)는 원자가 원자핵 주위를 끝없이 회전하는 전자 파동으로 이루어져 있다고 생각했는데. 이 전자 파동을 우주가 쉼 없이 율동적인 운동을 하며 진동하는 모습으로 은유적으로 표현한 것이 '우주적 무도' 즉 '에너지 무도(energy dance)'이다. 물리학자이며 신과학 운동의 거장(巨匠)인 프리초프 카프라(Fritjof Capra)는 그의 『물리학의 도 *The Tao of Physics*』에서 우주의 본질인 생명의 역동성을 이렇게 표현하고 있다.

---

* 우주의 본질인 생명은 그 자체가 파동이니, '우주적 舞蹈' 즉 '에너지 舞蹈'는 수동성일 수가 없으며 온전한 능동성이라는 의미에서 '참여하는 우주'라고 한 것이다. '참여하는 우주'라는 용어는 물리학자 존 휠러(John Wheeler)가 '관찰자(observer)'라는 말 대신에 '참여자(participator)'라는 말을 사용한 데서 유래한 것이다.

전 우주는 끊임없는 운동과 활동, 즉 에너지의 지속적인 우주적 무도를 하고 있다.

The whole universe is thus engaged in endless motion and activity; in a continual cosmic dance of energy.[5]

생명은 비분리성(nonseparability) · 비이원성(nonduality)을 본질로 하는 영원한 '에너지 무도'이다. 여기에는 주관과 객관의 분리란 존재하지 않으며 오직 넘실거리는 에너지의 춤만이 있을 뿐이다. 에너지는 한 형태에서 다른 형태로 변화할 수는 있지만 어떠한 물리적 변화에서도 모든 물체가 지닌 에너지의 총량은 불변[에너지 보존의 법칙]이므로 이 우주에서 사라지는 것은 아무것도 없다. 생명은 결코 죽지 않는다. 생명의 흐름은 영원히 이어진다. 생명은 내재된 필연적 법칙성에 따라 스스로 생성되고 변화하여 돌아가는 '스스로(自) 그러한(然)' 자, 즉 자연이다. 거대사가 생명의 거대사일 수밖에 없는 것은 우주의 본질 자체가 생명이고 생명의 전일적 흐름(holomovement)과 연결되지 못한 것은 결국 허구이기 때문이다. 생명은 천 · 지 · 인을 포괄하며 전 우주가 생명의 전일적 흐름인 까닭에 생명 아닌 것이 없으므로 생명의 거대사인 것이다. 데이비드 크리스천은 우주와 생명을 근원적으로 연결시키지 못했다. 우주의 본질이 생명이라는 사실을 깊이 인지하지 못했기 때문이다.

크리스천이 거대사를 '다양한 학문 분야를 함께 묶어 빅뱅으로부터 현재까지의 과거를 통일된 하나의 이야기로 만든 새로운 지식 분야'라고 했지만, 그것이 생명의 전일적 흐름과 연결되지 못하면 그가 주창한 '빅 히스토리'는 단지 분리된 무수한 사건들의 단순한 집합에 지나지 않게 된다. '빅 히스토리'라는 간판을 내걸고 우주론, 지구물리학, 생물학, 역사학 등의 다양한 학문 분야를 동원한다 할지라도 통섭적 사유체계에 입각한 패러다임 전환이 없이는 명실상부한 '빅 히스토리'가 되기 어렵다. 생명의 거대사는 정신·물질 이원론에 입각한 낡은 패러다임에서 벗어나 지식의 대통섭을 통해 '보이는 우주(현상계)'와 '보이지 않는 우주(본체계)'의 상관관계를 조망하는 역사이다. 말하자면 존재계와 의식계가 상호 조응·상호 관통하고 있음을 보여주는 역사이다. 이 세상이 우리의 의식을 비추는 거울이라는 사실을 알게 되면 부귀영화만을 향해 질주하는 삶이 얼마나 무의미하고 속절없는 것인지를 깨닫게 된다. 그리하여 비상(飛翔)하는 것을 잊은 채 해변에서 썩은 고기 대가리나 빵부스러기를 먹고 사는 것에만 묶여있는 갈매기의 삶을 더 이상은 추구하지 않게 된다. 이러한 통섭적 사유체계로부터 새로운 계몽시대가 열리게 된다. 필자가 생명의 거대사를 집필하게 되는 이유다.

생명이란 무엇인가

호모 사피엔스(Homo sapiens)의 역사가 시작되기 전에도 지구의 역사는 있어 왔고, 지구의 역사 이전부터 생명의 거대사는 존재해 왔다. 생명이란 대체 무엇인가? 끊임없이 생명의 존귀함을 외쳐대면서도 정작 생명이 무엇인지 알지 못한 채 반생명적 행위를 일삼으며 '생명의 역설'에 빠져 있는 인간은 대체 누구인가? 인간이면서도 인간에 대해 너무 모르고 있거나, 너무 잘못 알고 있거나, 상당히 알고 있다고 착각하며 만고에 다시없는 역설 속에 살게 된 것은 생명에 대한 가장 낮은 단계의 불완전한 인식, 즉 '표상지(表象知)'에 기인하는 것이다. "인간의 모든 지식 중에서 가장 유용하고도 진보되지 않은 것은 인간에 관한 지식"[6]이라고 한 장 자크 루소(Jean-Jacques Rousseau)의 말에 필자는 전적으로 공감한다.

생명에 대한 정의 문제는 생명을 어떻게 인식할 것인가 하는 인식론적 문제와 직결된다. 데이비드 크리스천은 생명을 '살아있는' 모든 생물로 인식하고 이들이 가지고 있는 주요 특징을 물질대사(metabolism), 항상성(homeostasis), 생식(reproduction), 적응(adaptation)의 네 가지로 설명한다. 물질대사는 세포가 스스로를 유지하고 존속시키기 위해 외부로부터 에너지와 물질을 흡수하는 것이다. 항상성은 물질대사를 통해 얻은 에너지와 물질을 활용하여 환경에서 일어나는 변화에 적응하는 능력이다. 생식은 개체가 자기 자신과 똑같은 복제본을 만드는 것이다. 적응은 종이 변화하며 환경에 적응하는 것이다.[7] 크리스천이 인식한 생명, 즉 '살아있는' 모든 생물은 '물질적인 몸' 그 자체다.

그러나 우주의 본질인 생명은 심리적·물리적 통합체일 뿐만 아니라 정신적·영적 통합체이므로 올바른 이해를 위해서는 다양한 분야를 포괄하는 통합적 비전(integral vision)이 요망된다. 생명에 대한 인식은 앎의 단계 또는 앎의 양태와 조응한다. 예컨대, 우리의 앎이 '몸' 단계에 머물러 있으면 생명은 물질적인 몸 그 자체다. 앎이 '영' 단계에 머물러 있으면 생명은 육(肉)인 동시에 영(靈)이다. 생명의 전일성에 대한 몰이해는 '근본적인 이원주의(the primary dualism)', 즉 현상적인 우주를 창조한 최초의 분리 행동, 우리 자신을 현상의 세계에 가둬버린 최초의 분리 행동에 기인한다. "인식론적으로 그것은 인식자(the knower)를 인식 대상(the known)으로부터 분리하는 것이고, 존재론적으로 무한자(the Infinite)를 유한자(the finite)로부터 분리하는 것이고, 신학적으로 그것은 원죄(original sin)이며, 일반적으로 우리는 그것을 주체와 객체 간의 가공의 분리(the illusory split between subject and object)라고 말할 수 있다"[8]

그것은 제1질료(Prima Materia)로부터 세계의 창조를 설명하며, 인류가 지식의 나무에서 선악과(善惡果)라는 열매를 따먹었을 때 타락이라 불리는 이원론적 지식이 발생한 것을 설명한다. "아담과 이브의 타락은 사고와 감각에서 이원론적 상황에 대한 인간 정신의 종속이다. 선과 악, 쾌락과 고통, 삶과 죽음이라는 해결할 수 없는 갈등에로의 종속을 의미하는 것이다."[9] 이러한 근본적인 이원주의에서 야기된 '두 개의 절반(two halves)'은 다양한 이름으로 불릴 수 있지만, 주체와 객체, 자아와 타자, 또는 단순히 유기체와 환경으로 압축될 수 있다. 인간은 자신이 이런 가공의 한계를 설정했다는 사실을 잊어버린 채, 이런 한계로부터 자유를 추구한다는 것이다.

근본적인 이원주의가 환영(幻影)이 아니라 진짜라고 상상하는 순간, '의식의 스펙트럼(the spectrum of consciousness)'이 발생하기 시작한다. 이 시대의 초개인심리학(transpersonal psychology) 분야의 대가이자 대표적 포스트모던 사상가인 켄 윌버(Ken Wilber)[10]는 의식의 스펙트럼의 진화에 대한 연구에서 여섯 개의 주요 의식 수준을 제시하며 의식 차원의 통섭에 기초한 통합 학문의 전망을 펼쳐 보이고 있다. 즉 정신 수준(Mind Level), 초개인 수준(Transpersonal Level), 실존 수준(Existential Level), 생물사회적 수준(Biosocial Level), 에고 수준(Ego Level), 그림자 수준(Shadow Level)[11], 이상의 여섯 가지가 그것이다. 그의 체계 속에서 통합은 분화를 포괄하는 동시에 초월하는 것으로서 이 우주가 오직 마음뿐(Mind-only)임을 나타내는 비이원론적인 앎의 방식과 일치한다.[12]

윌버의 비이원론적인 앎의 방식은 인류의 전승된 지혜의 정수를 함축한 '영원의 철학(perennial philosophy)' 속에 잘 나타나 있다. "영원의 철학의 핵심은 물질(matter)에서 몸(body), 마음(mind), 혼(soul), 영(spirit)에 이르기까지 실재가 다양한 존재의 수준과 앎의 수준으로 이루어져 있다고 보는 것이다. 각 상위 차원은 그것의 하위 차원을 포괄하는 동시에 초월한다. 따라서 이는 속성에서 신성에 이르기까지 무한계적으로 전체 속의 전체 속의 전체와도 같은 개념이다."[13] 이러한 '존재의 대사슬(The Great Chain of Being)'은 〈그림 1.1〉에서 보듯이 흡사 일련의 동심원(同心圓) 혹은 동심구(同心球)와도 같이 각 상위 차원이 그것의 하위 차원을 포괄하는 '존재의 대둥지(The Great Nest of Being)'

이다. '의식의 스펙트럼'의 가장 낮은 곳은 물질의 영역이고, 가장 높은 곳은 영(靈)의 영역이다. 영은 최고 수준의 인과의(causal) 영역이며, 모든 수준의 비이원적(nondual) 기초이다. 그 사이의 등급은 물질, 몸, 마음, 혼, 영의 다섯 영역으로 구분하기도 하고,* 단순하게는 몸, 마음, 영의 세 주요 영역으로 구분하기도 한다. 윌버는 이 존재의 대둥지가 '영원의 철학'의 골간을 이루고 있으며, 따라서 진정한 통합심리학의 중대한 요소가 될 것이라고 본다.

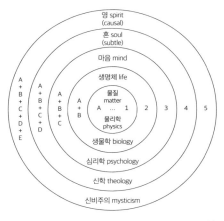

〈그림 1.1〉 존재의 대둥지(The Great Nest of Being)[14]

또한 그는 앎의 세 양태로 육의 눈(肉眼), 마음(정신)의 눈(心眼 eye of mind or mental eye), 영의 눈(靈眼 eye of spirit)**[15]에 대해 고찰하고 있다. 우선 육의 눈은

---

* 하지만 쿤달리니 차크라(kundalini chakras)와 같이 일곱 영역으로 구분하기도 하고, 어떤 전통에서는 심지어 108개 세부 영역으로 구분하기도 한다. 윌버는 이 '존재의 대 둥지'가 '영원의 철학'의 골간을 이루고 있으며, 따라서 진정한 통합심리학의 중대한 요소가 될 것이라고 본다.

** 윌버의 앎의 세 양태는 중세 프란시스코 수도회의 신비주의 철학자 성 보나벤처(St.

감각적 경험(sensory experience)의 세계에 참여한다. 시공(時空)과 물질의 영역이며, 유사한 육의 눈을 가진 모든 자들이 공유하는 영역이다. 인류는 어느 정도로는 다른 고등동물(특히 포유동물)과도 이러한 영역을 공유할 수 있다. 육의 눈을 윌버는 '경험적인 눈(empirical eye)'이라고 말한다. 다음으로 마음의 눈[이성의 눈]은 관념, 이미지, 논리, 그리고 개념들의 세계에 참여한다. 이 정묘(精妙)한 정신의 영역은 감각적인 영역을 포괄하면서 초월한다. 마지막으로 '영'의 눈[관조의 눈]은 감각과 이성의 저 너머에 있는 초월의 세계에 참여한다. 이성의 눈이 초경험적이라면, '영'의 눈은 초합리적, 초논리적, 초정신적이다. 인과의 궁극적인 '영'의 영역은 감각과 이성의 영역을 포괄하면서 초월한다. '영'의 눈을 통하여 우리는 궁극적 실재인 신성[神]과 만나게 된다.[16]

이처럼 이 세 가지 눈은 각각 감각적(sensory), 정신적(mental), 초월적(transcendental)인 고유한 앎의 대상을 가지고 있으며 진화적 홀라키(evolutionary holarchy)로 이루어져 있다. 이러한 진화적 홀라키는 각 상위 차원이 하위 차원을 포괄하는 동시에 초월하므로 궁극적으로는 통합 패러다임의 모색에 기여할 수 있게 한다. 윌버에 의하면 물질에서 생명체로, 마음으로, 혼으로, 그리고 '영'으로의 모든 성장 과정은 자연적 홀라키 혹은 점증하는 전일성과 전체성의 질서(orders of increasing holism and wholeness)―새로운 전체의 부분이 되는 전체―를 통하여 일어난다. 그것이 자연적 위계 혹은 홀라키라고 하는 것이다.[17] 새로운 통합 패러다임은 감각적·경험적인 조야(粗野)한 영역(gross realms)의 육의 눈과 정신적·지적인 정묘한 영역(subtle realms)[18]의 마음의 눈, 그리고 초월적·관조적인 인과의 궁극적인 영역(causal and ultimate

---

Bonaventure)의 '세 가지 눈(three eyes)', 즉 육의 눈(eye of flesh), 이성의 눈(eye of reason), 관조의 눈(eye of contemplation)을 원용한 것이다.

realms)[19]의 '영'의 눈, 이 세 가지를 모두 사용하고 통합할 수 있게 할 것이다. 월버에 의하면 경험분석적 과학은 육의 눈에 속하고, 현상학적인 철학과 심리학은 마음의 눈에 속하며, 종교와 명상은 영의 눈에 속한다. 따라서 새로운 통합 패러다임은 경험주의(empiricism), 합리주의(rationalism), 그리고 초월주의(transcendentalism)가 이상적으로 그리고 궁극적으로 통합된 것이다.[20]

월버는 '통합적인 삶을 위한 훈련(Integral Life Practice, ILP)'의 한 방법으로 사상한(四象限 또는 四分面 four quadrants), 수준(levels), 라인(lines), 상태(states), 타입(types)의 다섯 가지 요소로 구성된 통합지도[통합 모델] 또는 통합운영체계(Integral Operating System, IOS)[21]를 만들어 보이고 있다. 이 통합 모델의 다섯 가지 요소 중 '수준'은 의식의 진화 단계 또는 수준을 일컫는 것으로 각 수준에서 그 수준의 독특한 특성이 발현되며, 단계가 진행될수록 복잡화 수준이 증대된다. 이러한 의식의 진화[영적 진화] 단계는 잠재된 가능성이 전개되는 심리학적인 발전 단계 또는 수준으로서 의식의 확장에 따른 사랑의 크기와 관계된다. 월버의 세 단계로 된 단순 모델을 사용하면, 몸, 마음, 영(靈)의 세 단계와 조응하는 진화 단계 또는 수준은 '나'(자기중심적 egocentric), '우리'(민족중심적 ethnocentric), 그리고 '우리 모두'(세계중심적 worldcentric)로 나타낼 수 있다. 또한 '발달 라인'은 인간이 소유하고 있는 다양한 지성, 즉 인식 지성, 대인관계 지성, 도덕적 지성, 정서적 지성, 심미적 지성 등의 여러 측면이 균등하게 발전하는 것이 아니라 저마다의 성장과 발달 정도를 지니고 있음을 일컫는 것으로 이들 복합 지성을 구성하는 각 지성은 중요한 3단계, 즉 '나', '우리', 그리고 '우리 모두'의 진화 단계 또는 수준을 거치면서 성장한다.[22]

다음으로 '의식 상태'는 깨어 있는 상태, 꿈꾸는 상태, 형상이 없는 깊은 잠 상태가 있으며, 각 의식 상태에 상응하는 몸이 있다. 즉 '거칠고 밀도가 높은 몸(gross body)', '정묘한 몸(subtle body)', '원인이 되는 몸(causal body)'이 그것이다.

이는 몸, 마음, '영'의 3단계와도 조응한다. 의식이 깨어 있는 상태에 있으면 육체적이고 감각에 반응하는 밀도가 높은 몸을 자각하지만, 꿈꾸는 상태에서는 밀도가 높은 몸은 더 이상 존재하지 않으며 액체처럼 흐르는 이미지로 된 정묘한 몸이 존재한다. 정묘한 몸과 마음은 그 세계에서 가능성을 향해 비상한다. 형체가 없는 깊은 잠 상태로 들어가면 '나'라는 생각과 이미지마저 사라지고 광대한 공(空)만이 존재한다. 이 무형의 영역은 그에 상응하는 무한한 몸 또는 무한한 에너지인 원인이 되는 몸을 갖는다. 이 상태에 들어가면 성장 가능성이 도출되며 비상한 자각이 계발된다. 또한 '타입'은 모든 단계나 모든 상태에 존재할 수 있는 감정 타입, 사고 타입, 감각 타입, 직관 타입 등과 같은 것이다. 타입의 한 예로 '남성 타입'과 '여성 타입'을 사용할 수 있는데, 이 역시 '나', '우리', '우리 모두'의 단계를 거치며 성장하여 종국에는 남성성과 여성성이 결합하여 하나가 된다.

〈그림 1.2〉 사상한(four quadrants)과 대둥지의 통합[23]

통합 모델의 다섯 가지 요소 중 마지막 '사상한(四象限)'은 〈그림 1.2〉에서 보듯이 이 세상에 드러나는 모든 것은 '그것(IT)' 차원(객관적인 사실 차원), '우리

(WE)'(나만이 아니라 다른 사람들은 어떻게 보는가)의 차원, 그리고 '나(I)'(내가 어떻게 보고 느끼는가)의 차원이 있다. 통합적인 접근은 이 모든 차원을 함께 고려함으로써 보다 포괄적이고 효과적으로 접근할 수 있다. '사상한'은 어떤 경우에라도 조망해 볼 수 있는 기본적인 차원들로서 무엇을 살펴보는 기본적인 방식이다. 좌상상한(左上象限 Upper Left)은 '나'(개인의 내면), 우상상한(右上象限 Upper Right)은 '그것'(개인의 외면), 좌하상한(左下象限 Lower Left)은 '우리'(집단의 내면), 그리고 우하상한(右下象限 Lower Right)은 '그것들'(집단의 외면)을 표현한 것이다. 요약하면, 사상한은 개인과 집단의 내면적·주관적 영역과 외면적·객관적 영역을 일컫는 것이다.

월버는 근대 이전의 세계에서 미분화된 과학, 도덕, 예술의 삼대 권역이 근대 세계에서 각기 그것, 우리, 나로 분화되었다고 보고 이를 인간 진화의 필연적인 과정으로 이해한다. 과학은 객관적 영역을 가리키며 3인칭 언어 또는 '그것'으로 묘사된다. 도덕은 상호주관적 영역을 가리키며 2인칭 언어 또는 '우리'로 묘사된다. 예술은 주관적 영역을 가리키며, 일인칭 언어 또는 '나'로 묘사된다. 이러한 삼대 권역을 월버는 자연, 문화, 자기에 조응시키기도 하고, 진(The True), 선(The Good), 미(The Beautiful)에 조응시키기도 한다. '진'은 객관적 진리의 영역으로 '그것'으로 묘사되고, '선'은 상호주관적 진리의 영역으로 '우리'로 묘사되며, '미'는 주관적 진리의 영역으로 '나'로 묘사된다.[24] 월버는 이러한 근대성의 삼대가치(the Big Three)의 분화 및 진화가 자유민주주의의 발전, 페미니즘 운동의 전개와 노예제 폐지, 경험과학과 의학, 물리학, 생물학, 생태학의 발전에 기여한 반면, 이러한 분화가 통합의 형태로 나아가지는 못했음을 지적하고 있다.[25]

월버의 통합적 비전은 전근대성과 근대성 그리고 탈근대성의 통합이라는 맥락에서 살펴볼 수 있다. 월버의 '온수준·온상한(all-level, all-quadrant)'의 통합적 접근법(integral approach)에 기초한 통합 모델은 전근대성의 최상(존재의 대등지)과 근대성의 최상(진·선·미, 과학·도덕·예술 삼대가치의 분화와 진화), 그리고 탈근대성의 최상(진·선·미, 과학·도덕·예술의 통합)을 포괄하는 통합적인 진리인 것으로 나타난다.[26] 말하자면 온수준이지만 온상한은 아닌(all-level but not all-quadrant) 전근대성과, 온상한이지만 온수준은 아닌(all-quadrant but not all-level) 근대성, 그리고 극단적 해체와 허무주의로 이어진 탈근대성에 대한 비판적 대안으로 제시된 것이다.[27]

월버의 통합적 비전[28]에 의하면 인류의 영적 진화는 특정 수준이나 특정 상한(象限)에 집착하지 않는, 삼대가치의 '온수준·온상한'의 통합적 접근을 전제로 한다. 새로운 변형은 개인의 의식과 집단의 문화, 사회 제도 모두에서 일어나야 한다는 것이 월버의 통합 패러다임의 요체다. 월버는 우리가 사는 지구를 포함한 모든 것에 대한 역사, 즉 온 우주의 역사에 관한 이론을 제시하는데, 모든 것은 '절대영(Spirit)'의 자기현현이라는 것이다. 이는 곧 생명의 전일성과 자기근원성에 대한 인식을 보여준다. 극도로 분절되어 있는 현 세계가 필요로 하는 것은 순수한 전일적 양태로 이들을 다시 통합할 수 있는 비전이다. '온수준·온상한'의 통합적 비전이 성공한다면, 그것은 사업, 교육, 의학, 건강관리, 정치, 문화 연구, 심리학, 인간 계발 등 즉시 응용할 수 있는 분야는 헤아릴 수 없이 많다는 것이다. 그의 통합적인 접근은 '모든 것의 의미를 이해하는 방식'으로 알려져 있다. 통합 모델의 다섯 가지 요소를 함께 고려하면 '모든 것의 의미를 이해하는' 과정이 시작될 것이고, 그에 따라 생명의 유기성과 상호 관통을 파악하게 됨으로써 개인적 변형과 더불어 사회적 삶 자체의 변화를 가져올 수 있다는 것이다.

이상에서 볼 때 생명이 무엇인가 하는 것은 각자의 앎의 단계 또는 앎의 양태에 따라 달라질 수밖에 없다. 우리의 앎이 조야(粗野)한 물질적 지배를 받는 '몸' 단계에 머물면 생명은 곧 몸 그 자체로서 세계는 무수하게 분리된 '존재의 섬', 즉 타자를 인식하지 않는 오직 '나'의 세계일뿐이다. 이 단계에서는 다른 것과 분리되어 존재하는 육체적인 유기체를 자신과 동일시하며, 육체적 생존을 위해 힘쓰는 단계이다. 다음으로, 분리되어 있는 조야한 '몸' 단계에서 자신의 정체성이 다른 사람들과의 관계를 맺는 상태로 확장되는 '마음' 단계에서는 타인과 가치관이나 상호 관심사, 공통의 이상이나 꿈 등을 공유하게 된다. 이 단계에서는 마음으로 다른 사람의 입장이 되어서 느낌을 공유하는 데까지 정체성이 확장되기는 하지만, 생명의 전일적 본질을 깨닫지는 못하는 까닭에 세계는 아직은 '우리'와 '그들'로 분리된 세계이다. 끝으로, 자신의 정체성이 '우리'에서 '우리 모두'로, 민족 중심에서 세계 중심으로 확장되는 '영' 단계에서는 모든 존재의 유익을 구하며, 영적인 것이 모든 생명체의 공통분모가 되는 단계이다.[29] 말하자면 우리의 의식이 진화할수록 생명의 전일성과 자기근원성을 자각하게 되는 것이다.

생명의 전일성과 자기근원성에 대한 인식을 보여주는 윌버의 통합적 비전은 삶과 죽음을 하나의 통일체로 보는 데서 절정에 이른다. 변증법적 통일체인 삶과 죽음을 동물적 수준에서 분리시킨 것은 인간의 독특한 업적이라고 윌버는 말한다. 그에 따르면 절대적인 현재 안에서는 과거도 미래도 없다. 과거가 없는 것은 지금 막 태어난 어떤 것이고, 미래가 없는 것은 지금 막 죽은 어떤 것이다. "현재의 순간은 과거가 없기 때문에 새로이 태어나고 미래가 없기 때문에 동시에 죽는다. 따라서 탄생과 죽음은 초시간적인 동일한 순간에 대해 논하는 두 가지 방식일 뿐이다. 그리고 그들은…시간적 연속의 관점에서 벗어나지 못하는 사람들에 의해 환영적으로(illusorily) 분리된다. 요컨대, 탄생과 죽음은 이러한 초시간적 순간 속에서는 하나이다."[30] 그러나 이것이 문제라고 그는 말한다. 즉 시간을 초월한 현재에서 사는 것은 미래가 없는 것이고, 미래가 없는 것은 죽음을 받아들이는 것인데, 인간은 죽음을 받아들일 수 없다. 따라서 현재에서 살 수 없으며, 현재에서 살고 있지 않으므로 전혀 사는 것이 아니라는 것이다.[31]

생사를 하나의 통일체로 보는 월버의 관점은 의상(義湘)이 '행행본처 지지발처(行行本處 至至發處)', 즉 "갔다갔다 하지만 그곳이 바로 본래 그 자리요, 왔다왔다 하지만 그곳이 바로 떠난 그 자리이니, 오고 감이 따로 없다"라고 한 것이나, 『금강삼매경(金剛三昧經)』에서 "본래 온 곳이 없으며 지금 어디에 이른 곳도 없다"[32]라고 한 것, 그리고 『금강삼매경론(金剛三昧經論)』에서 떠나온 곳(來處)과 도달한 곳(至處)이 다르지 않기 때문에 '무래무지(無來無至)'라 하여 어디서 온 일도 없고, 어디에 도달한 일도 없다[33]라고 한 것과 같은 맥락에서 이해될 수 있다. 낮이 다하면 밤이 오듯 생명의 낮의 주기가 다하면 육체의 소멸과 더불어 생명의 밤의 주기가 이어지는 것이니, 탄생은 삶의 세계에만 있는 것이 아니라 죽음의 세계에도 있으며 그런 점에서 육체를 지닌 삶이 삶의 전부는 아니다. 죽음은 곧 새로운 탄생을 의미한다. 말하자면 영체(靈體, 意識體)로서의 새로운 탄생인 것이다. 우주적 견지에서 보면, 죽음은 소우주인 인간이 영적 진화의 과정에서 단지 다른 삶으로 전이하는 것에 불과하다. 분리의식이 사라지면 죽음은 일어나지 않는다. 삶과 죽음의 관계성에 대한 통찰이 없이는 존재계는 한갓 무수하게 분리된 '존재의 섬'일 뿐인 까닭에 생명의 순환에 대한 이해가 필요하다.

생명[34]이란 만물이 만물일 수 있게 하는 제1원인[神, 天, 靈]이다. 그것은 우주 지성인 동시에 우주 생명력 에너지[命]이며 우주의 근본 질료[精]로서, 이 셋은 이른바 제1원인의 삼위일체이다. 지성·에너지·질료는 성(性)·명(命)·정(精), 신(神)·기(氣)·정(精)과도 같이 유일자인 생명의 세 기능적 측면을 나타낸 것이다. 생명은 분리 자체가 근원적으로 불가능한 절대유일의 '하나', 즉 영성[靈] 그 자체다. 흔히 육체적 자아를 생명 그 자체라고 생각하는 것은 생명을 전일적 흐름(holomovement)으로 보지 못하는 물질일변도의 닫힌 의식에서 오는 것이다. 생물학에서 단백질, 핵산, 지질 등을 생명을 구성하는 물질로 보고 복잡성과 조직체계, 에너지대사, 자기복제 메커니즘 등을 생명의 특징적 성격으로 규정한 것은 생명 그 자체가 아니라 협의의 물질적 생명체에 대한 정의이다. 여기서 제1원인의 삼위일체란 생명을 근원적이고도 통섭적으로 조망한 것으로 생명의 본체인 신(神)이 기(氣)로, 다시 정(精)으로 에너지가 체(體)화하여 우주만물이 생겨나는 것*인 동시에, '정'은 '기'로, 다시 '신'으로 화하여 본래의 근본자리로 되돌아가는 일즉삼(一卽三)·삼즉일(三卽一)의 이치, 즉 생명의 순환을 일컫는 것이다.

  "나는 길(道)이요 진리요 생명이니···"[35]라는 구절에 나오는 '생명' 역시 이와 다르지 않다. 여기서 '나[참나, 참본성]'란 만물의 제1원인인 '하나'(님) 또는 '하늘'(님)[神, 天, 靈]이다. 태어나지도 죽지도 않으며(不生不滅), 시작도 끝도 없으며(無始無終), 없는 곳이 없이 실재하는(無所不在) 만물의 제1원인이 곧 참나

---

* '하나[神, 天, 靈]'의 자기복제(self-replication)로서의 작용을 통한 우주만물의 형성과정을 말한다. 이 묘한 '하나'에서 만유가 비롯되나 하도 신령스러워 때론 '님'자를 붙여 '하나'님이라고 부르기도 하고, 절대유일의 하나인 까닭에 유일신이라고 부르기도 한다. '하나'라고 부르든, 道라고 부르든, 또는 '하늘'님이라고 부르든, 그 밖의 다른 어떤 이름으로 부르든, 이는 역지로 붙인 이름일 뿐 그러한 명명이 있기 전부터 이미 그것은 사실로서 존재해온 것이다(cf. 『道德經』 25章: "有物混成 先天地生 寂兮료兮 獨立而不改 周行而不殆 可以爲天下母 吾不知其名 强字之曰道 强爲之名曰大"). 궁극적 실재인 '하나'는 그 자체는 生滅하지 아니하면서 만유를 생멸케 하고, 또한 그 자체는 無規定者[無名]이면서 만유를 규정하며 만유에 遍在해 있는 無始無終의 유일자이므로 감각과 지각을 초월해 있으며 언어세계의 포착망에서 벗어나 있다. 말하자면 '眞理不立文字'다.

[大我]이며 도이고 진리이며 생명이다. 생명은 분리 자체가 근원적으로 불가능한 절대유일의 '하나'(님)이므로 유일신['하늘'님, 氣海, 파동의 대양]이라고도 하는 것이다. 일즉삼이요 삼즉일이니 유일신은 곧 천·지·인 삼신이다. 따라서 유일신은 특정 종교의 신도 아니요 섬겨야 할 대상도 아니다. 우리 자신이며 우주만물 그 자체다. 여기서 말하는 '우리 자신'과 '우주만물 그 자체'란 물질적 형체가 아니라 내재해 있는 참본성[神性, 靈性, 一心]을 일컫는 것이다. 참본성(性)이 곧 하늘(天)이며 신(神)이다. 우주의 실체는 의식이기 때문이다.

만물의 제1원인인 유일신[전체성, 전일성, 본체]과 만물[개체성, 다양성, 작용]의 관계는 바닷물과 파도의 관계와도 같아서 파도가 바닷물의 자기현현이듯, 만물은 유일신의 자기현현이다. 바닷물이 파도로 현현한다고 해서 바닷물이 사라지는 것이 아니라 파도 속에 내재해 있듯이, 유일신이 만물로 현현한다고 해서 유일신이 사라지는 것이 아니라 만물 속에 만물의 본질로서 내재해 있는 것이다. 만물 속에 내재해 있는 유일신을 일컬어 내재적 본성인 신성(神性) 즉 참본성이라고 하는 것이다. 파도가 바닷물을 떠나 따로이 존재하는 것이 아니듯, 유일신은 만물을 떠나 따로이 존재하는 것이 아니다. 따라서 만물의 참본성에 대한 자각이 없이는 결코 경천(敬天)의 도를 바르게 실천할 수 없다. 필자는 『생명에 관한 81개조 테제』(2008)에서 본체계와 현상계를 회통하는 생명의 전일적 흐름을 다음과 같은 단시로 나타냈다.

비존재[靈性]와 존재[物性]를 거침없이 넘나드는 그대는
죽음마저도 삼켜버리는 그대는
그대는 정녕 순수 현존(pure presence)이다.
천변만화(千變萬化)가 그대의 놀이이며
만물만상이 그대의 모습이다

그대는 영원히 타오르는 의식(意識)의 불꽃이다.

만유 속에서 그 자신을 보고

그 자신 속에서 만유를 보는 그대는

그대는 무(無)의 향기다.

생명의 본질은 내재성(immanence)인 동시에 초월성(transcendence)이며, 전체성[전일성]인 동시에 개체성[다양성]이며, 우주의 본원인 동시에 현상 그 자체다. 이러한 생명의 본체[理, 유일신]와 작용[氣, 우주만물]의 상호 관통은 일(一)과 다(多), 이(理)와 사(事), 정(靜)과 동(動), 공(空)과 색(色)이라는 불가분의 관계로 분석될 수 있다.[36] 생명의 본질은 대립자의 역동적 통일성에 기초해 있으며 근원성·포괄성·보편성을 띤다. 이러한 생명의 본질은 상호배타적인 것이 상보적*이라는 양자역학(量子力學 quantum mechanics)적 세계관이나 생태계(ecosystem)를 네트워크로 인식하는 생태학적 관점에서 잘 드러난다. 실로 네트워크 개념은 생명의 본질 자체를 과학적으로 이해하는 열쇠이다.[37] 생명은 과정인 동시에 유기체이다. 흐름으로 보면 과정이지만, 관계로 보면 유기체인 것이다.[38] 따라서 인간 존재의 '세 중심축'이랄 수 있는 천·지·인의 통합성에 대한 자각이 없이 생명 현상을 이해하기는 어렵다. 미시세계를 다루는 양자역학적 실험만으로 생명 현상을 이해할 수 있는 것이 아니라는 말이다. 인간은 우주라는 생명의 피륙의 한 올일 뿐이다. 목적론적이며 인간중심적인 관점은 단지 에고(ego 個我) 의식의 산물이다. 우주의 진행방향은

---

* "상호배타적인 것은 상보적이다"라는 명제로 일반화된 닐스 보어(Niels Bohr)의 상보성원리(complementarity principle)를 말한다.

영적 진화이며, 우주만물은 능동적인 참여자로서 공진화(co-evolution)에 동참하고 있는 것이다. 파동체로서의 생명 현상을 이해하기 위해서는 미시세계를 다루는 현대 물리학과 거시세계를 다루는 동양적 지혜의 상호 피드백 과정(mutual feedback process)이 필요하다.

프리초프 카프라는 생명 현상을 이해함에 있어 동·서양이 사상적으로 접합하고 있다고 본다. 현대 물리학은 물리적 세계의 구조가 마야(maya 幻影) 또는 '유심(唯心)'이라는 것에 대해 동양의 현자들과 견해를 같이하고 있다는 것이다.[39] 복잡계인 생명체는 전체가 부분의 총화 이상의 것이라는 점에서 물리·화학적인 분석방법만으로 우주와 생명의 본질을 이해하는 데는 한계가 있기 때문에 실험물리학과 동양적 지혜의 상호 피드백 과정이 필요한 것이다. 이성과 영성, 논리와 직관의 상호 피드백 과정은 인식의 지평을 확장시킴으로써 우주와 생명의 본질에 보다 심층적으로 접근할 수 있게 할 것이다. 사물[物]의 이치와 성품[性]의 이치는 그림자와 실물의 관계와도 같이 상호 조응하는 까닭에 물리와 성리는 물질과 정신, 작용과 본체, 가변[生滅]과 불변[眞如]이라는 불가분의 표리관계로서 하나의 통합된 형태로 나타난다. 유·불·선에서 물리는 각각 기(氣)·색(色)·유(有)로 나타나고, 성리는 이(理)·공(空)·무(無)로 나타난다. '이·공·무'가 생명의 본체를 나타낸 것이라면, '기·색·유'는 생명의 작용을 나타낸 것이다. 작용은 본체의 자기복제로서의 작용이므로 기와 이, 색과 공, 유와 무는 본래 한 맛(一味)이다.

필자가 연구한 바로는 미시 차원의 실험물리학과 거시 차원의 동양적 연구 성과가 다음과 같은 핵심사상에 있어 상호 조응한다.[40] 첫째, 양자계가 근원적으로 비분리성 또는 비국소성(non-locality)[초공간성]*을 갖고 파동인 동시에 입자(particle)로서의 속성을 상보적으로 지닌다는 양자역학적 관점이나, 일리야 프리고진(Ilya Prigogine)의 산일구조(散逸構造 또는 消散構造 dissipative structure)에서 일어나는 자발적인 자기조직화(self-organization) 과정은 이 우주를 자기생성적 네트워크체제로 보는 동양의 유기론적 세계관—천부(天符)사상[한'사상], 힌두사상, 유 · 불 · 도와 동학 등에 나타난 세계관—과 조응한다. 이 우주가 자기유사성을 지닌 닮은 구조로 이루어져 있다는 프랙털(fractal) 구조 또한 자기조직화의 원리에 기초해 있다는 점에서 우주만물[多]을 전일성[一]의 자기복제로 보는 일즉다(一卽多, 一卽三) · 다즉일(多卽一, 三卽一)의 원리와 조응한다. 말하자면 자기조직화의 경계는 주체와 객체의 이분법이 폐기된 이른바 '참여하는 우주'의 경계이다.

둘째, 데이비드 봄에 따르면 우주에 존재하는 모든 것은 초양자장(superquantum field)으로부터 분화되기 때문에 에너지, 마음, 물질 등은 동일한 질료로부터 만들어진다고 한다. 파동인 동시에 입자로 나타나는 초양자장은 본체인 동시에 작용으로 나타나는 '하나(ONE 天地人)'인 혼원일기(混元一氣), 즉 일심(一心)과도 같은 것으로 우주의 창조적 에너지이자 우주 지성이며 우주의 근본 질료다. 또한 미시세계에서 나타나는 파동-입자의 이중성(wave-particle duality)은 자연이 불합리해서가 아니라 본체[神, 天]와 작용[우주만물]의 양차원을 관통하며 유기적 통일성을 이루는 생명 자체의 본질에 기인하는 것이다. 또한 소립자의 수준에서 물질은 어디에도 존재하지 않거나 또는 모든 곳에 존재하는 비국소성을 띠는 안개와도 같은 것으로 나타나는데, 이러한

---

* 여기서 비국소성 또는 초공간성이란 3차원에서는 따로 떨어져 있는 두 개의 圓이 4차원에서는 서로 연결된 것으로 나타나는 것과 같은 공간을 초월하는 성질을 말한다.

비국소성은 양자장(quantum field)이 작용하는 차원에서는 분리 자체가 근원적으로 불가능하기 때문에 위치라는 것이 더 이상 존재하지 않음을 시사한다. 이러한 '미시세계에서의 역설'은 '하나'인 생명의 본체가 없는 곳이 없이 실재하니 무소부재(無所不在)이고 동시에 생명의 네트워크적 속성에 따른 비분리성으로 인해 위치라는 것이 없으므로 어느 곳에서도 존재하지 않으니 순수 현존(pure presence)이 일어나게 하는 '무주(無住: 머무름이 없음)의 덕(德)'*에 계합하는 것으로 이해될 수 있다. 생명의 전일성과 자기근원성에 대한 인식은 바로 이러한 본체계와 현상계를 관통하는 생명의 파동적 성격을 이해할 때 가능해진다.

셋째, 자기조직화의 창발(emergence) 현상을 가능하게 하는 '정보-에너지장(information-energy field)'이나 초사이클(hypercycle)로 명명되는 효소의 자기조직화 원리는, 일체가 오직 마음이 지어낸 것이라는 불교의 일체유심조(一切唯心造) 원리와 조응한다. 홀로그램 우주론에서 이 우주를 의식이 지어낸 이미지 구조물로 보는 것과도 같은 것이다. 데이비드 봄과 신경생리학자 칼 프리브램(Karl Pribram)의 홀로그램 우주론[41]에 따르면 우리가 인지하는 물질세계는

---

* 『金剛三昧經論』의 「本覺利品」의 장을 보면 無住菩薩이 나온다. "무주보살은 本覺(一心의 본체)에 달하여 본래 起動함이 없지만 그렇다고 寂靜에 머무르지 않고 항상 두루 교화하는 일을 하기 때문에 그 德에 의해 이름 붙이기를 無住라고 한 것(『金剛三昧經論』, 181쪽: "言無住菩薩者 此人雖達本覺 本無起動 而不住寂靜 恒起普化 依德立號 名曰無住")"이라고 나와 있다. 무주보살의 이러한 무주의 덕이야말로 일심의 본체에 契合하는 것으로 절대적 현존이 일어나게 하는 원천이다. 무주보살이 말하였다. "일체 경계가 空하고 일체 몸이 空하고 일체 識이 空하니, 깨달음(覺) 또한 응당 空이겠습니다." 붓다께서 말씀하셨다. "모든 깨달음은 決定性을 훼손하지도 않고 파괴하지도 않으니, 空도 아니고 空 아닌 것도 아니어서 空함도 없고 空하지 않음도 없다(『金剛三昧經論』, 185쪽: "無住菩薩言 一切境空 一切身空 一切識空 覺亦應空 佛言可一覺者 不毁不壞 決定性 非空非不空 無空不空")." 『金剛三昧經論』, 188쪽에서는 본래 寂靜한 一心의 體性을 일컬어 決定性地라고 하고 있다.

실재하는 것이 아니라 단지 우리 두뇌를 통하여 비쳐지는 홀로그램적 영상에 지나지 않는다고 한다. 따라서 '정보-에너지장은 일심(一心) 또는 보편의 식(universal consciousness), 우주 지성의 의미로 볼 수 있다. 정보-에너지 의학에서는 물리학자 만프레드 아이겐(Manfred Eigen)이 초사이클(hypercycle)*로 명명하는 효소의 자기조직화 하는 원리를 자기조직화의 창발 현상을 가능하게 하는 정보-에너지장과 같은 것으로 간주하고, 자기조직화 하는 모든 시스템의 조직 원리로 나타나는 루퍼트 쉘드레이크(Rupert Sheldrake)의 '형태형성장(morphogenetic field)' 또한 정보-에너지장과 같은 것으로 간주한다.

　과학과 동양사상 또는 종교와의 만남이 이루어지고 있는 것은 물질의 궁극적 본질이 비물질과 다르지 않다는 사실이 입증된 데 기인한다. 과학과 동양사상의 통섭에 관한 논의가 획기적 전기를 맞게 된 것은 현대 물리학의 의식(consciousness) 발견에 있다. 이러한 '의식' 발견은 정신·물질 이원론에 입각한 근대 과학의 기반 자체를 흔드는 것이라는 점에서 현대 물리학의 가장 위대한 발견이라 할 만하다. 주체와 객체의 이분법이 성립하지 않는 것으로 드러난 양자역학적 세계관을 이해하기 위해서는 일심이문(一心二門)이라는 마음의 구조를 이해할 필요가 생겨났고, 색즉시공(色卽是空)·공즉시색(空卽是色)이라는 본체계와 현상계의 전일적 관계에 대해 이해할 필요가 생겨난 것이다. 우주의 실체는 의식(意識)[42]이므로 우주의 본질인 생명은 일심(一心), 즉 근원의식·전체의식·보편의식·우주의식이다. 생명은 영원한 '하나(ONE 天地人)'인 참본성이다. 우주만물은 한 이치 기운(一理氣)에서 나와 다시

---

* 만프레드 아이겐은 효소가 모여서 임계치에 도달하면 효소 집단은 스스로 효소를 합성할 수 있는 창발성이 생긴다고 하고 이러한 효소의 자기조직화하는 원리를 초사이클이라고 명명했다.

그 '하나'로 복귀하므로[43] '하나'의 견지에서 보면 늘어난 것도 줄어든 것도 없다.[44] 만물만상은 무상(無常)한지라 한결같을 수 없고 오직 '하나'만이 한결같아서 이러한 대립과 운동을 통일시킨다. 따라서 개체의 존재성은 우주적 에너지의 흐름(the flow of cosmic energy) 속에서만 파악될 수 있으며 그런 점에서 존재성은 곧 관계성(relativity)이다.

생명은 본래 분리 자체가 근원적으로 불가능한 절대유일의 '하나(ONE 天地人)'인 까닭에 때론 '하나'(님) 또는 유일신[유일자]으로 명명되기도 한다. 절대유일의 하나인 생명은 본체-작용-본체와 작용의 합일, 정신-물질-정신과 물질의 합일, 보편성-특수성-보편성과 특수성의 합일이라는 구조를 지니고 있는 까닭에 필자는 이를 '생명의 3화음적 구조(the triad structure of life)'[*]라고 명명한 바 있다. 우주의 실체는 의식이므로 절대유일의 하나는 곧 하나인 마음, 즉 일심[自性, 참본성]이다. 『천부경(天符經)』의 삼신일체(三神一體: 天·地·人), 불교의 삼신불(三身佛: 法身·化身·報身), 기독교의 삼위일체(三位一體: 聖父·聖子·聖靈), 그리고 동학 「시(侍: 모심)」의 세 가지 뜻[**]인 내유신령(內有神靈)·외유기화(外有氣化)·각지불이(各知不移)는 모두 일심의 세 측면[45]을 나타낸 것이다. 천부경

---

[*]   '생명의 3화음적 구조'란 용어는 拙著, 『천부경·삼일신고·참전계경』(서울: 모시는사람들, 2006)에서 필자가 천부경 81자의 구조를 천·지·인[法身·化身·報身, 聖父·聖子·聖靈, 內有神靈·外有氣化·各知不移], 즉 생명의 본체-작용-본체와 작용의 합일이라는 세 구조로 나누면서 처음 사용한 新造語다.

[**] 「侍」의 세 가지 뜻풀이는 안으로 신령이 있고(內有神靈) 밖으로 氣化가 있어(外有氣化) 각기 알아서 옮기지 않는다(各知不移)는 뜻이다. 즉 인간의 내재적 본성인 신성[靈性]과 混元一氣로 이루어진 생명의 유기성 및 상호관통을 깨달아 순천의 삶을 지향하는 것을 말한다. '신령'과 '기화'는 일심의 二門인 眞如와 生滅의 관계와도 같이 본체[본체계]와 작용[현상계]의 전일적 관계, 즉 생명의 전일성을 밝힌 것이고, '不移'는 천심에서 벗어나지 않는 것으로 「侍天主」 도덕의 실천적 측면과 관계된다. 우리가 '不移' 즉 일심의 경계에 이르면 '신령'과 '기화'가 하나임을 알게 된다는 것이다.

의 삼신일체는 그 체가 일신(유일신, 天)이며 작용으로만 삼신(천·지·인 三神)이다. 말하자면 우주의 본원인 '하나'가 천·지·인 셋으로 갈라진 것이다. 체(體)·용(用)·상(相)[46]을 나타낸 불교의 삼신불, 기독교의 성부·성자·성령의 삼위일체,[47] 그리고 동학의 내유신령·외유기화·각지불이는 모두 천부경에서 말하는 생명의 3화음적 구조, 즉 천·지·인 삼신과 조응한다.

성(性)·명(命)·정(精) 또한 일심의 세 측면을 나타낸 것으로 천·지·인 삼신과 조응한다. 「단군세기(檀君世紀)」에서는 "조화(造化)의 신(神)이 강림하여 나의 '성품(性)'이 되고 교화(敎化)의 신이 강림하여 나의 '목숨(命)'이 되며 치화(治化)의 신이 강림하여 나의 '정기(精)'가 된다"[48]라고 하여 조화·교화·치화의 신이 각각 성·명·정을 이룬다고 밝히고 있고, 또한 "'성품(性)'의 영을 깨달음은 천신(天)과 그 근원을 함께 하고 '목숨(命)'의 나타남은 산천(地)과 그 기(氣)를 함께 하며 '정기(精)'가 영속되는 것은 창생(人)과 그 업(業)을 함께 하는 것이니, '하나를 잡아 셋을 포함하고(執一含三) 셋을 모아 하나로 돌아감(會三歸一)'이란 바로 이를 말한다"[49]라고 하여 성·명·정이 천·지·인 삼신과 조응하여 '하나'인 혼원일기(混元一氣)로 돌아감[50]을 밝히고 있다. 일즉삼(一卽三)이요 삼즉일(三卽一)이다. 이렇듯 생명의 본체와 작용은 하나이므로 사람이 죽으면 '돌아가셨다', 즉 본래의 근원으로 돌아갔다고 하는 것이다.

일심은 '하나'인 참본성, 즉 생명의 본체를 일컫는 것이다. 생명의 본체는 '하나'의 이치를 함축한 전일적인 의식계[본체계]이고, 그 작용은 '하나'의 이치와 기운의 조화(造化) 작용을 나타낸 다양한 물질계[현상계]이다. 본체가 내재적 본성인 신성[靈性]이라면, 작용은 음양의 원리와 기운의 조화 작용으로 체(體)를 이룬 것이다. 본체가 초논리·초이성·직관의 영역인 진제(眞諦)라고 한다면, 작용은 감각적·지각적·경험적 영역인 속제(俗諦)이다. 본체와 작용의 합일은 이 양 세계를 관통하는 원리가 내재된 것으로 '하나'의 이치와 그 조화 기운과 하나가 되는 일심의 경계이다. 말하자면 참본성에 부합하는 순천(順天)의 삶을 지향하여 천심에서 벗어나지 않는 것이다. 이 경계는 천·지·인 삼신일체의 천도(天道)가 인간 존재 속에 구현되는 것으로 인간의 자기실현이란 이를 두고 하는 말이다 그 비밀은 의식의 진화[영적 진화]에 있다. 의식이 진화하면, 다시 말해 의식이 확장되어 지성이 높아지면 생명의 본체와 작용이 하나임을 자연히 알게 된다.

우리들 자신의 깊은 의식이 하늘로 통하는 문이다. 하늘은 생명의 본체로서 우주만물에 편재해 있다.[51] '이천식천(以天食天)—이천화천(以天化天)', 즉 하늘로써 하늘을 먹고 하늘로써 하늘을 화할 뿐이라고 한 것은 우주만물이 모두 한 기운 한 마음으로 꿰뚫어져 있기 때문으로,[52] 생명의 유기성과 상호 관통을 보여준다. 따라서 우주만물이 하늘을 모시지 않음이 없으니 사람을 대하고 물건을 접함에 있어 하늘 대하듯 하라[53]고 한 것이다. 『참전계경(參佺戒經)』에도 하늘의 이치를 따름에 어긋남이 없게 되면 그 정성어린 뜻이 하늘에 통한다며 마음 속 깊이 하늘을 믿고 의지해야 한다고 나와 있다.[54] 우리는 물질이 아니라 본래 순수의식[근원의식, 보편의식, 우주의식]이다. 의식은 확장될수록 걸림이 없어져 자유롭게 되지만, 물질은 확장될수록 걸림이 커져 구속되게 된다. 생멸하는 우주만물[多]과 불생불멸인 궁극적 실재[一]가 불가분의 하나[55]임을 직시하게 되면 생명의 3화음적 구조는 저절로 드러나게 된다.

우주의 본질인 생명은 우주만물의 중심에 내려와 있는 참본성[神性, 靈性]인 동시에 만물을 화생시키는 지기(至氣)로서 만유에 편재해 있는 까닭에 생명과 비생명의 구분은 사실상 불가능하다. 생명은 무시무종(no beginning and no ending)이고 무소부재(omnipresent)이며 인과법칙에서 벗어나 자본자근(自本自根)·자생자화(自生自化)하는 불가분의 하나로서 이 세상 그 어떤 것도 포괄하지 않음이 없고 또한 포괄되지 않음도 없다. 생명은 우주 그 자체이고 티끌이며 연기이고 바람이며 물이다. 생명은 물거품이고 그림자이며 이슬이고 번갯불이며 천둥소리다.[56] 우주만물의 숨결이며 생장 리듬이다. 생명은 나고 죽음이 없으며 영원한 우주의 창조적 에너지의 흐름 그 자체다. 우주만물은 생명의 그물을 벗어나 존재할 길이 없는 것이다. 따라서 물질과 비물질의 구분이 실재성이 없듯이 생명과 비생명의 구분 또한 실재성이 없다. 생명은 물질이며 정신이고 입자이며 파동이다. 근본지(根本智)로 돌아가 '하나'인 참본성이 드러나면 모든 것은 생명의 전일적 과정의 한 측면임을 깨닫게 되어 더 이상은 물질과 정신, 입자와 파동의 이중구조에 대한 의문은 일어나지 않는다.

일체의 이원론은 의식의 자기분열의 표징이며 분별지(分別智)의 발흥을 보여주는 것으로 반생태적이며 반생명적이다. 주체와 객체의 이분법(the dichotomy of subject and object)은 성립되지 않으므로 '이것'이 곧 다른 '모든 것'이다. 일심의 뿌리로 돌아가는 것은 대립자의 양 극이 지니는 편견을 지양시켜 '나'와 '너', '이것'과 '저것'이 대립자임을 그만두는 것이다. 한마디로 일체의 이분법이 완전히 폐기된 경지이다. "존재하는 것도 아니며 존재하지 않는 것도 아니요, 존재와 비존재가 동시에 존재하는 것도 아니며 존재와 비존재가 동시에 존재하지 않는 것도 아니다."[57] 이 경지에 이르면 거북이(tortoise)가 껍질 속으로 사지(四肢 limbs)를 끌어들이듯이 감각의 대상으로 향하던 자신의 감각을 거두어들이게 되는 것이다.[58] 생명은 초시공 · 초논리 · 초이성의 영역으로 분별하고 추상하는 이성으로는 닿을 수가 없다. 전체와 분리되지 않은 열린 의식 속에서는 에너지의 흐름이 원활하여 자기조직화가 일어나 보다 고차원적인 존재로 진화할 수 있게 된다. 의식이 확장될수록 시스템적 속성이 드러나게 되므로 일체의 이분법에서 멀어지게 된다.

생명은 시공(時空)을 초월한다. 시공이란 개체화(particularization) 의식과 연동되는 개념이다. 개체화 의식이 일어나면 시공이 일어나게 되므로 개체화 의식 속에서는 시공을 초월한 생명을 알 길이 없다. 매순간의 연속을 시간이 흐르는 것으로 착각하고, 햇빛에 의해 그림자가 매순간 새로 만들어지는 것을 그림자가 이동하는 것으로 착각하는 것이다. 시공은 현상계[물질계]에 속한 것일 뿐, 본체계[의식계]에는 시공이 없다. 생각이 끊어져 시간이 사라지면 과거나 미래도 사라져 오직 이 순간만이 실재할 뿐이므로 그 어떤 후회나 비탄, 갈망도 없으며 '분별지'에 사로잡히는 일도 없다. 의식의 근원에 이르면 하나의 진리가 그 모습을 드러내게 되는데 그것이 바로 일심의 나타남이다. 일심의 원천으로 돌아가면, 다시 말해 본래의 천심을 회복하면 생명의 전일성을 체득하게 되므로 생명과 비생명의 구분 자체가 한갓 관념에 지나지 않음을 알게 된다.

이 우주는 자기유사성을 지닌 프랙털(fractal) 구조로 이루어진 까닭에 소우주인 인간에 대해 알게 되면 우주 전체에 대해서도 알 수 있게 된다. 「태백일사」삼한관경본기(三韓管境本紀) 마한세가(馬韓世家) 상편에서는 하늘의 기틀과 마음의 기틀, 땅의 형상과 몸의 형상, 그리고 사물의 주재함과 기(氣)의 주재함이 조응하고 있음[59]을 보고 천·지·인 삼신일체의 천도가 인간 존재 속에 구현(人中天地一)되어 있음을 명징하게 나타내 보이고 있다. 모든 답은 우리 내부에 있다. 없는 곳이 없이 실재하는 '하나'인 참본성을 깨닫게 되면 온 우주가 생명의 전일적 흐름 속에 있음을 알게 되므로 더 이상 생명과 비생명의 구분은 일어나지 않는다. 진정 우리 자신이 누구인지를 알게 되면 이 세상은 뒤집어진다. 심우도(尋牛圖)[60]에 나오는 '기우귀가(騎牛歸家)', 즉 동자가 소를 타고 구멍 없는 피리를 불며 본래의 고향으로 돌아오는 단계, 즉 내가 내 마음을 타고 본성의 세계로 되돌아오는 단계가 바로 그 임계점

(critical point)이다. 그 임계점을 향하여 오늘도 우리는 의식의 항해를 계속하고 있다.

절대유일의 '하나(ONE 天地人)'인 참본성[一心, 神性, 순수의식, 근원의식, 보편의식, 우주의식]이 곧 '하나'(님) 또는 유일신[유일재]이다. 진리 그 자체인 유일신은 특정 종교의 신도 아니요 섬겨야 할 대상도 아니다. 바로 우리 자신이며 우주만물 그 자체다. 유일신은 만물이 만물일 수 있게 하는 제1원인이므로 유일신과 우주만물은 분리될 수 없다. 신·인간 이원론은 인간의 분별지(分別智)의 산물이다. 『만두꺄 우파니샤드 Mandukya Upanishad』에서 "'옴(OM)'은 일체 만물이다. '옴'은 과거요 현재요 미래이며 시간을 초월한 존재 브라흐마(Brahma 창조신)이다. 일체 만물이 '옴'이다"[61]라고 한 것, 「요한 계시록(Revelation)」(1:8)에서 "나는 알파(α)와 오메가(Ω)라. 이제도 있고, 전에도 있었고, 장차 올 자요, 전능한 자라"[62]고 한 것, 회교 성전(聖典) 『코란 The Holy Quran(Koran)』에서 '하나님은 오직 알라(ALLAH) 한 분'이라고 한 것, 그리고 석가세존(釋迦世尊)의 탄생게(誕生偈)로 잘 알려진 '천상천하유아독존(天上天下唯我獨尊)'의 '유아(唯我)'*'는 모두 불생불멸의 유일재[참자아]를 일컫는 대명사로서 유일신을 서로 다르게 명명한 것이다. 또한 『삼일신고』의 일신(一神)과 유교의 하늘(天), 불교의 불(佛), 도가의 도(道)[63], 천도교의 천주(天主, 한울), 그리고 우리 고유의 경전들에 나오는 삼신(三神, 天神)과 한민족이 예로부터 숭앙해온 하늘(天, '하나'님)[64]이 서로 다른 것이 아니다. 모두 생명의 본체인 '하나'(님)

---

* '唯我'란 萬有에 遍在해 있으면서 다함이 없는 氣化의 작용으로 만유를 生滅시키는 不生不滅의 유일재[참본성, 참자아] 즉 유일신[大我]을 지칭하는 대명사이다. 유일자, 즉 '하나'인 참본성은 이 세상 그 무엇에도 비길 데 없이 존귀한 까닭에 이 세상에 오직 '참나'만이 홀로 높다고 한 것이다. 예수 그리스도께서 "나를 따르라"고 한 그 '나' 또한 '참나' 즉 유일신을 가리키는 것이다.

즉 유일신을 다양하게 명명한 것일 뿐이다.

『삼일신고(三一神誥)』에서도 "소리 내어 기운을 다하여 원하고 기도한다고 해서 '하나'님을 친견할 수 있는 것이 아니다. 자성(自性)에서 '하나'님의 씨를 구하라. 너희 머릿골에 내려와 계시니라"[65]고 하고 있다. '하나'님은 이미 머릿골에 내려와 계시므로 본성에 대한 자각이 없이는 아무리 소리 내어 기운을 다하여 원하고 기도한다고 해도 공허한 광야의 외침과도 같이 헛될 뿐이라는 것이다. '하나'님을 친견한다는 것은 곧 자신의 참본성에 대한 직관적 지각을 통해 내재적 본성인 신성이 발현되는 것을 뜻한다. 그런 까닭에 「마태복음(Matthew)」(7:21)에서도 "나더러 주여 주여 하는 자마다 다 천국에 들어갈 것이 아니요 다만 하늘에 계신 내 아버지의 뜻대로 행하는 자라야 들어가리라"[66]고 하고 있다. 여기서 '아버지'란 우주만물의 근원인 참본성을 말함이니, 아버지의 뜻대로 행한다는 것은 곧 참본성을 따르는 순천(順天)의 삶을 사는 것을 의미한다. 「마태복음(Matthew)」(22:37)에서 그토록 간절하게 "네 마음을 다하고 목숨을 다하고 뜻을 다하여 주 너의 하나님을 사랑하라"[67]고 한 것도 바로 이런 의미에서이다. 또한 우주만물이 혼원일기(混元一氣)인 '하나'님의 화현인 까닭에 우주 '한생명'의 자각적 실천을 강조하는 뜻에서 "이웃을 네 몸과 같이 사랑하라"[68]고 한 것이다.

'하나'님은 인간의 중심에 내려와 계시니 일신강충(一神降衷)이요, 인간의 중심에 내려와 계신 '하나'님의 진성(眞性)을 통하면 태양과도 같이 광명하게 되니 성통광명(性通光明)이다. 이는 곧 사람이 하늘임을 알게 되는 것이다. 성통(性通: 참본성을 통함)은 재세이화(在世理化)·홍익인간의 구현이라는 공완(功完)을 이루기 위한 전제조건인 동시에 인간의 자기실현을 위한 필수조건이다. 다시 말해 '성통'이 개인적 수신에 관한 것이라면, '공완'은 사회적 삶에 관한 것으로 이 둘은 동전의 양면과도 같은 것이다. 우주만물의 개체성은 유일신이 다양한 모습으로 현현한 것으로(萬像一天) 유일신의 자기복제와도 같은 것이다. 모든 종교에서 유일신에 대한 숭배를 강조하는 것은 유일신이 곧 참본성이며, 참본성에 대한 주체적 자각이 없이는 인간의 자기실현은 불가능하기 때문이다. 만유에 편재해 있는 '하나'인 참본성이 곧 하늘이요 신(神)이니 우주만물을 떠난 그 어디에 따로이 하늘이나 신이 존재하는 것이 아니다. 따라서 하늘(天)과 성(性)과 신(神)은 하나이다. 『중용(中庸)』에서도 "하늘이 명한 것은 성(性)이고, 이 성을 따르는 것이 도"[69]라고 하여 참본성을 따르는 것이 곧 천도(天道)임을 나타냄으로써 하늘과 참본성이 하나임을 밝히고 있다.

『해월신사법설(海月神師法說)』에서도 "경천(敬天)은 결단코 허공을 향하여 상제를 공경한다는 것이 아니요, 내 마음을 공경함이 곧 경천의 도를 바르게 아는 길이니, 「오심불경 즉천지불경(吾心不敬 卽天地不敬)이라」"[70]고 하고 있다. 또한 수운(水雲) 심법의 키워드라 할 수 있는 '오심즉여심(吾心卽汝心: 내 마음이 곧 네 마음)'[71]은 하늘마음[참본성, 一心, 神性, 근원의식, 보편의식, 전체의식, 우주의식]이 곧 사람마음임을 보여주는 것으로 하늘[유일신]이 사람을 떠나 따로이 존재하는 것이 아님을 천인합일(天人合一)의 이치를 통해 명징하게 드러낸 것이다. 하늘은 우주만물에 편재해 있는 보편자이다. 거울에 비친 형상과 거울을 분리시킬 수 없듯이, 마음의 거울에 비친 만상과 마음을 분리시킬 수 없다. 거울이 모든 형상을 받아들이고 바다가 모든 강줄기를 받아들이듯이, 일심은 만물만상을 포용한다. 유일신이 만물에 편재해 있음은 비가 대지를 고루 적시고, 태양이 사해를 두루 비추며, 달빛이 천강(千江)을 고루 물들이는 것과 같은 이치다. 유일신이 없는 곳이 없는 것이다.[72]

유일신은 본래 무명(無名)이다. 그럴진대 이름으로 실상을 구분함은 유일신을 죽이는 일이요, 모든 종교에서 그토록 경계하는 우상숭배에 빠지는 일이다. '나'만의 '하나'님, 내 종교만의 '하나'님으로 경계를 설정하면 '하나'님은 보편성을 상실하고 개체화·물질화되어 무소부재일 수도 없고 절대·영원일 수도 없으니 유일신을 죽이는 일이 되는 것이요, 만유에 편재해 있는 '하나'님의 실체를 외면한 채 자신의 부정한 의식이 만들어낸 '나'만의 '하나'님, 내 종교만의 '하나'님을 경배하는 것은 짚신이나 나막신 수준의 물신(物神)을 경배하는 것에 지나지 않으니 우상숭배(idolatry)에 빠지는 일이 된다. 우상숭배는 경천(敬天)의 도(道)를 바르게 알지 못하는 데서 오는 것으로, 보다 근원적으로는 우주의 본질인 생명에 관한 진지(眞知)의 빈곤에서 기인한다. 여기서 우상숭배란 종교적 우상숭배뿐만 아니라 존재와 인식의 괴리(estrangement)를 야기하는 그릇된 진리관을 포괄하는 것이다. 오늘날 만연해 있는 물신 숭배는 우상숭배의 대표적인 것이다.

생명은 본체의 측면에서는 불가분의 하나인 까닭에 유일신이지만, 작용의 측면에서는 우주만물로 현현하는 까닭에 다신(多神)이다. 브라흐마와 아트만(Atman: 영혼)*의 관계와도 같이 유일신과 유일신의 자기현현으로서의 '다신'은 생명의 본체와 작용이라는 불가분의 관계로서 상호 관통한다. 유일신 논쟁, 창조론·진화론 논쟁, 유물론·유심론 논쟁, 신·인간 이원론, 종교적 타락상과 물신 숭배 사조, 인간 소외 현상 등은 하늘이 곧 참본성이며 유일신이라는 사실을 알지 못하고 서로 다른 것으로 분리시킨 데서 오는 것이다. 하늘(天)과 성(性)과 신(神)이 하나임을 알지 못하고서는 생명의 전일적

---

* 힌두교에서 브라흐마와 아트만, 즉 창조신과 개별 영혼은 본체와 작용의 관계를 나타내기 위해 상정한 것일 뿐 양자가 분리되어 존재할 수 있는 것은 아니다. 말하자면 불교에서 一心을 眞如門과 生滅門의 二門으로 나타낸 것과 같은 이치다. 眞如와 生滅이 하나이듯, 브라흐마[전체성]와 아트만[개체성]은 하나이다. 따라서 창조신이 곧 우주만물이다.

(holistic) 과정을 파악할 수가 없고, 그로 인한 존재와 인식의 괴리는 우주적 질서에 순응하는 삶을 살 수 없게 한다. 오늘날 기독교 문명과 이슬람 문명 간의 문명 충돌의 본질은 종교 충돌이며 그 핵심에는 유일신에 대한 인식론적 문제가 자리 잡고 있다. 삶과 종교, 종교와 종교, 종교와 학문 간 불화의 단초가 되고 있는 유일신 논쟁은 단순한 종교 논쟁이 아니라 존재론과 인식론의 바탕을 이루는 진리 그 자체에 대한 논쟁이다. '참나'의 자각적 주체에 의한 진정한 문명이 개창될 수 있기 위해서는 유일신 논쟁이 명쾌하게 종결되지 않으면 안 된다.

실로 개체의 존재성은 우주적 에너지의 흐름 속에서만 파악될 수 있는 까닭에 전체와 분리된 개체의 자기실현이란 성립될 수 없다. 따라서 우주만물의 근원적 평등성과 유기적 통합성을 깨닫지 못하면 인간의 자기실현이란 한갓 환각에 지나지 않게 된다. 개체라는 착각이 사라지면 저절로 신성을 깨닫게 되므로 따로이 신(神)을 믿을 필요가 없다. 신은 만유의 중심에 내려와 있는 신성인 동시에 만유를 생성·변화시키는 지기(至氣, 混元一氣)로서 '하나(ONE 天地人)'인 참본성[참자아]을 일컫는 것이다. 경천(敬天)의 도를 바르게 실천하는 길은 정성을 다하여 자신의 본분을 성실하게 수행하는 것이다. 『참전계경』의 제1강령은 "정성[誠]이란 마음속 깊은 곳에서 우러나오는 것으로 타고난 참본성을 지키는 것이다"[73]라는 말로써 시작하고 있다. 사람은 오로지 일념으로 성을 다할 때 자신의 성문(誠門)이 열리면서 스스로의 신성[참본성]과 마주치게 된다. 그렇게 되면 사람만이 아니라 우주만물이 다 하늘[神]이 거(居)하는 신국(神國)임을 깨닫게 되어 생명의 진정한 의미와 가치를 실천적으로 발휘할 수 있게 된다.

거대사 vs 시간의 역사

데이비드 크리스천은 그의 『시간의 지도』에서 '역사에서 세계 지도에 비유될 만한 것, 다시 말해 과거의 모든 시간 규모들을 담은 시간의 지도'의 필요성에 대해 역설한다. 그 근거로 그는 현재 많은 분과 학문 내부에서, 특히 자연과학자들을 중심으로 지난 수백 년 동안 각각의 분과학문을 지배해 온 현실에 대한 파편적인 설명을 넘어서야 한다는 인식이 팽배하고 있다는 점을 들고 있다. 전체는 부분의 단순한 합보다 더 크기 때문에 모든 것들이 어떻게 현재와 같은 모습이 되었는지에 대해 '통합적'인 설명을 할 필요성이 생겨나게 되었다는 것이다. 한 가지 분명한 사실은 다양한 분야의 지식이 단순히 축적된다고 해서 진리에 접근할 수 있는 것은 아니라는 것이다. 우리가 누구이며 왜 여기에 있는지를 이해할 수 있기 위해서는 전문화라는 도그마에서 벗어나 통섭적 접근이 필요하다. 그러나 원융무애(圓融無礙)한 통섭의 본질을 이해하지 못하고서 통섭 또는 통합을 논하는 것은 단지 언어의 유희에 불과하며 실재성이 없다.

21세기에 들어 과학기술의 융합 현상이 여러 학문 분과에서 동시다발적으로 진행되면서 '통합 학문'의 시대를 촉발하고 사회 전 분야에 걸쳐 혼융을 통해 새로운 문화를 창출해 내는 '퓨전(fusion)' 코드의 급부상을 초래하고 있다. 거의 모든 학문 분야에 거세게 불고 있는 통합의 바람은 호모 레시프로쿠스(Homo Reciprocus: 상호 의존하는 인간)·호모 심비우스(Homo Symbious: 공생하는 인간)의 새로운 문명의 모색과 연계되어 나타나고 있다. 미국 뉴멕시코 주 산타페 연구소(Santa Fe Institute), 남아공의 스텔렌보쉬 연구소(The Stellenbosch Institute for Advanced Study), 그리고 네덜란드 헤이그의 라테나우 연구소(Rathenau Institute) 등은 근대 분과학문의 경계를 넘어 과학기술 영역과 인문사회과학 영역을 아우르는 '통합 학문'의 연구를 통해 새로운 문명의 가능성을 탐색하고 있다. 이처럼 과학기술 패러다임의 변화가 지식의 대통합을 통해 총체적인 패러다임 전환을 주도하고 있음을 필자는 『통섭의 기술』(2010)에서 다음과 같이 밝힌 바 있다.

> 기술융합이 단일 기술로는 해결하기 어려운 의료복지, 환경 등의 복합적인 문제 해결을 위한 사회적 필요에 의해 생겨난 것이듯, 지식통합 또한 개별 학문의 지식만으로는 해결하기 어려운 현대 사회의 복합적인 문제 해결을 위한 사회적 필요에 의해 생겨난 것이다. 기술융합이 현재의 경제적·기술적 정체상태를 돌파할 수 있게 함으로써 모든 산업분야에서 근본적인 변화를 추동해낼 전망이듯, 지식통합 또한 협소한 전문화의 도그마에서 벗어날 수 있게 함으로써 전 인류적이고 전 지구적이며 전 우주적인 존재혁명을 추동해 낼 전망이다.[74]

여기서 '통합적'이란 용어의 의미는 '다양성 속의 통일(unity-in-diversity)'[75]이다. 의식과 물질, 내면과 외면, 자아와 세계, 주관과 객관이 모두 '한맛(One Taste)'이라는 것이다. 통합 또는 통섭은 본질적으로 논리와 초논리, 이성과 신성, 물성과 영성을 상호 관통하지 않고서는 일어날 수 없다. 통섭의 본질에 대한 무지는 우주의 본질인 생명에 대한 무지, 다시 말해 본체와 작용을 상호 관통하는 생명의 역동적 본질에 대한 무지에서 오는 것이다. 생장하고 변화하여 돌아가는 삶과 죽음의 전 과정이 생명의 전일적 흐름을 나타낸다. 생명은 본체[天, 神]인 동시에 작용[우주만물]이므로* 양자계가 근원적으로 비분

---

* 우주의 실체는 의식이므로 흔히 하늘 또는 神으로 지칭되는 생명의 본체는 곧 神性, 一心[참본성] 또는 보편의식[근원의식, 순수의식, 우주의식, 전체의식]이다. 생명의 본체인 하늘[神]과 그 작용인 우주만물이 하나인 것은 본체계[의식계]와 현상계[물질계]가 본래 하나이기 때문이다.

리성 또는 비국소성(非局所性)을 갖는 것과도 같이 시공(時空)을 초월한다. 삶과 죽음은 '변증법적 통일체(dialectical unity)'이다. 따라서 생명은 시작도 끝도 없다. 그런데 "윌리엄 블레이크(William Blake)가 말한 영원한 인간(eternal Man) —우리 모두 안에 공통으로 존재하는 행위자, 그 유일한 배우*—은 자신의 역할, 자신의 심리극에 너무도 몰입한 나머지 '당신은 당신 자신이 누구인지 잊어버렸다'는 철학적 충고를 기억하지 못하는 척 한다. 그리하여 실로 영웅적인 방식으로 인간의 드라마는 시간과 공간의 맹렬한 무대 위에서 펼쳐진다."[76]

데이비드 크리스천이 말하는 '빅 히스토리: 모든 시간의 규모에서 과거를 바라보기'는 시간과 공간의 무대 위에서 펼쳐지는 인간의 드라마를 긴 시간을 통해 펼쳐놓은 것이어서 그가 사용하는 '빅 히스토리'라는 용어는 단지 시간의 역사, 즉 현상계[물질계]의 역사에 지나지 않는다. 말하자면 기존의 세계사 앞머리에 빅뱅 이후 지구에 생명체가 나타나기까지의 과정에 대한 과학계의 연구를 추가하고 기타 파편적인 지식들을 정리하여 '빅 히스토리'라고 명명한 것이다. 필자가 처음 '빅 히스토리(거대사)'라는 용어를 접했을 때 그것은 단순히 긴 시간의 역사가 아니라 현대 물리학이 주도하는 패러다임 전환을 반영한 역사일 것이라 생각했었다. 왜냐하면 알버트 아인슈타인 (Albert Einstein) 이후 아이작 뉴턴(Isaac Newton)의 3차원적 절대 시공(時空)의 개념이 폐기되고 4차원의 '시공' 연속체가 형성되어 우주는 본질적으로 역동적이며 불가분적인 전체로서, 정신적인 동시에 물질적인 하나의 실재로서 인식된 지도 100여년이 지난 지금, 단순히 파편적인 시간들을 집적(集積)해

---

* 여기서 우리 모두 안에 공통으로 존재하는 행위자, 그 유일한 배우는 바로 유일자[유일신], 즉 '天上天下唯我獨尊'의 '唯我[참자아(참본성, 一心)]'이다.

놓고서 그것을 '빅 히스토리'라고 명명할 리는 없다고 생각했기 때문이다.

크리스천이 말하는 '빅 히스토리'의 본질적인 문제는 의식계와 물질계를 회통하는 생명의 전일성과 자기근원성, 근원적 평등성과 유기적 통합성을 제대로 통찰하지 못했다는 데 있다. 그가 생명에 대한 개념적 명료화 (conceptual clarification) 없이 '생명의 기원'을 논하고자 한 것은 비과학적이며 비현실적이다. 왜냐하면 만물의 제1원인인 생명은 시작도 끝도 없고 태어남도 죽음도 없으며 없는 곳이 없이 실재하므로 시간의 저 너머에 있는데, '생명의 기원'이란 이미 그 자체 속에 시간성을 내포하고 있기 때문이다. 생명이 무엇인지도 모르면서 생명의 기원을 논하는 것은, 마치 신(神)이 무엇인지도 모르면서 신이 있는지 없는지를 논하는 것과도 같이 무모한 짓이기에 그 어떤 생산적인 결론도 도출해 낼 수가 없다. 우주의 본질인 생명 그 자체가 곧 신이다. 설명의 편의상 생명의 본체[理]를 신이라고 명명하지만 그 '본체'는 작용[氣]과 분리된 것이 아니라 본체로서의 작용이므로 생명의 본체인 신과 그 작용으로 나타난 우주만물은 하나라고 하는 것이다. 소멸의 운명에 처해 있는 만물의 다양한 물질적 껍질과는 달리, 만물 속에 만물의 성(性, 神性, 참본성)으로 내재해 있는 동시에 만물화생(萬物化生)의 근본원리로 작용하는 생명[神, 天]은 분리 자체가 근원적으로 불가능한 절대유일의 하나인 까닭에 유일자[唯我] 또는 유일신이라고 하는 것이다. 종교와 학문 그리고 근대 과학까지도 근원성·포괄성·보편성을 띠는 생명을 파편화되고 물질화된 개념으로 왜곡하는 데 앞장섬으로써 인간과 인간, 인간과 자연을 대립시키는 결과를 초래했다. 그러나 천지만물이 생겨나기 전에도 생명[靈]은 있었다! 바로 그 '생명'의 자기조직화에 의해 우주만물이 생겨난 것이다.

지식의 통합이 용이하지 않다는 것은 양자물리학의 선구자 중 한 사람인 에르빈 슈뢰딩거(Erwin Schrödinger)의 말을 크리스천이 인용하고 있는 데서도 잘 드러난다. "지난 몇 백년간 있었던 다양한 분과 지식의 깊고 폭넓은 발전은 우리에게 특이한 문제를 제기한다. 한편으로는 이제야 겨우 지금까지 알려진 모든 것들을 통합해 하나의 전체로 묶어낼 수 있는 신뢰할 만한 지식을 갖게 되었지만, 다른 한편으로는 누구도 그 중에서 아주 특화된 부분 이상의 것을 알기가 거의 불가능한 상황이 되었기 때문이다. 이런 문제에서 벗어나는 유일한 길은 (또 우리들의 목표를 영원히 상실하지 않으려면) 우리들 중의 누군가가 사실과 이론의 종합을 시도하는 수밖에 없다."[77] 대승불교의 중관(中觀)·유식(唯識)·화엄(華嚴)사상, 힌두교의 베단타 철학 등에 그 뿌리를 두고 있는 켄 윌버의 홀라키적 우주론(Holarchic Kosmology)에 의하면 이 우주 속의 모든 것은 상호 연결되어 있는 까닭에 홀라키적인 다차원적 생명의 그물망을 형성한다. 실로 거대사는 현대 과학계의 패러다임 전환을 반영한 새로운 형태의 역사, 다시 말해 지식의 대통섭[78]을 통해 의식계[본체계]와 물질계[현상계]의 상호 의존·상호 관통을 조명하는 역사이어야 한다. 그러기 위해서는 우리의 의식이 3차원적인 시공(時空)의 경계를 넘어서지 않으면 안 된다.

인간이 시간과 공간 안에 존재하게 된 것은 자신의 정체성을 생물체에 집중하면서 "비이원성으로부터 이원성으로, 영원으로부터 시간으로, 무한으로부터 공간으로, 절대적 주관성으로부터 주관과 객관의 세계로, 우주적 정체성으로부터 개인적 정체성으로"[79] 하강한 데 따른 것이다. 비록 환영(幻影)이긴 하지만 주체와 대상간의 분리, 바로 그 '간극(gap)'이 공간이다. 스스로를 세계로부터 분리시켜 오직 자신의 육체와만 동일시하는 과정에서 인간은 필연적으로 광대한 공간의 환영을 만들어낸다. 시간과 공간은 상호 관련된 연속체를 형성하고 있기 때문에 공간의 창조는 시간의 창조와 관련된다. 스스로를 배타적으로 육체와 동일시하는 '근본적인 이원주의'로 인해 주체와 객체간의 가공의 분리가 생겨나고 존재와 비존재, 삶과 죽음이라는 실존적 고뇌가 발생한다. 그리하여 삶과 죽음이 하나임을 이해하지 못하고 상상의 죽음으로부터 미친 듯이 도망치는 와중에 인간은 '영원한 현재' 밖으로 내동댕이쳐져 시간 속으로 들어간다. 죽음에 대항하는 삶의 전쟁은 과거와 미래에 사로잡히는 형식을 취하므로 현재 삶의 시제는 놓치게 된다. 그렇게 되면 인간은 더 이상 현재에 존재할 수 없고, 과거와 미래가 분리된 시간 안에 존재해야만 한다.[80]

오직 육체만이 자기라고 생각하는 바로 그 생각으로 인해 인간은 시공(時空)의 인큐베이터 속에 유폐되게 된 것이다. 3차원적인 절대 시공의 인큐베이터 속에서는 존재와 비존재, 물질과 정신, 주체와 객체가 뚜렷하게 구분된다. 그리하여 분별식(分別識)이 작용하면서 오직 육체만이 자기라는 착각 속에서 삶을 재단하고 죽음은 모든 것의 끝이라고 생각한다. 이렇듯 인간의 육체에 대한 집착은 너무도 강렬해서 죽음조차도 육체는 소멸시키지만 그 집착하는 마음은 소멸시키지 못한다. 그러나 육체만이 자기라는 생각이 사라지면 삶과 죽음의 분리는 사라지고 두려워할 대상도 사라진다. 죽음조차도 소멸시키지 못하는 분별하고 집착하는 그 마음을, 삶은 깨달음을 통하여 소멸시킨다. 말하자면 심(心)에 입각하여 무심(無心)을 이룸으로서 에고(ego 個我)를 초월하는 것이다. 그런데 그러한 깨달음은 육체를 통해서만이 가능한 것이다. 육체의 소중함이 바로 여기에 있다. 그리하여 무명(無明)의 마음이 소멸되면 그에 따라 경계도 소멸하고 갖가지 분별식(分別識)도 멸진하게 되므로 시공의 경계를 넘어서게 되는 것이다. 『대승기신론소(大乘起信論疏)』에서는 이렇게 말한다.

마음이 일어나면 갖가지 법(法)이 일어나고, 마음이 사라지면 갖가지 법이 사라지니, 삼계(三界: 欲界·色界·無色界)는 오직 마음뿐이요 만법(萬法)은 오직 식(識) 뿐

이다.[81]

우리가 살고 있는 상대계는 우주의 본질인 생명이 물질화되어 나타나는 영역이다. 상대계의 본질을 이해하기 위해서는 본체계[의식계]와 현상계[물질계], 영성(靈性)과 물성(物性)의 관계적 본질에 대한 이해가 선행되어야 한다. 이러한 관계의 본질은 우주의 본원인 동시에 현상 그 자체인 생명의 역동적 본질과 맞닿아 있다. 생명이 영성인 동시에 물성으로, 전체성[一]인 동시에 개체성[多]으로, 내재성인 동시에 초월성으로 표현되는 것은 본체계와 현상계를 상호 관통하는 생명의 순환─생명의 낮과 밤의 주기에 따라 생성과 소멸을 끝없이 순환 반복하는─에 따른 것으로 본체와 작용이 하나인 까닭이다. 삼라만상의 다양성[多, 物性]은 생명의 본체인 유일자[一, 靈性]의 자기현현인 까닭에 전일성과 다양성, 영성과 물성은 결국 하나다. 이러한 물성과 영성의 역동적 통일성에 대한 자각이야말로 지배와 복종, 억압과 차별의 이원화된 구조에 입각한 권력정치의 태생적 한계를 극복할 수 있는 길이다.

그러나 정신·물질 이원론에 입각한 기계론적 세계관으로는 물성과 영성의 역동적 통일성을 이해하는 데에 한계가 있다. 현재 학문세계에서 운위되고 있는 통섭이 지식 차원을 넘어 생명 차원의 통섭으로 나아가지 못하는 것은 이 때문이다. 지식과 삶의 화해를 전제하지 않은 통섭은 존재의 실상을 외면한 단지 허구에 불과한 것이다. "보편적 역사란 인류의 지난 생활을 특정한 관계와 경향 속에서 이해하는 것이 아니라 그 풍부함과 총체성 안에서 이해하는 것"[82]이라고 한 크리스천의 말은 본체계와 현상계의 관계적 본질에 대한 이해를 전제하지 않은 관계로 지적 희론(知的 戱論)에 지나지 않는다. 통섭은 모든 학문분과 간의 통섭은 물론, 국가·민족·인종·성·계급·종교 등을 망라하는 생명 차원의 통섭으로까지 나아가야 한다. 통섭은 생명의 본체인 '하나(ONE 天地人)', 즉 참본성[天, 神]에 대한 자각을 전제로 하는 까닭에 개체성과 분절성을 특질로 하는 육체에 간힌 에고가 통섭의 주체가 될 수 없음은 자명하다. 생명의 본체인 참본성, 즉 참자아는 존재성과 비존재성, 물성과 영성 그 어느 것에도 구애됨이 없이 변증법적 통합의 형태로 스스로를 드러내는 자이다.

『바가바드 기타 *The Bhagavad Gita*』에서는 이렇게 말한다. "움직이는 것이든, 움직이지 않는 것이든, 존재하는 모든 것은 '밭'과 '밭을 아는 자'의 통합에서 비롯된 것이다."[83] 여기서 '밭'은 곧 물질(프라크리티 Prakriti)이고, '밭을 아는 자'는 정신(푸루샤 Purusha)이다. 만유의 존재성은 물질과 정신의 변증법적 통합으로 이루어진 것이다. 참자아는 물질과 정신이 하나가 된 마음, 즉 일심이다. 『마이뜨리 우파니샤드 *Maitri Upanishad*』에서는 말한다. "마음은 속박의 원천인 동시에 해방의 원천이다. 사물에 집착하면 속박이고, 집착하지 않으면 해방이다."[84] 이는 생멸성(生滅性)인 동시에 진여성(眞如性)으로 나타나는 일심의 이중성*을 드러낸 것이다. 참자아는 "그 어떤 것에도 의존하지 않으면서 만물의 근본이 되고, 물질세계 저 너머에 있으면서 물질세계의 변화를 주재한다."[85] 인류가 생명과 평화의 문명을 개창하기 위해서는 본체계[본체]와 현상계[작용], 영성과 물성의 상호 관통에 대한 이해가 필수적이다.

이 우주에 분리되어 존재하는 것은 아무 것도 없다. 우주만물은 모두가 하나로 연결되어 있다. 인간 의식의 진화과정에서 시공(時空)의 인큐베이터가 의식을 성장시키는 학습기자재인 것은 분명하지만, 거기에 간혀서는 우

---

* 眞如性[본체]인 동시에 生滅性[작용]으로 나타나는 一心의 이중성은 파동인 동시에 입자로 나타나는 파동-입자의 이중성(wave-particle duality)과 같은 맥락에서 이해될 수 있다.

주의 본질인 생명을 알 수가 없다. 시공의 인큐베이터는 앎을 존재로서 체험하기 위한 방편일 뿐, 진정한 앎은 상대계의 이원성을 넘어서 있다. 비존재와 존재, 영성과 물성이 하나임을 알기 위해서는, 그리하여 앎의 원을, 삶의 원을 완성시킬 수 있기 위해서는 시공의 경계를 넘어서야 한다. 말하자면 우주의 본원인 동시에 현상 그 자체인 생명은 삶과 죽음을 분리시키는 시간과 공간 안에서는 적절하게 파악될 수가 없다. 이러한 사실을 알지 못한 채 선과 악의 진실게임에 빠져들면 '삼사라(samsara 生死輪廻)'가 일어난다. 게오르크 헤겔(G. W. F. Hegel)의 '주인과 노예의 변증법(the master-slave dialectic)'이 말해 주듯, 존재계의 '간주관성(間主觀性 intersubjectivity)'을 통해서만 가능태로서의 앎은 구체적 현실태가 될 수 있는 것이다. 노예의 노동이 신성한 것은, 그것이 단순히 주인에게 봉사하는 도구적 의미에서가 아니라 신성[참본성]에 이르게 하는 의식의 자기교육과정으로서의 의미를 함축하고 있기 때문이다.

물성과 영성의 역동적 통일성을 이해하지 못하는 정신적인 소음 상태에서 지식의 대통합을 통한 거대사적 접근이 이루어지기는 어렵다. 생명은 천·지·인을 포괄하는 전일적 흐름인 까닭에 대상화될 수 없다. 따라서 생명, 즉 유일신은 숭배해야 할 대상이 아니라 우리 자신이며 우주만물 그 자체다. 시공(時空)의 인큐베이터에 갇힌 의식으로는 생명의 정수에 가 닿을 수가 없는 것이다. 이처럼 생명은 본체[유일신]인 동시에 작용[우주만물]이므로 양차원을 관통하는 거대사적인 접근이 아니고서는 우주의 본질인 생명을 조망할 길이 없는 것이다. 생명의 전일적 흐름과 연결되지 못한 것은 결국 허구이므로 거대사는 생명의 거대사일 수밖에 없다. 진여성(眞如性, 靈性, 본체)인 동시에 생멸성(生滅性, 物性, 작용)으로 나타나는 생명의 본질적 특성을 배제하고서 단순히 긴 시간의 역사를 기술하는 것은, 마치 달과 달그림자의 관계를 이해하지 못한 채 단순히 천강(千江)에 비친 무수한 달그림자에 대해서만 기술하는 것과 마찬가지로 실재성이 없다. 필자가 동서양의 사상과 철학, 과학과 종교의 대통섭을 통해 거시세계와 미시세계를 통섭하고자 하는 것은 이 때문이다.

모든 생명체와 사회의 제 현상은 복잡계 현상이며, 그 특성은 전체가 부분의 총화 이상의 것으로 부분은 단지 전체 조직과의 맥락 속에서만 파악될 수 있다. 대개 통섭 내지 대통합을 논하는 지식인들은 영성을 배제함으로써 생명 차원의 통섭으로 나아가지 못하고 있고, 반면 영성론자들은 통섭 논의를 역사 발전 과정 속에서의 체계화된 학문적 논의로 발전시키지 못하고 있다. 영성에 대한 자각이 없이 단순히 지식의 경계를 넘나드는 것만으로는 자기생성적 네트워크체제로 이루어진 생명 현상을 파악할 수가 없으므로 생명에 대한 거대사적인 접근이 이루어지기 어렵다. 사실 생명 차원의 통섭을 배제한 거대사란 시간의 파편들의 단순한 집적(集積)에 지나지 않는다. 그러나 우주만물이 에너지 장(場)으로 상호 연결되어 있다는 홀로그램적 관점에서는 '여기가 거기이고 그때가 지금(Here is there and then is now)'이니, '지금 여기(now here)' 이외의 그 어떤 시간과 공간이 따로 있는 것이 아니므로 우주만물이 하나라는 양자역학적 세계관에 접근할 수 있다.

그렉 브레이든은 우리가 감정의 언어로 초공간적이며 홀로그램적인 에너지 장(場)과 소통할 수 있다고 말한다. 그에 따르면 인간의 DNA는 우리 세계를 이루고 있는 물질에 직접적 영향을 주는데, 이 DNA에 직접적 영향을 주는 것은 인간의 감정이라는 것이다. 감정과 DNA의 관계는 시간과 공간의 경계를 초월하며 그 영향력은 거리에 관계없이 동일한 것으로 나타난다.[86] 이처럼 우주만물을 연결하고 있는 에너지 장(場)에서 우리는 하루하루의 매 순간마다 삶을 부정하거나 긍정하는 선택을 하며 살아가고 있는 것이다. 우주만물을 잇는 에너지 장, '디바인 매트릭스(Divine Matrix)'라고도 불리는 이 미묘한 에너지(subtle energy)를 양자이론의 아버지 막스 플랑크(Max Planck)는 '의식과 지성을 가진 정신(conscious and intelligent Mind)'[87]이라고 명명했다. "디바인 매트릭스의 '법칙'을 이해하고 적용할 수 있는 능력이야말로 가장 깊은 치유와 최대의 기쁨, 그리고 인류가 종(種)으로서 살아남는 비결"[88]이라며, "양자 의식 속에서 살고, 사랑하고, 치유하라(Living, Loving, and Healing in Quantum Awareness)"[89]고 브레이든은 말한다.

필자가 말하는 생명의 거대사는 상호 연관된 다음 몇 가지 점에서 시간의 역사와 대별된다. 첫째, 시간의 역사는 우주만물이 홀로그램적으로 연결되어 있는 에너지 장(場)에서 살아간다는 것의 의미와 그것이 우리 삶에 끼치는 영향에 대해, 그리고 우리의 선택을 통한 '양자 지우개 효과(quantum-eraser effect)'[90]*에 대해 통찰하지 못한 채 단지 일어난 일들에 대해 기술하고 설명할 뿐이다. 반면, 생명의 거대사는 의식계[본체계]와 물질계[현상계]의 상호 관통에 대한 통찰을 통해 인류 역사의 전개 과정이 우주의 진행 방향인 영적 진화와 조응해 있으며, 이기심에 기초하지 않은 '비범한 의식 상태(non-ordinary state of consciousness)'[91]에서 우리의 의식적 선택을 통해 양자적 가능성(quantum possibility)을 현실로 만들 수 있음을 보여준다. 여기서 '비범한 의식 상태'란 옳음과 그름의 생각 너머에서 주관적인 판단 없이 상황을 인식하고 선택한 결과에 집착하지 않는 것이다. 생명계는 에너지 시스템이며 이러한 '비범한 의식 상태'에서는 과학계에서 '양자 도약(quantum leap)'이라고 일컫는

---

* '양자 지우개 효과'란 현재가 과거에 일어난 일을 바꿀 힘을 갖고 있는 것을 말한다. 말하자면 나중에 일어난 일이 과거에 입자가 행동한 방식을 변화시킬(지울) 수 있다는 것이다.

에너지의 이동을 만들어낼 수 있으므로 양자적 가능성은 현실화될 수 있다. 마치 전자가 공간 이동 없이도 특정 에너지 준위에서 다른 에너지 준위로 뛰어 오르듯, 우리 자신이 다른 의식 상태로 뛰어오름으로써 양자적 가능성을 현실로 만들 수 있다.

둘째, 시간의 역사는 마치 달과 달그림자를 분리시키듯 생명의 본체와 작용을 이원화시킴으로써 신과 인간, 영성과 물성, 삶과 죽음의 역동적 통일성에 주목하지 못하는 관계로 생명의 전일성과 자기근원성을 파악하기 어렵다. 반면, 생명의 거대사는 통섭적 세계관에 기초하여 생명의 본체와 작용의 관계적 본질을 직시함으로써 시간의 역사를 만든 원천을 이해하게 하고 시간의 역사의 의미와 가치를 파악할 수 있게 함으로써 시간의 역사를 변화시킬 수 있는 추동력을 제공한다. 과학적 합리주의라는 미명하에 영성을 배제함으로써 생명 현상을 이해하지도, 상대계의 존재 이유를 설명하지도 못한 채 실제 삶과는 무관한 '이론을 위한 이론'으로 치달으며 공허한 설(說)만 난무하는 근대 학문세계의 연장선상에서는 결코 생명에 대한 거대사적인 접근이 이루어질 수 없다. 근대 과학의 비약적인 발달로 '도구적 이성(instrumental reason)'이 전 지구적으로 횡행하면서 진리의 몸은 종교의 성벽 속에 갇혀지고 학문세계는 그 껍데기를 골동품처럼 전시하며 감각적으로 지각되고 경험된 것만이 사실이라고 강변하는 학문적 불구(不具) 현상이 만연한 오늘날에는 특히 그러하다. 크리스천의 '빅 히스토리'가 진정한 의미에서 거대사가 될 수 없는 것은 본체인 동시에 작용으로 나타나는 생명의 관계적 본질에 대한 이해가 결여되어 있기 때문이다.

셋째, 시간의 역사는 주체와 대상(객체)으로 분리된 세계의 역사이기 때문에 끊임없는 갈등과 대립으로 점철되어 있으며 상호 제약적인 관계 속에 있으므로 진정한 의미에서 인간 행위의 자유가 보장되기 어렵다. 베네딕투스

데 스피노자(Benedictus de Spinoza)에 따르면 인간 행위의 자유란 인간이 자신의 행위를 자율적으로 수행할 수 있는지 여부와 자신의 행동이 적합한(타당한) 원인에 기인하는 것인지 여부의 문제와 관계된다. 사람들은 대개 자신의 행위에 대해서는 의식하지만 그 행위를 결정한 원인에 대해서는 모르기 때문에 스스로를 자유라고 믿는 경우가 많다는 것이다.[92]* 예컨대, 한 국가가 다른 국가를 무력으로 응징하려는 것이나, 극단주의 세력의 충동적인 언행 등이 정신의 자유로운 결정에 의한 것이라고 믿는 사람들이 있을 것이다. 그러나 이러한 정신의 결정이란 한갓 충동에 지나지 않으며 상황의 변화에 따라서 변화할 수 있으므로 능동성을 발휘하기 어렵다. 반면, 생명의 거대사는 생명의 전일성과 자기근원성에 대한 인식을 전제로 조화성과 통일성에 기초해 있으므로 외부의 힘에 의해 농단(壟斷)되지 않고 자신의 본성과 힘을 발휘하여 능동적이고 주체적인 행위자가 될 수 있게 한다. 말하자면 주체가 대상으로 향하는 것이 아니라 대상이 주체로 향하게 함으로써 인식 주체의 능동성과 자율성이 발휘될 수 있게 한다.[93]**

---

* 스피노자 감정론의 골간을 이루는 능동(작용함)과 수동(작용을 받음)의 구분은 인간 행위의 자유문제와 관계된다. 예컨대, 젖먹이가 젖을 욕구하는 것, 성난 아이가 복수하려는 것, 겁쟁이가 도망하려는 것, 술주정뱅이가 횡설수설하는 것, 미치광이ㆍ수다쟁이ㆍ아이들의 충동적인 언행 등이 정신의 자유로운 결정에 의한 것이라고 믿는다는 것이다. 그러나 우리는 경험을 통하여 이러한 정신의 결정이란 것이 한갓 충동에 지나지 않으며 신체 상황의 변화에 따라서 변화한다는 것을 알게 된다는 것이다.

** 주체가 대상으로 향한다는 것은 대상에 이끌려서 인식을 일으키는 것으로, 이 경우 인식 주체의 능동성과 자율성이 발휘될 수 없다. 반면, 대상이 주체로 향한다는 것은 인식에 따라서 대상이 규정되는 것으로, 이 경우 인식 주체의 능동성과 자율성이 발휘된다. 주체가 대상으로 향하면, 다시 말해 인식이 대상으로 인해 생겨나면 '대상의 입장'이 되므로 피동적이 될 수밖에 없다. 그러나 대상은 그 자체로는 대상이 아니며 우리의 인식으로 인해서 비로소 대상이 되는 것이다. 이 사실을 깨달으면 인식과 대상 모두에 '대상'이란 것이 없다는 것을 알게 된다. 이처럼 '대립이 없는 입장'에서, 다

넷째, 시간의 역사는 구석기시대 문명에서 신석기시대, 청동기시대, 철기시대 문명으로 점진적인 단계를 밟아 역사가 진행한다는 단선적인 사회발전 단계이론의 관점에 입각해 있다. 그러나 찰스 햅굿(Charles H. Hapgood)은 그의 저서 『고대 해양왕의 지도 Maps of the Ancient Sea Kings』에서 "전 세계적인 고대 문명, 혹은 상당한 기간 동안 세계의 대부분을 지배했음이 틀림없는 문명이 존재했다는 증거는 상당히 풍부하다"[94]고 결론내리며 이러한 단선적인 사회발전 단계이론은 포기되어야 한다고 주장한다. 고대 지도가 제시하는 증거에 의하면, 아주 먼 옛날 다른 고대 문명에 비해 상대적으로 진보된 수준의 전 세계적인 문명이 존재했다는 것이다. 이는 마치 오늘날에도 원시 문명이 최첨단 문명과 공존하는 현상을 모든 대륙에서 찾아볼 수 있는 것과도 같다는 것이다.* 그런데 시간의 역사는 고대 과학의 위대한 전통을 기반으로 역사상 실재했던 진보된 문명, 그 '사라진 문명(a civilization that vanished)'에 대한 주장이나 그런 증거들을 진지하게 받아들이지 않는다. 반면, 생명의 거대사는 생명의 순환에 대한 인식을 바탕으로 쇠운(衰運)과 성운(盛運)이 교체하는 역학적 순환사관(易學的 循環史觀)에 입각해 있는 까닭에 단선적인 사회발전 단계이론의 한계를 벗어나 영원의 견지에서 세계 역사를 조망하는 통찰력을 제공한다.

모든 문명에는 스스로를 파괴하는 씨앗이 내포되어 있으며, 문명이 발전

시 말해 대상이 주체로 향하여 종국에는 주체와 대상이 하나가 되는 경지에서 고도의 능동성과 자율성이 발휘될 수 있다. 이러한 인식 주체의 능동성과 자율성은 칸트(Immanuel Kant) 인식론과 형이상학의 바탕을 이루는 것이기도 하다. 칸트는 합리론의 형이상학적 독단론과 경험론의 회의주의를 극복하기 위하여 주체가 대상으로 향하는 것이 아니라 대상이 주체로 향하는 코페르니쿠스적 轉回를 시도하였다.

* 오스트레일리아의 부시맨이나 남아프리카의 부시맨, 남아메리카와 뉴기니의 원시적인 부족들이나 미국의 몇몇 인디언 부족 같은 종족들이 그런 예이다.

하면 할수록 스스로를 파괴하기에 충분한 기술을 개발하여 사용하게 되므로 더 쉽게 파괴되며—이는 한 도시가 수소폭탄으로 파괴된다고 가정해보면 쉽게 이해될 수 있다—그에 대한 증거 또한 더 쉽게 소멸될 것[95]이라는 햅굿의 주장은 고대 문명의 진실을 밝히는 데 유익한 단서와 통찰력을 제공한다. 이러한 그의 주장은 제임스 처치워드(James Churchward)가 50년 이상에 걸친 조사와 연구를 토대로 내놓은 『잃어버린 무 대륙 *The Lost Continent of Mu*』이라는 저서에 나오는 내용과 부합하는 것이다. 처치워드에 의하면 지구상에 한때 위대한 문명이 존재했고 그 문명은 여러 면에서 현재 우리가 누리고 있는 것보다 더 진보된 우수한 것이었다고 한다. "이집트와 미얀마, 인도, 일본, 중국, 남태평양 제도, 중앙아메리카, 남아메리카 및 북아메리카 인디언 부족들의 오래된 표상이나 관습들 가운데 몇 가지는 매우 뚜렷한 공통점을 가지고 있기 때문에 그들이 하나의 고대 문명, 즉 '무(Mu)' 대륙의 문명을 뿌리로 하여 갈라져 나온 것임을 확실히 알 수 있다"[96]는 것이다. 수만 년 동안 축복과 풍요에 넘치던 인류의 모국인 '무' 대륙은 기원전 1만 2500년에서 1만 2000년 사이에 지진과 화산 폭발로 6,400만 명의 사람들과 함께 태평양 속으로 잠겨 버렸다고 한다.[97]

'어머니 나라'로 불리는 무 제국은 인류의 시원으로 알려진 마고(麻姑)[98] 문화와 연계된 것으로 나타난다. 동양 사상과 문화의 원형인 마고성(麻姑城) 이야기는 서양 사상과 문화의 원형인 에덴동산 이야기와 마찬가지로 인류의 집단무의식 속에 자리 잡고 있는 인류의 시원에 관한 이야기이다. 신라 눌지왕(訥祗王) 때의 충신 박제상(朴堤上)의 『부도지(符都誌)』에 따르면, 마고성의 위치가 천산주(天山州) 남쪽에 있다고 기록한 것으로 미루어 중앙아시아 남동쪽의 파미르 고원이었던 것으로 추정된다. 지소씨(支巢氏)가 포도를 따 먹은 '오미(五味)의 변'[99] 이후 기존의 자재율(自在律)이 파기되면서, 네 천인 중 가장 어른인 황궁씨(黃穹氏)가 오미의 책임을 지고 복본(復本: 참본성을 회복함)할 것을 마고 앞에 서약하고서 마고성을 보전하기 위해 여러 종족들과 출성(出城)을 결의하여 네 파로 나뉘어 이동하게 되었다. 이때 황궁씨는 청궁씨(青穹氏), 백소씨(白巢氏), 흑소씨(黑巢氏)에게 천부를 신표로 나누어주고 복본을 명하고는 각기 권속을 이끌고 동서남북의 사방으로 흩어졌으니―청궁씨는 파미르 고원의 동쪽인 중원지역 운해주(雲海州)로, 백소씨는 파미르 고원의 서쪽인 중근동 지역 월식주(月息州)로, 흑소씨는 파미르 고원의 남쪽인 인도 및 동남아 지역 성생주(星生州)로, 황궁씨는 파미르 고원의 북동쪽인 천산산맥 지역 천산주로 갔다―이것이 인류의 시원이 되었다.[100]

『부도지』에 따르면, 파미르 고원의 마고성에서 시작된 한민족은 마고, 궁희(穹姬), 황궁, 유인(有因), 환인(桓因), 환웅(桓雄), 단군(檀君)에 이르는* 과정에서 전 세계로 퍼져 나가 천·지·인 삼신일체(三神一體)의 가르침에 토대를 둔 우리의 천부(天符) 문화를 세계 도처에 뿌리내리게 한 것으로 나온다.** 당

---

* 파미르 고원의 마고성에서 시작된 한민족은 황궁씨와 유인씨의 천산주 시대를 거쳐 환인씨의 적석산(積石山) 시대[桓國시대], 환웅씨의 태백산(중국 陝西省 소재) 시대[倍達國시대], 그리고 단군 조선시대로 이어진다. 마고 문화의 자취가 유독 우리 한민족에게 많이 전승되고 있는 것은 한민족이 황궁씨 계통의 장자민족이기 때문일 것이다.

** 마고 문화의 자취는 동아시아 전역은 물론 세계 도처에 남아 있다. 기원전 4000~3000년경에 나타난 황허문명, 인더스문명, 메소포타미아(수메르) 문명, 이집트문명과 그 후에 나타난 마야문명, 잉카문명이 신화와 전설, 민속과 신앙 등에 있어 많은 공통점이 있으며 이들 문화가 서로 연계되어 있다는 사실이 문헌학적, 고고학적, 문화인류학적, 민속학적, 언어학적, 천문학적 연구 등을 통해 속속들이 밝혀지고 있어 그 원형이 바로 파미르 고원을 중심으로 한 마고성과 거기서 비롯된 후속 문화인 것으로 추정되고 있다. 중국 河北省 滄州의 마고성, 江西省 南城縣의 마고산, 遼寧省 錦州市 麻姑像, 마고에서 유래한 마카오라는 지명(마카오에도 마고상이 있음), 『장자』 제1 逍遙遊편에 나오는 藐姑射山, 극동의 캄차카반도에 있는 麻姑射山, 초대 환인 '安巴堅'에서 유래된 아메리카 인디언 부족 최고 지도자 '아파치', 지리산 산신으로 일컬어지는 마고할미, 지리산 천왕봉 성모상과 老姑壇, 경북 寧海에 있는 마고산과 문경의 마고산성,

시 국가지도자들은 사해(四海)를 널리 순행했으며, 모든 종족과 믿음을 돈독히 하고 돌아와 부도(符都)를 세웠다.[101] 우리나라 정사(正史)인 『고려사(高麗史)』 제36권 세가(世家) 제36 충혜왕조(忠惠王條)에는 충혜왕이 몽고로 끌려갈 때 백성들 사이에서 불려진 '아야요(阿也謠)'라는 노래가 나온다. "아야 마고지나 종금거하시래(阿也 麻古之那 從今去何時來)", 즉 "아아 '마고의 나라' 이제 떠나가면 언제 돌아오려나"라는 이 짧은 노래는 충혜왕이 귀양길에서 독을 먹고 죽자 백성들이 마고성의 복본을 기원하며 '마고지나(麻古之那: 마고의 나라)'를 노래로 지어 부른 것이다. '고려'라는 국호가 엄연히 존재했음에도 불구하고 '마고의 나라'를 노래로 부른 것은, 당시 백성들 사이에서는 우리나라의 옛 이름인 '마고지나'가 더 친숙했음을 알 수 있게 한다.

필자가 연구 조사한 바에 의하면, 무 제국과 마고 문화와의 직접적인 연계성은 특히 다음 여덟 가지 점에서 분명히 드러난다. 첫째, 처치워드가 나칼의 점토판에 대한 해독에서 고대인들이 사용한 '무(Mu)'가 "무우(Moo), 마(Ma), 어머니, 육지, 평원, 국토, 입 등을 의미한다"[102]고 한 점, 둘째, 무 제국을 상징하는 숫자가 3이며 그 핵심사상이 마고의 삼신(三神)사상 또는 천부(天符)사상*과 일치한다는 점, 셋째, 무 제국을 상징하는 3이라는 숫자와 더

삼신 마고를 의미하는 제주도의 옛 이름 瀛州, 북두칠성이 손에 잡힐 듯한 곳에 마고선녀가 산다 하여 이름 지어진 포항시 북구 죽장면 斗麻里, 경남 밀양시 천태산의 마고할매당, 대전 동구의 노고산성, 경기도 용인의 마고산성, 경기도 부천시와 강화도에 있는 노고산, 서울 마포구의 노고산, 황해도 신평군의 노고산 등 마고와 관련된 이름이 특히 한반도에 많이 분포해 있다.

* 현대 물리학의 전일적 실재관의 원형이 마고의 삼신사상, 즉 '한'사상이고 그 사상적 맥이 이어져 桓檀(桓因·桓雄·檀君)시대에 이르러 핀 꽃이 天符사상이다. 천부사상은 천·지·인 삼신일체의 천도에 부합하는 사상이란 뜻으로 주로 『천부경』·『삼일신고』·『참전계경』의 사상을 의미한다. 생명의 본체와 작용의 상호 관통을 의미하는 一卽三·三卽一의 원리에 기초해 있는 까닭에 '한'사상 또는 삼신사상이라고도 한다.

불어 창조주와 창조의 표상으로 나오는 '일곱 머리' 뱀과 라사 기록에 나오는 신전(神殿)이 있는 '일곱' 도시의 7이라는 숫자는, '곰 토템족'의 웅녀(熊女)가 삼칠일(3·7일) 동굴수련 끝에 사람다운 사람이 되었다는 단군설화나 예로부터 많이 행해져 온 삼칠일 기도와 그 맥이 통한다는 점, 넷째, 무 제국의 국교가 무교(巫敎)로서 우리 고유의 무속(巫俗)과 일치한다는 점, 다섯 째, 트로아노 고사본과 비문에서 무 대륙을 '쿠이(Kui)의 나라'*[103]라고도 불렀다는 점, 여섯 째, 무 제국의 아이콘인 뱀이 동이족(東夷族)의 선조인 풍이족(風夷族)의 종족 아이콘과 일치한다는 점, 일곱 째, '태양의 제국'인 무 제국은 환인씨의 나라 '환국(桓國: 밝고 광명한 나라, 즉 태양의 나라)'**과 국호의 의미가 일치한다는 점, 여덟 째, 무 제국의 왕관 형태가 신라의 금관과 같은 '山'자형이라는 점 등이 그것이다.[104]

동양의 마고성 이야기는 '오미의 변' 이후 잃어버린 참본성과 잃어버린 마

---

* 쿠이는 句자와 같은 뜻으로 단군조선시대의 句麗國[졸본부여], 高句麗가 모두 쿠이라는 문자에서 나왔다

** 환국의 역사적 실재에 대해서는 『三國遺事』 원본에도 명기되어 있다. 『三國遺事』 中宗壬申刊本에는 "옛날에 환인의 서자 환웅이 있어(昔有桓因庶子桓雄)…"가 아닌, "옛날에 환국의 서자 환웅이 있어(昔有桓國庶子桓雄)…"로 시작하고 있다. 사실상 일본인들도 한일합방 전에는 『삼국유사』 원본과 일본어 번역본에서처럼 분명히 '환인'이 아닌 '환국'이라고 했던 것으로 나타난다. 『晉書』 「四夷傳」에도 환국의 12연방 중 卑離國, 養雲國, 寇莫汗國, 一群國 등이 나온다. 환국의 12연방 중 하나인 須密爾國은 天符 사상으로 오늘날 4대 문명이라 일컬어지는 수메르(Sumer) 문명을 발흥시켰으며, 특히 수메르인들의 종교문학과 의식이 오늘날 서양 문명의 뿌리라고 할 수 있는 기독교에 상당한 영향을 미쳤다는 사실은 이미 밝혀진 바이다. 러시아계 미국인 수메르학자 사무엘 크레이머(Samuel Creimer)는 인류 최초의 학교, 최초의 민주적 대의제도 등 인류의 문화·문명사에서 최초의 중요한 것 27가지가 모두 수메르인들의 발명품이라고 밝히고 있으니, 수메르인들이 우리 인류의 뿌리에 대한 비밀을 간직하고 있는 민족으로 여겨지는 것도 당연하다. 역사적 및 사상적 계보로 볼 때 수밀이국의 수메르 문화는 마고 문화의 자취인 것으로 보인다.

고성에 대한 복본의 맹세를 담고 있다. 서양의 에덴동산 이야기는 아담과 이브가 '선악과(善惡果)'를 따 먹은 것이 원죄가 되어 낙원에서 추방되었다는 이야기이다. 이는 선과 악이라는 분리의식의 작용에 따른 참본성의 상실이 곧 낙원의 상실로 이어진다는 점에서 마고성 이야기와 유사하다. 마고성 시대가 열린 시기를 정확하게 말하기는 어렵지만, 『환단고기(桓檀古記)』「삼성기전(三聖紀全)」에는 이를 추측케 하는 내용이 나온다. 고기(古記)를 인용하여 환인씨의 나라 환국(桓國, BC 7199~BC 3898)의 강역은 남북이 5만 리, 동서가 2만여 리인데,[105] 일곱 대를 전하여 지난 햇수가 모두 3,301년 혹은 63,182년이라고 한 것이 그것이다. 여기서 3,301년은 환인 7세의 역년만을 계산한 것이고, 63,182년은 전(前)문화시대까지 합산한 전체 역년으로 이해하는 것이 타당하다. 다만 63,182년을 마고성 시대부터의 역년으로 볼 것인지,* 아니면 마고성 이전의 전(前)문화시대가 또 있어 그것까지 합산한 역년인지에 대해서는 좀 더 면밀하게 연구해서 밝혀야 할 것이다. 과연 '마고의 나라(麻姑之邦)'는 무 대륙이 사라지기 전에 마고가 이주해 나와 무 제국의 문화를 계승한 것일까?[106] 아니면 '마고의 나라'와 무 제국은 동시대의 같은 나라로 무 대륙은 '마고의 나라'의 일부였던 것일까? 양자의 연계성에 대한 규명은 인류의 시원을 밝힘에 있어 반드시 해결해야 할 과제다.

이 외에도 햅굿이 1953년에 주창한 지각이동설은 아인슈타인의 열렬한 지지를 받은 바 있다. 지각의 극이 바뀐 것에 대한 증거는 16세기 오스만 제국(Ottoman Empire)의 제독 피리 레이스(Pîrî Reis), 16세기 네덜란드의 지도 제작

---

* 63,182년을 마고성 시대부터 환인 7세까지의 역년으로 볼 경우, 배달국(BC 3898~BC 2333)의 개창 시기가 BC 3898년이니 마고성 시대는 지금으로부터 약 7만 년 전 (63,182+3,898+2,017=69,097)에 열린 것으로 볼 수 있다.

자 메르카토르(Gerardus Mercator), 16세기 프랑스의 지도 제작자 오론테우스 피나에우스(Oronteus Finaeus) 등이 얼음으로 뒤덮이지 않았던 기원전 13000년부터 기원전 4000년 사이 남극대륙의 산맥과 강 등을 모사한 지도에서 찾아볼 수 있다. 이들이 모사한 지도는 빙기가 오기 전의 남극을 초고대문명이 작성한 것이라는 추측을 가능케 한다. 자장(磁場)의 반전에 따른 '철저한 파괴'에도 불구하고 페루의 나스카 지상 그림, 고대 이집트의 오시리스 숫자, 이집트의 피라미드와 스핑크스, 무 대륙보다 조금 앞선 시기에 대서양에 침몰한 것으로 전해지는 초고대문명 아틀란티스 등 전 세계에 걸쳐 불가사의한 문명의 유산은 계승돼 왔다. 지금까지 인류가 그랬던 것처럼 앞으로도 남겨진 문명의 흔적 위에 새로운 문명은 계속 발전해 갈 것이다.[107]

시간의 역사는 단선적인 사회발전 단계이론의 관점에 입각해 있는 까닭에 이상과 같은 고대 문명의 진실을 규명해내기 어렵다. 과거와 현재 그리고 미래라는 시간의 틀 속에 갇혀서는 우주 섭리의 작용과 인류 역사의 전개 과정이 긴밀히 연계되어 있다는 사실을 포착해내기 어려운 것이다. 천지의 형체만을 알 뿐, 천지의 주재자인 하늘[생명의 본체]은 알지 못하기 때문에, 다시 말해 우주만물의 생성·변화·소멸 자체가 모두 하늘의 조화(造化)의 자취이며 우주만물이 다 지기(至氣)인 하늘의 화현이라는 사실을 인식하지 못하기 때문에 천시(天時)와 지리(地理) 그리고 인사(人事)가 조응 관계에 있다는 사실을 놓치게 되는 것이다. 또한 삼라만상이 생성, 유지, 파괴, 소멸이라는 성주괴공(成住壞空, 生住異滅)의 네 과정을 순환 반복하며 끊임없는 변화 속에 있게 되므로 '나'라는 고정된 실체가 없음에도, 무상(無常)과 무아(無我)의 이치를 터득하지 못하고 생명의 순환을 이해하지 못함으로 해서 탐착과 분노의 에너지에 이끌려 대립과 갈등을 일삼게 되는 것이다. '사회적 자아(social self)'로부터의 도피를 그 본질로 하는 나르시시즘(narcissism)이나, 삶 자체로부터의 도피를 그 본질로 하는 니힐리즘(nihilism)은 모두 영적 무지에서 오는 일종의 병리현상으로 그 극복을 위해서는 생명에 대한 진정한 앎이 전제되어야 한다.

그러나 육체적 자아의 감옥에 갇혀서는 불생불멸인 생명을 파악할 길이 없다. 생명은 오직 통섭적 사고를 통해서만 접근할 수 있는 영역이다. 여기서 우리가 고대의 무 제국이나 마고성의 추억을 떠올리는 것은, 통섭적 사고의 바탕을 이루는 전일적 패러다임(holistic paradigm)이나 복잡계 과학이 그 당시에 이미 실생활에 통용되고 있었기 때문이다. '양자(quantum) 의식 속에서 살고 사랑하고 치유하는' 그들의 삶 속에서 오늘날 운위되고 있는 통섭적 세계관의 원형을 찾아볼 수 있기 때문이다. 오늘날 전일적 실재관의 원형이 마고의 삼신사상'한'사상이고, 그 사상의 맥이 이어져 환단(桓檀)시대에 이르러 핀 꽃이 천부사상이며, 유·불·도, 힌두사상, 동학 등이 모두 같은 갈래에서 나왔다. 이처럼 마고의 삼신사상이 동·서양의 문화·문명을 발흥시킨 모체였다는 사실이 점차 밝혀지고 있는 것은, 천·지·인 삼신일체의 삼신사상에서 전 세계 종교와 사상 및 문화가 수많은 갈래로 나뉘어 제각기 발전하여 꽃피우고 열매를 맺었다가 이제는 다시 하나의 뿌리로 돌아가 통합되어야 할 시점에 이르렀기 때문일 것이다. 아브라함의 자손 이삭과 이스마일의 비극에서 연원하는 유대교·기독교와 이슬람교 간의 끝없는 대립과 전쟁의 역사는 서양문화권의 이원론적인 사고로는 결코 세계평화를 이룩할 수 없음을 분명히 보여준다.

마고의 삼신사상은 한민족의 근간이 되는 사상일 뿐만 아니라 모든 종교와 진리의 모체가 되는 사상이다. 천·지·인 삼신일체는 불교의 삼신불, 기독교의 삼위일체와 마찬가지로 '생명의 3화음적 구조', 즉 본체-작용-본체와 작용의 합일을 나타낸다. 하나인 본체—그것을 하늘이라고 부르든, 유일신이라고 부르든, 도(道)라고 부르든, 그 밖의 다른 어떤 이름으로 부르든—의 자기복제로서의 작용으로 우주만물이 생겨나고 다시 그 근원으로 돌아가는 과정이 순환 반복되는 것이니, 생명의 본체와 작용이 하나라고 한 것이다. 환인씨의 나라 환국이 열린 시기를 기점으로 지금으로부터 9,000년 이상 전부터 전해진 삼신사상의 가르침*은 생명의 본체인 유일신[天]과 그 작용인 우주만물이 하나라는 일즉삼(一卽三, 一卽多)·삼즉일(三卽一, 多卽一)의 원리에 기초한 것이다. 본체계에서 나와 활동하는 생명의 낮의 주기를 삶이라고 부르고 다시 본체계로 돌아가는 생명의 밤의 주기를 죽음이라고 부른다면, 생명은 삶과 죽음을 포괄하는 전일적인 흐름(holomovement)이라는 것이 삼신사상의 가르침의 진수(眞髓)다.

생명의 거대사는 영성과 물성의 역동적 통일성에 기초한 생명의 순환에 대한 인식을 바탕으로 역학적(易學的) 순환사관에 입각해 있으며 통섭적 사고의 긴요성을 강조한다. 서양의 발전론이—헤겔의 '주인과 노예의 변증법'에서 보듯—의식의 진화과정을 논리적으로 설명하기 위해 직선적인(linear) 변증법적 발전 방식을 기용한 것이라면, 동양의 순환론은 의식의 진화과정을 직관적으로 설명하기 위해 천지운행의 원리에 조응하는 순환적인(circular) 변증법적 발전 방식을 기용한 것이다. 따라서 자연을 정복의 대상으로 삼는 서양의 직선적 발전론과는 달리, 동양의 순환적 발전론은 인간 역시 자연의 일부로서 천리(天理)에 순응하는 삶을 살아야 함을 강조한다. 또한 서양의 분석적인 사고방식이 사물과 사람 자체에 주의를 기울이며 형식논리나 규칙

---

* 삼신사상의 가르침은 天神教, 神教, 蘇塗教, 代天教(부여), 敬天教(고구려), 眞倧教(발해), 崇天教·玄妙之道·風流(신라), 王倹教(고려), 拜天教(遼·金), 主神教(만주) 등으로 불리며 여러 갈래로 퍼져 나갔다.

을 사용하여 추리한다면, 동양의 종합적인 사고방식은 부분보다는 전체에 주의를 더 기울이며 사물들과의 관계를 통하여 파악한다.[108] 그럼에도 동양의 순환론과 서양의 발전론이 공통으로 지향하는 종국 지점은 주관과 객관의 조화를 함축한 이상사회의 구현이다.

현대 물리학과 동양사상의 만남에서 보듯 우리가 처한 문명의 시간대는 서양의 분석적 사고방식과 동양의 종합적 사고방식의 접합을 요구한다. 생명의 거대사는 통섭적 세계관을 바탕으로 물성과 영성, 시공과 초시공을 관통하며 티끌 속에서 티끌 없는 곳으로 가는 길을 제시한다. 새로운 우주론에서 우주는 '상호 긴밀히 연결되어 있는 에너지-의식의 그물망'이다. 양자 파동함수(quantum wave function)의 붕괴를 결정짓는 것은 바로 의식이며, 이는 '본질적 삶에서 일어나는 일체의 현상을 통제하는 주체가 심판의 신이 아니라 인간의 정신'임을 의미한다. "우리 세계와 우리 삶과 우리 몸은 양자적 가능성(quantum possibility)의 세계에서 선택된 그대로이다. 우리가 세계나 삶이나 몸을 변화시키고 싶다면, 먼저 새로운 방식으로 이들을 바라보아야 한다. 즉 많은 가능성 중 하나를 선택해야 하는 것이다. 그러면 양자적 가능성 중 오직 하나만이 우리가 현실로 경험하는 것이 된다."[109] 세계든 삶이든 몸이든 우리가 인지하는 방식이 물리적 현실에 강한 영향을 준다는 것이다. 정신 능력의 '형태형성장'은 그것과 상호 작용하는 사람이 많을수록 그 힘이 강력해져서 결국에는 물리적인 실체 자체의 모습을 변형시킨다고 루퍼트 셸드레이크는 말한다. 이는 시공(時空)을 초월한 공명현상(共鳴現象)이 작용하기 때문이다. 바야흐로 인류의 의식이 시공의 인큐베이터를 제거할 때가 되었다.

"코스모스는 과거에도 있었고 현재에도 있으며 미래에도 있을 그 모든 것이다. 코스모스를 정관(靜觀)하노라면 깊은 울림을 가슴으로 느낄 수 있다. 나는 그때마다…아득히 높은 데서 어렴풋한 기억의 심연으로 떨어지는 듯한, 묘한 느낌에 사로잡히곤 한다. 코스모스를 정관한다는 것은 미지(未知)중의 미지의 세계와 마주함이기 때문이다."

"The Cosmos is all that is or ever was or ever will be. Our feeblest contemplations of the Cosmos stir us—there is…a faint sensation, as if a distant memory, of falling from a height. We know we are approaching the greatest of mysteries."

- Carl Sagan, *Cosmos* (2013)

02

빅뱅과
우주의 탄생

우주와 생명의 기원을 탐구함에 있어 종종 빠지기 쉬운 오류는 우리와 우주의 관계를 주체와 대상의
관계로 분리 설정하는 데 있다. 인간과 우주의 분리는 의식[파동]과 물질[입자]의 분리에 기인한다.…우주
의 기원이 '영원' 속에 있는가, 아니면 '시간' 속에 있는가 하는 문제는 신학자들과 철학자들 그리고 과
학자들에게 많은 혼란을 야기했다. 그러나 이러한 혼란은 불변(不變)의 '보이지 않는 우주[본체계]'와 필
변(必變)의 '보이는 우주[현상계]'의 관계적 본질을 이해하지 못한 데에 기인한다. '영원'과 '시간'의 분리는
생명의 자기조직화에 대한 몰이해에서 오는 것으로 본체와 작용의 분리에 기인하는 것이다. 본체[神·
天·靈]의 관점에서는 '영원'이지만, 작용[우주만물]의 관점에서는 '시간'이다. '영원'과 '시간'은 물질의 관
점 속으로 들어온 인간이 하나의 이치를 양 방향에서 관찰한 것이다. 우주만물은 내재된 필연적 법칙
성에 따라 생성과 소멸을 끝없이 순환 반복하지만, 그 실체인 '파동의 대양(氣海)', 즉 우주의 창조적 에
너지의 흐름은 영원히 이어진다.…빅뱅이 우주의 탄생과 진화를 설명한다면, 여전히 남은 의문은 '애
초에 무엇이 빅뱅을 일으켰는가?'라는 것이다.…우주는 넘실거리는 파동의 대양—교향곡 그 자체일
뿐, 작곡한 자가 따로 있는 것이 아니다.

- 본문 중에서

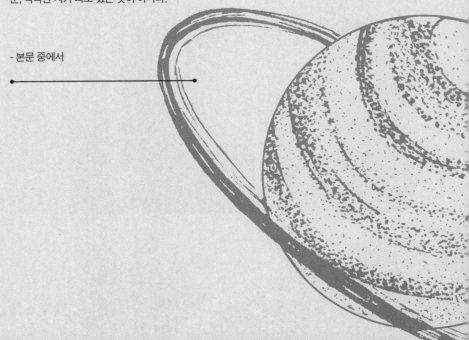

무위(無爲)의 천지창조 또는 생명의 자기조직화

미국 '레이저 간섭계 중력파 관측소(Laser Interferometer Gravitational-Wave Observatory, LIGO · 라이고)' 연구진은 2016년 2월 11일 오전(현지 시각) 워싱턴과 런던, 피사 등에서 동시에 기자회견을 열고 "두 개의 블랙홀이 충돌해 합쳐질 때 발생한 중력파를 직접 검출하는 데 성공했다"고 공식 발표했다. 100년 전 아인슈타인이 일반상대성이론(general theory of relativity)에서 예측한 중력파(重力波)의 존재가 처음으로 확인된 것이다. 이 대규모 국제 협업 프로젝트는 루이지애나주립대 가브리엘라 곤잘레스(Gabriela González) 교수, 영화 인터스텔라(Interstellar)의 자문을 맡았던 것으로 잘 알려진 캘리포니아공대 킵 손(Kip Thorne) 명예교수, 그리고 한국인 과학자 14명 등을 포함하여 13개국 과학자 1,000여 명이 참여한 국제공동연구진의 합작품이라는 점에서 그 의미가 자못 크다.*[1] 말하자면 이번 중력파 검출은 집단 지성과 거대한 장비들이 펼치

---

* 중력파는 물질과 아주 약하게 상호작용하기 때문에 이를 잡아내기는 보통 어려운 일이 아니다. 중력파 검출을 최초로 시도한 이는 미국의 조지프 웨버(Joseph Weber)와 존 휠러(John Archibald Wheeler)이다. 이들은 1955~1956년에 중력파 측정 장치를 만들어 중력파 관측을 시도했으나 성공적이지 못했다. 1974년 미국의 조지프 테일러(Joseph Taylor)와 러셀 헐스(Russell Hulse)는 쌍성계(雙星系) 펄서(전파 천체, PSR

는 '거대과학'의 시대적 산물이다.

　중력파란 빅뱅(Big Bang 대폭발), 초신성 폭발, 블랙홀 충돌 등 초대형 이벤트가 우주에서 발생할 때 급격한 질량의 변화로 시공간의 일렁임이 광속으로 파동의 형태로 퍼져나가는 것을 말한다. 라이고는 2015년 9월 12일 중력파 관측을 시작한 지 불과 이틀 만인 9월 14일 중력파를 잡는데 일단 성공했으며, 이어 라이고가 관측한 데이터의 확실성 여부를 놓고 전 세계 연구팀이 검증하는 작업을 해왔다. 라이고 공동연구진은 4km에 달하는 두 개의 긴 관 끝에 설치된 거울을 통해 레이저를 반사시키는 빔 스플리터(Beam Splitter)라는 장비로 레이저 간섭 현상을 통해 경로 변화를 측정하는 방식으로 시공간의 휘어짐을 측정했다고 밝혔다.[2] 일반상대성이론에 대한 가장 극적인 증명이랄 수 있는 라이고의 중력파 검출은 "금세기 과학사 최고의 사건"으로 평가받고 있다.

　중력파는 시공간의 일렁임이 파동의 형태로 전파된다고 해서 '시공간의 잔물결(ripple)'로도 불린다. 중력파를 이용하면 지금까지 인류가 볼 수 없었던 새로운 우주를 관측하는 창(窓)을 갖게 된다. 현재까지 우주를 관측하는 데 주로 사용된 것은 가시광선이나 엑스선, 감마선, 전파와 같은 전자기파였다. 전자기파는 물질과 상호작용을 잘 하기 때문에 물질을 통과하는 것이 어려워 주로 천체의 표면에 대한 정보를 얻는 데 그쳤다. 우주에서 일어나는 다양한 현상을 제대로 이해하려면 초신성 폭발, 블랙홀 내부, 우주 초기 빅뱅의 과정에서 있었던 일들을 이해해야 하는데 전자기파를 이용한 측

B913 + 16)를 발견, 중력파의 존재를 간접적으로 확인한 공로로 1993년 노벨 물리학상을 받았다. 중력파 검출에는 라이고 연구진 외에도 영국, 프랑스, 이탈리아, 독일, 일본, 인도, 호주, 중국 등도 야심차게 나서고 있다.

정으로는 그런 직접적인 정보를 알아낼 수 없다. 그러나 물질과 상호작용을 잘 하지 않는 중력파는 방해를 받지 않고 아주 먼 거리까지 전파될 수 있으므로 은하의 중심부에서 일어나는 일들에 대한 정보를 전해줄 수 있다. 마치 X-레이가 사람의 몸속을 보여주듯이 중력파는 별들의 내부를 우리에게 보여줄 것이다. 그렇게 되면 블랙홀 탄생을 관측하고 우주 생성 과정을 해명하는 것이 가능해진다. 빅뱅 시에 만들어진 중력파도 측정할 수 있고 우주의 미래에 대해, 그리고 우주 진화의 각 단계에 대해서도 더 많은 정보를 얻을 수 있으며, '중력파 천문학'이라는 새로운 학문의 지평이 열릴 것으로 기대된다.[3]

　이번 라이고의 공식 발표에서 필자가 특히 주목하는 것은 라이고가 중력파를 소리로 변환한 것을 함께 공개한 것이다. 두 블랙홀이 충돌해 하나로 합쳐질 때 발생하는 중력파의 소리[4]는 마치 아기의 고동소리를 듣는 것과도 같은 느낌을 준다. 우주의 고동소리와 아기의 고동소리가 일체인 것은 대우주와 소우주가 합일인 까닭이다. 따라서 천·지·인의 통합성에 대한 자각이 없이 생명 현상을 이해하기는 어려운 것이다. 경전이나 고서는 무위(無爲)의 천지창조(天地創造)*가 초형상·초시공의 소리의 오묘한 경계와 맞닿아 있음을 보여준다. 박제상(朴堤上)의 『부도지(符都誌: 『澄心錄』15誌 가운데 제1誌)』 제2장에서는 '태초에 소리(音)가 있었다'고 하였으며, 『우파니샤드 Upanishads』에서는 우주만물과 유일신 브라흐마를 불가분의 하나, 즉 불멸의 음성 '옴(OM)'으로 나타냈고, 「요한복음」(1:1)에서는 "태초에 말씀[하늘소리]이 계시니

---

*　우주는 자기생성적 네트워크체제로 이루어져 있으므로 창조주와 피조물이 따로 있는 것이 아니다. 따라서 주체와 객체의 이분법이 성립되지 않으므로 상대계의 언어로 적절하게 나타내기는 어렵지만, 생명의 자기조직화라는 의미로 무위의 천지창조라고 한 것이다.

라"고 하였으며, 『장자(莊子)』에서는 '천악(天樂)' 즉 우주자연의 오묘한 조화로서의 하늘음악을 노래했다. 하늘음악은 바로 조화자의 말씀 그 자체다. 이는 모두 초형상·초시공의 소리의 오묘한 경계를 나타낸 것이다. 말하자면 우주 삼라만상의 기원과 천국의 조화성을 소리의 경계,* 즉 파동으로 나타내고 있는 것이다. 『부도지』 제2장에는 역사상 유례를 찾아볼 수 없는 창세(創世)에 관한 기록이 나온다.

> 선천시대에 마고대성은 실달성(實達城)과 나란히 있었다. 처음에는 햇볕만이 따뜻하게 내려 쪼일 뿐 눈에 보이는 물체라고는 없었다. 오직 8려(呂)의 음(音)만이 하늘에서 들려오니 실달과 허달(虛達)이 모두 이 음에서 나왔으며, 마고대성과 마고 또한 이 음에서 나왔다. 이것이 짐세(朕世)다.[5]

여기서 '음'은 소리이며 우주의 실체인 의식과 마찬가지로 일종의 파동이다. '음'에 의한 천지창조설은 생명의 파동적 성격에 대한 이해를 전제한 것으로 '천지본음(天地本音)'[6]이란 우주 삼라만상의 기원을 일컫는 것이다. 조선시대 『성리대전(性理大典)』에 음악이론서인 『율려신서(律呂新書)』가 포함된 것도 '소리는 곧 하늘'이라는 우리 전통사상의 맥이 통치이념에 반영된 것이다.** 생명의 파동적 성격은 아(亞)원자 물리학의 양자장(quantum field) 개념에

---

* 이러한 소리의 경계는 알리기에리 단테(Alighieri Dante)의 『神曲 La Divina Commedia』에서도 잘 나타나고 있다. 〈지옥편〉〈연옥편〉〈천국편〉의 3부로 이루어진 이 작품은 단테 자신의 영혼의 순례과정, 즉 잃어버린 신성을 찾아가는 과정을 생생하게 그리고 있다. 여기서 지옥편은 물질[형상] 차원에 갇힌 無明의 삶의 행태를 말함이니 조각에, 천국편은 형상을 초월한 超시공의 영역을 말함이니 음악[하늘소리]에, 그리고 연옥편은 회화에 비유되기도 한다.

** 『律呂新書』에는 음악의 시작이 黃鐘音(기준이 되는 音)에서 비롯된다고 나와 있다.

서도 분명히 드러난다. 즉 물질은 개별적인 원자들로 구성된 실재가 아니라 장(場)이 유일한 실재이며 물질은 장이 극도로 강하게 집중된 공간의 영역에 의해 성립되는 것이라고 보는 것이다. 데이비드 봄의 양자이론에 따르면, 파동이 모여서 다발(packet)을 형성할 때 입자가 되는 것이고 그 파동의 기원은 우주에 미만(彌滿)해 있는 초양자장(superquantum field)이다. 말하자면 파동이 상호작용함으로써 규칙적인 원자 배열이 만들어지고 하나의 결정 구조가 생겨난 것이 물질이다. 입자[물질]란 정확하게 말하면 입자처럼 보이는 파동[의식]일 뿐이라는 것이다. 생명은 '살아있는 시스템(living systems)',[7] 즉 네트워크이며 시스템적, 전일적 사고를 통해서만이 접근할 수 있는 영역이다.

'실달'과 '허달'은 각각 실재세계와 그림자세계, 즉 본체계와 현상계를 나타낸 것으로 무위의 천지창조에 의해 양 차원이 생겨난 것이다. 일체가 에너지로서 접혀 있는 전일성의 세계인 본체계[의식계]와 무수한 사상(事象)이 펼쳐진 다양성의 세계인 현상계[물질계]는 내재적 질서에 의해 하나의 고리로 연결되어 있으며 상호 조응·상호 관통한다. 우주에서 일어난 모든 것은 사라지는 것이 아니라 보이지 않는 질서 속으로 접혀져 들어가 있으며, '접혀진(enfolded)' 질서 속에는 과거·현재·미래 우주의 전 역사가 다 담겨져 있다. 흔히 아카식 레코드(Akashic Records)*라고도 불리는 이 접혀진 질서는 인간

世宗 때 朴堧의 黃鐘律管 제작으로 황종음을 정립했고, 또한 황종율관을 기준으로 度量衡을 통일해 실생활에 적용했다. 세종에게 있어 소리는 곧 하늘이었기에 황종음을 세우는 것은 곧 국가의 표준을 세우는 일이기도 했다. 백성들과의 소통체계를 강화하기 위해 소리글자인 한글을 창제한 것도 백성들의 소리가 곧 하늘이라고 생각했기 때문이다.

* 아카식 레코드는 하늘, 우주 등을 일컫는 산스크리트어 '아카샤(aksha)'에서 비롯된 말로서 인간과 우주의 모든 활동을 데이터화하여 기록, 보관하는 일종의 우주도서관이다. 아카식 레코드라는 개념이 처음 등장하게 된 것은 '神智學(theosophy)협회'를 창

과 우주의 모든 활동을 정보 파동에 의해 기록하고 지속적으로 자동 업데이트하여 보관하는 일종의 우주도서관이자 우주를 창조한 슈퍼컴퓨터라 할 수 있다. 한 세상의 주기를 뜻하는 '겁세'가 지금까지 몇 번이나 있었는지는 우주 차원의 대격변과도 관계되는 것으로 정확하게 말하기는 어렵다.

우주 삼라만상은 작위(作爲)함이 없이 자연히 생겨나는 까닭에 필자는 무위의 천지창조 또는 생명의 자기조직화(self-organization)라고 명명한다. 생명의 자기조직화 원리는 네트워크 과학에서 네트워크가 상호 작용하며 스스로 만들어내는 다양한 패턴을 '자기조직화'라고 명명하는 것과 유사하다. 자기조직화의 경계는 주체와 객체의 이분법이 폐기된 이른바 '참여하는 우주'의 경계이므로 창조하는 주체도 없고 창조되는 객체도 없다. 말하자면 생명의 시스템적 속성에서 자기조직화가 일어나는 것이다. 생명의 자기조직화를 이해하기 위해서는 의식계[전일성]와 물질계[다양성]가 하나임을 알아야 한다. 이러한 상호 관통을 깨닫지 못하면 죽음에서 죽음으로 떠돌게 된다고 『까타 우파니샤드 Kata Upanishad』에서는 말한다.

> 여기에 있는 것은 또한 거기에 있고, 거기에 있는 것은 또한 여기에 있다. 다양성을 보고도 전일성을 보지 못하는 사람은 죽음에서 죽음으로 떠돌게 된다.
> What is here is also there, and what is there is also here. Who sees the many and not the ONE, wanders on from death to death.[8]

설한 러시아의 종교적 신비주의자 헬레나 페트로브나 블라바츠키(Helena Petrovna Blavatsky, 1831~1891)와 '人智學(anthroposophy)협회'를 창설한 독일계 오스트리아의 人智學 창시자 루돌프 슈타이너(Rudolf Steiner, 1861~1925)와 관련이 있다.

우주와 지구 그리고 생명의 기원을 고찰함에 있어 단골로 등장하는 논쟁적인 이슈가 바로 창조냐 진화냐 하는 것이다. 우주만물의 개체성은 누가 누구를 창조한 것이 아니라 생명의 본체인 '하나(ONE 天地人)'가 스스로 다양한 모습으로 현현한 것이므로 창조하는 주체도 없고 창조되는 객체도 없다. 생명은 내재된 필연적 법칙성에 따라 스스로 생성되고 변화하여 돌아가는 '스스로(自) 그러한(然)' 자, 즉 자연이며 이러한 생성과 소멸의 과정은 끝없이 순환 반복된다. 이를 수운 최제우는 '무왕불복지리(無往不復之理)', 즉 '가고 돌아오지 않음이 없는 이법'이라고 하고 천도(天道)라고 명명했다.[9] 생명의 밤이 오면 만물은 본체계로 되돌아가고, 생명의 아침이 밝아오면 다시 현상계로 나와 활동을 시작하는 것이다. 양 차원의 소통성을 알지 못하고서는 생명의 전일성과 자기근원성을 파악할 수가 없으므로 자기조직화 원리를 이해할 수가 없다. 따라서 창조냐 진화냐 하는 논쟁에 빠지게 되고 결국 인간 스스로가 누구인지조차 알 수 없게 된다. 『이샤 우파니샤드 *Isa Upanishad*』의 경문에는 이분법을 초월한 양자계의 역설적 존재성이 생생하게 드러나 있다.

> 참자아[제1원인]는 움직이면서 동시에 움직이지 않고, 멀리 있으면서 동시에 가까이 있으며, 만유 속에 내재해 있으면서 동시에 만유 밖에 있다.
>
> He moves, and he moves not. He is far, and he is near. He is within all, and he is outside all.[10]

우주의 본질인 생명은 만물이 만물일 수 있게 하는 제1원인[神, 天]이다. 우주 지성·에너지·질료는 이른바 제1원인의 삼위일체로서 유일자인 생명의 세 기능적 측면을 나타낸 것이다. 말하자면 생명은 물질과 에너지의 패턴이라는 기본 구조 속에 우주 지성[정보]이 내재한 것이다. 그런데 우리의 앎이 '몸' 단계에 머물러 있으면 생명은 물질적인 몸 그 자체로 인식되는 까닭에 생명이란 것이 삶과 죽음을 포괄하는 전일적인 흐름임을 간파하지 못하고 창조주와 피조물로 이분화 된다. 우주의 본질인 생명은 심리적·물리적 통합체일 뿐만 아니라 정신적·영적 통합체이다. 우리의 앎이 '영' 단계에 머물러 있으면 생명은 육(肉)인 동시에 영(靈)으로 인식되므로 생명의 순환을 이해할 수 있게 되고, 종국에는 '여기가 거기이고 그때가 지금'이니 '지금 여기' 이외의 그 어떤 시간과 공간이 따로 있는 것이 아님을 알게 된다. 따라서 창조냐 진화냐 하는 이분법적인 접근으로는 우주와 생명의 기원을 적절하게 설명할 수가 없다. 우주의 진행방향은 영적 진화[의식의 진화]이므로* 창조와 진화를 통섭적으로 함축하고 있는 '창조적 진화'라는 개념이 우주와 생명의 기원을 이해하는 데 보다 유용한 도구가 될 수 있다.

우주와 생명의 기원을 탐구함에 있어 종종 빠지기 쉬운 오류는 우리와 우주의 관계를 주체와 대상의 관계로 분리 설정하는 데 있다. 인간과 우주의 분리는 의식[파동]과 물질[입자]의 분리에 기인한다. 눈에 보이는 물질적 우주는 에너지로 접혀진 보이지 않는 우주가 드러난 것이므로 '드러난 질서'와 '숨겨진 질서'는 동전의 양면과도 같이 상호 조응한다. 따라서 본체계[의식계]와 현상계[물질계]의 유기적 통합성에 대한 자각이 없이 우주와 생명 현상을 이해하기는 불가능하다. 이원론에 빠진 과학이 외면해온 보이지 않는 반쪽의 우주[본체계, 의식계]는 보이는 우주[현상계, 물질계]와 긴밀하게 연결되어 있으

---

* 우주의 진행방향이 영적 진화인 것은 우주만물의 '제1원인'인 생명의 삼위일체—우주 지성·에너지·질료—의 작용, 특히 전지(omniscience)·전능(omnipotence)의 우주 지성에 기인한다.

므로 그 반쪽의 우주를 이해하지 못하고서는 우리의 우주를 온전히 이해할 수가 없다. 우리가 육안으로 보는 분절된 물질적 세계는 개체화 의식의 자기투사에 불과한 것이다. 현대 물리학자들은 우리의 육체가 견고한 물질이 아니라 텅 빈 공간으로 이루어져 있다는 것을 발견했다. 다시 말해 우주의 실체가 의식이며 우리가 딱딱한 육체가 아니라는 사실이 밝혀진 것이다.

현대 과학자들에 의하면 창발(emergence)―종교에서 말하는 의인화된 의미의 창조―현상이 가능한 것은 분자가 갖고 있는 '정보-에너지장(information-energy field)' 때문이며, 이 정보-에너지장이 목적과 방향을 알고 필요에 따라 모여서 단세포 생물이 탄생하게 된다고 한다. 1957년 프린스턴대 물리학자 휴 에버렛 3세(Hugh Everett III)는 우리 의식의 집중이 '어떻게' 현실을 창조하는지를 다세계 이론(Many World Theory)으로 설명하는 논문에서, 존재하는 두 가지 가능성 사이에 양자다리(quantum bridge)가 놓이고 하나의 현실에서 또 다른 현실로 이른바 '양자 도약(quantum leap)'이 가능해지는 순간―그가 '선택 포인트'라고 명명하는―에 대해 설명하고 있다.[11] 그것은 우리가 자신을 바라보는 새로운 방식과 새로운 현존을 선택할 때 그 선택을 실현하기 위해 우주적 에너지가 작동하게 된다는 말이다. 스위스의 정신과 의사이자 분석심리학자인 칼 구스타프 융(Carl Gustav Jung)은 이 정보-에너지장(場)을 '한마음(一心, 근원의식, 보편의식, 전체의식, 우주의식)'이라고 명명했다. '한마음'은 모든 것을 포괄하고 모든 존재를 이루지만, 그 자체는 아무것도 아니며[無名] 어떤 존재의 속성도 지니지 않는다고 『티벳 해탈의 서 The Tibetan Book of the Great Liberation』 해제 서문에서 융은 말한다.

한마음은 모든 에너지의 유일한 근원이며, 모든 잠재력들의 잠재력이며, 우주적인 힘의 단 하나뿐인 발전기이며, 모든 진동의 시발자이며, 미지의 원인이며,

우주선(線)과 물질이 그 모든 전자기적 성질―빛과 열, 전기와 자기, 방사능, 가시·불가시의 갖가지 외관을 한 유기물과 무기물 등의―을 띠고 자연계의 전역에 존재하게 만든 모체이다. 그리하여 한마음은 자연법의 창시자이고 우주의 주인이자 관리자이며 원자구조와 세계 구조의 건설자, 성운(星雲)을 우주 공간에 흩뿌린 자, 우주적 결실의 수확자, 존재해왔고 현재 존재하며 영원히 존재할 모든 것의 변치 않는 그릇인 것이다.[12]

현대 과학과 의식의 접합은 다음의 비교에서도 분명히 드러난다. 양자역학적 실험에서 주체와 객체를 하나의 연속체로 파악한 것이나, 산일구조에서 일어나는 자발적인 자기조직화 원리는 천부사상, 힌두사상, 유·불·도, 동학에서 이 우주를 자기생성적 네트워크체제로 보는 관점과 조응한다. 특히 『천부경』의 상생상극하는 천지운행의 현묘한 이치는 양자역학의 비국소성(non-locality)의 원리, 복잡계의 특성인 프랙털 구조, 자기조직화, 비평형(nonequilibrium), 비가역성(irresistibility), 비선형성(nonlinearity), 분기(bifurcation), 피드백 과정, 요동(fluctuation)현상, 창발 현상을 함축하고 있다. 또한 『참전계경』에 나오는 천지운행의 도수(度數), 간지(干支), 사주팔자 등은 복잡계의 전형을 함축하고 있으며 당시 통용되었던 복잡계 과학의 실상을 보다 구체적으로 보여준다. 양자역학적 실험에서 관찰자의 의식이 실험결과에 영향을 미치듯 우리는 이 우주에서 단순한 방관자가 아니라 적극적으로 참여하는 존재이며, 우리의 의식 자체가 우주의 변화를 야기하는 것이다.

이러한 상호 연관과 상호 의존의 세계 구조는 수많은 구성요소들이 유기적으로 링크되어 있는 복잡계의 특성을 여실히 보여준다. 도가사상은 양자역학적 패러다임이나 복잡계 과학의 핵심원리와 상통한다. 천지만물이 작용하는 주체가 없는 작용, 즉 무위(無爲)의 작용에 의해 생겨났다고 보는 것은 주체와 객체의 이분법이 폐기된 양자역학적 패러다임과 조응한다. 또 음양의 원리에 의해 도(道)가 천지만물을 생성하는 과정은 비평형의 열린 시스템에서 상호 피드백 과정에 의해 일어나는 자발적인 자기조직화의 창발 현상과 조응하며, 무질서 속의 질서를 찾아내고자 하는 복잡계 과학의 특성을 잘 함축하고 있다. 도는 명(名)과 무명(無名)의 피안에서 일(一)과 다(多), 무(無)와 유(有), 본체와 현상을 모두 포괄하는 동시에 초월하는 우주만물의 근본원리, 즉 보편자[창조주]이다. 생명의 본체인 도는 위치라는 것이 없으므로 어디에도 존재하지 않으면서 동시에 모든 곳에 존재하는 비국소성[초공간성]을 띠는 안개와도 같은 것이다. 여기서 도는 데이비드 봄의 초양자장이나 자기조직화의 창발 현상을 가능하게 하는 '정보-에너지장' 또는 효소의 자기조직화하는 원리와도 조응하는 일심의 도(道)이다.[13]

상고시대 한민족의 정치대전이자 삶의 교본이었던 『천부경』에는 무위의 천지창조 또는 생명의 자기조직화에 관한 내용이 나온다.[14] 천부경은 아시아의 대제국 환국(桓國)으로부터 전승되어 온 것으로 모든 종교와 진리의 모체가 되는 인류의 경전이다. 일즉삼·삼즉일의 원리에 기초한 천부경의 '한'사상[삼신사상, 천부사상]은 유일신 논쟁을 침묵시킬 만한 난공불락의 논리 구조와 '천지본음(天地本音)'을 담고 있다. 천부경은 생명의 흐름이 상호 의존·상호 전화·상호 관통하는 원궤를 이루며 영원히 이어지고 있음을 명정하게 보여준다. 일원(一元: 宇宙曆 1년)인 12만 9,600년을 주기로 천지개벽의 도수(度數)에 따라 우주가 봄·여름·가을·겨울의 개벽으로 이어지는 우주의 순환, 지구가 태양을 공전하고 태양계는 은하계를 2억 5,000만 년 주기로 회전하며 은하계는 은하단을 향하여 회전운동을 하는 천체의 순환, 그리고 천시(天時)와 지리(地理)에 조응하는 생명체의 순환과 카르마(karma 業)의 작용이 불러일으키는 의식계의 순환—그 속을 우리가 살고 있는 것이다. 우주의 순환, 천체의 순환, 생명체의 순환, 그리고 의식계의 순환과 더불어 일체 생명의 비밀을, 그 어떤 종교적 교의나 철학적 사변이나 언어적 미망에 빠지지 않고 단 81자로 열어 보인 천부경이야말로 모든 종교와 진리의 진액이 응축되어 있는 경전 중의 경전이다.

① 상경(上經) 「천리(天理)」

상경 「천리」에서는 근원성·포괄성·보편성을 띠는 영원한 '하나(一)'*의 본질과 무한한 창조성, 즉 천·지·인 혼원일기인 '하나(一)'에서 우주만물이 나오는 일즉삼(一卽三)의 이치를 드러내고 있다.

일시무시일 석삼극무진본(一始無始一 析三極無盡本)

"'하나(一)'에서 우주만물이 비롯되지만 시작이 없는 '하나(一)'이며, 그 '하나(一)'에서 천·지·인 삼극이 갈라져 나오지만 근본은 다함이 없다"는 뜻이다. 궁극적 실재인 '하나(一)'에서 우주만물이 비롯되지만 그 '하나(一)'는 감각이나 지각을 초월해 있으며 인과법칙에서 벗어나 자본자근(自本自根)·자생자화(自生自化)하는 절대유일의 '하나(一)'[15]인 까닭에 시작이 없는 것이라 하여 '일시무시일'이라고 한 것이다. 시작이 없다는 것은 곧 끝이 없다는 것이며, 시작도 끝도 없는 영원한 '하나(一)'에서 천·지·인 삼극이 갈라져 나오지만 그 근본은 다함이 없는 것이라 하여 '석삼극무진본'이라고 한 것이다.

---

* 여기서 생명의 본체인 '하나(一)'는 우주만물의 제1원인인 '하나'(님), '하늘'(님), 神을 지칭한다. 우주의 실체는 의식이므로 이 '하나(一)'는 一心[참본성], 神性 또는 보편의식[근원의식, 순수의식, 우주의식, 전체의식]이다.

천일일 지일이 인일삼(天一一 地一二 人一三)

"하늘의 본체(天一)가 첫 번째(一)로 열리고, 땅의 본체(地一)가 두 번째(二)로 열리고, 인물(人物)의 본체(人一)가 세 번째(三)로 생겨나게 된다"는 뜻이다. '천일(天一)·지일(地一)·인일(人一)'은 '하나(一)'의 본체를 천·지·인 셋으로 나눈 것으로 그 근본은 모두 하나로 통하는 것이다. 말하자면 '하나(一)'의 묘리(妙理)의 작용으로 천지가 열리고 인물(사람과 우주만물)이 생겨나는 무위의 천지창조(天地創造) 과정을 일(一), 이(二), 삼(三)의 순서로 나타낸 것으로, 일·이·삼은 천·지·인을 나타내는 기본수이기도 하다. 이는 『황극경세서(皇極經世書)』에서 '천개어자(天開於子)' 즉 자회(子會: 宇宙曆 1월)에서 하늘이 열리고, '지벽어축(地闢於丑)' 즉 축회(丑會: 宇宙曆 2월)에서 땅이 열리며, '인기어인(人起於寅)' 즉 인회(寅會: 宇宙曆 3월)에서 인물(人物)이 생겨나는 선천개벽(先天開闢)[16]이 있게 되는 것이라고 한 것과 일치한다.

일적십거 무궤화삼(一積十鉅 無匱化三)

"'하나(一)'가 쌓여 크게 열(十)을 이루지만 다시 다함이 없이 천·지·인 삼극으로 화한다"는 뜻이다. '하나(一)'의 묘리(妙理)의 작용으로 우주만물이 생장·분열하고 수렴·통일되지만 그로써 끝나는 것이 아니라 다시 생장·분열하는 천·지·인 삼극의 천변만화(千變萬化)의 작용이 있게 되는 것이니, 이러한 과정은 다함이 없이 순환 반복되는 것이라 하여 '일적십거무궤화삼'이라고 한 것이다. '하나(一)'가 묘하게 피어나 생장·분열하여 열매(十)를 맺게 되지만 다시 종자인 '하나(一)'가 되고 그 '하나(一)'에서 천·지·인 삼극이 갈라져 나오는 과정이 끝없이 순환 반복되는 것이다.

② 중경(中經)「지전(地轉)」

중경「지전」에서는 음양 양극간의 역동적인 상호작용으로 천지운행이 이루어지고 음양오행이 만물을 낳는 과정이 끝없이 순환 반복되는 '하나(一)'의 이치와 기운의 조화 작용을 나타내고 있다.

천이삼 지이삼 인이삼(天二三 地二三 人二三)

"하늘에도 음양(二, 日月)이 있고, 땅에도 음양(二, 水陸)이 있으며, 사람에게도 음양(二, 男女)이 있어 음양 양극간의 역동적인 상호 작용으로 천지운행이 이루어지고 우주만물이 생장 · 변화한다"는 뜻이다. 이는 『도덕경』에서 "도(道)는 일(一)을 낳고, 일은 이(二)를 낳으며, 이는 삼(三)을 낳고, 삼은 만물을 낳는다"[17]라고 한 것과 그 맥을 같이한다. '도(道)'는 천부경의 '하나(一)'와 같고, '일(一)'은 천부경의 '천일 지일 인일'의 일(一)과 같이 도의 본체를 나타낸 것이며, '이(二)'는 천부경의 '천이 지이 인이'의 이(二)와 같이 도의 작용을 나타낸 것이고, '三'은 천부경의 '천이삼 지이삼 인이삼'의 삼(三)과 같이 사람과 우주만물을 나타낸 것이다.

대삼합육 생칠팔구(大三合六 生七八九)

"대삼(大三), 즉 하늘의 음양(天二)과 땅의 음양(地二)과 사람의 음양(人二)이 합하여 육(六)이 되고, 육(六)에 천 · 지 · 인 기본수인 일(一), 이(二), 삼(三)을 더하여 칠(七), 팔(八), 구(九)가 생겨나게 된다"는 뜻이다. '하나(一)'의 진성(眞性)과 음양오행의 정(精)과의 묘합으로 우주자연의 사시사철과 24절기의 운행과 더불어 감(感) · 식(息) · 촉(觸)이 형성되면서 만물이 화생하는 과정을 칠,

팔, 구로 나타낸 것이다.* 칠, 팔, 구라는 숫자, 그리고 칠, 팔, 구를 합한 24절기의 24라는 숫자―이 숫자들의 순열 조합은 우주섭리가 써내려가는 생명의 대서사시요, 천·지·인 혼원일기가 연주하는 생명의 교향곡이다. 따라서 일체의 생명은 우주적 생명이다.

운삼사 성환오칠(運三四 成環五七)

"천·지·인 셋(三)이 네(四) 단계―'하나(一)', '천일 지일 인일', '천이 지이 인이', '천이삼 지이삼 인이삼'―를 운행하면서 오행[五]이 생성되고 음양오행[七]이 만물을 낳는 과정이 끝없이 순환 반복되는 원궤[環]를 이룬다"는 뜻이다. 천·지·인 셋(三)이 네(四) 단계를 운행하면서 오(五)와 칠(七)의 순환 고리를 이루는 이 숫자들의 묘합에서 하도낙서(河圖洛書)**로 설명되는 음양오행, 팔괘가 나오고 천지운행의 원리가 나온다. 삼(三)과 사(四)의 수리(數理)를 운용하여 오(五)와 칠(七)의 순환 고리를 이루는 바가 표징하는 인간세계의 윤회란 오욕칠정이 낳은 우리 내부의 부정적인 에너지가 다함이 없이 카르마(karma 業)의 작용을 불러일으키는 것이다.

---

* 『三一神誥』「人物」편을 보면, 사람과 우주만물이 다 같이 받은 '하나(一)'의 眞性을 셋으로 나누어 性·命·精이라고 하고 이어 心·氣·身과 感·息·觸의 순서로 說하고 있는데, 7, 8, 9는 『三一神誥』의 논리적 구조와 연결시켜 볼 때 感·息·觸에 해당하는 것이다.

** 河圖는 太皥伏羲氏가 黃河 龍馬의 등에서 얻은 그림인데 이것으로 易의 八卦를 만들었다고 하며, 洛書는 夏禹가 洛水 거북의 등에서 얻은 글인데 이것으로 禹는 천하를 다스리는 大法으로서의 洪範九疇를 만들었다고 한다. 河圖(龍圖)는 열 개의 숫자 1, 2, 3, 4, 5, 6, 7, 8, 9, 10이 일으키는 변화이며 그 합인 55라는 숫자는 相生五行을 나타내고, 洛書(龜書 또는 九書)는 아홉 개의 숫자 1, 2, 3, 4, 5, 6, 7, 8, 9가 일으키는 변화이며 그 합인 45라는 숫자는 相剋五行을 나타내는 것으로, 河圖洛書는 相生相剋하는 천지운행의 玄妙한 이치를 드러낸 것이다.

③ 하경(下經) 「인물(人物)」

하경 「인물」에서는 우주만물의 근본이 '하나(一)'로 통하는 삼즉일(三卽一)의 이치와 하늘의 이치가 인간 속에 징험(徵驗)되는 일심의 경계를 보여준다. 상경 「천리」가 가능태라면, 하경 「인물」은 구체적 현실태로서 '천부중일(天符中一)'의 이상을 제시한다.

일묘연만왕만래 용변부동본(一妙衍萬往萬來 用變不動本)

"'하나(一)'의 묘리(妙理)의 작용으로 삼라만상이 오고 가며 그 쓰임(用)은 무수히 변하지만 근본은 다함이 없다"는 뜻이다. 우주만물이 다 지기(至氣)인 '하나(一)'의 화현이고, 우주만물의 생성·변화·소멸 자체가 모두 '하나(一)'의 조화의 자취이니, '하나(一)'의 묘리의 작용으로 삼라만상이 오고 간다고 한 것이다. '하나(一)'는 만유의 본질로서 내재해 있는 동시에 만물화생의 근본원리로서 작용하므로 그 쓰임은 무수히 변하지만 근본은 변함도 다함도 없는 까닭에 '용변부동본'이라고 한 것이다. 우주만물은 '하나(一)'에서 나와 다시 '하나(一)'로 복귀하므로 '하나(一)'의 견지에서 보면 늘어난 것도 줄어든 것도 없다.

본심본태양 앙명 인중천지일(本心本太陽 昻明 人中天地一)

"인간의 근본 마음자리는 우주의 근본인 태양과도 같이 광명한 것이어서, 이렇게 환하게 마음을 밝히면 천·지·인 삼신일체의 천도가 인간 존재 속에 구현된다"는 뜻이다. 환하게 마음을 밝힌다는 것은 본래의 자성을 회복하는 것이요, 일심의 근원으로 돌아가는 것이다. 이는 곧 소우주인 인간이 대우주와 하나가 되는 것으로 인간의 완전한 자기실현이다. 천부경의 진수는 '인중천지일'에 있다. 사람의 마음이 밝아지면 천·지·인 삼재의 조화의 열쇠는 저절로 작동하게 된다. 이 세상에서 새로이 이룰 것은 아무것도 없다. 단지 본래의 자성을 회복하는 일만이 있을 뿐이다.

일종무종일(一終無終一)

"('하나(一)'에서 우주만물이 비롯되고 다시) '하나(一)'로 돌아가지만 끝이 없는 영원한 '하나(一)'"라는 뜻이다. 끝이 없다는 것은 곧 시작이 없다는 것으로, 무시무종의 영원한 '하나(一)'로 『천부경』은 끝나고 있다. '일종무종일'의 의미는 '일시무시일'의 의미와 사실상 같은 것임에도 굳이 대구(對句)를 사용한 것은 시작도 끝도 없는 영원한 '하나(一)'라는 의미를 보다 효과적으로 드러냄으로써 다함이 없는 생명의 순환 고리를 생생하게 느낄 수 있게 하기 위한 것으로 보인다. 만유 속에 내재하는, 동시에 초월하는 이 '하나(一)'인 참자아를 깨닫게 되면 그 어떤 환영(maya)이나 슬픔도 없으며 죽음의 아가리로부터 벗어나 불멸에 이르게 된다.

이상에서 보듯, 천·지·인 혼원일기(混元一氣)인 '하나(一)'가 생명의 물레를 돌리는 이 우주의 가없는 파노라마를 『천부경』에서는 천지 포태의 이치와 기운을 담은 이수(理數)로 나타내고 있다. '천일 지일 인일'이 '하나(一)'의 본체를 천·지·인 셋으로 나타낸 것이라면, '천이삼 지이삼 인이삼'은 '하나(一)'가 음양(二) 양극간의 상호 작용으로 물질화되어 나타난 것으로 이는 곧 불연(不然)과 기연(其然), 진여(眞如)와 생멸(生滅)이 본체와 작용의 상호적인 관계에 있음을 말해 준다. 다시 말해 실재의 영원하고 지각할 수 없는 이(裏)의 측면인 체(體)와 실재의 현상적이고 지각할 수 있는 표(表)의 측면인 용(用)이 불가분의 관계로 상호관통하고 있음을 보여주는 것이다.[18] 체(體)로서의 진여[不然]와 용(用)으로서의 생멸[其然]의 상호 관통 논리는 이 우주가 자기생성적 네트워크체제로 형성되어 있으며 우주만물이 근본적인 전일성의 현시(顯示)임을 말해 주는 것이다.* 이러한 전일성이 개오(開悟)되지 않았을 때 개체화와 무지(無知)가 일어나게 된다. 본체와 작용의 상호 관통은 천시(天時)와 지리(地理) 그리고 인사(人事)가 조응관계에 있으며, 우주섭리의 작용과 인류 역사의 전개과정이 긴밀히 연계되어 있음을 말하여 준다.

우주만물의 제1원인인 '하나(一)'에서 우주만물이 나오고 다시 그 '하나(一)'로 돌아가는 다함이 없는 이 과정은 생명의 근원적 평등성과 유기적 통합성을 명징하게 보여준다. 즉 '하나(一)'에서 음양이 생겨나지만 '하나(一)'의 진성(眞性)은 음양 속에도 그대로 보존되고, 또한 음양의 이기(二氣)에 의해 오행(五行: 水·火·木·金·土)이 생성되고 음양오행에 의해 만물이 생겨나지만 음양과 오행 및 만물 내에도 '하나(一)'의 진성은 그대로 존재하므로 '하나(一)'와 음양오행과 만물은 분리시켜 생각할 수 없다.** 말하자면 '하나(一)'는 본체계[의식계]와 현상계[물질계]를 관통하는 근원적 일자(一者)로서 우주만물에 편재

---

* 이 세계가 근본적인 전일성의 현시이며 독립적인 최소의 단위로 분해될 수 없다고 하는 '量子場' 개념은 『般若心經』의 '色卽是空 空卽是色'이라는 구절 속에 이미 구현되어 있다.

** 北宋시대 周敦頤의 『太極圖說』에 의하면, 우주만물의 생성 과정은 太極-陰陽-五行-萬物로 되어 있으며 태극의 動靜에 의해 陰陽이 생겨나지만 음양 내에도 역시 태극은 존재한다. 음양의 二氣에 의해 五行이 생성되고 陰陽五行에 의해 만물이 생겨나지만 오행 및 만물 내에도 태극은 존재한다. 朱子에 이르면 태극은 理라 해석되게 되는데 이 理가 곧 道이다. 태극은 본래 다함이 없는 無極이다. 無極의 眞과 陰陽五行의 精과의 妙合으로 하늘의 道인 乾道는 陽의 남자를 이루고 땅의 道인 坤道는 陰의 여자를 이루며 만물이 化生하나, 만물은 결국 하나의 음양으로, 그리고 음양은 하나의 태극으로 돌아간다. 생명의 근원적 평등성과 유기적 통합성을 주장할 수 있는 근거가 여기에 있다. 太極은 음과 양의 二氣로 나누어지고, 음과 양은 다시 각각 음과 양으로 나누어져 四象 즉 太陽·小陰·小陽·太陰을 이루며, 사상은 다시 음과 양으로 나누어져 8괘 즉 건(乾, ☰)·곤(坤, ☷)·진(震, ☳)·손(巽, ☴)·감(坎, ☵)·이(離, ☲)·간(艮, ☶)·태(兌, ☱)를 이루고, 8괘가 서로 겹쳐서 64괘가 이루어진다.

해 있는 보편자, 즉 천지 포태(胞胎)의 이치와 기운을 일컫는 것이다. 우주자연의 사시사철과 24절기의 운행과 더불어 감(感)·식(息)·촉(觸)이 형성되면서 만물이 화생(化生)하게 되는 것은 바로 이 '하나(一)'의 진성(眞性)과 음양오행의 정(精)과의 묘합에 의한 것이다. 이처럼 일체의 생명 현상이 '하나(一)'의 자발적인 자기조직화의 창발 현상임을 깨닫게 되면, 창조주와 피조물이라는 이분법의 망상은 더 이상 일어나지 않게 된다.

근원적 일자인 이 '하나(一)'가 곧 하늘이요 신(神)이다. 유사 이래 신을 섬기는 의식이 보편화된 것은 우리의 본신이 곧 신[神性, 참본성]이기 때문이다. 마치 신에게 바치는 번제의식(燔祭儀式)과도 같이 정성을 다함으로써 내재적 본성인 신성이 발현될 수 있는 까닭이다. 신은 만유에 내재해 있는 신성인 동시에 만유를 생성·변화시키는 지기(至氣)로서 일체의 우주만물을 관통한다. 오늘날 만연한 인간성 상실과 인간소외는 우리의 본신인 신으로부터 우리 자신을 분리시킨 데에 기인한다. 비록 우리의 분리의식이 신·인간 이원론을 만들어내기는 했지만, 실제로는 우리는 단 한 순간도 신으로부터 분리된 적이 없었다! 분리된 적이 없었을 뿐만 아니라 분리 자체가 애초에 불가능한 일이었다. 왜냐하면 신은 만물이 만물일 수 있게 하는 제1원인이므로 분리는 곧 만물의 성립 자체를 불가능하게 하는 것이기 때문이다. 우리가 존재하고 있고 만물이 존재하고 있다는 사실 자체가 분리되지 않았다는 반증이다.

창조론의 치명적인 오류는 신이 무엇인지에 대한 개념적 명료화가 이루어지지 않았다는 점이다. 다시 말해 창조론은 분리의식이 조장한 신에 대한 왜곡된 인식에 기초하고 있다는 점이다. 우주의 실체는 의식이므로 신은 곧 내재적 본성인 신성[참본성]이며 비분리성과 비이원성을 본질로 한다. 진화론 또한 '이것'이 곧 다른 '모든 것'이며 모든 것이 홀로무브먼트의 한 측면이라고 보는 상호 연관과 상호 의존의 세계 구조를 적절하게 설명하지 못하고 있다. 창조론과 진화론의 이분법은 분리의식의 산물이다. 창조론과 진화론의 논쟁은 생명의 본체인 신(神, 天)에 대한 명료한 인식을 통해 주체와 객체, 본체와 작용의 이분법이 폐기됨으로써 종식될 수 있다. 그러기 위해선 자기생성적 네트워크체제로 이루어진 생명계의 시스템적 속성에 대한 인식이 선행되어야 한다. 생명의 자기조직화는 진화의 과정인 동시에 새로운 구조 및 행동 양식의 창발이라는 점에서 '창조냐 진화냐'라는 이분법적 도식보다는 '창조적 진화'라는 통섭적 개념으로 접근하는 것이 더 적절할 것으로 보인다.

생명의 자기조직화는 전체와 부분간의 상호 피드백(mutual feedback)에 의해 전체 속에 포괄된 부분이 동시에 전체를 품고 있을 때 가능하다. 생명의 시스템적 속성에서, 말하자면 주체와 객체가 일체가 되는 대공(大公)한 경계 즉 아가페(agape)적 사랑[19]의 경계에서 자기조직화가 일어나므로 생명의 원리는 사랑이다. 자연현상에서부터 인체현상, 사회 및 국가현상과 천체현상에 이르기까지 우주섭리에서 벗어나 존재할 수 있는 것은 이 우주에 아무 것도 없다. 따라서 천·지·인의 통합성에 대한 자각이 없이는, 다시 말해 본체계와 현상계가 실물과 그림자의 관계와도 같이 하나라는 자각이 없이는 현상계가 어떻게 해서 존재하는지 그 이치를 알 수 없으므로 현상계에 대한 본질적인 접근 또한 사실상 불가능하다. 『장자(莊子)』「제물론(齊物論)」에서는 천지만물이 다 '하나'일 따름이므로 '만물여아위일(萬物與我爲一)'이라고 했고, 「지북유(知北游)」에서는 "생(生)과 사(死)가 동반자이며 만물이 하나이고, 하나의 기운(一氣)이 천하를 관통하고 있기에 성인은 이 '하나', 즉 일기(一氣)를 귀하게 여긴다"[20]고 했다.

자기조직화란 용어는 일찍이 칸트가 살아있는 유기체의 본질을 밝히기 위해 사용한 이래, 1947년 정신과 의사 로스 애슈비(Ross Ashby)가 신경계(nervous system)를 설명하기 위해 그의 논문에서 사용했고, 1950년대 후반 독일 태생의 미국 물리학자이자 인공두뇌학자 하인츠 폰 피르스터(Heinz von Foerster)가 20년에 걸친 연구와 지원을 통해 자기조직화하는 시스템의 모형을 계발하는 촉매역할을 하면서 널리 보급되었다. 1970, 80년대에 이르러 이러한 초기 모형의 핵심 개념들은 많은 상이한 시스템 속에서의 자기조직화 현상을 탐구한 일단의 연구자들에 의해 더욱 정교하게 다듬어졌다. 벨기에의 화학자이자 물리학자 일리야 프리고진(Ilya Prigogine), 독일의 물리학자 헤르만 하켄(Hermann Haken)과 만프레드 아이겐(Manfred Eigen), 영국의 과학자 제임스 러브록(James Lovelock), 미국의 생물학자 린 마굴리스(Lynn Margulis), 칠레의 인지생물학자이자 철학자 움베르토 마투라나(Humberto Maturana)와 그의 제자이자 동료인 프란시스코 바렐라(Francisco Varela)가 그 대표적인 인물이다. 이들이 밝힌 자기조직화 하는 시스템이 공유하는 주요 특성은 몇 가지 점에서 사이버네틱스(cybernetics)에서의 자기조직화의 초기 개념과는 구별된다. 그 첫째는 자기조직화 하는 과정을 진화의 과정으로 보아 새로운 구조 및 행동 양식이 창발된다는 것이고, 둘째는 이러한 창발 현상이 비평형의 열린 시스템에서 일어난다는 것이며, 셋째는 시스템의 구성요소들이 비선형적으로 상호 연결되어 있다는 것이다.[21]

일리야 프리고진(Ilya Prigogine)에 의하면 비평형의 열린 시스템에서는 자기가 자기를 만드는 자동촉매작용(autocatalysis)에 따른 비선형(非線型)의 적극적 피드백 과정에 의해 증폭된 미시적 요동(搖動)의 결과로 엔트로피가 감소하면서 새로운 구조로의 도약이 가능하다고 한다. 그렇게 생성된 새로운 구조를 그는 산일구조(dissipative structure)라고 하고, 그러한 과정을 자기조직화라고 했다. 산일구조와 자기조직화는 그의 비평형 열역학을 이해하는 핵심 개념으로서 평형 열역학으로는 설명할 수 없는 생명의 기원을 알려주는 단서를 제공한다. 개체의 생명이나 종으로서의 진화는 바로 이러한 산일구조에서 비롯된다. 새로운 질서가 출현하는 기초는 비가역성(非可逆性)·비선형성(非線型性)에 있으며 질서가 출현하는 카오스의 가장자리인 산일구조는 에너지와 물질의 흐름이 증가하면 새로운 불안정성을 거치면서 복잡성이 증가된 새로운 구조로 변환될 수 있다.

복잡계 이론을 창시함으로써 생명의 기원에 관해 새로운 장을 연 프리고진에 의하면 분자들이 필요에 따라 모여서 큰 분자를 만들고 큰 분자가 또 필요에 따라 모이는 식으로 해서 생명력이 있는 단세포가 만들어졌다고 한다. 무기물질인 분자들이 모여서 생명이 있는 유기물질로 변하는 과정을 그는 창발이라고 했는데, 한마디로 생명은 비생명에 뿌리를 두고 있다는 것이 생명의 기원에 관한 그의 인식이다. 그의 복잡계 이론은 비평형 상태에서 일어나는 비가역적·비선형적인 복잡한 변화를 설명하기 위한 것으로 자연계에서는 비가역적·비선형적 변화가 일어나는 비평형 상태가 오히려 일반적이라고 한다. 복잡한 비선형적인 관계로 이루어진 자연계는 가장 전형적인 카오스계로서 작은 변화가 예측할 수 없는 엄청난 변화를 일으킬 수 있다는 사실을 보여준다. 이른바 나비효과(butterfly effect)가 그것이다. 뉴턴역학의 주된 연구 대상이었던 가역적(reversible)인 선형계(linear system)는 주로 정량적인 방법에 의해 구성요소들을 분석하여 그 특징을 파악하면 전체 행동을 예측할 수 있었다. 그러나 복잡계에서 일어나는 변화는 분기(分岐)와 같은 현상 때문에 비가역적인 것이 특징인데 바로 이 비가역성이 혼돈으로부터 질서를 가져오는 메커니즘이라는 것이다.[22]

모든 생명체는 산일구조체로서 지속적인 에너지 유입에 의해서만 생존이 가능한 까닭에 독자적으로는 생존할 수 없다. 물의 흐름이 있을 때에만 존재하는 소용돌이와도 같이 생명체는 영원히 변화하는 분자들로 이루어진 구조로서, 그 구조와 형태를 유지하기 위해 에너지의 항상적 흐름에 의존하는 것이다.[23] 일체 생명 현상과 진화 그리고 세계의 변혁이 복잡계의 산일구조에서 발생하는 자기조직화로 설명된다. 에너지 보존과 엔트로피 증가의 법칙을 바탕으로 한 종래의 평형 열역학에서는 아무런 변화가 없는 '있음(being)'의 상태가 일반적이고 '됨(becoming)'의 과정은 예외적 현상으로 여겨진 데 비해, 프리고진은 비평형 열역학을 통해 '됨'의 과정이 일반적이고 '있음'의 상태는 오히려 예외적 현상인 것으로 인식했다.[24] '있음'의 불변적 상태보다 '됨'의 가변적 과정을 일반적인 것으로 인식한 그의 과학적 세계관은 전일적 과정으로서의 생명 현상을 파악할 수 있게 한다. 오스트리아의 물리학자 에리히 얀츠(Erich Jantsch)는 『자기조직화하는 우주 The Self-Organizing Universe』[25]라는 저서에서 프리고진의 산일구조이론을 기초로 공진화(共進化 co-evolution) 개념을 도입하여 자기조직화에 의한 거시세계의 진화를 설명했다.

생명은 카오스의 가장자리에서 생겨난다. 복잡계 생물학의 선구자 카우프만(Stuart Kauffman)이 말한 '카오스의 가장자리에 있는 생명(life at the edge of chaos)'이란 이를 두고 한 말이다. 카우프만은 생명의 본질적 특성이 자기조직화에 있는 것으로 보았다. 카오스의 가장자리에서 생명의 구성요소들은 상호작용에 의해 '기이한 끌개(strange attractor)'로 자기조직화 된다는 것이다. 자기조직화란 혼돈의 불안정한 카오스 상태에서 자발적으로 질서의 창발이 일어나는 것을 말한다. 말하자면 비평형의 열린 시스템에서 자기강화적인 비선형 피드백 과정(non-linear feedback process)에 의해 일어나는 새로운 구조 및 행동 양식의 자발적인 창발 현상이다.[26] 따라서 카오스는 단순한 무질서가 아니라 오히려 진화를 가능하게 하는 조건으로 볼 수 있다. 오늘날 복잡계

이론을 이해하는 키워드가 되고 있는 자기조직화는 부분과 전체가 함께 진화하는 공진화 개념을 이해하는 키워드이기도 하다.

　오스트리아의 생물학자 베르탈란피(L. V. Bertalanffy)[27]는 생체계를 외부와의 지속적인 에너지 소통이 이루어지는 '열린 시스템(open system)'으로 간주함으로써 열역학 제2법칙(the second law of thermodynamics)*이 상정한 '닫힌 시스템(closed system)'으로는 파악할 수 없었던 복잡한 생명 현상을 파악할 수 있게 되었다. 전체와 분리되지 않은 열린 의식 속에서는 에너지의 흐름이 원활하여 자기조직화가 일어나 보다 고차원적인 존재로 진화할 수 있게 된다는 것이다. 모든 생명체는 근본적으로 복잡계이고 인간사회의 제 현상 또한 복잡계의 현상이며 인간의 정신현상도 복잡계 의학으로 그 실체가 드러나고 있다. 정신현상은 '신체의 각 부분과 뇌의 각 부분이 연결된 극히 복잡한 구조가 만들어내는 복잡계의 위상전환(phase transition 창발 현상)의 결과'[28]인 것으로 나타난다. 이러한 위상전환이 이루어지는 카오스의 가장자리, 즉 질서와 혼돈의 경계는 새로운 창조가 일어나는 임계점(臨界點 critical point)이다.

　인류는 이제 복잡계 과학이라는 새로운 시각으로 세상을 바라보기 시작했다. 복잡계 과학에서 도출된 새로운 복잡성의 개념과 도구들은 이제 인문사회 및 과학철학과 역사철학에 이르기까지 광범한 분야에 걸쳐 심대한 영향을 미치고 있다. 스탠퍼드 대학의 신경생리학자 칼 프리브램에 따르면 인간의 뇌는 시공간을 초월한 실재의 차원으로부터 투영된 그림자인 파동의 주파수를 수학적인 방법으로 해석함으로써 객관적 현실을 만들어낸다고 한다. 모든 것은 파동현상이며 그것이 실제처럼 느껴지는 것은 단지 두뇌가

---

* 　열역학 제2법칙은 모든 물질이 자연의 상태에서 무질서도가 증가하는 방향으로 변화해 간다는 엔트로피(entropy) 법칙이다.

홀로그램 필름과 같은 간섭무늬를 돌이나 흙, 나무와 같은 이 세상의 친숙한 것들로 변환시키는 능력을 갖고 있기 때문이라는 것이다. 어느 쪽이 현실인가에 대해 프리브램의 답은 양 세계가 상호 관통하고 있기 때문에 어느 한 쪽에 속할 수만은 없으며 따라서 둘 다 현실이거나 둘 다 현실이 아니라는 것이다.

물질과 비물질, 존재계와 비존재계는 작용과 본체의 관계로서 불가분의 하나다. 물질[色, 有]의 궁극적 본질이 비물질[空, 無]과 둘이 아님은 $E=mc^2$(질량 m, 에너지 E, 광속 c)이라는 질량-에너지 등가원리를 밝힌 아인슈타인의 상대성이론에서도 이미 밝혀진 바이다. 시작과 끝은 시공(時空) 차원의 개념이기 때문에 초시공인 생명은 시작과 끝이 없으며[29] 물질[입자]과 비물질[파동]의 양 차원을 관통하므로 어느 한 쪽만이 현실일 수는 없는 것이다. 데이비드 봄에 의하면 일체가 에너지로서 접혀있는(enfolded) '숨겨진 질서'는 우주만물의 바탕을 이루는 것으로 거기에는 과거, 현재, 미래의 모든 형태의 물질과 생명 그리고 의식, 에너지, DNA로부터 은하계의 크기와 모양을 결정하는 힘에 이르기까지 우주의 전 역사가 다 담겨져 있다. 우리가 살고 있는 현상계는 바로 이 '숨겨진 질서'가 물질화되어 드러난 것이므로 물질과 비물질, 입자와 파동은 본질적으로 분리될 수 없다.

홀로무브먼트(holomovement)[30]의 관점에서 우주는 그 자체가 거대한 홀로그램적 투영물로서 전자(electron)는 기본 입자가 아니라 단지 홀로무브먼트의 한 측면을 지칭한 것에 지나지 않는다고 데이비드 봄은 말한다. 물질을 잘게 쪼개고 쪼개어 더 이상 물질의 성질을 갖지 않는 경계에 이르면 전자는 입자인 동시에 파동으로 나타나므로 어느 한쪽으로 분류할 수 없게 된다는 것이다. 따라서 생명의 본체[天, 神]와 작용[우주만물]의 상호 관통을 알지 못하고서는 스스로 생성되고 변화하여 돌아가는 '스스로(自) 그러한(然)' 자, 즉 자연 그 자체인 생명의 본질을 이해할 수가 없는 것이다. 이러한 생명에 대한 몰이해에서 창조주와 피조물이라는 이분화된 개념이 생겨나고, 유일신 논쟁, 창조론·진화론 논쟁, 유물론·유심론 논쟁, 신·인간 이원론, 종교적 타락상과 물신 숭배 사조, 인간 소외 현상이 야기되는 것이다. 생명의 자기조직화 또는 무위의 천지창조에 대한 이해가 중요한 것은, 생명의 전일성과 자기근원성에 대한 이해가 없이는 인간사회의 대립과 갈등이 종식될 수가 없고 따라서 새로운 계몽시대가 열릴 수 없기 때문이다.

우주관의 진화와 빅뱅이론

영국의 우주물리학자 스티븐 호킹(Stephen William Hawking)은 우주를 지배하는 법칙에 대해 궁구하며 다음과 같은 물음을 제기한다. "닭과 달걀은 어느 쪽이 먼저 생겨났을까? 우주에는 시작이 있었을까? 만약 그렇다면 그 이전에는 무엇이 있었을까? 우주는 어디서 왔으며 또 어디로 가고 있는 것일까?"[31] 호킹의 이러한 물음은 또한 수많은 사람들의 물음이기도 하다. 여기서 우리는 이러한 물음에 선행하는 인식론적 문제를 제기할 수 있다. 우주란 대체 무엇인가? 단순히 육안으로 보이는 푸른 창공이나 광막한 허공이 우주는 아니다. 우주의 실체를 알지 못하고서는 우주를 지배하는 법칙에 대해 궁극적인 해답을 찾기는 어려울 것이다. 고대로부터 전승되어오는 동양적 지혜나 현대 물리학의 '의식(consciousness)' 발견이 말하여 주듯 우주의 실체는 의식이다. 의식은 곧 파동이며 에너지이다. 그런 까닭에 우주는 '파동의 대양' 또는 '기해(氣海 기운의 바다)'라고 불리기도 한다. 그래서 물리학자 아밋 고스와미(Amit Goswami)는 "우리가 우리 자신의 의식을 이해할 때 우주 또한 이해하게 될 것이고, 우리와 우주 사이의 분리는 사라질 것이다"[32]라고 했다.

그렇다면 우주의 본질은 무엇인가? 그것은 우주의 창조적 에너지인 동시에 우주 지성이며 우주의 근본 질료인 생명이다. 생명은 '자기원인'에 의해 존재하는 '스스로(自) 그러한(然)' 자이므로 시작도 끝도 없는 영원한 '하나(님)',[33] 즉 '파동의 대양(氣海)'이다. 우주 속의 모든 것은 에너지 장(場)으로 상호 연결되어 다차원적 생명의 그물망을 형성하고 있는 까닭에 생명의 그물을 벗어나 존재할 길이 없는 것이다. 일체의 생명은 자기생성적 네트워크체제로서의 우주에 참여하고 있으며 그 근원은 모두 하나로 연결되어 있는 까닭에 생명의 원리는 자동성(automatism)이며 보편의지(universal will 또는 universal consciousness)에 기초한 자발성(spontaneity)이다. 이는 주체와 객체가 일체가 되는 대공(大公)한 경계, 즉 아가페(agape)적 사랑의 경계이므로 생명의 원리는 사랑이다. 우주의 진행방향은 영적 진화(또는 의식의 진화)이며 이는 전지(omniscience)·전능(omnipotence)의 우주 지성에 기인하는 것이다. 이러한 '보이지 않는 우주'에 대한 이해가 깊어지면, 이 우주가 시작도 끝도 없이 영원하며 오는 것도 가는 것도 없다는 것을 자연히 알게 된다.

왜 세계는 더 빨리 창조되지 않았는가? '더 빨리'라는 것이 없었기 때문이다. 세계가 창조되면서 시간이 창조되었다. 시간을 초월한 의미에서 신은 영원하다. 신에게는 과거도 없고 미래도 없고 오직 영원한 현재만이 있을 뿐이다. 신의 영원성은 시간의 관계에서 자유롭다. 신에게는 모든 시간이 바로 지금이다. 신은 그 자신의 시간의 창조를 앞설 수 없었다. 왜냐하면 그것은 그가 시간 속에 있다는 것을 의미하는 것이기 때문이다. 그러나 신은 영원히 시간의 흐름 밖에 있다. Why was the world not created sooner? Because there was no 'sooner'. Time was created when the world was created. God is eternal, in the sense of being timeless; in God there is no before and after, but only an eternal present. God's eternity is exempt from the relation of time; all time is present to Him at once. He did not precede His own creation of time, for that would imply that He was in time, whereas He stands eternally outside the stream of time.[34]

우주가 영원히 존재해왔고 또 존재할 것이라면, 우주는 시간 속에 그 기원을 갖고 있지 않는 것인가? 그럼에도 과학계에서는 우주가 과거의 어느 특정 시간대에 무(無)의 상태에서 갑작스럽게 출현했다고 본다. 대다수의 우주론자들과 천문학자들은 물질계의 우주가 이른바 '빅뱅'으로 알려진 엄청난 폭발과 함께 우주창조가 이루어졌다는 이론에 견해를 같이 한다. 우주의 기원이 '영원' 속에 있는가, 아니면 '시간' 속에 있는가 하는 문제는 신학자들과 철학자들 그리고 과학자들에게 많은 혼란을 야기했다. 그러나 이러한 혼란은 불변(不變)의 '보이지 않는 우주[본체계, 의식계]'와 필변(必變)의 '보이는 우주[현상계, 물질계]'의 관계적 본질을 이해하지 못한 데에 기인한다. '영원'과 '시간'의 분리는 생명의 자기조직화에 대한 몰이해에서 오는 것으로 본체와 작용의 분리에 기인하는 것이다. 본체[神·天·靈]의 관점에서는 '영원'이지만, 작용[우주만물]의 관점에서는 '시간'이다. '영원'과 '시간'은 물질의 관점 속으로 들어온 인간이 하나의 이치를 양 방향에서 관찰한 것으로 본래 분리할 수 없는 하나다. 우주만물은 내재된 필연적 법칙성에 따라 생성과 소멸을 끝없이 순환 반복하지만, 그 실체인 '파동의 대양[氣海]' 즉 우주의 창조적 에너지의 흐름은 영원히 이어진다.

과학적 천문학의 뿌리는 종종 고대 그리스까지 거슬러 올라간다. 고대 이오니아(Ionia)의 자연철학자들은 생장·소멸하는 우주자연의 변화와 그러한 현상의 배후에서 작용하는 변증법적인 운동 원리에 대해 깊은 관심을 가졌다. 그들의 지적 탐구는 감각적·현상적 차원에 머무르지 않고 사물의 궁극적인 원리에 대한 규명으로까지 나아갔다. 그들은 종래의 신화적·의인관(擬人觀)적인 비합리적 사고방식에서 탈피하여 수학·천문학 등의 과학적 사유체계에 입각해 있었기 때문에 과학적 정신에 충일한 서양 문화의 전통에 지대한 공헌을 하였다. 소아시아의 서쪽 변방인 이오니아 지방의 도시국가들은 동방과 서방이 교차하는 지점에 위치해 있었던 관계로 상업적·문화적 교류가 빈번하게 이루어져 그리스 본토보다도 풍요로운 생활을 누렸으며, 또한 인적·물적 자원의 집결로 인해 새로운 철학이 태동할 만한 사상적 토양을 갖추고 있었다.

그리스 철학의 발상지가 본토가 아닌 이오니아였다는 점에서 수학·천문학과 긴밀히 연계된 그리스 철학이 이집트의 수학이나 바빌로니아의 천문학 등의 영향을 받았다고 보는 것은 무리가 아니다. 바빌로니아는 기원전 2000년경 셈족 계통의 아카드인들이 메소포타미아 남쪽의 수메르(Sumer)를 점령하고 세운 나라로 그 일대가 수메르 문명―아시아의 대제국 환국의 12연방 중 하나인 수밀이국(須密爾國)의 문명―의 발상지였다는 점에서 바빌론 문명 또한 그보다 앞선 수메르 문명의 영향을 받은 것으로 볼 수 있다. 피타고라스(Pythagoras)의 경우 청년기에는 이집트에 가서 23년 동안 이집트문명을 연구했고, 나중에는 페르시아에 포로로 잡혀가서 12년 동안 바빌론 문명을 연구하고서 만년에 남부 이탈리아의 항구도시 크로톤(Croton)에서 그동안 연구한 바를 펼쳤다. 최초의 수비학(數秘學)은 피타고라스 수비학이 나타나기 수천 년 전 메소포타미아의 가장 남부 지역 칼데아(Chaldea)에서 기원한 것으로 이미 기원전 3500년경에 칼데아 수비학(Chaldean System)이 정립된 것으로 밝혀졌다. 그리스 철학의 창시자인 탈레스(Thales) 또한 이집트로 건너가 그곳에 비전(秘傳)되어 오는 수학과 천문학에 관한 책을 읽고 그 내용을 흡수하였다.

소크라테스(Socrates) 이전의 자연철학자들은 우주자연의 변화와 그 변화하는 현상의 배후에서 작용하는 궁극적인 원리, 즉 아르케(archē 原理)에 대해 깊은 관심을 가졌다. 그들은 운동과 변화 속에서 통일의 원리를 간파하였으며, 종래의 신화적·의인관적 사고방식에서 벗어나 수학·천문학 등의 과학적 사유체계에 토대를 두고 있었다. 그리스 본토 아테네가 그리스 문명의 중심지가 된 것은 반세기에 걸친 페르샤전쟁(BC 500~449)에서 그리스의 승리로 특히 아테네가 그리스 도시국가의 맹주로 부상한 데 이어 페리클레스(Pericles)의 민주정치 실시로 정치적·문화적 전성기를 맞이하면서 도처에서 학자들이 아테네로 모여들었기 때문이다. 기원전 4세기에 아리스토텔레스(Aristotle)는 4원인설(Four Causes), 즉 질료인(Material Cause), 형상인(Formal Cause), 동력인(또는 작용인 Efficient Cause), 목적인(Final Cause)*을 제시하며 이는 세계 원리(world principle)로서나 사물의 원리로서나 동일하게 적용될 수 있는 것으로 보았다. 그가 말하는 '부동의 동인(The First Unmoved Mover)', 즉 '제1원리'—흔히 신이라고도 부르는—는 형상 자체의 동력인이자 목적인으로서 진화의 전 과정을 주재한다.[35]

아리스토텔레스는 지구가 우주의 중심이며 태양, 달, 행성(行星 planet) 그리고 항성(恒星 fixed star)들이 정지해 있는 지구의 주위를 원 궤도(circular orbit)를

---

* 質料因은 '무엇으로 만들어지는가?', 즉 소재에 대한 것이고, 形相因은 '무엇인가?', 즉 定義에 대한 것이고, 動力因은 '무엇에 의해 만들어지는가?', 즉 원인이 되는 힘에 대한 것이고, 目的因은 '어떤 목적으로 만들어지는가?', 즉 지향하는 목적에 대한 것이다. 여기서 동력인과 목적인은 형상인에 포괄되므로 4원인설은 크게 질료와 형상으로 이분된다.

그리며 회전한다고 생각했다. 또한 그는 지구가 태양과 달 사이에 끼어들면 지구가 달에 둥근 그림자를 드리워 달이 이지러지는 현상인 월식(月蝕)을 근거로 지구가 평평한 판이 아니라 둥근 구(球)라고 믿었다. 그가 수립한 천동설은 기원후 2세기에 알렉산드리아에서 활동한 그리스의 천문학자 프톨레마이오스(Klaudios Ptolemaios)에 의해 정교하게 체계화되어 완전한 우주 모형으로 정립되었다. 프톨레마이오스의 우주 모형을 보면, 지구가 우주의 중심에 있고 그 주위를 달, 태양, 항성들과 수성, 금성, 화성, 목성, 토성 등 여덟 개의 천구가 원 궤도에 따라 회전한다. 각각의 천구는 러시아의 토속인형 마료르시카처럼 바깥쪽으로 향할수록 순차적으로 더 커진다. 안쪽에 있는 천구들에는 행성들이 작은 원을 그리며 회전하고, 가장 바깥쪽 천구에는 항성들이 고정되어 항상 일정한 위치를 유지하면서 무리를 지어 회전한다. 가장 바깥쪽 천구 너머의 세계는 인간의 관측 범위를 벗어난 것으로 종교적 해석의 여지를 남겼다. 그가 지은 『알마게스트 *Almagest*』라는 책은 르네상스 시대가 도래할 때까지 서양의 우주관과 세계관 그리고 중세 유럽 교회의 종교관을 지배했다.

　프톨레마이오스의 천동설(geocentric theory 또는 Ptolemaic theory)은 폴란드 신부이자 르네상스 시대 천문학자 니콜라우스 코페르니쿠스(Nicolaus Copernicus)의 보다 단순한 우주 모형에 의해 반박되었다. 코페르니쿠스는 지구중심설이 아닌 태양중심설을 주창하며 천동설을 지동설(heliocentric theory 또는 Copernican theory)로 대체했다. 지동설로 압축되는 그의 천문학 체계는 『천구의 회전에 관하여 *De revolutionibus orbium coelestium*』라는 제목으로 1543년 신성로마제국의 뉘른베르크에서 출판되었다. 그의 우주관은 태양이 우주의 중심에 고정되어 있고 지구와 행성들이 태양의 주위를 원 궤도를 그리며 회전한다는 태양중심설이 그 요체다. 그는 천동설로는 설명하기 어려운 행성들의 역행 현상이나 금성의 위상 변화 등의 문제가 지동설로는 쉽게 해결된다는 것을 보여주었다. 지구가 자전하면서 정지해 있는 태양 주위를 공전한다고 하는 지동설은 기원전 5세기 피타고라스학파의 필롤라오스(Philolaus), 그리고 기원전 3세기 헬레니즘 시대의 천문학자 아리스타르코스(Aristarchos)에 의해서도 주장되었으나 관심을 끌지 못했다.

코페르니쿠스의 지동설 역시 처음에는 주목을 받지 못하다가 17세기 초 독일의 천문학자 요하네스 케플러(Johannes Kepler)와 이탈리아의 천문학자 갈릴레오 갈릴레이(Galileo Galilei)가 공개적으로 그의 이론을 지지하면서 진지하게 받아들여지기 시작했다. 1616년 코페르니쿠스의 저서는 로마 가톨릭교회에 의해 금서목록에 추가되기도 했지만 천문학과 물리학의 발전적 토대를 마련함으로써 근대 과학혁명으로의 길을 열었다. 천동설에서 지동설로의 '코페르니쿠스적 전환'은 중세적 우주관에서 근대적 우주관으로의 이행을 촉발함으로써 기독교 세계가 세계의 중심이고 지구가 우주의 중심이라는 중세의 닫힌 우주관을 폐기시키는 결과를 초래했다. 코페르니쿠스의 지동설에 영향을 받은 이탈리아의 자연철학자 브루노(Bruno)는 교황청의 회유에도 굴복하지 않고 끝까지 지동설을 주장하다가 화형을 당하기도 했다. 코페르니쿠스의 천문학 체계는 관측된 사실과 정확하게 일치하는 것은 아니어서, 이후 많은 과학자들, 특히 갈릴레이, 케플러, 뉴턴 등에 의한 과학적 입증을 통해 수정되고 보완되게 된다.

1609년 갈릴레이가 손수 제작한 망원경을 이용해서 천체를 관측하기 시작하면서 천동설은 치명타를 입게 된다. 목성을 관측하던 도중 갈릴레이는 4개의 작은 위성들이 목성 주위를 도는 것을 발견했다. 이러한 발견은 그로 하여금 모든 천체가 지구 주위를 돈다는 지구 중심의 천동설이 틀린 것이고 태양 중심의 지동설이 옳다고 확신하게 했다. 이 외에도 그는 망원경으로 태양의 흑점, 달 표면의 요철, 토성의 띠, 금성의 모양 변화 등을 관측하고 역학 연구를 통해 그러한 관측 결과가 지동설을 뒷받침한다고 공표했다. 1597년 케플러에게 보낸 편지에서 그는 전통적인 아리스토텔레스-프톨레마이오스의 천동설이 바다의 조수 현상을 설명할 수 없기 때문에 코페르니쿠스의 지동설을 지지한다고 밝혔다. 지동설에 대한 갈릴레이의 과학적 입증은 교회가 옹호해 온 정통 이론에 위협을 가하는 것이어서 비난을 피할 수 없었다. 결국 1616년 그는 로마 교황청의 종교재판에 회부되어 지동설의 포기를 명령받았다. 1632년 그는 『프톨레마이오스와 코페르니쿠스의 2대 세계 체계에 관한 대화 Dialogo sopra i due massimi sistemi del mondo, tolemaico e copernicaon』를 출간하여 지동설을 확립하려고 했으나 교황청에 의해 금서목록에 올랐으며, 다시 로마로 소환되어 지동설의 포기를 언약하고 사면되었다. 그의 사후 350년만인 1992년 갈릴레이는 교황청에 의해 공식 복권됐다.

갈릴레이와 같은 시기에 활동한 케플러는 덴마크의 천문학자 티코 브라헤(Tycho Brahe)의 조수가 되어 공동 연구를 하다가 브라헤 사후 그가 남긴 화성의 운행 관측 자료들을 분석하여 행성의 운동에 관한 케플러의 법칙(Kepler's laws of planetary motion)을 발표했다. 즉 모든 행성은 태양을 초점으로 원 궤도가 아니라 타원 궤도(elliptical orbit)를 그리며 공전한다는 제1법칙(타원 궤도의 법칙), 행성의 공전 속도는 태양에서 멀어질수록 느려지고 가까워질수록 빨라져 행성과 태양을 잇는 선분이 같은 시간 동안 그리는 면적은 항상 일정하다는 제2법칙(면적 속도 일정의 법칙), 행성의 공전 주기의 제곱은 공전 궤도의 장반경(긴반지름)의 세제곱에 비례한다는 제3법칙(조화의 법칙)이 그것이다. 제1, 2법칙은 그의 저서 『신(新)천문학 Astronomia nova』(1609)에 발표되었고, 제3법칙은 그의 논문 「세계의 조화(Harmonice mundi)」(1619)에 발표되었다. 그가 행성 공전의 원동력을 태양의 자기력(磁氣力)에 의한 것이라고 생각한 것은 오류였지만, 그러한 행성의 궤도 운동을 설명하기 위해 '힘'이 있어야 한다고 생각한 것은 그의 과학적 기여로 볼 수 있다. 실로 케플러의 세 가지 법칙은 뉴턴이 만유인력의 법칙(law of universal gravitation 중력의 법칙)을 발견하는 초석이 되었다.

케플러 이후 거의 70년이 지나 뉴턴의 중력의 법칙과 운동의 법칙에 의해 태양계의 행성 운동의 원인이 확실히 밝혀지게 되었다. 뉴턴은 태양의 중력때문에 지구와 다른 행성들이 타원 궤도를 그리며 회전해야 한다는 것을 증명할 수 있었다. 말하자면 케플러의 법칙이 수학적으로 성립한다는 것을 증명해낸 것이다. 물체에 관한 뉴턴의 법칙은 땅에 떨어지는 사과에서부터 행성들과 항성들에 이르기까지 전 우주에 공통되게 적용될 수 있다는 것을 입증한 최초의 '통일 공식'이었다. 뉴턴의 우주관은 아리스토텔레스의 우주관과는 근본적으로 달랐다. 아리스토텔레스는 천체가 지구를 중심으로 지속적인 원운동을 하는 것에 반해 지상의 물체는 힘이나 충격에 의해서만 움직인다고 본 까닭에 하늘과 땅에서의 자연법칙이 다르다고 주장했다. 만약 그가 우주만물이 한 이치 기운(一理氣)의 조화(造化)작용임을 알았다면 천인합일의 이치에 따라 천상계와 지상계의 자연법칙이 다르다고 주장하지는 않았을 것이다. 케플러와 갈릴레이는 천체와 지상의 물체의 운동을 설명했지만 두 운동은 별개의 것으로 여겨졌다는 점에서 행성계의 운동을 지상의 물체와 같은 방식으로 설명할 수 있다는 것을 수학적으로 입증한 뉴턴과는 차이가 있었다.

뉴턴은 지구를 포함한 전 우주에 질량이 있는 물체 사이에는 상호 끌어당기는 '힘'이 작용한다고 보았다. 그리고 이 '보편중력'에 의해 천체들이 결합되어 있다고 주장했다. 그는 자신이 발견한 운동 법칙(Newton's laws of motion)

과 케플러의 법칙을 기초로 태양과 행성사이에 작용하는 인력의 크기가 두 천체의 질량과 거리에 의해 결정된다고 보았다. 즉 질량을 가진 모든 물체 사이에는 두 물체의 질량(m, m')의 곱에 비례하고 두 물체 사이 거리(r)의 제곱에 반비례하는 인력(F)이 작용한다는 '만유인력의 법칙(Law of universal gravitation)'을 확립한 것이다. 만유인력의 법칙을 수식으로 나타내면 다음과 같다.

$$F = G\frac{mm'}{r^2}$$ (비례상수 G는 중력 상수(gravitational constant) 또는 만유인력 상수)

중력 이론과 운동의 법칙을 처음으로 세상에 알린 뉴턴의 명저 『프린키피아 Principia』(1687, 원제는 『자연철학의 수학적 원리 Philosophiae Naturalis Principia Mathematica』)는 뉴턴의 역학 및 우주론에 관한 연구를 집대성한 것으로 천체의 움직임에 대한 이론 제시와 더불어 천체의 운동을 분석하는 데 필요한 복잡한 수학을 발전시킴으로써 근대 물리학과 천문학의 효시가 되었다. '데카르트(René Descartes)의 프린키피아'라고 불리는 『철학의 원리 Principia philosophiae』(1644)가 2천 년 동안 내려온 아리스토텔레스의 철학체계를 대체하는 저술이었다면, 그 원제를 데카르트의 책 제목에 빗대어 『자연철학의 수학적 원리』라고 한 뉴턴의 『프린키피아』는 데카르트의 자연관을 대체하는 저술이었다. '세상에서 가장 아름다운 기하학'이라는 찬사를 받고 있는 이 라틴어 저서는 기하학적 논리 체계에 따라 우주만물의 운동을 이해하는 기초를 제공함으로써 고전 물리학의 새로운 장을 열었다. 뉴턴역학(Newtonian mechanics) 체계의 확립은 뉴턴으로 하여금 근대 과학의 정초자(定礎

番)가 되게 했을 뿐만 아니라 동시대인들로부터 '신에 가장 근접한 인간'**이
라는 칭송을 받게 했다.

뉴턴의 『프린키피아』는 총 3권으로 구성되어 있다. 제1권은 물체의 운동
을 다룬 것이다. 여기서는 뉴턴의 세 가지 운동 법칙과 힘이 가해진 물체의
운동 궤적을 계산하는 방법, 시간과 공간의 절대성, 구심력의 개념 등이 제
시되었다. 뉴턴의 운동 제1법칙인 관성(慣性 inertia)의 법칙은 '외부에서 힘이
가해지지 않으면 정지한 물체는 계속 정지하려 하고, 운동하는 물체는 계속
운동하려 하는 성질이 있다'는 것이다. 뉴턴은 갈릴레이가 했던 방식으로 완
만한 경사면에서 무게가 다른 공들을 굴려 속도를 측정하는 실험을 한 결
과, 낙하하는 모든 물체는 무게와 관계없이 같은 비율로 속도가 증가한다는
사실을 확인했다. 운동 제2법칙인 가속도의 법칙은 '물체에 힘이 가해지면
그 물체의 가속도는 가한 힘에 비례하고 물체의 질량에 반비례한다'는 것이
다. 이 제2법칙, 즉 'F=ma(힘=질량×가속도)'는 '자연은 일정한 법칙에 따라 운동
하는 복잡하고 거대한 기계'라고 하는 그의 독창적인 역학적 자연관을 가장
잘 대변해주는 보편적인 자연법칙이다.** 운동 제3법칙인 작용·반작용의 법
칙은 '두 물체 사이에 상호작용하는 힘은 크기는 같고 방향은 반대이다'라는
것이다.

물체의 운동에 대한 뉴턴이나 갈릴레이의 생각은 아리스토텔레스와는 근

---

* 영국의 신고전주의 시대를 대표하는 시인 알렉산더 포프(Alexander Pope)는 뉴턴
  에 대한 弔辭를 다음과 같이 남겼다. "자연과 자연의 법칙은 어둠 속에 숨겨져 있었
  다. 신이 말씀하시길, "뉴턴이 있으라!" 그러자 모든 것이 환하게 드러났다(Nature and
  nature's laws lay hid in night. God said "Let Newton be" and all was light)."

** 뉴턴의 운동 제2법칙 F=ma는 유체역학의 기본법칙 중 하나인 '베르누이 정리
  (Bernoulli's theorem)', 등가속도운동, 쓰나미, 빅뱅 등 모든 자연 현상에서 언제나 성
  립하는 보편적인 자연법칙이다.

본적으로 달랐다. 아리스토텔레스는 모든 물체가 정지하려는 속성을 가지고 있다고 본 까닭에 그에게 운동은 한 정지 상태에서 다른 정지 상태로 변화하는 '상태의 변화(change of state)'[36]를 의미하는 것이었다. 따라서 아리스토텔레스에게는 물체의 정지 상태가 운동 상태와는 아무런 상관이 없었다. 그러나 뉴턴이나 갈릴레이는 물체가 정지한 상태를 운동하는 상태의 특수한 경우로 인식했던 까닭에 그들에게 운동은 '상태'를 의미하는 것이었다. 또한 아리스토텔레스는 무거운 물체일수록 지구가 더 큰 힘으로 끌어당긴다고 생각했기 때문에 가벼운 물체보다 먼저 낙하한다고 주장했다. 그러나 납으로 만든 추가 깃털보다 빨리 낙하하는 것은 깃털의 무게가 가볍기 때문이 아니라 깃털이 받는 공기저항 때문이다. 뉴턴과 갈릴레이의 측정 결과는 만약 공기저항을 크게 받지 않는, 무게가 각기 다른 납으로 만든 두 개의 공을 낙하시킨다면 같은 속도로 떨어진다는 사실을 입증해주었다. 우주선 아폴로 15호에 탑승했던 천문학자 데이비드 스콧(David R. Scott)은 공기저항이 없는 달에서 깃털과 납덩어리를 동시에 떨어뜨리는 실험을 한 결과, 두 물체가 동시에 달 표면에 떨어진다는 사실을 발견했다.[37]

『프린키피아』 제2권은 매질(媒質) 속에서의 물체의 운동을 다룬 것으로 오늘날의 유체역학(fluid mechanics)에 해당한다. 유체(액체와 기체) 속에서 운동하는 물체는 유체의 저항 때문에 타원 모양을 그리며 운동할 수 없다는 사실을 증명했다. 이는 당시의 지배적인 과학이론이던 데카르트의 소용돌이(渦流) 이론─소용돌이 운동의 원심력에 의해 행성의 운동을 설명한─이 케플러의 행성 운동 법칙과 모순됨을 수학적으로 입증하여 논박한 것으로 오늘날에는 거의 관심의 대상이 되지 못한다. 『프린키피아』 제3권은 천체 역학에 관한 것으로 태양계를 포함한 천체의 운동, 특히 행성의 운동을 다룬 것이다. 여기서는 뉴턴의 운동 법칙과 만유인력의 법칙을 우주적 차원으로 확장하여 증명해냈다. 만유인력의 법칙으로 행성, 위성, 혜성의 운동을 밝혀내고 지구의 세차운동과 조석(潮汐: 밀물과 썰물)운동, 달의 운동 등을 기하학적으로 설명했다. 또한 전 우주에 동일한 자연법칙이 작용한다는 '보편중력'이라는 개념으로 태양과 달과 지구의 인력관계를 설명했고, 코페르니쿠스의 지동설과 케플러의 행성의 타원 궤도 운동을 수학적으로 입증해냄으로써 천문학의 혁명적 진보와 근대 역학체계의 완성을 이루었다. 뉴턴의 '보편중력'의 개념은 자연철학의 영역을 넘어 사회문화적 현상에서도 보편적인 법칙을 찾으려는 노력으로 이어지면서, 신분과는 상관없이 누구에게나 동일한 법이 적용되어야 한다는 주장이 계몽철학자들에 의해 제기되었다.

200년 이상의 기간 동안 뉴턴의 우주 모델은 대부분의 과학자들에 의해 받아들여졌다. 뉴턴 이후 천체에 대한 연구는 천문학 기구들의 향상으로 우주의 모습을 더욱더 정확하게 이해하게 됨으로써 공간에 대한 인간의 인식을 크게 확장시켰을 뿐만 아니라 시간에 대한 개념 또한 심화시켰다. 프랑스의 천문학자이자 수학자인 라플라스(Pierre Simon de Laplace)는 뉴턴역학과 케플러의 행성의 운동에 관한 3개의 법칙 등에 힘입어 『천체역학 celestial mechanics』(5 vols. 1799~1825)을 완성하였다. 근대적 사유를 표징하는 라플라스의 결정론적 세계관은 20세기에 들어 실험물리학의 발달에 따른 원자와 아(亞)원자 세계에 대한 탐구로 물질, 시간, 공간, 인과율과 같은 고전 물리학의 기본 개념에 대한 근본적인 수정이 불가피해지면서 서서히 빛을 잃게 된다. 아인슈타인의 상대성이론과 양자론에 이르러 뉴턴의 3차원적 절대 시공(時空)의 개념은 폐기되고 4차원의 '시공' 연속체가 형성되어 우주는 본질적으로 역동적이며 불가분적인 전체로서, 정신적인 동시에 물질적인 하나의 실재로서 인식되게 된다. 1920년대 초반까지도 물질의 최소 단위를 알면 우주 전체를 이해할 수 있다는 결정론적 세계관이 지배적이었으나, 1920년대 중반에 들어 '부분의 단순한 합으로는 전체를 이해할 수 없다'는 주장[38]이 나타나면서 결정론적 세계관에 기초한 뉴턴의 고전역학은 양자역학(quantum mechanics)이라는 새로운 패러다임으로 전환된다.

양자개념을 처음으로 도입해 양자역학(광의로는 양자론)의 효시로 알려진 독일의 물리학자 막스 플랑크의 양자가설(quantum hypothesis, 1900)에 이어, 빛의 입자성에 기초한 광양자가설(photon hypothesis)로 설명되는 아인슈타인의 광전효과(photoelectric effect, 1905), 그리고 결정적으로는 하이젠베르크(Werner Heisenberg)의 행렬역학(matrix mechanics, 1925)과 슈뢰딩거(Erwin Schrödinger)의 파동역학(wave mechanics, 1926)에 이르러 양자역학이라는 새로운 패러다임으로 전환된 것이다. 양자역학에 대한 표준해석으로 여겨지는 코펜하겐 해석 (CIQM, 1927)*의 핵심은 양자계가 근원적으로 비분리성 또는 비국소성을 갖고 파동인 동시에 입자로서의 속성을 상보적으로 지니며 서로 양립하지 않는 물리량(예컨대 위치와 운동량)은 불확정성 원리에 따른다는 것이다. 양자역학의 내용을 해석하는 방법에는 코펜하겐 해석의 확률론적인 해석 외에 결정론적인 해석이 있다. 양자역학의 출현에 크게 기여한 아인슈타인은 물리적 사건에서 본질적인 역할을 하는 것은 우주에 내재해 있는 절대 법칙이라며 "신은 주사위 놀이를 하지 않는다"는 말로써 불확정성 원리와 같은 양자역학적 해석을 수용할 수 없음을 분명히 했다. 코펜하겐 해석을 둘러싼 닐스 보어와 아인슈타인의 세기적인 논쟁, 즉 결정론적 해석과 확률론적 해석은 필연과 우연의 해묵은 논쟁이다.

---

* 코펜하겐 해석은 전자의 속도 및 위치에 관한 하이젠베르크의 불확정성원리 (uncertainty principle)와 빛[전자기파]의 파동-입자의 이중성에 관한 보어의 상보성원리(complementarity principle)가 결합하여 나온 것이다.

필연과 우연은 '보이지 않는 우주'와 '보이는 우주'의 관계로서 본래 그 뿌리가 하나다. 물질세계는 '보이지 않는 우주' 즉 '영(Spirit)' 자신의 설계도가 스스로의 에너지·지성·질료의 삼위일체의 작용으로 형상화되어 나타난 것이다. '영[神]' 이 생명의 본체라면, 육은 그 작용[self-organization]으로 나타난 것이므로 우주만물 은 '물질화된 영(materialized Spirit)'이고 그런 점에서 본체[理]와 작용[氣], 영과 육, 필 연과 우연은 둘이 아니다. 그럼에도 우리가 살고 있는 상대계에서 이러한 이분 법이 마치 공식처럼 통하는 것은 우리 자신이 개체화 의식(에고의식)에 사로잡혀 있기 때문이다. 우주의 본질인 생명은…영원과 변화, 필연과 우연의 저 너머에 있다.[39]

그러나 뉴턴 과학을 기준으로 아리스토텔레스 과학을 원시적이라고 재 단할 수 없듯이, 양자역학을 기준으로 뉴턴 과학을 원시적이라고 재단할 수 없다. 아리스토텔레스 과학에서 뉴턴 과학으로, 뉴턴 과학에서 다시 상대성 이론과 양자역학으로의 전환은 세계에 대한 이해의 틀 자체가 크게 변화했 음을 보여준다. 영국의 이론물리학자 폴 디락(Paul Adrian Maurice Dirac)은 고전 역학을 양자역학적 현상의 특수한 사례인 것으로 밝히고 있고, 코펜하겐 해 석을 넘어서고자 하는 일련의 논의들은 보다 포괄적인 사상체계로의 통합 이 계속해서 이어질 것임을 시사한다. 이러한 통합은 각 상위 차원이 그것 의 하위 차원을 포괄하는 형태로 볼 수 있다. 즉 뉴턴역학은 아리스토텔레 스 역학이 설명하는 현상은 물론 그것에 의해서는 설명할 수 없는 현상까지 도 설명할 수 있다. 마찬가지로 상대성이론과 양자역학은 뉴턴역학이 설명 하는 현상은 물론 그것에 의해서는 설명할 수 없는 현상까지도 설명할 수 있다. 그러나 뉴턴 과학이 아리스토텔레스 과학을 대체했다고 해서 아리스 토텔레스 과학이 완전히 폐기된 것은 아니듯, 상대성이론과 양자역학이 뉴턴 과학을 대체했다고 해서 뉴턴 과학이 완전히 폐기된 것은 아니다. 미시세계에는 양자역학의 원리가 적용되지만, 거시세계에는 지금도 만유인력의 법칙, 뉴턴의 운동 법칙 등이 적용되고 있다.

과학이론은 특정 시기에 존재하는 특정 패러다임에 의거한 주장일 뿐 절대적 진리가 아니다. 뉴턴의 중력법칙이 수 세기 동안 과학계를 지배하면서 중력의 문제는 모두 해결된 듯이 보였다. 그러나 뉴턴의 중력법칙은 일상생활에는 여전히 유효하지만, 빛과 같이 질량이 0에 가까운 물질에는 적용할 수 없다는 한계가 있다. 반면, 아인슈타인의 중력법칙(일반상대성이론)은 이런 상황까지도 설명이 가능하다. 즉 뉴턴은 중력을 두 물체 사이에 작용하는 인력이라고 생각하여 '지구와 사과 사이의 인력'에 의해 사과가 떨어진다고 본 반면, 아인슈타인은 중력을 4차원 시공간에 작용하는 중력장(gravitational field)이라고 생각하여 '지구의 질량에 의해 '휘어진(warped)' 시공간 속으로 사과가 굴러 떨어지는 것'이라고 본다. 아인슈타인은 중력을 '질량을 가진 물체가 시공간의 구조를 휘어놓아 야기된 효과'라고 새로이 정의한 것이다. 빛의 속도로 움직이는 차원에서는 아인슈타인의 상대성원리가 적용되는 것이다. 이처럼 아인슈타인의 이론은 뉴턴의 이론을 초월하는 동시에 포괄한다. 그러나 아인슈타인의 이론 또한 그것을 넘어서고자 하는 논의들이 이어지고 있다는 점에서 절대적 진리라고 말할 수 없다.[40]

아인슈타인의 상대성이론은 1905년 논문에서 처음 발표된 특수상대성이론(special theory of relativity)과 1916년에 출판된 일반상대성이론으로 이루어져 있다. 특수상대성이론은 뉴턴역학 이래 물리학의 대전제였던 시공간의 절대성을 부정하고 그 상대성을 적극적으로 밝힌 것이고, 일반상대성이론은 특수상대성이론에서 밝힌 자연법칙의 절대성과 시공간의 상대성 개념을 강화하고 아울러 시공간이 물질의 존재와 밀접한 관련을 맺고 있음을 밝힌 것이다. 특수상대성이론은 질량-에너지 등가원리(principle of equivalence)를 밝힌 것으로 $E=mc^2$(에너지=질량x광속의 제곱)이라는 질량-에너지 등가(mass-energy equivalence) 관계식으로 나타난다. 이 관계식은 모든 질량이 그에 상응하는 에너지를 가지고 모든 에너지 또한 그에 상응하는 질량을 가지며, 에너지가 질량으로 변환될 수 있고 질량 또한 에너지로 변환될 수 있다는 것이 핵심이다. 질량 보존의 법칙과 에너지 보존의 법칙을 하나로 묶는 질량-에너지 등가 개념은 물질의 궁극적 본질이 비물질과 하나임을 보여주는 것이다. 질량을 에너지의 한 형태로 본 그의 입자관은 우리의 물질상에 심대한 영향을 끼침으로써 정신세계에 대한 깊은 통찰을 환기시켰다.

특수상대성이론이 모든 관성계에서는 같은 물리법칙이 성립한다는 상대성 원리와 광속 불변의 원리를 바탕으로 한 것이라면, 일반상대성이론은 가속계에서도 같은 물리법칙이 성립한다는 확장된 상대성원리와 중력질량과 관성질량의 등가원리를 바탕으로 한 것이다. 일반상대성이론은 중력이 다른 힘들과 같은 힘이 아니며, 시공간이 그 속의 에너지와 질량의 분포에 따라 구부러지거나 '휘어져' 있기 때문에 발생하는 결과라는 혁명적인 주장에 기초하고 있다. 지구와 같은 천체들은 중력이라는 힘에 의해서 휘어진 궤도를 따라 움직이는 것이 아니라, 휘어진 공간 속에서 직선에 해당하는 측지선(geodesic: 인접한 두 점을 잇는 최단(또는 최장) 거리)을 따라 움직인다는 것이다. 지구는 4차원 시공 속에서 직선을 따라 움직임에도 불구하고 태양의 질량이 시공을 휘게 하기 때문에 3차원 공간에서는 원에 가까운 궤도를 따라 움직이는 것처럼 보이는 것이다. 일반상대성이론에서는 중력장이 빛을 휘게 할 것이라고 예측했는데, 1919년에 이르러 서아프리카에서 일식을 관찰한 영국 탐사대에 의해 아인슈타인의 예측대로 빛이 태양에 의해 굴절된다는 사실이 입증되었다. 일반상대성이론에서 또 하나의 예측은 지구처럼 질량이 큰 물체의 근처에서는 시간이 더 느리게 가는 것처럼 보인다는 것이다. 이 예측은 1962년 두 개의 시계를 급수탑의 꼭대기와 맨 밑에 장치하여 실험한 결과, 지구에 더 가까운 아래쪽 시계가 더 느리게 간다는 사실이 확인됨으로써 일반상대성이론과 정확하게 일치했다.[41]

영국의 세계적인 우주물리학자 스티븐 호킹(Stephen Hawking)은 아인슈타인이 중력질량(gravitational mass)과 관성질량(inertial mass)의 등가성을 이용하여 자신의 등가원리*를 이끌어내고, 종국에는 일반상대성이론 전체를 도출해낸 것은 인류의 지성사에서 유례가 없는 엄밀한 논리적 추론이었다고 평가한다.[42] 뉴턴이 "거인의 어깨 위에 서 있어서 좀 더 앞을 볼 수 있었다"라는 말을 했다고 하는데, 아인슈타인은 뉴턴의 어깨 위에 서 있었기 때문에 이런 위대한 지적 성취를 이룰 수 있었을 것이다. 일반상대성이론은 시간과 공간에 대한 새로운 이해와 더불어 우리의 우주관에도 혁명적 변화를 일으켰다. 본질적으로 변하지 않는다고 생각한 우주 개념이 역동적으로 팽창하는 우주 개념으로 대체된 것이다. 오늘날 과학자들은 일반상대성이론과 양자역학으로 우주를 기술한다. 일반상대성이론은 중력과 우주의 거시적 구조를 기술한다. 즉 이 이론은 단 몇 마일 규모에서부터 관찰할 수 있는 우주의 크기인 100만 마일의 100만 배의 100만 배의 100만 배 규모까지의 구조를 다룬다. 반면, 양자역학은 1인치의 100만분의 1의 100만분의 1처럼 극도로 미시적 규모의 현상들을 다룬다. 그러나 이 두 이론은 상호 모순되기 때문에 오늘날 물리학에서는 두 이론을 통합하는 새로운 이론, 즉 양자중력이

---

* 등가원리는 관성질량과 중력질량이 동일할 경우에만 성립한다. 왜냐하면 두 종류의 질량이 동일하면 중력장에 있는 모든 물체가 그 질량에 상관없이 동일한 속도로 떨어질 것이기 때문이다.

론(quantum theory of gravity)을 탐색하고 있다.[43]

현대적인 우주관은 1924년 미국의 천문학자 에드윈 허블(Edwin Hubble)에 의해 확립되었다. 그는 전파망원경을 통해 세페이드 변광성(Cepheid variable)*을 관찰하면서 그것들 대부분이 우리은하(Milky Way)의 밖에 존재한다는 사실을 발견함으로써 우주가 하나의 은하가 아니라 수없이 많은 은하들로 이루어져 있음을 입증했다. 그는 지구와 다른 은하계들 사이의 거리를 측정하기 위해 별의 광도(光度)를 척도로 삼았다. 그러나 별의 겉보기 밝기(광도)는 거리에 의해서만 결정되는 것이 아니라 별의 실제 밝기(절대광도 luminosity)에 의해서도 결정된다. 가까운 별들의 경우에는 겉보기 밝기와 거리를 측정할 수 있으므로 그 별의 절대광도를 알아낼 수 있다. 별들의 색에 따라서 같은 종류의 별들은 항상 동일한 절대광도를 가지고 있으며 이는 먼 은하계의 별들에도 마찬가지로 적용될 수 있다고 그는 주장했다. 다른 은하에 있는 별들의 절대광도를 안다면 그 별들의 겉보기 밝기를 측정해서 은하계의 거리를 계산할 수 있다는 것이다. 이런 방식으로 허블은 아홉 개의 다른 은하들의 거리를 측정했다.

1929년 허블은 더 멀리 있는 은하일수록 더 빠르게 우리로부터 멀어진다는 내용을 발표했다. 우주 팽창의 영향으로 광원이 우리에게서 멀어질수록 빛의 파장이 길어져 '적색 편이(赤色偏移 red shift)'된 스펙트럼을 보이게 되는

---

* 세페이드 變光星은 밝기가 주기적으로 변하는 별의 유형이다. 미국의 여성 천문학자 헨리에타 스완 리비트(Henrietta Swan Leavitt)는 세페이드 변광성의 변광 주기와 광도 사이의 상관관계를 밝힘으로써 지구에서 멀리 떨어진 은하들까지의 거리를 측정할 수 있는 최초의 방법을 제공했다. 리비트 사후에는 허블이 주기-광도 관계를 이용하여 우주가 팽창하고 있음을 밝혀냈다.

데, 이러한 색[파장] 혹은 진동수의 이동을 도플러 효과(Doppler effect)*라고 부른다. 허블은 은하계의 '적색 편이'의 정도가 임의적이지 않으며 우리로부터 은하계까지의 거리에 정비례한다는 사실을 발견했다. 이는 러시아의 물리학자이자 수학자인 알렉산드르 프리드만(Aleksandr A. Fridman)이 1922년에 예측한 것과 정확히 일치했다.[44] 우주에 있는 은하들은 모두 우리은하로부터 멀어지고 있으며 그 속도는 거리에 비례한다는 '허블의 법칙'은 우주가 더 이상 정적인 상태가 아니라 진화 과정 속에 있으며 실제로 팽창하고 있다는 것을 밝힌 것이다. 허블은 공간 개념의 확대와 더불어 시간 개념을 심화시킴으로써 전통적 신화의 영역이었던 우주를 자연과학의 영역 안으로 편입시켰다. 그에 따라 우주의 기원에 관한 주제는 과학자들뿐만 아니라 광범위한 대중의 관심을 불러일으켰다.

태양 중심의 지동설이 뉴턴의 역학체계로 입증된 17세기 말 이후 20세기 초까지 지속되었던 정적인 우주에 대한 믿음은 팽창하는 우주의 발견으로 커다란 지적 혁명을 맞게 되었다. 심지어 아인슈타인조차도 일반상대성이론을 정립했을 때 정적인 우주—'우주는 팽창하지도 수축하지도 않는다'—에 대한 강한 믿음 때문에 자신의 방정식에 '우주상수(cosmological constant)'라는 것을 도입하여 그의 이론이 정적인 우주와 모순되지 않게 만들었다고 한다. 훗날 그는 이러한 우주상수의 도입을 일생일대의 실수라고 말했지만,**

---

* 자동차가 우리에게 다가올수록 파장은 짧아지고 진동수는 높아지는 반면, 자동차가 우리에게서 멀어질수록 파장은 길어지고 진동수는 낮아진다. 이러한 파장 혹은 진동수의 이동을 도플러 효과라고 부른다. 경찰이 차량 속도를 측정할 때 속도위반 차량에서 반사되어 되돌아오는 전파 펄스의 파장을 측정하는 것도 도플러 효과를 이용한 것이다.

** 아인슈타인의 우주상수 도입에 대해 스티븐 호킹의 입장은 유보적이다. 그는 "우주의 팽창을 가속시키는 힘이 무엇인지에 대해 아직 아무도 확실히 알지 못하지만, 어쩌면

정작 그를 실망시킨 것은 정적인 우주에 대한 믿음으로 인해 그의 이론이 예측할 수 있는 우주의 팽창을 간과했다는 사실이었다.[45] '허블의 법칙'이 발견된 이후 우주가 팽창하고 있다는 사실을 기반으로 두 가지 이론이 맞서게 되는데, 그 하나는 영국 천체물리학자 프레드 호일(Fred Hoyle)이 허만 본디(Hermann Bondi), 토머스 골드(Thomas Gold)와 함께 1948년에 주장한 정상우주론(steady state theory)이고, 다른 하나는 1920년대 알렉산드르 프리드만과 벨기에 천문학자 조르주 르메트르(Georges Lemaitre)가 제안하고 1940년대 프리드만의 제자인 러시아 태생의 미국 물리학자 조지 가모브(George Gamow)에 의해 체계화된 빅뱅이론(big bang theory)*이다.

정상우주론에 의하면 우주는 어느 방향으로나 같은 비율로 팽창하고 있으며, 어느 은하에서 관측하든 그 결과가 같으므로 팽창의 중심은 없다. 이는 곧 우주의 중심이 없다는 것을 의미한다. 우주는 시작도 끝도 없으며 영원히 밀도가 일정하고 불변한다는 것이다. 말하자면 우주는 항상 팽창하되 멀어지고 있는 은하의 틈을 채우기 위해 지속적으로 새로운 물질을 생산해서 일정한 평균 밀도를 유지하므로 항상 똑같은 모습을 지니게 된다는 것이다. 그러나 지속적으로 새로운 물질이 탄생한다는 정상우주론의 가정은 물리학의 기본법칙인 질량 보존의 법칙과 에너지 보존의 법칙을 설명하지 못한다는 모순이 있다. 1960년대에 들어 전파망원경을 이용한 우주 관측이 활기를 띠면서 모든 은하계가 비슷한 나이를 가지고 있다는 사실이 확인되었

그 힘은 우주상수(그리고 그것의 반(反)중력 효과)의 도입이 필요하다고 본 아인슈타인이 옳았다는 증거일 수도 있다"고 말한다(Stephen Hawking & Leonard Mlodinow, *A Briefer History of Time*, pp.66-67).

* '빅뱅'이란 용어는 대폭발론에 회의적이었던 프레드 호일이 조롱하는 의미로 처음 사용했으며, 이후 대폭발론은 '빅뱅이론'으로 명명되었다.

고, 또 1965년 봄에 미국 뉴저지 주의 벨연구소에서 일하던 두 명의 전파천문학자 아노 펜지어스(Arno Allan Penzias)와 로버트 윌슨(Robert Woodrow Wilson)이 우주배경복사(宇宙背景輻射 cosmic background radiation, CBR or CMB)*를 발견하면서 정상우주론은 사실상 쇠퇴하게 되었다. 우주배경복사는 1940년대에 가모브가 우주의 팽창이 대폭발로 시작되었다는 이른바 빅뱅 우주론의 증거로 예측했던 것과 일치하는 것이었다.

20세기 초반에 축적된 방대한 양의 천체물리학적 증거를 바탕으로 빅뱅 우주론은 새로운 대안적 우주론으로 떠오르게 되었다. 우주가 태초의 대폭발로 시작되었다는 빅뱅이론에 의하면, 우주는 모든 에너지와 물질이 엄청난 밀도로 응축된 하나의 점에서 분출되어 나왔고, 지금도 계속해서 '가속팽창'하고 있다. 그러나 이 이론은 '플랑크 시기(Planck era)'로 알려진 최초의 그 시점 이전에 어떤 일이 있었으며 우주가 어떻게 해서 존재하게 됐는지에 대한 설명 없이 우주가 존재하게 된 이후의 진화 과정을 기술한다.** '어제가 없는 어느 날' 대폭발이 일어났고, '우주 인플레이션(cosmic inflation)'으로 알려진 과정을 통해 우주가 급팽창하여 시공간 구조 속에 파동을 만들고 그것이

---

* 우주배경복사 또는 우주 마이크로파 배경(CMB)은 별이나 은하와 같은 특정 천체로부터 오는 것이 아니라 우주를 균일하게 가득 채우고 있는 마이크로파 열복사로 2.7K의 黑體輻射를 나타낸다. 텔레비전을 화면이 나오지 않는 채널에 맞추면 강설잡음(snow noise)이 보이는데, 그것의 약 1%는 빅뱅에서 생긴 빛과 열의 찌꺼기들이며 그 찌꺼기들이 우주배경복사를 만들어낸다. 우주의 기원에 관한 빅뱅이론을 설명할 수 있는 우주배경복사의 발견으로 펜지어스와 윌슨은 1978년 노벨 물리학상을 수상했다.

** 스티븐 호킹에 따르면 빅뱅 이전의 사건들은 아무런 귀결을 가질 수 없으므로 과학적 우주론의 일부가 될 수 없다. 따라서 우주 모형에서 제외되어야 하며 빅뱅을 시간의 시작으로 보아야 한다는 것이다. '누가 빅뱅을 위한 조건들을 구비했는가'라는 질문은 과학이 다룰 질문이 아니라는 것이다(Stephen Hawking & Leonard Mlodinow, *A Briefer History of Time*, p.69).

팽창하는 우주를 가로지르며 퍼져나가 약 138억여 년 동안 수천억 개의 은하들이 생겨났고, 지금도 그 숫자는 늘어나고 있다. 말하자면 시간의 흐름 속에서 우주는 복잡한 진화를 거쳤고, 다양한 입자들 또한 진화했으며, 그러한 진화가 지구와 같은 행성들과 우리와 같은 존재들이 존재할 수 있도록 만들었다는 것이다.[46] 조르주 르메트르는 초기의 우주를 '원시 원자(primordial atom)'라고 불렀다.

빅뱅 시점에 무한히 뜨거웠던 우주는 급격하게 팽창하면서 복사의 온도는 감소했고, 빅뱅이 일어난 후 1초가 채 지나기 전에 에너지의 네 가지 주요 형태가 생겨났다. 즉 물체가 서로 끌어당기는 힘인 중력(gravity 引力), 전하(電荷 electric charge: 양전하와 음전하)를 가진 물체 사이에 작용하는 힘인 전자기력(電磁氣力 electromagnetic force: 引力과 斥力), 그리고 쿼크들을 결합하고 양성자와 중성자를 결합하여 원자핵을 형성하는 힘인 강한 핵력(强力 strong force)과 '베타(β) 붕괴'를 일으키는 힘인 약한 핵력(弱力 weak force)이 그것이다. 현대 물리학에서는 이들을 자연계에 존재하는 네 가지 '기본 힘(fundamental force)'으로 간주한다. 우주가 식어가면서 충분히 팽창하여 섭씨 약 100억 도로 온도가 낮아졌다. 그 당시 우주에는 대부분 광자(photons), 전자(electrons), 중성미자(中性微子 neutrinos), 쿼크(quarks), 그리고 그것들의 반입자들(antiparticles)*이 있었고, 물질의 최초 형태인 쿼크들이 강한 핵력에 의해 세 개씩 결합돼 최초의 양

---

* 反입자(反양성자 · 反중성자 · 反전자)는 입자와 성질이나 질량은 같지만 전기적 성질인 '전하(+ 또는 -)'는 반대인 입자를 말한다. 예컨대, 전자는 마이너스(-)지만, 反전자는 플러스(+)다. 反입자로 구성된 물질이 反물질이다. 한국 등 14개국 국제연구팀인 '벨(BELLE) 그룹'에 따르면 빅뱅 이후 물질과 반물질은 같은 양으로 존재했으나 붕괴율이 서로 다른 까닭에 반물질이 순식간에 더 많이 붕괴돼 사라짐으로써 오늘의 우주가 존재하게 됐다. 물질과 반물질은 충돌하면 함께 소멸되므로 반물질과 충돌하지 않고 살아남은 물질이 현재의 우주를 만들게 됐다는 것이다.

성자(protons)와 중성자(neutrons)가 만들어졌다.[47]

우주의 온도가 약 10억 도 정도로 낮아지면서 양성자와 중성자가 핵융합을 통해 결합하여 수소, 중수소(무거운 수소), 헬륨 등 간단한 화학 원소들의 핵을 형성했다. 빅뱅이 일어난 후 3분쯤 되었을 때 우주는 수소 원자핵(양성자 1개), 중수소 원자핵(양성자 1개, 중성자 1개), 헬륨(양성자 2개, 중성자 2개), 그리고 소량의 리튬 원자핵(양성자 3개, 중성자 3개)을 형성한 것이다. 이 시기에는 우주가 '플라스마(plasma: 이온핵과 자유전자로 이루어진 입자들의 집합체로서 고체·액체·기체와 더불어 '제4의 물질상태'로 불림)'라는 뜨겁고 불투명한 원자핵과 '전자 수프'로 가득 찼다. 물질-반물질 소멸을 통해 만들어진 모든 광자가 이 플라스마 안에 붙잡혀 양성자, 전자와 끊임없이 충돌했다. 빅뱅 초기의 모습은 가모브가 그의 제자 랠프 앨퍼(Ralph Asher Alpher) 그리고 핵물리학자 한스 베테(Hans Bethe)*와 함께 1948년에 발표한 논문에서 처음 제시되었다. 이 논문에서 저자들은 수소, 헬륨 같은 가벼운 원소가 만들어져 현재까지 우주의 대부분을 차지하게 되었다고 주장했다. 그리고 대폭발과 함께 방출되었던 우주 초기 단계의 복사파가 오늘날 우리 주위에 남아 있을 것이라고 예측했는데, 그 복사파가 바로 1965년에 펜지어스와 윌슨이 발견한 마이크로파 복사이다.

---

* 가모브는 한스 베테를 설득하여 그의 이름을 논문의 저자명에 포함시켰다. 그리하여 논문의 저자명은 그리스어 알파벳의 첫 세 철자인 알파, 베타, 감마와 유사하게 앨퍼, 베테, 가모브가 되었다.

빅뱅 이후의 시간	중요 사건
	빅뱅 특이점(Big bang singularity: 대폭발 전의 크기가 0이고 밀도와 온도가 무한대인 상태)
	'플랑크 시기(Planck era)', 아직 알려지지 않은 물리법칙. 우주는 물리적으로 최소 크기의 한계를 나타내는 '플랑크 길이'*보다 더 작았다.
10^{-43}초	대통일이론(Grand Unification Theory, GUT) 시기 1조 분의 1초 정도 후에 통합된 네 가지 기본 힘(중력, 전자기력, 강력, 약력)이 붕괴되면서 우주의 기하급수적인 인플레이션에 에너지를 공급한다. 물질/반물질의 균형이 물질 쪽으로 기운다.
10^{-35}초	전약(電弱 electro-weak) 시기 쿼크와 반쿼크가 지배한 시기
$10^{-33} \sim 10^{-32}$초	우주 급팽창(cosmic inflation) 시기 우주가 빛보다 빠른 속도로 팽창하고, 절대온도 0도(섭씨 - 273도: 물질이 열에너지를 가지지 않는 온도)에 가깝게 차가워진다.
$10^{-10} \sim 10^{-6}$초	하드론(hadron)과 렙톤(lepton) 시기 쿼크가 결합해서 양성자, 중성자, 중간자(쿼크 1개와 반쿼크 1개로 이루어진 강입자), 중입자(baryon) 등을 형성한다.
1초~3분	양성자와 중성자가 결합해서 수소, 헬륨, 리튬, 중수소의 원자핵을 형성한다. 이 시기에는 우주가 '플라스마'라는 뜨겁고 불투명한 원자핵과 '전자 수프'로 가득 찬다. 물질-반물질 소멸을 통해 만들어진 모든 광자가 이 플라스마 안에 붙잡혀 양성자, 전자와 끊임없이 충돌한다.
30만 년~38만 년	'플라스마 우주'가 끝나는 시기 우주가 충분히 냉각되면서 양전하를 띤 원자핵이 음전하를 띤 전자를 붙잡아 전기적 중성이 되며, 물질과 에너지가 분리된다. 모든 원자핵이 안정되면서 광자가 자유롭게 이동할 수 있게 되고, 우주가 투명해지면서 우주배경복사가 방출된다. 이 시점에서 우주는 75퍼센트의 수소와 25퍼센트의 헬륨으로 이루어진다.
10억 년	물질의 덩어리가 퀘이사(quasars), 항성(stars), 원시은하(proto-galaxies)를 형성한다. 항성들이 무거운 원자핵을 합성하기 시작한다.
92억 년	태양계 형성 시기 46억 년 전 성운이 붕괴를 시작해 태양계를 형성한다.

〈표 2.1〉 초기 우주의 연대기[48]

---

* '플랑크 길이'는 양자이론의 아버지인 막스 플랑크의 이름을 딴 것으로 이보다 더 작거나 짧은 것은 존재하지 않는다. 이 크기는 너무나 작아서 만약 '플랑크 길이'를 1초에 하나씩 늘어놓아 원자의 직경을 측정한다면 그 여정을 마치는 데는 우주의 나이보

〈표 2.1〉에서 보는 바와 같이, 빅뱅이 일어난 후 약 38만 년쯤 되었을 때 '플라스마 우주'가 끝나고 우주가 충분히 냉각되면서(약 3,000도) 생명의 '자기 조직화'를 위한 모든 재료들이 나타났다. 그때 이후 같은 에너지와 같은 물질들이 여전히 존재하고 있다는 점에서 실제로 변한 것은 없다. '플라스마 우주'의 종식은 빅뱅 우주론의 강력한 증거를 제시한다. 빅뱅 이후 팽창과 냉각 과정 속에서 이리저리 떠다니던 전자의 속도가 줄어들면서 양전하를 띤 원자핵이 자기를 이용해 음전하를 띤 전자를 끌어들여 가장 가볍고 전기적으로 중성을 띠는 최초의 안정적인 원자인 수소(H)와 헬륨(He)이 만들어졌다. 그리하여 우주는 플라스마 대신에 전기적으로 중성인 원자로 가득하게 되었다. 수소는 한 개의 양성자와 한 개의 전자로 이루어져 있고, 헬륨은 두 개의 양성자와 두 개의 중성자 그리고 두 개의 전자로 이루어져 있다. 모든 원자핵이 안정되면서 광자(빛)는 방해받지 않고 이동할 수 있게 됐고, 불투명하던 우주가 투명해지면서 우주배경복사가 방출됐다. 빅뱅의 잔광, 즉 우주배경복사를 실은 광자들은 약 138억여 년이 지난 후에 지구의 망원경에 포착됐다. 이 '최초의 빛'은 우주 전체에서 거의 즉각적으로 방출됐기 때문에 유아기 우주의 모습을 완벽하게 순간 포착하고 있으며, 이것을 이용하면 당시 우주의 구성을 지도로 그릴 수 있다.[49]

우주배경복사는 초기 우주에서 물질과 에너지가 얼마나 균일하게 펼쳐져 있었는지를 보여준다. 이렇게 균일한 온도는 천천히 팽창하는 우주에서는 만들어질 수 없기 때문에 이는 우주가 '우주 인플레이션'으로 알려진 기하

다 1,000만 배나 많은 시간(10,000,000 × 13,800,000,000년)이 걸린다고 한다(벤 길리랜드 지음, 김성훈 옮김, 『인포그래픽으로 보는 우주 탄생의 비밀』, 59쪽).

급수적인 팽창의 시기를 거쳤다는 증거라 여겨진다.* 미국항공우주국(NASA)
의 '우주배경복사 탐사선(COBE)'과 '윌킨슨 극초단파 비등방성(非等方性) 탐사
선(WMAP)'의 관측 자료는 초기 우주가 빅뱅이론이 예측한대로 절대온도 0도
(-273도)보다 2.7도 정도 높은 섭씨 -270.3도에서 거의 변동이 없었고 우주배
경복사로 가득 차 있었다며 우주의 기원을 설명하는 빅뱅이론의 타당성을
확인해 주었다. 가장 최근에 우주배경복사를 탐색한 유럽우주기구(ESA)의
플랑크 우주선 망원경은 우주배경복사를 세부영역까지 매우 정밀하게 관
측하였으며 빅뱅이론이 우주의 생성을 설명하는 가장 적합한 모형임을 재
확인해 주었다. 이 관측을 통해 우주의 나이는 137억 3,000만 년에서 138억
2,000만 년으로 늘어났고, 우주를 구성하는 정상물질, 암흑물질(dark matter),
암흑에너지(dark energy)의 양도 더욱 정밀하게 측정됐다.[50]

이상에서와 같이 우주가 약 138억 년 전 '빅뱅 특이점'에서 일어난 대폭
발로부터 생성되었다는 빅뱅이론은 현재 '표준 우주론'으로 널리 받아들여
지고 있다. 특이점의 대폭발로 생긴 원시우주는 폭발 후 급격히 팽창하면
서 온도와 밀도가 급감했고 에너지가 물질로 응결되면서 최초의 입자가 탄
생했다. 그렇다면 에너지에서 어떻게 물질이 나올 수 있을까? 아인슈타인
의 방정식 $E=mc^2$은 물질과 에너지가 서로 변환될 수 있음을 보여준다. 에

---

* 우주배경복사에서 보이는 온도 차이는 '양자 불확정성'이라는 개념으로 설명될 수 있
  다. 이 개념에 따르면 우주 어느 곳에도 텅 빈 공간(진공)이란 것은 없으며 가장 작은
  양자 규모의 공간에는 '양자거품'이라는 것이 있어서 엄청난 양의 물질과 반물질이 생
  성과 소멸을 끊임없이 반복하고 있다. 양자거품은 시공간의 이론적 기반이며 우주의
  구조를 엮어내는 존재다. 우주가 양자 하나보다도 작았을 당시 '양자거품' 안에서 일
  어난 에너지 요동(양자요동 quantum fluctuation)은 우주 씨앗에 새겨져 우주가 팽창
  함에 따라 우주 인플레이션을 타고 우주로 퍼져나갔고 그 순간 이후로 우주배경복사
  에 각인됐다.

너지가 질량으로 변환될 수도 있고, 질량이 에너지로 변환될 수도 있다. 말하자면 물질의 입자는 고밀도로 농축된 작은 에너지 다발이다. 이는 양자계가 파동인 동시에 입자로서의 속성을 상보적으로 지닌다는 양자역학적 관점과도 일치하는 것이다. 데이비드 봄은 파동이 모여 에너지 다발을 형성할 때 입자가 되는 것이고 그 파동의 기원은 우주에 미만(彌滿)해 있는 초양자장이라고 본 까닭에 물질은 원자로, 원자는 소립자로, 소립자는 파동으로, 파동은 다시 초양자장으로 환원될 수 있다고 보았다. 입자란 입자처럼 보이는 파동일 뿐이라는 것이다.

우주 탄생을 설명하는 입자물리학(particle physics)의 '표준모형(standard model)'에 따르면, 우주만물은 기본입자 12개와 힘을 전달하는 매개입자 4개 등 16개의 소립자로 이뤄져 있고,* 여기에 '힉스입자(Higgs Boson)'**를 포함하면 17개의 소립자가 물질계를 이루고 있다. 2012년 7월 4일 유럽입자물리연구소(CERN)는 거대강입자가속기(LHC) 실험을 통해 우주 생성의 비밀을 풀 수 있는 열쇠로 알려진 '힉스입자'와 일치하는 입자가 발견됐다고 발표한 데 이어 2013년 3월 14일에는 그것이 '힉스입자'임이 분명하다고 밝혔다. 그런데 빅뱅 직후 우주만물을 이루는 16개 입자에 질량을 부여한 것으로 추정돼 '신의 입자(God Particle)'로 불리는 힉스입자가 우주 탄생 초기에 다른 입자들에 질량을 부여하고 사라졌다는 설명은 명쾌하지가 않다. 이 우주는 누가 누구에

---

* 물질은 원자로 구성되고, 원자는 원자핵과 전자로 구성되며, 원자핵은 양성자와 중성자로 구성된다. 다시 말해 원자는 입자(양성자·중성자·전자)로 이루어져 있고 입자는 다시 소립자로 이루어져 있다. 소립자는 쿼크와 렙톤의 두 가지 형태로 존재하며, 이들을 한데 묶어 페르미온(fermion)이라고 부른다. 모든 물질은 업쿼크와 다운쿼크 그리고 전자라는 렙톤의 조합으로 이루어진다.

** '힉스입자'는 1964년 이러한 가설을 처음 제시한 영국의 물리학자 피터 힉스(Peter Higgs)의 이름을 딴 것이다.

게 질량을 부여한 것이 아니라 자기조직화한 것이기 때문이다. 말하자면 에너지의 바다(氣海)에 녹아 있는 질료가 스스로 응축되어 물질화되어 나타난 것이다. 실로 이 우주에서 사라지는 것은 아무것도 없다.

힉스입자 발견으로 우주 생성의 비밀이 풀리면 현대 물리학은 획기적인 전환을 이룰 것이다. 전자 발견과 원자핵 발견이 20세기 전자 시대와 핵에너지 시대의 개막으로 이어졌듯이, 힉스입자 발견은 새로운 우주 시대의 개막으로 이어질 것이다. 현대 원자론은 당대 최고의 물리학자로 꼽히던 조지프 존 톰슨(Sir Joseph John Thomson)의 음극선 실험을 통한 전자 발견(1897)과 '핵물리학의 아버지'로 불리는 어니스트 러더퍼드(Ernest Rutherford)의 알파(α) 입자 산란 실험을 통한 원자핵(양성자) 발견(1911) 및 최초의 인위적 원소 변환 실현(1919)으로부터 시작되었다. 이후 영국의 물리학자 제임스 채드윅(Sir James Chadwick)의 중성자 발견(1932), 미국의 물리학자 엔리코 페르미(Enrico Fermi)의 중성자에 의한 핵변환을 통한 인공 방사성 동위원소 제조 및 핵분열 연구 개막(1934~1938), 핵자(核子) 이동설을 제시한 유카와 히데키(湯川秀樹 Yukawa Hideki)의 중간자 이론(1935), 보어·하이젠베르크·슈뢰딩거·디락 등에 의한 20세기 양자물리학의 발전, 그리고 상온 핵융합과 원소 변환 등 19세기 말 이후 본격화된 원소 변성에 관한 이론의 전개 과정은 우주의 비밀에 한 발짝 더 다가설 수 있게 한다.[51]

우주의 구성요소인 원자들이 나타내는 물리·화학적 성질을 설명하기 위해 제시된 원자 모형은 계속해서 새로운 모형으로 대체돼 왔고 또 앞으로도 그럴 전망이다. 기원전 5세기 경 고대 그리스의 데모크리토스(Democritus)는 모든 물질이 더 이상 쪼개지지 않는 원자(atom)로 구성돼 있다고 생각했다. 이러한 그의 원자론은 19세기 들어 화학적 원자론을 창시한 존 돌턴(John Dalton)에 의해 재발견된다. 최초의 원자 모형인 돌턴의 원자모형은 더 이상 쪼개지지 않는 원자라는 가장 작은 알갱이로 이뤄진 모형이었으나, 톰슨의 전자 발견에 따라 양전하를 띤 원자 속에 음전하를 띤 전자가 박혀 있는 '플럼-푸딩 모형(plum-pudding model)'으로 대체됐다. 또한 톰슨의 원자 모형은 러더퍼드의 원자핵 발견에 따라 양전하를 띤 원자핵 주위를 전자들이 돌고 있는 '행성 모형(planetary model)'으로 대체됐고, 이는 다시 원자핵 주위의 전자가 가지는 물리량이 양자화 돼 있다는 착상에 근거한 보어의 '궤도 모형(orbit model)'으로 대체됐으며, 이는 또다시 원자핵 주위에 확률적으로 분포하는 전자구름*을 파동함수로 나타낸 현대의 '전자구름 모형(electron cloud model)'으로 대체됐다.[52]

스티븐 호킹은 우주를 탄생시킨 빅뱅이 신에 의해서가 아니라 중력의 법칙에 의해 저절로 생겨난 현상이라고 보았다. 말하자면 중력의 자연법칙에 의해 우주와 인류가 무(無)에서 자연발생적으로 창조된 것일 뿐, 신의 개입으로 이루어진 것은 아니라는 것이다. 그는 만물의 최소 단위가 입자가 아니라 '진동하는 끈'이라고 보는 끈이론(string theory) 또는 초끈이론(superstring theory)에 기초한 'M이론(M-theory)'**으로 우주의 생성 원리를 설명할 수 있다고

---

* 원자핵 주위를 돌고 있는 전자의 공간적 분포 상태는 量子場이 작용하는 차원에서는 非局所性[초공간성]의 원리에 따라 위치라는 것이 더 이상 존재하지 않으므로 이를 구름에 비유하여 '전자구름'이라고 한 것이다.

** 이론물리학에서 M이론은 11차원의 시공간에서 존재하는 물리이론이다. 1990년대 초기에는 총 5개의 초끈이론들이 알려져 있었다. 이들은 10차원에 존재하는, 끈을 포함하는 이론이다. 1995년 프린스턴 고등연구원의 에드워드 위튼(Edward Witten)은 이들 5개의 초끈이론을 끈을 포함하지 않고 11차원에 존재하는 'M이론'을 통해 얻을 수 있다는 증거를 제시했다. 즉 5개의 초끈이론은 하나의 M이론의 다양한 극한에 해당한다는 것이다. 이 사건을 제2차 초끈혁명(the second superstring revolution)이라고 한다. 위튼에 따르면 M이론의 'M'은 magic, mystery 또는 membrane의 머리글자이다. 막을 뜻하는 'membrane'이라고 한 것은 M이론이 끈을 포함하지 않는 대신 2차원 및 5차원 막을 포함하기 때문이다(https://ko.wikipedia.org/wiki/M%EC%9D%B4%EB%A1%A0 (2016. 6.6)).

보았다. M이론은 다양한 이론들의 집합 전체를 일컫는 이름으로 궁극의 이론이 갖춰야 할 속성들을 모두 갖춘 유일한 모형이라는 것이다. M이론의 다양한 버전들은 마치 메르카토르 투영법(Mercator projection)에서 지구 전체를 재현하려면 지도 여러 장을 조금씩 겹치면서 이어 붙여야 하는 것과 마찬가지로, 우주를 재현하려면 부분적으로 겹치는 다수의 이론들을 모두 동일한 바탕 이론의 측면들로 간주할 수 있다는 것이다. 그러나 지구 표면 전체를 충실히 재현하는 평면 지도가 없는 것과 마찬가지로, 물리세계 전체에서 얻은 관측 결과들을 충실히 재현하는 단일한 지도는 존재하지 않는다는 것이다.[53]

M이론에 따르면 우리의 우주는 유일한 우주가 아니며 수많은 우주들이 무(無)에서 생겨났다. 그 우주들이 생겨나기 위해서 어떤 초자연적인 존재나 신의 개입은 필요하지 않으며 우주를 가장 깊은 수준에서 이해하려면 우주의 행동에 대해 "어떻게"라는 질문뿐만 아니라 "왜"라는 질문에도 대답할 필요가 있다고 호킹은 말한다. "왜 무(無)가 아니라 무엇인가가 있을까?", "왜 우리가 있을까?", "왜 다른 법칙들이 아니라 이 특정한 법칙들이 있을까?" 이러한 질문이야말로 생명, 우주, 만물에 관한 궁극의 질문이라고 그는 힘주어 말한다.[54] 호킹의 질문에 대한 필자의 대답은 다음과 같다.

첫 번째 "왜 무(無)가 아니라 무엇인가가 있을까?"라는 질문은 '무'와 '유'의 대립성을 전제한 것으로 생명의 순환에 대한 인식이 결여된 데서 오는 것이다. 우주만물은 생명의 본성의 법칙에 따라 생성과 소멸을 끝없이 순환 반복한다. 생명의 밤이 오면 본체계로 되돌아가고, 생명의 아침이 밝아오면 다시 현상계로 나와 활동을 시작하는 것이다.[55] 생명의 본체와 작용의 상호 관통을 이해하지 못하면 무(無)와 유(有), 공(空)과 색(色), 이(理)와 기(氣)가 본래 한맛(一味)임을 놓치게 되어 물질일변도의 관점에 빠지게 되므로 결코

"왜"라는 질문에 궁극적인 답을 할 수가 없다. '진공묘유(眞空妙有)', 즉 진실로 공(空, 無)한 것은 묘하게 있는 것이다. 말하자면 "공(空)도 아니고 '공' 아닌 것도 아니어서 '공'함도 없고 '공'하지 않음도 없다"[56]는 것이다.

두 번째 "왜 우리가 있을까?"라는 질문은 우주의 진행방향인 영적 진화[의식의 진화]에 대한 인식이 결여된 데서 오는 것이다. 우리가 의식하든 하지 못하든, 우리의 존재이유는 영적 진화이다. 우주의 본질은 생명이고, 그 실체는 의식이며, 물질계에서의 삶이란 의식의 자기교육을 위한 학습과정이다. 우리가 누구인지, 왜 존재하는지를 알지 못한 채 살아간다는 것은 꿈속에서처럼 무의식적인 삶을 사는 것이다. 우리 모두는 우주의 한 세포로서 우주적 진화에 동참하고 있는 것이다. 이 우주는 넘실거리는 파동의 대양(氣海)─춤 그 자체일 뿐, 춤추는 자가 따로 있는 것이 아니다. 만물은 파동의 세계가 벌이는 에너지 무도(舞蹈)에 대등한 참여자로서 참여하고 있다. 지혜의 길이든, 행위의 길이든, 헌신의 길이든, 모두 참자아로의 길이며 이는 곧 영적 진화의 길이다. 물질의 공성(空性)을 이해하면 '우리'든 '그들'이든 '이것'이든 '저것'이든, 모두 '참여하는 우주'로서 우주적 진화에 동참하고 있음을 자연히 알게 된다.

세 번째 "왜 다른 법칙들이 아니라 이 특정한 법칙들이 있을까?"라는 질문은 영적 진화에 조응하는 우주의 필연적 법칙성에 대한 인식이 결여된 데서 오는 것이다. 우주는 영적 진화에 가장 적절한 상황을 창출한다. 어떻게 그것이 가능한가? 우주 지성이 내재해 있기 때문이다. 우주의 실체는 의식이므로 우주는 곧 우주의식이다. 아인슈타인이 말한 '신의 마음'이란 것도 바로 이것이다. 우주의식은 보편의식이며 전지(omniscience)·전능(omnipotence)인 진리 그 자체로서 가시권에서 비가시권에 이르기까지, 극대로부터 극미에 이르기까지 내재된 필연적 법칙성에 따라 상호 연관과 상호 의존의 세계 구조를 완벽하게 구현해 내고 있다. 가장 멀리 떨어진 별이나 은하도 우리 세계와 같은 원자 스펙트럼을 가지며 같은 법칙의 지배를 받는다. 멀리 떨어진 별들의 구성도 태양계 행성의 구조를 닮았으며, 원자핵이 핵 주위를 도는 전자를 가진 소태양계라는 사실이 입증되었다.[57]

M이론은 바로 아인슈타인이 추구했던 '통일장이론(unified field theory)'이다. 이론물리학의 핵심 화두가 되어온 통일장이론은 자연계에 존재하는 네 가지 기본 힘, 즉 질량을 가진 두 물체 사이에 작용하는 힘인 중력, 전하를 가진 물체 사이에 작용하는 힘인 전자기력, 방사선 원소에서 방사능 붕괴를 일으키는 힘인 약력, 양성자와 중성자를 결속시키는 힘인 강력 등을 통합하여 하나의 원리로 설명하고자 하는 이론이다. 말하자면 통일장이론을 통해 기본입자 사이에 작용하는 힘의 형태와 상호관계를 하나의 통일된 이론으로 기술하려는 것이다. 뉴턴은 태양계의 운동과 지상에서의 물체의 운동을 만유인력을 통해 통합된 관점에서 설명하였고, 제임스 클러크 맥스웰(James Clerk Maxwell)은 '맥스웰 방정식'을 통해 자기현상과 전기현상을 전자기장 텐서(tensor)라는 통합된 이론으로 설명하였다. 이후 아인슈타인은 일반상대성이론을 통해 중력을 리만 기하학(Riemannian geometry)을 이용하여 휘어진 공간의 곡률로 설명하였으며, 아인슈타인을 포함한 과학자들은 거시적 우주 현상인 중력과 미시적 물리 현상인 전자기력을 포괄하는 통일장이론을 추구했지만 완성하지 못했다.

1930년대 들어 원자핵과 소립자 현상에 대한 연구의 발전으로 중력과 전자기력 외에 약력과 강력이 새로운 힘으로 인식되면서, 이후 대통일장이론을 통해 강력, 약력, 전자기력을 하나로 묶는 수학적 기술이 가능하게 되었다. 자연계의 네 가지 기본 힘 중에서 강력, 약력, 전자기력은 게이지이론(gauge theory)[58]에 의해, 그리고 중력은 일반상대성이론에 의해 기술되게 된 것이다. 자연계의 기본입자들 중 물질을 이루는 입자는 강한 핵력을 받지 않는 렙톤(lepton)과 강한 핵력을 받는 쿼크(quark)라는 두 종류의 기본입자인데, 게이지이론은 이들 렙톤과 쿼크가 어떻게 힘을 받는지를 기술하는 이론이다. 즉 전하를 띠고 있는 입자 사이에 게이지입자들이 매개하여 상호작용하는 것으로 설명한다. 대통일장이론에서는 입자들이 일정거리 이내로 가까워지면 전자기력, 약력, 강력의 세 가지 힘이 하나의 힘으로 통합됨을 보여준다. 그러나 아인슈타인이 추구했던 중력과의 통일은 아직 이루어지지 못했다. 이를 해결하기 위해 도입한 것이 끈이론(초끈이론) 또는 '막(membrane, M)'이론이다. '만물의 이론(theory of everything, TOE)'이라고도 불리는 이 이론은 기본입자들을 끈의 진동이나 막으로 보고 중력이론과 양자역학의 통합을 통하여 거시적 세계와 양자역학의 세계를 결합하고자 했다. 1995년 에드워드 위튼(Edward Witten)이 기존의 다섯 개 초끈이론을 통합시킬 수 있는 단일한 이론체계인 M이론을 제시하면서 통일장이론은 새로운 전기를 맞게 되었다.

한편 미국의 입자물리학자이자 초월 명상운동을 주도하고 있는 존 하겔린(John Samuel Hagelin)은 그의 통일장이론(unified field theory)의 확장버전이 마하리시 마헤쉬 요기(Maharishi Mahesh Yogi)의 '의식의 통일장(unified field of consciousness)'과 동일한 것으로 간주한다. 과학과 영성의 접합을 기본 컨셉으로 하여 통일장이론과 초월명상(Transcendental Meditation, TM)[59]을 비교 분석함으로써 '초끈이론에 기초한 통일장이론'을 개발했다. 자연계의 네 가지 기본 힘을 통합하는 원리를 밝혀낼 수 있으면 우주의 비밀을 푸는 마스터키를 소지한 것이나 다름없게 된다. 이 기본 힘은 만유를 관통하고 있으며 은하와 우주를 하나로 묶는다. 강력과 약력은 원자 수준에서 작용하는 힘이지만, 전자기력은 전하를 띤 모든 입자에 작용하는 힘이다. 양성자와 전자를 원자

안에 묶고, 원자들을 한데 묶어 복잡한 분자를 만들며, 우주에 구조와 형태를 불어넣는 것도 전자기력의 역할이다. 물질에 구조를 불어넣는 전자기력이 없었다면 99.999999퍼센트가 빈 공간인 원자들은 아무런 방해 없이 서로를 관통했을 것이다. 우리의 몸이 원자의 구름으로 흩어져 버리지 않는 것 역시 다른 극을 가진 수십억 개의 작은 자석들이 서로를 끌어당기도록 배치돼 있기 때문이다. 중력은 질량에 무게를 부여하며 바닥으로 떨어지게 만드는 힘이다. 물체에 무게를 부여하는 중력이 없었다면 항성도 은하도 행성도 존재하지 않았을 것이다.[60]

M이론이 네 가지 힘을 통합하여 궁극적인 만물의 이론, 즉 우주만물에 대한 통합된 설명이 되려면 자연의 순환법칙에 대한 인식이 선행되어야 한다. 자연계의 네 가지 기본 힘이란 것도 우주 변화의 기본이법(理法)인 생장염장(生長斂藏, 春夏秋冬)의 네 과정을 끝없이 순환 반복하는 자연의 순환법칙에 조응해 있기 때문이다. 개벽(開闢)*이든 빅뱅이든, 그것은 우주의 대운(大運) 변화의 한 주기에 해당하는 것으로 일원(一元)인 12만 9,600년이라는 시간대를 통해 우주가 봄·여름·가을·겨울의 '개벽'으로 이어지는, 이른바 천지개벽의 도수(度數)에 따른 것이다. 말하자면 우주의 봄·여름인 선천(先天) 5만 년이 끝나고 우주의 가을이 되면 우주섭리에 따라 후천개벽이 찾아오듯이, 빅뱅 또한 이러한 천지개벽의 도수에 조응하여 일어나는 것이다. 그런 점에서 생(生), 장(長), 염(斂), 장(藏) 4계절의 순환원리로 원(元), 회(會), 운(運), 세(世)의 이치를 밝혀 12만 9,600년이라는 우주 1년의 이수(理數)를 통해 소옹(邵擁,

---

* 개벽이란 하늘이 열리고 땅이 열린다는 '天開地闢'에서 유래한 말로서 쉼 없이 열려 변화하는 우주의 본성을 일컫는 것이다.

호는 康節*이 밝힌 천지운행의 원리는 빅뱅이론과 통일장이론의 연구에 주요한 시사점을 제공한다. 상수학설(象數學說)에 기초하여 천지의 시종(始終)을 일원(一元)의 기(氣)로 보는 소옹의 우주관과 자연철학은 주돈이(周敦頤, 호는 濂溪)의 태극도설(太極圖說)과 더불어 동양 우주론의 바탕을 이루고 있으며, 주자(朱子)에 의해 성리학의 근본이념으로 자리 잡게 되었다.

소옹은 그의 『황극경세서(皇極經世書)』에서 천지만물뿐 아니라 인사(人事)가 생장·분열과 수렴·통일을 순환 반복하는 원회운세(元會運世)라는 천지운행의 원리와 상합하고 있음을 밝히고 있다.[61] 이러한 자연의 순환법칙을 이해하면 생명의 본체[본체계, 의식계]와 작용[현상계, 물질계], 영성(靈性)과 물성(物性)이 불변(不變)과 필변(必變), 무한과 유한의 관계로서 결국 하나임을 알게 된다. 다시 말해 에너지와 물질의 상호 변환을 인식하는 것이다. 성부와 성자, 법신과 화신, 신령[神性]과 기화(氣化)는 생명의 본체와 작용의 일원성, 즉 천인합일을 표징하는 것이다. 일체 만유가 다 하늘[神]의 자기현현임을 자각한다면, 우주와 우리의 분리는 사라질 것이다. 우주의 실체는 의식이므로 우리가 우리 자신의 의식을 이해할 때 우주 또한 이해하게 될 것이다. 거기에 이르기 위하여 지금 이 순간에도 우리는 의식의 항해를 계속하고 있다.

따라서 자연계의 네 가지 기본 힘을 통합하여 하나의 원리로 설명하려면 영성과 물성, 본체와 작용을 상호 관통하는 생명의 순환에 대한 이해가 필수적이다. 우주의 본질인 생명은 시작도 끝도 없는 영원 그 자체이기에, 시공간의 단선적이고 직선적인 개념으로는 올바른 우주상(像)을 정립하기 어

---

* 11세기 北宋의 대유학자 소옹에 의하면, 一元은 12만 9천 6백 년이요 一元에는 12회(12會: 宇宙曆 12개월 즉 子會, 丑會, 寅會, 卯會, 辰會, 巳會, 午會, 未會, 申會, 酉會, 戌會, 亥會)가 있으니 1회인 1만 8백 년마다 소개벽이 일어나고 우주의 봄과 가을에 우주가 생장·분열하고 수렴·통일되는 선·후천의 대개벽이 순환하게 된다고 한다.

렵다. M이론에 따르면 우주는 영원히 존재해왔으며 빅뱅과 같은 하나의 사건으로 시작된 것이 아니다. 그러한 대폭발은 수없이 일어났고 또 앞으로도 일어날 것이다. 다함이 없는 생명의 순환 고리에 대한 명료한 인식이 필요한 것은 이 때문이다. 전체 우주가 11차원*으로 구성되어 있다고 보는 M이론은 현재 지구가 속해 있는 우리 우주 외에 또 다른 우주가 수없이 존재한다는 '다중우주(multiverse)'의 특성을 잘 설명해 준다. 우주에 대한 다차원적 이해는 우주가 빅뱅 특이점에서 시작했다는 빅뱅이론의 태생적 한계를 극복할 수 있는 방안을 제공해 준다.

　세계적인 물리학자 브라이언 그린(Brian Greene)은 그의 『우주의 구조 The Fabric of the Cosmos』에서 인간의 자유의지와 근본적인 물리법칙 사이의 관계를 두 가지 가능성—인간의 자유의지가 환상에 불과하다는 주장과 자유의지가 물리법칙에 깊숙이 관여하고 있다는 주장—을 모두 고려하여 시간여행과 관련된 역설에 관하여 해답을 제시한다. 만일 과거로의 시간여행이 가능하고 인간의 자유의지가 환상에 불과하다면, 물리법칙 자체가 과거로 간 당신의 행위를 방해할 것이므로 과거에서 당신이 하는 모든 일은 절대로 인과율을 위배하지 않는다는 것이다. 당신은 부모님의 만남을 방해하기 위해 과거로 갔지만, 이미 존재하는 시공간은 절대 바꿀 수 없기 때문에 오히려 만날 가능성이 거의 없었던 부모님이 당신 덕분에 극적으로 만나는 상황이 연출된다는 것이다. 그러나 인간의 자유의지가 정말로 존재할 경우 양자역학은 고전물리학과 다른 몇 개의 해답을 제시하는데, 그 중 다중우주

---

*　우주의 물결치는 막(membrane)들의 구조가 인간의 뇌구조, 즉 주름을 구성하는 피질과 매우 닮아 있고, 11차원이라는 공간의 띠 모양이 인간의 전체 뇌에 분포하고 있는 뉴런과 그 모양이 매우 흡사한 것은 대우주와 소우주의 상합을 단적으로 보여주는 것이다.

해석론을 이용한 고찰은 자못 흥미롭다. 양자적 파동함수에 포함되어 있는 여러 가지 가능성이 관측을 통해 하나의 값으로 정해질 때마다 우주가 여러 갈래로 나뉘어 진행된다는 다중우주 해석론에 따르면 특정한 시간에 우리가 느끼는 우주는 관측을 통해 갈라진 무수히 많은 다중우주들 중 하나에 불과하며, 우리의 자유의지가 어떤 우주에 편승할 것인지를 결정하는 중요한 요인이 될 수 있다는 것이다.

시간여행과 관련된 역설에 관하여 다중우주 해석이 제시하는 해답은 이렇다. '당신의 부모님은 1965년 12월 31일 자정에 만났고 그 후 결혼하여 당신이 태어났으며, 성장과정에서 세상에 대한 환멸과 아버지에 대한 증오심을 키우던 중 마침 타임머신이 발명되어 1965년 12월 31일로 되돌아가 당신의 아버지를 총으로 살해했다. 그러나 이 사건은 당신이 살았던 현재를 고려할 때 결코 일어날 수 없으므로 당신의 시간여행은 시간뿐만 아니라 평행하게 진행되고 있는 우주까지도 건너뛴 여행이다. 즉 타임머신을 타고 과거로 가면서 다른 우주로 건너뛴 것이다. 그러므로 타임머신을 타고 당신이 도착한 우주는 당신의 아버지가 미래의 아내를 만나기도 전에 아들이라고 주장하는 어떤 킬러(당신)에 의해 살해된 우주이다. 이 버전의 우주에서 당신은 태어나지 못하지만 모순이 발생하지는 않는다. 왜냐하면 매 순간마다 다른 식으로 진행되는 동일한 물리법칙을 따르는 평행우주들(parallel universes)이 공존하고 있고 당신의 부모님은 다른 우주에서 건강하게 살아 계시기 때문이다.'[62]

여기서 그린은 다중우주의 개념을 도입하더라도 시간여행으로 과거를 바꿀 수는 없다는 점을 지적한다. '과거로 가서 아버지를 살해한 그 과거는 당신이 속해 있던 우주의 과거가 아니다. 당신이 타임머신에서 내리면서 진입한 우주는 당신이 갑자기 나타났다고 해도 바뀌는 것이 전혀 없으며 이 우주의 시공간에는 원래 그 시간, 그 장소에 당신이 존재하고 있었다. 당신이 과거로 이동하면서 진입한 우주는 당신의 살인계획이 실현되는 우주이다. 당신이 1965년 12월 31일에 아버지를 살해하는 사건은 그 우주의 시공간에 새겨져 있는 불변의 사건이다. 다중우주 해석론에 등장하는 모든 우주—즉 평행우주—에서는 모든 사건들이 물리적, 논리적으로 합당하게 진행되고 있다.' 인간을 포함한 우주만물은 무수히 많은 갈래로 갈라진 우주에 모두 존재하고 있으므로 인간의 정체성이나 자유의지도 확장된 관점에서 재해석 되어야 한다는 것이다.[63]

그린은 뉴턴의 절대적 시공간에서 시작하여 아인슈타인의 상대적 시공 간, 그리고 '양자 얽힘(quantum entanglement)' 현상이 일어나는 양자적 시공간에 이르기까지 우주의 실체를 새로운 관점에서 설명하고 있다. 최근 수십 년 사이에 타임머신에 대한 관심이 고조되면서 물리학자들은 일반상대성이론 이 웜홀(wormhole)의 존재를 허용한다는 사실을 환기시켰다. 웜홀은 공간상 의 가상터널을 지칭하는 용어로 이 공간(지름길)을 이용하면 광속 이상의 속 도로 다른 공간으로 순식간에 이동할 수 있다. 다시 말해 웜홀은 '3차원을 넘어선 우주의 차원들에 접힌 주름'을 활용하는 것으로 어디에나 존재하기 때문에 이 지름길을 통해 다른 공간으로 빠르게 이동할 수 있다.* 1950년대 에 물리학자 존 휠러(John Wheeler)와 그의 동료들은 웜홀이 갖고 있는 수학적 특성들을 체계적으로 규명했다. 그 후 킵 손과 그의 동료들은 웜홀이 공간 을 연결하는 지름길일 뿐만 아니라 시간을 뛰어넘는 지름길도 된다는 사실 을 발견함으로써 시간여행의 가능성을 한층 더 높였다.[64]

---

* 구한말까지도 세간에 전승된 것으로 알려진 축지법(縮地法)—지상에서 다른 장소로 빠르게 공간을 이동하는 법—과 유사한 원리가 아닐까 생각된다.

다중우주 해석론에 등장하는 평행우주 개념은 '양자 변환(quantum transformation)'으로 일컬어지는 새로운 우주 주기의 도래와 더불어 새로운 우주상(像)의 정립이 요청되고 있는 현 시점에서 빅뱅이론에서부터 아원자 입자의 성질에 이르기까지 과학계에서 새롭게 주목받기 시작했다. 스티븐 호킹은 2016년 4월 18일 '하버드 블랙홀 이니셔티브' 발족식을 기념해 열린 미 하버드대 초청 강연에서 블랙홀을 무엇도 빠져나올 수 없는 '영원한 감옥'이 아니라 '다른 우주로 가는 항구'라고 표현하며 평행우주론을 주장했다. 과학자들은 양자역학, 팽창이론, 그리고 다중우주론으로 평행우주를 설명한다.[65] 평행우주론이란 우주의 모든 경우의 수만큼 우주가 존재한다는 이론이다. 그 수많은 가능성[평행우주] 가운데 하나만이 선택되어 우리에게 존재하는 것이며 나머지 수많은 가능성은 보이지 않는 곳에서 공존하게 된다는 것이다. 보어·하이젠베르크·슈뢰딩거·디락 등으로 대표되는 20세기 양자물리학의 발전에 따른 양자역학의 성립으로 물리량의 양자화와 입자와 파동의 이중성에 대한 이해가 촉구되면서 평행우주론의 발전으로 이어진 것이다.

미국의 이론물리학자 앨런 구스(Alan Harvey Guth)는 빅뱅이 일어난 직후 아주 짧은 순간에 기하급수적으로 우주가 급팽창하여 엄청난 크기의 우주가 형성되었다고 말한다. 우리가 살고 있는 우주는 알려진 것보다 훨씬 빠르게 '가속 팽창'하고 있다는 관측 결과가 나왔다. 미국 존스홉킨스대 애덤 리스(Adam Riess) 교수가 이끄는 미국항공우주국(NASA)·유럽우주국(ESA) 공동 연구진은 2016년 6월 3일(현지 시각) "NASA의 허블 우주망원경으로 19개의 은하에 있는 2,400개의 별들을 관측한 결과, 우주는 현재 알고 있는 것보다 최대 9%가량 빠르게 팽창하고 있는 것으로 나타났다"[66]고 밝혔다. 그러면 어떻게 또 다른 현실이 만들어질 수 있을까? 가속 팽창하고 있는 무한한 크기의 우주에서 원자와 분자의 한정적인 배열이 반복되면서 우리와 비슷하거나 똑같은 존재도 만들어낼 수 있고, 모든 경우의 수가 바닥나면 똑같은 가능성이 반복될 수 있다는 것이다. 우주가 무한하다면 어딘가에는 지구와 똑같이 원자가 배열되어 만들어진 행성이 있을 수 있고, 이 세상에 있는 나와는 다른 삶을 사는 또 다른 내가 존재할 수 있다는 것이다.[67]

빅뱅이 우주의 탄생과 진화를 설명한다면, 여전히 남은 의문은 '애초에 무엇이 빅뱅을 일으켰는가?'라는 것이다. 많은 과학자들은 빅뱅을 만들어 낸 에너지가 우리 우주가 시작되기 전부터 다중우주라고 불리는 시공간 속에 존재했을 것이라고 주장한다. 138억 2,000만 년 전의 빅뱅이 우리에게는 분명 엄청난 사건이지만, 무수히 많은 다른 우주들이 있다고 보는 다중우주론의 관점에서는 일상적이고 별 의미가 없는 것일지도 모른다. 우리 우주의 빅뱅을 만들어 낸 다중우주가 수많은 다른 빅뱅도 일으켜 거품 같은 우주들을 수없이 만들어낸다면 우리 몸과 지구의 물질들을 형성하는 패턴도 수없이 반복될 수 있을 것이므로 우리의 삶 또한 다중우주 어딘가에서 반복되고 있을지도 모른다.[68] 『평행우주 Parallel Worlds』의 저자 미치오 카쿠(加來道雄 Michio Kaku)는 "우주가 끈으로 연주되는 교향곡이라면 그 곡을 누가 작곡했을까?"라고 묻는다. 필자의 대답은 이렇다. "우주는 넘실거리는 파동의 대양—교향곡 그 자체일 뿐, 작곡한 자가 따로 있는 것이 아니다."

은하와 별들의 탄생과 죽음

맑은 밤하늘의 별들을 바라보고 있노라면 문득 시간여행을 하고 있다는 생각이 든다. 빛은 초속 30만 킬로미터의 매우 빠른 속도로 이동하지만, 멀리 있는 별과 은하들에서 나오는 빛이 지구에 도달하는 데는 많은 시간이 걸리기 때문에 실제 우리가 보고 있는 것은 빛이 물체를 떠나던 순간의 과거 모습이다. 우리가 4,000광년 떨어져 있는 별을 보고 있다면, 그것은 4,000년 전의 별의 모습을 보고 있는 셈이다. 밤하늘에 가장 밝게 빛나는 별인 시리우스의 빛이 지구에 도달하는 데는 약 8.6년이 걸리며, 거리로는 약 81조 킬로미터이다. 맨눈으로 볼 수 있는 별들의 빛이 지구에 도달하는 데도 4년~4,000년이 걸린다고 한다. 태양의 빛이 지구에 도달하는 데는 약 8분 24초가 걸리며, 거리로는 약 1억 5,000만 킬로미터이다. 따라서 우리가 보고 있는 태양은 약 8분 24초 전의 모습이다. 현대 망원경으로 볼 수 있는 가장 먼 물체는 GRB 090429B라는 감마선폭발이다. 이 빛이 우리에게 도달하기까지는 132억 년이 걸렸다.[69] 따라서 우리는 132억 년 전 초기 우주의 모습을 보고 있는 셈이다. 별들이 이렇게 빛을 발할 수 있는 것은 그 별 내부에서 핵융합 반응이 일어나고 있기 때문이다.

우주가 사람의 몸이라면 은하(銀河 galaxy)는 그 세포에 해당되므로 우주에 대한 수많은 정보를 갖고 있다. 1926년 에드윈 허블이 고안한 은하의 분류 체계에 따르면, 은하는 모양 및 크기에 따라 크게 네 가지로 나뉜다. 타원은하(elliptical galaxy), 나선은하(spiral galaxy), 렌즈형은하(lenticular galaxy), 불규칙은하(irregular galaxy)가 그것이다. 타원은하[70]는 별들이 가운데 핵을 중심으로 공 모양으로 뭉쳐있는 은하로서 나선은하나 불규칙은하와는 비교가 안 될 정도로 별의 수가 많으며 붉은색이나 노란색을 띄는데 이는 별들의 나이가 많다는 것을 의미한다. 나선은하는 모양에 따라 정상나선은하와 막대나선은하로 나뉘며 우주에 있는 은하들 중 가장 많은 종류에 속하고 타원은하에 비해 비교적 젊은 별들로 구성돼 있으며 보통 푸른색을 띤다. 정상나선은하의 대표적인 예로는 안드로메다은하를 들 수 있으며, '우리은하(our galaxy, Milky Way galaxy, the Galaxy)'는 막대나선은하이다. 그리고 나선은하와 타원은하의 중간형 은하로 렌즈형은하라는 것이 있는데, 나선은하처럼 밀도 높은 은

하 중심부가 있지만 나선 팔이 없으며 타원은하와 마찬가지로 아주 오래된 항성으로 구성돼 있다. 불규칙은하[71]는 특정한 구조나 규칙성이 없는 모양의 은하로서 별들의 나이가 상당히 젊으며 별의 재료가 되는 가스성운 역시 많이 발견되는데 이는 별의 탄생이 활발하게 이루어지고 있음을 말해준다.

은하는 항성(별), 성간매질(星間媒質, interstellar medium, ISM) 또는 성간물질, 플라스마, 암흑물질(dark matter) 등으로 이루어진 거대한 별의 집단이다. 영국 노팅엄대 물리·천문학부 크리스토퍼 콘셀라이스 교수팀은 현재 관측 가능한 은하가 이전까지 추정했던 것보다 10배 이상 많은, 1조 개가 넘는 것으로 분석했다. 이러한 연구결과는 논문 등록 웹사이트 '아카이브(ArXiv)'에 2016년 10월 11일 게재됐다.[72] 또 각각의 은하에는 수천억 개 내지 수조 개의 별이 있으니 전체 은하의 별의 개수는 상상하기조차 어렵다. 은하들이 모여서 은하군(galaxy group)을 이루는데 우리는 무수한 은하들 중 '우리은하'에 살고 있다. 우리은하는 안드로메다은하(M31), 대(大)마젤란은하, 소(小)마젤란은하, 삼각형자리은하(M33) 등을 포함한 약 20~30개의 은하와 함께 군을 이루며 직경이 약 500만 광년 내에 걸쳐 있어서 국부은하군을 구성하고 있다. 은하단(cluster of galaxies)은 직경이 약 2,000만 광년에 이르고 수백에서 수천 개의 은하들로 이루어져 있다. 은하단 내의 은하 사이에 존재하는 뜨거운 플라스마 가스(은하단내부매질 intracluster medium, ICM)와 은하 내의 항성 사이나 항성 바로 근처에 존재하는 차가운 가스(성간매질 interstellar medium, ISM)의 상호작용이 은하단의 구조를 이해하는 데 중요하다. 우리은하단은 처녀자리은하단의 끝자락에 위치해 있다. 은하단은 중력에 의해 결집되어 초은하단을 이루며 초은하단이 모여서 우주 거대 구조(large-scale structure of the cosmos)를 형성한다.

우리은하는 국부은하군에 속한 은하 중 안드로메다은하 다음으로 큰 은하이다. 우리은하의 별의 개수는 약 2천억 개인 것으로 알려져 있다. 옆에서 보면 원반 모양이고 위에서 보면 소용돌이치는 나선형으로 주된 2개의 나선 팔—켄타우르스자리 팔(Centaurus Arm), 페르세우스자리 팔(Perseus Arm)—을 가지고 있다. 우리은하 직경은 9만 8,000광년이며 구형 중심부의 직경은 1만 6,000광년이고 3,000광년 두께의 원판으로 이루어져 있다. 태양계가 속해 있는 우리은하는 전형적인 막대나선은하로서 나이는 132억 년 이상이 된 것으로 추정되며 생성과정도 다른 은하들과 별로 다르지 않다. 은하수는 우리은하 나선 팔에 존재하는 수많은 별들의 집단으로 우리은하의 옆모습에 해당된다. 우리은하의 구조를 보면, 중심에는 은하핵을 포함한 중앙팽대부(中央膨大部 central galactic bulge)가 자리 잡고 있고, 그 주위를 나선 팔을 가지고 있는 원반 모양의 은하판이 둘러싸고 있으며, 은하 원반의 주위를 둘러싸는 구 모양의 영역인 헤일로(halo)가 있다. 태양은 우리은하의 중심에서 약 2만 7,000광년 떨어져 있으며 나선 팔 중 하나인 오리온자리 팔에 위치하고 있다. 지구가 태양을 회전하듯이 태양도 217km/s의 속도로 약 2억 5,000만 년 주기로 은하 중심을 공전한다. 2016년 12월 31일(현지시간) 영국 일간지 가디언에 따르면 캐나다 맥마스터대학 연구진이 측정한 우리은하의 질량은 태양의 7,000억 배 정도이다.

아인슈타인의 일반상대성이론은 시공이 빅뱅 특이점에서 시작해 빅크런치(big crunch) 특이점(우주 전체가 재붕괴한다면)이나 블랙홀 속에 있는 특이점(별과 같은 국부적인 영역이 붕괴한다면)에서 종말을 맞게 될 것이라고 예견했다. 실제로 우주에 시작이나 끝이 있는가에 대한 논란은 결국 인식론상의 문제로 귀결된다. 양자물리학자 데이비드 봄과 같이 '보이지 않는 우주'와 '보이는 우주'의 상관관계를 인식하는 경우, 입자란 것이 파동이 모여 에너지 다발을 형성한 것이고 그 파동의 기원이 우주에 가득한 초양자장이며 물질은 원자로, 원자는 소립자로, 소립자는 파동으로, 파동은 다시 초양자장으로 환원될 수 있다고 보는 까닭에 본체계[의식계]와 현상계[물질계], 전체성과 개체성의 무경계를 인식하게 되므로 우주에 시작이나 끝은 존재하지 않는다. 또한 켄 윌버는 '경계란 환상에 불과하며 우주에는 그 어떤 경계도 없다'라고 말한다. 마치 영토 그 자체는 경계가 없지만 지도화하면 경계가 생기듯이, '무경계 영토(No-Boundary Territory)'인 우주를 지도화하여 실재와 혼동하는 것은 치명적인 오류라는 것이다.[73] 따라서 우주의 시작과 끝에 대한 논의는 어디까지나 물질적 우주에 국한된 것이다. 빅뱅의 순간 우주의 크기는 0이었고 온도는 무한대였을 것으로 보이지만, 우주가 계속 팽창하면서 온도도 내려가 원자들이 충돌하는 과정에서 엄청난 열이 생겨났고 그로 인해 원자가 전자를 잃게 됨에 따라 수소 핵융합이 일어나 헬륨 이온이 만들어졌다.

빅뱅으로부터 30만 년 이상 지나면서 우주가 충분히 냉각되고 모든 원자핵이 안정되자, 광자는 방해를 받지 않고 이동할 수 있게 됐고 우주는 처음으로 맑아졌다. 이 시점에서 우주는 75퍼센트의 수소와 25퍼센트의 헬륨으로 이루어졌다. 널리 퍼져 있던 수소와 헬륨 구름들이 중력으로 결합해 최초의 항성과 원시은하가 만들어졌다. 만약 이 구름들이 고르게 퍼져 있었다면 중력도 중력 홈에 축적된 각각의 입자에 고르게 작용했을 것이고, 그렇게 되면 모든 방향에서 동일한 인력을 받게 되므로 각각의 입자들은 정지 상태로 남게 되고 우주는 은하나 별, 행성, 인간과 같은 복잡한 물체들이 존재하지 않는 균질한 공간에 불과했을 것이다. 그러나 물질은 고르게 분포되지 않았고 밀도가 미세하게 요동치면서 중력이 더 높은 영역이 만들어졌으며 밀도가 낮은 영역의 입자들이 밀도가 높은 영역으로 끌려들어갔다. 한 영역 안에 더 많은 질량이 축적될수록 시공간에 만들어지는 중력 홈도 더 깊어져 더 많은 질량이 그 안으로 끌려들어가게 되는 것이다. 수백만 년 동안 이런 영역의 가스가 축적돼 밀도 높은 구름과 필라멘트를 형성했고, 마침내 첫 항성과 은하가 탄생할 요람이 됐다.[74] 오늘날 우리가 보고 있는 거대 은하도 중력의 상호 인력으로 만들어진 작은 은하들에서 형성됐다. 요약하면, '우주를 팽창시키는 빅뱅의 힘과 우주를 다시 하나로 모으는 중력 사이의 경쟁의 결과물'[75]이 바로 초기 우주의 역사이자 별과 은하의 역사이다.

우주를 구성하는 필수 요소의 대부분은 탄소, 산소, 질소, 철 같은 원소로 만들어진다. 따라서 수소 원자와 헬륨 원자로 중원소의 원자를 만들어야 하는데, 가장 쉽게 중원소를 융합할 수 있는 방법이 핵융합이다. 핵융합 반응이 일어나려면 중력의 거대한 압력이 항성 중심부에 가해져야만 한다. 그런데 빅뱅에서 나온 일반적인 물질만 가지고 항성을 만드는 데 필요한 중력의 힘을 끌어 모으려면 수십억 년이 걸렸을 것이다. 최악의 경우 가스구름이 축적되기도 전에 우주의 팽창으로 모든 물질이 흩어져 버렸을 수도 있다. 스위스계 미국인 천체물리학자 프리츠 즈비키(Fritz Zwicky)는 가시 질량으로는 은하단의 중력 질량을 일부밖에 설명할 수 없으며 암흑물질이 그 부족한 질량을 채워 은하들을 중력으로 묶고 있다고 결론 내렸다. 말하자면 은하와 별의 생성에 필요한 중력을 만들어내려면 보이지 않는 암흑물질의 질량이 필요하다는 것이다. 암흑물질은 우리 눈에 보이는 우주를 구성하는 일반물질(수소, 헬륨과 약간의 리튬) 혹은 중입자 물질과 상호작용하지 않는 형태의 물질로서 전자기력에 반응하지 않지만, 중입자 물질에 미치는 중력효과를 통해 그 존재와 영향력을 감지할 수 있다.[76] 우주를 구성하는 물질 중 약 23퍼센트를 차지하는 암흑물질의 비율은 4퍼센트에 불과한 일반물질보다 약 6 대 1 정도로 많으며, 나머지 약 73퍼센트는 우주팽창에 관여하는 정체불명의 암흑에너지이다.

별의 구조와 밝기, 크기, 온도 등 시간적 변화로서의 별의 일생을 의미하는 별의 진화(stellar evolution)에 대해서는 별의 탄생부터 초신성(supernova) 폭발까지 현대 과학에서 일정 부분 밝혀진 바이다. 다른 생명체와 마찬가지로 우주의 별들 또한 생성과 소멸의 순환 속에 있으며, 태어난 환경이나 조건에 따라 다른 삶을 살게 되는 것이니 별의 일생 역시 인간의 삶과 마찬가지로 고락(苦樂)이 같지 않다. 성간물질이 거의 없이 늙은 별들로 구성된 타원은하와는 달리, 불규칙은하는 별의 재료가 되는 가스성운이 많이 발견되며 별의 탄생이 활발하게 이루어진다는 점에서 은하의 진화방향은 불규칙은하에서 나선은하로, 그리고 타원은하로 진행하는 것으로 볼 수 있다. 항성의 생명 주기는 질량과 타오르는 방식에 달려 있다. 주계열성(主系列星)은 질량이 클수록 중심부에 가해지는 중력압도 커져 별의 중심부에서 수소 핵융합 반응이 활발하게 일어나므로 광도와 표면온도가 높아지면서 핵연료가 빠르게 소진되어 그 수명이 짧다. 수소 핵융합 반응으로 엄청난 양의 빛과 에너지를 방출하면서 별의 내부 온도가 상승하면 바깥쪽으로 팽창하려는 힘이 생기는데, 이러한 별의 내부 압력은 중력과 함께 별의 형태를 유지하는 데 중요한 힘으로 작용한다.

주계열성은 수소 핵융합으로 헬륨과 에너지를 만들어내며 항성이 연료를 적당한 속도로 태우기 때문에 안정이 유지된다. 수소 핵융합 반응은 오랫동안 지속되므로 주계열성은 항성의 일생에서 가장 긴 시간을 차지하는 진화 단계에 있는 별이다. 주계열 삶의 주기가 끝나면 항성은 냉각하면서 팽창하여 적색거성이 된다. 우주의 모든 항성 중 숫자가 가장 많은 것은 적색왜성으로 전체의 약 75퍼센트를 차지하는데, 질량이 낮아서 연료를 훨씬 더 오래 쓸 수 있기 때문에 우주가 현재 나이의 몇 배가 될 때까지도 여전히 빛을 내고 있을 것이다. 태양 같은 항성 혹은 황색왜성은 수소 융합과 헬륨 융합을 점화시킬 수 있는 질량을 가진 항성이다. 항성은 수소를 다 태우고 나면 헬륨의 핵융합이 시작돼 생명을 구성하는 필수 요소인 새로운 원소, 즉 산소와 탄소를 만들어내고, 약 100만 년쯤 지나 헬륨도 마찬가지로 고갈되면 탄소의 핵융합이 시작돼 나트륨, 마그네슘 같은 더 무거운 원소를 만들어낸다. 그러나 우리 태양처럼 질량이 낮은 항성은 탄소 핵융합에 필요한 온도를 만들어내기에는 질량이 부족하기 때문에 이 시기가 되면 죽을 수밖에 없다. 헬륨을 다 태우고 나면 태양 같은 항성은 팽창하여 적색거성이 되고, 행성상성운(行星狀星雲 planetary nebula)의 형태로 외각(外殼)의 가스층을 벗어낸 다음에는 백색왜성으로 남으며, 수천억 년에 걸쳐 서서히 식어 흑색왜성이 된다.[77]

태양 질량의 수십 배에서 수백 배에 이르는 질량을 가진 초거성과 극초거성은 적색거성의 시기가 끝나도 곧바로 백색왜성으로 줄어들지 않는다. 핵융합, 연료 고갈, 중심부 붕괴, 재점화의 과정이 계속 반복되면서 그때마다 탄소, 질소, 산소, 마그네슘, 그리고 마지막으로 항성 안에서 만들어질 수 있는 가장 무거운 원소인 철이 만들어져 태워지기 때문이다. 그런데 모든 중원소의 창조자인 이 항성들은 일단 중심부에서 철이 만들어지면 철은 별의 연료로 사용될 수 없기 때문에 핵융합이 중단되고, 철로 된 중심부 내핵은 자신의 중력을 견디지 못하고 격렬한 초신성(超新星 supernova) 폭발을 일으킨다. 중원소가 가득한 중심부 물질이 폭발파와 함께 실려 나오고 항성의 나머지 부분도 마찬가지로 붕괴하면서 폭발파와 만나 충격파가 발생해 항성 물질이 압축되고 과열되는데, 이를 도화선으로 핵융합이 일어나 금, 납, 수은, 티타늄, 우라늄 같은 중원소들이 만들어진다. 충격파가 항성 물질의 잔해를 뚫고 퍼지면 모든 것이 우주로 터져 나온다. 그 항성이 평생 만든 수소, 헬륨, 탄소, 질소, 산소, 철, 금 등은 초신성 잔해 혹은 행성상성운으로 불리는 거대한 구름을 형성하고, 이 구름은 나중에 다시 붕괴해 다음 세대의 항성을 만들게 된다.[78] 이렇듯 철보다 무거운 원소는 장렬한 죽음을 맞는 거대 항성의 내부에서만 만들어질 수 있다.

초거성이나 극초거성보다 질량이 낮은 육중한 항성들은 중성자별(neutron star)이나 펄서(pulsar)로 삶을 마감하지만, 거대한 초신성은 블랙홀(black hole)이 된다. 중심부의 질량이 태양의 3배가 넘는 항성은 중력으로 인한 붕괴가 중성자별 단계에서 멈추지 않고 모든 질량이 '특이점'이라고 하는 하나의 작은 점 안으로 압축될 때까지 붕괴가 계속된다. 특이점은 1이라는 숫자 앞에 0이 35개 나오는 크기, 즉 '0.00000000000000000000000000000000001m'이다. 이 작은 점 안에 태양 몇 개에 해당하는 질량이 압축되어 있는 것이다. 특이점 주변에서는 물리 법칙이 무너지고 시공간의 곡률이 무한대로 커진다. 따라서 특이점 그 자체를 이해하기는 어렵지만, 그것이 주변 우주에 미치는 영향은 이해할 수 있다. 특이점 주변에는 엄청나게 강력한 중력장이 형성돼 그 근처에 접근했다가는 그대로 빨려 들어가 영원히 사라진다. 빛조차도 빠져나올 수 없는 이 강력한 중력우물의 가장자리를 '사상(事象)의 지평선(event horizon)'이라고 부른다. 이 어두운 영역이 바로 흔히 말하는 블랙홀이다. 우리은하를 포함한 모든 은하는 태양 몇 개에 해당하는 질량의 소형 블랙홀을 수백만 개씩 거느리고 있으며, 대규모 은하의 중심에는 태양 질량의 수백만 배, 수십억 배 되는 질량을 가진 '초대질량 블랙홀'이 존재한다.* 이 초대질량 블랙홀은 암흑물질의 붕괴, 은하 충돌, 은하 합병과 같은 방식으로 생성된다. 블랙홀과 은하의 상관관계가 아직 완전히 밝혀지지는 않았지만, 초대질량 블랙홀이 은하의 진화에 영향을 미쳤다는 단서는 충분히 존재한다.[79]

초신성은 새로운 물질을 형성하는 일종의 우주 용광로이다. 우주 초기 90억 년 동안 서서히 원소 주기율표(periodic table)의 모든 물질들이 만들어졌다.

---

* 이처럼 활성화된 초대질량 블랙홀을 가진 은하를 '퀘이사(quasar)'라고 부르는데, 이는 처음 발견됐을 때 항성과 비슷하게 보여 붙은 이름이다.

대부분의 수소와 헬륨은 빅뱅 당시에 만들어졌지만 그것만으로는 복잡계인 생명체를 탄생시킬 수 없었다. 원자번호 6인 탄소부터 질소, 산소 등 원자번호 26인 철까지의 원소들은 중・대형 별의 중심부에서 핵융합으로 만들어졌고, 철보다 무거운 원자번호 27인 코발트부터 92인 우라늄에 이르는 원소들은 초신성 폭발에서 나오는 엄청난 에너지로 만들어졌다. 원자번호 1부터 92까지는 자연(천연)원소이고, 93부터는 인공원소다. 지구와 생명 자체를 가능하게 한 원소들이 초신성 폭발로 만들어진 것이다. 우리의 DNA를 이루는 질소, 치아를 구성하는 칼슘, 혈액의 주요 성분인 철, 그리고 우리 인체의 90퍼센트 이상을 차지하는 산소, 탄소, 수소 등의 모든 원소가 별의 내부에서 합성됐다. 인간은 초신성 잔해로 만들어졌고 그래서 별의 자녀들이다.

황소자리에 있는 게성운(Crab Nebula)은 게의 등딱지처럼 생겼다고 해서 붙은 별명으로 별의 진화 마지막 단계인 초신성이 폭발해 만들어진 초신성 잔해이다. 중국 송대의 연대기인 『송사천문지(宋史天文誌)』의 기록을 보면, "1054년 여름 남동쪽에 낯선 별이 나타났는데 불그스름한 빛깔로 금성보다 밝았으며 23일 동안은 대낮에도 볼 수 있었다. 그 후 차츰 어두워졌으며 1056년 봄에 소멸했다"고 나와 있다. 최근에는 우주 관측 사상 처음으로 폭발한 지 3시간밖에 지나지 않은 초신성이 발견됐다. 2017년 2월 13일(현지 시각) 이스라엘 와이즈만연구소는 로봇 망원경을 이용해 지구에서 1억 6,000만 광년 떨어진 'NGC 7610 은하' 페가수스자리 방향에서 숨을 거둔 지 3시간가량 지난 초신성 'SN 2013fs'를 발견했다고 밝혔다. 별들이 태어나고, 일생 동안 핵융합반응을 통해 새 원소를 만들고, 초신성 폭발을 통해 성간물질을 풍부하게 만들고, 그렇게 해서 다음 세대의 별이 태어나고 다시 사라지는 과정을 계속한 끝에 빅뱅 92억 년 후 태양이 만들어졌다. 우리은하 태양계 역시 중원소가 풍부하게 든 성간가스(interstellar gas) 구름으로 만들어진 것이다. 항성 형성의 요체는 성운의 붕괴고 성운 분괴의 요체는 냉각인데, 성간가스 구름 내에 중원소가 풍부할수록 열 방출이 잘 되고 냉각 속도도 빨라져 더 작고 차갑고 수명이 긴 항성이 만들어지게 된다. 우리의 태양계가 된 먼지와 가스 구름은 46억 년 전 붕괴를 시작해 태양이 형성되기까지는 10만 년밖에 걸리지 않았고, 목성 같은 거대가스행성이 형성되는 데는 다시 1,000만 년 정도가 더 걸렸으며, 암석행성이 형성되는 데는 1억 년 정도가 걸렸다.[80]

우리의 태양은 약 46억 년 전(빅뱅 92억 년 후) 우리은하에서 폭발한 초신성의 파편에서 탄생했다. 지구에서 가장 가까운 항성인 태양은 수소와 헬륨으로 구성된 고온의 기체 덩어리이다. 수소와 헬륨은 우주에 존재하는 물질의 99퍼센트를 차지하며, 나머지 원소들은 수소와 헬륨에서 만들어진 것이다. 태양은 황색별(스펙트럼 G2형)로서 별의 밝기로 보면 중간쯤에 해당한다. 크기로 볼 때 태양은 약 100억 년 정도 타 오를 수 있으며, 그 중 46억 년 정도가 흘렀으니 중년의 나이에 해당한다. 약 50억 년 후 수소 연료가 바닥나기 시작하면 태양은 천천히 팽창해 적색거성이 되어 죽음을 맞을 것이고, 그때가 되면 지구를 포함하여 우리 태양계도 함께 사라질 것이다. 태양계의 중심에 위치한 태양은 지구를 포함한 8개의 행성과 그 위성들, 그리고 혜성, 유성물질 등의 운동을 직간접으로 지배하고 있는 항성이다. 태양의 지름은 139만km로 지구 지름의 109배이며, 무게는 태양계 전체 질량의 99퍼센트를 차지한다. '생명의 난로'인 태양은 지구의 모든 생명은 물론 다른 행성과 위성, 소행성, 혜성 등 태양계 전 구성원의 주요 에너지공급원이다. 태양은 매일 지구 표면 1제곱미터당 수천 킬로칼로리의 에너지를 공급하는데, 그중 일부는 생물이 흡수해 생명 유지에 유용한 형태로 변환하고 나머지는 열로 변해 우주 공간으로 돌아간다.[81] 태양에너지는 삶과 죽음, 재생의 끝없는 순환 속

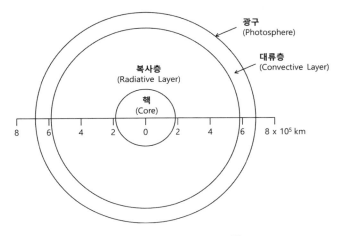

광구
(Photosphere)

대류층
(Convective Layer)

복사층
(Radiative Layer)

핵
(Core)

8 6 4 2 0 2 4 6 8 x 10⁵ km

〈그림 2.1〉 태양의 구조(The structure of the sun)[82]

에서 다양한 형상으로 바뀌어가며, 그 일부는 석탄이나 석유처럼 땅속에 저장돼 필요시 꺼내 쓸 수 있는 에너지 '예금통장'이 된다.

〈그림 2.1〉에서 보는 바와 같이, 태양은 안쪽부터 태양 중심부(핵), 복사층, 대류층, 광구(光球), 대기, 코로나(corona)로 이루어져 있다. 엔진실에 해당하는 태양 중심부는 핵융합을 유지하기에 충분한 1,500만 도의 높은 온도와 압력을 지닌다. 복사층은 그 온도가 200만~700만 도이며 밀도가 매우 높기 때문에 중심부에서 발생한 에너지가 전자기 복사의 형태로 이 구역을 통과하는 데 걸리는 시간은 평균 17만 년 정도지만, 이 구역을 탈출하는 데만 수백만 년이 걸릴 수도 있다. 대류층은 그 온도가 200만 도 정도이며 열기둥을 타고 태양의 표면으로 에너지를 운반하고 표면에서 냉각된 물질은 대류 밑바닥으로 되돌아가 복사층에 의해 재가열된 후 다시 표면으로 올라온다. 광구는 태양의 표면을 일컫는 것으로 그 온도는 5,700도이다. 대기는 그 온도가 3,700~9만 8,000도에 이르며 광구에서 500km 정도 위에 가장 온도가 낮은

하층 대기가 있고 그 위로는 고도가 높아질수록 온도도 증가하는 채층이 있다.* 태양대기의 가장 바깥층에는 개기일식 때 광구가 달에 가려지면서 그 둘레에 백색으로 빛나는 부분인 코로나가 있으며 그 온도는 100만~1,000만 도에 이른다.[83] 다른 모든 별들과 마찬가지로 태양 역시 중심부의 안정적인 핵융합을 통해 유지된다. 실로 태양이 존재하지 않았다면 지구도 존재할 수 없었고 지구상의 생명도 진화할 수 없었을 것이다.

따라서 생명체의 기원과 진화는 별의 기원과 진화와 근본적으로 깊이 연계돼 있다. 이러한 상호 관련성은 다음 몇 가지 점에서 분석될 수 있다. 첫째는 우리를 구성하는 물질인 원자들이 아주 오래 전 적색거성들에서 만들어졌다는 점이다. 우리 주위의 모든 물질은 두세 차례에 걸친 '항성 연금술'의 산물이다. 둘째는 지구상의 무거운 원소들 가운데 어떤 동위원소는 태양계가 형성되기 직전에 근처에서 초신성 폭발이 있었음을 시사한다는 점이다. 초신성에서 유래한 충격파가 가스와 먼지가 모인 성간운(星間雲)을 통과하면서 중력 수축**이 유발됐고 그로 인해 우리 태양계가 탄생했다. 셋째는 생명의 탄생 과정에서 태양에너지의 작용을 찾아볼 수 있다는 점이다. 태양의 자외선 복사가 지구 대기층으로 쏟아져 들어와 그곳의 원자와 분자에서 전자를 떼어내면서 대기 중에는 천둥번개가 난무했고 그것이 복잡한 유기 화합물들의 화학반응 에너지원으로 작용하는 과정에서 생명체가 탄생

---

* 태양의 대기가 태양의 표면보다 훨씬 더 뜨거울 수 있는 것은 '알벤파(Alfven wave: 태양의 자기장을 통해 에너지를 운반하는 플라스마 속 파동)' 때문인 것으로 추정되고 있다.

** 중력 수축이란 성운을 이루는 물질들이 중력에 의해 서로를 끌어당기며 수축하는 것을 말한다. 별의 진화 초기 단계, 즉 성운 내부의 온도가 핵융합을 시작할 수 있을 정도로 상승하는 것은 중력 수축 에너지로 설명될 수 있다.

했다. 넷째는 지구상의 모든 생명 활동이 거의 전적으로 태양 에너지에 의존하고 있다는 점이다. 식물은 태양 빛을 받아서 빛 에너지를 화학 에너지로 변환시키며, 인간을 비롯한 모든 동물은 식물에 기생하고 태양에너지에 기대어 살아간다. 끝으로, 돌연변이라고 불리는 유전 형질의 변화가 진화를 추동하는데, 고에너지의 우주선 입자들이 돌연변이를 촉발하기도 한다는 점이다. 지구상에서의 생명체의 진화는 보다 근원적으로는 광대한 우주에서 벌어지는 질량이 큰 별들의 극적인 최후에서 시작된 것이다.[84]

그렇다면 행성은 어떻게 만들어졌을까? 별의 탄생 과정에서 만들어진 원반에 궤도가 생겨나고 이 궤도면에서 처음에는 먼지 크기의 아주 작은 입자였던 것들이 서로 충돌하고 뭉쳐지는 과정을 통해 질량이 축적되면서 압력에 의해 점점 더 단단한 덩어리로 변하는데, 이 덩어리의 직경이 1km 정도가 되면 중력만으로도 서로를 끌어당길 수 있을 정도의 질량을 가진 미행성체(微行星體)가 된다. 중력이 증가함에 따라 이들이 끌어들이는 물체의 크기도 증가하고 충돌하는 에너지도 커지면서 때론 미행성체가 조각나버리기도 하지만 결국 너무 강력한 충격을 빼고는 모두 흡수할 수 있을 정도의 크기로 자란다. 이 모든 충돌에너지는 엄청난 마찰을 일으켜 막대한 양의 열을 발생시키고 덩어리가 원시행성 정도로 자라나면 내부가 녹기 시작하는데 중력에너지에 의해 발생한 열 또한 여기에 더해진다. 제대로 된 행성 크기에 도달할 때쯤 아기 행성의 내부는 녹아서 역동적으로 움직이게 된다. 이러한 암석행성을 만드는 방법을 압축하면, 원자에서 먼지가 만들어지고, 먼지에서 암석이 만들어지며, 작은 암석에서 커다란 암석이 만들어지고, 마지막으로 커다란 암석에서 행성이 만들어지는 것이다.[85] 한마디로 가스와 먼지로 구성된 성간 구름이 중력 수축하여 별들과 그 별들에 딸린 행성들을 만드는 것이다. 지구 크기의 행성을 만들려면 태양 크기의 항성을 만들 때보다

1,000배 정도 긴 시간이 소요되는 데, 이는 수소와 헬륨으로 구성된 고온의 기체 덩어리인 태양과는 달리 지구는 암석행성이기 때문이다.

암석행성들의 크기(직경)를 보면, 지구는 1만 2,756km, 수성은 4,878km, 금성은 1만 2,104km, 화성은 6,794km, 그리고 지구의 유일한 위성인 달은 3,475km이다. 그러나 미행성체들이 모두 원시행성 단계에 도달하는 것은 아니며 행성 중퇴생들이 생겨나기도 한다. 어떤 것들은 축적할 물질이 바닥나거나, 행성 단계로 이행하는 과정에서 몸집이 더 큰 주변의 궤도로 이끌려 위성이 되기도 하고, 또 어떤 것들은 소행성이나 왜소행성처럼 우주를 떠돌아다니는 신세가 되기도 한다. 원시지구는 암석 덩어리와 미행성체들이 한데 모이는 과정에서 발생된 엄청난 마찰과 열에 의해 녹아내린 암석으로 뭉쳐진 거대한 덩어리였으며, 현재의 크기로 자랐을 즈음에는 암석 안의 모든 금속을 녹일 정도로 뜨거웠다. 이처럼 원시지구는 녹은 암석과 금속으로 이루어진 구체였는데, 행성이 식으면서 녹은 금속(특히 철)은 녹은 암석보다 밀도가 높아 중앙으로 가라앉게 된다. 가라앉은 금속은 엄청난 압력에 짓눌려 결정체를 이루게 되어 안에는 고체 철로 이루어진 내핵이, 그 주변에는 녹은 금속이 소용돌이치는 외핵이 만들어진다. 밀도가 높은 금속 핵 위로 그보다 밀도가 낮은 녹은 암석이 떠 있게 되는데, 이후 수억 년에 걸쳐 행성이 서서히 식으면서 녹은 암석이 고체 암석으로 된 얇은 지각에 둘러싸이게 된다.[86]

지진파를 이용한 조사에 의하면, 지구는 화학적 조성과 물리적 상태에 따라 〈그림 2.2〉와 같이 안쪽부터 내핵, 외핵, 맨틀, 지각으로 구성된다. 지각과 맨틀의 경계면을 모호로비치치 불연속면(Mohorovicic discontinuity)*이라고 부

---

*　모호로비치치 불연속면은 이 경계면의 존재를 처음 알아낸 크로아티아의 지진학자 안드리야 모호로비치치(Andrija Mohorovičić)의 이름을 딴 것이다.

르는데 이는 양 경계에서 지진파의 전파속도가 갑자기 증가하여 그 경계면이 탄성적으로 불연속면인 데에 기인한다. 금속으로 이루어진 지구의 핵은 행성에 동력을 공급하고 행성을 보호하는 발열장치이자 발전기로서 기능한다. 내핵은 고체 상태의 철과 약간의 니켈, 황, 방사성 원소로 이루어진 구체로 직경은 2,400km 정도이며 내핵의 경계는 7,000도이다. 외핵은 액체 상태의 철, 니켈, 황으로 이루어진 구체로 직경은 6,800km 정도이며 외핵의 경계는 4,000도이다. 맨틀은 암석이 고체, 반고체, 액체 상태로 혼합돼 있는 영역으로 두께는 2,900km 정도이다. 지각은 두께가 8~40km에 불과하며 행성 전체의 질량에서 차지하는 비중은 1퍼센트이다. 외핵이 내핵과 비교해 상대적으로 차가운 것은 내핵 바로 위에 있는 물질이 맨틀 바로 아래에 있는 물질보다 더 뜨겁기 때문이며, 이런 온도 차이로 인해 대류가 형성되고 대류의 흐름이 지구의 자전축 방향으로 두루마리처럼 꼬인다. 전기 흐름이 순환기둥을 관통하며 쌍극자 자기장을 만들어내고 자기장이 우주로 뻗어나가

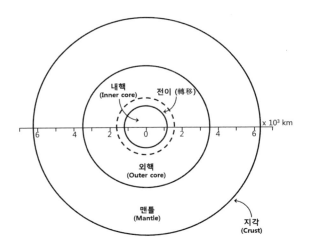

〈그림 2.2〉 지구의 구조(The structure of the earth)[87]

자기권이라는 자기버블을 만들어냄으로써 태양풍에서 오는 최악의 고에너지 복사를 굴절시켜준다. 만약 지구가 자기장이 없었다면 태양풍의 모래 분사 효과로 인해 황량한 사막이 되고 말았을 것이다.[88]

과학자들이 1950년대에 지구 암석 속의 우라늄을 분석해 알아낸 지구 나이는 45억 5,000만 년 정도이다. 우라늄은 시간이 지나면 붕괴돼 납이 되는데, 암석 속의 납과 우라늄 양을 비교해 원래 있었던 우라늄 양을 계산해내는 방식으로 산정한 것이다. 지구는 약 108,000km/h의 속도로 태양을 공전하면서 동시에 23.5도 기울어진 자전축을 중심으로 약 1,670km/h의 속도로 자전을 한다.[*][89] 이러한 자전축의 경사로 계절의 변화가 생긴다. 지구가 자전과 공전을 함에 따라 몇 가지 요인들이 지구의 기후변화에 영향을 준다. 세르비아의 천체물리학자 밀루틴 밀란코비치(Milutin Milankovitch)에 의하면 지구의 기후변화에 영향을 주는 지구궤도 변화로는 약 26,000년의 주기로 회전하는 세차운동(歲差運動 precession), 약 41,000년의 주기로 일어나는 자전축 기울기의 변화, 약 100,000년의 주기로 일어나는 공전궤도 이심률의 변화가 있다. 지구의 기후를 변화시키는 이들 지구 자체 운동의 집합적인 효과를

---

[*] 과학계의 연구에 따르면, 달 때문에 발생하는 '기조력(起潮力 tidal force: 달과 지구 사이의 인력과 원심력의 합력으로 지구 바닷물을 끌어당기고 조수 간만의 차를 만드는 힘)'으로 인해 지구의 자전 속도는 점점 느려지고 있고 지구의 하루는 10만 년에 1초 정도씩 늘어나고 있다. 실제로 20억 년 전 지구의 하루는 약 11시간, 지구 탄생 당시에는 하루가 4시간 정도였다고 한다. 이 계산대로라면 3억 6천만 년 뒤에는 하루가 25시간이 되고, 75억년 뒤에는 지구 자전이 완전히 멈추게 될 것이다. 자전 속도가 느려지면 달도 멀어져 인력이 줄어들게 되므로 태양이나 다른 태양계 행성들의 인력이 상대적으로 커져 지구의 공전 궤도가 변할 것이라는 의견도 있다. 공전 궤도가 변하면 지구에 상상할 수 없는 변화가 예상되지만, 다행히 과학자들은 40~50억 년 뒤에는 달과 지구 사이의 힘이 균형을 이뤄 더 이상 멀어지거나 가까워지는 일은 없을 것이라고 예측한다(http://terms.naver.com/entry.nhn?docId=3408746&cid=58413&categoryId=58413 (2017. 2. 1)).

'밀란코비치 주기(Milankovitch Cycle)'라고 부른다.

지구는 탄생 후 처음 약 5억 년 동안 소행성들의 반복적인 충돌이 있었던 것으로 밝혀졌다. 이러한 초기 충돌은 이스라엘 와이즈만연구소 연구팀이 시뮬레이션을 통해 재구성한 달의 탄생 과정에서 밝혀진 것이다. 이 연구팀은 2017년 1월 10일 국제 학술지 '네이처 지오사이언스'에 "860차례에 걸친 컴퓨터 시뮬레이션 결과, 달은 한 번의 충돌이 아니라 작은 천체가 여러 번 원시지구에 충돌하는 과정에서 만들어진 것으로 보인다"고 밝혔다. 시뮬레이션을 통해 재구성한 달의 탄생 과정을 보면, 원시지구에 소행성이 충돌하면서 튕겨나간 파편이 지구 주위를 돌다가 뭉쳐져 작은 달이 되고, 또 다른 소행성이 충돌해 그 파편이 지구 주위를 돌다가 기존의 작은 달에 뭉쳐지기를 반복하면서 오늘날의 달이 됐다는 것이다. 이러한 '다중 소충돌(Multiple smaller moonlet-forming impacts)' 가설은 달의 탄생 과정에 대한 기존의 정설(定說)을 뒤엎는 것이다.

기존의 정설로 여겨진 '단일 거대 충돌설(single giant impact)'은 현재의 90퍼센트 정도 크기였던 원시지구에 화성(火星) 크기 정도의 행성 '테이아(Theia)'가 충돌하면서 테이아의 일부 몸체가 지구로 흡수되고 나머지 파편과 먼지가 뭉쳐져 달이 됐다는 설이다. 와이즈만연구소 측은 소수 의견이었던 '다중 소충돌' 가설이 '단일 거대 충돌설'의 가장 큰 문제를 해결할 수 있다고 본다. 만약 테이아의 파편으로 달이 만들어졌다면 지구와 달의 성분이 비슷할 가능성이 아주 낮기 때문에 지구와 달의 암석 성분 구성이 거의 같다는 사실에 배치되는 것이다. 그러나 소행성들이 반복적으로 충돌하면서 튕겨나간 지구의 파편들이 조금씩 뭉쳐 달을 형성했다면 이런 문제는 해결될 수 있다는 것이다. 또한 미국 캘리포니아 로스앤젤레스대(UCLA) 연구팀은 2017년 1월 11일(현지 시각) "(아폴로 14호가 1971년 달에서 가져온 45㎏) 달 암석의 연대를 측정한 결과, 달의 나이는 45억 1,000만 년 정도인 것으로 나타났다"고 밝혔으며, 연구 결과는 국제 학술지 '사이언스 어드밴시스' 최신호에 실렸다.

1969년 7월 아폴로 11호가 인류 역사상 최초로 달에 착륙한 것은 인류가 지구 이외의 다른 천체에 첫 발을 디뎠다는 역사적 의미와 더불어 달에서 가져온 암석으로 달과 태양계의 형성 과정에 대한 연구를 촉발시키는 계기가 되었다. 한편 거대가스행성[90] 중 제일 먼저 형성된 목성은 크기로는 암석행성을 압도하지만 형성 과정은 지구형 행성보다 훨씬 간단하다. 암석 미행성(微行星)과 주로 수소와 헬륨으로 이루어진 원시행성계원반의 가스, 그리고 1,000만 년 정도의 시간만 있으면 된다. 목성은 원반의 가스 비축량을 제일 많이 소모해 만들어졌고, 역시 거대가스행성인 토성은 나머지 비축량으로 만들어졌다. 남은 성분은 대부분 얼음이고 약간의 수소, 헬륨 그리고 중원소들이 덧붙여 있는 정도이다. 천왕성과 해왕성 같은 거대얼음행성은 이 얼어붙은 찌꺼기로 만들어졌다. 거대가스행성 및 거대얼음행성과 지구의 크기를 비교해보면, 지구가 1만 2,756㎞인데 비해 목성은 14만 2,984㎞, 토성은 12만 536㎞, 천왕성은 5만 1,118㎞, 해왕성은 4만 9,532㎞이다. 행성이 만들어지고 남은 찌꺼기 가운데 어떤 것들은 행성의 중력에 이끌려 위성이 되기도 하고, 또 어떤 것들은 소행성이 되어 태양계를 방황하기도 한다. 실제로 화성과 목성의 궤도 사이에서는 소행성대라고 불리는 수많은 암석 덩어리들이 발견되었다. 더 멀리 떨어진 곳에서는 혜성이 되어 우주를 방황하거나 카이퍼 벨트(Kuiper Belt: 해왕성 궤도보다 바깥이며, 황도면 부근에 천체가 도넛 모양으로 밀집한 영역)의 일부를 형성하기도 한다.[91]

근년에 들어 특히 목성 탐사에 대한 관심이 증폭되고 있다. 미국항공우주국(NASA)의 무인 목성 탐사선 '주노'가 발사된 지 4년 11개월 만인 2016년 7월 5일 목성 궤도에 성공적으로 안착한 것은 우주과학기술의 발달사에서 주목할 만하다. 주노는 지금까지의 목성 탐사선들과는 달리, 강한 자기장과 방사선, 그리고 강력한 중력 등으로 인해 쉽게 다가갈 수도 없고 전파망원경도 통하지 않는 목성을 장시간 근거리 관측을 하였으며, 처음으로 목성의 극지방 상공궤도를 지나면서 북극 지점을 촬영한 사진들을 지구로 전송했다. 많은 과학자들은 지구와 태양계의 비밀을 설명해 줄 데이터가 목성에 있을 것으로 보고 있다. 목성 궤도에 진입한 주노는 목성 주위를 돌며 목성의 대기, 자기장, 중력장 등을 관찰해 내부구조를 밝히는 임무를 수행하게 된다. 즉 태양계에서 가장 강력한 오로라를 관측하고, 목성 내 핵 존재 여부를 밝히며, 목성에 물의 존재를 수색하는 일 등이 그것이다.[92] 물의 존재는 목성의 형성에 대해서뿐만 아니라 태양계 형성 초기의 조건과 목성을 형성하는 재료들에 대해서도 단서를 제공할 수 있다. 특히 2016년 9월 목성의 위성 유로파(Europa)의 남극 근처에서 거대한 물기둥이 솟구치는 장면이 허블 우주망원경으로 NASA 과학자들에 의해 포착됨으로써 유로파 표면을 덮은 얼음 밑에 생명체를 간직한 바다가 있을 가능성이 제기되고 있다.[93]

실제로 과학자들은 지상 관측과 우주탐사선이 전송한 관측데이터를 토대로 외계 생명체의 필수조건인 태양계의 바다, '오션 월드(ocean world)'를 계속해서 찾아내고 있다. 목성의 위성 유로파와 토성의 위성 엔셀라두스는 지구에서 생명체가 탄생한 심해저(深海底)에서처럼 수소와 이산화탄소가 만드는 화학적 환경이 흡사하기 때문에 태양계에서 생명체가 존재할 가능성이 가장 큰 곳으로 지목되고 있다. 또한 2016년 11월 NASA는 뉴허라이즌스가 전송한 데이터를 토대로 태양계 외곽의 명왕성* 지하에 슬러시나 진창 같

---

* 2006년 8월 24일 체코 프라하에서 개최된 국제천문연맹(IAU) 총회에서 태양계 행성 목록에 대한 결의안을 놓고 전체 위원들의 투표를 실시한 결과, 일정한 공전궤도

은 바다가 존재할 수 있다고 발표했고, 2016년 12월 미국 행성과학연구소는 NASA 탐사선 돈의 데이터를 토대로 화성과 목성 사이 소행성대에 있는 왜행성(矮行星) 세레스의 표면 구멍마다에 얼음이 가득 차 있음을 확인함으로써 지하 바다의 가능성을 제기했다.[94] 이처럼 태양계에 외계 생명체의 존재 가능성이 점차 커지고 있으며, 태양계의 숨은 바다를 찾는 우주 탐사는 지구 문명의 새로운 지평을 열어줄 것으로 기대된다. 미국 천문학자이며 갈릴레오 우주선의 행성 탐사 계획에 실험 연구관으로 참여했던 칼 세이건(Carl Edward Sagan)의 말처럼,* 실로 이 광활한 우주에 지구에만 생명체가 있다는 것은 공간의 낭비일지도 모른다.

인류 의식은 지금 지구라는 행성의 경계를 넘어서고 있다. 화성(火星) 등 다른 행성에서 새로운 문명을 여는 다행성종(多行星種 multiplanetary species)에 대한 관심이 증폭되면서 화성 탐사 춘추전국시대가 개막되고 있다. 2016년 9월 테슬라 최고경영자(CEO)이자 민간 우주개발업체 스페이스엑스(Space X) 최고경영자 일론 머스크(Elon Musk)는 기자회견을 열어 자신의 기업인 스페이스엑스에서 개발 중인 기술을 바탕으로 2022년부터 인간을 화성에 보내기 시작해 40년쯤 뒤부터는 화성에 이주가 가능할 것이라고 예측했다. 또한

를 갖지 못한 명왕성(冥王星 Pluto)을 1930년 처음 발견된 이후 76년 만에 퇴출시킴으로써 태양계 행성수가 9개에서 8개로 줄어들게 됐다. 카론과 케레스, 2003UB313 등 새로 발견된 3개 소행성 역시 행성의 지위가 부여되지 않았다. 명왕성과 케레스, 2003UB313은 '왜(矮)행성'으로, 카론은 현재처럼 명왕성의 위성으로 정리됐다.

* 외계 지적 생명체 탐사를 다룬 〈콘택트(Contact)〉(1997)라는 영화에는 '이 광활한 우주에 지구에만 생명체가 있다는 것은 공간의 낭비가 아닐까?'라는 명대사가 나오는데, 이 말은 우주 어디엔가 외계생명체가 있을 것이라고 믿는 근거로 사용되기도 한다. 〈콘택트〉는 외계 생명의 존재 등 천체 생물학에서 독보적 업적을 이룩한 칼 세이건의 원작 『코스모스 Cosmos』를 영화화한 것이다. 세이건은 천문학의 대중화에 지대한 공헌을 한 인물로 잘 알려져 있다.

2016년 4월 스티븐 호킹과 러시아 IT 부호(富豪) 유리 밀너(Yuri Milner)는 기자회견을 열어 지구에서 4.37광년 떨어진 항성 알파 켄타우리(Alpha Centauri: 켄타우르스자리의 알파별이라는 뜻)로 약 1,000개의 우주선 '나노크래프트'를 보내는 프로젝트 '브레이크스루 스타샷(Breakthrough Starshot)'을 발표했다. 속도는 광속의 5분의 1 수준이며 현재의 가장 빠른 우주선으로 3만 년이 걸리는 거리를 나노크래프트는 20년 안에 주파할 수 있고 비행하는 동안 촬영한 사진 등의 정보는 광신호로 변환돼 지구로 전송된다.

이러한 인터스텔라 탐사 구상은 오늘날 인공지능(artificial intelligence, AI), 사물인터넷(Internet of Things, IoT), 로봇 등 첨단기술이 만나는 시너지 효과(synergy effect)로 인해 더욱 탄력을 받게 될 전망이다. 인공지능을 탑재한 로봇이 딥러닝(deep learning)을 통해 스스로 더 나은 기계를 설계하고 프로그래밍 함으로써 우주산업에 박차를 가하고 있는 것이다. 바야흐로 우주로의 대도약 시대가 목전에 와 있다. 대항해시대에 미지의 세계를 꿈꾸던 유럽의 수많은 청년들이 미지의 바다에서 목숨을 바친 대가로 유럽의 번영이 초래됐듯이, 인터스텔라 탐사 역시 목숨 걸고 미지의 세계를 탐험하려는 용기 있는 지성들의 열정과 노력으로 새로운 우주항해시대의 도래와 더불어 은하 문명권으로의 편입을 가속화할 것이다. 그리하여 시공(時空)의 인큐베이터에 갇힌 인류 의식을 해방시키고 지구적 삶의 토양을 보다 비옥하게 만들 것이다. 그렇게 되면 무경계의 세계, '지구적 의식(plenetary consciousness)'의 미덕을 노래하는 시대가 오게 되지 않을까?

"생명은 최초에 단 한 가지, 혹은 소수의 몇 가지 형태로 숨결이
불어넣어져 여러 가지 능력을 지니게 되었다는 시각, 우리 행성이
불변의 중력법칙에 따라 돌고 돌기를 반복하는 동안, 그토록 단순한 한
시작으로부터 가장 아름답고 가장 경이로운 무수히 다양한 형태들이
진화해 왔고 지금도 진화하고 있다는 생명관은 실로 장엄한 것이다."

"There is a grandeur in this view of life, with its several powers, having
been originally breathed into a few forms or into one: and that whilst this
planet has gone cycling on according to the fixed law of gravity, from so
simple a beginning endless forms most beautiful and most wonderful have
been, and are being, evolved."

- Charles Robert Darwin, *On the Origin of Species*(1859)

03

지구, 생명체의 보고(寶庫)

- 현대 판구조론과 지구 생태계의 맥박
- 생명체의 탄생: '생명은 반드시 생명으로부터'
- 캄브리아기 대폭발과 인류의 출현

윌슨 주기는 대륙이 갈라지면서 형성되는 열곡대(裂谷帶)에서 시작해 열곡대가 확장되어 바닷물이 들어
오면 홍해와 같이 새로운 해양이 생겨나고, 계속 확장되면 대서양과 같이 커다란 대양으로 발전하며,
더욱 확장되면 태평양과 같이 판의 가장자리에 해구가 생성되어 오래된 해양판이 섭입하기 시작하고,
마침내 해양판이 모두 섭입하면 히말라야산맥과 같이 대륙판과 대륙판이 충돌하는 형태가 되며, 언젠
가 충돌운동이 멈추면 새로운 초대륙이 형성되고 또 언젠가 갈라져 새로운 윌슨 주기에 접어들게 된
다.…시아노박테리아가 이끈 '산소혁명'은 진화의 방향을 재조정해 마침내 인간의 탄생으로 이어지는
새로운 생물 계통으로 안내했다. 고세균, 세균과 같은 원핵생물의 다양한 물질대사는 지구상의 생물
이 서식하기에 적합한 환경을 유지시키는 화학순환을 쉼 없이 가동하는 방식으로 지구 생태계의 맥박
을 조절한다. 동식물이 이루는 생태계 작동의 열쇠는 먹이사슬의 정점에 있는 큰 척추동물이 아니라
박테리아처럼 작고 단순한 미생물들이다.…인류의 진화과정에서 다양한 계통의 인류가 있었지만 대
부분 멸종하고 현생 인류인 호모 사피엔스 계통만 살아남아 오늘날의 인류로 진화했다. 지구의 나이
45억 5,000만 년을 하루 24시간으로 환산했을 때 호모 사피엔스가 등장한 시각은 자정 5.7초 전쯤이
고, 호모 사피엔스 사피엔스가 등장한 것은 자정 0.7초 전쯤이다.

- 본문 중에서

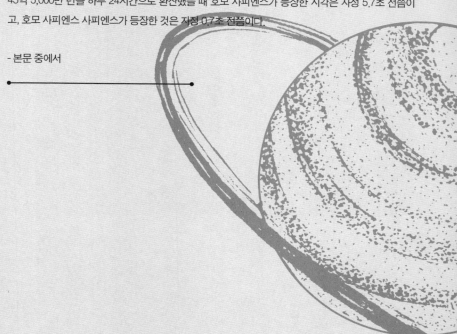

03 지구, 생명체의 보고(寶庫)

현대 판구조론과

지구 생태계의 맥박

약 45억 5,000만 년 전, 별의 탄생 과정에서 만들어진 원반에 궤도가 생겨나고 그 궤도면에서 먼지 크기의 미세한 입자들이 서로 충돌하고 뭉쳐 다양한 크기의 미행성체(微行星體)가 되고 이들 작은 덩어리들이 뭉쳐서 원시지구가 형성됐다. 가스와 먼지로 구성된 성간운이 중력 수축하여 별들과 그 별들에 딸린 행성들이 만들어진 것이다. 이러한 지구의 형성 과정에 대해서는 제2장 3절에서 다뤄졌기 때문에 여기서는 중복 설명하지 않기로 한다. 수성이나 금성, 화성과 같은 지구형 행성(terrestrial planet) 외에 '울프1061(태양계에서 14광년 거리)', '프록시마b(태양계에서 4광년 거리)' 등 새로운 지구형 행성이 속속 발견되면서 지구가 많은 행성들 중의 하나일 뿐이며 지적인 생명체가 사는 유일한 곳이 아닐 수 있다는 생각이 자리 잡게 되었다. 그러나 암석 표면과 고밀도의 중심핵을 가진 모든 지구형 행성에 생명체가 존재하는 것은 아니기 때문에 지구 행성이 어떤 식의 초기 진화 단계를 거쳐 생명체가 거주하는 곳이 되었는지를 살펴볼 필요가 있다. 『천부경』·『참전계경(參佺戒經, 治

化經)』과 더불어 한민족 3대 경전 중의 하나인 『삼일신고(三一神誥, 敎化經)』*「세계(世界)」편에서는 천지창조와 은하계의 생성과 별의 진화, 그리고 태양계의 운행과 지구의 형성 과정을 단 72자로 나타내고 있다.[1]

> 총총히 널린 저 별들을 보라. 그 수가 다함이 없으며, 크고 작고 밝고 어둡고 괴롭고 즐거움이 같지 않다. 일신(一神, 궁극적 실재)이 온 누리를 창조하시고, 그 중에 해세계(태양계)를 맡은 사자를 시켜 칠백세계를 거느리게 하시니, 너희 땅이 스스로 큰 듯이 보일 것이나 하나의 작은 알(丸)만한 세계이다. 중심의 불덩어리가 진동하여 솟구쳐서 바다로 변하고 육지가 되어 지금의 땅덩이 형상을 갖추게 된 것이다. 일신이 기운을 불어 넣어 바닥까지 감싸고 햇빛과 열로 따뜻하게 하여 걷고 날고 탈바꿈하고 헤엄치고 심는 온갖 것들이 번식하게 되었다.
>
> **爾觀森列星辰 數無盡 大小明暗苦樂 不同 一神造群世界**
>
> **神勅日世界使者 舝七百世界 爾地自大 一丸世界 中火震盪**
>
> **海幻陸遷 乃成見象 神呵氣包底 煦日色熱 行翥化游栽物 繁殖**

총총히 널린 저 별들은 그 수가 다함이 없으며, 그 크기와 밝기 그리고 태어난 환경이나 조건이 같지 않으므로 고락(苦樂)이 같지 않다. 일신(一神)이 온 누리를 창조한 것은 『천부경』의 '천일일 지일이 인일삼(天一一地一二人一三)', 즉 "하늘의 본체가 첫 번째로 열리고, 땅의 본체가 두 번째로 열리고, 인물(人物)의 본체가 세 번째로 생겨나는" 천지창조[2]와 그 의미가 같다. 여기서 '일신'은 시작도 끝도 없는 영원한 '하나(一)'[3], 즉 우주만물의 제1원인[天, 神]으로

---

* 한민족 3대 경전은 그 전문이 『천부경』은 81字, 『삼일신고』는 366字, 『참전계경』은 366事로 구성되어 있다.

서 무시무종(無始無終)이며 무소부재(無所不在)이고 자본자근(自本自根)·자생자
화(自生自化)하는 무궁한 이치와 조화(造化) 기운 자체를 일컫는 것이다. 천지
창조와 더불어 우주만물이 화생(化生)하는 전 과정 자체가 한 이치 기운[一神,
混元一氣]의 조화 작용이다. 『해월신사법설(海月神師法說)』 「천지이기(天地理氣)」에
서는 "천지, 음양, 일월, 천만물이 화생(化生)한 이치가 한 이치 기운의 조화
아님이 없다"[4]라고 하고 있다.

  '하나'님이 해세계 즉 태양계(solar system)를 맡은 사자에게 칙명을 내려 칠
백세계를 거느리게 했다는 것은 곧 태양계의 운행을 나타낸 것이다. 태양계
는 태양과 현재까지 공식적으로 행성으로서의 지위가 부여된 8개의 행성과
60여 개의 위성, '울프1061', '프록시마b' 등 새롭게 발견되었거나 또는 발견
을 기다리고 있는 다른 행성들, 그리고 소행성, 혜성, 유성 등으로 이루어져
있다. 여기서 칠백세계의 '700'은 수성(水星 Mercury), 금성(金星 Venus), 지구(地
球 Earth), 화성(火星 Mars), 목성(木星 Jupiter), 토성(土星 Saturn), 천왕성(天王星 Uranus),
해왕성(海王星 Neptune) 등 태양을 중심으로 돌고 있는 8개의 행성과 그 중 6개
행성들(지구, 화성, 목성, 토성, 천왕성, 해왕성) 주위를 돌고 있는 60여 개의 위성, 그
리고 태양을 합하면 70개 정도가 되는데 여기에 지름이 수백km에 달하는 거
대한 소행성까지 합한 숫자인 것으로 짐작된다. 다른 한편으로는 우리 태양
계에서 지구 인류와 유사한 지성체(知性體)가 살고 있는 별의 숫자인 것으로
생각해 볼 수도 있다. 소행성은 지름이 1~2km 정도만 되어도 지구에 떨어질
경우 치명적인 재앙을 가져올 수 있는데 그 수가 약 천만 개 정도라고 한다.
지구 땅덩이를 알에 비유한 것은 작다는 의미와 더불어 지구의 둥근 형태
를 암시한 것이다. 지구는 거대한 태양계에 속하는 작은 한 알의 세계이며
태양계 또한 은하계 내에서의 위치는 극히 미미한 수준이니, 지구가 우주의
중심이라는 생각은 한갓 망념에 불과한 것이다.

지구 중심의 불덩어리가 진동하여 솟구쳐 지판의 경계부에서 지진(地震)이나 화산 폭발이 일어나고, 또한 지구 표면에 떠있는 판(板)대륙이 상호 이동함으로써 바다로 변하고 육지가 되는 지각변동이 있게 되는 것이다. 맨틀대류(mantle convection(對流))에 의해 판대륙이 서로 멀어지기도 하고(발산경계) 충돌하기도 하며(수렴경계 또는 섭입경계) 엇갈리기도 하는(변환경계 또는 보존경계), 이른바 판구조론(板構造論 plate tectonics)으로 설명되는 이러한 과정에서 높은 산맥이나 열도가 형성되기도 하고, 때론 판 자체가 소멸되기도 하면서 지금의 지구 형상을 갖추게 된 것이다. "중심의 불덩어리가 진동하여 솟구쳐서 바다로 변하고 육지가 되어 지금의 땅덩이 형상을 갖추게 된 것"이라고 한 것은 바로 판구조론에서 말하는 지각변동의 내용과 일치하는 것으로, 1960년대 말에 와서야 공식화된 판구조론이 지금으로부터 수천 년 전에 이미 인식되고 있었던 셈이다. 다음으로 "'하나'님(一神)이 기운을 불어 넣어…온갖 것들이 번식하게 되었다"는 것은 한 이치 기운의 조화 작용으로 만물이 화생하는 과정을 의인화시켜 나타낸 것이다. 기운을 불어 넣는 '하나'님 즉 창조주와 기운을 받는 피조물이 따로 있는 것이 아니고 혼원일기(混元一氣)인 '하나'님의 화현(化現)이 곧 우주만물이니, 우주만물과 '하나'님은 둘이 아니다.[5] 이는 곧 이 우주가 자기생성적 네트워크체제로 이루어져 있으며 생명의 본체인 '하나'님과 그 작용인 우주만물이 실물과 그림자의 관계와도 같이 둘이 아님을 말하여 준다. 말하자면 '하나'님, 즉 유일신(唯一神)은 특정 종교의 신도 아니요 섬겨야 할 대상도 아니다. 바로 우리 자신이며 우주만물 그 자체다.

그러면 오늘날 지구과학자들에 의해 지구과학의 새로운 패러다임을 제시한 것으로 평가되는 판구조론의 형성 과정에 대해 살펴보기로 한다. 1960년대에 확립된 판구조론은 대륙이동과 해저확장의 가설을 연결시켜 지구 전체의 움직임을 통일적으로 설명하는 이론으로 지구사 연구에 있어 지각 변동을 가져온 혁명적 이론으로 평가된다. 먼저 대륙이동설부터 살펴보기로 하자. 독일의 기상학자이자 지구물리학자 알프레트 베게너(Alfred Wegener)는 1912년 대륙이동설(大陸移動說 또는 大陸漂移說 continental drift theory)을 발표하고, 이를 정리해 1915년에는 『대륙과 대양의 기원 *Die Entstehung der Kontinente und Ozeane*』(1915)이라는 주저(主著)를 통해 현재 지구상의 대륙의 모습이 약 3억 년 전에 형성된 '판게아(Pangaea)''라는 거대한 하나의 초(超)대륙(supercontinent)에서 갈라져 나온 것이라는 대륙이동설을 제시했다. 다시 말해 대륙들은 항상 현재의 위치에 있었던 것이 아니라 거대한 하나의 대륙에서 갈라져 나와 맨틀 위를 떠다니며 지구 표면을 수평적으로 이동하여 현재와 같은 수륙 분포를 이루게 되었다는 것이다.

이러한 대륙이동에 관한 주장은 베게너 이전에도 16세기 말 이후 아브라함 오르텔리우스(Abraham Ortelius), 프란시스 베이컨(Francis Bacon), 벤자민 프랭클린(Benjamin Franklin), 프랑크 벌스리 테일러(Frank Bursley Taylor) 등에 의해 꾸준히 제기돼 왔으나 과학적인 근거를 제시한 경우는 베게너가 처음이다. 베게너가 제시한 대륙이동의 과학적 증거는 지형학적, 지질학적, 고생물학적, 기후학적 측면에서 잘 드러난다. 즉 남아메리카대륙의 동해안과 아프리카

---

*   'Pangaea'는 하나(one)를 의미하는 그리스어 'Pan(汎)'과 그리스 대지의 여신 'Gaia'의 합성어로 거대한 하나의 초대륙을 의미한다. 약 3억 년 전에 형성된 판게아는 중생대(약 2억 2,500만 년 전~약 6,500만 년 전)인 약 1억 8,000만 년 전 남북 두 대륙으로 나뉘기 시작해 약 1억 3,500만 년 전 완전히 나뉘어졌으며, 현재의 대륙과 같은 형태가 갖추어지기 시작한 것은 신생대(약 6,500만 년 전~현재)가 시작되는 약 6,500만 년 전인 것으로 알려져 있다. 현재도 대륙은 계속 움직이고 있으며 약 2.5~3억 년을 주기로 초대륙이 형성되는 것으로 보고되고 있다.

대륙의 서해안 해안선의 모습이 유사하다는 점,* 대서양을 사이에 둔 남아메리카대륙과 아프리카대륙, 유럽대륙과 북아메리카대륙의 지질 구조가 연속적이며, 암석 분포와 고생물 화석이 유사하다는 점, 인도와 호주, 아프리카 등 적도부근의 지역에서도 고생대 말의 빙하 퇴적층이 발견된다는 점 등이 그것이다. 그러나 베게너의 대륙이동설은 대륙이동의 원동력에 대한 설명이 충분하지 못했기 때문에 당시 지질학계에 받아들여지지 않았다.

이에 대해 1928년 영국의 지질학자 아서 홈즈(Arthur Holmes)는 대륙이동의 원동력이 '맨틀 대류'라는 학설을 발표했다. 홈즈의 맨틀대류설에 따르면, 점성 유체인 맨틀은 고온의 지구 중심부에서 나온 열과 맨틀 내의 방사성 원소의 붕괴열에 의해 맨틀 상하부에 온도차가 발생하고 그 결과 연약권(軟弱圈 asthenosphere)에서 매우 느린 속도로 대류가 일어나 그것이 대륙을 이동시키는 원동력으로 작용한다는 것이다. 맨틀대류설은 대류가 만들어지는 깊이나 크기에 대해 정확하게 설명하지는 못했지만, 현대 판구조론의 많은 내용을 포함한다. 즉 대륙지각과 해양지각이 함께 이동하는 점, 맨틀 대류가 상승하는 곳에서는 장력(張力)의 작용으로 대륙이 갈라져 이동하므로 해령(海嶺)이 형성되고 해양이 생겨나며, 침강하는 곳에서는 지각(地殼)이 맨틀 속으로 들어가 해구(海溝)나 습곡산맥이 형성되는 점 등이 그것이다. 맨틀대류설은 대륙의 이동이나 판의 이동, 해저확장 등의 설명을 가능하게 함으로써 판구조론의 정립에 기여했다. 그러나 당시에는 과학적인 근거나 구체적인 증거 자료를 제시하지 못했기 때문에 학계에 받아들여지지 못했다.

---

* 대륙의 해안선은 침식작용을 받아 변하기 때문에 두 지역 해안선의 유사성이 대륙이동의 과학적 증거로 인정받지는 못했지만, 1960년대 들어 대륙의 실제 경계인 대륙붕까지의 지도가 만들어지면서 두 지역의 대륙붕을 붙여보면 그 유사성이 분명하게 드러난다는 사실을 알게 되었다.

1950년대 중엽 영국의 랑콘(Rancon) 그룹은 유럽대륙과 북아메리카대륙에서 암석의 고지자기(古地磁氣 paleomagnetism) 측정을 통해 자극의 이동경로를 조사한 결과, 양 대륙에서 구한 자극의 이동 경로는 비슷하지만 두 경로 사이는 약 30도 벌어져 있었다. 랑콘은 지구 자기의 북극이 현재와 마찬가지로 지질시대에도 하나뿐이어야 하므로 원래는 하나로 붙어 있었던 두 대륙이 지질시대가 경과함에 따라 분리되어 서로 다른 방향으로 이동해간 결과라고 해석하고 두 대륙의 지구 자기 북극의 경로를 합치시킴으로써 3억 년 전에는 대륙이 하나였다고 주장했다. 이러한 고지자기 연구는 과거 지질시대의 지구자장의 형태와 변화에 대한 연구를 통해 맨틀과 핵(core) 간의 상호작용에서부터 지각의 이동 및 변형을 가져오는 지질 작용에 대한 정보를 제공하며, 암석들의 시대적 연관성을 규명하는 데도 중요한 역할을 한다. 특히 이 연구는 10만 내지 100만 년 단위로 지자기극이 뒤바뀌는 지구자장의 역전(逆轉)과 극이동을 밝힘으로써 베게너의 대륙이동설을 부활시키는 계기를 마련하였으며, 해저확장설이나 판구조론과 같은 지구과학의 혁명적 이론을 정립하는 데 크게 기여했다.[6]

1962년 미국의 지질학자 해리 헤스(Harry H. Hess)와 로버트 디츠(Robert S. Dietz)는 해령에서 고온의 맨틀 물질이 상승해 새로운 해양지각이 생성되고, 이 해양지각이 중앙해령의 양쪽으로 이동하여 계속해서 해양지각이 확장된다는 해저확장설(海底擴張說 sea-floor spreading theory)을 주장했다. 즉 해령에서 생성된 해양지각은 연간 수cm의 속도로 계속해서 중앙해령의 양쪽으로 확장해 가면서 V자형의 열곡(裂谷 rift valley)이 발달하고 확장 속도의 차이로 많은 변환단층이 생기는가 하면, 새로운 해양지각의 생성으로 오래된 지각은 밀려서 이동하여 해구에 도달하면 다시 맨틀 속으로 침강해 소멸한다는 것이다. 또한 해양지각의 이동과 함께 그 위에 얹혀있는 대륙도 같은 방향으로 이동한다는 것이 이들의 주장이다. 맨틀 대류에 의한 해저 확장 가설은 지구 표면을 여러 개의 판으로 나누어 해양지각의 이동을 설명하는 판구조론의 기초가 되기도 한다. 해저 확장의 과학적 증거로는, 해양저에서 지구 자기 역전의 줄무늬가 중앙해령을 따라 대칭적으로 나타나는 점, 해령에서 멀어질수록 해양지각의 나이가 많아지고 퇴적암의 두께가 두꺼워지는 점, 열곡과 변환단층의 존재 등이 있다. 1967년 워싱턴에서 개최된 미국 지구물리연맹(American Geophysical Union) 학술회의에서는 해저확장설에 관한 논문이 70여 편이나 발표될 정도로 비상한 관심을 불러일으켰다. 해저확장설이 밝혀짐으로써 베게너의 대륙이동설은 더욱 확실한 이론으로 평가받게 되었다.

지구 표면의 역사와 지구 자체 구조에 대한 연구는 계속해서 이어져 대륙이동설, 맨틀대류설, 해저확장설을 종합하여 1960년대에 판구조론으로 확립된다. 캐나다의 지질학자이자 지구물리학자 존 투조 윌슨(John Tuzo Wilson)은 지구 표층이 나뉘어 움직이는 단단한 땅덩어리들을 지칭하기 위해 '판(板 plate)'이라는 용어를 처음 사용했다. 그는 지각과 상부 맨틀을 포함하는 암석권(lithosphere)이 여러 개의 판으로 나뉘어 연약권에서 매우 느린 속도로 대류가 일어난다고 설명했다. 또한 하와이열도의 화산섬들은 판 경계에서 일어나는 화산활동이 아니라 고정된 열점 위를 움직이는 태평양판의 이동 때문이라고 보고 이 내용을 정리하여 1963년 『캐나다 물리학회지』에 플룸(plume: 열기둥)과 열점(hot spot: 플룸이 지표면에 도달한 지점)이라는 용어를 소개한 최초의 논문을 발표했다. 맨틀의 대류현상으로 해석되는 플룸은 맨틀 하부에서 지표면으로 향하는 고온의 열기둥(hot plume)과 지표면에서 맨틀 하부로 향하는 저온의 열기둥(cold plume)을 포괄하며, 이러한 플룸의 운동으로 설명되는 플룸구조론(plume tectonics)은 암석권과 연약권에 국한된 판 이동의 역학적인 문제를 보다 심층적으로 이해할 수 있게 한다.

월슨은 마그마의 분출로 해양판이 생성되는 해령이나, 해양판이 대륙판 밑으로 섭입(攝入 subduction)하는 해구와 달리, 지각물질이 생성되거나 소멸되지 않고 그대로 유지되면서 판들이 서로 반대방향으로 움직이는 것을 발견하고 이를 '변환단층(transform fault)'이라고 명명했다. 월슨은 그가 간파한 변환단층의 본질을 1965년 『네이처』에 발표함으로써 판구조론의 확립에 크게 공헌했다.* 해양판의 생성과 소멸 과정을 설명하는 '월슨 주기(Wilson Cycle)'라는 용어는 그 내용을 처음 알아낸 월슨의 업적을 기리기 위해 명명한 것이다. 월슨 주기는 대륙이 갈라지면서 형성되는 열곡대(裂谷帶)에서 시작해 열곡대가 확장되어 바닷물이 들어오면 홍해와 같이 새로운 해양이 생겨나고, 계속 확장되면 대서양과 같이 커다란 대양으로 발전하며, 더욱 확장되면 태평양과 같이 판의 가장자리에 해구가 생성되어 오래된 해양판이 섭입하기 시작하고, 마침내 해양판이 모두 섭입하면 히말라야산맥과 같이 대륙판과 대륙판이 충돌하는 형태가 되며, 언젠가 충돌운동이 멈추면 새로운 초대륙이 형성되고 또 언젠가 갈라져 새로운 월슨 주기에 접어들게 된다는 것이다.

1968년 미국 프린스턴 대학의 지질학자이자 지구물리학자 모건(W. J. Morgan)이 발표한 판구조론은 맨틀 대류에 의해 뒷받침되는 대륙이동설과 해저확장설을 종합하여 정립한 것으로 지구과학의 새로운 패러다임을 제시한 것으로 평가된다. 모건은 지구 표층인 암석권을 유라시아판, 아프리카판, 아메리카판, 태평양판, 남극판, 인도판 등 6개의 대규모 판과 필리핀

---

* 월슨 외에도 영국의 매켄지(D. P. McKenzie), 프랑스의 르 피숑(X. Le Pichon) 등도 각각 1967년과 1968년에 발표한 논문을 통해 판구조론의 정립에 기여했다. 또한 미국 지진학자 아이악스(B. Isacks), 올리버(J. Oliver), 사이크스(L. Sykes)는 1968년에 발표한 논문을 통해 판의 운동을 증명하는 지진학적 증거를 제시했다.

판, 나즈카판, 코코스판, 카리브판 등 12개의 소규모 판으로 구분하고, 판의 운동방향과 상대 속도를 계산하였다. 그에 따르면 퍼즐처럼 서로 붙어서 이루어진 각각의 판은 맨틀 대류에 의해 연간 수cm 정도의 느린 속도로 맨틀 위를 수평 이동하면서 끊임없이 지구의 모습을 변화시켜 가는데, 주로 판의 경계부에서 대규모 지진이나 화산활동, 조산운동(造山運動), 해구 형성 등의 지각 변동이 일어난다. 판은 지각과 상부 맨틀의 최상부를 포함하는 깊이 약 100km까지의 단단한 암석층이다. 이들 판들은 그 하부 연약권(상부 맨틀 부분으로 약 670km 깊이)에서 일어나는 맨틀 대류에 의해 서로 멀어지거나 충돌하기도 하고 엇갈리기도 하면서 발산경계(divergent boundary), 수렴경계(convergent boundary), 변환경계(transform boundary)라는 세 가지 유형의 경계를 형성한다.

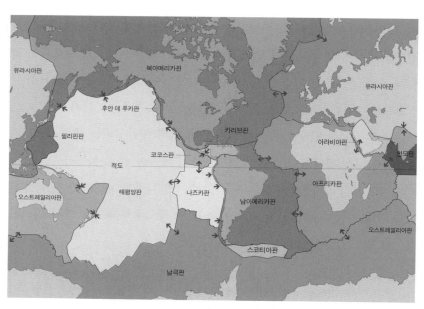

〈그림 3.1〉 20세기 후반의 판 구조[7]

판의 경계는 판의 상대적 움직임에 따라 세 가지 유형으로 구분된다. 경계부에서 두 판이 서로 멀어지는 발산경계, 서로 충돌하는 수렴경계, 서로 반대방향으로 엇갈리는 변환경계가 그것이다. 발산경계는 두 판이 서로 멀어져 새로운 지각물질이 생성되는 곳으로 해저산맥인 해령과 대륙 내의 열곡대가 이에 속한다. 발산경계에서는 새로운 해양지각의 형성으로 해저가 확장되고 두 판의 해저 경계 틈으로 상부 맨틀의 뜨거운 용암이 분출되므로 화산활동이 활발하며 지각열류량이 높다. 또한 장력(張力)의 작용으로 열곡이 발달하고 열곡을 따라 천발지진(淺發地震 shallow earthquake)이 자주 일어난다. 발산경계의 대표적인 예는 동태평양 해령, 대서양 중앙 해령, 동아프리카 열곡대, 홍해 등이 있다. 해령은 보통 바닷물에 잠겨 있지만, 북대서양에 있는 아이슬란드처럼 육지에 드러난 경우도 있다. 동아프리카 열곡대는 동부 아프리카를 남북으로 가로지르는 폭 35~60㎞에 달하는 넓고 깊은 골짜기이다. 오스트랄로피테쿠스와 같은 인류의 화석이 많이 발견돼 인류의 기원지로도 잘 알려진 이 지역은 아프리카판에 속하지만 이 열곡대를 경계로 두 판이 서로 멀어지고 있으며, 경계 양쪽의 판이 계속 멀어지면 열곡대가 확장되어 홍해(Red Sea)와 같은 좁은 바다를 형성할 것이고, 더 발달되면 새로운 지각을 형성하는 해령이 될 것이다. 아프리카 대륙과 아라비아 반도 사이에 있는 좁고 긴 바다인 홍해는 현재 지구상 가장 젊은 바다로서 언젠가는 커다란 대양으로 발전할 수 있을 것이다.

수렴경계는 두 판이 만나 섭입 또는 충돌하는 곳으로 해구와 호상열도, 조산대가 이에 속한다. 섭입경계(攝入境界 subduction boundary) 또는 충돌경계라고 불리기도 한다. 수렴경계에서는 두 판이 충돌하는 과정에서 많은 지진이 발생하고 화산 폭발과 조산운동이 일어나기도 하며 해안 주변에 섬들이 생기기도 한다. 지진 발생의 규모와 빈도 및 에너지는 수렴경계에서 가장 크다. 수렴하는 두 판의 성격에 따라 해양판과 대륙판의 충돌, 해양판과 해양판의 충돌, 대륙판과 대륙판의 충돌 등의 세 가지 유형으로 나눌 수 있다. 그런데 해양지각을 포함하는 해양판은 두께가 얇고 밀도가 높은 데 비해, 대륙지각을 포함하는 대륙판은 두께가 두껍고 밀도가 낮다. 주로 현무암으로 이루어진 해양지각은 화강암이 주성분인 대륙지각에 비해 무거우므로 두 지각이 충돌하는 경우 무거운 해양지각은 가벼운 대륙지각의 아래로 침강해 지구 내부로 끌려들어가게 되는데, 이러한 작용이 일어나는 곳을 섭입대(攝入帶 subduction zone)라고 한다. 이러한 지속적인 순환과정으로 인해 해양지각은 대륙지각보다 연대가 짧다. 중앙해령에서 탄생한 해양지각은 해저를 수평 이동하면서 중앙해령에서 멀어져 마침내 해구에 도달하면 맨틀로 들어가게 되므로 해저의 나이는 중앙해령에 가까울수록 젊고 해구에 가까울수록 많다. 동태평양의 중앙해령은 해저가 확장되는 속도가 가장 빠르다.

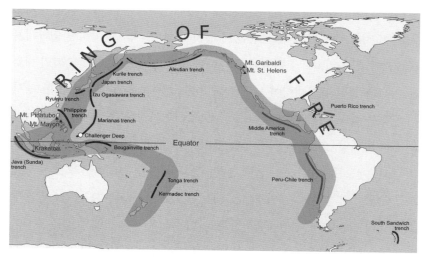

〈그림 3.2〉 '불의 고리(Ring of Fire)'로 불리는 환태평양 지진대 (출처: USGS)

대규모 지진은 판과 판이 서로 모이는 수렴경계에서 집중적으로 발생한다. '불의 고리(Ring of Fire)'로 불리는 환태평양 지진대는 수렴형 판 경계부에 속하기 때문에 지구 전체 지진의 약 90%가 이 지진대에서 발생하며, 또 화산활동도 많이 일어난다. 〈그림 3.2〉에서 보는 바와 같이 알래스카에서 미국 서부, 남태평양, 동남아시아, 일본, 러시아 북동부까지 연결되는 환태평양 지진대는 여러 해양판과 대륙판들이 지역별로 복잡하게 맞닿아 있는 지대로서 해양판인 태평양판이 유라시아판과 북미판 등 다른 대륙판 밑으로 섭입하는 경계선이기 때문에 서로 부딪히는 과정에서 엄청난 에너지가 축적되고 이 축적된 에너지가 한꺼번에 폭발하면서 대지진이 일어나는 것이다. 2004년 이후 '불의 고리'에서 대지진이 자주 일어나면서 50년 주기의 초강진 시기로 접어든 것 아니냐는 전문가들의 우려가 커지고 있다. 한국과 일본은 같은 유라시아판에 위치하지만 일본은 판의 경계인 일본 해구가 가까워 지진과 화산활동이 잦은 반면, 한국은 일본보다 판의 경계에서 멀리 떨어져 있기 때문에 지진과 화산 활동의 빈도가 적고 진원의 깊이가 깊다.

해양판과 대륙판이 충돌한 경우는 밀도가 높은 해양판이 밀도가 낮은 대륙판 밑으로 섭입하면서 해구나 호상열도, 습곡산맥이 형성되며, 베니오프대(Benioff zone)*를 따라 해령에서는 비교적 얕은 천발지진이 발생하고 해구에서는 이보다 깊은 심발지진이 발생한다. 해양판과 대륙판이 충돌한 예로는 나즈카판과 남아메리카판이 충돌해 페루-칠레 해구와 안데스산맥을 형성한 경우를 들 수 있고, 태평양판과 유라시아판이 충돌해 일본 해구와 호상열도(island arc)를 형성한 경우를 들 수 있다. 해양판과 대륙판이 계속 충돌해 해양

---

* 베니오프대란 명칭은 미국 지진학자 베니오프의 이름에서 유래한 것으로 해양판이 대륙판 밑으로 섭입해 생긴 지진대를 말한다.

판이 모두 섭입하면 해양판 뒤에 따라오던 대륙판이 반대편 대륙판과 충돌하게 된다. 두 대륙판이 충돌하면 섭입은 더 이상 일어나지 않고 판의 경계부에 있던 지각물질과 해양퇴적물이 겹쳐져 지각이 두꺼워지며 복잡한 습곡구조와 단층을 이루면서 높은 습곡산맥(褶曲山脈 folded mountains)이 형성된다. 대륙판과 대륙판이 충돌한 예로는 인도판과 유라시아판이 충돌해 히말라야산맥을 형성한 경우를 들 수 있다. 히말라야산맥 꼭대기에 조개껍질 등 바다에서 서식하는 생물의 흔적이 있다고 하는 것은 판구조론의 사실성을 입증하는 것이다. 두 해양판이 충돌하면 밀도가 높은 해양판이 밀도가 낮은 해양판 아래로 섭입하면서 해구와 호상열도가 형성되고, 베니오프대를 따라 다양한 규모의 많은 지진이 발생하며, 지진대의 깊은 곳에서는 화산활동이 일어난다. 해양판과 해양판이 충돌한 예로는 태평양판과 필리핀판이 충돌해 마리아나(Mariana) 해구를 형성한 경우를 들 수 있다.

변환경계는 두 판이 서로 상반되는 수평방향으로 엇갈리며 형성되는 경계이며 변환단층이 이에 속한다. 변환경계는 판이 생성되거나 소멸되지 않으므로 보존경계(conservative boundary)라고 불리기도 한다. 두 판의 상대적인 움직임은 단층의 이동방향이 시계방향인 우수(right-lateral)향 또는 반시계방향인 좌수(left-lateral)향이다. 변환단층은 주향이동단층(走向移動斷層 strike-slip fault)*의 일종이지만 중앙해령 정상부들 사이에서만 발생한다. 화산활동은 거의 일어나지 않지만 해령과 해령 사이에 존재하는 변환단층을 따라 천발지진이 자주 발생한다. 변환단층은 대부분 해저에 분포하지만 육지에 드러

---

* 2016년 9월 규모 5.8의 한국 경주 지진은 양산단층대 지류의 주향이동단층에서 발생했다. 2016년 4월 규모 7.0의 일본 구마모토 지진은 세 개 판이 상호 작용하는 힘에 의해, 즉 유라시아판 아래로 필리핀판이 섭입하고, 그 아래로 태평양판이 섭입하면서 수평으로 어긋나는 주향이동단층에서 발생했다.

난 경우도 있다. 미국 캘리포니아주에 있는 산안드레아스 단층(San Andreas Fault)은 대륙판인 북아메리카판과 해양판인 태평양판의 경계에 형성된 대표적인 변환단층이다. 산안드레아스 단층은 1906년 4월 샌프란시스코 대지진을 계기로 학계의 주목을 받기 시작했다. 당시 샌프란시스코 지진으로 두 판이 어긋나면서 많은 사상자를 냈는데, 지금도 이 경계를 따라 샌프란시스코가 위치한 북아메리카판은 점점 남쪽으로, 로스앤젤레스가 위치한 태평양판은 점점 북쪽으로 이동하고 있다. 현재의 속도로 계속 판이 이동한다면 언젠가는 캘리포니아 전체가 북아메리카 대륙으로부터 떨어져나가 하나의 섬이 될지도 모른다.

그렇다면 지구는 어떻게 해서 생명체를 품은 행성이 되었을까? 지구는 크게 대기권(大氣圈 atmosphere)·수권(水圈 hydrosphere)·지권(地圈 geosphere)·생물권(biosphere)으로 구성돼 있다. 대기권의 공기와 수권의 물 그리고 지권의 땅은 생명체가 존속하기 위한 필수조건이다. 원시태양계 성운에서 유래한 원시지구의 대기는 수소와 헬륨이 주성분이었다. 태양계가 형성된 후 지구 대기 중의 가벼운 기체들은 상당 부분 우주 공간으로 날아갔고, 원시지구가 성장하면서 화산 폭발이나 미행성의 충돌로 인해 다량의 질소와 이산화탄소, 수증기 등이 대기에 공급되었다. 지구가 냉각되면서 대기 중의 수증기가 응축되어 지표면으로 내려와 원시해양을 이루었고, 바닷물에 이산화탄소가 녹아들었으며, 광합성 작용으로 산소가 방출되면서 지금과 같은 대기 구성을 하게 되었다. 현재 지구 대기는 질소(78.08%)와 산소(20.95%), 아르곤(0.93%), 이산화탄소(0.03%), 그리고 나머지(0.01%)는 수증기, 네온, 헬륨, 메탄, 크립톤, 수소 등으로 이루어져 있다.[8]

지구를 둘러싸고 있는 대기권(공기층)은 물리적 성질에 따라 지표면에서부터 대류권(對流圈 troposphere), 성층권(成層圈 stratosphere), 중간권(中間圈 mesosphere),

열권(熱圈 thermosphere), 외기권(外氣圈 exosphere)의 다섯 층으로 나눌 수 있다. 대기권은 크게 균질권(homosphere)과 비균질권(heterosphere)으로 구분된다. 균질권은 공기의 상하 이동이 활발해 공기의 혼합이 잘 이루어져 대기의 주성분 조성비가 일정한 대기층으로 지상에서 약 80km까지의 영역이다. 비균질권은 균질권 이상의 고도로부터 대기권 끝까지의 영역이다. 이 대기층에서는 고도가 높아질수록 공기가 희박하므로 혼합보다는 확산작용이 커서 공기가 무게별로 나뉘어 층을 이루는데 가장 가벼운 수소가 가장 높은 곳에 있고 그 밑에 헬륨, 산소, 질소 순으로 분포하고 있다. 대기의 에너지원은 태양이다. 태양에너지는 구름, 오존(O_3), 수증기 등에 의해 일부 흡수되기도 하지만 대부분은 지표에 흡수된다. 그중 일부는 생물이 흡수해 생명 유지에 유용한 형태로 변환하고 나머지는 열로 변해 우주 공간으로 돌아간다. 대기권의 높이는 약 1,000km 정도이지만 전체 공기의 99퍼센트는 지표면에서 약 32km 이내에 밀집되어 있다. 인공위성 등을 통해 관측된 지표면 대기의 평균 온도는 2016년 4월 현재 섭씨 15.1도이다. 30년 연평균(1951~1980년) 온도인 14도보다 1.1도 상승한 이 수치는 지구온난화의 심각성을 말해준다.

대류권은 지표면에 가장 인접한 대기층으로 지상 약 10~15km까지의 영역이다. 극지방에서는 지상 7~8km 정도까지이며, 적도지방에서는 18km 정도까지의 영역이다. 구름, 비, 눈과 같은 기상현상을 비롯해서 태풍, 장마전선, 온대저기압 등 거의 모든 대기운동이 일어나며 일상생활에 가장 영향을 많이 주는 영역이다. 지표면의 복사열에 의해 가열되므로 고도가 높아질수록 온도는 낮아지며, 온도가 높은 가벼운 공기가 아래쪽에 있는 불안정한 구조 때문에 난류와 같은 기상현상이 발생한다. 전체 대기 질량의 약 80퍼센트가 대류권에 포함되어 있다.

성층권은 대류권 위에 있는 대기층으로 지상 약 50km까지의 영역이다.

성층권에서 25~30km 부근에 오존층(ozone layer)이 밀집해 있으며 태양으로부터 오는 유해한 단파 자외선을 97~99퍼센트 가량 흡수한다. 만일 오존층이 파괴된다면* 지표면의 온도가 지금처럼 유지될 수 없으며 유해한 자외선이 지표면에 그대로 도달해 생물계는 치명적인 위협에 직면할 것이다. 성층권에서는 오존이 태양에너지를 흡수해 가열되므로 고도가 높아질수록 온도는 상승한다. 온도가 높은 공기가 위에 있으므로 열역학적으로 안정되며, 이러한 안정된 구조 때문에 난류가 발생하지 않으므로 비행기의 비행고도로 이용된다.

중간권은 성층권 위에 있는 대기층으로 지상 50~80km까지의 영역이다. 오존층이 없는 중간권은 대류권과 마찬가지로 고도가 높아질수록 온도는 감소한다. 이 영역에서는 약한 대류현상으로 약간의 구름이 형성되기도 하지만 기상현상은 일어나지 않으며, 유성(流星)과 야광운(夜光雲)이 나타나기도 한다. 지표면에서 멀리 떨어져 있기 때문에 지표복사열을 받을 수도 없고 또 태양으로부터도 멀어서 태양에너지를 직접 받기 어려워 에너지원이 없기 때문에 대기권을 구성하는 층들 중에서 온도가 가장 낮다.

열권은 중간권 위에 있는 대기층으로 지상 80km 정도에서 시작해 500~1,000km까지의 영역이다. 열권은 지구복사의 영향에서 벗어나 태양에너지를 직접 흡수하기 때문에 고도가 높아질수록 온도가 상승한다. 열권에서는 대기의 전리현상이 강하게 나타나기 때문에 전리층(電離層 ionized layer)이라고 불리기도 한다. 전리층은 태양복사(solar radiation)에 의해 대기가 이온

---

* 대기오염 물질 중에서도 특히 프레온 가스(클로로플루오로카본), 할론(클로로플루오로브롬 화합물)과 질소산화물들(자동차 배기가스 등)이 오존층으로 확산되면 오존을 파괴한다

화된 영역으로 오로라가 일어나는 층이다. 강한 전리층은 전파를 반사하는 특성이 있기 때문에 원거리 무선통신에 이용된다.

외기권은 지구 대기권의 최상층으로 안은 열권에, 밖은 밴앨런복사대(Van Allen radiation belt)*에 접해 있으며 외기권 바같은 우주 공간이다. 밴앨런복사대는 '지구를 둘러싼 이중의 도넛 모양의 복사선이 강한 영역'으로 두 개의 띠로 구분된다. 양성자 띠라고 불리는 안쪽 띠(內帶)는 그 중심부가 지상 3,200km(지구 반경의 약 1/2) 지점인 상공에서 태양풍의 양성자를 막아내고, 전자 띠라고 불리는 바같 띠(外帶)는 그 중심부가 지상 16,000km(지구 반경의 약 2.5배) 지점인 상공에서 태양풍의 전자를 막아내는 방식으로 치명적인 우주선을 막는 지구의 보호막 역할을 한다. 그런데 지구 자기장이 약화되면 밴앨런복사대의 기능 또한 약해질 수밖에 없다. 외기권은 지상 500~1,000km 정도에서 시작해 10,000km 정도까지의 영역이지만 우주 공간으로 연결되므로 끝나는 지점의 특별한 의미는 없다. 외기권의 주된 기체는 수소와 헬륨이며, 상부경계는 공기밀도가 매우 낮아 대기 기체들이 외부 공간으로 이탈할 수 있다.

지구의 대기는 지구의 생명체를 유지시키는 매우 중요한 역할을 한다. 우선 대기는 온실효과(greenhouse effect)를 통해 온화한 지구 환경이 유지되도록 하며, 대류를 통해 열을 고르게 퍼뜨려서 지구 전체의 온도 차이를 줄인다. 또한 우주로부터 오는 유해한 방사선을 막아주며 운석이 충돌하는 것을 막아주는 보호막 역할을 한다. 무엇보다도 대기권은 동식물의 호흡에 필요한

---

* 밴앨런복사대는 1958년 상층 대기 조사 임무를 띠고 발사된 미국 익스플로러 위성(Explorer Satellite) 1·2호가 전송한 자료들을 이용해 미국 물리학자 제임스 밴 앨런(James A. Van Allen)이 발견한 복사선이 강한 영역으로 발견자의 이름을 따 그렇게 명명한 것이다.

산소를 포함하고 있다. 지구 대기는 주로 이산화탄소가 온실효과를 나타내므로 지구 대기의 이산화탄소 함유량은 생태계의 균형을 유지하는 데 매우 중요한 지표가 된다. 초기 지구의 대기에는 이산화탄소가 상당량 포함되어 있었던 반면 산소는 거의 포함되어 있지 않았다. 지구가 점차 냉각됨에 따라 대기 중의 수증기가 비가 되어 내리면서 원시해양을 이루었고, 이산화탄소는 서서히 원시해양에 녹아들어 탄산염 퇴적물을 형성했다.

지구 대기에 산소가 포함되기 시작한 것은 27억 년 전쯤 광합성을 하는 원핵생물인 시아노박테리아(cyanobacteria 藍細菌)가 광합성을 통해 대기 중의 이산화탄소를 사용하고 산소를 방출하면서부터였다. 광합성 작용이 활발해짐에 따라 대기 중의 산소량이 풍부해졌고, 이들이 한데 뭉쳐 성층권에 오존층이 형성되면서 지구의 환경은 크게 변했다. 그러나 근대에 들어 산업혁명 이후 화석에너지 사용에 따른 이산화탄소 배출량의 급증은 지구온난화와 해빙, 생물종 다양성의 감소와 사막화 및 대기·해양의 오염, 해수면 상승과 해수 온난화 및 해류 방향의 변화 등 전 지구적 생태 재앙과 환경문제로 이어져 수많은 '환경난민(environmental refugees)'을 발생시키면서 국제정치경제의 새로운 쟁점이 되고 있다. 이처럼 지구의 생명체는 지구 대기와의 상호작용을 통해 진화의 역사를 이어 오고 있다.

다음으로 수권은 '모든 형태의 액체, 동결된 지표수, 토양과 암석에 함유되어 있는 지하수 및 대기 중의 수증기' 등을 포함한다. 지구 표면의 3분의 2를 차지하고 있는 지구상의 물의 총량은 약 13억 8,000만㎢로 그 중에서 97.2퍼센트가 해수이며, 2.15퍼센트가 빙하와 얼음이고, 단지 0.65퍼센트만이 호수, 강, 하천, 연못, 지하수, 수증기 등이다. 물은 기온이나 기압 변화에 따라 기체로서의 물(수증기, 안개), 액체로서의 물(비, 이슬), 고체로서의 물(얼음, 빙하, 우박)로 그 형태가 변화된다. 지구상의 물의 총량은 수권에 포함된 각 형태의 구성비의 변화에도 불구하고 과거 10억 년 동안 일정함을 유지해오고 있다. 수권을 구성하는 모든 형태의 물은 순환과정을 따라 움직이고 있으며, 이 순환은 해양에서 대기를 거쳐 증발, 증산(蒸散), 강수(降水), 침투(浸透), 지상류, 유거수(流去水) 등의 복잡한 과정을 통해 대륙으로 오고, 지표와 지하로 흘러 다시 해양으로 되돌아가는 과정을 거친다.[9] 이러한 물 순환의 원동력은 태양에너지이다.

인류는 물의 순환을 이용해서 관개 수리시설을 확충하고 농업생산력을 증대시킴으로써 문명사회로의 진입에 중요한 계기를 마련했다. 수권의 구성성분과 물의 순환은 인간의 생산활동에 의해 크게 영향을 받는다. 산업사회로 들어서면서 무분별하고도 무원칙한 개발은 물의 순환을 크게 바꾸어 놓았다. 땅속에서 지하수가 빠져나가면서 생기는 싱크홀(sink hole)은 오늘날 세계 도처에서 인류의 삶을 위협하고 있다. 뿐만 아니라 공장 폐수와 생활 폐수의 급증, 공단에서의 유해 중금속 농도의 증가, 독성 화학물질의 방출 등으로 강과 하천 등의 수질이 악화되고, 농약이나 비료, 축산 폐수가 지하수로 흘러들어가거나 하수구 방출물이 강이나 호수로 흘러들어 생태계를 파괴하고 상수원을 오염시키고 있다. 또한 지구 대기권의 온실가스 양의 증가와 더불어 빙하의 후퇴, 해수면 상승과 수온의 급상승 및 바다 산성화에 따른 해양생태계(marine ecosystem)의 파괴, 그리고 가뭄·홍수의 빈발과 사막화의 급속한 진행 등 기후변화가 물의 순환에 커다란 악영향을 미치고 있다.

지구는 '물의 행성'이다. 지구의 태양으로부터의 거리와 질량은 물이 액체로서 존재하기 위한 최적의 조건을 충족시키고 있다. 수권의 물은 대기권과 지권을 순환하면서 생물권과 긴밀한 관계를 형성하고 열에너지를 이동시키며 지표면의 변화와 기후에 중요한 역할을 한다. 38억 년 전의 암석에서 퇴적작용이 발견된 사실로 미루어 바다는 그 이전에 존재했음을 알 수 있다.

45억 5,000만 년 전 우주 공간의 성간(星間)가스와 먼지가 응축해서 지구가 생겨났고, 뜨거운 용융 상태였던 지구가 냉각되면서 지표면이 굳어져 지각이 형성됐으며, 지구 내부에서 나온 가스에 의해 대기가 만들어졌고, 대기 중에 존재한 염산이 수증기 안에 용해되어 염산비가 내리면서 원시해양이 형성된 것이다. 따라서 탄생 초기의 바다는 강한 산성을 나타냈다. 하지만 해저에 존재하는 암석 등과 반응해서 비교적 빠르게 중화됐고, 중화 이후 현재까지 해수의 조성은 기본적으로 변화하지 않았다. 바다의 중화가 일어난 시기에는 불안정한 원시대기 상태로 인해 번개와 화산활동, 자외선, 방사선 등에 의한 에너지원이 풍부했고 이들 대기 중의 무기(無機)가스 성분에서 생명체의 탄생에 필요한 유기물이 만들어졌다. 이와 같은 유기물로는 아미노산, 핵산, 염기, 당, 지방산, 알코올 등 생체를 구성하는 데 필요한 재료 물질이다.[10]

생명체의 탄생 시기는 바다가 중화한 직후인 것으로 추정된다. 당시의 바다에는 아직 생물은 나타나지 않았고 산소도 대기 중에 포함되어 있지 않았기 때문에 이와 같은 유기물은 점차 바다 속에 축적되었다. 이미 멸종된 무척추동물인 삼엽충(三葉蟲 trilobite)은 고생대의 절지동물(節肢動物 arthropod)로서 바다에서 살았다. 캄브리아기(5억 4,200만 년 전~4억 8,830만 년 전)에 살았던 삼엽충 화석은 지구상의 거의 모든 지역에서 많이 발견되는데, 삼엽충 화석이 나온 지층은 과거에 바다였을 것으로 추측된다. 시아노박테리아*와 조류(藻類)의 광합성 작용으로 산소량이 점차 증가해서 지구를 둘러싸게 되자 생물

---

* 시아노박테리아는 광합성을 하는 관계로 이전에는 식물군으로 분류되기도 했지만 세포 내에 핵을 가지지 않는 원핵세포로 이루어져 있기 때문에 현재는 조류(藻類: 포자로 번식하는 원생생물계에 속하는 眞核生物)나 식물과는 다른 생물종으로 분류된다.

체를 위협하는 자외선이 약해지고 육상에서의 생물의 생존이 가능하게 되었다. 바다는 생명체의 모태이다. 바다는 생물을 생육하고 결국은 육상으로 올려 보내는 까닭이다. 태아가 어머니의 양수(羊水) 속에서 발육하는 것, 양수(羊水)와 해수(海水)의 조성이 비슷하며, 인간과 동물의 혈액과 해수의 조성이 비슷한 것, 인간의 몸이 지구의 표면과 마찬가지로 70퍼센트가 물로 되어 있고 눈물이나 땀으로 바닷물을 배출하는 것, 그리고 바다생물 외에는 고대 화석(化石)으로 발견되는 것이 없다는 사실은 생명체가 바다에서 유래한 것임을 말하여 준다. 한마디로 지구상의 생명체는 '해양형'이다.[11]

다음으로 지권은 지구에서 대기권(기체)과 수권(액체)을 제외한 고체의 영역으로 우리가 밟고 있는 땅을 지칭한다. 화학적 조성과 물리적 상태에 따라 지각, 맨틀, 외핵, 내핵의 네 층으로 구분되는 지구의 구조와 지구 표면의 역사에 대해서는 앞서 살펴본 관계로 생략하기로 한다. 다만 여기서는 인류가 땅을 밟으며 살고 있는 지구 자체에 대해 두 가지 측면에서 보다 심층적으로 이해할 필요가 있다. 그 하나는 지구 자체가 하나의 생명체라는 사실이다. '가이아 이론(Gaia theory)'을 창시한 영국의 과학자이자 '행성 의사(planetary physician)'임을 자처하는 제임스 러브록(James Lovelock)은 지구 유기체가 단순히 주위 환경에 적응해서 생존을 영위하는 소극적이고 수동적인 존재가 아니라 지구의 물리·화학적 환경을 변화시키는 살아 있는 생명 실체라는 '가이아 가설(Gaia hypothesis)'을 내놓았다. 말하자면 지구를 자기조절 능력을 가진 거대한 생명체로 파악하는 것이다. 그는 컴퓨터 시뮬레이션을 통해 지구상의 생명체가 무생명계와 상호작용함으로써 스스로 항상성(恒常性 homeostasis)을 유지할 수 있음을 밝혔다. 그 데이지 행성(Daisyworld) 모의실험 결과, 자연이 허용하는 범위 내에서 생태계의 생물종 다양성(biodiversity)이 구현된 곳일수록 안정성과 자체 복원력이 더 강한 것으로 드러났다. 현재 과학계의 정설로 받아들여지고 있는 러브록의 '가이아 이론'은 지구 환경변화에 대한 세계 과학자들의 선언문인 2001년 〈암스테르담 선언〉에도 그대로 반영됐다.

러브록에 따르면 금세기에 지구 기온의 급상승으로 가이아(Gaia: 그리스 신화 속 대지의 여신)는 혼수상태에 빠질 것이며, 가이아가 자기조절 시스템을 가동해 온 지금까지와는 달리 이제 그 시스템이 제대로 작동할 수 없는 위기 상황에 직면하게 됐다는 것이다. 러브록은 그의 저서 『가이아의 복수 The Revenge of Gaia』(2006)[12]에서 환경 대재앙을 가이아가 인간에게 되돌려주는 '복수'라는 관점에서 분석하며, 인류가 지구에 '이중 타격'을 가하는 방식으로 해악을 끼쳤다고 진단한다. 즉 화석연료의 사용으로 대기 중의 온실가스 농도가 급격히 증가하여 가이아에 열을 가하는 동시에 그 열을 조절할 수 있게 하는 숲을 파괴해 왔다는 것이다. 이 책에서 그는 '지속가능한 발전(sustainable development)'이란 것이 근본적인 해법이 될 수 없으므로 포기해야 하며, 그 대신 식량 자급 방안을 마련하고, 기후 붕괴의 연착륙을 위해 '지속가능한 후퇴(sustainable retreat)' 전략을 선택해야 한다고 주장한다.[13]

다른 하나는 지구 자체가 단순한 고체 덩어리가 아니라는 사실이다. 인류는 지금 지구라는 행성의 경계를 넘어 다른 행성에서 새로운 문명을 열기 위한 인터스텔라 탐사 구상을 본격화하면서도 정작 우리가 살고 있는 지구에 대해서는 3차원적 시각과 지각의 경계를 벗어나지 못하고 있다. 미국 애리조나 주립대학교에서 지구시스템을 연구하는 심상헌 교수는 엑스레이나 자기공명영상(MRI)을 통해 사람의 몸 내부를 들여다보는 것과 마찬가지로 지구 내부를 관통해 퍼져나가는 지진파의 형태를 통해 지구 내부 구조와 움직임을 파악할 수 있다고 주장한다. 그에 따르면 지구 내부에는 엄청난 양의 물도 있고 두 개의 거대한 대륙도 있다는 것이다. 지표에서 400~600km 깊이에 200km에 이르는 '맨틀 전이대(mantle transition zone)'에 물이 1퍼센트만 포함돼 있어도 지구의 해양을 다 합친 것보다 많은 양의 물이 있을 수 있고, 또 지진파 관측에서는 아프리카 밑과 미국 하와이 밑에 두 개의 거대한 대륙이 나타나는데 이는 지구가 처음 생성될 때 무거운 물질들이 내부에서 모이면서 생겨났다는 것이다.[14] 캐나다 앨버타대학교의 그레이엄 피어슨(Graham Pearson) 교수 팀도 이와 유사한 주장을 하고 있다.

한편 지구공동설(地球空洞說)을 주장하는 과학자들은 지구 내부가 텅 비어 있고, 지구 속에 또 다른 지구가 있으며, 북극과 남극에 지구 내부로 들어갈 수 있는 큰 입구가 존재하고, 지구뿐만 아니라 모든 행성들도 그 내부는 텅 비어 있다는 가설에 기초해 있다. 지구공동설은 이탈리아의 자연철학자 브루노(Bruno)가 처음 주장한 이후 '핼리 혜성'을 발견한 영국의 천문학자 에드먼드 핼리(Edmond Halley), 스위스의 고등수학자 레오나르도 오일러(Leonhard Euler), 미국의 윌리엄 리이드(William Reed)와 마샬 가드너(Marshall B. Gardner) 등 많은 학자들에 의해 끊임없이 제기돼 왔다. 가드너는 『지구 내부로의 여행』(1920)에서 지구는 텅 빈 구체이며 내부에는 또 다른 태양이 있고 고도의 문명 세계가 존재한다고 주장하였다. 지구공동설에 대한 주장이 특히 주목을 받게 된 것은 1997년 1월 미국중앙정보국(CIA) 기밀문서가 공개된 것과 더불어 미 해군 제독 리처드 버드(Richard E. Byrd)의 북극너머 지구 속으로의 비행일지가 세상에 알려지면서부터였다.* 버드는 1947년 2월 19일 북극 베이스캠

---

* 미국과 러시아가 40여 년간 군사목적으로 수집한 북극해 관련 비밀문서에는 지구공동설을 뒷받침하는 실제 경험담도 기록되어 있다. 미 펜타곤에서는 50년 동안 이를 극비문서로 분류해 공개를 금했다가 1997년 1월 전격 공개했다. 버드 제독의 비행일지에는 북극을 탐사하던 중 북극점으로 빨려 들어가 비행기 조종 장치들의 작동이 정지되면서 자신의 비행기가 지구 속 인류에 의해 최첨단 운송시스템으로 예인되어 지

프에서 비행을 시작해 북극을 탐사하던 중 북극 구멍으로 빨려 들어가 지하세계 최첨단 운송시스템으로 예인되어 지구 속 1,700마일(약 2,720km) 지점까지 비행해 들어가 그곳 초고도의 문명세계와 접하고 귀환한 뒤 미 펜타곤(국방성)에 보고하기까지의 사실을 객관적으로 기록한 비행일지를 남겼다. 지구 공동설에 대해서는 더 면밀하게 연구 조사해서 밝힐 필요가 있다고 본다.

다음으로 지구에서 생물권은 대기권, 수권, 지권 등 모든 영역에 걸쳐 분포하며 이들 영역과 물질 및 에너지를 교류하며 상호 작용한다. 인간을 포함하여 지구상의 생물이 서식하고 있거나 서식하기에 적합한 모든 영역을 포괄한다. "생물권의 역할은 미생물과 식물이 암권을 풍화시켜 토양층의 형성을 촉진하고, 광합성과 호흡 등의 물질대사를 통해 (대)기권의 이산화탄소와 산소의 성분을 변화시켜 대기 조성 변화에 영향을 미친다."[15] 생물권이 지구 시스템의 한 영역이 된 것은 약 35억 년 전이다. 지질학적 근거에 따르면 남아프리카에 있는 35억 년 전 유기질 처트(chert)의 퇴적 환경은 광합성은 하지만 산소는 만들지 않는 원핵생물(原核生物), 즉 산소비발생 광합성세균이 얕은 해역에 서식했음을 말해준다. 광합성세균이 하는 광합성은 황화수소와 물로 유기물과 황을 만들어 내거나 빛 에너지를 이용하여 유기물을 분해해 에너지를 생성하는 것으로 이때 산소는 발생하지 않는다. 이에 비해 원핵생물인 시아노박테리아가 하는 광합성은 태양광을 에너지원으로 해서

구 속 2,720km 지점까지 계속 비행해 들어가 그곳 지하세계의 최고 통치자를 만나 회담까지 하고 귀환했다는 내용이 담겨 있다. 버드 제독은 지구 내부로 들어가면서 북극에서는 볼 수 없는 거대한 산맥과 우거진 수목, 대초원 위로 무리를 지어 다니는 거대한 매머드들을 목격했으며, 그곳 최고 통치자와의 회담을 통해 그들이 많은 비행물체를 지구 밖으로 보냈으며, 그들의 문화와 과학 수준이 우리 인류보다 수천 년 앞서 있고, 지구 속 세계가 실재하고 있음을 증언하는 증인으로 자신이 선택되었다는 사실을 듣게 되었다고 나와 있다.

물과 이산화탄소로 유기물과 산소를 만드는 광합성이다. 이러한 광합성 작용은 시아노박테리아보다 앞서 출현한 광합성세균의 두 가지 광합성 메커니즘이 결합한 것이다. 즉 빛을 흡수하는 색소의 차이에 따라 광합성세균은 크게 홍색세균과 녹색세균으로 나뉘는데 이 두 가지 광합성 메커니즘이 어우러져 진보한 광합성을 통해 시아노박테리아가 물을 분해해 유기물을 합성하는 일도 가능해졌다.[16]

시아노박테리아는 지구 대기에 처음으로 산소를 공급한 광합성 생물로서 오늘날에도 전 세계의 바다와 민물에서 발견된다. 시아노박테리아는 세포분열을 통해 무성생식을 했으며, 물과 이산화탄소, 햇빛을 이용해 광합성 작용을 하면서 산소를 방출했다. 처음 시아노박테리아가 만들어낸 산소는 바닷물 속에 녹아있던 철과 같은 금속을 산화시키는 데 사용되었기 때문에 대기 속으로 방출되지는 않았다. 바닷물에 포함된 금속이 모두 산화되자 대기 속으로 산소가 방출되면서 대기 중에도 산소가 포함되기 시작했다. 당시에는 동식물도 곤충도 없었지만 산소를 싫어하는 수많은 종류의 혐기성 미생물이 살고 있었고 이들 대부분은 전 지구적인 산소 오염으로 멸종됐다. 대기 중의 산소가 간단한 분자들을 산화시켜 미생물들의 에너지원을 탈취해갔기 때문이다. 이렇게 볼 때 지구 역사에 나타난 여러 차례의 대멸종 사건 중에서 산소 오염으로 인한 대멸종이 가장 심각한 것이었을 수도 있다. 대멸종 시기에도 산소가 있는 환경에 적응한 소수의 미생물은 살아남아 산소를 이용해 살아가는 생명체의 조상이 되었다. 또한 산소가 없는 환경을 찾아 살아남은 미생물도 있는데, 심해와 같이 산소가 없는 환경에서 지열을 이용해 살아가는 혐기성 미생물이 많이 남아 있다.[17]

세계 도처에서 발견되고 있는 선캄브리아대 스트로마톨라이트의 표면에는 광합성 반응이 활발했음을 보여주는 시아노박테리아의 매트(mats)가 있다. 층상 구조를 가진 퇴적암의 일종인 스트로마톨라이트는 얕은 해역에서 시아노박테리아와 같은 미생물이 만든 점액질 물질에 침전물이 결합하여 만들어진 띠 모양의 암석이다. 1980년대에는 웨스턴오스트레일리아의 필바라에서 발견된 약 35억 년 전의 스트로마톨라이트가 가장 오래된 것으로 주목을 받았으나 1990년대에 들어 이 지층이 정말 생물에서 기원했는지를 둘러싸고 논쟁이 벌어지면서 27억 년 전보다 오래된 스트로마톨라이트가 과연 시아노박테리아에 의해 구축된 것인지는 의문으로 남게 되었다.[18] 하지만 27억 년 전쯤 시아노박테리아가 출현하면서 스트로마톨라이트가 형성되었을 것이라는 데에는 대체로 의견이 일치하고 있다. 다만 어떤 스트로마톨라이트는 시아노박테리아와 같은 생물의 활동으로 만들어진 특징을 보이지만, 또 어떤 스트로마톨라이트는 물리적 침전에 의해 만들어진 특징을 보이고 있다는 점을 근거로 두 가지 다른 기원에 의한 스트로마톨라이트를 구별할 필요가 있다고 주장하는 학자들도 있다.[19]

한편 줄무늬 모양의 철광상(鐵鑛床)은 27억 년 전 무렵 지구에서 광합성 반응이 활발해지면서 대기와 해양에 산소가 늘어난 것을 설명해 주는 중요한 물증이다. 시아노박테리아가 번식하여 광합성의 부산물인 산소가 급격히 늘어나기 시작하면서 바닷물에 포함된 철과 결합하여 대규모의 줄무늬철광상이 형성되었다. 그러나 그 형성 연대를 보면 시아노박테리아가 광합성을 하기 전에도 줄무늬철광상이 형성된 것으로 나온다. 줄무늬철광상 가운데 가장 오래된 것은 그린란드 서부의 이수아(Isua) 지역의 것으로 그 형성 연대는 약 38억 년 전이며, 27억 년 전 무렵부터 대규모로 형성되었다. 그러나 19억 년 전 이후에는 바닷물의 산화로 인해 물에 녹기 쉬운 철 이온이 바닷물 속에서 더 이상 안정적으로 존재할 수 없었기 때문에 거의 형성되지 않았다. 줄무늬철광상을 구성하는 산화철 광물은 시아노박테리아의 광합성 반응으로 생긴 산소와 바닷물에 포함된 철이 결합해 침전한 것으로 이에 대해서는 이견이 없다. 그런데 시아노박테리아의 출현 이전에 형성된 줄무늬철광상은 철 광물이 탄산염암으로 침전하고 퇴적한 후에 속성작용(續成作用)으로 산화철 광물로 변화한 것이라는 설이 1960년대에 제기되었다.[20]

　시아노박테리아는 '산소혁명'을 이끈 '생물계의 미생물 영웅'[21]이다. 산소혁명은 진화의 방향을 재조정해 마침내 인간의 탄생으로 이어지는 새로운 생물 계통으로 안내했다. 고세균(archaea), 세균(bacteria)과 같은 원핵생물(prokaryote)의 다양한 물질대사는 지구상의 생물이 서식하기에 적합한 환경을 유지시키는 화학순환을 쉴 없이 가동하는 방식으로 지구 생태계의 맥박을 조절한다. 동식물이 이루는 생태계 작동의 열쇠는 먹이사슬의 정점에 있는 큰 척추동물이 아니라 박테리아처럼 작고 단순한 미생물들이다. 진화의 본체를 이루는 것은 빠르게 변화하면서도 무한히 존속할 수 있는 능력을 지닌 박테리아다. 동식물, 균류, 조류(藻類), 원생동물과 같은 진핵생물(eukaryote)은 세포 내에 막으로 둘러싸인 핵과 다양한 세포 소기관(미토콘드리아, 엽록체, 리보솜, 소포체, 골지체, 리소좀, 중심체 등)을 가진 세포구조 패턴을 보이는 반면, 박테리아를 비롯한 원핵생물의 세포에는 핵막이 없고 핵물질이 세포질에 퍼져 있다. 세포분열 및 크기는 진핵생물이 유사분열(有絲分裂 mitosis)을 하며 직경 10~100μm인 데 비해, 원핵생물은 이분법으로 분열하며 직경 0.2~2μm이다. 또한 진핵생물의 염색체(chromosome)는 이중나선(double helix) DNA(유전물질)*로 되어 있는 데 비해, 원핵생물의 염색체는 단일 환형(環型

---

* DNA 분자는 두 개의 뉴클레오타이드(또는 뉴클레오티드) 가닥이 서로 꼬인 나선형 사다리 구조이며, 대응하는 염기들이 상보적으로 결합하고 있다. 염기(鹽基 base)는 아데닌(A), 구아닌(G), 티민(T), 시토신(C)의 네 종류가 있는데, A-T, G-C의 상보적 염기쌍(鹽基雙 base pair)만이 존재하며 이 염기쌍은 수소 결합에 의해 분자 중앙에서 연

circular) DNA로 되어 있다. 생물학적 중요성이란 측면에서는 진핵생물이 우위를 점하고 또한 크기나 모양에 있어서도 매우 다양한 형태를 지니고 있지만, 생화학 반응이나 물질대사를 하는 기능성이란 측면에서는 세균과 고세균과 같은 원핵생물이 우위를 점하고 또한 놀라운 다양성을 보여준다.

이 세상이 지금도 원핵생물들의 세상이라는 것은, 원핵생물의 물질대사가 생태계의 기본회로를 이루고 있을 뿐만 아니라 생물권의 활동을 효율적이고도 지속가능하게 지탱하는 것은 포유류가 아니라 박테리아라는 사실이 이를 뒷받침한다. 생태계 작동의 원리로 본다면 동식물과 같은 진핵생물이 박테리아와 같은 원핵생물의 세계에 적응하기 위해 진화한 것이다. 원핵생물은 호흡, 발효, 광합성이라는 세 가지 물질대사를 다양하게 변주하는 능력이 뛰어날 뿐만 아니라 진핵생물이 알지 못하는 '화학합성'이라는 물질대사를 하나 더 진화시켰다. 화학합성을 하는 미생물은 에너지원으로 햇빛이 아니라 화학반응을 이용해 이산화탄소에서 탄소를 얻는다. 원핵생물의 물질대사는 생명체가 살 수 있는 환경을 유지시키는 화학순환을 쉼 없이 가동한다. 화산은 바다와 대기에 이산화탄소를 공급하고 광합성은 더 빠른 속도로 이산화탄소를 없애지만, 호흡이 광합성반응의 역방향으로 작동하기 때문에 생태계의 균형이 유지된다. 즉 광합성을 하는 생물들이 이산화탄소와 물을 반응시켜 당과 산소를 만드는 동안, 호흡을 하는 생물들은 당과 산소를 반응시켜 물과 이산화탄소를 만드는 방식으로 광합성과 호흡이 합력하여 생물권에 탄소를 순환시킴으로써 생명체가 살 만한 환경을 유지시킨다.[22]

결된다. 유전 정보가 세대를 거치더라도 똑같은 것은 바로 이러한 상보적 염기쌍에 의해 유전 정보가 정확히 복사될 수 있기 때문이다. 따라서 상보적 염기쌍은 DNA의 이중나선 구조를 이해하는 핵심 열쇠다.

원핵생물과 진핵생물이 기능적으로 등가인 것은 탄소순환에서 잘 드러난다. 유기물 속에 이산화탄소를 고정하고 환경에 산소를 공급하는 시아노박테리아 대신 식물과 조류를 대입하고, 산소 호흡 세균 대신 원생동물, 균류, 동물을 대입해보면 이 사실은 분명해진다. 그러나 탄소순환을 완성하기 위해서는 산소를 이용하지 않는 무산소 반응이 반드시 필요하다. 해저 퇴적층에서 황산염환원과 철이나 망간을 이용하는 호흡은 산소호흡만큼이나 유기물 순환에 중요하지만, 이 경우 진핵생물의 물질대사는 분명히 한계적이다. 탄소가 산소 없는 환경을 통과할 때면 언제나 박테리아를 통해 탄소순환이 완성된다. 탄소순환뿐만 아니라 황과 질소의 생화학적 순환 역시 원핵생물에 의해 돌아간다. 질소는 생화합물의 생성에 반드시 필요한 원소이지만, 지구 대기의 78.08퍼센트가 질소임에도 불구하고 인간은 다른 동물과 마찬가지로 질소를 직접 이용할 수가 없고 다른 생물을 먹어 질소를 얻는다. 죽은 세포가 분해될 때 암모니아가 방출되고, 암모니아를 산화시키는 박테리아가 이 암모니아로 질산염을 생산하면 산소가 풍부한 곳에서는 식물들이 이를 이용할 수 있다. 하지만 산소가 고갈된 곳에서는 다른 박테리아가 호흡에 질산염을 이용하고 질소는 질소분자의 형태로 대기로 돌아간다. 그럼에도 생물학적 질소순환이 쉼 없이 가동될 수 있는 것은 원핵생물 덕분이다. 이들이 세포 속의 에너지 저장고를 이용해 대기 중의 질소를 암모니아로 바꾸어 질산염을 생산하는 방식으로 질소를 고정하기 때문이다. 이처럼 탄소, 질소, 황 같은 원소들의 순환은 복잡한 계로 연동되어 지구 생태계의 맥박을 조절한다.[23]

끝으로, 생물 분류체계에 대해 간략하게 살펴보기로 하자. 〈표 3.1〉 생물 계통 분류에서 보는 바와 같이, 생물 분류체계를 원핵생물계와 진핵생물계로 대별하는 것은 프랑스의 생물학자 에두아르 체튼(Édouard Chatton)의 2계

분류체계에 따른 것이다. 현대 '식물학의 시조'로 불리는 스웨덴의 식물학자 칼 린네(Carl von Linne)는 모든 생물을 식물계와 동물계로 분류하는 2계 분류체계를 제시했으며 이 분류법은 200년이 넘도록 사용되었다. 19세기에 새로운 유형의 생명체가 많이 발견되면서 독일의 생물학자 에른스트 헤켈(Ernst Heinrich Haeckel)은 조류(藻類)를 포함하는 원생생물계를 독립시켜 식물계, 동물계와 함께 3계 분류체계를 제시했다.

현대 생물학자들이 주로 사용하는 생물 분류체계는 미국의 식물생태학자 로버트 휘태커(Robert Harding Whittaker)가 제시한 5계 분류체계다. 5계 분류체계의 분류 기준을 보면, 우선 모네라계(monera)*는 세포핵이 없고 DNA(deoxyribonucleic acid)라는 유전물질이 세포질에 퍼져 있는 원핵생물을 포함한다. 원생생물계는 식물계, 동물계, 균계에 속하지 않는 진핵생물로서 원생동물과 같은 비광합성 원생생물과 조류와 같은 광합성 원생생물을 포괄하며, 단세포 진핵생물부터 다세포 생물까지 그 종류가 매우 다양하다. 균계는 버섯이나 곰팡이처럼 균사(菌絲)로 이루어진 다세포성 진핵생물로서 운동성이 없고 균사체의 생장을 통해 이동이 가능하며, 유기물을 분해하여 흡수하는 종속 영양 생물이다. 식물계는 육지 생태계에서 생산자 역할을 담당하는 다세포성 광합성 생물이며, 동물계는 광합성을 하지 않는 다세포성 종속 영양 생물로서 해면동물에서부터 척추동물까지의 모든 동물을 포괄한다.

---

* 1977년 16S rRNA 염기서열 분석을 통해 원핵생물계가 세균과 고세균으로 구분된다는 것이 밝혀지면서, 지금은 모네라계라고 하는 분류 대신에 세균과 고세균을 개별의 계로 분류하는 것이 일반적이 되고 있다.

린네 (1735년)	헤켈 (1866년)	채튼 (1937년)	휘태커 (1969년)	워즈 (1977년)	워즈 (1990년)	케빌리어-스미스(2004년)
다루지 않음	원생생물	원핵생물	모네라	세균	세균	진정세균
				고세균	고세균	
		진핵생물	원생생물	원생생물	진핵생물	원생동물
						크로미스타
			균류	균류		균류
식물	식물		식물	식물		식물
동물	동물		동물	동물		동물

〈표 3.1〉 생물 계통 분류

미국의 미생물학자 칼 워즈(Carl Richard Woese)는 1977년 16S 리보솜(ribosome) RNA(rRNA) 염기서열 분석을 통해 진정세균(Eubacteria 고세균이 아닌 세균)과 구별되는 고세균이라는 새로운 분류군을 만들어 6계 분류체계(세균계, 고세균계, 원생생물계, 균계, 식물계, 동물계)를 제시했으며, 1990년에는 생물 분류 계급의 최상위 계급으로 역(域 Domain)*을 제안하여 생물을 세균역, 고세균역, 그리고 진핵생물역(원생생물계, 균계, 식물계, 동물계)으로 분류함으로써 3역 6계 분류체계를 주장했다. 이 3역 6계 분류체계는 현재 가장 널리 알려진 분류체계이기도 하다. 워즈의 3역 분류체계는 핵이 없는 원핵세포(原核細胞)로 이루어진 원핵생물계가 매우 이질적인 두 개의 무리인 세균역과 고세균역으로 분류되며 이 중에서 고세균역은 세균역보다 진핵생물역과 더 깊은 계통학적 유연관계(phylogenetic relationship)에 있다는 것, 즉 계통수(Phylogenetic Tree)에서 진핵생물역과 같은 가지에 놓여 있다는 사실을 반영한 것이다.

세균이나 고세균은 핵막이나 세포 소기관이 없고 유전물질인 DNA가 핵

---

* 현대 생물학에서는 린네가 제시한 계(界 Kingdom)-문(門 Phylum[동물], Division[식물])-강(綱 Class)-목(目 Order)-과(科 Family)-속(屬 Genus)-종(種 Species)의 생물 분류법에 상위 분류인 역(域 Domain)을 추가하여 분류한다.

속에 있는 진핵생물과는 달리, DNA가 세포질에 있으며 모든 세포내의 수용성 구성요소(단백질, DNA, 대사산물)들은 세포막에 둘러싸여 동일 공간 내에 위치해 있다. 고세균은 세포막을 구성하는 지질의 구성이나 세포벽의 구성 등에 있어 세균과는 차이가 있다. 고세균에는 수소와 이산화탄소를 결합해 메탄(CH_4)을 생성하는 반응에서 에너지를 얻는 메탄생성세균, 높은 염도에서 생존하는 호염성세균, 높은 온도에서 생존하는 호열성세균 또는 극호열성세균 등이 있다. 이상의 분류체계 외에도 영국의 진화생물학자 토머스 캐빌리어-스미스(Thomas Cavalier-Smith)가 제시한 6계 분류체계(진정세균계, 원생동물계, 크로미스타계, 균계, 식물계, 동물계)가 있다. 여기서 크로미스타(Chromista)는 진핵생물 도메인에 속하는 원생생물의 일종으로 분류되거나 별도의 계로 분류되는 생물의 종류이며, 엽록체를 가진 모든 조류 및 이들과 밀접한 관계에 있는 다양한 생물들을 포괄한다. 생물 계통 분류에 대한 자세한 논의는 다음 절에 나오는 생명의 계통수(Phylogenetic Tree of Life)에서 다루게 될 것이다.

생명체의 탄생:
'생명은 반드시 생명으로부터'

지구 행성에서 최초의 생명체는 어떻게 해서 탄생하게 됐는가 하는 문제는 지금도 여전히 커다란 논란을 불러일으키고 있다. 19세기 프랑스의 화학자이자 세균학자이며 미생물학의 아버지로 불리는 루이 파스퇴르(Louis Pasteur)는 '백조목 플라스크 실험'을 통해 자연발생설(abiogenesis)에 반론을 제기하며 '생명은 반드시 생명으로부터(omne vivum ex viva)'라는 생물속생설(生物續生說 biogenesis)을 제기했다. 이 실험은 공기 중에 있는 미생물 포자가 들어가지 않도록 플라스크의 목 부분을 가열해 백조의 목처럼 S자로 구부린 뒤 플라스크 안의 고기 수프를 끓여 살균한 결과, 고기 수프에는 미생물이 번식하지 않았음을 증명한 것이다. 그런데 플라스크를 기울여서 수프가 구부러진 목까지 닿게 하자 물방울 안에 갇혀 있던 미생물들이 고기 수프와 만나 번식하면서 수프는 뿌옇게 오염되었다고 한다. 비록 그가 자연발생설을 부정했다고는 하지만, 그 어떤 조건에서도 무생물로부터 생물이 나올 수 없다고 한 것은 아니다. 그러나 파스퇴르의 경구 '생명은 반드시 생명으로부터'에 내재된 본질적인 문제는 '생명'에 대한 개념적 명료화(conceptual clarification)가 이루어지지 않았다는 것이다.

파스퇴르는 '생명'이라는 개념을 '생명체', 즉 흔히 말하는 '살아있는 것'이라는 협의의 의미로 이해한 것으로 보인다. 이처럼 생명을 '살아있는' 생명체라는 물질적 의미로만 이해하면 이 세상은 무수하게 분리된 '존재의 섬'들일 뿐이다. 생명의 기원에 관한 가장 큰 문제는 생명이란 무엇인가에 대한 명료한 개념 규정 없이 물질적 생명체라는 협의의 의미를 전제하고서 이런저런 가설을 내놓고 있다는 것이다. 생명이 무엇인지도 모르는데, 생명이 어디서 기원하는지 어찌 알겠는가? 생명을 살아있는 것이라는 협의의 의미로 이해하면, 최초의 생명은 어디서 기원한 것인가에 대한 의문이 일어나게 된다. 하여 어떤 이는 지구 생명이 외계에서 왔다는 주장을 펼치기도 한다. 그렇다면 외계의 생명은 또 어디서 기원한 것인가라는 의문이 꼬리를 물게 된다.

무엇이 인간을 '인간'으로 만들고 만물을 '만물'로 만드는가? 한마디로 생명이다. 인간을 '인간'일 수 있게 하고 만물을 '만물'일 수 있게 하는 제1원인[제1원리]이 생명임에도 불구하고 생명이 무엇인지 모르고 산다는 것은 인간의 가장 큰 역설이다. 인공지능(AI)이 아무리 발달한다고 해도 생명이 무엇인지를 인지하기는 어려울 것이다. 그런 점에서 생명이 무엇인지를 명료하게 인지하는 것이야말로 인간을 인간답게 만드는 것이고 경쟁력을 강화하는 것이다. 생명을 설명의 편의상 흔히 본체[理]와 작용[氣]으로 나누어 본체를 신(神)·하늘(天, '하늘'님)·영(靈)이라고 부르기도 하지만 그 본체의 작용으로 나타난 것이 우주만물이니, 본체와 작용은 결국 하나다. 우주만물이 존재함과 동시에 그 속에 생명이 있다. 우주만물 속의 생명은 곧 우주만물의 성(性, 神性, 참본성)이다. 성이란 만물이 제1원리인 생명으로부터 품수(稟受)한 것으로 만물이 생겨나면 반드시 그 만물의 성이 있는 것이다. 성(性)은 생명이 만물에 배분된 것이다.

따라서 생명은 본체[眞如]인 동시에 작용[生滅]이고, 파동인 동시에 입자이며, 영성(靈性)인 동시에 물성(物性)이다. 본체계[의식계]와 현상계[물질계]를 회통하는 생명은 시작도 끝도 없고, 태어남도 죽음도 없으며, 없는 곳이 없이 실재한다. 만물의 제1원인[神, 天, 靈]인 생명과 생명의 자기복제(self-replication)로서의 작용으로 생겨난 우주만물의 관계는 '이일분수(理一分殊: 理는 하나이지만 그 나뉨은 다 다름)'[24]라는 명제로 설명될 수 있다. 송대(宋代) 정이(程頤, 호는 伊川)와 주자(朱子, 이름은 熹)*에 의해 확립되어 성리학의 근본이념으로 자리 잡은 '이일분수'라는 명제는 만물이 개별의 이(理)를 구유하고 있고 그 개별의 '이'는 보편적인 하나의 이(理)와 동일하다는 명제로서 이는 곧 소우주(microcosm 개체성)와 대우주(macrocosm 전체성)의 합일을 의미한다. 여기서 '이'를 '생명'으로 치환해 보면 생명이란 것이 단순한 물질적 생명체가 아님을 분명히 알 수 있

---

* 北宋五子—즉 周敦頤·邵雍·張載·程顥·程頤—로부터 시작되어 南宋시대 주자에 이르러 비판적으로 종합되고 체계화된 성리학은 '性이 곧 理'라는 '性卽理' 사상을 바탕으로 하고 있다. 정호·정이 형제에 의해 본 궤도에 진입한 신유학은 두 개의 주요 학파로 분류된다. 그 하나는 동생 정이 계통으로 주자가 완성한 程朱學 또는 理學이고, 다른 하나는 형 정호 계통으로 陸九淵(호는 象山)이 계승하여 王陽明(이름은 守仁)이 완성한 陸王學 또는 心學이다. 주자의 사상체계로 대표되는 송대 이후의 신유학은 일반적으로 주자학, 성리학, 程朱學, 理學, 道學 등으로 불린다.

다. 생명은 분리 자체가 근원적으로 불가능한 파동의 대양(氣海, 에너지의 바다)이며, 우주만물은 그 대양에서 생멸하는 파도와도 같다. 바닷물과 파도가 본질적으로 분리될 수 없듯이, '생명'과 생명의 자기현현인 우주만물 역시 분리될 수 없다. 바닷물이 무수한 파도 속에 내재해 있는 동시에 쉼 없이 새로운 파도를 만들어내듯이, 생명 역시 만물의 참본성(性)으로 내재해 있는 동시에 만물화생(萬物化生)의 근본원리로서 작용한다. 이(理)는 곧 생명이며 만물을 생성하는 제1원리로서 물리적 우주가 생기기 이전에도 이미 존재하였으며, 또한 언제나 존재하므로 영원하다.

이(理)는 아리스토텔레스(Aristotle)가 말하는 '부동의 동인(The First Unmoved Mover)'[25], 즉 그 스스로는 움직이지 않으면서 만유를 움직이게 하는 제1원리와도 같은 것이다. 『주문공문집(朱文公文集)』에서는 "비록 사물이 없다 하더라도 사물의 이(理)는 존재한다. 즉 이(理)만이 존재하고, 사물은 아직 존재하지 않는다"[26]라고 말한다. 이 세상에 사물이 나타나기 전에도 사물의 이(理)는 존재하므로 인간의 발명품이란 것도 정확하게 말하면 사물의 '이'를 발견하여 그에 따라 만든 것에 지나지 않는다. 따라서 '이'가 존재하지 않는다면 사물도 존재할 수가 없다. 『주자어류(朱子語類)』에서는 이(理)와 사물의 관계를 형이상자(形而上者)와 형이하자(形而下者)의 관계로 설명하고 있다. "형이상자(形而上者)는 형상도 없고 그림자도 없다. 이것이 이(理)다. 형이하자(形而下者)는 정의(情意)도 있고 모양도 있다. 이것이 사물(器)이다."[27] 이(理)와 사물의 관계는 본체와 작용(현상)의 관계로서 본체와 현상이 원융한 『화엄경』의 이사무애법계(理事無碍法界)를 떠올리게 한다. "이(理)란 '형이상'의 도(道)이며 만물이 생성되는 근본이고, 기(氣)란 '형이하'의 사물(器)이며 만물이 생성되는 질료(具)다. 그러므로 만물이 생성될 때에 반드시 이 이(理)를 품수(稟受)한 연후에야 성(性)이 있게 되고, 이 기(氣)를 품수한 연후에야 형체가 있게 된다."[28]

말하자면 사물은 이(理)에 따라서 기(氣)가 응취(凝聚)함으로써 생겨나는 것이다. 기의 작용은 이(理)에 의존하며, 기가 존재할 때에는 이(理)는 항상 그 가운데 존재한다.

이(理)와 기(氣)의 관계는 동학(東學)에서의 '신령(神靈, 神性)'과 '기화(氣化)'의 관계와 마찬가지로 생명의 본체와 작용의 관계다. 그런데 작용은 생명의 본체로서의 작용이므로 만물의 제1원인인 '생명'과 생명의 자기현현으로서의 우주만물은 결국 하나다. 우주만물은 그것이 자연적인 것이든 인위적인 것이든, 생생한 것이든 시든 것이든, 처음 생겨날 때부터 이(理)가 그 속에 내재해 있다. 천지만물에 내재해 있는 이(理)의 총화를 주자는 태극(太極)이라고 불렀다.[29] 그는 태극이 만물에 내재해 있는 이(理)의 총화인 동시에 개개 사물 속에 내재한다고 본다. 태극이 만유의 본질로서 내재해 있는 것을 두고 이(理)라고 부르는 것이니, 이(理)가 곧 태극이다. 개개 사물 속에 내재해 있는 개별의 이(理)와 이(理)의 총화인 태극은 아트만(Atman 개별 영혼)과 브라흐마(Brahma 창조신),* 소우주와 대우주의 관계와도 같이 하나다. 이 우주는 각 부분 속에 전체가 내포되어 있는 거대한 홀로그램적 투영물인 까닭에 태극이 없는 곳이 없고 이(理)가 없는 곳이 없다. 우리가 물질이라고 지각하는 것이 특정 주파수대의 에너지 진동에 불과하며 99.99퍼센트가 텅 빈 공간으로 이루어져 있다는 사실을 직시한다면, 안과 밖, 내재와 초월의 구분이 사라지

---

* 베다(Veda)사상의 정수로 일컬어지는 『우파니샤드』는 생명의 본체인 브라흐마와 그 작용인 아트만이 마치 숲[전체성]과 나무[개체성]의 관계와도 같이 분리 자체가 근원적으로 불가능하며 상즉상입의 구조로 상호 緣起하고 있음을 보여준다. 유일자 브라흐마와 브라흐마의 자기현현인 우주만물을 불가분의 하나, 즉 불멸의 음성 '옴(OM)'으로 나타내고 있다. 소리는 곧 파동이니, '옴'은 생명의 본체가 파동임을 말해준다. 이는 오늘날 파동과학의 내용과 일치하는 것이다.

게 되므로 이(理)와 태극의 구분 또한 사라지게 된다. 그래서 『주자어류』에서는 "천지로 말하면 천지 가운데에도 태극이 있고, 만물로 말하면 만물마다에 태극이 있다"[30]고 말한다.

> 하나의 태극이 만물의 각각에 품수되고 또 각 만물이 하나의 태극을 구유하고 있는 것은 마치 하늘에 있는 달은 하나뿐이지만 강과 호수에 반사되어 가는 곳마다 보여도 달이 나뉘어졌다고 말할 수 없는 것과 같다.[31]

만물이 구유하고 있는 개별의 '이'가 보편적인 하나의 '이'와 동일하다는 '이일분수(理一分殊)'라는 명제를 주자는 존재 일반으로까지 확충시켰다. '만상일천(萬像一天)', 즉 만 가지 모습은 하나의 천리(天理)가 만 가지 사물에 품수된 것이다. 이치는 근본적으로 하나이지만 다양한 만물 속에서 다양하게 실현된다는 것으로 본체와 작용의 합일을 나타낸 것이다.* 마치 허공에 떠 있는 달은 하나이지만, 천강(千江)에 수없이 비춰질 수 있다는 월인천강(月印千江)의 비유와도 같은 것이다. 하나의 태극이 만물의 각각에 조응하는 수많은 종류의 이(理)로 나뉘어져 본체계를 구성하고, 음양의 기(氣)를 질료로 하여 만물을 낳아 현상계를 형성하는 것이다. 태극이 정(靜)하고 동(動)하는 것이 아니라 음양의 기가 '정'하고 '동'하는 것이다. "이(理)에는 동정(動靜)이 있을 뿐 이(理) 자체는 보이지 않으니, 이(理)를 알게 되는 것은 음양으로 인해서이다. 이(理)는 마치 사람이 말을 타는 것과 같이 음양 위에 타고 있다."[32]

---

* cf. 『桓檀古記』 「太白逸史」 蘇塗經典本訓: '執一含三 · 會三歸一.' 즉, '하나를 잡아 셋을 포함하고 셋이 모여 하나로 돌아감'은 一卽三 · 三卽一의 뜻으로 천 · 지 · 인 三神 一體를 의미한다. 여기서 '一'은 보편적인 하나의 理[太極]이고, '三'은 개별의 理를 구유하고 있는 만물로서 본체와 작용이 하나임을 보여준다.

어떤 사물이 존재하는 곳은 언제나 그것에 조응하는 종류의 이(理)가 그 사물 속에 내재하며 그 성(性)을 구유하고 있다. "하늘은 붓 한 자루도 낳은 적이 없고, 인간이 토끼털을 가지고 붓을 만들었다. 붓이 존재하자마자 곧 그 속에 이(理)가 있다."[33] 붓 속의 이(理)는 곧 그 붓의 성(性)이다. 성이란 만물이 제1원리인 이(理)로부터 품수한 것으로 만물이 생겨나면 반드시 그 만물의 성이 있는 것이다. 주자에 의하면 성(性)은 이(理)가 사물에 배분된 것으로 맹자(孟子)의 양지양능(良知良能)과 유사하다.[*] 그렇다면 왜 상이한 종류의 사물들이 생겨나는가? 북송오자(北宋五子: 周敦頤·邵雍·張載·程顥·程頤)의 한 사람인 장재는 만유의 생멸 현상을 기(氣)의 취산(聚散)으로 설명하였지만, 왜 상이한 종류의 사물들이 생겨나는지를 설명할 수 없었다. 예컨대 꽃과 잎은 둘 다 기가 응집하여 생긴 것이지만 왜 꽃이 되고 잎이 되는지에 대해서는 설명하지 못한 것이다. 이 문제를 해결하기 위해 정주(程朱: 정이와 주자)는 『주역』의 도(道) 개념에서 이(理)라는 개념을 도출하여 이사(理事), 체용(體用)의 문제로 논의를 발전시켰다.[**] 정주에 의하면 상이한 종류의 사물들이 생겨나는 것은 기의 응집이 상이한 이(理)에 따라서 상이하게 작용하기 때문이라는 것이다. 즉 꽃에는 꽃의 이(理)가, 잎에는 잎의 '이'가 각각 다르게 작용한다는

---

[*] 그러나 주자는 맹자가 인간의 본성(本然之性)만을 설명하였을 뿐, 각 개인이 형체를 구유한 데서 생기는 氣質之性은 설명하지 못했다고 본다. "맑은 기를 품수한 사람은 성현이 되고…흐린 기를 품수한 사람은 어리석고 不肖가 된다(『朱子語類』卷4: "但稟氣之淸者 爲聖爲賢…稟氣之濁者 爲愚爲不肖")"라고 하여, 張載와 程頤의 이론을 계승하여 주자는 惡의 기원이 '기질지성'에 있는 것으로 보았다.

[**] 程朱는 "形而上者를 道라 하고 形而下者를 器라 한다(形而上者謂之道 形而下者謂之器)"고 한 『周易』 「繫辭傳」을 원용하여 形而上者인 道는 영원한 理이고, 形而下者인 器는 개별적인 사물을 뜻하는 것으로 보았다. 그리하여 理와 事, 體와 用의 문제를 논하였다.

것이다. 기(氣)가 질료라면, 이(理)는 그 질료가 어떤 형태로 나타날 것인지를 결정해주는 원리인 셈이다.

정주(程朱)의 '이일분수(理一分殊)'라는 명제는 조선 성리학계의 거유(巨儒) 율곡(栗谷) 이이(李珥)에 의해 '이통기국(理通氣局)'으로 보다 정밀하게 발전된다. 율곡의 '이통기국설'은 '이무형 기유형(理無形氣有形)'이라는 이기(理氣) 개념에 근거하여[34] 이(理)는 무형이므로 언제 어디에서든 통하고, 기(氣)는 유형이므로 언제 어디에서든 국한된다는 것이다. 따라서 이(理)는 시공의 제약을 받지 않는 보편성을 지니며, 기(氣)는 시공의 제약을 받는 국한성[특수성]을 지니게 되는 것이다. 율곡의 '이통기국'은 불교 화엄사상의 '이사(理事)'·'통국(通局)'이나, 장자(莊子, 이름은 周)의 '도무소부재설(道無所不在說: 도가 없는 곳이 없다는 說)'과도 상통하는 바가 있다.[35] '이일분수'란 이(理)는 하나이지만 그 나뉨은 다 다르다는 것으로 각각의 나뉨 속에 보편적인 하나의 이(理)가 공유되는 것이다. 말하자면 하나인 본체[理]와 다양한 작용[氣]이 결국 하나라는 것으로 이기(理氣)의 묘합 구조를 나타낸 것이다. 북송(北宋)시대 성리학의 비조(鼻祖) 주돈이(周敦頤, 호는 濂溪)의 『태극도설(太極圖說)』에 나와 있듯이, 우주만물의 생성 과정은 태극-음양-오행-만물로 되어 있으며 태극의 동정(動靜)에 의해 음양이 생겨나지만 음양 내에도 역시 태극이 존재하고, 음양의 이기(二氣)에 의해 오행(五行: 水·火·木·金·土)이 생성되고 음양오행에 의해 만물이 생겨나지만 오행 및 만물 내에도 태극이 존재하는 것과 같은 것이다. 『율곡전서(栗谷全書)』「답성호원(答成浩原)」에서는 '이일분수'를 본연자(本然者)와 유행자(流行者)로 나누어 설명하고 있다.

"본연자는 이일(理一)이고, 유행자는 분수(分殊)이다. 유행의 이(理)를 버리고 따로 이 본연의 이(理)를 구함은 진실로 불가하다. 만약 이(理)에 선악이 있는 것으로써 이(理)의 본연을 삼으려 한다면 이 또한 불가하니 '이일분수' 네 글자를 마땅히 체구(體究)해야 한다.[36]

'이일'이란 우주의 본질인 생명의 본체를 말함이고 '분수'란 그 작용으로 생겨난 우주만물을 말한 것으로 '이일분수'란 생명의 본체와 그 작용이 설명의 편의상 나뉜 것일 뿐 본래 하나임을 나타낸 것이다. '이통(理通)', 즉 '이가 통함'이란 이(理)가 기(氣)를 타고 유행(流行)하여 천차만별의 현상으로 나타나지만, 본말(本末)도 없고 선후도 없는[37] 이(理) 본연의 묘함은 그대로인 것을 말한다. "청(淸)·탁(濁)·수(粹)·박(駁)·찌꺼기·재·거름·더러운 것 속에 이르기까지 이(理)가 없는 곳이 없어 각각의 성(性)이 되지만, 이(理) 본연의 묘함은 손상됨이 없이 그대로 자약(自若)하다. 이를 일러 이통(理通)이라 한다."[38] 기(氣)의 작용은 만 가지로 다른데 그 근본이 하나일 수 있는 것은 이(理)의 통함 때문이며, 이(理)의 본체는 하나인데 그 작용이 만 가지로 다를 수 있는 것은 기(氣)의 국한성—즉 기의 편(偏: 치우침)·전(全: 온전함), 청(淸: 맑음)·탁(濁: 탁함)의 차별상에 따른 국한성—때문이다.[39] 다시 말해 이(理)와 기(氣)는 떨어질 수 없는 묘합 구조인 관계로 유행 변화하는 기를 탄 이(理)는 만수지리(萬殊之理)로 전개될 수밖에 없다는 것이다.[40]

율곡 성리학의 특징이 이기지묘(理氣之妙)의 구조로 일관해 있다는 것은 그의 '기발이승일도설(氣發理乘一途說)'에서도 잘 드러난다. 율곡의 '기발이승일도설'은 '이무위 기유위(理無爲氣有爲)'라는 이기(理氣) 개념에 근거하여[41] 이(理)는 무위이므로 작용력·발용력이 없고, 유위인 기(氣)가 발하여 이(理)가 그 기의 작용에 타는 것으로 '기발(氣發)'과 '이승(理乘)'은 동시적이며 공간적으로도 이합(離合)이 없다. 율곡이 퇴계(退溪) 이황(李滉)의 '이기호발설(理氣互發說)'을 비판하는 것도 이러한 근거에서이다. 퇴계는 사단(四端)과 칠정(七情)의 이기론적(理氣論的) 해석에 있어 사단을 주리(主理), 칠정을 주기(主氣)로 해석하여 '이(理)도 발하고 기(氣)도 발한다'는 '이기호발설'을 주장했다. 이기호발설을 정면으로 부정하는 율곡에 의하면 사단과 칠정은 분리되지 않으며 칠정 가운데 인욕(人欲)이 섞이지 않은 천리(天理)를 사단이라 하고 천리와 인욕를 겸한 것을 칠정이라 하는 것이므로 사단을 주리(主理)라고 하는 것은 옳지만 칠정을 주기(主氣)라고 하는 것은 잘못되었다는 것이다. 사단과 칠정이 '주리'와 '주기'로 이분될 수 없는 것은 '이(理)'의 본연지성(本然之性)과 '이(理)'·기질이 묘용된 기질지성(氣質之性)이 이분될 수 없는 것과도 같은 것이다. 그리하여 율곡은 사단을 칠정 속에 포함시켜 '기발이승일도설'을 주장했다.*

말하자면 퇴계는 "사단은 이(理)가 발하여 기가 따른 것이고, 칠정은 기가 발하여 이(理)가 탄 것"이라고 한 데 반해, 율곡은 "사단과 칠정 모두 기가 발하여 이(理)가 탄 것(氣發而理乘之)"이라고 했다. 기(氣)가 발하여 이(理)가 타는 '기발이승' 하나의 길밖에 없다고 보는 것이 '기발이승일도설'이다. 퇴계가 주자에게서 '이기호발'의 논거를 찾은 것에 대해, 율곡은 "만약 주자가 참으로 '이(理)와 기(氣)의 상호 발용으로 각각 그 작용이 나온다'라고 했다면, 이는 주자도 또한 잘못된 것이다"[42]라고 했다. 이(理)는 그 자신은 발하지 않지

---

*   四端七情의 理氣論的 해석에 있어 퇴계 성리학의 理氣二元論的인 특성과 율곡 성리학의 理氣一元論的인 특성의 차이는 이들이 활동했던 시대적 및 사회적 배경과 무관하지 않다. 퇴계가 활동하던 때는 기묘사화와 을사사화로 사림이 박해를 받는 처지에 있었고, 율곡이 활동하던 때는 士林이 중앙 官界의 주도권을 잡고 있었으며 사회정치적 위기가 만연한 상황이었다. 율곡이 퇴계의 '理氣互發說(理도 발하고 氣도 발한다는 說)'을 비판하여 '氣發理乘一途說(氣가 발하여 理가 타는 하나의 길밖에 없다고 보는 說)', '理通氣局說(理의 보편성과 氣의 국한성이 묘합을 이룬다는 說)'을 전개하며 현실 개혁을 과감히 주창하게 된 것도 이러한 배경과 관련이 있다. 중국의 성리학과 구분되는 조선 성리학의 독자성은 퇴계와 율곡의 理氣心性論으로 집약되는 심성론에 대한 精緻한 철학적·형이상학적 탐구에 있다.

만 기발(氣發)의 원인이고 기의 주재인 것이다. 이는 태극음양론에도 마찬가지로 적용된다. 율곡은 음양을 기(氣)로, 동정(動靜) 작용을 기발(氣發)로, 태극을 이(理)로 보고, "음양이 동정함에 태극이 거기에 탄다"[43]라고 하여 '기발이승'을 말하고 있다.

『삼일신고』에서는 "사람과 만물(人物)이 다 같이 세 가지 참됨(三眞)을 받으니, 가로대 성품(性)과 목숨(命)과 정기(精)라. 사람은 이 세 가지를 온전하게 받으나 만물은 치우치게 받는다(人物 同受三眞 曰性命精 人全之 物偏之)"라고 하여 '전(全)'과 '편(偏)'의 의미를 대비시키고 있다. 이처럼 인성(人性)이 물성(物性)이 아닌 것, 이것을 율곡의 용어로 표현하면 기국(氣局)이다. 말하자면 기(氣)는 운동 변화하는 가운데 천차만별의 현상으로 나타나 그 제약을 받으므로 본말(本末)이 있고 선후가 있으니, 이것이 '기국'이다.[44] 율곡에 의하면 "인성이 물성이 아닌 것이 '기국'이고, 사람의 이치가 곧 사물의 이치인 것이 '이통'이다."[45] 이는 마치 "모나고 둥근 그릇이 같지 아니하지만 그릇 속의 물은 하나이고, 크고 작은 병이 같지 아니하지만 병 속의 공기는 하나"[46]인 것과도 같은 것이다. 한마디로 '이'의 통함과 '기'의 국한됨이 묘합 구조를 이룬 것이 '이통기국'이다. 율곡은 '이통'과 '기국', 이일(理一)과 분수(分殊)를 통체일태극(統體一太極)과 각일기성(各一其性)으로 설명하고 있다.

> 천지인물(天地人物)이 비록 각각 그 이(理)가 있으나, 천지의 이(理)가 곧 만물의 '이'이고, 만물의 '이'가 곧 사람의 '이'인 것, 이것이 이른바 '통체일태극'이라는 것이다. 비록 이(理)는 하나이지만 사람의 성(性)이 사물의 성이 아니고, 개의 성이 소의 성이 아닌 것, 이것이 이른바 '각일기성'이라는 것이다.[47]

『율곡전서』「천도책(天道策)」에서는 기일분수(氣一分殊)에 대해서 말하고 있다. '이일분수'가 이(理)를 중심으로 한 체용(體用) 일체의 논리로서 이기(理氣)의 묘합 구조를 밝힌 것이라면, '기일분수'는 기(氣)를 중심으로 한 체용 일체의 논리로서 이기(理氣)의 묘합 구조를 밝힌 것이다. 율곡은 천지만상을 동일기(同一氣)와 각일기(各一氣)로 설명한다.

> 일기(一氣)가 운화(運化)하여 흩어져 만수(萬殊)가 되니, 나누어 말하면 천지만상이 각각 하나의 기(各一氣)이고, 합하여 말하면 천지만상이 같은 하나의 기(同一氣)이다.[48]

'동일기'로서의 기일(氣一)과 '각일기'로서의 분수(分殊)가 묘융된 것이 '기일분수'다. 율곡의 '이통기국'은 '이일분수'와 '기일분수'를 유기적으로 통찰한 것으로 이는 '통(通)'의 속성을 지닌 이(理)와 '국(局)'의 속성을 지닌 기(氣)가 혼륜무간(渾淪無間)하여 떨어질 수 없다는 그의 이기지묘(理氣之妙)의 관점을 분명히 한 것이다. '이통'과 '기국', '이일'과 '분수', '동일기'와 '각일기' 등 율곡이 사용하고 있는 이분법은 단지 이해를 돕기 위한 하나의 방편일 뿐, '하나이면서 둘(一而二)이고 둘이면서 하나(二而一)'인 이기(理氣)의 묘합 구조를 벗어나지 않는다. 말하자면 본체계와 현상계를 회통하는 생명의 전일성(holism)과 자기근원성, 근원적 평등성과 유기적 통합성을 보여주는 것이다. 시간적 선후와 공간적 이합(離合)의 저 너머에 있는 '기발이승', '이통기국'의 묘합 구조는 '여기가 거기이고 그때가 지금'이라는 오늘날의 양자역학(quantum mechanics)적 관점과도 일치하는 것이다. 또한 데이비드 봄이 아원자의 역동적 본질을 나타내기 위해 사용한 '홀로무브먼트(holomovement)'의 관점과도 상통하며, 주체와 객체의 이분법이 성립되지 않는 것으로 보는 현대 물리학의 전일적 실재관과 맥을 같이 한다.

실로 중국 송대(宋代)에서 명대(明代)에 이르기까지 500여 년, 그리고 조선시대 500년을 관통하는 핵심 주제는 '생명'이었다! 우주의 본질인 '생명'과 생명의 자기현현인 우주만물의 관계에 대한 치열하고도 정치(精緻)한 철학적·형이상학적 탐구는 학문의 토양을 비옥하게 했을 뿐만 아니라, 생명정치의 구현을 위한 진지(眞知)로의 접근을 향한 열망과 염원을 담은 것이기도 했다. '한'사상[삼신사상], 힌두사상, 유·불·도, 동학을 비롯한 동양사상 일반에서 특히 '생명'이라는 주제에 천착해 온 것은 아마도 오직 진리만이 우리를 자유롭게 할 것이라는 믿음 때문이었을 것이다. 인류의 집단무의식 속에 뿌리 깊이 자리 잡고 있는 인류의 시원에 관한 두 가지 이야기―마고성 이야기와 에덴동산 이야기―를 관통하는 핵심 주제 역시 '생명'이다. 인간을 '인간'으로 만드는 것이 '생명'이고 생명이 만물에 배분된 것이 '성(性)'이니, 참본성을 잃어버렸다는 것은 형상은 인간이되 참인간일 수 없으니 생명의 본체인 신으로부터 멀어졌다는 것이고 이러한 참본성의 상실이 결국 낙원의 상실로 이어진 것이다. 사실상 유사 이래 이 세상의 모든 사상과 철학, 종교와 과학은 직간접으로 '생명'이라는 주제와 관련되어 있다. 우주의 본질인 생명에 대한 개념적 명료화가 배제된 사상체계와 종교체계, 과학체계는 사실상 사상누각에 지나지 않으며, 관련 논의 역시 공론(空論)에 불과하게 될 것임은 자명하다.

　한편 서양의 철학적 전통에서 '생명'을 간구했던 대표적인 인물은 포르투갈계 유대인 혈통의 네덜란드 철학자 베네딕투스 데 스피노자(Benedictus de Spinoza)이다. 고대 이후 근대에 이르기까지의 상당한 철학적 전통과 당시의 새로운 과학 발전이 수렴되어 있는 그의 주저(主著) 『에티카 Ethica』는 실체(substantia)와 양태(modus)의 개념적 명료화에서부터 시작하고 있다. 실체와 양태의 관계는 앞서 나온 이(理)와 기(氣)의 묘합 구조를 치환한 것으로 보면 이해가 용이하다. 스피노자는 유대교적인 기독교 전통에 있어서의 의인화된(anthropomorphic) 신 관념을 배격하고[49] 자연에 신적 권위를 부여함으로써 자연, 신, 그리고 유일 실체가 동일 개념임을 논증적으로 밝히고 있다. 그는 신을 '절대적으로 무한한 존재'[50], 즉 그 본질 속에 일체를 포괄하며 필연적 존재성을 띠는 제1원인[51]이라고 정의했다. 그는 신적 본성의 필연성(necessitas)으로부터 신이 '자기원인(causa sui)'[52]이자 만물의 원인이라는 결론을 도출해냈다.[53] 그의 관점에서 신은 유일하며[54], "신 이외에는 어떤 실체도 존재할 수 없고 또한 파악될 수도 없다."[55] 이 유일 실체가 바로 유일신이며 불생불멸의 참자아이며 생명이다. 그는 "모든 개물(res particulares)이 신의 속성의 변용이거나 신의 속성을 특정한 방식으로 표현하는 양태에 지나지 않는다"[56]고 정의하고, 또한 "참된 관념은 자신의 대상과(cum suo ideato) 일치해야 한다"[57]고 주장으로써 실체와 양태, 사유[정신]와 연장[물체]의 분리 가능성을 차단했다.

유일 실체와 양태, 즉 신과 우주만물의 필연적 관계성은 대우주와 소우주, 본체계와 현상계, 공동체와 개인의 유비관계(analogy)로 이해될 수 있으며 이는 정치철학의 근본과제가 되는 것이기도 하다. 스피노자는 유일 실체와 양태의 관계를 '능산적 자연(能産的 自然 natura naturans)'과 '소산적 자연(所産的 自然 natura naturata)'이라는 대(對)개념으로 나타내고 여기에 일원론적 범신론의 정의를 부여했다. 그는 능산적 자연을 만물의 내재적 원인(causa immanens)인 유일 실체 즉 신으로 이해하고, 소산적 자연을 신적 본성의 필연성으로부터 생겨나는 모든 양태로 이해했다.[58] 그의 철학체계에서 자연은 실체인 동시에 양태이고, 능산적 자연[본체계]인 동시에 소산적 자연[현상계]이다. 그의 체계에서 인간 정신을 구성하는 관념의 적합성은 지성에 비례하며 신의 무한 지성에서 극대화된다.[59] 그는 인식의 세 단계를 표상지(表象知 또는 想像知, 一種

知), 이성지(理性知, 二種知), 직관지(直觀知, 三種知)의 3종지(三種知)로 나타내고 있으며,[60] 총체적 진리를 통찰할 수 있는 참된 인식이 나오는 원천은 '직관지'라고 보았다. 직관지의 단계에서 인간 정신은 신의 영원하고 무한한 본질에 관한 적합한 인식을 갖게 되고[61] 사물의 필연성이 곧 신의 영원한 본성의 필연성 자체임을 인식함으로써[62] 지고의 자유와 행복을 달성할 수 있게 된다.

우주만물은 유일 실체의 양태인 까닭에 유일 실체를 떠나서는 그 어떤 것도 존재할 수도, 이해될 수도 없다. 유일 실체와 양태의 필연적 관계성에 대한 인식이 곧 자유다. 동서고금의 숱한 철학자들과 사상가들, 종교인들과 과학자들이 유일 실체─흔히 유일신이라고 부르는─개념에 주목한 것은 이 때문이다. 실체와 양태는 본체와 작용의 관계와 마찬가지로 설명의 편의상 생명을 둘로 나눈 것일 뿐이다. 양태는 유일 실체의 변용이긴 하지만 유일 실체가 사라져버린 것이 아니라 양태의 본질로서 내재해 있으면서 필연적인 자기법칙성에 따라 본래의 근원으로 되돌아가므로[反者道之動: 되돌아가는 것이 道의 움직임] 실체와 양태는 전체와 부분의 관계로서 둘이 아니다. 영원하고 무한한 실체란 생명의 본체를 일컫는 것이고, 양태란 본체의 자기복제로서의 작용으로 나타난 우주만물을 일컫는 것이다. 이기(理氣)의 묘합 구조를 이해하는 것과 마찬가지로 실체와 양태의 일체성에 대한 자각이 중요한 것은 바로 그것이 무극대도(無極大道)의 에코토피아(ecotopia 생태적 이상향)를 실현하는 관건이기 때문이다. 스피노자는 신과 인간 본성 및 감정에 관한 정치한 분석을 통하여 가장 근원적인 의미에서 인간과 신[자연·실체]이 소통하는 세상을 구가하고자 했다. 그런 점에서 그는 진정한 의미에서의 혁명가이자 네오휴머니즘(neohumanism)의 구현자이다.

유사 이래 그 숱한 지성들이 지칠 줄 모르고 천착해 온 '생명'이라는 주제를, 너무도 가볍게 그저 살아있는 물질적 생명체로만 단순 규정한다는 것은 그들의 치열한 탐구정신과 정치(精緻)한 철학체계를 모독하는 것이다. 이 세상에 우주의 본질인 '생명'과 관련되지 않는 주제란 아무것도 없다. 왜냐하면 가시권에서 비가시권에 이르기까지 만물의 제1원인 생명, 즉 '이(理: 우주섭리)'가 작용하지 않는 곳이 없기 때문이다. 비바람이 몰아치고 무지개가 뜨고 천둥번개가 치고 꽃이 피고 시드는 자연현상에서부터 눈을 감고 뜨고 호흡을 하고 똥오줌을 누는 인체현상, 온갖 거짓과 위선과 부패가 판을 치는 사회현상, 역사의 무대 위에서 무수하게 명멸하는 국가현상, 지구가 태양을 공전하고 태양계는 은하세계를 2억 5,000만 년 주기로 회전하며 은하세계는 은하단을 향하여 회전운동을 하는 천체현상에 이르기까지, 그 어느 것 하나도 우주섭리에서 벗어나 있는 것은 없기 때문이다. 그럼에도 세계 도처에서는 지금 이 순간에도 실재성이 없는 공허한 분리의식으로 세계 석학들이 '생명'이니 '평화'니 운운하며 질펀한 말잔치를 벌이고 있다. 이를 두고 세상 사람들은 '지적 향연(知的 饗宴 symposium)'이라고 부른다.

필자가 생명에 대한 개념적 명료화에 많은 지면을 할애하는 것은, 바로 그것이 미망(迷妄)의 삶을 끝장내고 생명과 평화의 문명을 여는 근본적이고도 가장 확실한 방법이기 때문이다. 뿐만 아니라 그러한 개념적 명료화가 없이는 생명체의 기원을 밝히는 과학적 실험이 물질일변도의 사고에 빠져 복합적이고 다차원적인 생명의 네트워크적 속성을 놓칠 수 있기 때문이다. 우주 지성인 동시에 우주 생명력 에너지[命]이며 우주의 근본 질료[精]인 생명을 알지 못하고서는 '생명은 반드시 생명으로부터'라는 파스퇴르의 경구는 공허한 동어반복에 불과한 것이 된다. '보이는 우주[현상계, 물질계]'와 '보이지 않는 우주[본체계, 의식계]'는 그림자와 실물의 관계와도 같이 동시적으로 작용하는 것이어서 양 차원의 관계적 본질을 이해하지 못하는 물질일변도의 사고로는 결코 생명의 정수(精髓)에 가 닿을 수가 없다. 단순히 파편적인 지식으로 생명을 운위할 수 있는 것이 아니라는 말이다. 우리 모두는 참자아[참본성]로 가는 길을 찾고 있다. 과학과 종교가 사방을 가리키는 판독하기 어려운 이정표(里程標)가 되어서야 되겠는가.

필자는 파스퇴르와는 다른 의미에서 그의 경구를 사용하고자 한다. '생명은 반드시 생명으로부터'라는 파스퇴르의 경구를 그의 의도와는 다르게 의식계[본체계]와 물질계[현상계]를 회통하는 생명의 전일성과 자기근원성, '자기조직화' 또는 '자기생성(auto-poiesis)'이라는 심오한 의미를 함축한 것으로 보고, 브라흐마와 아트만의 관계와도 같이 대우주와 소우주의 합일을 담은 의미로 사용하는 것이다. 의미를 바꾸어가면서까지 필자가 굳이 그의 경구를 사용하는 것은 생명에 대한 개념적 명료화를 효과적으로 담을 수 있는 간명한 경구이기 때문이다. 생명은 본래 비분리성 · 비이원성의 속성을 지니고 있는 까닭에 생명과 비생명의 구분은 협의의 물질적 관점의 구분일 뿐 실재성이 없다. 종교와 학문 그리고 근대 과학까지도 근원성 · 포괄성 · 보편성을 띠는 생명의 속성을 시공(時空)의 인큐베이터 속에 가두려는 시도를 서슴지 않았기에 생명은 파편화되고 물질화된 개념으로 왜곡되어 일체의 이분법의 온상이 되었으며, 그 결과 온갖 갈등과 분열, 폭력과 테러가 지구촌을 휩쓸게 되었다. 그러나 천지만물이 생겨나기 전에도 생명[靈]은 있었다! 생명은 시작도 끝도 없고 태어남도 죽음도 없으며 없는 곳이 없이 실재하는 전지전능한(all knowing/ all powerful) '영(靈)'—흔히 신(神) 또는 '하늘(天)'님이라고 부르는—그 자체이기에 시간의 역사 속에서 그 기원을 찾는 것은 사실상 불가능하다.

생명이 무엇인지도 모르면서 그 기원을 찾고자 하는 것은, 마치 신이 무엇인지도 모르면서 신이 있는지 없는지를 논하는 것과도 같이 무모한 짓이다. 시간의 역사 속에서 생명의 기원을 찾고자 하는 것은 생명이 영(靈) 그 자체임을 알지 못하는 데서 오는 것이다. 마찬가지로 신이 있는지 없는지를 논하는 것은 신이 무엇인지를 알지 못하는 데서 오는 것이다. 생명이 곧 '영'이며 '신' 그 자체—천지만물이 생겨나기 전에도 있었던—임을 인식한다면, 어떻게 '영원한 현재(eternal presence)'인 생명의 기원을 시간의 역사 속에서 찾으려고 할 것이며, 또 어떻게 신이 있는지 없는지를 논할 수 있겠는가? 그것은 마치 무한을 유한의 자(尺)로써 재려는 것과도 같이 비논리적이며 통섭적 지식의 박피를 드러낸 것으로 지구 과학의 현주소를 말해주는 것이다. 생명은 인간을 인간일 수 있게 하고 만물을 만물일 수 있게 하는 제1원인으로 우리 자신과 단 한순간도 분리된 적이 없는데, 인류는 집단적 기억상실증에 걸린 사람들처럼 엉뚱하게 바깥의 시간의 역사 속에서 그 기원을 찾고 있다. 마치 소를 타고 소를 찾는 동자와도 같이.

일체 우주만물은 분리 자체가 근원적으로 불가능한 '생명'의 자기조직화에 의해 생겨난 것이니, '(일체) 생명은 반드시 (유일자) 생명으로부터'인 것이다. 다시 말해 개체성[다양성]은 전체성[전일성]의 자기현현이므로 전체성과 개체성, 즉 생명의 본체[理]와 작용[氣]은 합일이다. 우주만물이 한 이치 기운(一理氣)의 조화(造化)작용으로 생겨난 것임을 알지 못하고서는 생명의 전일성과 자기근원성을 알 길이 없으므로 생명과 평화의 문명은 결코 열릴 수가 없다. 자기조직화 또는 자기생성은 진화의 과정인 동시에 새로운 구조 및 행동양식의 창발이다. 이러한 창발 현상은 비평형의 열린 시스템에서 일어나며, 시스템의 구성요소들은 비선형적으로 상호 연결되어 있다.[63] 칠레의 인지생물학자이자 철학자 움베르토 마투라나(Humberto Maturana)는 제자이자 동료인 프란시스코 바렐라(Francisco Varela)와 함께 인지생물학 영역에서 '자기생성' 개념을 창안했다. 살아있다는 것은 물질(matter)의 속성이 아니며, 또한 생물은 지속적인 자기생성의 특징과 함께 자기생성 조직을 가지고 있다는 것이다. 이들의 자기생성 이론에서 나온 명제는 '살아가는 것은 인지이다(Living is cognition)'[64]라는 것이다. "살아가는 체계들은 인지의 체계들이다. 하나의 과정으로서의 삶이란 인지의 과정이다. 이러한 설명은 신경체계를 가졌거나 가지지 않았거나 모든 유기체에 유용한 것이다"[65]라고 말한다.

1958년 영국의 분자생물학자 프란시스 크릭(Francis Harry Compton Crick)*에 의해 이른바 '센트럴 도그마(central dogma)' 가설이 확립된 것은 분명 생물학의 커다란 진전이라 할 수 있다. 이 가설에 따르면 모든 생물은 유전물질인 DNA의 유전정보가 RNA(ribonucleic acid)라는 유전정보전달물질에 의해 단백질을 만들어 생체활동을 하고 자신만의 독특한 형질을 후대에 전한다는 것이다. 그러나 '생명의 중심원리'라고도 불리는 이 가설을 통해 복제(replication: DNA에서 DNA로 정보 전달), 전사(transcription: DNA에서 RNA로 정보 전달), 번역(translation: RNA에 의해 단백질 합성)**의 세 단계로 이루어진 유전정보의 흐름을 이해한다고 해서 생명의 전일성을 파악한 것은 아니다. 생명은 그 조직체를 구성하고 있는 성분들로 환원될 수 있는 것이 아니며, 그 구성 성분들을 조합한다고

---

*   1953년 프란시스 크릭은 미국의 분자생물학자 제임스 왓슨(James Dewey Watson)과 영국의 분자생물학자 모리스 윌킨스(Maurice H. F. Wilkins)와 함께 DNA의 이중나선 (double helix) 구조를 규명하는 데 기여한 공로로 1962년 노벨 생리·의학상을 수상했다. 이 업적은 20세기 생물학에서 가장 중요한 발견의 하나로 간주된다.

** DNA와 RNA 등의 핵산은 가장 기본적인 수준에서는 뉴클레오타이드라는 핵산으로 만들어져 있고, 각각의 뉴클레오타이드는 세 가지 간단한 원소―즉 탄소를 골격으로 산소와 수소가 부착돼 있는―로 구성돼 있다. 이 당의 한쪽에는 인 원자 하나에 산소가 부착된 인산기(燐酸基 phosphate)가 결합돼 있고, 당의 다른 한쪽에는 질소, 산소, 수소로 만들어진 질소성염기(窒素性鹽基 nitrogenous base)가 결합돼 있다. 핵산의 중요한 두 가지 기능은 세포 성장을 위한 유전자 복제와 단백질 합성을 위한 mRNA(messenger RNA) 합성을 통한 단백질 합성의 중요한 기능이다.

해서 저절로 생겨나는 현상 또한 아니다. 거시세계와 미시세계, 동양적 지혜와 현대 과학의 접합이 필요한 것은 이 때문이다. 생명은 만물이 만물일 수 있게 하는 제1원인이므로 없는 곳이 없이 실재하며, 생물과 무생물 일체를 포괄한다. 다양한 생명체는 '생명'의 다양한 모습이지만, 생명은 개체화 (particularization)의 저 너머에 있다. 생명은 일체의 이분법을 넘어서 있으므로 영원과 변화의 피안(彼岸)에, 선과 악의 피안에 있다.

바닷물에서 무수한 파도가 생겨나지만 그 실체는 하나인 바닷물이듯이, 생명[神, 天, 靈]에서 무수한 생명체가 생겨나지만 그 실체는 단 하나인 생명이다.* 그래서 '생명은 하나'라고 하는 것이다. 절대유일의 '하나(님)'인 까닭에 유일자 또는 유일신이라고 부르기도 한다. 우주만물이 하나인 혼원일기(混元一氣, 至氣, 一氣), 즉 분리할 수 없는 '생명' 에너지로 연결되어 있음을 깨닫게 되면, 다시 말해 우주의 실체가 의식[파동]임을 알아차리게 되면, 무수한 파도가 바닷물의 자기현현이듯이 일체 생명[개체성, 특수성] 또한 유일자 생명[전체성, 보편성]의 자기현현임을 알게 된다. 사이비 종교에서 '내(個我, 개체성)가 신(神, 전체성)이다'라고 할 때 문제가 되는 것은 마치 특정 파도만을 바닷물이라고 하는 것과 마찬가지로 특정인을 신이라고 하는 것이 되어 진리에 배치되기 때문이다. 그러나 그 '나'란 것이 특정인을 지칭하는 것이 아니라 우주만물에 내재해 있는 '참나', 즉 하나인 '참본성[性]'을 지칭하는 것이 되면 소우주와 대우주의 합일을 의미하는 것이 되므로 진리에 부합된다.

사이비가 되는 것은 생명을 개체화하기 때문이다. 특정 종교의 전유물로

---

* 『도덕경』에서는 道를 '谷神'이라고 하고 道의 무한한 생산능력을 상징적으로 표현하여 '玄牝'이라고 했다. 이는 道의 功用의 영구함을 암컷의 생산력에 비유한 것이다. 여기서 道란 만물의 제1원인이며 이는 곧 '생명'이다.

귀속시키려 하기 때문이다. 문명충돌과 정치충돌의 근간을 이루는 종교충돌은 분리할 수 없는 생명을 개체화한 데 기인한다. 이러한 개체화 현상은 개체화 의식에서 오는 것으로 본질적으로 생명에 대한 무지(無知)에서 기인하는 것이다. 우주만물의 본원인 생명을 특정 종교의 성벽 속에 유폐시키는 것은 우주섭리 자체에 대한 도전이다. 무경계인 생명이 개체화 의식 속에 유폐되는 순간, 생명은 무경계의 속성을 상실하게 되므로 '가짜 생명' 즉 우상이 된다. 우상숭배는 의식의 자기분열의 표징이며 영적 진화에 역행하는 것이므로 목적지로 갈 수 없는 빗나간 길이다. 부정한 분리의식 속에 가둬놓은 '생명(하늘(님))'을 만유의 생명으로 되돌려야 하는 것은 이 때문이다. 생명에 대한 자각이야말로 생명과 평화의 신문명을 여는 바로미터가 되는 것이다. 생명에 기초하지 않은 일체의 학문은 사상누각에 불과하다. '생명은 반드시 생명으로부터'라는 파스퇴르의 경구가 생명의 전일성과 자기근원성, 대우주와 소우주의 합일의 의미를 담은 새 버전으로 통용될 수 있기를 기대해 본다.

오늘날 과학계에서는 생명의 자기조직화의 창발 현상을 가능하게 하는 '정보-에너지장(場)'이나 초사이클(hypercycle)로 명명되는 효소의 자기조직화 원리에 의해 생명체가 생겨난 것으로 본다. 생명체의 현저한 특징은 복잡성과 조직성이다. 간단한 단세포 유기체조차도 인간의 그 어떤 정교한 발명품과도 비교가 안 될 정도로 복잡성과 정교함을 갖추고 있다. 그런데 유기체의 분자들은 일정 수준 이상의 복잡성을 구유했을 때만이 살아있는 것으로 간주될 수 있고, 유전정보를 암호화하며 자기복제를 위한 청사진을 저장하고 실제로 자기복제를 행할 수가 있다. 문제는 어떻게 해서 그 '문턱 에너지(threshold energy)'를 넘어설 수 있는가 하는 것이다. 모든 반응에는 최초 투입되는 문턱 에너지가 필요하다. 과학자들은 적정한 물리 화학적인 조건만

주어지면 그 '문턱'을 넘어 '유레카 모먼트(eureka moment)'와도 같은 비가역적 (irreversible)인 전환적 경험을 수반하는 생명체의 탄생이 이루어질 수 있다고 본다. 지구 생명체의 역사는 최소 35억 년 전까지[66] 거슬러 올라간다. 45억 5,000만 년 전 우주 공간의 성간(星間)가스와 먼지가 응축해서 지구가 생겨났고, 생명체의 재료 역시 똑같은 방식으로 만들어졌다. 빅뱅에서 형성된 원재료가 항성 내부에서 풍요로워지고 그런 다음에 기본 힘의 상호작용을 통해 조립된 것이다. 항성이 만들어지는 성운(星雲) 내부에는 생명의 필수 구성요소인 유기화합물이 풍부하게 떠다니고 있다는 사실이 천문학자들에 의해 밝혀졌다.

생명체의 가장 기본적인 성분은 단백질, 핵산 같은 화학분자의 집합이고, 이들이 막으로 둘러싸인 세포 안에서 하나의 반응계로서 시스템을 구성한다. 단백질은 아미노산으로 만들어져 있으며, 아미노산은 항성에서 만들어진 네 가지 원소인 탄소, 수소, 산소, 질소로 대부분 만들어져 있다. 탄소 원자가 함께 결합해 사슬을 형성하여 일종의 화학적 척추가 만들어지고, 여기에 다른 원자나 원자 사슬이 결합되어 복잡한 유기분자를 만드는 화학적 기반을 제공한다. 생명체의 탄생에 필요한 화학성분들은 행성 형성이 시작되기 전부터 이미 존재했던 것으로 그 중 상당 부분은 행성이 형성되는 과정에서 지구를 구성하는 먼지와 암석의 일부가 됐지만, 또 일부는 태양계의 행성 건설 현장의 잔해 속에 남아 있었고 지구가 냉각되면서 이 생명의 원재료들이 원시해양에 축적됐다. 지구의 바다에서 생명체가 등장하기까지의 수억 년 동안 생명체의 화학적 구성요소 수십억 톤 정도가 지구로 유입됐을 것으로 추정된다.[67] 하지만 '원시해양의 수프(primeval soup)'에서 어떻게 해서 자기복제가 가능한 최초의 단세포 유기체가 탄생했는가 하는 것은 여전히 과학계의 미스터리로 남아 있다. 이 문제를 풀기 위해서는 앞서 필자가 상술한 바 있는 동양적 지혜와의 접합이 중요한 단서를 제공할 수 있다.

달의 중력에 의해 만들어진 따뜻한 조수(潮水) 웅덩이에서 생명체가 탄생했다는 한 이론에 의하면, 생명체가 출현할 당시에는 달이 지금보다 지구에 훨씬 가까워서 조수의 영향이 훨씬 컸으며, 40억 년 전에는 지구의 자전 속도가 지금보다 훨씬 빨라 하루의 길이가 6시간에 불과해 3시간마다 육지로 밀려들어왔던 조수가 빠져나가며 만들어진 웅덩이에 물이 채워지고 증발하기를 반복하면서 웅덩이의 물은 화학반응이 일어날 수 있는 고농도의 유기분자를 함유한 화학적 수프로 변했고, 태양 복사와 번개에서 공급되는 에너지와 조수의 작용이 화학반응을 촉진해 지방산과 단백질 등의 보다 복잡한 유기화합물(organic compounds)이 만들어졌다. "화학반응이 길어질수록 화합물도 더욱 복잡해졌다. 그렇게 DNA가 만들어졌고, 결국에는 물고기, 양서류, 파충류, 포유류와 인류 같이 복잡한 생명 형태가 출현했다.…에너지에서 입자를 만들었고, 우주의 구조를 조작하고 이용하여 은하와 항성들을 만들었다. 또한 그 항성을 이용하여 화학원소를 만들고, 그 원소들을 이용하여 행성과 그곳에 사는 생명체를 탄생시켰다."[68]

유기물이 최초의 생명체, 즉 원시세포로까지 발전한 것에 대해서는 러시아의 생물학자이자 생화학자 알렉산드르 오파린(Aleksandr Ivanovich Oparin)의 가설, 미국의 화학자이자 생물학자 스탠리 밀러(Stanley Lloyd Miler)의 실험과 미국의 생화학자 시드니 폭스(Sidney Walter Fox)의 실험 등에 잘 나타나 있다. 오파린은 '원시해양의 수프'에서 생명체가 탄생했다는 설을 실험을 통해 과학의 한 분야로 개척했다. 즉 원시지구의 풍부한 에너지원에 의해 화학반응이 일어나 원시대기를 구성하는 무기물로부터 간단한 유기물이 합성되고, 이후 화학작용을 거쳐 복잡한 유기물인 단백질이 만들어지고, 이렇게 고도로 농축된 유기분자들이 무작위로 조합하여 원시 생명체가 탄생했을 것이라는 가설을 제시했다. 영국의 유전학자이자 진화생물학자 존 홀데인(John Burdon Sanderson Haldane)과 공동으로 제창한 것이라 하여 「오파린-홀데인 가설 Oparin-Haldane hypothesis」(1923)로도 불리는 이 이론은 오파린의 『생명의 기원 The Origin of Life』(1937)을 통해 더욱 발전된 화학적 진화설로 나타났다. 이러한 오파린의 견해는 당시에는 받아들여지지 않았다.

밀러는 무기물에서 유기물을 합성하는 실험을 통해 원시지구에서 생명체가 탄생하는 화학적 진화(chemical evolution)의 가능성을 증명하였다. 말하자면 원시지구는 무기화합물이 유기화합물로 합성되기 좋은 조건이라는 「오파린-홀데인 가설」을 실험적으로 입증한 것이다. 1953년 시카고 대학교의 밀러와 그의 스승 해럴드 유리(Harold Clayton Urey)*가 생명체의 기원을 밝히기 위해 처음 실행한 밀러-유리 실험(Miller-Urey experiment)은 원시지구 환경과 비슷한 조건을 구비한 실험에서 원시지구의 대기를 재현한 혼합기체에 번개를 모방한 전기방전을 가해 아미노산, 시안화수소(hydrogen cyanide, HCN), 요소(尿素 carbamide) 등의 다양한 유기물이 합성되는 것을 증명했다. 비록 생명체가 형성되는 과정을 보여준 것은 아니었지만 생명체의 탄생에 필요한 복잡한 탄소 화합물의 재료가 자연환경에서 합성될 수 있다는 것을 확인함으로써 오파린이 말한 무기물에서 유기물로의 화학적 진화를 입증한 것이다.

그런데 이 실험에서 얻은 아미노산 등의 유기물 분자가 1969년 오스트레일리아 남동부의 작은 마을 머치슨에 떨어진 '머치슨 운석(Murchison meteorite)'에 함유된 유기물과 유사하다는 것이 밝혀지면서 생명체의 재료인 아미노산이나 염기의 공급원이 오파린의 가설이나 밀러의 실험에서처럼 원시 지

---

* 미국의 물리화학자 헤럴드 유리는 1931년 수소의 동위 원소 중 하나인 중수소(重水素 또는 二重水素)를 발견하여 1934년 노벨 화학상을 수상했다.

구의 대기에서 일어난 자연 합성만이 아니라는 증거가 되고 있다. 말하자면 생명체의 재료가 운석에 실려 대량으로 우주로부터 유입됐을 가능성에 주목하게 된 것이다. 머치슨 운석의 유기물과 밀러의 실험에서 합성한 유기물의 대응관계를 보면, 실험으로 합성하기 쉬운 유기물 분자일수록 운석에 다수 함유되어 있음이 드러났다.[69] 그러나 오늘날 과학자들은 밀러가 가정한 메탄(methane)이나 암모니아와는 달리 원시지구의 대기에 다량의 이산화탄소와 질소가 포함돼 있어 안정되기 때문에 밀러의 실험과 같은 조건에서는 유기물이 쉽게 형성되지 않는다고 주장한다. 1953년 폭스의 실험 역시 원시지구의 상태를 정확하게 시뮬레이션 한 것으로 보기는 어려우며, 아미노산 중합체의 합성을 생명체 자체의 합성으로 보기는 어렵다는 점에서 한계를 지니고 있다.

현재 과학자들이 최초의 생명체가 탄생한 곳으로 주목하는 곳은 심해의 '열수분출공(熱水噴出孔)'이다. 해저의 열수분출공이 생명체 탄생의 장소로 유력하게 거론되고 있는 근거는 생명체에 필수적인 화학물질이 풍부하고 열수로부터 에너지가 공급되며, 철이나 망가니즈(망간 Mn: 주기율표 제 7족에 속하는 은백색의 금속원소) 등의 금속 이온이 촉매로 작용해 화학 반응이 일어나 복잡한 유기물질이 만들어질 수 있기 때문이다. 미국 우즈홀해양연구소(WHOI)가 1974년부터 1979년에 이르기까지 갈라파고스 제도 부근에서 진행한 심해 탐사 보고에 따르면, 그곳에서 활발한 해저 화산활동의 징후를 찾아낸데 이어 수심 2,700m 바닥의 굳은 용암 사이에서는 검은 연기와 뜨거운 물이 솟아나오고 있었고, 연기가 솟아오르는 굴뚝 주변에는 커다란 대합과 홍합들이 조밀하게 붙어살고 있었다고 한다. 바다 속 온천과 같은 열수분출공의 생물다양성과 밀도는 열대 정글이나 산호초를 능가하는 수준이었고, 대부분의 생물은 처음 보는 특이한 동물이었으며, 사람 팔뚝만한 두께로 2미터까지 자라는 거대한 관벌레가 가장 많았다고 한다. 열수분출공은 해저지각의 틈 사이로 스며들어간 바닷물이 뜨거운 마그마에 의해 데워지고 주변 암석에 들어있던 구리, 철, 아연, 금, 은 등과 같은 금속성분들이 뜨거운 물에 녹아 들어가 수온이 350~400℃가 되어 지각의 틈 사이로 다시 솟아나오게 되면서 만들어진 것이다.[70]

  열수분출공과 그 주변 생태계의 발견은 생물학사에서 분명 혁명적인 사건이었다. 생태계가 유지되려면 광합성을 해서 스스로 영양분을 만드는 식물이 있어야 하는데 심해에는 햇빛이 도달하지 못하는 관계로 식물이 살 수 없으니 심해에 사는 동물들은 표층에서 죽어 가라앉는 생물의 사체 외에는 먹이가 없다고 생각하던 시절이었기 때문에 사람들은 심해가 사막과 마찬가지로 생물이 거의 살지 않을 것이라고 생각했다. 그런데 많은 동물들이 살고 있는 심해 열수분출공 광경을 목격한 과학자들은 계속된 조사 끝에 의문의 실마리를 풀게 됐다. 심해 열수분출공에서 뿜어져 나오는 검은 연기 속에는 황화수소가 많이 들어 있었고, 이 황화수소를 산화시켜 나오는 화학에너지를 이용해 화학합성을 해서 탄수화물을 만들어 열수분출공 생태계를 부양하는 황화박테리아들이 많이 살고 있었던 것이다. 광합성에 의존하지 않고도 유지되는 새로운 생태계가 바다 속에 있다는 사실을 알게 된 것이다. 1835년 영국의 박물학자 찰스 다윈(Charles Robert Darwin)의 방문으로 진화론의 산실이 되었던 갈라파고스 제도는 140여년이 지난 후 열수분출공 주변의 생물군집이 발견됨으로써 다시 주목을 받게 되었다. 심해저 탐사가 계속되면서 열수분출공은 더욱 많이 발견되었는데, 햇빛이 없고 수압이 높으며 황화수소와 같은 독성물질로 가득 찬 열수분출공의 척박한 환경에서도 생물이 존재한다는 사실은 생명체의 탄생에 많은 시사점을 제공해 준다.[71]

  생명체가 고온의 열수 환경에서 탄생했음을 알려주는 데이터가 생명과학 분야에서 제시되었다. 그 데이터는 rRNA(리보솜 RNA) 염기서열 분석을 통해 지구상의 전 생물의 계통관계를 해석하는 과정에서 나온 것이다. 모든 생명체는 공통 조상에서 갈라져 나왔다는 견해에 기초하여 염기배열의 공통성을 척도로 계통관계를 분석한 결과, 계통이 오래된 원핵생물일수록 고온 환경에서 서식하는 것으로 나타났다.[72] 생명체의 가장 오래된 형태인 고세균은 세균(진정세균이라고도 함)이나 진핵생물과는 달리 극한 환경에서도 살수 있는 생물이다. 극호열성세균은 수온이 400°C나 되는 심해 '열수분출공(熱水噴出孔)'의 극한 환경에서도 번성하는 극한성 생물이다. 이러한 계통수(系統樹) 연구는 생명체가 극한 환경에서도 살아가는 고세균으로부터 시작되었으며, 이후 진화과정에서 진핵생물계(원생생물계, 균계, 식물계, 동물계)가 고세균에서 갈라져 나온 것이라는 주장을 뒷받침한다. 일리노이대학의 칼 워즈는 16S rRNA의 계통 분류를 통해 고세균을 처음 정의하여 생명체 간의 진화적 연관관계를 나타내는 계통수를 만들었다. 그는 모든 생물에 리보솜이 있고, 모든 리보솜에는 RNA와 단백질로 이루어진 기능적 복합체가 있으며, 이런 복합체들이 가지고 있는 여러 서브유닛의 RNA 염기서열을 비교함으로써 미생물의 세계에 계통학을 수립했다.[73]

〈그림 3.3〉은 rRNA 서브유닛의 RNA 염기서열을 비교한 자료를 바탕으로 현생생물의 계통관계를 나타낸 '생명의 계통수(Phylogenetic Tree of Life)'이다. 세부사항에 대해서는 여전히 논란의 여지가 있지만, 다윈이 말한 '생명의 큰 나무'를 구성한 것은 20세기 후반에 인류가 이룩한 위대한 지적 업적인 것만은 분명한 사실이다. 계통수는 (진정)세균, 고세균, 진핵생물이라는 세 개의 커다란 가지(도메인)로 이루어져 있다. 가지의 길이는 염기서열 차이의 정도를 나타내지만, 유전자들이 서로 다른 속도로 진화할 것이기 때문에 이 길이가 꼭 시간으로 환산되지는 않는다. 흰 상자로 표시된 것은 광합성을 하

는 박테리아 그룹이고, 흑색 상자로 표시된 것은 메탄생성고세균이다. 굵은 줄은 초고온성미생물(초고온에서 사는 미생물 집단)을 나타낸 것이다. 고세균과 박테리아는 핵막이나 세포 소기관이 없고 DNA(디옥시리보핵산)가 세포질에 있는 원핵생물에 속한다. 고세균은 오랫동안 특이한 물질대사를 수행하는 박테리아로 간주되었으나 rRNA의 유전자를 비교한 결과, 박테리아가 진핵생물과 구별되는 정도로 기존의 박테리아와 확연히 구별되며, 또한 박테리아보다는 고세균이 진핵생물과 더 깊은 계통학적 유연관계에 있다는 사실이 드러났다.[74] 진핵생물은 DNA가 핵 속에 있고 미토콘드리아(mitochondria: 세포 호흡에 관여하는 에너지 생산공장)와 엽록체, 리보솜 등의 다양한 세포 소기관을 가지고 있으며, 계통수에서 고세균과 같은 가지에 놓여 있다.

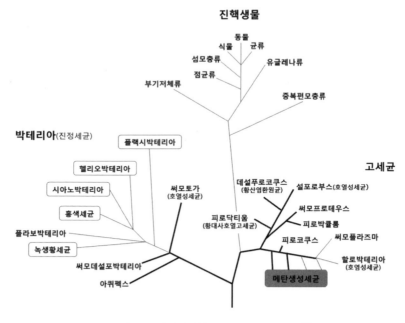

〈그림 3.3〉 생명의 계통수(Phylogenetic Tree of Life)[75]

생명의 계통수는 초기 지구의 생태계가 열수분출공과 온천을 중심으로 형성되었으며, 이후 광합성이 일어나면서 생물이 지구 전체로 퍼지게 되었음을 말해준다. 생명체의 초기 역사는 미생물의 역사이며, 동식물 같은 크고 복잡한 생물은 미생물이 점령한 진핵생물 가지의 끝에 달린 잔가지로서 진화의 과정에 뒤늦게 합류한 후발주자들이다. 초기 가지에 속하는 생물들은 물질대사에 산소를 이용하지 않으며, 조금이라도 산소가 있으면 살 수 없는 부류들이다. 산소를 필요로 하는 생물들은 훗날 갈라졌으며, 고농도의 산소가 필요한 인간과 같은 생물들은 계통수의 끝에 위치한다. 현재 우리가 접하고 있는 생물과 환경은 비교적 최근에 나타난 것들이다. 생물과 환경은 지구 초기부터 지금까지 공동운명체로서 지구화학적 순환에 함께 참여하며 진화해 왔다. 생명의 계통수는 캄브리아기에 생물의 다양성이 폭발하기 전에 오랜 기간 생명체의 역사가 존재했으리라는 것을 짐작케 한다.[76] 미생물의 유전자와 계통사 연구는 생명의 계통수 정립으로 끝난 것이 아니라 이제 새로운 출발점에 서 있다. 점점 많은 생물의 DNA에 들어있는 전체 유전정보(genome)가 밝혀짐에 따라 지금까지의 과학사가 그러했듯이 현재 통용되고 있는 사실 또한 언젠가는 앞으로 밝혀질 새로운 사실들에 의해 대체될 것이다.

끝으로 한 가지 의문이 제기될 수 있다. 단순하고 원시적인 원핵세포(原核細胞 prokaryotic cell)에서 인간의 몸을 이루고 있는 것과 같은 복잡하고 정교한 진핵세포(眞核細胞 eukaryotic cell)로의 진화는 어떻게 가능했던 것일까? 미국의 생물학자 린 마굴리스(Lynn Margulis)의 공생 진화(symbiotic evolution) 이론에 의하면 원핵세포에서 진핵세포로의 진화 메커니즘은 '공생(共生 symbiosis)'이다. 마굴리스는 그의 저서 『공생자 행성 Symbiotic Planet』(1998)에서 지구상의 모든 생명체는 공생이라는 고리로 상호 연결되어 있으며, 모든 생명체는 공생 진화가 없었다면 존재할 수 없었을 것이라고 주장한다. 공생이라는 용어는 1873년 독일의 생물학자 안톤 데바리(Anton deBary)가 제안한 것으로 "매우 상이한 종류의 유기체들이 함께 살아간다"는 의미이다. 인간을 포함하여 동식물의 몸은 수많은 세포들이 공생한 결과물이며, 세포 역시 고대 세균들이 공생 진화의 길을 선택하면서 형성된 것이고, 우리 역시 공생자 행성에 살고 있는 공생자들이라는 것이다. 진화적 신기성(進化的新奇性 evolutionary novelty)이나 종의 기원이라는 개념 자체가 공생을 전제로 한다며, '장기적인 공생이 처음으로 핵을 지닌 복잡한 세포를 진화시켰고, 거기서 곰팡이, 식물, 동물 같은 생물들이 출현했다'[77]는 그의 설명은 진핵생물이 '공생 발생(symbiogenesis)'을 통한 진화의 산물임을 말해준다.

공생 발생은 러시아의 생물학자 콘스탄틴 메레슈코프스키(Konstantin S. Merezhkousky)가 주창한 진화 용어로, 장기간 지속적으로 공생관계가 확립되면 공생 융합을 통해 새로운 몸, 새로운 기관, 새로운 종이 출현한다는 의미를 함축하고 있다. 마굴리스의 가장 중요한 과학적 업적은 그가 제안한 '연속 세포내공생이론(連續細胞內共生理論 serial endosymbiosis theory, SET)'이다. 이 가설은 미토콘드리아나 엽록체와 같이 핵의 지배를 받지 않고 자체 DNA를 가지며 필요한 효소 일부를 자가 합성하는 등의 특성을 갖는 세포 소기관의 기원을 설명하기 위한 것이다. 이 이론은 서로 다른 성질의 독립된 원핵생물들이 생존을 위해 다른 세포의 원형질 안에서 공생하다가 진핵생물로 진화하게 되었다는 가설이다. 이 경우 다른 원핵생물에게 먹힌 원핵생물이 소화되지 않은 채로 남아 있다가 공생하게 된 것일 수도 있다. 네 단계로 이루어진 SET의 요점은 다음과 같다. 즉 단백질을 만드는 대사 과정은 대부분 호열산세균인 테르모플라스마(Thermoplasma)라는 고세균에서 유래했고(1단계), 이 고세균이 맨 처음 유영(遊泳) 세균인 스피로헤타(Spirocheta: 균류 스피로헤타綱

의 한 目)라는 나선상(螺旋狀) 세균과 융합함으로써 섬모, 정자 꼬리, 감각모 등 진핵세포의 다양한 부속기관들이 생겨났으며(2단계), 이후 유산소 호흡을 하는 자색비황세균(紫色非黃細菌 purple non-sulfer bacteria) 또는 프로테오박테리아(proteobacteria)라는 세균 공생자가 진화하여 미토콘드리아가 되었고(3단계), 광합성을 하는 시아노박테리아가 진화하여 엽록체(chloroplast)가 되는(4단계) 세포내 공생이 순서대로 이루어졌다는 이론이다.[78]

미토콘드리아와 엽록체가 원래 독립된 원핵생물이었다가 공생관계를 거쳐 세포내 소기관으로 자리 잡게 되었다는 세포내 공생설의 근거로는 미토콘드리아와 엽록체가 이중막 구조를 가지고 있고, 원핵세포가 가지는 둥근 고리 모양의 DNA와 자체 리보솜을 가지고 있으며, 또한 이들 두 소기관의 내막에 원핵생물에서 발견되는 효소와 전자전달계가 존재한다는 점 등을 들 수 있다. 이는 스스로 복제가 가능하다는 것을 의미하며, 그 방식이 원핵세포와 유사한 것으로 알려져 있다. 이 외에도 미토콘드리아와 엽록체가 원래 독립된 원핵세포였다는 가설을 뒷받침하는 것으로는 리보솜의 크기, 뉴클레오타이드(nucleotide)* 서열 및 크기 등을 들 수 있다.[79] 두 가지 이상의 종들이 하나로 합병(merging)되면서 진핵세포가 세균 공생자에서 진화했다는 마굴리스의 공생 진화론은 비록 각론에서는 여전히 논란이 분분하지만 오늘날 과학계에서 정설로 받아들여지고 있다. 그의 공생 발생은 21세기 진화생물학의 위대한 업적으로 평가되고 있으며, 생물학에서 '자연선택 이후 가장 아름답고 강력한 개념'이라는 찬사를 받고 있다. 다윈은 종 변형의 메커

---

* 뉴클레오타이드는 인산, 5탄당, 염기로 구성된다. 5탄당은 탄소원자가 5개 있는 탄수화물의 일종으로 줄여서 당이라고 하는데, 당은 인산과 염기를 연결시키는 역할을 한다.

니즘을 '자연선택'이라고 했지만, 5억 4,200만 년 전에 시작된 소위 캄브리아기 대폭발이라고 부르는 생물종의 폭발적인 증가와 같은 현상을 그의 진화론으로는 제대로 설명할 수 없었다. 진핵생물이 공생 발생을 통한 진화의 산물이라고 보는 마굴리스의 이론은 신다윈주의(Neo-Darwinism)에 대한 대안적 패러다임을 제시하는 것이기도 하다.

'캄브리아기 대폭발'과
인류의 출현

지구의 나이 45억 5,000만 년을 하루 24시간으로 환산하여 0시에 지구가 탄생했다고 가정해보자. 괄호 안의 시간은 지구의 하루로 환산한 것이다. '원시해양의 수프'에서 자기복제가 가능한 최초의 단세포 유기체가 탄생한 것은 약 38억 년 전(새벽 4시쯤)이고, 박테리아가 지구 표면의 대부분을 덮고 지구 생태계의 중요한 물질대사와 효소 작용을 위한 기초적 기제들을 획기적으로 발전시킨 것은 박테리아가 생긴 후 20억 년쯤 지난 지금으로부터 약 18억 년 전(오후 2시 30분쯤)이다. 이때쯤 진핵세포가 등장하여 진핵세포로 만들어진 생명체들이 두 개의 성(性)을 필요로 하는 재생산 방식—즉 한 생명체에서 분비된 정자가 다른 생명체에서 분비된 난자와 결합하는 방식—을 발전시킨 것은 17억 년 전~15억 년 전(오후 3시 30분쯤)이고, 진핵세포가 세포소기관들을 갖게 되면서 다세포 생명체를 형성한 것은 약 6억 년 전(밤 9시쯤)부터이다. 캄브리아기(Cambrian Period) 대폭발은 5억 4,200만 년 전~4억 8,830만 년 전(밤 9시 8분~9시 25분)에 일어났고, 동식물이 육지로 올라온 것은 식물이 4억 6,000만 년 전~2억 5,000만 년 전(밤 9시 35분~10시 40분쯤), 동물이 4억 5,000만 년 전~6,500만 년 전(밤 9시 38분~11시 40분쯤)이다. 지구 역사상 가장 참혹한 대량멸종—지구상 생명체의 약 95퍼센트의 종(種)이 사라지고 50퍼센트 이상의 과(科)가 사라진—이 일어난 것은 약 2억 5,000만 년 전(밤 10시 40분쯤)이다. 공룡은 2억 2,500만 년 전(밤 10시 50분쯤)에 나타나 약 6,500만 년 전(밤 11시 40분쯤) 멸종했다. 현생 인류인 호모 사피엔스(Homo sapiens: '지혜로운 사람' 또는 '생각하는 사람'이란 뜻)가 등장한 것은 약 30만 년 전(자정 5.7초 전쯤)이고, 호모 사피엔스 사피엔스가 등장한 것은 약 4만 년 전~3만 년 전(자정 0.7초 전쯤)이다.

생물의 초기 역사는 미생물의 역사이다. 미생물이 아닌 다세포생명체, 특히 진정한 동물의 화석이 많이 나타나기 시작하는 것은 약 6억 년 전이다. 이 무렵의 암석 기록에는 고대 동물이 활동한 흔적이 퇴적층에 남아 있는 활동 화석, 이른바 '흔적 화석(trace fossil)'의 증거가 처음으로 나타난다. 따라서 생물의 역사 중 6분의 5는 단세포 생명체인 박테리아의 역사인 셈이다. 지구의 하루로 환산하면 자정 0.7초 전에 등장한 현생 인류 호모 사피엔스 사피엔스 역시 지구상의 모든 생명체와 마찬가지로 하나의 세포에서 시작했다. 모든 생물을 만들어낸 최초의 세포는 박테리아였고, 이 최초 세포는 화산의 분출구에서 에너지를 얻으며 사는 호열성 고세균이거나, 시아노박테리아 또는 녹조류에 가까운 박테리아 세포였다. 38억 년 전에서 18억 년 전에 이르는 약 20억 년 동안 박테리아는 효소 작용, 질소고정, 광합성 작용과 더불어 지구 생태계의 수없이 많은 기초적 기제들을 만들어냈다. 박테리아들은 당(糖)을 에너지로 변화시키는 혁신적인 물질대사 방법과 당을 분해시키는 발효법을 발전시켰다. 오늘날에도 모든 생명체들은 공기로부터 질소를 고정시킬 수 있는 일부 박테리아 집단에 의존해 살아가고 있다. 지구상의 생명체의 역사에서 가장 중요한 생화학 반응과 물질대사 혁신을 이룩하였으며 전 지구적 연결망을 갖고 현재도 여전히 지구를 통치하고 있는 '지구 생태계의 영웅', 박테리아—우리의 조상인 그 박테리아를 세상 사람들은 박멸해야 할 혐오스런 세균으로 생각한다.

〈표 3.2〉에서 보는 바와 같이 지구사 연대는 크게 현생누대(또는 현생이언)와 선캄브리아대로 나뉜다. 현생누대는 다시 고생대(캄브리아기, 오르도비스기, 실루리아기, 데본기, 석탄기, 페름기), 중생대(트라이아스기, 쥐라기, 백악기), 신생대(제3기와 제4기)로 나뉘고, 신생대 제3기는 다시 에오세, 올리고세, 마이오세, 플라이오세로 나뉘며, 제4기는 플라이오세와 홀로세로 나뉜다. 또한 선캄브리아대는 명왕누대(또는 명왕이언), 시생누대(또는 시생이언), 원생누대(또는 원생이언)로 나뉘고, 원생누대는 다시 고원생대, 중원생대, 신원생대로 나뉜다. 선캄브리아대의 가장 중요한 사건은 원생누대에 들어 바다와 대기에 산소가 포함되기 시작한 것이다. 약 20억 년 전 지구는 산소의 급증으로 인해 재앙 수준의 멸종 위기를 맞았다. 지구 대기에 산소가 포함되기 시작한 것은 시아노박테리아가 광합성을 통해 대기 중의 이산화탄소를 사용하고 산소를 방출하면서부터였다. 처음 시아노박테리아가 만들어낸 산소는 바닷물 속에 녹아있던 철과 같은 금속을 산화시켰고, 금속원소의 산화작용이 끝난 뒤에는 대기 속으로 방출됐다. 광합성 작용이 활발해짐에 따라 대기 중의 산소량은 0.0001퍼센트에서 21퍼센트로 서서히 증가했다. 박테리아에게 산소는 치명적인 유독물질이었고 간단한 분자들을 산화시켜 미생물들의 에너지원을 탈취하는 방식으로 박테리아의 생존을 위협했다. 동식물도 곤충도 없었던 당시에도 산소를 싫어하는 수많은 종류의 혐기성 미생물이 살고 있었고 이들 대부분은 전 지구적인 산소 오염으로 멸종됐다.

---

* 2009년 IUGS(International Union of Geological Science)는 플라이스토세의 시작 시기를 기존의 180만 년에서 258.8만 년으로 정정했다.

대	기		연대 (단위:백만 년 전)	생물의 출현
신생대 (Cenozoic)	제4기	홀로세 (Holocene 沖積世)	0.0110~0	빙하기 끝나고 인류 문명 시작
		플라이스토세* (Pleistocene 洪積世)	2.588~00110	가장 최근의 빙하기, 약 30만 년 전 호모 사피엔스 출현
	제3기	플라이오세 (Pliocene)	5.33~2.588	현생 포유류 속(屬) 등장, 원시 인류 출현
		마이오세 (Miocene)	23.03~5.33	온화한 기후, 알프스산맥과 로키산맥에서 조산운동, 일본이 유라시아대륙으로부터 분리해 동해 형성
신생대 (Cenozoic)	제3기	올리고세 (Oligocene)	33.9~23.03	포유류의 빠른 진화와 확산, 대륙이 현재의 위치로 이동하기 시작
		에오세 (Eocene)	55.8~33.9	고대 포유류 번성, 현생 포유류 과(科) 출현, 원시적인 고래 출현
		팔레오세 (Paleocene)	65.5~55.8	공룡의 대멸종 이후 포유류의 분화 시작, 대형 포유류의 등장
중생대 (Mesozoic)	백악기(Cretaceous period)		145.5~65.5	속씨식물 출현, 백악기 말 대멸종으로 공룡 멸종
	쥐라기(Jurassic Period)		199.6~145.5	초대륙 판게아가 곤드와나와 로라시아(Laurasia)로 분리, 공룡 번성, 시조새 등장, 성게·바다나리·불가사리·해면, 완족동물(腕足動物) 번성, 몸집이 작은 포유류 증가,
	트라이아스기 (Triassic Period)		251~199.6	공룡, 익룡, 포유류, 악어 출현, 현생 산호류와 조개류 출현, 암모나이트류 번성, 트라이아스기 말 대멸종
고생대 (Paleozoic)	페름기 (Permian Period)		299~251	은행나무, 소철류 출현, 삼엽충 멸종, 곤충 멸종, 북아메리카에서 애팔래치아 조산운동, 중남부 유럽에서 석탄기-페름기에 걸친 바리스칸 조산운동 종식, 페름기 말 대멸종
	석탄기 (Carboniferous Period)		359~299	양서류 시대, 파충류, 겉씨식물 출현, 양치류 번성
	데본기 (Devonian Period)		416~359	어류의 시대, 유관속식물 발전, 최초의 육상 척추동물 출현, 데본기 후기 대멸종

고생대 (Paleozoic)	실루리아기 (Silurian Period)	440~416	경골 어류 및 움직일 수 있는 턱을 가진 어류 출현, 무척추동물 상륙
	오르도비스기 (Ordovician Period)	488~440	최초의 육상식물 출현, 최초의 산호초 등장, 필석류(筆石類) 확산, 곤드와나와 로렌시아(Laurentia) 대륙 분리, 오르도비스기 말 대멸종
	캄브리아기 (Cambrian Period)	542~488	캄브리아기 대폭발, 삼엽충 출현, 캄브리아기 말 멸종

현생누대 또는 현생이언 (顯生累代 Phanerozoic Eon)	신생대				
	중생대				
	고생대				
선캄브리아대 (Precambrian Eon)	원생누대 또는 원생이언 (原生累代 Proterozoic Eon)	신원생대 (Neoproterozoic)	에디아카라기 (Ediacaran)	2,500~542	원생누대 후기에 바다와 대기에 산소 증가. 후기 원생대 '눈덩이 지구' 형성. 휴런(Huron) 빙하기(24억 년 전~21억 년 전), 스타티안(Sturtian) 빙하기(7억 5,000만 년 전~7억 년 전), 마리노안(Marinoan) 빙하기(6억 6,000만 년 전~6억 3,500만 년 전)
			크라이오제니아기 (Cryogenian)		
			토니아기 (Tonian)		
		중원생대 (Mesoproterozoic)	스테니아기 (Stenian)		
			엑타시아기 (Ectasian)		
			칼리미아기 (Calymmian)		
		고원생대 (Paleoproterozoic)	스타테리아기 (Statherian)		
			오로시리아기 (Orosirian)		
			리아시아기 (Rhyacian)		
			시데리아기 (Siderian)		
	시생누대 또는 시생이언 (始生累代 Archean Eon)			3,800~2,500	바다와 대기에 산소가 없음
	명왕누대 또는 명왕이언 (冥王累代, Hadean Eon)			4,550~3,800	약 38억 년 전 최초의 단세포 유기체 탄생

〈표 3.2〉 지구사 연대표[80]

이러한 대기변화에서 산소가 있는 환경에 적응한 소수의 미생물은 살아남아 산소량을 조절해가며 산소호흡을 하는 방법을 개발해냄으로써 산소를 이용해 살아가는 생명체의 조상이 되었다. 그러나 박테리아에게 산소는 완전히 사용할 수는 없는 여전히 새로운 에너지원이었기 때문에 진핵세포라는 새로운 종류의 세포로 발전하게 된다. 핵이 없는 원핵세포로부터 핵이 있는 진핵세포로 극적인 도약을 한 것이다. 진핵세포는 막으로 둘러싸인 핵과 산소를 이용하는 미토콘드리아를 포함하여 다양한 세포 소기관을 가지고 있다. 현재 지구상에 존재하는 대부분의 생명체가 진핵세포들로 구성돼 있다는 점에서 진핵세포로 이루어진 생명체의 출현은 중요한 의미를 지닌다. 이처럼 대기 중의 산소량이 증가하는 원생누대에는 발전된 단세포 생물과 다세포 생물이 나타났고, 또한 미토콘드리아와 엽록체가 숙주세포와 공생하기 시작했다. 원핵세포에서 진핵세포로의 진화 메커니즘인 '공생(共生 symbiosis)'에 대해서는 앞서 살펴본 바이다. 한편 산소 농도의 증가로 대기 중에 포함되었던 온실기체 메탄이 산화되어 그 양이 줄어들어 지구 온도가 하강하면서 〈표 3.2〉에서 보는 바와 같이 원생누대에는 여러 차례의 빙하기가 있었다.

원생누대와 현생누대의 경계는 캄브리아기가 시작하는 5억 4,200만 년 전이다. 북극해의 스피츠베르겐 섬에 있는 퇴적암들은 캄브리아기 대폭발이 일어나기 훨씬 전인 6~8억 년 전에 형성되었다. 하버드대 자연사 교수 앤드루 놀(Andrew H. Knoll)의 연구 조사에 따르면, 스피츠베르겐 섬의 두터운 지층에 포함된 탄산염광물과 유기화합물의 탄소에는 광합성 작용이 일어났음을 보여주는 동위원소의 지문이 찍혀 있으며, 또 황을 함유한 광물에도 황산염 환원세균의 물질대사 흔적이 남아 있다. 특히 층상 구조를 가진 퇴적암의 일종인 스트로마톨라이트는 해저 어디에나 미생물 군집이 있었다는 사실을 알려주고 있고, 시아노박테리아, 조류(藻類), 원생동물의 수많은 미화석(微化石: 현미경을 이용해야 식별이 가능한 미세한 화석)들은 해저와 수중에 다양한 생물들이 살았다는 사실을 말해준다.[81] 한마디로 스피츠베르겐 섬의 원생누대 암석 어디에서나 생명체의 지문을 발견할 수 있다는 것이다. 이처럼 캄브리아기 대폭발 이전의 지질기록에 담겨진 초기 진화의 기록은 생명의 계통수를 다듬는 데 귀중한 자료가 될 수 있다.

캄브리아기 이전에도 복잡한 구조의 다세포생물이 존재했다는 사실은 선캄브리아대의 생물들인 '에디아카라 생물군(Ediacara biota)'에서 찾아볼 수 있다. '에디아카라 생물군'은 군이 다른 다세포 동물을 뜻하므로 '에디아카라 동물군(Ediacara fauna)'이라고 부르기도 한다. 처음 발견된 곳은 오스트레일리아의 플린더즈 산맥(Flinders Ranges) 북쪽의 에디아카라(Ediacara) 지역이다. 이 지역에서 오랫동안 많은 화석이 발견된 관계로 '에디아카라 생물군'이라고 명명한 것이다. 다양한 연체동물인 '에디아카라 생물상'은 6대 대륙의 약 30곳에서 발견되며 그 동물군은 70종으로 분류되는데, 모두 신원생대의 말기에만 한정되어 나타난다. 에디아카라 생물은 5억 7,500만 년 전 아발론 다양화(Avalon diversification)라는 진화적 사건 때 그 다양성이 정점에 이르다가 약 5억 4,500만 년 전 멸종했다.[82] 에디아카라 생물의 대부분은—일부 해면동물과 대칭동물을 제외하고는—포식자인 자포동물문(刺胞動物門 Cnidaria)으로 분류된다. 에디아카라 동물군 화석이 발견되는 지층에서는 포식의 흔적을 찾아볼 수 없어 포식은 아직 일어나지 않았던 것으로 추정된다. 신원생대 말기는 포식자가 없는 세상에서 몸집이 큰 에디아카라 생물들이 살았던 마지막 시대였다.

최초의 에디아카라 화석은 1872년 캐나다에서 발견된 원반형의 아스피델라 화석이지만 그것이 생물의 화석으로 인정된 것은 한참 후의 일이다.

1957년 영국에서 발견된 카르니아 화석이 캄브리아기 이전에 살았던 생물의 화석이라는 사실이 확인되면서 과학자들은 원생누대의 마지막 시기를 에디아카라기로 명명하기도 했다. 에디아카라 동물들은 형태에 따라 원형으로 생긴 것, 나뭇잎처럼 생긴 것, 그리고 타원형 또는 긴 타원형으로 생긴 것의 세 부류로 분류된다. 에디아카라 동물군의 화석이 발견되는 지층에서는 흙을 모은 흔적, 긁은 흔적, 빨아 먹었던 흔적 등 이들이 활동한 흔적이 남아 있는 다양한 '흔적 화석'들이 발견되고 있다. 에디아카라 동물 중 가장 유명한 것으로는 에어매트 같은 몸 구조를 가진 디킨소니아(Dickinsonia)를 들수 있다. 디킨소니아를 산호류의 일종으로 보는 학자들도 있지만 아직은 정확한 분류가 이루어지지 않아 유연관계가 밝혀지지 않은 상태다. 이 외에도 스프리기나(Spriggina), 카르니오디스쿠스(Charniodiscus) 등이 있다. 에디아카라 동물들이 캄브리아기에 지구상에 나타난 동물들과의 연관성을 찾기 어렵다는 것은 이들이 캄브리아기가 시작되기 직전에 멸종했음을 의미한다. 갑작스러운 멸종 원인으로는 캄브리아기 직전 초대륙의 분열, 해수면 상승, 바닷물과 대기의 화학적 조성의 변화와 같은 환경 변화, 그리고 에디아카라 동물을 포식하는 포식자들의 등장이 복합적으로 작용했던 것으로 보인다.[83]

에디아카라 동물군의 발견은 다세포 생물들의 초기 발생과정을 엿볼 수 있게 함으로써 이미 선캄브리아기에 복잡한 수준의 진화가 이루어졌다는 것을 알 수 있게 한다. 진화에 또 하나의 거대한 이정표를 마련한 것은 '좌우대칭동물(左右對稱動物 bilateria)'의 출현이다. 좌우대칭동물은 생물체의 구조가 주축을 지나는 대칭면이 3개 이상인 방사대칭동물(放射對稱動物 radiata)과는 달리, 앞과 뒤가 뚜렷하며 앞뒤를 축으로 좌우대칭의 형태를 가진 동물의 분류이다. 다양한 동물 문들을 출현시켰을 것으로 예상되는 그런 유형의 조상이다. 최초의 좌우대칭동물이 살았을 가능성이 가장 높은 것으로 추정되는 그 시대의 암석이 21세기 초 중국에서 발견되었다. 연구자들은 3년에 걸쳐 좌우대칭동물의 화석을 찾는 작업을 진행한 결과, 베르나니말쿨라(Vernanimalcula)라는 미세한 화석을 찾아냈는데 그 연대는 캄브리아기 이전인 6억 년 전 무렵이었다. 중국 남서부 두산퉈 층에서도 좌우대칭동물 화석과 함께 최초 동물의 알과 배아도 발견되었다. 좌우대칭동물은 운동성이 극도로 향상되어 있었으며 수직으로 굴을 파는 행동도 나타났는데 이는 당시 바다의 산소 농도가 높았음을 짐작케 한다. 왜냐하면 산소화가 이루어지지 않으면 침전물에 굴을 뚫기가 어렵기 때문이다. 원생누대가 끝날 무렵, 동물들은 활동에 필요한 더 큰 몸집, 뼈대, 조직의 진화에 필수적인 '유전적 연장통(genetic toolbox)'을 갖추고 있었으며, 5억 5,000만 년 전에는 산소 농도도 증가해 있었다.[84]

　캄브리아기로 시작되는 고생대는 5억 4,200만 년 전부터 2억 5,100만 년 전까지의 시대이며 캄브리아기, 오르도비스기, 실루리아기, 데본기, 석탄기, 페름기로 구분된다. 캄브리아기가 시작되던 5억 4,200만 년 전부터 약 2,000만 년 동안 다양한 생명체들이 폭발적으로 증가한 사건을 일컬어 '캄브리아기 대폭발(Cambrian Explosion)'이라고 부른다. 영국의 고생물학자 해리 휘팅턴(Harry B. Whittington)은 캄브리아기 생명체 대폭발의 개념을 확립하고 삼엽충이 캄브리아기에 가장 번성했던 절지동물이라는 것을 밝혀냈다. 캄브리아기를 5억 4,200만 년 전에서 약 4억 8,800만 년 전까지로 볼 때 동물 문들의 대다수는 이 기간 중에서도 짧은 시기인 5억 3,000만 년 전에서 5억 2,000만 년 전 사이에 출현했다. 모든 전문가들은 이러한 출현이 생명체의 역사에서 세 번째 또는 네 번째로 중요한 사건이라는 데에 동의한다. 지구 최초의 생명체 출현, 분자 산소에 대한 적응, 진핵세포의 기원 다음으로 중요하다는 것이다.[85] 19세기 영국의 지질학자 애덤 세지윅(Adam Sedgwick)은 캄브리아기라는 명칭을 만들고 정의하였으며, 삼엽충이 처음으로 등장하는 지층을 캄브리아기의 출발점으로 삼았다. 그 시대에는 퇴적층에 삼엽충이 처음 출현할 때 캄브리아기가 시작되었다고 보았지만, 실제로는 캄브리아기가 어느 정도 진행된 뒤에야 삼엽충이 출현했다. 캄브리아기 지층에서 갑자기 수많은 다양한 종류의 동물 화석이 갑작스럽게 출현한 지질학적 사건은 이미 19세기 중반에 잘 알려져 있었다.

화석 기록에 새겨진 동물 화석들의 폭발적인 증가와 다양성은 '자연선택에 의한 진화'의 개념으로는 설명이 어려운 부분이다. 다윈 자신도 이를 그의 이론의 난점이라고 고백했다. 캄브리아기 대폭발을 설명할 수 없는 다윈 이론의 난점을 '다윈의 딜레마(Darwin's Dilemma)'라고 한다. 비교적 짧은 기간에 캄브리아기 대폭발과 같은 진화적 혁신이 일어나는 문제에 대해 다윈주의 진화 개념으로는 갑작스럽게 많은 돌연변이가 한꺼번에 일어나 생물에 근본적인 변화를 일으키는 방향으로 작용했다는 식의 거친 설명밖에 되지 않는다. 이 문제에 대해 위스콘신-매디슨 대학 유전학과 교수이자 '이보디보(Evo-Devo)' 주창자 중 한 사람인 션 캐럴(Sean B. Carroll)은 갑작스러운 진화적 혁신을 설명하는 새로운 방법을 제시했다. 진화발생생물학(Evolutionary Developmental Biology)의 애칭인 '이보디보'는 진화생물학(Evolutionary Biology)과 발생생물학(Developmental Biology)을 통섭적으로 연구하는 분야로서 진화의 비밀을 밝힘에 있어 기능생물학 분야와 진화생물학 분야, 그리고 최근에 새롭게 등장한 생물정보학까지 아우르는 통합생물학적 성격을 띠고 있다. 그의 저서 『가장 아름답고 무수히 다양한 형태들 *Endless Forms Most Beautiful*』(2005)은 갑자기 수많은 다양한 동물군들이 출현한 대사건에 대해 '이보디보'라는 첨단의 새로운 과학 개념으로 접근함으로써 캄브리아기 대폭발에 대한 우리의 이해를 증진시켜 준다.

캄브리아기에 들어 최초의 소수 동물군으로부터 갑자기 수많은 다양한 동물군들이 생겨났고 또 이후에도 계속해서 확장된 것에 대해, 이보디보는 진화를 '유전자의 빈도 변화'보다는 '유전자 발현의 변화'로 해석함으로써 집단유전학적 진화론을 재고하게 만들었다. 진화란 '오래된 유전자에게 새로운 기교를 가르치는 것'이며, 근본적으로 '구조 유전자의 변화'가 아니라 '이미 존재하는 구조 유전자(structural genes)를 통제하는 조절 유전자(regulatory gene) 즉 스위치의 변화'라는 것이다. 다시 말해 생명체의 중요한 발생 과정을 조절하는 '툴킷 유전자(tool kit gene)'—혹스 유전자(Hox gene)와 같은 '마스터 조절 유전자'—들은 오랜 진화의 시간에도 불구하고 크게 달라지지 않고 상이한 동물들의 유전자 사이에 보전되어 왔으며, 그 유전자들은 단백질 합성에 관여하는 '구조 유전자'와는 달리 발생과정을 조절하는 일종의 스위치 역할을 한다는 것이며, 스위치 및 유전자 네트워크의 진화, 그리고 혹스 유전자의 발현 지역 이동을 통해서 스위치 체계가 변하는 것이 바로 진화라는 것이다. 이것이 캄브리아기와 그 이후에 벌어진 일이라고 이보디보는 주장한다.[86] 여기서 혹스 유전자란 포유류에서 호메오박스(homeobox)를 가진 호메오 유전자들을 일컫는 것으로 그것이 암호화하는 60개의 아미노산 배열을 포함하는 단백질 부분이 호메오도메인(homeodomain)이다.

 상이한 종들의 호메오박스 염기서열을 분석한 결과는 상이한 동물들 사이의 유사성이 유전자 염기서열뿐만 아니라 복합체 조직을 이루는 방식, 나아가 배아에서 활용되는 방식에까지 미친다는 것을 보여준다. 이보디보는 혹스 유전자 복합체들이 사람이나 코끼리를 포함하여 거의 모든 상이한 동물군의 발생에 동일하게 영향을 미치고 있으며 상이한 동물들이 똑같은 유전자들로 만들어졌다고 본다. 툴킷 유전자들이 동물계에 보편적으로 분포되어 있다는 것은 툴킷이 매우 오래된 것으로 대부분의 동물 종류가 진화해 갈라지기 전부터 존재했다는 것을 의미한다. 게놈(genome)을 비교해본 결과에 따르면, 쥐와 사람은 거의 동일한 유전자를 2만 5천 개쯤 가지고 있고, 침팬지와 사람은 DNA의 거의 99퍼센트가 동일하다고 한다. 공통의 툴킷이 있을 뿐만 아니라 상이한 종들의 게놈이 매우 유사하다는 것이다.[87] 이는 가장 아름답고 무수히 다양한 형태들이 구조 유전자의 변화에 의해서가 아니라 이미 존재하는 구조 유전자를 통제하는 스위치 체계의 변화에 의해 생겨난 것임을 말해준다. 그 스위치인 유전자들은 발생하는 배아에서 몸의 다양한 부속지가 형성될 바로 그 지점에 놓여 있으며 몸의 여러 부위들이 언제 어떻게 형성되는지를 알려준다. 이처럼 이보디보는 생명체의 역사에서 핵심을 이루는 수수께끼인 캄브리아기 대폭발과 그에 따른 동물 종류들의 폭발적인 증가와 다양성을 이해하는 데 새로운 관점을 부여한다.

캄브리아기 대폭발과 관련하여 고생물학에서 가장 유명한 화석군은 버제스 셰일(Burgess shale: 버제스 산의 泥岩層에서 발견된 泥板岩)이다. 캄브리아기 생명체의 보고(寶庫)인 버제스 셰일은 1909년 캐나다 로키산맥의 요호 국립공원에서 스미스소니언 박물관장 찰스 두리틀 월컷(Charles Doolittle Walcott)에 의해 대량으로 발견된 동물 화석군이다. 버제스 화석의 연대는 약 5억 500만 년 전이다. 월컷은 1910년부터 1925년까지 최소 6만개에서 8만개에 이르는 버제스 셰일 화석군을 채취했다. 버제스 시대에 좌우대칭동물 내에 갖가지 몸 설계가 진화했다는 사실은 해면동물, 유즐동물(빗해파리), 다모류, 새예동물(바다 밑 진흙 속에 사는 포식성 생물), 완족동물, 절지동물, 그리고 창고기와 비슷한 척색동물의 세밀한 압축화석에서 찾아볼 수 있다. 미국의 고생물학자이자 진화생물학자 스티븐 제이 굴드(Stephen Jay Gould)는 『생명, 그 경이로움에 대하여 *Wonderful Life*』(1998)라는 저서에서 특히 오파비니아(Opabinia)에 주목했다. 오파비니아는 중기 캄브리아기에 살았던 고생물로서 체절로 나누어진 몸과 키틴질 외골격은 절지동물과 진화상의 관련이 있음을 나타낸다. 5센티미터 가량의 길이에 깃털 모양의 아가미를 갖추고 다리가 없으며 다섯 개의 눈과 움켜잡는 주둥이를 가진 독특한 모양 때문에 버제스 셰일을 대표하는 생물이 됐다. 굴드는 오파비니아가 버제스 화석을 생물학적으로 해석하는 데 중요한 열쇠가 될 것이라고 생각했다. 그는 이 화석이 좌우대칭동물에 포함되는 것으로 지금은 절멸한 문이라는 결론을 내렸다.[88]

굴드는 캄브리아기가 지구에 더 이상 존재하지 않는 '기이한 경이들(weird wonders)'로 가득했으며 새로운 체형과 새로운 유형의 문, 종수(種數)의 대폭발이었다고 정의했다. 그러나 영국 케임브리지대학의 사이먼 콘웨이 모리스(Simon Conway Morris) 교수를 비롯한 많은 연구자들은 새로운 체제(門)의 다양성이 캄브리아기 이래로 사실상 감소했다는 굴드의 견해에 대해서는 동의하지 않았다. 모리스는 '기이한 경이들'이 서로 별개의 문들이 아니라 오늘날에도 살아 있는 잘 알려진 문들의 초기 구성원일 뿐이라고 보았다.[89] 굴드의 가장 큰 과학적 업적은 1972년에 미국의 생물학자 닐스 엘드리지(Niles Eldredge)와 함께 주장한 단속평형이론(斷續平衡理論 punctuated equilibrium)이다. 단속평형이론은 유성 생식을 하는 생물 종의 진화 양상이 상당 기간 안정적인 상태를 유지하다 특정한 시기에 급격하게 종 분화를 이룬다는 이론이다. 긴 기간의 진화적 안정기와 비교적 짧은 기간의 급격한 종 분화기로 나뉜다는 단속평형이론은 종의 진화가 매우 오랜 시간에 걸쳐 점진적으로 이루어진다는 기존의 계통점진이론에 정면으로 반하는 것이다. 캄브리아기 생명체 대폭발은 단속평형이론의 강력한 증거가 되었다.

동물계에서 가장 근원적인 분화, 즉 선구동물(先口動物 또는 前口動物 protostome)과 후구동물(後口動物 deuterostome)로 확실히 알아볼 수 있는 동물들이 처음 등장한 것은 캄브리아기에 들어 시간이 좀 흐른 뒤였다. 선구동물은 입이 원구(原口 blastopore)라는 중앙의 구멍에서 형성되는 동물로서 절지동물, 연체동물, 환형동물 등이 포함된다. 후구동물은 입이 배아의 원구 반대 방향에서 형성되는 동물로서 사람을 비롯한 모든 척추동물, 극피동물(성게 등), 기타 몇몇 다른 동물군이 포함된다. 선구동물과 후구동물이 나뉘기 전에 계통수의 원줄기에서 뻗어 나간 원시적인 문들로는 해면동물, 자포동물(해파리, 산호, 말미잘), 빗해파리 등이 있다. 여러 계통의 증거들은 선구동물과 후구동물이 갈라지기 전의 마지막 공통 조상이 좌우대칭이었고 이동할 수 있었음을 시사한다. 많은 연구자들은 이 마지막 공통 조상이 미세한 선형동물과 비슷한 작은 벌레였을 것이라고 상상한다. 이보디보에 의하면 이 공통 조상은 신체 형성에 사용될 유전자 툴킷을 이미 가지고 있었다. 그것도 실제로 사용되기 적어도 5,000만 년 전부터 급격한 변화가 일어날 수 있는 방식으로 설정되어 있었다는 것이다. 캄브리아기 대폭발은 순식간에 일어난 것이 아니라 그것에 필요한 모든 툴킷과 특징이 5,000만 년 동안 대기 상태에 있었다는 말이다.[90]

절지동물과 완족동물, 연체동물에 척색동물까지, 그 동물문으로 인정해줄 만한 몸 설계는 캄브리아기 전반의 1,000~3,000만 년 동안 형성되었다. 그 이후 캄브리아기의 남은 기간에 진행된 계속된 진화로, 좌우대칭동물의 문과 강을 이루는 꼭대기 생물군에 오늘날과 같은 특징의 조합들이 생겼다. 여기까지 모두 약 5,000만 년이 걸린 셈이다.…캄브리아기의 진화는…순식간에 일어나지 않았다.…하지만 셰일이나 석회암이 포개진 원생이언의 두터운 지층을 본 적이 있는 사람이라면, 캄브리아기의 사건이 지구를 뒤바꾸었다는 사실에 의문을 품을 수 없다. 캄브리아기의 몸 설계 진화에 5,000만 년이라는 엄청난 세월이 걸렸다고는 하지만, 이 5,000만 년이 생물의 30억 년 역사를 다시 썼던 것이다.[91]

버제스 셰일의 더 오래된 판본이라고 할 수 있는 중국 청장(澄江) 동물군은 1984년 윈난성(雲南省) 청장 마오톈산(帽天山)의 이암층에서 발견된 캄브리아기 동물 화석으로 약 5억 2,000만~5억 2,500만 년 전에 형성된 것이다. 그린란드 북부의 시리우스 파셋(Sirius Passet)에서도 약 5억 2,000만 년 전에 형성된 캄브리아기 동물 화석이 발견되었다. 청장 동물군은 버제스 셰일 동물군이나 시리우스 파셋 동물군보다 더 오래된 고생대 초기의 동물군이다. 화석의 종류와 양이 풍부하고 보존 상태가 양호하며 다양한 다세포동물들을 포함하고 있어 원생누대 생명체에서 고생대 생명체로의 변천 과정에 대한 이해와 더불어 다세포동물과 척추동물을 포함한 척색동물(脊索動物 chordate)문의 진화를 연구하는 중요한 자료가 되고 있다. 청장과 버제스 양쪽의 동물군을 지배한 것은 그 수와 종류가 대단히 많은 절지동물(arthropod)이었으며. 이후로도 절지동물은 지구상에서 가장 다양한 동물이 되었다. 알려진 동물 종(種) 가운데 약 84퍼센트가 절지동물문에 속하고, 기재된 87만 9,000종 이상의 절지동물 가운데 약 86퍼센트가 곤충류이며, 곤충류만 하더라도 전체 종수가 1,000만 종에 달할 것으로 추정된다.[92]

이보디보는 절지동물이 모듈로 구성되어 있고, 새로운 기능에 전용될 수 있는 중복된 형태를 가지며, 체절로 구성된 전체 체제의 특정 영역을 쉽게 변형할 수 있는 혹스 유전자들을 가지고 있기 때문에 지구상에서 가장 다양한 동물이 되었다고 본다. 새로운 동물의 출현이 곧 새로운 유전자의 출현이라는 기존의 관점과는 달리, 선 캐럴을 비롯한 이보디보 연구자들은 절지동물의 마지막 공통 조상에게서 새로운 유전자가 진화한 것이 아니라 그들은 이미 그것을 가지고 있었으며, 그 기존의 유전자들을 변형시켜 다양화를 이룸으로써 그토록 많은 절지동물들이 생겨났다는 것이다. 말하자면 혁신의 비밀은 '기존의 것을 변형시키는' 것과 모듈성(modularity), 그리고 다윈이 이해했던 다기능성(multifunctionality)과 중복성(redundancy)에 있다는 것이다. 그래서 션 캐럴은 "형태의 진화는 어떤 유전자를 가지고 있는가보다는 그것을 어떻게 사용하는가라는 문제이다"라고 말한다. 절지동물들이 충분히 변화를 일으키고 다양화하는 데에는 10개의 혹스 유전자만 있으면 되었다. 절지동물 배아에서 특정한 혹스 유전자 단백질의 위치나 '구역'이 바뀜으로써 다양한 종류의 절지동물이 형성된 것이다.[93]

캄브리아기 지층에서 발견된 동물 화석의 특징으로는 고도로 진화된 눈을 가졌다는 점을 들 수 있다. 월컷이 버제스 셰일 화석지에서 최초로 발견한 화석들 중의 하나인 왑티아 필덴시스(Waptia Fieldensis)는 가장 흔한 절지동물의 하나로 형태나 습성이 새우와 비슷하며 최대 길이는 8센티미터에 이르고, 등 쪽 부분이 갑피라고 부르는 딱딱한 등딱지로 싸여 있으며, 새우처럼 돌출된 눈이 긴 눈자루 끝에 달려 있다. 왑티아는 물속의 유기물을 먹고 살았을 것으로 추정된다. 캄브리아기 지층에서 발견된 동물 화석의 또 다른 특징으로는 이전의 에디아카라 동물군 화석에서는 보이지 않던 포식의 흔적이 보인다는 점을 들 수 있다. 이러한 흔적을 가장 잘 보여주는 예로서 캄브리아기 삼엽충 화석을 들 수 있으며 이들 가운데 물린 흔적을 가진 것들이 많은데, 그 포식자로 지목되는 것이 아노말로카리스(Anomalocaris: '이상한 새우'라는 뜻)이다. 아노말로카리스는 절지동물과 유연관계인 것으로 생각되는 아노말로카리스과의 멸종한 한 속(屬 genus)이다. 캄브리아기의 바다에서 전지구적으로 분포했던 아노말로카리스는 최대 크기가 2미터에 달하며 먹이사슬의 가장 위에 있었던 위협적인 포식자로서 삼엽충을 포함하여 단단한 몸을 가진 동물들을 잡아먹고 살았던 것으로 보인다.

원생대 말부터 생물 종의 수가 늘어나기 시작해 캄브리아기 초기에는 그 수가 폭발적으로 증가했으며, 캄브리아기 말기에는 전 지구의 대양에 온갖 다양한 동물군이 넘쳐날 정도로 생물계에 근본적인 변화가 일어났다. 그런데 캄브리아기의 종말, 즉 최초의 현생누대 대량멸종은 왜 일어난 것일까? 지구상에 존재하는 생명체의 가장 많은 부분은 미생물이 차지하고 있지만 미생물의 증감은 측정하기 어려우므로 여기서 말하는 지질학상의 멸종 사건은 화석의 충서적 분포도(range chart)에 나타난 생물 종의 멸종을 일컫는 것이다. 미국의 고생물학자 데이비드 말콤 라우프(David Malcolm Raup)와 잭 존 셉코스키(Jack John Sepkoski)는 '대멸종 주기설'을 발표했다. 고생물학의 르네상스를 이끈 학자로 평가 받는 라우프는 그의 저서 『멸종 Extinction』(1991)[94]에서 과거로부터 현재까지 50억에서 150억 종에 이르는 생물들이 지구를 거쳐 갔지만 그 중 약 1,000분의 1에 해당하는 수백만 종만 살아남았으니 이는 99.9퍼센트가 실패한 형편없는 생존 기록이라며, 왜 그렇게 많은 종(種)이 사라졌는가에 대해 대답한다. 그는 멸종이 불량 유전자(전염병이나 감각지각 부족, 부실한 번식능력 등)와 불운(기후급변, 해수면 상승, 화산 폭발, 소행성 충돌 등)의 조합으로 일어났지만 대부분의 종은 외생의 돌발 변수인 불운으로 인해 소멸했다고 답했다. 그는 지구 최악의 소행성 충돌이 2,600만 년 주기로 일어났고 그 결과 다섯 번에 걸쳐 '대멸종'이 일어났다는 '소행성 충돌 주기설'을 발표하기도 했다.

라우프와 셉코스키는 생물 종의 변천을 과나 속 등의 그룹별로 조사해 세 가지 타입으로 나누었다. 즉 캄브리아기에 번영했으나 오르도비스기 이후에는 쇠퇴한 그룹인 캄브리아기형 동물군(Cambrian evolutionary faunas), 오르도비스기부터 트라이아스기에 걸쳐 번영한 그룹인 고생대형 동물군(Paleozoic evolutionary faunas), 그리고 중생대 이후에 다양성이 증가한 그룹인 현대형 동물군(Modern evolutionary faunas)이 그것이다. 캄브리아기형 동물군에는 삼엽충,

무관절목 완족류, 단판류, 연설동물류, 초기바다나리류가 있고, 고생대형 동물군에는 유관절목 완족류, 화충류, 바다나리류, 패충류, 두족류, 협후류 이끼벌레, 불가사리류, 필석류가 있으며, 현대형 동물군에는 이매패류, 복족류, 나후류 이끼벌레, 연갑류, 보통 해면류, 유공충류, 성게류, 경골어류, 연골어류, 파충류, 포유류가 있다. 라우프와 셉코스키는 지질시대의 경계층에서 생물 대량멸종이 일어난다는 연구결과를 발표했다.[95] 현생누대의 5대 대량멸종 사건, 즉 오르도비스기 말, 데본기 후기, 페름기 말, 트라이아스기 말, 백악기 말의 대량멸종(mass extinction) 사건은 특히 피해가 컸던 멸종 사건이다. 1984년 호모 에렉투스 화석 발견으로 인류 진화사를 새롭게 쓴 케냐의 고인류학자 리처드 리키(Richard Leakey)는 그의 저서 『제6의 멸종 *The Sixth Extinction*』(1995)에서 종의 50퍼센트 이상이 사라진 사건들을 5대 대량멸종 사건이라고 공식적으로 지칭했다.

　지구과학자들이 지구 생명체 대량멸종의 원인으로 지목하는 것은 대개 다음 세 가지다. 첫째는 대규모 화산활동설이다. 지구상의 5대 멸종 사건이 모두 대규모 화산 폭발과 관련돼 있다는 것이다. 화산에서 방출된 먼지가 태양 빛을 차단해 광합성을 방해하고 육지와 해양의 먹이사슬을 파괴하며, 방출된 황의 산화물로 인해 내린 산성비가 이러한 파괴를 심화시키고, 그리고 대기 중에 방출된 이산화탄소가 지구온난화를 야기해 생명체가 대량멸종 될 수 있다는 것이다. 둘째는 해수면의 변화다. 해수면의 하강은 바다에서 가장 생산적인 곳인 대륙붕을 감소시켜 대량멸종의 원인이 될 수 있으며, 또한 기후 패턴을 변화시켜 육지에서의 멸종을 초래할 수 있다는 것이다. 빙하기에는 해수면이 현재보다 100미터 이상 낮았다. 셋째는 천체충돌설이다. 외계 천체와의 충돌로 발생한 엄청난 먼지가 광합성을 방해하고, 대규모 쓰나미를 야기하거나 전 지구적인 화재를 일으킬 수 있다는 것이다.

이 외에도 지구 냉각화와 온난화, 해수에 포함된 산소량의 변화, 해양에서 방출되는 황화수소, 초신성 폭발 및 감마선 공격, 판구조론에 따른 대륙의 이동, 질병, 생물 종들 간의 과도한 생존경쟁 등이 대량멸종의 원인으로 지목되고 있다.[96]

오스트레일리아의 고생물학자 피터 워드 (Peter Ward)는 조 커슈빙크(Joe Kirschvink)와의 공저 『새로운 생명의 역사 A New History of Life』(2015)에서 실제로는 대량멸종이 10번 일어났다고 주장한다: 1) 산소 급증으로 인한 멸종, 2) 신원생대의 크라이오제니아기 멸종(후기 원생대의 '눈덩이 지구(Snowball Earth)' 사건과 결합), 3) 신원생대의 벤디아기-에디아카라기 멸종(원생대-고생대 경계에서 에디아카라 생물군 멸종 포함), 4) 캄브리아기 말 멸종, 5) 오르도비스기 멸종(열대 종 전멸), 6) 데본기 대량멸종(해양의 저서(底棲) 및 수생 동물 멸종), 7) 페름기 대량멸종(육지와 바다의 온실 멸종), 8) 트라이아스기 대량멸종(육지와 바다의 온실 멸종), 9) 백악기-고제3기 대량멸종(K-T* 대멸종: 온실과 충돌의 조합 멸종), 10) 플라이스토세-홀로세 대량멸종(약 250만 년 전부터 현재까지. 기후 변화와 인간 활동)이 그것이다.[97] 지구 역사상 최대의 멸종 사건은 2억 5,100만 년 전에 있었던 페름기 말 대멸종으로, 이 시기에 지구상의 생명체의 약 96퍼센트가 멸종했으며, 이후 고생대가 끝나고 중생대가 시작됐다.

워드는 지구의 자기조절 능력에 근거한 '가이아 가설(Gaia Hypothesis)'에 정면으로 반박하며 '메데이아 가설(Medea Hypothesis)'[98]을 제기했다. 이 두 가설은 지구를 가이아(Gaia: 그리스 신화 속 대지의 여신)로 보는 견해와 메데이아(그리스 신화 속 콜키스의 왕녀)로 보는 견해에서 비롯된다. 가이아는 모든 생명을 돌

---

* 중생대 백악기를 지칭하는 독일어 'Kreidezeit'와 신생대 제3기를 지칭하는 'Tertiary Period'의 머리글자를 따서 'K-T' 경계라고 한다.

보는 어머니로 그려지는 데 반해, 왕녀 메데이아는 비정의 어머니로 그려진다. 메데이아는 그리스 영웅 이아손이 황금 양털을 찾도록 도와주어 그의 아내가 되었지만 버림을 받게 되자 둘 사이에 낳은 자식들을 죽인 비정의 어머니다. 워드는 지구상의 생명체가 자식을 살해한 메데이아처럼 지구에 반복적으로 재앙을 안겨주었으며 미래에도 그럴 가능성이 많다고 주장하면서, 최악의 사례로 두 차례의 '눈덩이 지구'—22억 년 전 빙하기와 7억 년 전 빙하기—를 꼽았다. 지구가 얼어붙게 된 것은 지구에 온실효과를 가져오는 이산화탄소를 광합성 박테리아가 너무 많이 흡수했기 때문이라고 했다. 한편 지구를 자기조절 능력을 가진 거대한 생명체로 파악하는 제임스 러브록의 '가이아 이론'에서는 지구 기온의 급상승으로 금세기에 가이아가 혼수상태에 빠질 것이며, 가이아에 의해 자기조절 시스템이 가동되어 온 지금까지와는 달리 이제 그 시스템이 제대로 작동할 수 없는 위기 상황에 직면하게 됐다고 본다. 러브록이 말하는 '가이아의 복수'는 환경 대재앙을 가이아가 인간에게 되돌려주는 '복수'라는 관점에서 분석한 것이다. 이렇게 볼 때 '가이아 가설' 역시 지구의 자기조절 시스템이 무한정 작동되는 것은 아니라고 보는 점에서 '메데이아 가설'과 본질적으로 접합되는 부분이 있다.

캄브리아기 말의 대량멸종은 서너 번에 걸쳐 진행된 보다 규모가 작은 사건들의 집합으로 삼엽충을 비롯한 해양 무척추동물, 특히 완족류가 피해를 입었다. 캄브리아기 말 멸종 사건과 관련하여 주목할 만한 새로운 관점은 대다수의 다른 대량멸종 사건들과는 달리 산소 농도가 감소한 것이 아니라 단기적으로 상승했을 수도 있다는 것이다. 이는 해양생물 군집에 영향을 미치는 산소가 적은 따뜻한 수괴가 늘어난 것이 캄브리아기 말의 멸종의 원인이라고 보는 기존의 관점과는 다른 것이다. 이 시기에 일어난 것으로 알려진 화산 폭발이 단기적인 급속한 대륙이동, 즉 진극배회(眞極徘徊 true polar wander)를 일으킨 것이 아닐까 하는 추측도 흥미롭다. 대멸종 이후 오르도비스기 초에 새로 진화한 삼엽충들은 체제 전체가 바뀌어 체절의 수가 줄고 더 발달한 눈과 방어 갑옷을 갖추었으며, 특히 위험에 처하면 공벌레처럼 몸을 둥글게 마는 식으로 포식자를 막는 방어 적응형질을 갖추게 되었다.[99]

오르도비스기(4억 8,800만 년 전~4억 4,000만 년 전)에는 현재의 북아메리카 대륙, 그린란드, 시베리아 북동부 등을 포함한 로렌시아(Laurentia)* 대륙과 현재의 남반구에 해당하는 곤드와나(Gondwana) 대륙이 이아페토스 해(海)로 불리는 고대서양을 사이에 두고 분리되어 있었다. 오르도비스기는 캄브리아기와 마찬가지로 산소 증가를 원동력으로 삼아 빠른 속도로 지구 동물 다양성을 증가시켰다. 최초의 산호초가 이 시기에 등장했고, 복족류·두족류·절지동물 등의 수가 증가하고 다양해졌으며, 지금은 멸종된 소형 수중 군체성 동물군인 필석류(筆石類 graptolite)가 확산됐다. 4억 6,000만 년 전쯤 오르도비스기 중엽에 최초 식물의 원형이 육지로 올라왔다. 모든 종의 86퍼센트가 사라진 오르도비스기 말 대멸종의 원인으로는 빙하기로 인한 생태계의 변화 때문이라고 보는 것이 일반적이지만, 초신성 폭발로 인한 감마선의 공격으로 지구 대기의 오존층이 파괴되어 살인적인 자외선에 노출되게 된 데서 그 원인을 찾기도 한다.

실루리아기(4억 4,000만 년 전~4억 1,600만 년 전)에는 최초의 경골어류가 출현하고 움직일 수 있는 턱을 가진 어류가 등장했으며, 무척추동물이 육지로 올라왔다. 실루리아기 중엽에는 관다발 식물도 처음 나타났으나 지구 생태계에 큰 영향을 주지는 못했다. 어류의 시대인 데본기(4억 1,600만 년 전~3억 5,900만

---

* 로렌시아는 중생대 쥐라기까지 초대륙 판게아의 일부인 로라시아(Laurasia)의 일부 대륙을 지칭했으나 백악기에 이르러 독립적인 대륙으로 분리됐다.

년 전)에는 폐어, 갑주어, 상어가 번성했고, 최초의 육상 척추동물이 등장했다. 또한 유관속식물이 상당히 발전했으며, 초기 식물은 주로 양치식물이었다. 모든 종의 75퍼센트가 사라진 데본기 후기 대멸종은 해수면이 상승하는 시기와 대응하고 있고, 또 산소 동위원소*를 이용한 조사가 데본기 후기에 따뜻한 바다가 있었다는 것을 보여주고 있어, 기존의 생각과는 달리 기온 하강보다는 기온 상승이 대멸종의 원인일 수 있다는 가설이 제시되었다.[100] 그러나 다른 한편으론 데본기 사건이 지구의 냉각과 온난화가 한꺼번에 이어졌기 때문이라고 보는 관점[101]도 있다. 양서류의 시대인 석탄기(3억 5,900만 년 전~2억 9,900만 년 전)는 전기 석탄기와 후기 석탄기로 구분되는데, 미국에서는 전기 석탄기를 미시시피기, 후기 석탄기를 펜실베이니아기라고 한다. 석탄기라는 명칭은 영국의 이 시기 지층에서 대규모 석탄이 채광된 데서 붙여진 이름이다. 양서류가 지배적인 동물이었으며 그중 일부는 파충류로 발달해 있었다. 양서류의 일종인 미치류와 곤충이 번성했고, 겉씨식물이 최초로 출현했다. 양서류는 껍질이 있는 알을 낳으면서 파충류로 진화했다. 전기 석탄기에는 특히 식물이 번성했으며, 후에 석탄의 주원료가 된 양치류는 전·후기를 통틀어 번성했다.

고생대를 마감하는 페름기(2억 9,900만 년 전~2억 5,100만 년 전)에는 은행나무와 소철류가 출현했으며, 파충류는 다양한 종류로 발전했다. 중남부 유럽에서는 석탄기-페름기에 걸친 바리스칸 조산운동이 페름기 말기에 끝났으며, 북아메리카에서는 애팔래치아 조산운동이 일어났다. 페름기 말 대멸종은 모든 종의 96퍼센트가 사라진 현생 누대의 최대 규모의 멸종 사건으로, 고생

---

* 자연에 존재하는 산소는 세 가지의 안정 동위원소, 즉 ^{16}O, ^{17}O, ^{18}O로 이루어져 있다. ^{16}O와 ^{18}O의 비율을 연구해 고기후학에 응용하면 과거의 기후를 알아낼 수 있다.

대를 대표하던 삼엽충은 지구상에서 완전히 사라졌다. 다양한 종류의 많은 해양 무척추동물과 곤충들이 멸종했으며, 포유류의 조상인 단궁류(單弓類 synapsid)들도 대부분 사라졌다. 이 멸종 사건은 고생대인 페름기와 중생대인 트라이아스기 사이에 일어난 것이라 하여, P-T 경계의 대멸종 사건이라고도 한다. 페름기 대멸종은 특히 포유동물의 출현에 기여했고, 공룡이 출현할 토대를 마련했다. 대량 멸종 이후 1,600만 년 사이에 파충류는 공룡이라는 경이로운 생물로 진화했다. 공룡은 트라이아스기에는 몸집이 작은 상태로 유지되다가 쥐라기에 들어서야 다양성이 증가하고 몸집이 커지면서 크게 번성했고, 포유류는 백악기 말 대멸종으로 공룡이 멸종하고 신생대에 들어서야 자신의 시대를 갖게 되었다.

페름기 대량멸종과 관련한 지질학자들의 연구 조사에 따르면 P-T 경계 지층에서 유기물이 분해되지 않고 퇴적해 만들어진 검은색 이암층이 발견된 것은 바닷물 속의 산소 농도가 급격히 낮아졌음을 의미한다. 지층에 유기물이 퇴적한 채 분해되지 않은 것은 분해자에게 필요한 산소가 부족해졌기 때문으로, 이암의 두께로 보아 그 기간은 1,000만 년 이상이라고 한다. 즉 해양이 산소 결핍 상태에 빠진 것이 대멸종과 관련이 있다는 것이다. 해양이 산소 결핍 상태에 빠지게 된 원인으로는—탄소 동위원소비의 급격한 감소가 시사하듯—대규모 화산활동설이 널리 받아들여지고 있다. 즉 화산활동으로 분출된 화산재가 태양 빛을 차단해 식물의 광합성 활동을 멈추게 하고, 메탄 기체가 대량 방출되면서 온실효과의 증가로 기온이 급상승해 강과 호수가 마르게 되었다는 것이다.[102] 한편 2005년 미국 펜실베이니아 대학교의 지질과학자 리 컴프(Kump Lee) 연구팀은 페름기 말의 해양 미생물이 생산한 황화수소(H_2S)가 육지와 바다 양쪽에서 일어난 멸종에 직접 관여했다고 주장하는 논문을 발표했다.[103] 산소가 결핍되자 혐기성 세균이 크게 증식하여 독성이 강한 대량의 황화수소를 방출하면서 식물이 사라지고 식물을 먹이로 하는 동물도 사라졌으며, 또한 황화수소가 오존층을 파괴해 멸종을 가속화시켰다는 것이다. 이 외에 천체충돌설 등 복합적 요인에 의한 대멸종이 제기되기도 하지만 보다 확실한 증거가 요망된다.

트라이아스기로 시작되는 중생대는 2억 5,100만 년 전부터 6,550만 년 전까지로 공룡이 지배하던 시대이며 트라이아스기, 쥐라기, 백악기로 구분된다. 페름기 말 대멸종 이후 트라이아스기(2억 5,100만 년 전~1억 9,960만 년 전) 초의 세계는 생명체가 거의 없이 텅 비어 있었다. 또 다른 측면에서는 주된 육상동물들이 너무 많이 사라짐으로써 더 많은 혁신이 이루어질 수 있는 길이 열리게 되었다. 육상동물 체제는 강한 선택압을 받아서 진화적으로 변형되고 있었고 새로운 체제의 다양성이 증가하였으며 그 결과, 캄브리아기 이래로 가장 많은 새로운 체제를 빚어내게 되었다. 이 시기에 나타난 생물학적 결과를 '트라이아스기 대폭발'이라고 부른다. 마치 에디아카라 동물군의 대량멸종 뒤에 캄브리아기 대폭발이 일어났듯이, 페름기 대량멸종 뒤에 트라이아스기 대폭발이 일어난 것이다. 트라이아스기 동물의 체제 다양성은 캄브리아기 대폭발에 따른 해양동물의 체제 다양성과 유사하다. 대형 파충류인 공룡(dinosaurs)*은 트라이아스기의 3분의 2가 지난 약 2억 3,500만 년 전에 출현했으며, 공룡의 몸집은 대개 1~3미터에 불과했다. 익룡(翼龍: 비행 파충류), 어룡(魚龍), 포유류, 악어도 나타났다. 현생 산호류와 조개류가 등장했고, 암

---

* 공룡을 지칭하는 디노사우루스(dinosaurs)는 그리스어로 무시무시하다는 뜻의 데이노스(deinos)와 도마뱀이라는 뜻의 사우로스(sauros)가 합성한 것이다. 미국의 고생물학자 로버트 바커(Robert T. Bakker)는 공룡이 다른 파충류들과는 달리 포유류처럼 따뜻한 피를 가졌기 때문에 생존경쟁에서 우위를 차지해 오랜 세월동안 지구를 지배할 수 있었다며, 공룡이 온혈동물이었을 것이라고 주장했다.

모나이트류가 번성했다. 이 시기에는 지구의 모든 대륙이 '판게아'라는 하나의 초대륙을 형성하고 있었고 이를 하나의 대양이 둘러싸고 있었다. 이 시기의 기후는 매우 온화했던 것으로 추정된다. 모든 종의 80퍼센트가 사라진 트라이아스기 말 대멸종은 데본기 대멸종이나 페름기 대멸종과 마찬가지로 온실 멸종(greenhouse extinction)이었던 것으로 나타난다.[104]

공룡의 전성기였던 쥐라기(1억 9,960만 년 전~1억 4,550만 년 전)는 모든 멸종 사건 이후에 일어난 것과 동일한 단기적인 진화적 폭발 양상을 나타냈다. 대량 멸종의 생존자들로 구성된 다양성이 낮은 상태에서 시작해 500만~1,000만 년 기간에 걸친 이러한 회복기가 지나면 다양성은 다시 높아지곤 했다. 즉 위기의 시대가 새로운 혁신을 촉발하는 것이다. 쥐라기 초기에도 새로운 다양한 해양생물들이 진화했다. 새로운 종류의 연체동물과 해양 파충류, 그리고 많은 새로운 종류의 경골어류가 대규모 집단을 이루었다. 무엇보다도 쥐라기는 다양한 공룡이 번성했던 시기다. 트라이아스기 후기에 출현한 공룡은 1,500만 년 동안 다양성이 낮은 상태로 머물러 있었다. 트라이아스기 말 공룡은 역사상 유례가 없는 가장 정교하고도 효율적인 허파를 진화시킴으로써 산소 농도가 낮은 생물권의 '죽음의 소용돌이(vortex of death)'에서 빠져나와 쥐라기와 백악기에 걸쳐 다양성이 급증하면서 대규모로 번성했다. 공룡 가운데 수가 가장 많은 것은 용각류(龍脚類 Sauropods)인데 가장 큰 용각류는 후기 쥐라기 암석에서 발견되며―브라키오사우루스(Brachiosaurus), 알로사우루스(Allosaurus)는 대표적인 거대 용각류다―백악기 전기까지 계속 지배했다. 브라키오사우루스는 크기가 25~28미터, 무게가 25~29톤에 이르는 거대한 초식 공룡이었다. 두발보행 용반류도 쥐라기 전기와 중기에 다양해지면서 번성했다.[105] 몸집이 작은 포유류가 늘어났고, 겉씨식물과 양치식물이 번성했으며, 시조새(Archaeopteryx)도 출현했다. 현재의 새들은 육식을 하던 특정 공룡 집단의 직계 후손이다. 성게·바다나리·불가사리·해면, 완족동물(腕足動物)도 번성했다. 쥐라기에는 초대륙 판게아가 북쪽의 로라시아(Laurasia: 북아메리카 지괴인 로렌시아와 유라시아를 합친 이름)와 남쪽의 곤드와나로 분리됐다.

중생대를 마감하는 백악기(1억 4,550만 년 전~6,550만 년 전)에 대서양은 많이 확장되었으나 북아메리카와 유럽은 아직 완전히 분리되지 않았고, 인도양이 계속 확장됨으로써 인도대륙은 아시아 쪽으로 꽤 근접했으며, 아프리카와 남극도 상당히 분리되어 있었다.[106] 전기 백악기에는 여전히 거대한 용각류가 지배했지만 후기 백악기에는 많은 새로운 조반류(鳥盤類 Ornithischia), 즉 케라톱스(Ceratops), 하드로사우루스(Hadrosaurus), 안킬로사우루스(Ankylosaurus) 등이 출현하면서 공룡의 다양성이 급증해 용각류는 소수만 남았다. 조반류 공룡은 용반류 초식동물처럼 효율적인 호흡계를 갖지 않았지만 더 큰 머리와 강한 턱과 강한 이빨을 가지고 먹이 획득에서 용반류보다 경쟁우위에 있었고, 산소 농도가 거의 현재 수준으로 높아지자 주된 초식동물이 되었다. 이러한 공룡의 진화는 포식자-먹이 상호작용, 종내(種內) 및 종간(種間) 경쟁, 해수면의 상승과 하강에 따른 기후변화 등의 복합적인 요인이 작용한 결과였다. 공룡은 겉씨식물이 지배하는 세계에서 진화했으나 백악기 초에 새로운 유형의 속씨식물이 출현해 급속한 적응방산을 이루어 이전의 식물상을 대체했으며, 약 6,500만 년 전 백악기말에는 식생의 90퍼센트가 속씨식물이었다. 따라서 용각류가 지배하던 쥐라기 동물상에서 조반류가 지배하는 백악기 동물상으로의 전환과정은 속씨식물로의 변화 및 산소 농도의 증가와 관련이 있었을 것이다. 즉 속씨식물을 먹으려면 표면과 형태가 전혀 다른 이빨이 필요했을 것이고, 산소 농도가 15퍼센트 이상으로 증가하지 않았다면 조반류의 지배는 일어나지 않았을 것이다.[107] 한편 해양세계에서도 큰 변화가 일어나 현생종과 비슷한 어류와 조개류 및 고둥류가 많이 출현했으며, 백악기 중엽까지 번성했던 암모나이트류는 말엽에 멸종했다.

K-T 대멸종이라고도 불리는 백악기 말 대멸종으로 76퍼센트에 이르는 종들이 사라졌고, 약 1억 7,000만 년 동안 육지를 지배했던 공룡은—조류로 발달한 공룡을 제외하고는—모두 멸종했다. 포유류도 일부 멸종했으나 대부분은 살아남아 신생대에 전성기를 맞았다. K-T 대멸종의 원인으로 가장 널리 받아들여지고 있는 이론은 미국의 지질학자 월터 앨버레즈(Walter Alvarez) 연구진이 주장한 소행성 충돌설이다. 소행성 충돌설의 강력한 근거로 제시되고 있는 것은 경계 지층에서 발견되는 다량의 이리듐(iridium)과 지층에 쌓인 점토에 섞여 있는 다량의 '충격 석영'이다. 앨버레즈 연구진에 따르면 충돌 직후 대규모의 충격파와 산성비가 지구를 덮쳤고, 대량으로 발생한 먼지가 햇빛을 차단해 장기간 블랙아웃(blackout)을 일으켜 지구 기후를 치명적으로 변화시켰으며, 또한 수많은 뜨거운 암석 파편들이 하늘에서 쏟아져 내리면서 대규모의 화재를 일으킨 것이 멸종의 원인이 되었다는 것이다. 멕시코 유카탄 반도에서 그 시기의 소행성 충돌의 흔적인 거대한 칙술루브 크레이터(Chicxulub Crater)*가 발견된 것도 이러한 주장을 뒷받침하고 있다. K-T 대멸종이 온실과 충돌의 조합 멸종이라고 보는 피터 워드와 조 커슈빙크의 관점은 설득력이 있다고 본다. 즉 소행성이 지구를 강타하기 수십만 년 전, 인도의 데칸 화산활동으로 엄청난 양의 현무암이 지표면으로 쏟아져 나오면서 데칸 용암대지(Deccan Trap)를 형성했으며 이로 인해 온실 멸종이 일어났고,

---

* 칙술루브 크레이터란 멕시코의 국영 석유 회사가 칙술루브라는 작은 마을 근처에서 시추 작업을 할 때 충돌 크레이터(구덩이)가 발견되자 마을 이름을 따서 그렇게 명명한 것이다.

소행성 충돌이 최후의 일격을 가해 대멸종을 마무리했다는 것이다.[108]

K-T 대멸종으로 공룡이 사라지는 한편, 대멸종에서 살아남은 포유류가 마침내 주도권을 쥐고 자신의 '시대'를 열게 된 것은 팔레오세(6,550만 년 전 ~5,580만 년 전)로 시작되는 신생대에 들어서였다. 신생대는 제3기와 제4기로 구분된다.* 제3기는 팔레오세, 에오세, 올리고세, 마이오세, 플라이오세로 구분되며 약 6,300만 년 동안 지속되었고, 제4기는 플라이스토세와 홀로세로 구분되며 약 250만 년 동안 지속되었다. 역사상 포유동물의 시대는 셋으로 나누어 볼 수 있다. 제1차 포유류 시대는 페름기에 있었으며, 수궁류와 그들의 조상인 단궁류의 전성기였다. 학술적으로 그들은 아직 포유류가 아니었지만 포유류에 가까웠으며 종도 많았고 개체수도 많았다. 남아프리카에는 한 시기에 50개의 속(屬)이 살았다. 한 개의 속은 대개 몇 개 종(種)으로 이루어지므로 최소 150종은 있었을 것이다. 제2차 포유류 시대는 트라이아스기 말에서 백악기 말 사이로, 육지를 지배하던 공룡들로부터 포유류가 억압받던 시기이다. 그들은 굴속이나 나무 위에 살면서 공룡이 잠든 밤에 돌아다녔으며, 몸집은 가장 큰 것이 집고양이 정도였고 대개 그보다 훨씬 작았다. 마지막으로 제3차 포유류 시대는 K-T 대량멸종 이후에 많은 다양한 종들이 출현하면서 현재 우리에게 잘 알려진 과(科)들을 형성했다. 대멸종에서 살아남은 쥐처럼 생긴 동물들로부터 티타노데어(Titanothere) 같은 초기의 포유류를 거쳐서 오늘날 우리에게 친숙한 많은 포유동물에 이르기까지의

---

* 찰스 다윈에게 커다란 영향을 끼친 영국의 지질학자 찰스 라이엘(Sir Charles Lyell)은 지질시대를 지층의 특성에 따라 제1기, 제2기, 제3기, 제4기로 구분했다. 1872년 지층에서 발견된 동물 화석에 근거하여 지질시대를 다시 고생대, 중생대, 신생대로 구분했는데, 제1기와 제2기는 각각 고생대와 중생대가 되었고, 제3기와 제4기는 신생대의 두 기가 되었다.

시대이다.[109]

　신생대는 대륙들이 현재의 위치에 자리 잡은 시기이다. 오스트레일리아와 뉴기니가 남쪽의 곤드와나에서 분리돼 북쪽의 동남아 부근으로 이동했고, 남극대륙은 남극점으로 이동했으며, 인도양을 북상해 온 인도대륙이 유라시아대륙과 충돌하면서 히말라야산맥을 형성했다. 대서양은 더 확장되었으며, 남북아메리카가 연결되었다.[110] 제3기에는 기후가 대체로 온난했으며 조산운동이 활발해 로키산맥과 알프스산맥, 그리고 히말라야산맥 등의 대형 산맥이 형성되었다. 현생 포유류의 출현과 관련하여 21세기에 나온 새로운 연구 결과를 보면, 주요 포유류 '집단들'이 사실상 공룡이 멸종하기 오래 전에 다양해졌으며, 가장 초기의 포유류 진화 및 분화는 북쪽 대륙들이 아니라 남쪽 대륙들에서 일어났고, 아주 먼 친척으로 여겨졌던 많은 집단들이 사실상 가까운 친족이었음을 시사한다. 그러나 K-T 대량멸종 이전에 포유류가 다양해졌다고 해도 그 크기에 있어 현저한 변화는 대량멸종 이후에 나타났다. 당시 지구 기온이 빠르게 상승하면서 전 세계에서 삼림이 확산된 것이 포유류의 다양성 증가를 촉발했을 수도 있다. 오늘날의 포유류는 크게 두 집단, 즉 작은 새끼를 낳아서 외부에 있는 육아낭 속에서 키우는 유대류(有袋類)와 그들의 후손인 태반류(胎盤類)로 나뉜다. 현재의 새로운 DNA 자료는 태반류가 1억 7,500만 년 전에 유대류와 갈라지기 시작한 것으로 추정하는데, 이를 뒷받침하는 원시 태반류 종의 화석—에오마이아(Eomaia)라는 1억 2,500만 년 전의 화석—이 중국 랴오닝 성에서 발견되었다.[111]

　포유류를 특징짓는 가장 중요한 점은 약 1억 5,000만 년 전~1억 년 전 사이에 포유류 뇌 안에 새롭게 발달된 영역인 대뇌변연계(大腦邊緣系 limbic system)에서 비롯됐다. 대뇌변연계는 대뇌피질과 시상하부 사이의 경계에 위치해 있으며 감정, 행동, 동기부여, 학습과 기억, 후각 등의 여러 가지 기능을 담당한다. 공룡이 지배하던 중생대에 포유류는 몸집이 작은 야행성동물로 발달했으며, 공룡 멸종 이후에도 몸집이 커지는 데는 수백만 년이 더 걸렸다. 팔레오세 중·후기인 약 6,000만 년 전~5,500만 년 전에 몸집이 작은 영장류 —유연한 손과 다섯 개의 발가락이 달린 발, 손톱, 정면을 보는 눈을 가진 포유류—가 처음 등장했다. 올리고세(3,390만 년 전~2,303만 년 전) 후기인 약 2,500만 년 전까지는 그중 일부가 보다 몸집이 큰 호미노이드(사람上科 Hominoidea) 영장류, 즉 유인원(類人猿 anthropoid)으로 발전했으며, 마이오세(2,303만 년 전~533만 년 전) 말기인 약 700만 년 전~500만 년 전에 호미니드(사람科 Hominidae)와 유인원 집단으로 분리됐다.[112] '사람과'는 현대 인간의 직간접의 조상으로 분류되는 두 발로 걷던 모든 종을 총칭한 것으로 4속(屬) 7종(種)으로 구성된다. 즉 오랑우탄속(Pongo) 2종, 고릴라속(Gorilla) 2종, 침팬지속(Pan) 2종, 사람속(Homo) 1종이 그것이다.

팔레오세 말에 이르러 지구 역사상 가장 빠른 속도로 기온이 급상승하는 일이 또 한 차례 발생하게 되는데, 이를 '팔레오세-에오세 최고온기(Paleocene-Eocene Thermal Maximum, PETM) 사건'이라고 한다. 미국의 해양지질학자 제임스 자코스(James C. Zachos) 등은 에오세(5,580만 년 전~3,390만 년 전)와 팔레오세의 퇴적층 코어를 채취해 퇴적물 속 유공충 유해를 구성하는 탄산칼슘을 분석한 결과, 팔레오세 말에 해수 온도가 급상승했음이 드러났다. 탄소 동위원소비가 단기적으로 급감한 결과가 나온 것이다. 온실 대량멸종의 징표인 탄소 동위원소비 감소의 원인으로는 대기 중에 방출된 대량의 메탄이 주범으로 지목됐다. 해저에 축적된 메탄하이드레이트(methane hydrate)가 융해해 대량의 메탄가스로 방출된 온실 사건으로 인해 해수 또한 산성화됨으로써 육지와 바다에서 동시에 멸종이 일어났다. 이러한 온난화로 고위도 지역에는 대삼림이 널리 퍼졌고, 초기 대형 포유류들은 주로 삼림지대에서 발달했다. 에오세부터 마이오세가 시작될 때까지 지구는 서서히 냉각되기 시작했다. 에오세 초기에 거대한 포유류인 고래가 다시 바다로 돌아갔다.

또한 히말라야산맥과 티베트고원의 융기로 1,000만 년 전부터 인도 몬순(계절풍)이 활발해지면서 파키스탄의 삼림은 건조한 초원으로 대체되어 갔고 히말라야산맥 남쪽 지역의 강수량을 증가시켰으며, 강수량 증가로 산맥의 침식이 진행되고 암석의 풍화작용도 증대하여 그 결과로 대기 중 이산화탄소가 감소했다. 이산화탄소 농도의 장기적인 감소는 지구 전체 기후를 한랭화해 남극대륙이나 그린란드, 캐나다 등지에서 빙상의 확대를 초래했다. 대기 중 이산화탄소 농도가 감소함에 따라 옥수수 등 C4 식물의 서식지가 확대되었다. 식물은 탄소 고정의 메커니즘 차이에 따라 C3 식물과 C4 식물의 두 그룹으로 나뉘는데, C4 식물은 신생대에 출현한 새로운 그룹의 식물로서 대기 중 이산화탄소 농도가 낮은 환경에서도 생육할 수 있는 그룹이다. C4 식물의 등장으로 인한 동위원소비 변화를 보면, 700만 년 전 무렵부터 C4 식물의 서식지 확대로 토양에 함유된 탄산칼슘의 탄소 동위원소비가 높아진 것을 알 수 있다.[113] 신생대 제3기 플라이오세(533만 년 전~258만 8,000년 전)에는 현생 포유류 속(屬)이 등장했으며 원시 인류가 출현했다. 제3기 말에 들어 빙상이 더욱 확대되었으며, 제4기인 플라이스토세에는 여러 차례의 빙기가 도래했다.

지질시대의 마지막인 신생대 제4기는 지구상에 인류가 등장하는 시기이며, 플라이스토세(홍적세, 258만 8,000년 전~11,000년 전)와 홀로세(충적세, 11,000년 전~)로 세분된다. 최근의 기후 변동 연구는 빙상이 확대와 축소를 반복하는 격렬한 기후 변동의 토대에서 인류가 비약적으로 진화했음이 밝혀졌다. 해저 퇴적물을 해석해 복원한 과거 250만 년 동안의 기후 변동의 역사를 보면, 과거 40만 년 동안에는 빙기와 간빙기 주기라고 하는 10만 년 주기의 변동이 뚜렷이 나타나고 있지만, 그 이전에는 더욱 짧은 주기로 변동이 두드러졌던 것으로 나타났다.[114] 제4기 플라이스토세에 들어 바다와 육지의 분포는 현재의 지구와 비슷한 모습을 갖추게 되었으며,[115] 지구상의 생물계 역시 현재와 거의 비슷한 모습을 갖추었다. 중생대에 번성했던 파충류는 현저하게 감소했고, 제3기 말 무렵에 등장해 지구상에 널리 분포했던 매머드는 플라이스토세 말에 멸종했으며, 제3기에 번성하기 시작한 포유류과 함께 영장류도 꾸준히 진화해 지구를 완전히 지배하게 되었다.

화석기록과 유전학적 연대측정에 의거해 볼 때 인류 진화상에서 가장 오래된 인류 화석은 중앙아프리카의 차드(Chad)에서 발굴된 '투마이(Toumai: 차드어로 '삶의 희망'이라는 뜻)'라는 애칭이 붙은 사헬란트로푸스 차덴시스(Sahelanthropus tchadensis) 두개골 화석이다. 사헬란트로푸스 차덴시스는 아프리카 유인원과 연관되는 멸종된 화석인류로, 중생대 마이오세 후기인 약 700만 년 전에 출현했다. 오스트랄로피테쿠스(Australopithecus 猿人: '남방의 원숭이'란 뜻)는 유인원과 인류의 중간 형태를 가진 멸종된 화석인류(fossil men 化石人類)로, 제3기 플라이오세 초기에 출현해 제4기 플라이스토세 후기까지 약 450만 년 동안(500만 년 전~50만 년 전까지) 주로 수렵과 채집생활을 하며 아프리카대륙에서 서식했다. 오스트랄로피테쿠스에는 오스트랄로피테쿠스 라미두스, 오스트랄로피테쿠스 아파렌시스, 오스트랄로피테쿠스 아프리카누스, 오스트랄로피테쿠스 로부스투스, 오스트랄로피테쿠스 보이세이 등 여러 종이 있다. 호모 하빌리스(Homo habilis: '손재주 좋은 사람' 또는 '도구를 사용하는 사람'이란 뜻)*는

---

* 최초의 호모 하빌리스 화석은 1959년과 1960년에 탄자니아 북부의 올두바이 협곡에서 발견되었으며, 이후 더 많은 표본이 발견됨에 따라 호모 하빌리스 화석인류가 오스트랄로피테쿠스 화석인류와 다르다는 사실이 1964년 발표되었다.

오스트랄로피테쿠스와 호모 에렉투스 사이에 위치한 사람속(屬)에 속하는 멸종된 초기 화석인류로, 플라이스토세 초기에 출현해 플라이스토세 중엽 직후까지(230만 년 전~140만 년 전) 사하라 사막 이남의 아프리카에서 살았다.

호모 에렉투스(Homo erectus 直立猿人: '직립 보행하는 사람'이란 뜻)는 호모 하빌리스와 호모 사피엔스의 중간 단계에 위치한 멸종된 화석인류로, 플라이스토세 전반기에 출현해 플라이스토세 후기까지(180만 년 전~25만 년 전) 아프리카 지역에서, 그리고 아시아와 유럽의 일부 지역으로 이동해서 살았다. 호모 에렉투스는 일반적으로 호모 사피엔스의 직계조상으로 간주되며 최초로 불을 사용하고 동굴이나 움집에 거주했다. 그리고 마침내 플라이스토세 후기에 현생 인류와 동류인 호모 사피엔스(Homo sapiens: '지혜로운 사람' 또는 '생각하는 사람'이란 뜻)가 출현했다. 호모 사피엔스는 현생 인류를 포함하는 종(種)의 학명(學名)으로 린네에 의해 명명되었다. 연대학적으로 호모 사피엔스는 호모 사피엔스(舊人)와 현생 인류인 호모 사피엔스 사피엔스(新人)로 분류된다. 호모 사피엔스(舊人)는 19만 5,000년 전 에티오피아 오모키비시 발굴 화석이 최고(最古) 호모 사피엔스로 간주되었으나, 2017년 독일 막스플랑크 진화인류학연구소의 장-자크 후블린(Jean-Jacques Hublin) 교수가 이끈 국제공동연구진이 국제학술지 『네이처 Nature』(2017. 6. 8일자)에 발표한 글에서 "아프리카 모로코의 제벨 이르후드(Jebel Irhoud)에서 30만 년 전의 호모 사피엔스 두개골 화석들을 발굴했다"[116]고 밝힘으로써 초기 호모 사피엔스의 연대는 19만 5,000년 전보다 10만 5,000년이 더 올라간 30만 년 전인 것으로 정정됐다. 새로 추가된 10만 5,000년 동안 주로 뇌에서 진화가 이루어졌으며 지능은 급격히 높아졌다고 과학자들은 주장했다.

한편 1856년 독일 네안데르(Neander) 계곡에서 발견된 네안데르탈인의 화석은 처음에는 호모 사피엔스의 아종(亞種)으로 분류되어 호모 사피엔스 네안데르탈렌시스(Homo sapiens neanderthalensis)라고 했다가 이후 호모 네안데르탈렌시스로 재분류되었으며, 1980년대에 들어 다시 호모 사피엔스의 한 아종으로 분류되었으나 1988년 이후 호모 네안데르탈렌시스로 구분하고 있다. 그러나 최근 호모 사피엔스의 아종으로 재분류해야 한다는 주장이 다시 제기되고 있다.[117] 네안데르탈인들은 50만 년 전에는 호모 사피엔스와 공통 조상이었다가 40만 년 전 분리되었으며 3만 년 전에 멸종했다. 매장 풍습을 가지고 있었으며 현대인에 아주 가까운 네안데르탈인들은 현생 인류의 직계조상인 크로마뇽인에게 동화, 흡수되면서 멸종한 것으로 보인다. 이처럼 인류의 진화과정에서 다양한 계통의 인류가 있었지만 대부분 멸종하고 현생 인류인 호모 사피엔스 계통만 살아남아 오늘날의 인류로 진화했다. 지구의 나이 45억 5,000만 년을 하루 24시간으로 환산했을 때 호모 사피엔스 사피엔스가 등장한 시각은 불과 자정 0.7초 전쯤이다. 호모 사피엔스 사피엔스는 현생 인류의 조상으로 '지혜롭고 지혜로운 사람', 즉 '매우 지혜로운 사람'이라는 뜻이다.

호모 사피엔스에서 호모 사피엔스 사피엔스로의 대전이(大轉移)는 대략 4만 년 전에서 3만 년 전 사이에 걸쳐 일어났다. 1868년 프랑스 크로마뇽(Cro-Magnon) 동굴에서 처음 발견된 크로마뇽인의 화석은 유럽에서 발견된 가장 대표적인 호모 사피엔스 사피엔스 화석이다. 크로마뇽인은 플라이스토세 말기인 3만 5,000년 전에서 1만 년 전 사이의 화석인류로, 두개골이나 골격 구조가 현생 인류와 거의 유사하며 시신을 매장하는 풍습을 가지고 있었다. 이들은 최초로 예술 활동을 했고 수준 높은 동굴벽화를 남겼으며, 또한 농경과 가축 사육을 했고 사회가 발달함에 따라 오늘날과 같은 문명사회를 이루었다. 호모 사피엔스의 출현 이후 변화의 가속화 경향이 지속됨에 따라 수억 년에 걸친 진화의 여정이 매우 짧은 시간에 압축적으로 일어날 수 있다는 전망이 나오고 있다. 인류의 진화 계통수는 새로운 화석의 발견으로 계속 새롭게 바뀌고 있다. 2015년 9월 남아프리카공화국 비트바테르스란트대 연구팀에 의해 '호모 날레디(Homo naledi: '별'이라는 뜻)'라고 부르는 새로운 인류 조상의 화석이 발견되었는데, 화석의 형태만으로는 연대를 알 수 없는 복합적인 특징을 갖고 있다. 이 외에도 여러 곳에서 인류 조상의 화석이 추가로 발견되었다. 초기 인류의 진화와 그 계보에 대해서는 본서 제2부 5장에서 자세히 다루기로 한다.

생명과 진화

"언젠가 우리가 가진 전부를 걸고 한판의 체스를 둬야 하는 날이 반드시 온다고 가정해 보자. 그렇다면 최소한 체스의 말은 어떤 것이 있고 어떻게 이동하는지 정도는 미리 알아두어야 하지 않을까?···체스 판은 우리가 사는 세계이고, 체스 판 위의 말은 삼라만상이며, 게임의 규칙은 바로 우리가 대자연의 법칙이라고 부르는 것이다."

"Suppose it were perfectly certain that the life and fortune of everyone of us would, one day or other, depend upon his winning or losing a game of chess. Don't you think that we should all consider it to be a primary duty to learn at least the names and the moves of the pieces?…The chessboard is the world, the pieces are the phenomena of the universe, the rules of the game are what we call the laws of Nature."

- Thomas H. Huxley, *A Liberal Education*(1868)

04

과학과 영성
그리고 진화

- 과학과 영성의 접합
- 영성 계발과 진화
- 지구 문명의 새로운 지평 탐색

오늘날 과학의 진보는 과학과 영성, 물질과 비물질의 경계를 허물고 영성을 측정 가능한 방식으로 보여주는 단계에 진입해 있다. 중력이론과 양자역학의 통합을 통하여 거시적 세계와 양자역학의 세계를 결합하려면 물리적 우주를 넘어선 의식 차원과의 연결이 필수적이다.…19세기 후반 이후 파워엘리트에 의해 권력을 강화하고 특권을 정당화하는 도구로서 물질문명의 근간을 이루었던 다윈의 적자생존의 이론은 생물학적 진화 역시 우주의 진행 방향인 영적 진화[의식의 진화]와 조응관계에 있다는 사실을 간파하지 못했다.…지금까지 진화론은 주로 물리세계에 초점이 맞춰진 관계로 인간 사회의 진화가 우주의 실체인 의식의 진화와 조응해 있다는 사실에 착안하지 못했다. 천·지·인 삼신일체이므로 물리세계의 진화는 영적 진화와 표리의 조응관계에 있으며 영적 진화를 위한 학습여건 창출과 관계된다. 진화의 전 과정을 포괄하는 거시적인 분석이 필요한 것은 이 때문이다.…오늘날 세계자본주의체제는 개인주의에 기초한 태생적 한계로 인해 자유와 평등의 대통합을 이루지 못한 채 숱한 대립과 폭력을 유발시키고 있다. 이제 우리 인류는 생명에 대한 새로운 철학적·과학적 성찰을 통해 지구의 재조직화를 단행해야 할 시점에 와 있다.

- 본문 중에서

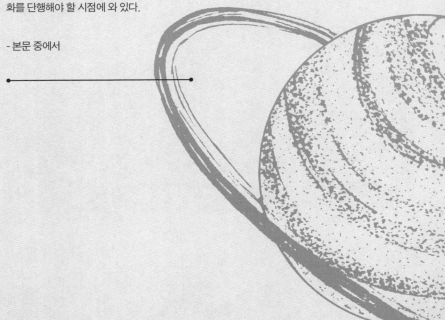

04 과학과 영성 그리고 진화[1]

과학과 영성의 접합

본 장의 주제인 과학과 영성(靈性 spirituality) 그리고 진화(evolution)는 삶의 존재론적 반경을 설정하는 '세 중심축'이다. 인간은 육적인 동시에 영적이며, 물질적인 동시에 정신적이며, 영적 진화(spiritual evolution)의 지향성을 갖는 우주의 불가분의 한 부분이기 때문이다. 과학이 다양한 물질계를 표징하고 영성이 전일적인 의식계를 표징하는 것이라면, 진화는 양 세계의 변증법적 통합체로서의 일심(一心)의 세계를 지향한다. 천 · 지 · 인 삼신일체의 천도(天道)가 인간 존재 속에 구현되는 일심의 경계, 즉 '인중천지일(人中天地一)'의 경계에서 진화는 절정에 달한다. 여기서 과학과 영성 그리고 진화를 천 · 지 · 인의 관계로 치환해보면 쉽게 이해될 수 있다. 즉 과학은 물질세계를 표징하는 '지(地)'이고, 영성은 의식세계를 표징하는 '천(天)'이며, 진화는 양 세계 —물질계와 의식계—를 변증법적으로 통합하는 일심의 세계를 지향한다. 천 · 지 · 인은 본래 삼신일체이므로 물질계[生滅, 用]와 의식계[眞如, 體]는 표리(表裏)의 조응관계로서 하나다. 그런데 지금까지 진화는 물질계와 의식계를 변증법적으로 통합하는 일심의 세계와 연결시키지 못한 채 주로 문명의 외피만 더듬는 수준에 머물렀다.

과학과 영성 그리고 진화가 삶의 존재론적 반경을 설정하는 '세 중심축'으로서 지구 문명의 새로운 지평을 탐색하는 핵심 개념임에도 불구하고 지금까지 총합적인 연구는 물론이고 개념적 명료화(conceptual clarification)조차 이루어지지 못한 것은 정신 · 물질 이원론에 입각한 기계론적 세계관의 태생적 한계 때문일 것이다. 근대에 들어 과학과 영성 그리고 진화는 주로 과학자와 신학자 그리고 생물학자들에 의해 분절적으로 다뤄졌던 까닭에 삶의 존재론적 반경을 설정하는 총합적 의미로 이해되지 못한 채 실제 삶과는 유리된 칸막이 지식 차원의 소모적인 논쟁을 불러일으켰다. 그리하여 이 세상은 물질일변도의 허위의식(false consciousness)에 빠져 온갖 대립과 갈등, 폭력과 테러를 양산해내는 유해공장이 되어버렸다. 근년에 들어 ICT(정보통신기술) 융합사회로의 이행이 초미의 관심사가 되고 있긴 하지만 아직은 무늬만 그러할 뿐이다. 진정한 융합사회로의 이행은 근본적인 패러다임 전환을 전제하며, 그것은 과학과 영성 그리고 진화에 대한 통섭적인 이해와 더불어 존재론적 통찰이 필수적이다. 이는 곧 지구 문명의 새로운 지평을 탐색하는 것이기도 하다.

과학이 진정한 의미에서 '삶의 과학'이 되려면, 삶의 혁명적 전환을 추동해낼 수 있는 과학혁명이 수반되어야 한다. 지구촌은 지금 '양자혁명(quantum revolution)' 시대에 진입해 있으며 양자혁명이 가져온 사상적 · 사회적 및 기술적 영향으로 패러다임 전환이 진행 중에 있다. '상호배타적인 것이 상보적'이라는 양자역학(quantum mechanics)의 전일적 실재관은 동양의 유기론적 세계관과 유사하여 과학과 의식 또는 과학과 영성의 접합에 관한 논의를 촉발시키고 있다. 미국의 물리학자이자 신과학 운동의 거장인 프리초프 카프라(Fritjof Capra)의 『물리학의 도 The Tao of Physics』(1975)는 현대 물리학과 동양사상의 접합을 다룬 것으로 이 분야의 선구적인 저작으로 평가받고 있다. 미국의 양자물리학자 데이비드 봄과 신경생리학자 칼 프리브램의 홀로그램 우주론이 말해 주듯이, 우리가 인지하는 물질세계는 실재하는 것이 아니라 단지 우리 두뇌를 통하여 비쳐지는 홀로그램적 영상에 불과하다. 말하자면 이 우주는 우리의 의식이 지어낸 이미지 구조물이다. 천·지·인은 본래 일체이므로 과학 또한 우주 진화의 궤도에서 벗어날 수 없다는 점에서 과학이 진보할수록 우리가 살고 있는 복잡계의 실체가 드러나게 되므로 과학과 영성의 경계에 대한 탐색은 더욱 치열해질 전망이다.

영성은 종교라는 외피를 필요로 하지 않는다. 신학이라는 이론을 필요로 하지도 않는다. 그러나 영성 없는 종교나 신학은 알맹이 없는 껍데기에 불과하다. 영성은 특정 종교나 신학의 전유물이 아니다. 그것은 만유의 내재적 본성인 신성, 즉 참본성을 일컫는 것이다. 동학의 내유신령(內有神靈), 즉 '안에 신성한 영(神靈)이 있다'고 한 것은 사람만이 아니라 우주만물이 다 '신성한 영' 즉 하늘(天, 神, 한울)을 모시고 있다는 뜻이다. '영(Spirit)'은 곧 '영성'이며 내재적 본성인 신성[一心, 보편의식, 전체의식, 근원의식]이고 하늘이며 신이다. 동학 「시(侍: 모심)」 가르침의 진수(眞髓)는 만유의 근원적 평등성을 설파함으로써 일체의 경계를 넘어서, 생물과 무생물의 경계마저도 넘어서 만유의 평등하고도 고유한 존재성을 밝혔다는 데에 있다. 무극대도(無極大道)의 이상세계를 도출해낼 수 있는 근거가 바로 여기에 있다. "물질계는 생명의 본체인 '영' 자신의 설계도가 스스로의 지성[性]·에너지[命]·질료[精]의 삼위일체의 작용으로 형상화되어 나타난 것이므로 만유는 '물질화된 영(materialized Spirit)'이다."[2] 생명의 전일성과 자기근원성, 만유의 근원적 평등성과 유기적 통합성이 이로부터 도출된다. 말하자면 물질계는 '영'의 자기복제(self-replication)로서의 작용 내지는 자기조직화(self-organization)[3]에 의해 나타난 것이라는 점에서 영과 육, 의식계와 물질계는 둘이 아니다.

인간 사회의 진화는 우주의 실체인 의식의 진화와 표리의 조응관계에 있다. 우주의 실체가 의식임은 동양사상 일반에서, 그리고 양자물리학 등에서 이미 밝혀진 바이다. 가시권에서 비가시권에 이르기까지 이 세상 그 어떤 것도 천·지·인 삼신일체의 천도(天道)에서 벗어나 존재할 수 있는 것은 없기 때문이다. 의식의 진화는 곧 의식의 상승(ascendence)이며 이는 영적 자각과 불가분의 관계에 있다는 점에서 본질적으로 영적 진화이며 공진화(共進化 co-evolution)[4]이다. 우주의 진행 방향은 영적 진화이며 이는 '영(靈)'의 자기조직화하는 원리인 '우주 지성'*─헤겔이 말하는 '절대정신(absoluter Geist)' 또는 현대 과학에서 말하는 '정보-에너지장(information-energy field)'─의 작용에 기인한다. 양자 개념을 처음으로 도입해 양자역학의 효시로 알려진 독일의 물리학자 막스 플랑크는 이 '우주지성'을 '의식과 지성을 가진 정신(conscious and intelligent Mind)'이라고 명명했다. 진화가 본질적으로 공진화인 것은 의식의 확장을 통하지 않고서는 진화가 일어날 수 없기 때문이다. 의식의 확장을 위해서는 생명이 무엇인지를 알아야 하며, 생명의 외연을 어디까지 확장할 수 있는지가 관건이다. 생명은 분리 자체가 근원적으로 불가능한 절대유일의 '하나', 즉 영성[靈] 그 자체다. 생명을 육체적 '나'로 국한시키면 살인도 마다하지 않게 된다. 특정 민족이나 종교로 국한시키면 전쟁을 일으켜 타민족이나 이방인을 살상하게 된다. 육체의 건강을 증진시키고 의식의 영역을 확장하여 몸과 뇌의 패턴들을 개선해야 진화가 이루어진다. 긍정적인 생각으로 부정적인 에너지를 일소해야 패턴이 바뀐다.

인간은 우주라는 생명의 피륙의 한 올이다. 일체의 생명 현상은 영적 진화과정과 조응해 있으며, 영적으로 진화할수록 지성이 높아져 일체감과 통

---

* 전지(omniscience)·전능(omnipotence)인 '우주 지성'은 '靈'의 자기조직화하는 원리로서 우주의 진행 방향인 영적 진화를 추동한다.

합성이 증대된다. 정제된 행위의 길을 통해 궁극적으로는 영혼의 완성에 이르게 하는 것이 행위의 목적이자 우리 삶의 목적이며 존재이유다. 상대계인 물질적 우주의 존재이유는 영적 진화를 위한 학습여건 창출과 관계된다. 권력·부·명예·인기 등 이 세상 모든 것은 에고(ego 個我)의 자기 이미지(self-image)의 확대재생산과 자기 확장을 위한 학습기제로서 작용한다. 생명의 전일적 본질은 시공을 초월해 있으므로 개체화 의식 속에서는 생명을 파악할 길이 없으며 따라서 진화할 수도 없다. 내적 자아의 각성과 영적인 힘의 계발이 없이는 과학과 영성 그리고 진화를 아우르는 통섭의 기술이 발휘될 수 없다. 물성과 영성의 역동적 통일성을 이해하지 못하는 정신적인 소음 상태에서 통섭적인 이해와 존재론적 통찰이 일어날 수는 없기 때문이다. 인류의 진화과정에서 획기적인 전기를 마련할 것으로 예상되는 지금, 과학과 영성 그리고 진화에 대한 통섭적인 이해는 지구 문명의 새로운 지평을 탐색하는 것이기도 하다는 점에서 그 중요성이 날로 커지고 있다. 본 장에서는 이러한 문제의식을 기반으로 우선 과학과 영성의 접합에 대해 살펴보고, 다음으로 영성과 진화의 관계를 고찰하며, 끝으로 지구 문명의 새로운 지평을 탐색해보기로 한다.

본 절의 주제인 과학과 영성의 접합을 고찰함에 있어 먼저 과학과 종교 그리고 신학의 관계를 비교 고찰하고, 다음으로 과학과 영성의 경계를 탐색하기로 한다. 정신·물질 이원론에 입각한 근대 과학의 관점에서 비이원성(nonduality)은 수용될 수 없는 개념인 까닭에 과학과 영성의 접합에 대한 논의는 비과학적이고 비합리적인 것으로 간주되었다. 종교적 관점에서도 종교적 도그마를 신봉하는 자들에게 근대 과학의 새로운 발견은 교회가 옹호해온 정통이론에 위협을 가하는 것이어서 비난의 대상이 되었다. 과학과 종교의 심대한 불화를 보여주는 대표적인 사례는 천동설에서 지동설로의 전환이다. 폴란드 신부이자 르네상스 시대 천문학자 니콜라우스 코페르니쿠스는 지구중심설이 아닌 태양중심설을 주창하며 천동설을 지동설(地動說)로 대체했다. 그리하여 중세적 우주관에서 근대적 우주관으로의 이행을 촉발함으로써 기독교 세계가 세계의 중심이고 지구가 우주의 중심이라는 중세의 닫힌 우주관을 폐기시키는 결과를 초래했다. 코페르니쿠스의 지동설에 영향을 받은 이탈리아의 자연철학자 브루노(Bruno)는 교황청의 회유에도 굴복하지 않고 끝까지 지동설을 주장하다가 화형을 당하기도 했다. 이후 이탈리아의 천문학자 갈릴레오 갈릴레이(Galileo Galilei)가 지동설을 과학적으로 입증하면서 천동설은 치명타를 입게 되고 결국 1616년 그는 로마 교황청의 종교재판에 회부되어 지동설의 포기를 명령받았다. 갈릴레이가 교황청에 의해 공식 복권된 것은 그의 사후 350년만인 1992년에 이르러서이다.

　과학과 종교의 오랜 불화는 비이원론적인 앎(non-dual awareness)의 결여와 종교의 본질인 영성에 대한 몰이해에 기인한다. 앙리 베르그송(Henri Bergson)의 마지막 제자이자 루이 알튀세르(Louis Pierre Althusser)의 스승으로서 20세기 가장 위대한 기독교 사상가로 알려진 장 기똥(Jean Guitton)은 프랑스 쌍둥이 과학자 이고르 보그다노프(Igor Bogdanov)·그리슈카 보그다노프(Grichka Bogdanov)와의 공저『신과 과학 Dieu Et La Science』(1991) 서문에서 "이제부터는 어떤 증거가 아니라(신은 증명의 대상이 아니다) 종교가 제시하는 관점에 과학적 뒷받침이 있을 것이다"[5]라고 하며 신과 과학 사이에 진정한 대화가 성취될 열린 세계가 도래하고 있는 것으로 보았다. "사유동물은 죽은 자를 매장하고, 죽음이라는 것에 대해 생각하며, 자신의 죽음을「생각」하는 유일한 존재이다. 생에 그토록 밀착되어 있는 이 동물은 암흑 속에서 길을 밝히고 죽음에 적응하기 위해 단지 두 개의 빛을 가지고 있을 뿐이다. 하나는 종교라는 것이고 또 다른 하나는 과학이라는 것이다"[6]라고 한 그의 말은 과학과 종교의 상보적 관계를 함축하고 있다.

과학과 종교의 상보적 관계에 대한 그의 인식은 프랑스의 화학자이자 물리학자인 루이 파스퇴르(Louis Pasteur)가 '얕은 과학은 신으로부터 멀어지게 하지만, 깊은 과학은 신에게로 되돌려 보낸다'고 한 말이나, 알버트 아인슈타인(Albert Einstein)이 '과학 없는 종교는 절름발이와 같고 종교 없는 과학은 장님과 같다'고 한 말과 같은 맥락이다. 쟝 기똥은 1900년대 초 양자이론이 주장하는 사실들―'실재를 이해하기 위해서 물질에 대한 전통적 개념을 버려야 하며, 공간과 시간이란 환상이고, 하나의 입자는 동시에 두 장소에서 탐지될 수 있으며, 근본적 현실이란 미지의 것이다'―에 공감을 표하며 우리 모두는 일상적 시간과 공간의 범주를 초월한 양자적 본질로 구성된 현실과 관계를 맺고 있음을 주지시켰다. 그는 양자론이 초래한 개념의 중대 변화를 예견한 베르그송의 견해를 빌려 '현실이란 양자물리학에서처럼 시간성도 공간성도 갖지 않으며 시간과 공간은 추상적 개념이고 환상'이라고 말한다.[7] 형이상학적 실재론을 향한 쟝 기똥의 관점은 객관적 세계가 그 속성을 규정하는 우리의 의식을 벗어나서는 존재할 수 없다는 사실―의식 발견이야말로 현대 물리학의 가장 위대한 발견이다―과 맞닿아 있다. 말하자면 우주는 더 이상 거대한 기계가 아니라 하나의 '방대한 관념'에 비유될 수 있다는 것이다.[8]

한편 프리초프 카프라는 데이비드 슈타인들-라스트(David Steindl-Rast)·토마스 매터스(Thomas Matus)와의 공저 『우주와의 하나됨 Belonging to the Universe: Exploration on the Frontiers of Science and Spirituality』(1991)에서 현재 진행 중인 과학과 신학의 패러다임 변동을 다섯 가지 특징으로 요약하고 있다. 이를 도표로 나타내면 다음과 같다.

	과학의 패러다임 변동	신학의 패러다임 변동
1	부분에서 전체로의 전환	'신은 진리의 계시자'에서 현실은 '신의 자기계시'로 전환
2	구조에서 과정으로의 전환	계시는 '시간과 무관한 진리'에서 '역사를 통한 선포'로 전환
3	객관적 학문에서 '인식론적' 학문으로의 전환	객관적 학문인 신학에서 인식의 과정인 신학으로 전환
4	건물에서 그물로 전환하는 지식의 체계	건물에서 그물로 전환하는 지식의 체계
5	절대치에서 근사치로의 전환	문제의 초점이 신학적 명제에서 거룩한 신비 쪽으로 옮겨감

〈표 4.1〉 과학과 신학의 패러다임 변동

〈표 4.1〉에서 보는 바와 같이, 우선 과학의 패러다임 변동은 다섯 가지 준거로 설명될 수 있는데, 처음 두 개는 자연에 대한 관점의 변화이고 나머지 세 개는 인식론적인 변화이다. 첫째는 부분에서 전체로의 전환이다. 구과학의 패러다임은 부분의 단순한 합으로 전체적인 역동성을 이해할 수 있다고 믿은 반면, 신과학의 패러다임은 부분이란 관계의 그물에서 드러난 특정한 무늬이며 전체의 역동성을 이해해야 부분의 특성이 밝혀진다고 본다. 둘째는 구조에서 과정으로의 전환이다. 구과학의 패러다임은 골격에 해당하는 기본구조가 있고 거기에 힘이 작용하여 이들이 상호작용하는 역학관계가 어떤 과정을 일으킨다고 생각한 반면, 신과학의 패러다임은 드러난 구조 자체가 모두 안에서 일어나는 과정의 표현이며 전체적인 관계의 그물은 본질적으로 역동적이라고 본다.[9]

셋째는 객관적 학문에서 '인식론적' 학문으로의 전환이다. 구과학의 패러다임은 관찰자나 지식을 획득하는 과정과 무관한 객관적 관찰이 가능하다고 믿은 반면, 신과학의 패러다임은 인식론도 자연현상을 기술하는 데 명시적으로 포함돼야 한다고 본다. 넷째는 건물에서 그물로 전환하는 지식의 체계이다. 구과학의 패러다임은 수천 년 동안 지식을 기초법칙, 기초원리, 기초단위 등의 건축물에 비유한 반면, 신과학의 패러다임은 건물이라는 비유를 그물—계층적인 위계질서나 특별한 기본요소가 없는 관계의 그물—이라는 비유로 바꾼다. 다섯째는 절대치에서 근사치로의 전환이다. 구과학의 패러다임은 과학을 통해 절대적인 진리를 얻을 수 있다는 믿음에 토대를 둔 반면, 신과학의 패러다임은 모든 개념 및 이론들, 발견이란 것이 제한된 범위 안에 통용되는 근사치임을 인식한다.[10]

다음으로 신학의 패러다임 변동 역시 다섯 가지 준거로 설명될 수 있는데, 처음 두 개는 거룩한 계시에 대한 관점의 변화이고 나머지 세 개는 신학적 방법론의 변화이다. 첫째는 '신은 진리의 계시자'에서 현실은 '신의 자기계시'로의 전환이다. 구신학의 패러다임은 각종 교리를 모두 합한 것이 곧 신이 계시하는 진리라고 믿은 반면, 새로운 신학의 패러다임은 개별 교리의 의미가 총체적인 진리의 역동성을 이해해야 밝혀지며 계시란 일련의 과정을 통해서 드러난다고 본다. 둘째는 계시는 '시간과 무관한 진리'에서 '역사를 통한 선포'로의 전환이다. 구신학의 패러다임은 신이 스스로를 드러내고자 마련한 초자연적 진리의 완성품이 있지만 그것을 보여주는 역사적인 과정은 우연일 뿐이므로 중요치 않다고 생각한 반면, 새로운 신학의 패러다임은 구원사의 역동적 과정 자체가 신이 스스로를 선포하는 위대한 진리라고 보기에 이러한 계시는 본질적으로 역동적일 수밖에 없다는 것이다.[11]

셋째는 객관적 학문인 신학에서 인식의 과정인 신학으로의 전환이다. 구신학의 패러다임은 신앙인이나 지식을 얻는 과정의 특성과 무관한 객관적인 신학적 진술이 가능하다고 믿은 반면, 새로운 신학의 패러다임은 직관이나 정감, 신비체험을 통한 비관념적 지식의 획득 방식도 신학적 진술의 중요한 수단에 포함되어야 한다고 본다. 넷째는 건물에서 그물로 전환하는 지식의 체계이다. 구신학의 패러다임은 수천 년 동안 신학의 지식을 기초법칙, 기초원리, 기초단위 등의 건축물에 비유한 반면, 새로운 신학의 패러다임은 건물이라는 비유를 그물—초월적 실재에 대한 신학적인 명제의 여러 상이한 관점이 얽히고설킨 관계의 그물—이라는 비유로 바꾼다. 다섯째는 문제의 초점이 신학적 명제에서 거룩한 신비 쪽으로 옮겨가는 것이다. 구신학의 패러다임은 신학적 지식이 모든 것을 담을 수 있다는 '신학대전' 혹은 요약의 성격을 갖는 반면, 새로운 신학의 패러다임은 신학적 명제를 절대적인 진리가 아니라 제한된 것이며 일종의 근사치임을 인정한다.[12]

　이상에서 과학과 종교 그리고 신학의 관계적 본질은 패러다임 전환과 더불어 상보적이고 협력적인 관계로 변모하고 있음을 보여준다. 이는 곧 종교와 신학의 본질인 영성에 대한 이해가 확장되고 과학 또한 비이원론적인 앎에 대한 관심과 이해가 증폭된 데 기인한다. 그러면 다음으로 과학과 영성의 경계를 탐색해보기로 하자. 20세기 이후 실험물리학의 발달로 원자의 존재가 실증되고 원자를 구성하는 핵과 전자가 발견된 데 이어 핵의 구성물인 양성자와 중성자 및 기타 수많은 아원자입자가 발견되면서 물질의 근본 단위로서의 '소립자' 개념은 사실상 폐기되게 되었다. 이제 과학은 물질에서 마음(의식)을 향하여 움직이고 있다. 지난 수십 년 간 과학과 영성의 접합에 대한 논의가 꾸준히 증가 추세를 보이고 있으며 과학과 영성의 경계를 탐색하는 작업도 지속적으로 이어지고 있다.[13] 아원자 물리학의 '양자장(quantum field)' 개념은 물질이 개별적인 원자들로 구성되어 있는 것이 아니라 장(場)이 유일한 실재이며 물질은 장이 극도로 강하게 집중된 공간의 영역에 의해 성립되는 것이라고 본다. 이 우주가 근본적인 전일성의 현시이며 독립적인 최소의 단위로 분해될 수 없다고 하는 '양자장' 개념은 『반야심경』에서 "색(色, 有)이 곧 공(空, 無)이요 공이 곧 색(色卽是空 空卽是色)"이라고 한 구절이나, 상호 연관과 상호 의존의 세계 구조를 명징하게 보여주는 불교의 연기적(緣起的)

세계관에서 잘 드러난다.

영성은 그 어떤 의미에서도 특정 종교나 신학의 전유물이 될 수 없으며 또한 그것에 부착된 개념도 아니다. 영성은 종교적 전통이나 도그마, 특정 신념체계를 넘어선 것이다. 영성은 일(一)과 다(多), 유(有)와 무(無), 현상과 본체를 모두 초월하는 동시에 포괄한다. 또한 영성은 영원과 변화의 피안(彼岸)에, 선과 악의 피안에 있다. 그런 까닭에 신학이나 종교 없는 영성은 가능하지만 영성 없는 신학이나 종교는 빈껍데기에 불과한 것이다. 영성[靈]은 분리 자체가 근원적으로 불가능한 절대유일의 '하나', 즉 생명 그 자체로서 보편성을 띠는 까닭에 그 어떤 것에도 귀속될 수가 없다. 우리 모두가 이 우주 안에서 '하나'—즉 '하나'인 혼원일기(混元一氣)—로 연결돼 있다는 것은 이른바 '양자 얽힘(quantum entanglement)'이라고 부르는 현상과 같은 맥락에서 이해될 수 있다. 과학자들이 하나의 광양자(photon)를 동일한 특성을 지닌 두 개의 쌍둥이(twins) 입자로 나누어 이 실험을 위해 고안된 기계를 이용해 두 입자를 반대 방향으로 발사했을 때, "쌍둥이 광양자들은 지리적으로는 분리돼 있으면서도 그들 중 하나가 변화하면 다른 하나도 자동적으로 똑같이 변화한다"[14]는 실험 결과를 보였는데, 이 신비로운 연결을 물리학자들은 '양자 얽힘'이라고 이름 붙였다.

양자물리학과 의식간의 관계를 연구하고 있는 미국 양자물리학자 프레드 앨런 울프(Fred Alan Wolf)는 양자물리학이 물리적인 환경에선 인지할 수 없는 개념을 다루기에 실제로는 볼 수 없고 마음속에 그림을 그려 추측만 할 뿐이라는 점에서 육안으론 보이지 않는 비물질적인 영성과 공통점이 있다고 말한다. 아원자 차원에서 일어나는 일을 마음으로 조종할 수 있다는 양자물리학적 관점은 영성과 마음이 긴밀히 연결돼 있다는 영적인 관점과 매우 유사하다는 점에서 양자물리학과 영성의 접합[15]을 찾아볼 수 있다. 아원자 물질, 원자의 핵을 구성하는 물질, 쿼크(quarks), 보존(boson)이라고 불리는 물질, 쿼크 사이의 상호작용을 매개하는 글루온(gluon)이라고 불리는 물질 등 이런 다양한 물질들은 실제로 본 적은 없는 우리 마음속의 이론일 뿐이며 우리가 바라보는 방식에 따라 이 물질들은 변화한다는 것이다.[16] 양자물리학에서 말하는 '관찰자 효과(observer effect)'라는 것이 이것이다. 전자의 운동성에 대한 '이중슬릿 실험(double slit experiment)'*에서 보듯이 입자라고 생각하고 관찰하면 입자의 형태가 나타나고, 관찰하지 않으면 파동의 형태로 나타나는 것이다. 말하자면 일체가 오직 마음이 지어내는 것이다. 울프는 과학과 영성의 접합을 이렇게 나타내고 있다.

> 양자물리학은 이 세계가 쉼 없는 변화로 가득 차 있다는 것을 깨닫게 한다. 우리가 관찰하는 대로 세계가 존재하고, 그 결과 세계와 우리 자신 둘 다를 변화시킬 기회를 제공한다는 것을 보여준다.
>
> Quantum physics enables us to realize that the world is filled with constant change. It shows us that our observations bring the world into existence and as such provide us opportunity to change both it and ourselves.[17]

외부세계에 대한 우리의 지각은 우리의 마음에서 생겨나는 것이므로 우리가 어떤 관점을 갖느냐에 따라 우리가 지각하는 현실도 변한다. 인식은 관점

---

* 1998년 양자물리학 분야에서 최고 권위를 자랑하는 이스라엘의 와이즈만연구소(Weizmann Institute of Science)에서 실시한 전자의 운동성에 대한 '이중슬릿 실험'은 전자의 운동성이 관찰자의 생각에 따라 달라짐을 보여준다. 즉 관찰자가 바라본 전자의 움직임은 직선으로 슬릿을 통과해 벽면에 입자의 형태를 남긴 반면, 관찰자가 바라보지 않은 전자의 움직임은 물결처럼 슬릿을 통과해 벽면에 파동의 형태를 남긴 것이다.

에 따라 변하며 우리의 의식과 선택이 곧 우주를 형성한다는 양자물리학적 관점은 비이원성(non-duality)에 기초한 영적인 관점과 분명 유사성이 있다. 현대 과학이 발견한 물질의 공성(空性)은 공(空) 사상의 진수(眞髓)를 함축하고 있는 『금강경(金剛經)』의 다음 구절, 즉 "생의 모든 현상은 꿈같고, 환상 같고, 물거품 같고, 그림자 같고, 이슬 같고, 번갯불 같으니, 그대는 마땅히 그와 같이 관(觀)하여야 하리라"[18]는 구절 속에 잘 나타나 있다. 양자계의 비국소성(non-locality 초공간성)은 양자역학과 마음의 접합을 통해 보다 분명히 드러난다. 진여(眞如)인 동시에 생멸(生滅)로 나타나는 마음의 구조를 이해하면, 파동인 동시에 입자로 나타나는 양자역학적 세계관을 이해할 수 있다. 양자역학을 '마음의 과학'이라고 부르는 것은 이 때문이다. 프리초프 카프라의 『물리학의 도』에 나오는 다음 구절은 과학과 영성의 접합을 명징하게 보여준다.

현대 물리학은 물리적 세계의 구조가 마야(maya 幻影) 또는 '유심(唯心)'이라는 것에 대해 동양의 현자들과 견해를 같이하기 위하여 머나먼 길을 걸어온 셈이 될 것이다.

…modern physics will have come a long way towards agreeing with the Eastern sages that the structures of the physical world are maya, or 'mind only'.[19]

양자역학은 흔히 '마음의 과학'으로 불린다. 따라서 진여(眞如)인 동시에 생멸(生滅)로 나타나는 마음의 구조를 이해하면, 파동인 동시에 입자로 나타나는 양자역학적 세계관을 이해할 수 있다. 모든 곳에 존재하거나 어디에도 존재하지 않는다는 '미시세계에서의 역설'은 생명의 본체인 일심의 초(超)공간성을 드러낸 것으로, 평등성지(平等性智)가 드러난 '무주(無住)의 덕(德)'을 이해하면 역설의 의미 또한 이해할 수 있다. 미시세계에서의 파동과 입자의 이중성은 자연이 불합리해서가 아니라 대립자의 역동적 통일성에 기초한 '스스로(自) 그러한(然)' 자의 본질인 까닭이다. 이러한 이중성은 생명의 본질 자체가 본체[본체계, 의식계]와 작용[현상계, 물질계]을 상호 관통하는 완전한 소통성인 데에 기인한다. 생명의 본체와 작용이 일심의 통섭적 기능에 의해 하나가 되는 '생명의 3화음적 구조'를 이해하면, 파동과 입자가 초양자장에 의해 통섭되는 양자역학적 세계관을 이해할 수 있게 된다.

영적인 관점의 토대가 되는 비이원성이란 만물의 근원적인 전일성을 의미하는 것으로 모든 현상이 상호 연결되어 있으며 그 어떤 경계도 분리도 존재하지 않는 것이다. 말하자면 만유가 하나의 통일장(unified field) 속에 함께 존재하는 것이다. 미국 입자물리학자이자 초월 명상운동을 주도하고 있는 존 하겔린(John Samuel Hagelin)은 그의 통일장이론(unified field theory)의 확장버전이 마하리시 마헤쉬 요기(Maharishi Mahesh Yogi)의 '의식의 통일장'과 동일한 것으로 간주한다. 통일장이론과 초월명상[20]을 비교 분석한 그의 기본 컨셉은 과학과 영성의 접합이다. '초끈이론에 기초한 통일장이론'을 개발한 그의 핵심 논리는 초끈장이나 통일장의 진동상태가 역동적으로 상호작용하는 자기를 인식하고 있는 '의식의 장'이라는 것이다. 통일장 속에 있는 순수의식, 즉 파동의 대양(大洋)인 우주의식에서 파도 같은 개인의식이 올라온다는 것이다.[21] 우주의식[통일장]과 개인의식의 관계는 마치 바닷물과 파도의 관계와도 같이 물은 그 스스로의 본체를 가지고 있으므로 물의 움직임은 있지만 파도는 그 스스로의 본체가 없으므로 파도의 움직임은 없는 것이어서 바닷물의 자기현현이 파도이듯 우주의식의 자기현현이 개인의식이므로 그 어떤 경계나 분리도 존재할 수 없다.

마치 바닷물이 움직이는 것과 같이 바닷물의 움직임을 파도라고 설명하지만, 파도는 그 스스로의 본체가 없다. 따라서 파도의 움직임은 없다고 한다. 물은 그 스스로의 본체를 가지고 있으므로 물의 움직임이 있다고 한다. 마음과 사상(四相)의 뜻도 역시 이와 같다.

猶如海水之動 說明爲波 波無自體故 無波之動 水有體故 有水之動 心與四相義亦如是.[22]

영성과의 접합을 보여주는 현대 과학의 비이원성은 일리야 프리고진이 카오스 이론에서 밝힌 산일구조의 자기조직화 원리에서도 드러난다. 그는 일체 생명 현상과 거시세계의 진화, 그리고 세계의 변혁을 복잡계의 산일구조에서 발생하는 자기조직화로 설명한다. 비평형의 열린 시스템에서 자동 촉매작용에 따른 비선형 피드백 과정에 의해 증폭된 미시적 요동의 결과로 엔트로피가 감소하면서 생성된 새로운 구조가 바로 카오스의 가장자리인 산일구조, 즉 새로운 창조가 일어나는 임계점이고, 그러한 과정이 자기조직화라는 것이다. 이처럼 자기조직화는 불안정한 카오스 상태에서 자발적으로 질서의 창발이 일어나는 것이라는 점에서 카오스는 단순한 무질서가 아니라 오히려 진화를 가능하게 하는 조건이다. 자기조직화의 경계는 무수한 사상(事象)이 펼쳐진 '다(多)'의 현상계와 그 무수한 사상이 하나로 접힌 '일(一)'의 본체계가 상호 조응·상호 관통하는 '참여하는 우주'의 경계이다. 자기조직화의 과정은 진화의 과정인 동시에 새로운 구조 및 행동양식의 창발이다. 스피노자의 사상에서 실체와 양태의 일원성에 대한 인식이 진화의 요체인 것으로 드러나듯, 현대 물리학에서도 파동과 입자의 이중성에 대한 규명이 '자기조직화' 원리의 핵심과제인 것으로 드러난다.

오늘날 과학의 진보는 과학과 영성, 물질과 비물질의 경계를 허물고 영성을 측정 가능한 방식으로 보여주는 단계에 진입해 있다. 중력이론과 양자역학의 통합을 통하여 거시적 세계와 양자역학의 세계를 결합하려면 물리적 우주를 넘어선 의식 차원과의 연결이 필수적이다. '보이는 우주(물질계, 현상계)'는 청사진으로 존재하는 '보이지 않는 우주(의식계, 본체계)'가 물질화되어 나타난 것이기 때문이다.[23] 영성과 물성, 생명의 본체와 작용을 통섭하는 의식의 확장이 없이는 거시적 세계와 양자역학의 세계를 결합하는 '만물의 이론(theory of everything, TOE)'을 완성하기는 어려울 것이다. 다양성의 세계인 '펼쳐진 질서(explicate order)'와 전일성의 세계인 접혀진 질서(enfolded or implicate order)*[24]는 다즉일(多即一)·일즉다(一即多)의 관계이므로 "모든 것이 하나이고 하나가 모든 것이다(all is one and one is all)." 생명은 이 양 세계를 상호 관통하며 무수하게 펼쳐진 다(多)의 현상계와 하나로 접힌 일(一)의 본체계를 끝없이 연출하는 것이다. 거시세계와 미시세계를 관통하는 이치는 하나다. 그런 까닭에 프랑스의 생화학자 자크 모노(Jacques Lucien Monod)와 생물학자 프랑수아 자코브(Francois Jacob)는 "대장균에 적용되는 것은 코끼리에도 적용된다(anything found to be true of E. coli must be true of Elephants)"[25]고 한 것이다.

생명의 전일적, 시스템적 속성이 오늘날 과학적으로 규명된 것은 과학과 영성의 불가분성을 보여주는 것으로 생명의 자기근원성과 진화의 핵심원리를 파악할 수 있게 한다는 점에서 그 의미가 크다. 과학과 의식의 통섭에 관한 논의는 현대 물리학의 '의식' 발견으로 획기적인 전기를 맞게 되었다. 복

---

* '접혀진 질서'는 고도의 유기적 통일성을 띠는 전일성의 차원으로 만유의 바탕을 이루는 것이다. 그것은 우주의 창조적 에너지의 흐름, 즉 홀로무브먼트 그 자체로서 거기에는 과거, 현재, 미래의 모든 형태의 물질과 생명 그리고 의식, 에너지, DNA로부터 은하계의 크기와 모양을 결정하는 힘에 이르기까지 우주의 전 역사가 다 담겨져 있다 (David Bohm, *Wholeness and the Implicate Order*, pp.182-189).

잡계인 생명계는 물리·화학적인 분석방법만으로는 그 본질을 이해하는 데 한계가 있기 때문에 과학이 의식과의 통섭을 추구해야 할 필요성이 현대 물리학자들에 의해 제기되면서 20세기 후반에 들어 본격적인 통섭 논의가 시작됐다. 일체 생명은 필연적인 자기법칙성에 따라 스스로 생성되고 변화하여 돌아가는 '스스로(自) 그러한(然)' 자이므로 누가 누구를 창조한다는 말은 성립되지 않는다. 이 우주는 자기생성적 네트워크체제로 이루어져 있는 까닭에 창조주와 피조물이 따로 있는 것이 아니며, 생명의 '자기조직화' 원리는 주체와 객체의 이분법이 폐기된 창조성의 원리다. 따라서 삶에서 일어나는 모든 현상을 통제하는 주체는 심판자로서의 신이 아니라 인간의 의식이다. 물질이란 마음의 습(habit)이 응결된 것으로 생각과 물질은 표현된 형태만 다를 뿐 모두 동일한 진동이다.[26]

이상에서 볼 때 과학과 영성의 접합은 전일적 우주에 대한 명쾌한 통찰에서 드러난다. 이처럼 새로운 우주론에서 우주는 서로 긴밀히 연결되어 있는 '에너지-의식의 그물망'인 까닭에 근대 과학이 물질을 근간으로 삼는 것과는 달리, 진동하는 파동을 근간으로 삼는다. 이러한 파동은 어떤 응결점에 도달하면 원자와 아원자 등으로 바뀌어 물질화되어 나타나 보이지만, 그 본질은 여전히 진동이다. 우리의 상념에 의해 진동이 시작되면 우주적 에너지의 바다에 녹아 있는 질료들이 응축되어 그 진동에 상응하는 형태의 다양한 사물이 생성되어 나오는 것이다. 의식의 질이 중요한 것은, 의식의 질이 높을수록 높은 진동수의 사물이 생성되어 나오고, 낮을수록 낮은 진동수의 사물이 생성되어 나오기 때문이다. 그것은 우주의 절대법칙이다.[27]

영성 계발과 진화

　과학과 영성의 접합에 대한 이해를 바탕으로 본 절에서는 영성 계발과 진화에 대해 고찰해보기로 한다. 먼저 진화란 무엇인가에 대해, 다음으로 영성 계발과 진화에 대해 차례로 살펴보기로 하자. 미국의 생물학자 에른스트 마이어(Ernst Mayr)는 그의 저서 『진화란 무엇인가 *What Evolution Is*』(2001)에서 "진화는 지난 2세기 동안 인류가 생각해낸 모든 개념 중에서 가장 심원하고 강력한 개념이다"[28]라고 말한다. 진화론의 등장은 17세기 과학혁명 이후 일련의 과학적 발견으로 성서에 대한 신뢰가 약화되면서 과학자와 철학자들 사이에서 창조론─종(種)은 변하지 않으며 저마다 창조된 것이라는─에 대한 믿음이 흔들리게 된 것과 맥을 같이 한다. 그리하여 정적인 '자연의 계단(Scala Naturae)'이라는 개념은 단순한 것에서 복잡한 것으로, 하등한 것에서 고등한 것으로, 궁극적으로는 인간으로 나아가는 일종의 '생물학적 에스컬레이터'라는 개념으로 변모했다. 종의 변천 원인이나 방법에 대해 처음으로 과학적 이론을 제시한 사람은 프랑스의 자연학자 장 바티스트 드 라마르크(Jean-Baptiste de Lamarck)이다. 그는 『동물철학 *Philosophie Zoologique*』(1809)에서 인류를 포함한 모든 종이 다른 종에서 유래했다는 설을 주장하며 모든 변화는 기적적인 어떤 개입에 의해서가 아니라 법칙에 따라 이루어진다는 사실을 환기했다.

　라마르크에 따르면 "진화는 변화이기는 하지만 방향성을 가진 변화, 즉 계절의 변화 같은 주기적 변화나 빙하기의 도래나 날씨의 변화 같은 불규칙적 변화가 아니라 점점 더 완벽한 상태를 향해 나아가는 방향성을 가진 변화"[29]라는 것이다. 진화가 질서를 만들어내기는 하지만 열역학 제2법칙인 '엔트로피 증가의 법칙(무질서도 증가의 법칙)'에 위배되지 않는 것은, 생물 종의 진화는 열린계에서 일어나고 엔트로피 증가의 법칙은 닫힌계(closed system)에서만 유효하기 때문이다. 이는 카오스가 단순한 무질서가 아니라 오히려 진화를 가능하게 하는 조건이며, 카오스의 가장자리인 산일구조는 새로운 질서가 일어나는 임계점이라는 사실에서 잘 드러난다. 진화적 사고방식은 18세기 후반과 19세기 전반에 걸쳐 널리 퍼져나가 생물학 분야뿐만 아니라 인문학, 철학, 사회학, 경제학, 심리학 등 다양한 학문 분야에 지대한 영향을 끼쳤다. 그러나 과학계에서 진화론은 오랫동안 소수의 견해로 남아있었다. 고정불변인 정적인 세계관에 대한 믿음에서 진화론 쪽으로 기울어지게 된 것은 찰스 다윈이 그의 저서 『자연선택에 의한 종의 기원, 즉 생존경쟁에 있어서 유리한 종족의 보존에 대하여 On the Origin of Species by Means of Natural Selection or The Preservation of Favoured Races in the Struggle for Life』(1859)에서 종(種) 변형의 메커니즘을 '자연선택'이라고 밝힌 진화론을 발표한 후이다. '인류가 경험한 가장 위대한 지적 혁명'의 하나로 꼽히는 이 사건으로 인해 생명의 세계에서 차지하고 있던 인간의 독특한 위치는 도전을 받게 되었다.

다윈은 자연에서 일상적으로 관찰할 수 있는 현상과 과정을 이용해서 진화가 자연적으로 일어난다고 설명했으며 과학을 종교로부터 분리해내는 단초를 마련했다. 그는 나무의 가지치기를 도입하여 나무의 굵은 가지는 공통 조상, 거기서 곁가지를 치는 것은 다양하게 분화된 종들로 보았다. 다양한 종들은 각기 다른 시점에서 공통 조상(common ancestor)에서 분화되어 나와 진화방산을 거쳐 다양해졌다는 것이 그의 진화론의 요점이다. 다윈의 생명의 나무는 진화가 처음 시작되는 아래쪽의 가지인 공통 조상을 기준으로 놓고 거기서 한 방향으로 잔가지가 다양하게 분화되는 방식으로 진화가 진행되는 것을 나타내고 있다. 그는 진화에 두 가지 종류가 존재한다는 사실을 발견했다. 그 하나는 조상에서 후손으로 이어지는 과정에서 점차적으로 계통

발생 줄기의 '위쪽으로' 움직이는 향상 진화(anagenesis)이고, 다른 하나는 계통 발생 나무에서 새로운 가지를 만들어내는 분기 진화(cladogenesis)로서 이 두 가지 진화는 대체로 독립적인 과정이다. 다양성의 원천인 분기 진화는 항상 종 분화(speciation)에서 시작되지만 시간이 지남에 따라 새로운 분기군은 또 다시 잔가지를 쳐서 계통 발생 나무에서 중요한 굵은 가지가 될 수 있다. 이 분기 진화의 연구는 대진화(macroevolution)* 연구의 주요 관심사가 되고 있다.[30]

다윈의 진화론에서는 자연에는 수없이 많은 '변이'가 존재하고 그 가운데 생존과 번식에 유리한 것만이 살아남아 그 형질이 유전되며, 작은 변이라도 오랫동안 누적되면 새로운 종이 탄생한다고 본다. 그러나 본서 제1부 3장 3절에서 살펴본 바와 같이 다윈의 '자연선택에 의한 진화'의 개념으로는 비교적 짧은 기간에 캄브리아기 대폭발과 같은 진화적 혁신이 일어나는 문제에 대해 설명을 할 수 없다는 딜레마를 안고 있었다. 무작위적인 돌연변이의 점진적인 축적과 유전자에 작용하는 자연선택의 이론으로는 갑자기 수많은 다양한 동물군들이 출현한 대사건을 적절하게 설명할 수 없었던 것이다. 캄브리아기와 그 이후에 벌어진 일에 대해 '이보디보(Evo-Devo 진화발생생물학)'라는 첨단의 새로운 과학 개념은 진화를 '구조 유전자의 변화'가 아니라 구조 유전자를 통제하는 조절 유전자 즉 '스위치의 변화'로 보았다. 다시 말해 생명체의 주요 발생 과정을 조절하는 '툴킷 유전자'들은 상이한 동물들의 유전자 사이에 보전되어 왔고 그 유전자들이 발생과정을 조절하는 일종의 스위

---

* 대진화를 소진화(microevolution)와 구분하기도 하지만, 대진화는 소진화의 축적의 산물이고 진화의 메커니즘 자체가 본질적으로 다른 것은 아니라는 점에서 필자는 설명의 편의상 구분으로 본다.

치 역할을 한다는 것이며, 스위치 및 유전자 네트워크의 진화, 그리고 혹스 유전자의 발현 지역 이동을 통해서 스위치 체계가 변하는 것이 바로 진화라는 것이다.[31] 이러한 '이보디보'의 관점은 션 캐럴의 다음 글에서 분명히 드러난다.

> 가장 성공적이면서도 다양한 두 동물군인 절지동물과 척추동물의 신체 형태 진화가 중심 체축에서 혹스 유전자의 발현 지역 이동이라는 유사한 메커니즘으로 이뤄졌다는 발견은 놀랄만하면서도 매우 만족스러운 것이다.···배아에서 혹스 지역의 좌표를 통제하는 것은 혹스 유전자의 스위치들이다. 혹스 지역의 진화적 이동은 혹스 유전자 스위치들의 DNA 서열 변화를 통해 일어난다.
>
> It is striking, and very satisfying, to discover that the evolution of body forms in two of the most successful and diverse groups of animals—arthropods and vertebrates—has been shaped by similar mechanisms of shifting Hox genes up and down the main body axis.···It is the genetic switches of Hox genes that control the coordinates of Hox zones in embryos. Evolutionary shifts in Hox zones arise through changes in the DNA sequences of Hox gene switches.[32]

그런데 다윈에 앞서 자연선택에 의한 진화를 최초로 해명한 논문을 작성해 진화론의 숨은 창시자로 꼽히는 이가 있으니, 그가 바로 영국의 박물학자이자 진화론자 앨프레드 러셀 월리스(Alfred Russel Wallace)이다. 말레이 제도를 탐사하고 있던 중 월리스는 본래의 종(種)이 어떤 과정을 거쳐 새로운 종으로 바뀌어 가는지를 고찰한 논문 「변종이 원종(原種)으로부터 무한히 멀어지는 경향에 대하여(On the Tendency of Varieties to Depart Indefinitly from the Original

Type)」를 1858년 2월 다윈에게 먼저 보냈다. 자연선택에 의한 진화의 아이디어를 가지고 있었으나 발표를 망설이고 있던 다윈은 월리스의 논문을 읽고 충격에 빠졌으며, 서둘러 그의 논문을 월리스의 논문과 함께 학회에 제출해 그해 7월 1일 린네학회에서 다윈의 논문과 월리스의 논문이 공동으로 발표되었다. 자연선택과 진화에 대한 두 사람의 견해가 유사하여 진화론을 '다윈 월리스이즘(Darwin-Wallaceism)'이라고도 한다. 월리스의 논문은 다윈의 논문 두 편 뒤에 실렸으며, 최초 발표자가 우선권을 갖는 학계의 관행과 달리 다윈이 명성을 독차지하게 된다. 월리스의 자연선택에 의한 진화의 기본 골격은 영국의 경제학자 토머스 맬서스(Thomas Robert Malthus)의 『인구론 An Essay on the Principle of Population』의 영향을 받아 동물이 생존 가능한 것보다 훨씬 많은 새끼를 낳으며 환경에 가장 잘 적응한 것들만이 살아남음으로써 자연적으로 도태가 이루어지므로 변종이 원종으로 돌아가지 않고 점점 멀어지게 된다는 것이다.[33]

다윈-월리스(Wallace)의 자연선택은 진화를 현대적으로 해석하는 토대가 된 혁명적인 개념이었다. 자연선택은 두 단계로 이루어진 과정이다. 유전적 변이가 생성되는 첫 번째 단계에서는 모든 것이 우연의 문제이지만, 생존과 번식이 차별적으로 이루어지는 두 번째 단계에서는 우연은 훨씬 적은 역할만 수행하며 '적자생존(the survival of the fittest)'은 대체로 유전에 기초한 형질에 의해 결정된다는 것이다. 따라서 자연선택은 전적으로 우연에 의존한 과정이 아니며 또한 선택이 장기적 목표를 가지고 있지 않다는 점에서 목적론적(teleological)이지도 않다.[34] 모든 종은 환경이 수용할 수 있는 수준보다 훨씬 많은 개체를 생산하므로 살아남기 위해 개체들 간의 생존경쟁은 필연적이며 생존에 더 유익한 변이를 갖고 있는 생물은 살아남을 기회가 더 많아지고(적자생존) '자연적으로 선택' 받게 된다. 이처럼 유전 법칙에 따라 선택된 변종은 새롭게 변화한 형태로서 번식하게 된다는 것이다.[35] 19세기 말에서 20세기 초에는 다윈의 생물진화론에 토대를 둔 사회진화론이 널리 유행하게 되는데, 영국의 철학자이자 사회학자 허버트 스펜서(Herbert Spencer)와 미국의 사회학자 윌리엄 그레이엄 섬너(William Graham Sumner) 등은 그 대표적인 인물이다. 자연선택이론은 다섯 가지 관찰 결과(사실)와 세 가지 추론에 기초하고 있다. 이를 도표로 나타내면 다음과 같다.

사실 1	모든 개체군은 매우 높은 번식력을 가지고 있어서 제한되지 않는다면 개체수는 지수적으로 증가할 것이다.
사실 2	개체군의 크기는 일시적, 계절적 변동을 제외하고 대개 오랜 기간 동안 일정하게 유지된다.
사실 3	모든 종의 경우 이용할 수 있는 자원이 한정되어 있다. 추론1. 한 종의 구성원 간에 치열한 경쟁(생존경쟁)이 벌어질 것이다.
사실 4	한 개체군의 구성원들은 모두 제각기 다르다. 추론2. 개체군의 개체들은 생존(즉 자연선택) 확률에서 서로 모두 다를 것이다.
사실 5	개체군 안의 개체 사이의 차이는 적어도 부분적으로는 유전될 수 있다. 추론3. 자연선택이 여러 세대에 걸쳐 일어나다 보면 진화를 일으킬 수 있다.

〈표 4.2〉 자연선택을 설명하는 다윈의 모델[36]

한편 미국의 미래학자 레이 커즈와일(Ray Kurzweil)은 '복잡성의 증가 (increasing complexity)' 자체가 진화 과정의 궁극적 목표이거나 최종 산물은 아니라고 말한다. 그는 복잡성과는 다른 '질서(order)'라는 개념을 도입하고 있다. 그에 의하면 "질서란 목적에 부합하는 정보이며 정보가 목적에 부합하는 정도에 따라 질서의 크기가 결정된다."[37] 진화는 질서를 증가시키지만 복잡성은 증가되기도 하고 증가되지 않기도 한다(보통은 증가됨). 생물학적 진화의 목적이 살아남는 것이라면, 기술적 진화의 목적은 성능, 효율 등의 최적화와 경제적 성공이다. 생물학적 진화든 기술적 진화든, 진화 알고리즘 (evolutionary algorithm)의 핵심은 문제를 정의하는 것이며 문제에 대한 해결책을 향상시키면 질서가 증가된다. 수확 가속의 법칙(law of accelerating returns), 즉 진화 과정이 가속적이며 그 과정의 산물 또한 기하급수적으로 증가하는 것을 나타내는 법칙이 적용되는 진화는 닫힌계가 아니며 거대한 카오스의 한 가운데에서 일어나고 또한 무질서로부터 질서를 이끌어내기 때문에 '엔트로피 증가의 법칙(열역학 제2법칙)'에 위배되지 않는다. 심지어 거대 소행성 충돌 같은 위기도 일시적으로는 무질서를 증가시켰지만 결국에는 생물학적 진화에 의해 창조되는 질서를 증가시키고 심화시켰다.[38]

진화는 양(陽)의 되먹임(positive feedback) 방법을 쓰기 때문에, 다시 말해 진화적 발전의 한 단계에서 생겨난 보다 유용한 기법이 다음 단계를 만드는 데 사용되어 점증하는 질서 위에서 진화가 일어나기 때문에 생명체든 기술이든 진화의 속도가 빨라진다. 정보를 기록하고 조작하는 기법도 점점 더 세련되고 진화가 만들어낸 혁신이 더 빠른 진화를 촉발하는 것이다. '정보기술(information technology)'이라는 용어가 점차 광범한 현상들을 포괄하여 궁극적으로는 모든 경제 활동과 문화 활동의 영역을 포함하게 될 것이다. 이제 기술 진화는 생물학적 진화를 능가하고 있다. "호모 사피엔스의 진화에는 수십만 년이 걸렸고, 원인(原人)이 만든 초기 단계의 기술 발전 속도도 매우 느려서 진화하고 널리 퍼지는 데 수만 년이 걸렸으며, 500년 전에 인쇄기술 같은 패러다임 전환의 산물이 널리 퍼지는 데는 한 세기 정도가 걸렸다. 오늘날 휴대전화와 월드 와이드 웹 같은 주요 패러다임 전환의 산물은 단 몇 년 만에 널리 사용되었다."[39]

그러면 우주의 진화는 어떠한가. 우주가 '빅뱅 특이점(big bang singularity)'에서 일어난 대폭발로 생성되었다는 빅뱅이론(big bang theory)에 의하면, 우주는 모든 에너지와 물질이 엄청난 밀도로 응축된 하나의 점에서 분출되어 나왔고, 지금도 계속해서 '가속 팽창'하고 있다.[40] 가장 최근에 우주배경복사를 탐색한 유럽우주기구(ESA)의 플랑크 우주선 망원경은 우주배경복사를 세부영역까지 매우 정밀하게 관측하였으며 빅뱅이론이 우주의 생성을 설명하는 가장 적합한 모형임을 재확인해 주었다. 이 관측을 통해 우주의 나이는 137억 3,000만 년에서 138억 2,000만 년으로 늘어났고, 우주를 구성하는 정상물질, 암흑물질(dark matter), 암흑에너지(dark energy)의 양도 더욱 정밀하게 측정됐다.[41] 그러나 이 이론은 '플랑크 시기(Planck era)'로 알려진 최초의 그 시점 이전에 어떤 일이 있었으며 우주가 어떻게 해서 존재하게 되었는지에 대한 설명 없이 우주가 존재하게 된 이후의 진화 과정을 기술한다. '어느 날' 대폭발이 일어났고, '우주 인플레이션(cosmic inflation)'으로 알려진 과정을 통해 우주가 급팽창하여 시공간 구조 속에 파동을 만들고 그것이 팽창하는 우주를 가로지르며 퍼져나가 지난 138억 년 동안 수천억 개의 은하들이 생겨났고, 지금도 그 숫자는 늘어나고 있다. 말하자면 시간의 흐름 속에서 우주는 복잡한 진화를 거쳤고, 다양한 입자들 또한 진화했으며, 그러한 진화가 지구와 같은 행성들과 우리와 같은 존재들이 존재할 수 있도록 만들었다는 것이다.

이상에서 우리는 생물학적 진화와 기술적 진화 그리고 우주적 진화에 대해 일별하였다. 라마르크와 마이어는 진화란 '하등한 것에서 고등한 것으로 점점 더 완벽한 상태를 향해 나아가는 방향성을 가진 변화'라고 했고, 다윈은 '자연선택에 의한 진화'를 주창했으며, 커즈와일은 문제에 대한 해결책을 향상시키면 질서가 증가된다는 진화 알고리즘을 제창하며 진화는 질서를 증가시킨다고 했다. 그러나 하등한 것에서 고등한 것으로 더 완벽한 상태를 향해 나아가는 방향성이 본질적으로 무엇을 의미하는지에 대해 라마르크나 마이어는 구체적인 논급이 없다. 어쩌면 이는 생물학적 접근의 한계인지도 모른다. 다윈의 자연선택에 의한 진화는 주로 생물학적 형체와 현상에 대한 분석에 치중해 있는 관계로 진화의 전 과정에 함축된 심원한 의미를 들여다

보지 못하고 있다. 커즈와일은 진화는 질서를 증가시킨다고 했지만 그 질서란 것이 생존이라는 진화의 목적에 정보가 부합하는 정도를 나타내는 크기라고 설명하고 있을 뿐이다. 그리고 빅뱅이론은 물질적 우주의 생성과 진화 과정을 설명하는 가장 적합한 모형인 것으로 간주되고 있지만, 여전히 남은 의문은 '애초에 무엇이 빅뱅을 일으켰는가?'라는 것이다. 빅뱅을 만들어 낸 에너지가 우리 우주가 시작되기 전부터 다중우주(multiverse)라고 불리는 시공간 속에 존재했을 것이라고 보는 다중우주론의 관점에서는 빅뱅이 일상적이고 별 의미가 없는 것일지도 모른다. 진화의 전 과정을 포괄하는 거시적인 분석이 필요한 것은 이 때문이다.

위에서 살펴본 진화론은 주로 물리세계에 초점이 맞춰져 있다. 그런데 물리(物理)는 성리(性理)에 대한 인식의 바탕 없이는 명쾌하게 설명될 수 없다. 왜냐하면 사물의 이치란 곧 물성(物性)을 일컫는 것으로 사물[物]의 이치와 성품[性]의 이치는 마치 그림자와 실물의 관계와도 같이 상호 조응하는 까닭이다. 물리와 성리는 물질과 정신, 작용과 본체, 필변[生滅]과 불변[眞如]이라는 불가분의 표리관계로서 하나의 통일체를 형성하고 있다. 현대 물리학의 가장 위대한 발견이랄 수 있는 '의식' 발견 이후 100여년이 지났지만, 우주의 실체가 의식이며 이 세상은 의식의 투사영에 불과하다는 사실을 일단의 지식인들은 여전히 포착하지 못하고 있다. 보는 것이라고는 동굴 벽에 드리운 그림자의 움직임뿐, 그것이 보이지 않는 실체의 투사영임을 알지 못하는 그들이야말로 플라톤(Plato)의 『국가론 Politeia』에 나오는 동굴에 갇힌 죄수다.

생물학적 진화든 사회학적 진화든 기술적 진화든 우주적 진화든, 이 세상에 분리된 것은 아무것도 없으며 일체가 하나로 연결되어 있는 까닭에 천·지·인 삼신일체라고 한 것이다. 그래서 "연기(緣起)를 보는 자는 진리를 보고 진리를 보는 자는 연기를 본다"[42]고 한 것이다. 이러한 상호 연관과 상호 의존의 세계 구조를 『화엄경(華嚴經)』에서는 인드라망(網)으로 비유한다. '이것'이 곧 다른 '모든 것'이라는 '인드라망'의 마법에 대한 이해 없이는 진화의 진정한 의미를 파악하기 어렵다. 『이샤 우파니샤드 Isa Upanishad』에서는 말한다. "이 세상 어디서나 하나됨을 볼 수 있다면, 어떻게 슬픔이나 미혹에 빠질 수 있겠는가?"[43] 실로 어디서나 '하나됨'을 볼 수 있다면, 모든 사람들이 추구하는 목표인 최고선─아리스토텔레스(Aristotle)가 '행복(eudaimonia)'이라고 부르는─을 성취할 수 있을 것이다. 그러나 의식이 진화되지 않고서는 영적 자각이 일어날 수 없으므로 근본지(根本智)를 응시할 수가 없다. 점점 더 완벽한 상태를 향해 나아간다는 것은, 질서가 증가된다는 것은 바로 '하나됨'으로의 길(the road to oneness)이다. 물질적 우주의 진화 역시 영적 진화와 표리의 조응관계에 있다.

그러면 다음으로 영성 계발과 진화에 대해 살펴보기로 하자. 생명의 자기 조직화 과정은 진화의 과정인 동시에 새로운 구조 및 행동양식의 창발이라는 점에서 진화는 창조적 진화이다. 창조론과 진화론의 이분법은 성립되지 않는다는 말이다. 인간 사회의 진화는 우주의 실체인 의식의 진화(상승)와 표리(表裏)의 조응관계에 있다. 그래서 이 세상은 우리의 의식을 비춰주는 거울이라고 하는 것이다. 이 세상 자체가 온통 결과에 집착하는 카르마(karma 業)의 제전(祭典)이 되어버린 것은 덜 깨인 몽롱한 의식이 쉼 없이 불완전한 행위를 만들어내기 때문이다. 여기서 불완전한 행위란 오직 이기심의 충족을 위한 행위, 즉 전체성이 결여된 행위를 말한다. 의식의 상승이 일어나지 않고서는, 다시 말해 '하나됨'에 대한 영적 자각이 없이는 이 불길한 카르마의 제전을 멈출 길이 없다. 또한 에너지 시스템인 생명계가 '펼쳐진 질서[물질계, 현상계]'와 '접혀진 질서[의식계, 본체계]'를 상호 관통하며 우주의 진행 방향인 영적 진화[의식의 진화]와 조응관계에 있다는 사실을 알 길이 없는 것이다.

그러면 혹자는 "왜 생명계가 현상계와 본체계를 상호 관통하는가?"라고 물을지 모른다. 그것은 만물이 만물일 수 있게 하는 제1원인[天, 神, 靈], 즉 '스스로(自) 그러한(然)' 자의 본질이기 때문이다. 우주의 본질은 생명이며, 생명은 '스스로 그러한' 자이다. 일체의 생명은 천·지·인 혼원일기(混元一氣)에서 나와 다시 그 하나인 혼원일기로 돌아간다. 그런 까닭에 생명의 본질은 전체성(一)인 동시에 개체성(多)이며, 내재성인 동시에 초월성이며, 우주의 본원인 동시에 현상 그 자체다. 따라서 물질계의 관점에서는 시공(時空)이 실재하는 것으로 인식되는 까닭에 현상계와 본체계를 오가는 것이 되지만, 양자역학적 관점에서는 여기가 거기이고 그때가 지금이니, '지금 여기' 이외의 그어떤 시간과 공간이 따로 있는 것이 아니므로 가는 것도 없고 오는 것도 없다. 그래서 의상(義湘) 대사는 "갔다갔다 하지만 그곳이 바로 본래 그 자리요, 왔다왔다 하지만 그곳이 바로 떠난 그 자리(行行本處 至至發處)"라고 한 것이다.

오고 감이 따로 없다는 말이다. 말하자면 생사를 하나의 통일체로 보는 것이다. 원효(元曉) 대사 또한 『금강삼매경론(金剛三昧經論)』에서 떠나온 곳(來處)과 도달한 곳(至處)이 다르지 않기 때문에 '무래무지(無來無至)'라고 하여 어디서 온 일도 없고, 어디에 도달한 일도 없다[44]'라고 말하고 있다. 우리가 살고 있는 물질계는 상대계이기 때문에 설명의 편의상 부득이 이분법을 사용하지만 그 너머에 있는 의미를 파악할 수 있어야 한다. 다시 말해 말이나 글(경전까지도)은 '진리의 달'을 가리키는 손가락에 불과하므로 손가락에 집착하면 그 너머에 있는 '진리의 달'을 볼 수가 없다. 온갖 문제를 야기하는 온상

---

* cf. 『金剛三昧經』: "尒時 佛告無住菩薩言 汝從何來 今至何所 無住菩薩 言 尊者 我從無本來 今至無本所(그 때에 붓다께서 무주보살에게 말씀하시길, "네가 어디서 왔으며 지금 어디에 이르렀는가?" 무주보살이 아뢰길, "존자시여, 제가 본래 온 곳이 없으며, 지금 어디에 이른 곳도 없습니다")."

이 되고 있는 진리에 대한 왜곡된 인식은 진리를 가리키는 손가락에 불과한 말이나 글을 진리 자체로 오인하는 인류의 낮은 의식에서 기인하는 것이다. 영성 계발을 통해 의식을 상승시켜야 하는 이유가 여기에 있다.

의식의 진화는 본질적으로 영적 진화이며 공진화인 까닭에 전체성과 개체성, 공동체와 개인은 분리될 수 없다. 에너지 시스템인 생명계는 천·지·인을 포괄하며—우리가 의식하든 하지 못하든—가장 근원적인 의미에서 우주의 진행 방향인 영적 진화와 조응관계에 있다. 따라서 생물학적 진화든 기술적 진화든 우주적 진화든, 닫힌계에서는 일시적으로 무질서가 증가할 수 있지만 진화는 열린계에서 일어나기 때문에 결국에는 무질서로부터 질서를 이끌어내게 되므로 진화의 방향성은 본질적으로 영적 진화에 초점이 맞춰져 있다. 말하자면 '자기조직화', 즉 불안정한 카오스 상태에서 내재된 필연적 법칙성에 따라 저절로 질서의 창발이 일어나는 것이다. 표면적으로는 무질서해 보이는 혼돈 현상 속에도 숨겨진 질서가 있을 수 있다는 것은 혼돈과 질서가 공존하는 세계를 밝힌 것이다.

하등한 것에서 고등한 것으로 더 완벽한 상태를 향해 나아가는 것, 질서를 증가시키는 것, 그리고 모든 사람들이 추구하는 목표인 최고선을 향해 나아가는 것이 진화라고 한다면, 진화는 개체성과 전체성, 작용[氣]과 본체[理], 삶과 죽음을 하나로 아우르는 의식의 확장[상승]을 전제로 한다. 그것은 이분법을 넘어선 진지(眞知, 根本智)를 체득함으로써 가능한 것이다. 그러나 아침이면 나서 저녁이면 죽는 하루살이가 밤의 어둠을 알 수 없듯이, 유한한 닫힌계에서 살아가는 인간이 무한한 열린계에서 일어나는 진화의 실상을 파악하기란 실로 어려운 것이다. 『도덕경(道德經)』 16장에서는 현상계와 본체계를 회통하는 진지(眞知)를 다음과 같은 아름다운 글귀로 나타내고 있다.

허(虛)의 극치에 이르고 고요함을 독실하게 지킬 수 있다면, 만물이 생장하여 변화하는 이 모습이 실은 그 근원으로 돌아가는 작용임을 알게 된다. 무릇 만물은 끊임없이 생겨나지만 각기 그 근본으로 되돌아간다. 이렇게 근본으로 돌아감을 '고요해진다(靜)'고 하며, 고요해짐을 '본연으로 돌아간다(復命)'고 하고, 본연으로 돌아감을 '영원(常)'이라고 하며, 영원을 아는 것을 '진지(明)'라고 한다.

致虛極 守靜篤 萬物竝作 吾以觀復 夫物芸芸 各復歸其根 歸根曰靜 是謂復命 復命曰常 知常曰明

이러한 '진지'를 체득하게 되면 불태(不殆), 즉 위태롭지 않게 된다. 진지를 체득하면 일체의 이분법에서 벗어나게 되므로 열린계에서 일어나는 진화의 실상을 파악할 수 있게 된다. 그리하여 삶과 죽음을 관통하는 대자유의 품속에서 '나'를 잊고 '나'를 잃지 않는 유유자적(悠悠自適)하는 삶을 구가할 수 있게 된다. 그것은 곧 생명의 전일성과 자기근원성에 대한 심오한 인식이며 동시에 실천이다. 에고(ego 個我)가 '에고!' '아이고(I go)!' 할 때[죽을 때] 만물의 전일성(Oneness 유일자)이 드러나게 되므로 고금을 초월하며 생(生)도 없고 사(死)도 없는 경지에 도달한다고 『장자(莊子)』 「대종사(大宗師)」편에서는 말한다.

자기의 생을 망각한 후에 능히 아침 공기처럼 맑은 경지에 들어가고, 아침 공기처럼 맑은 경지에 들어간 후에 능히 단독자[유일자]가 드러난다. 단독자가 드러난 후에 능히 고금을 초월하고, 고금을 초월한 후에 능히 생도 없고 사도 없는 경지에 도달한다.

已外生矣 而後能朝徹 朝徹而後能見獨 見獨而後能無古今 無古今而後能入於不死不生

그래서 "삶을 죽이고 초월하는 자에게 죽음은 없고, 삶을 살려고 탐하는 자에게 삶은 없다"[45]고 말한 것이다. 『장자』사상의 진수는 일체의 대립상과 상대적 차별상을 떠나 만물을 하나로 평등하게 보는 '도추(道樞)'의 경지를 설파한 데 있다. 사람이 도를 닦아 덕을 몸에 지니면 도의 관점에서 사물을 직시하게 되므로 종국에는 '생과 사가 동반자이며, 만물이 '하나(一)'이고 '하나(一)'의 기운(一氣)이 천하를 관통하고 있음'[46]을 알게 되는 것이다. 이는 곧 평등성지(平等性智)의 나타남이며 생명의 전일성과 자기근원성에 대한 자각이다. 상호 연관과 상호 의존의 세계구조를 이해하면 이것과 저것의 대립이 사라진 '도추(道樞)' 또는 '천균(天鈞)'의 경지에 이르게 된다고 『장자』「제물론(齊物論)」에서는 말한다.

　　삶이 있으면 죽음이 있고, 죽음이 있으면 삶이 있다. 됨(可)이 있으면 안 됨(不可)이 있고, 안 됨이 있으면 됨이 있다. 옳음(是)에 의지하면 옳지 않음(非)에 의지하는 것이고, 옳지 않음에 의지하면 옳음에 의지하는 것이다. 하여 성인은 그러한 상대적인 판단에 의하지 않고 절대적인 입장에서 조명하며 또한 대긍정에 의지한다. 이것 또한 저것이고, 저것 또한 이것이다. 저것 또한 하나의 시비이고, 이것 또한 하나의 시비이다. 과연 저것과 이것이 있다는 말인가. 과연 저것과 이것이 없다는 말인가. 저것과 이것의 대립이 사라진 경지, 이를 일러 도추(道樞)라고 한다.
　　"雖然 方生方死 方死方生 方可方不可 方不可方可 因是因非 因非因是 是以聖人 不由而照之於天 亦因是也 是亦彼也 彼亦是也 彼亦一是非 此亦一是非 果且有彼 是乎哉 果且無彼是乎哉 彼是莫得其偶 謂之道樞."

　이러한 「제물론」의 만물제동사상(萬物齊同思想)은 「소요유(逍遙遊)」에 나오는 자유론 및 전생설(全生說)과 불가분의 관계를 이루면서 장자(莊子, 이름은 周)의 인식론이 평등과 자유의 변증법적 통합에 기초해 있음을 보여준다. 자유와 평등이 통합을 이룬 온전한 삶을 누리기 위한 방법으로 장자는 심재(心齋), 즉 마음을 비워 깨끗이 하는 것과 좌망(坐忘), 즉 물질적 형상과 지식을 초월하여 대통(大通)과 하나가 되는 것[47]을 들고 있다. 생명과 평화, 자유와 평등, 정의와 복지 등 인류가 추구하는 제 가치는 파편화된 지식으로는 달성될 수 없다. 현재 우리가 직면한 모든 문제는 지구와 지구에 사는 모든 생명체와 인간이 분리되어 있고 인간과 인간 또한 분리되어 있다는 왜곡된 인식에서 오는 것이다. 생각은 바꾸지 않은 채 세상을 바꾸려는 것은 마치 실물은 그대로 둔 채 그림자를 바꾸려는 것과도 같이 비현실적이다.

생명은 본체[理]인 동시에 작용[氣]이므로 영성과 물성, 비존재와 존재를 거침없이 관통한다. 우주적 견지에서 보면 죽음은 소우주인 인간이 '하나됨'을 향해 진화하는 과정에서 단지 다른 삶으로 전이하는 것에 불과하다. 마치 풀벌레가 나뭇잎 위를 기어가다가 그 끝에 이르면 다른 나뭇잎으로 옮아가는 것처럼. 죽음은 어떤 의미에서는 위대하다. 죽음, 즉 소멸이 없이는 생성의 의미를 알 수가 없고 따라서 생명의 순환을 이해할 수도 없다. 죽음은 진화의 한 과정이다. 과학과 영성 그리고 진화라는 주제를 다룸에 있어 핵심은 물질일변도의 관점을 경계하는 것이다. 물질일변도의 관점에 빠지면 진화의 진정한 의미를 이해할 수 없게 된다. '인간의 얼굴을 한 과학'을 찾기 위해 전 생애를 바친 폴란드계 영국의 수학자이자 생물학자이며 과학사학자인 제이콥 브로노우스키(Jacob Bronowski)는 "죽음은 세포나 개체의 생명 주기를 지속시키는 물질대사의 정지이며, 그 생명은 정지 속에서 정확하게 생명 주기를 반복하기 시작한다…진화의 연속 과정으로서의 생명은 폐쇄 곡선이 아니다. 그와는 반대로 진화로서의 생명은 위상적으로 열려 있다. 그것에는 시간에 따르는 주기가 존재하지 않기 때문이다"[48]라고 말한다. 따라서 생명은 영원한 순수 현존(pure presence)이다. '하나됨'을 본다는 것은 만유 속에서 그 자신을 보고 그 자신 속에서 만유를 보는 것이다.[49]

생명은 곧 도(道)이며 진리이다. 생명은 스스로 생성되고 변화하여 돌아가는 '스스로(自) 그러한(然) 자'이니 생명은 자유다. 생명이 자유임에도 자유롭지 못한 것은 개체화된 자아 관념에 사로잡혀 있기 때문이다. 진리를 안다는 것은 곧 우주의 본질인 생명을 이해한다는 것이다. 따라서 "진리가 너희를 자유롭게 하리라"는 말은 사실과 부합된다. 흔히 육체적 자아를 생명 그 자체라고 생각하는 것은 생명을 전일적 흐름으로 보지 못하는 물질일변도의 닫힌 의식에서 오는 것이다. 생명의 영성에 대한 자각이 없이는, 다시 말해 생명의 전일성과 자기근원성에 대한 자각이 없이는 오직 이 육체만이 자기라고 생각하게 되어 이 우주가 상즉상입(相即相入)의 구조로 상호 연기(緣起)하고 있음을 알 길이 없으므로 영성 계발이 일어날 수도, 영적 진화가 이루어질 수도 없다. 스위스 정신과 의사이자 분석심리학자인 칼 구스타프 융은 이렇게 말한다. '밖을 보는 자는 꿈꾸는 자이고, 안을 보는 자는 깬 자이다.'

사람은 각성이 될수록 두뇌에 있는 뉴런(neuron 신경세포)을 연결하는 시냅스(synapse 신경세포 連接)가 확장되고 사고력이 증폭되고 지성이 높아져 포괄적 이해능력이 향상되므로 만물의 연결성을 알아차리고 천리(天理)에 순응하는 삶을 지향하게 된다. 그리하여 삶 자체가 거칠고 방종한 자아를 길들이는 의식의 자기교육과정이며, 학습 효과를 극대화하기 위한 학습기제로서 상대계인 물질계[권력·부·명예·인기 등]가 존재한다는 사실을 인지하고 순천(順天)의 삶을 살게 되는 것이다. 이러한 자각이야말로 영적 진화의 단초가 된다. 우주의 본원[본체]인 동시에 현상[작용] 그 자체로서 영성과 물성을 관통하는 생명의 역동적 본질을 이해하면, 만물이 전일성의 현시(顯示)임을 자연히 알게 된다. 마치 강물에 비친 달그림자를 보고 달이 실재함을 알 수 있듯이, 삶의 강물에 비친 현상이라는 그림자를 보고 '우주 지성'—막스 플랑크가 말하는 '의식과 지성을 가진 정신'—의 실재를 알 수 있게 되는 것이다. 우주의 진행 방향이 영적 진화인 것은 바로 이 전지(omniscience)·전능(omnipotence)인 '우주 지성'의 작용에 기인하는 것이다.

생명[靈]의 자기조직화 원리인 이 '우주지성'은 상고의 현자들이 수만 년 전에 이미 파악한 것이지만, 물리학은 현대에 들어 발견한 것이다. 아밋 고스와미의 저서 『자각적 우주 The Self-Aware Universe』(1993)에서는 의식이 어떻게 물질세계를 창조하는지, 다시 말해 어떻게 근원적 일자에서 우주만물이 나오는지를 양자물리학과 영성의 접합을 통해, 그리고 '양자 역설(quantum paradox)'에 대한 해명을 통해 보여준다.[50] "나는 선택한다. 그러므로 나는 존재한다(I choose, therefore I am)"[51]라는 그의 경구는 우리의 의식과 선택이 곧 우주를 형성한다는 사실을 명료하게 보여준다. 이러한 그의 관점은 다중우주 해석론에 등장하는 평행우주(parallel universe)[52] 개념과도 같은 맥락 속에 있다. 즉 우주의 모든 경우의 수만큼 우주가 존재하며 그 수많은 가능성 가운데 하나만이 선택되어 우리에게 존재하고 나머지 수많은 가능성은 보이지 않는 곳에서 공존하게 된다는 것이다.

독일 이상주의 철학을 종합 집대성한 게오르크 헤겔(Georg Wilhelm Friedrich Hegel)의 표현을 빌면, 진화란 '나(I)'의 형태로서가 아니라 보편적으로 상호 의존적인 '우리(We)'의 형태로서의 자유로운 정신,[53] 즉 '이성적 자유(rational freedom)'의 실현을 향해 나아가는 것이다. 이를 헤겔은 그의 『정신현상학 Phänomenologie des Geistes』(1807) 속에서 '주인과 노예의 변증법(master-slave dialectic)'을 통해 생생하게 보여준다.[54] 헤겔에 의해 완성된 근대의 변증법은 이 세계를 끊임없는 생성과 발전, 운동과 변화의 과정으로 파악한다. 즉 진화란 잠재되어 있는 본질의 현실화 과정이요, 이념의 실재화 과정이며, 정신의 자기실현화과정이다.[55] 이러한 진화 과정을 추동하는 원리로 헤겔은 '절대정신'을 들고 있는데, 이 절대정신이 바로 '우주 지성'이다. 이와 같은 자기실현을 위한 부단한 교육과정은 절대정신이 궁극적으로 인간 존재 속에 실현될 때까지, 환언하면 신적 이념이 역사 발전을 통하여 실재화된 인류이 될 때까지 계속된다.

주인과 노예의 변증법적인 관계를 통해 보여주는 '간주관성(間主觀性 intersubjectivity)'의 개념은 헤겔 변증법의 중핵을 이루는 것으로 인간이 관계적 존재임을 단적으로 말해 준다. 진화란 관계성에 대한 인식을 통해 '참나'로 환귀해가는 끝없는 여정이다. 생물학적 진화든 기술적 진화든 물질적 우주의 진화든, 모두 영적 진화와 조응관계에 있으며 영적 진화를 위한 학습여건 창출과 관계된다. 파편적인 칸막이 지식으로는 만물의 연결성을 알 수 없기 때문에 의식이 확장될 수도, 영성 계발이 일어날 수도 없으며 따라서 영적 진화가 이루어질 수도 없다. 그러나 생명계는 '부메랑 효과(boomerang effect)'로 설명되는 에너지 시스템이다. '부메랑 효과'를 가져오는 작용·반작용의 법칙[카르마의 법칙, 인과의 법칙, 輪廻의 법칙]은 진화를 추동하는 자연법으로, 죄를 지으면 반드시 괴로움이 따르기 마련이라는 죄와 괴로움의 인과관계에 대한 응시를 통해 궁극적인 영혼의 완성에 이르게 한다.

이 우주가 자연법인 카르마의 법칙의 지배하에 있다는 것은 『명심보감(明心寶鑑)』에도 나와 있다. "오이씨를 심으면 오이를 얻고 콩을 심으면 콩을 얻는다. 하늘의 그물이 넓고 넓어서 보이지는 않으나 새지 않는다"[56]라고 한 것이 그것이다. 카르마의 작용이 불러일으키는 생명의 순환[samsara 生死輪廻]은 생(生)·주(住)·이(異)·멸(滅) 사상(四相)의 변화가 공상(空相)임을 깨닫지 못하고 탐착과 분노의 에너지에 이끌려 집착하는 데 있다. 그리하여 영성 계발을 위해 하늘이 쳐놓은 카르마(karma 業)의 그물에 걸려 재수강을 하게 되는 것이다. 행위 그 자체보다는 동기와 목적이 카르마의 작용을 불러일으키는 원인이 된다. 이 법칙은 단순히 징벌을 위한 것이 아니라 내적 자아의 각성과 영성 계발 그리고 인간의 영혼이 완성에 이르기 위한 조건에 관계한다. 인내하고 용서하고 사랑하는 마음은 이러한 법칙에 대한 유일한 용제(溶劑)이다. 지혜의 길이든 행위의 길이든 헌신의 길이든, 모두 참자아로의 길이며 이는 곧 영적 진화의 길이다. 물질의 공성(空性)을 이해하면 '우리'든 '그들'이든 '이것'이든 '저것'이든, 모두 '참여하는 우주'로서 우주적 진화에 동참하고 있음을 자연히 알게 된다.

따라서 생명을 개체화하고 물질화하는 시도는 우주의 진행방향에 역행하는 것이다. 생명의 전일적 본질은 시공을 초월해 있으므로 개체화 의식 속에서는 생명을 파악할 길이 없으며 또한 진화할 수도 없다. 19세기 후반 이후 파워엘리트에 의해 권력을 강화하고 특권을 정당화하는 도구로서 물질 문명의 근간을 이루었던 다윈의 적자생존의 이론은 생물학적 진화 역시 우주의 진행 방향인 영적 진화와 조응관계에 있다는 사실을 간파하지 못했다.[57] 우리 몸과의 관계를 배제한 의상에 대한 논의가 의미가 없듯이, 의식의 진화와의 관계를 배제한 생물학적 진화에 대한 논의 역시 의미가 없는 것이다. 중요한 것은 형태와 모습의 변화가 아니라 영적 진화이며 생물학적 진화는 영적 진화와의 관계 속에서만 의미가 있다. 이제 '양자 변환(quantum transformation)'으로 일컬어지는 새로운 우주 주기의 도래와 더불어 새로운 우주상(像)의 정립이 요청되고 있는 현 시점에서 과학과 영성 그리고 영성과 진화에 대한 관심이 고조되고 있는 것은 지구 문명의 새로운 지평 탐색을 위한 전조 현상이다.

지구 문명의 새로운 지평 탐색

본 절에서는 이상에서 고찰한 과학과 영성의 접합, 영성 계발과 진화에 대한 이해를 바탕으로 지구 문명의 새로운 지평을 탐색해보기로 한다. 히브리대 역사학 교수 유발 하라리(Yuval Noah Harari)는 "인간은 새로운 힘을 얻는 데는 극단적으로 유능하지만 이 같은 힘을 더 큰 행복으로 전환하는 데는 매우 미숙하다. 우리가 전보다 훨씬 더 큰 힘을 지녔는데도 더 행복해지지 않은 이유가 여기에 있다"[58]라고 말한다. 더 큰 힘을 지니고도 더 행복해지지 않은 이유는 바로 그러한 힘을 행복으로 전환하는 데는 미숙하기 때문이라고 했는데, 왜 그런 것일까? 행복은 나눌수록 더 커지지만, 힘은 커질수록 절대화하는 경향이 있기 때문이다. 의식은 확장될수록 걸림이 없어져 자유롭게 되지만, 물질은 확장될수록 걸림이 커져 구속되기 때문이다. 그러면 행복은 나눌수록 더 커지는데, 큰 힘을 지니면 왜 나누지 못하는 것일까? 그것은 물질계의 존재이유가 영적 진화를 위한 학습여건 창출과 관계되며 에고의 자기 이미지의 확대재생산과 자기 확장을 위한 학습기제로서 작용한다는 사실을 알지 못하기 때문이다.

플라톤이 '동굴의 비유'에서 말한 동굴에 갇힌 죄수와도 같이 세상이라는 동굴 생활에 가축처럼 사육되고 길들여져 동굴 안의 억압된 현실을 직시하지도 못하고 실재세계로 나아가려는 의지도 없는 이들이야말로 동굴과 우상에 갇힌 자들로서 죄수 아닌 죄수이며 노예 아닌 노예인 것이다. 인류의 비극은 '앎(knowing)'이나 '봄(seeing)'이라고 하는 것이 있는 그대로의 사실적 앎이나 봄이 아니라 닫힌 의식에 의한 해석이라는 프리즘을 통과한 앎이나 봄이라는 데에 있다. 이성적이니 합리적이니, 선이니 악이니 하는 것도 어떤 명확한 준거가 있는 것이 아니라 이해관계나 상황적 해석 내지는 관점에 따라 달라진다. 개인의 경우든 국가의 경우든, 객관적이라고 인식하는 것도 기실은 객관을 표방한 주관인 경우가 대부분이며 따라서 보편적인 준거를 설정할 수 있는 것도 아니므로 주관적인 생각의 벽속에 갇힌 채 살아가는 것이다.

우리가 보는 세상은 사실 그대로의 세상이 아니라 왜곡된 인식에 기초한 해석이라는 프리즘을 통과한 세상이다.…사실 그대로의 세상을 보기 위해서는 이분법적인 인식의 틀을 허물지 않으면 안 된다…일체의 이분법은 앎의 원을, 삶의 원을 완성시키기 위한 방편일 뿐, 그 자체가 진리는 아니다. 이러한 사실을 알지 못한 채…선과 악의 진실게임에 빠져들면 '삼사라(,samsara 生死輪廻)'가 일어난다. 절대 선과 절대 악이라는, 존재하지도 않는 이분법적 망령에 사로잡혀 영성 계발과 영적 교정을 위해 하늘이 쳐놓은 카르마의 그물에 걸리는 것이다. 말하자면 영적 진화를 위해 재수강할 기회가 주어지는 것이다. 그러나 세상 사람들은 카르마의 그물에 걸렸다는 사실조차 알아차리지 못한 채 깊은 영적 무지(spiritual ignorance) 속에서 쉼 없이 자신의 욕망이 투영된 신기루 같은 행위를 만들어낸다. 사람들은 자신에게 가장 위험한 것이 무지가 아니라 알고 있다는 착각―진정한 앎에 이르는 길을 원천적으로 봉쇄하는―이라는 사실을 깨닫지 못한 채 자기 생각 속에서만 존재하는 '금욕주의적 에고(the stoic ego)'로서 살아가는 것이다.[59]

권력과 힘에 대한 강한 집착은 본질적으로는 이원성과 분리성을 내포한 개체화(particularization) 의식, 즉 기계론적 세계관에 기인하는 것이다. 세계적인 영성철학자이자 대체의학자인 디팩 초프라(Deepak Chopra)는 미국 물리학자 레너드 플로디노프(Leonard Mlodinow)와의 공저 『세계관의 전쟁: 과학 대 영성 War of the Worldviews: Science vs. Spirituality』(2011)에서 종교는 현재 인류가 안고 있는 고뇌를 해결하지 못하지만 영성은 해결할 수 있다고 말한

다. 그러기 위해 우리는 종교의 근원으로 되돌아갈 필요가 있지만 그 근원
은 신이 아니라 바로 의식이라는 것이다. 그는 수천 년 전 대스승들에 의해
제기된 영적인 가설이 세 부분으로 이루어져 있다고 보았다. 즉 1) 육안으
로 보이는 모든 것의 근원을 이루는 보이지 않는 실재가 있으며, 2) 이 비가
시적인 실재는 우리 자신을 자각함으로써 알 수 있고, 3) 지능, 창조성, 조직
력이 우주에 내재해 있다는 것이다.[60] 비가시적 세계[본체계, 의식계]와 가시적
세계[현상계, 물질계]는 실물과 그림자의 관계와도 같이 분리될 수 없는 하나다.
권력과 힘의 증대가 행복의 증대로 연결되지 못하는 것은 일체 현상이 영원
한 유일 실재의 자기현현임을 인식하지 못함으로 해서 이원성과 분리성이
작용하기 때문이다. 그리하여 오늘날 지구촌의 모습과도 같이 개체화되고
파편화됨으로써 통합성을 발휘할 수 없게 되는 것이다.

한편 플로디노프는 "디팩이 보기에 모든 것에 이르는 열쇠는 바로 의식을
이해하는 것이다. ⋯과학이 의식을 설명하지 못한다고 해서 의식이 과학이
닿지 못하는 곳에 있어야 한다고 믿는다면 근시안적이다. 설사 의식의 기원
이 너무 복잡해서 사람의 마음으로 완전하게 파악하기 힘들다고 하더라도,
이는 의식이 초자연적인 영역에 거한다는 증거가 되지 않는다"[61]고 말한다.
이러한 플로디노프의 말은 인간의 의식이 실험 결과에 영향을 미친다는 것
을 보여준 양자물리학의 '관찰자 효과'라는 것에 대해 의미를 부여하지 않
은 듯하다. 그리고 의식이 기원이 너무 복잡해서 사람의 마음으로 완전하게
파악하기 힘든 것이 아니라 완전히 파악할 정도로 영적 자각이 일어나지도,
의식이 상승되지도 못했기 때문이다. 그러나 생명의 순환을 이해하는 '만사
지(萬事知)'에 이르면 소우주와 대우주, 부분과 전체가 하나임을 자연히 알게
된다. 진리는 설명의 차원이 아니라 이해의 차원이며, 영적 자각이 일어나
지 않고서는 결코 닿을 수 없는 초논리의 영역이다. 초논리의 영역이란 논

리의 영역을 포괄하는 동시에 초월하는 영역인 까닭에 논리에서 벗어난 비논리와는 확연히 구별된다. 과학은 달을 가리키는 손가락과도 같이 '진리'를 가리킬 수는 있지만 진리 그 자체는 아니다. 진리는 논리의 영역이 아니라 직관의 영역이므로 과학이라는 논리의 툴(tool)에 입각해서 초논리의 세계인 직관의 영역으로 진입해야 만날 수 있다.

앞서 살펴본 바와 같이 프리초프 카프라는 현대 물리학이 동양적 직관을 실험적으로 입증하는 것으로 보았다. 과학이 깊어지면 영성과 만날 수밖에 없다는 말이다. 영성은 그 어떤 부정성도 내포하고 있지 않다. 영성은 '만물의 전체적인 전일성(oneness of the totality of all things)', 즉 '일체를 포괄하는 거대한 전체(the great all-including whole)'[62]다. 초프라와 플라디노프의 세계관의 전쟁에 '과학 대 영성'이라는 부제가 붙은 것은 우리 시대가 여전히 기계론적 세계관에서 시스템적 세계관으로의 패러다임 전환기에 처해 있음을 환기시킨다. 플로디노프의 영성에 대한 비판적인 관점은 과학이 더 깊어져 직관의 영역인 영성을 이해하게 되면 자연히 종식될 것이다. 영성은 '거대한 전체'이기 때문에 그 어떤 것과도 대립적인 위치에 있지 않으며 여실(如實)한 대긍정의 경계다. 실로 인식 구조의 변환이 용이하지 않다는 것은 막스 플랑크가 그의 『과학적 자서전 *Scientific Autobiography*』(1949)에서 개종의 어려움을 술회하는 데서도 잘 나타나고 있다. "새로운 과학적 진리는 그 반대자들을 납득시키고 이해시킴으로써 승리한다기보다는, 오히려 그 반대자들이 결국에는 죽고 그것에 익숙한 새로운 세대가 성장하기 때문에 승리하게 되는 것이다."[63]

초프라와 플로디노프의 세계관의 전쟁은 인식 구조의 차이에서 오는 것이다. 고대로부터 현대에 이르기까지 그 치열했던 철학적 사색과 과학적 탐색은 만물의 근원에 대한 규명이 없이는 만물의 존재성이나 관계성에 대한 통찰이 일어날 수 없으므로 자유로울 수도, 행복할 수도 없다는 것을 알았기 때문이다. 영성에 대한 인식론적 차원의 고찰 없이 '영성은 있다 또는 없다'라는 식의 존재론적 차원의 문제로 일축하는 것은 논리적 모순이며 지식의 박피를 드러낸 것이고 그 숱한 동서고금의 지성을 모독하는 것이다. 영성이 무엇인지도 모르는데, 있는지 없는지 어찌 알겠는가? 영성이라는 이름을 넘어서지 않고서는 결코 영성에 이를 수 없다는 것이 영성의 역설이다. 의식의 문이 열리지 않고서는 유일 실재인 영성을 인식할 길이 없는 것이다. 생명의 본체인 영성을 인식하지 못하면 그 작용인 우주만물의 존재성 또한 인식할 수 없다는 데에 문제의 본질이 있다. 왜곡된 인식으로는 있는 그대로의 세상을 바라볼 수가 없으므로 인식과 존재의 괴리를 낳게 된다. 결국 세계관의 전쟁은 인식과 존재의 문제로 압축될 수 있다. 오늘날 인류가 처한 문제의 본질 또한 여기에 있다. 지구 문명의 새로운 지평 탐색을 위해서는 패러다임 전환을 통해 이 문제가 명쾌하게 해결되지 않으면 안 된다.

20세기 권력정치의 유산인 파괴와 불협화음은 자기생성적 네트워크체제로 이루어진 생명계의 시스템적 속성을 알지 못하는 데서 오는 것이다. 의식이 닫혀 있으면 분별지(分別智)가 작용하여 주관과 객관의 경계가 뚜렷해지므로 관계성에 대한 통찰이 일어날 수가 없다. 그리하여 이분법이 뿌리를 내리게 되면서 이 세상에는 '나'와 '너', '이것'과 '저것'으로 분리된 무수한 '존재의 섬'들이 생겨나게 된다. 이분법적인 인식의 틀 위에 세워진 지구촌의 평화란 공허한 언어의 유희에 지나지 않는다. 현대에 들어서도 인류가 전쟁이나 테러 등 갖가지 형태로 심대하고도 처절한 의식의 자기교육과정을 겪어온 것은 인류 의식의 자기분열이 너무 깊기 때문인지도 모른다. 이러한 이분법적인 인식의 틀을 허물고 지구 문명의 새로운 지평을 탐색하기 위해서는 우주의 본질인 생명이 무엇인지를 알아야 한다. 한마디로 생명은 분리 자체가 근원적으로 불가능한 절대유일의 '하나', 즉 영성[靈] 그 자체다.

생명은 우주 지성인 동시에 우주 생명력 에너지[命]이며 우주의 근본 질료 [精]로서, 이 셋은 이른바 제1원인의 삼위일체라고 하는 것이다. 말하자면 하늘(天)을 천·지·인 삼재로 나타내는 것과도 같이 유일자인 생명의 세 기능적 측면을 나타낸 것이다. 이 세 기능적 측면은 생명의 본체-작용-본체와 작용의 합일, 정신-물질-정신과 물질의 합일, 보편성-특수성-보편성과 특수성의 합일이라는 변증법적 논리 구조를 가지고 있으며 '생명의 3화음적 구조 (the triad structure of life)'를 나타낸다. 『중용(中庸)』에서 '천명지위성(天命之謂性)'이라고 하여 하늘(天, 神)이 명한 것을 성(性, 神性, 참본성)이라고 하고 있으니, 천 (天)과 신(神)과 성(性)은 하나다. 기(氣)는 목숨 명(命)과 조응한다. 따라서 하나인 생명의 진성(眞性)을 셋으로 표현하여 성(性)·명(命)·정(精)이라고 한 것은 신(神)·기(氣)·정(精)과도 조응하며 지성·에너지·질료를 나타낸다. 여기서 제1원인의 삼위일체란 일즉삼(一卽三)·삼즉일(三卽一)의 이치, 즉 생명의 본체인 신(神)이 기(氣)로, 다시 정(精)으로 에너지가 체(體)화하여 만물이 생겨나는 것인 동시에, '정'은 '기'로, 다시 '신'으로 화하여 본래의 근본자리로 되돌아가는 생명의 순환을 일컫는 것이다.

만물의 근원으로서의 영성[靈]은 동학(東學)*「시(侍)」의 세 가지 뜻풀이, 즉

---

* 동학은 단순히 한국만의 특수 사상체계로서가 아니라 동학이라는 이름을 넘어선 보편 사상체계로서 광의의 동학으로 인식되어야 한다. 동학의 창시자인 水雲 崔濟愚가 하늘로부터 받은 도 자체는 경계가 없는 天道이지만, 땅이 동서로 나뉘어 있고 수운 또한 東에서 나서 東에서 받았으니 學으로는 이름하여 동학이라고 한 것이다. 말하자면 동학은 서양에서 일어난 서학에 빗대어 동양에서 일어난 學이라는 의미로 수운이 그렇게 명명한 것일 뿐, 동학의 도 자체는 일체의 경계를 넘어선 것이다. 동학이 특정 이념체계에 갇힌 협의의 동학이 아니라는 사실은 『東經大全』「論學文」의 다음 구절에서 분명히 드러난다. "내가 또한 동에서 나서 동에서 받았으니 도는 비록 천도이나 學인 즉 동학이다. 하물며 땅이 동서로 나뉘었으니 서를 어찌 동이라 이르며, 동을 어찌

'내유신령(內有神靈)·외유기화(外有氣化)·각지불이(各知不移)'[64]에서 명료하게 드러난다. 우선 내유신령, 즉 '안에 신령이 있다'고 한 것은 만물 속에 '신성한 영' 즉 하늘(天, 神)이 내재해 있다는 뜻이다. 환언하면 만물이 하늘(한울)을 모시고 있다는 뜻이다. 우주의 실체는 의식이므로 영은 곧 영성이며 내재적 본성인 신성[참본성]이고 일심(一心)이다. 「영부주문(靈符呪文)」에서는 "마음이란 것은 내게 있는 본연의 하늘이니 천지만물이 본래 한마음이라"[65]고 했고, 「삼경(三敬)」에서는 "내 마음을 공경치 않는 것이 곧 천지를 공경치 않는 것이라"[66]고 하여 천지만물이 하나인 마음의 법으로 돌아감을 보여준다. 이 일심 즉 '한마음[근원의식, 우주의식, 보편의식, 전체의식]'은 일체를 포괄하고 모든 존재를 이루지만, 그 자체는 어떤 존재의 속성도 지니지 않는다고 칼 구스타프 융은 말한다. '한마음', 즉 영성은 시작도 끝도 없는 영원한 유일 실재이며 일체를 포괄하는 무소부재(無所不在)의 보편자인 까닭에 근원성·포괄성·보편성의 속성을 띤다. 일심 이외에 다른 실재가 있는 것이 아니다. 이 세상 그 어떤 것도—죽음조차도—'한마음'의 바다를 벗어나지 않는 까닭에 이 '한마음'은 일체의 세간법(世間法)과 출세간법(出世間法)을 다 포괄한다.[67] 죽음이 진화학적 측면에서 상당한 의미가 있는 것은, 죽음이 곧 삶의 심화이기 때문이다.

다음으로 '밖에 기화가 있다'는 외유기화는 내유신령과 불가분의 관계다. 본래의 진여한 마음이 내유신령이라면, 음양의 원리와 기운의 조화 작용으로 체를 이룬 것이 외유기화다.[68] 말하자면 '영[天, 神]'의 자기복제로서의 작용으로 우주만물이 생성되는 것을 두고 '신성한 영(神靈)'과 '기화(氣化)'의 관계

서라고 이르겠는가(『東經大全』, 「論學文」: "吾亦生於東受於東 道雖天道 學則東學 況 地分東西 西何謂東 東何謂西")."

로 논한 것이다. '신령'과 '기화'는 생명의 본체와 작용, 이치[理]와 기운[氣]의 관계로서 분리 자체가 근원적으로 불가능하기 때문에 안과 밖, 내재와 초월의 관계로 논한 것이다. 한마디로 이치가 곧 기운(理則氣)이고 기운이 곧 이치(氣則理)이므로 이치와 기운은 하나,[69] 즉 하나인 혼원일기(混元一氣, 至氣)다. 그러나 참자아의 자각적 주체가 되지 않고서는 우주만물이 '영'의 자기현현임을, 다시 말해 우주만물이 '물질화된 영'임을 인식할 수가 없으므로 생명의 전일성과 자기근원성, 만유의 근원적 평등성과 유기적 통합성을 파악할 수가 없다.

그래서 내유신령과 외유기화가 일체임을 나타내기 위한 메커니즘으로 각지불이, 즉 '각기 알아서 옮기지 않는다'라는 개념을 설정하여 3화음적 구조로 논한 것이다. 그렇다면 무엇을 안다는 것이며, '옮기지 않는다'는 말의 의미는 무엇인가? 우선 안다는 것은 '신령[내재]'과 '기화[초월]'의 전일적 관계, 즉 생명의 본체와 작용이 하나임을 아는 것이다. 다시 말해 만유가 '물질화된 영'임을 아는 것이며 이는 곧 생명의 전일성과 자기근원성을 아는 것이다. 다음으로 옮기지 않는다는 것은 마음을 지키고 기운을 바르게 함으로써 천리(天理)에 순응하는 삶을 사는 것이다. 여기서 '불이(不移)'는 '불이(不二), 즉 일심의 경계를 지칭한 것이다. 한마디로 '모심(侍)'이란 참자아의 자각적 주체가 되는 것이다. '영[神靈]과 기운[氣化]이 본래 둘이 아니라 한 기운'[70]임을 알게 되면 생명의 유기성 및 상호관통을 깨달아 주관과 객관의 경계가 사라지고 만유가 하늘을 모시고 있음을 알게 되므로 순천(順天)의 실천적 삶을 지향하게 된다. 동학의 내유신령·외유기화·각지불이는 '생명의 3화음적 구조'를 나타낸 것이다. 생명의 본체와 작용이 하나임을 알지 못하고서는 생명의 전일성과 자기근원성을 알 수가 없고 따라서 순천의 삶을 살 수가 없으므로 동서고금의 현자들은 본체와 작용, 즉 본체계[의식계]와 현상계[물질계]의 전일성을 그토록 강조했던 것이다.

동양의 천인합일이나, 플라톤의 이데아계와 현상계, 아리스토텔레스(Aristotle)의 형상과 질료, 스피노자의 실체와 양태의 전일적 관계는 모두 생명의 본체와 작용의 합일을 나타낸 것이다.[71] 이러한 '생명의 3화음적 구조'를 이해하는 것은 곧 진리의 중추를 틀어쥐는 것인 까닭에 동양에서는 천·지·인, 불교에서는 법신(法身, 體)·화신(化身, 用)·보신(報身, 相), 기독교에서는 성부(聖父)·성자(聖子)·성령(聖靈)이라는 '생명의 3화음적 구조'를 핵심교리로 삼은 것이다.* '생명의 3화음적 구조'란 용어는 필자가 천부경 81자의 구조를 궁구(窮究)하다가 처음 사용한 신조어로—그래서 필자는 천부경을 '생명경(生命經)'이라고 부른다—유일자인 생명의 세 기능적 측면을 함축하고 있다. 이 3화음적 구조에서 일체 현상이 파생되므로 이 '생명의 3화음적 구조'를 이해하면 진리의 정수(精髓)를 취한 것이나 다름없게 된다. 생명의 본체와 작용이 하나임을 알기 위해서는 일심의 원천으로 돌아가야 한다. 말하자면 성령이 임해야 알 수 있는 것이다. 이 우주가 자연법인 카르마의 법칙

---

* 천·지·인의 구조를 보면, '天'은 불교의 法身, 기독교의 聖父, 동학의 內有神靈과 조응하는 개념으로 생명의 본체를 지칭하며, '地'(물질세계)는 불교의 化身, 기독교의 聖子, 동학의 外有氣化와 조응하는 개념으로 생명의 작용[물질계, 현상계]을 지칭하고, '人'은 불교의 報身, 기독교의 聖靈, 동학의 各知不移와 조응하는 개념으로 본체와 작용의 합일을 추동하는 메커니즘으로 설정된 것이다. 여기서 '人'은 단순한 물질적 형상이 아닌 心相, 즉 天과 地, 생명의 본체와 작용이 하나임을 아는 일심[참본성, 神性]의 경계, 말하자면 천부경에 나오는 '人中天地一(천지인 삼신일체의 천도가 인간 존재 속에 구현됨)'의 경계를 함축한 것이다. 왜냐하면 물질적 육체가 '人'의 실체일 수는 없기 때문이다. 참사람의 실체는 참본성, 즉 一心이다. 그래서 기독교에서도 성령이 임해야, 다시 말해 일심의 경계에 이르러야 성부와 성자가 한 분 '하나'님이라는 것을 알 수 있다고 한 것이다. 생명의 본체와 작용이 하나임을 알기 위해서는 '歸一心源', 즉 일심의 원천으로 돌아가라고 한 것도 같은 의미이다. 일심의 경계(報身, 相)에 이르지 않고서는 생명의 본체(法身, 體)와 작용(化身, 用)이 하나임을 결코 알 수 없다.

의 지배하에 있다는 것은 우리 모두가 의식의 자기교육과정을 통해 언젠가는 일심의 원천으로 돌아가게 되어 있음을 보여준다. 여기서 보신은 법신과 화신, 성령은 성부와 성자가 일체임을 나타내기 위한 메커니즘으로 설정된 것이다. 그 메커니즘은 모두 진여(眞如, 본체)와 생멸(生滅, 작용)이 하나임을 나타내는 일심법(一心法)에 기초해 있다.

동학은 한마디로 '심학(心學)'[72]이다. 그 요체는 마음의 본체를 밝혀서 세상 사람들이 천심을 회복하여 동귀일체(同歸一體)하게 하려는 지행합일(知行合一)의 심법(心法)이다. 동학은 앎과 삶의 경계 등 일체의 이분법을 넘어서 있으며, '시천(侍天: 하늘을 모심)'을 '양천(養天: 하늘을 기름)'으로 풀이하고 있다는 점에서 지행합일의 심법이라고 적극적으로 해석할 수 있다. '영[神靈]'과 기운[氣化], 즉 생명의 본체인 하늘과 그 작용으로 생겨난 만물의 일원성[73]에 대한 인식은 의식이 상승되지 않고서는 이루어지기 어렵다. 의식의 상승은 곧 영적 자각의 나타남이며 이는 곧 영적 진화와 연결된다. 영적 진화 또는 의식의 진화는 어디까지를 '나' 자신으로 느끼는지가 관건이다. 나와 가족까지인가, 지역사회와 국가까지인가, 인류까지인가, 나아가 우주자연까지인가. 이러한 의식의 스펙트럼은 의식의 확장과 사랑의 크기에 의해 생겨난다. 인간의 의식이 확장될수록, 영적으로 진화할수록 사랑은 그만큼 전체적이 된다. 그리하여 천·지·인 삼신일체의 천도(天道)가 인간 존재 속에 구현되는 '인중천지일(人中天地一)'의 경계에 이르면 하늘과 사람과 만물을 온전히 하나로 느낄 수 있게 된다. 실로 참본성이 열리지 않고서는 사회적 공덕을 완수할 수 없는 까닭에 『삼일신고(三一神誥)』에서는 '성통공완(性通功完)'을 핵심 개념으로 삼았고, 『참전계경(參佺戒經)』에서는 '혈구지도(絜矩之道)', 즉 내 마음으로 미루어 남의 마음을 헤아리는[74] 추기탁인(推己度人)의 도를 핵심 개념으로 삼았던 것이다.

혼란한 세상은 혼란한 의식의 투사영(投射影)이다. 세상이 혼란스러운 것은 우리들 자신이 정신적 소음 상태에 있기 때문이다. 정신적 소음 상태는 만물의 연결성을 알아차리지 못함으로 해서 에너지 시스템인 생명계를 개체화시키고 파편화시킨 데에 기인한다. 「영부주문(靈符呪文)」에서는 우주만물이 모두 한 기운 한 마음으로 꿰뚫어져 있음을 분명히 밝히고 있다.[75] 한마디로 우주만물의 생성 · 변화 · 소멸 자체가 하늘(기운)의 조화 작용인 것이다. 정신적 소음 상태에서 벗어나는 길은 수심정기(守心正氣), 즉 본래의 진여한 마음을 지키고 기운을 바르게 하는 것이다. 이것이 '옮기지 않음(不移)'의 요체이며 공심(公心)이 발현될 수 있는 바탕이 되는 것이다. 「시천주('하늘(님)'을 모심)」 도덕의 요체는 바로 이 수심정기[76]에 있으며 '성경 이자(誠敬二字)'로 설명되고 있다. '순일(純一)하고 쉬지 않는 정성'[77]을 다하고 하늘 대하듯 만물을 공경하면 무극대도(無極大道)에 이르고 도성입덕(道成立德)이 되는 것으로 본 것이다.[78] 성(誠)을 다하면 각(覺) 즉 깨달음을 얻으며, 경(敬)은 덕을 세우고 조화적 질서를 이루는 원천이다. 우주만물에 대한 평등무차별한 사랑과 공경의 원천은 바로 일심이다.

「삼경(三敬)」[79]에서 경천(敬天) · 경인(敬人) · 경물(敬物)의 삶을 강조한 것도 그러한 '삼경'의 실천적 삶이 일심[근원의식, 보편의식, 전체의식, 우주의식, 순수의식, 참본성, 신성]에 이르는 통로이기 때문이다. '하늘을 공경함은 허공을 향해 상제를 공경하는 것이 아니라 바로 내 마음을 공경하는 것이다'[80]라고 한 데서 하늘과 인간의 일원성은 분명히 드러난다. 의식계와 물질계는 표리의 조응 관계에 있으므로 분리될 수 없다. 공경은 하늘과 사람 그리고 사물에까지 미쳐야 비로소 완성될 수 있다. 만유에 두루 편재해 있는 영성과 혼원일기로 이루어진 생명의 유기성 및 상호관통을 깨달아 무위이화(無爲而化)의 덕과 그 기운과 하나가 되는 '조화정(造化定)'[81]의 경계에 이르면 만물의 연결성을 알아차리게 되므로 우주만물에 대한 평등무차별한 공경의 실천이 나올 수 있다. 그리하여 진정으로 다른 사람을 잘 되게 하겠다는 마음이 일어나게 되는데 그러한 마음 자체가 영적 진화의 단초다. 생명을 개체화하고 물질화하는 시도가 죄악인 것은 우주의 진행방향인 영적 진화에 역행하는 것이기 때문이다.

동학은 국가·민족·인종·성(性)·종교 등 일체의 경계를 넘어서, 생물과 무생물의 경계마저도 넘어서 우주만물의 평등무이(平等無二)한 존재성을 밝힘으로써 무극대도의 이상세계를 펼쳐 보이고 있다. 동학에서 진화는 "내가 나 되는 것"[82]을 향한 복본(復本)의 여정이다. 해월이 말하는 '양천(養天)'이며 '하나됨'으로의 길'이다. 세상에서 가장 긴 여행, '머리에서 가슴까지'의 머나먼 여정이다. 의식이 확장될수록 생명의 전일성과 자기근원성을 인식하게 되므로 '중일(中一)'[83]의 이상은 실현되게 된다. 우주만물의 네트워크적 속성을 알아차리는 만사지(萬事知)에 이르면 생명과 평화의 문명이 열리게 된다는 것이 동학에서 말하는 진화의 진수(眞髓)다. 국가의 모든 구성원이 공공선과 조화와 평화를 위해 단합하는 동귀일체(同歸一體) 공동체가 무극대도 이상세계의 궁극적 비전이다. 따라서 생물학적 진화든 기술적 진화든 물리적 우주의 진화든, 모두 의식의 진화와 표리의 관계로서 상호 조응해 있는 까닭에 미국의 양자물리학자 아밋 고스와미는 '우리 자신의 의식을 이해하는 것이 곧 우주를 이해하는 것'[84]이라고 말했다. 지구 문명의 새로운 지평을 과학과 영성 그리고 진화에 대한 개념적 명료화와 더불어 통섭적 이해와 존재론적 통찰이라는 측면에서 탐색을 시도한 것은 이 때문이다.

이제 새로운 우주 주기의 도래와 더불어 새로운 우주상(像)의 정립이 요청되고 있는 현 시점에서 과학과 영성 그리고 진화에 대한 관심의 증대는 지구 문명의 새로운 지평 탐색을 위한 전조 현상이다. 지구 문명의 새로운 지평 탐색을 위해서는 정신·물질 이원론에 기초한 기계론적 세계관에서 전일적인 시스템적 세계관으로의 패러다임 전환을 통해 이 문제가 명쾌하게 해결되지 않으면 안 된다. 지금까지 진화론은 주로 물리세계에 초점이 맞춰진 관계로 인간 사회의 진화가 우주의 실체인 의식의 진화와 표리의 조응관계에 있다는 사실에 착안하지 못했다. 천·지·인 삼신일체이므로 물리세계의 진화는 영적 진화와 표리의 조응관계에 있으며 영적 진화를 위한 학습여건 창출과 관계된다. 진화의 전 과정을 포괄하는 거시적인 분석이 필요한 것은 이 때문이다. 우주의 진행 방향은 영적 진화이며, 생명을 개체화하고 물질화하는 시도는 영적 진화에 역행하는 것이다. 에너지의 흐름이 외부로 향하면 향할수록 진아(眞我)와는 더욱 멀어지게 되므로 공허감만 재생산하게 된다. 학문을 해서 날로 지식이 늘고, 사업을 해서 날로 재산이 늘고, 권력을 잡아서 날로 지위가 높아진다고 해서 공허감이 메워질 수 있는 것은 아니다. 왜냐하면 그 공허감은 우주 생명의 뿌리와 단절된 데서 오는 것이기 때문이다. 다시 말해 우주로부터 버림받은 데서 오는 공허감인 까닭에 물질계의 그 어떤 것으로도 대체될 수 없는 것이다.

인류 의식은 지금 지구라는 행성의 경계를 넘어 다른 행성에서 새로운 문명을 여는 다행성종(多行星種)에 대한 관심이 증폭되고 있다. 뿐만 아니라 '2035년까지 사물인터넷용 기기가 1조 개 이상으로 늘어나 지구상에 제2의 캄브리아기(紀) 폭발이 일어날 것'[85]이라는 전망이 나오고 있다. 문명의 배를 타고 진화의 바다에서 의식의 항해를 계속하고 있는 인류는 이제 어디를 향해 나아갈 것인가. 진화의 바다를 건너기 위해서는 '문명의 배'가 필요하지만 피안의 언덕에 오르기 위해서는 배를 버려야 한다. 우리가 진화의 바다에서 의식의 항해를 하고 있다는 사실을 인지하지 못한 채 '문명의 배' 그 자체에 몰입한다면 생명과 평화의 문명이 개화하는 피안의 언덕에는 결코 오를 수 없다. 전 지구적 위기에 대한 대부분의 해결책이 비현실적인 이유는 그 해결책이란 것이 문제를 일으킨 바로 그 세계관과 사고방식 및 가치체계에서 나온 것들이기 때문이다. 진실로 의미 있는 변화가 이루어지려면 세상을 바라보고 받아들이는 방식 자체를 바꾸어야 한다.[86]

오늘날 지구 문명의 새로운 지평 탐색은 '상호 의존하는 인간(호모 레시프로쿠스 Homo Reciprocus)', '공생하는 인간(호모 심비우스 Homo Symbious)'의 새로운 문명의 모색과 연계되어 나타나고 있다. 이러한 새로운 문명의 모색은 지구 생태계의 변화와 더불어 유토피아와 디스토피아(dystopia)라는 근대 과학의 야누스적인 본질이 지구를 파멸로 이끌지도 모른다는 의구심이 증폭되면서 패러다임 전환을 촉발시켰다. 영원이라는 역사의 무대 위에서 무수히 명멸하는 다양한 패러다임은 표면적으로는 기술적 진보 또는 사회적·경제적 및 지적 조건의 변화에 따른 것처럼 보일 수 있지만, 보다 근원적으로는 상대계에서의 일체 변화는 영적 진화를 위한 최적 조건의 창출과 관계된다. 왜냐하면 우주의 실체는 의식이며, 그 진행 방향은 영적 진화이고, 인간은 그러한 지향성을 갖는 우주의 불가분의 한 부분이기 때문이다.

세계는 지금 후천개벽의 티핑포인트(tipping point)로 다가서고 있으며 한반도는 이원성과 분리성을 대표하는 마지막 사례가 되고 있다. 지구 문명이 대변곡점에 이르렀다는 징후는 지구의 생태학적 위기와 새로운 테크놀로지의 부상, 그리고 과학과 영성의 접합에서 확연히 드러난다. 인류의 진화과정에서 획기적인 전기를 맞고 있는 지금, 우리 모두가 이 거대한 개벽의 파도를 타고 넘으려면 삶의 존재론적 반경을 설정하는 '세 중심축', 즉 과학과 영성과 진화에 대한 통섭적 이해와 존재론적 통찰이 절실히 요구된다. 현재의 세계자본주의 네트워크가 생태적으로나 사회적 또는 정치적으로 지속가능하지 않다는 것은 주지의 사실이다. 오늘날 세계자본주의체제는 개인주의에 기초한 태생적 한계로 인해 자유와 평등의 대통합을 이루지 못한 채 숱한 대립과 폭력을 유발시키고 있다. 이제 우리 인류는 생명에 대한 새로운 철학적·과학적 성찰을 통해 지구의 재조직화를 단행해야 할 시점에 와 있다.

"진화는 씨앗에서 나무가, 알에서 닭이 발생하는 것과 같은 자연적인
과정으로서, 그 어떤 종류의 초자연적인 개입도,
창조론도 필요로 하지 않는다."

"As a natural process, of the same character as the development of a tree
from its seed, or of a fowl from its egg, evolution excludes creation and all
other kinds of supernatural intervention."

- Thomas H. Huxley, *Aphorisms and Reflections*(1907)

05

인류의 진화 계통수와
생명체 진화의 역사
:'나'의 세계

- 초기 인류의 진화와 그 계보
- 생명체의 진화와 세렝게티 법칙
- 뇌의 진화와 지능의 탄생

현생 인류의 진화에 대한 '다지역 기원설'이나 '아프리카 기원설'은 인류의 진화에 대한 관점 자체가 물리적인 지구 차원에 국한되어 있다는 점에서 본질적인 한계가 있다. 이 우주는 무수한 다차원으로 이루어져 있으며, 생명체 진화의 역사는 물리적인 지구 차원에 국한된 것이 아니라 전 우주적 차원에서 연동되어 진행되고 있다.…지금까지 그래왔듯이 호모 사피엔스 역시 언젠가는 멸종되고 그 자리는 진화된 다른 새로운 종들로 채워질 것이다. 우리가 정작 슬퍼해야 할 것은 멸종이 아니라 왜 사는지도 모르고 죽어가야 한다는 것이다.…세렝게티 법칙은 생명체 사이의 연관성을 설명해 주고, 동식물과 나무, 깨끗한 공기와 물을 생산하는 자연의 능력을 결정한다는 점에서 놀랍고도 심오한 법칙이다.…생물학적인 관점에서 개체의 주인은 뇌가 아니라 유전자이며, 뇌는 유전자의 안전과 복제기능을 보다 효율적으로 만드는 대리인이다.….생명체는 자기복제를 통해 자신의 존재를 지속하기 위해 진화의 산물인 '지능'을 사용한다. 뇌와 더불어 지능은 유전자가 자기복제를 위해 발명한 가장 유용하고도 경이로운 도구다.

- 본문 중에서

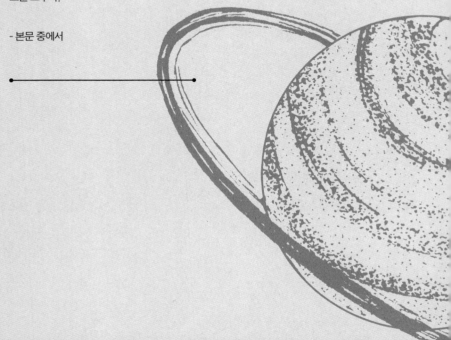

05 인류의 진화 계통수와 생명체 진화의 역사:
'나'의 세계

초기 인류의 진화와 그 계보

영장류에서 분기된 현생 인류의 기원에 대한 탐구는 화석기록(fossil record)을 연구하는 고인류학과, 현대인의 유전정보로 인류의 조상을 찾는 분자생물학적 연구로 이루어진다. 화석의 연대는 방사성 동위원소인 탄소-14(14C)의 조성비를 측정해 그 연대를 추정하는 방사성 탄소 연대 측정(radiocarbon dating) 기술이 활용된다. 분자생물학은 유전정보가 저장되어 있는 단백질과 핵산(DNA · RNA)의 비교연구를 통해 인간의 유전자를 역추적 하는 방식으로 인류의 기원에 관한 데이터를 제시한다. 또한 유전학에서는 분자시계(molecular clock 또는 evolutionary clock)를 활용해 분자변이가 특정 유전자에 축적되는 속도를 밝혀냄으로써 세포 차원에서 진화를 연구한다. 20세기 들어 동아프리카에서 인류의 화석이 대량으로 발굴됨에 따라 인류의 기원에 대한 관심이 증대되고 유인원(apes)과 인류 사이의 잃어버린 연결고리, 즉 '미싱링크(missing link)'를 찾으려는 연구자들의 연구 또한 계속 이어져 왔다.

캘리포니아 주립대 생리학 교수이자 조류학자인 재레드 다이아몬드(Jared Diamond)는 그의 저서 『총, 균, 쇠 Guns, Germs, and Steel』(1997)에서 인류와 가장 가까운 친척이라고 할 수 있는 동물들은 고릴라, 침팬지, 피그미침팬지(보노보)와 같은 아직 멸종되지 않은 3종의 대형 유인원이며, 이들의 분포가 모두 아프리카에 국한되어 있다는 사실은 인류 진화의 초기 단계가 아프리카에서 진행되었음을 말해주는 것으로 풍부한 화석 증거가 이를 뒷받침한다고 말한다. 그에 따르면 동물의 역사와 구별되는 인류의 역사는 아프리카에서 약 700만 년 전에 시작되었으며 그 시기에 아프리카 유인원의 한 부류가 몇 갈래로 나누어졌는데, 그중의 첫 번째는 현대의 고릴라로 진화했고, 두 번째는 현대의 침팬지로, 그리고 세 번째는 인간으로 진화했다고 한다.[1]

화석기록과 유전학적 연대측정에 의거한 인류 진화의 계보는—연대가 다소 엇갈리기는 하지만—약 700만 년 전의 사헬란트로푸스 차덴시스, 약 500만 년 전의 오스트랄로피테쿠스, 약 230만 년 전의 호모 하빌리스, 자바 원인과 베이징 원인으로 잘 알려진 약 180만 년 전의 호모 에렉투스, 50만 년 전 호모 사피엔스와 공통 조상(common ancestor)이었다가 40만 년 전 분리된 호모 네안데르탈렌시스, 그리고 크로마뇽인으로 대표되는 현생 인류, 즉 호모 사피엔스로 이어졌다고 보는 것이 통설이다. 사헬란트로푸스, 오스트랄로피테쿠스, 호모 하빌리스는 모두 아프리카대륙에서 서식했으며, 호모 에렉투스도 아프리카 지역에서 서식하다가 아시아와 유럽의 일부 지역으로 이동했던 것으로 추정된다. 이러한 자료에 근거해 볼 때 약 700만 년 전 인류의 기원으로부터 처음 500만~600만 년에 걸친 인류의 역사는 아프리카에 국한되어 있었다고 볼 수 있다. 특히 1980년대 이후의 미토콘드리아 DNA에 대한 분자생물학적 연구 결과는 현생 인류가 아프리카에서 출현해 세계 각지로 퍼져 나갔다는 이른바 '아프리카 기원설(out-of-Africa hypothesis)'의 근거로 해석되었다. 인간의 미토콘드리아 DNA가 모계를 통해서만 전해진다는 점에 착안해 역추적한 결과, 인류가 아프리카의 한 여성으로부터 시작되었다는 미토콘드리아 이브 가설에 힘입어 현생 인류의 어머니라 할 수 있는 이

른바 '아프리카 이브(African Eve)'—구약성경의 '이브'가 아닌 '미토콘드리아 이
브'—가 등장하기도 했다.

현생 인류의 진화에 대한 가설로는 인류의 조상이 아프리카에서 처음 출
현해 약 10만 년 전~5만 년 전 호모 사피엔스가 전 세계로 퍼져나가 각지
에 흩어져 살고 있던 호모 에렉투스를 비롯한 다른 종을 대체함으로써 현생
인류가 됐고 지구를 지배하게 됐다는 '아프리카 기원설'과, 약 180만 년 전
에 아프리카를 떠난 호모 에렉투스가 아시아 · 유럽 · 중동 등 각지에서 각
각 진화해 오늘날의 호모 사피엔스가 됐다는 '다지역 기원설(multiregional origin
hypothesis)'이 있다. 그러나 현재의 전 세계 과학자들 사이에서는 정설(定說)로
알려진 '아프리카 기원설'에 대한 불신이 싹트고 있다. 다지역 기원설을 주
장하는 학자들은 미국 캘리포니아대(버클리) 교수인 앨런 윌슨(Allan Wilson)의
분자생물학적 연구에 사용된 아프리카인 147명의 유전자가 상당히 흐려졌
을 가능성이 높은 아프리카 출신 미국인의 것이라는 점, 가정한 조건이 너
무 많아서 정확성이 떨어진다는 점, 어떤 특수한 조건이 존재했기에 아프리
카에서 인류가 시작됐는가를 명확하게 설명하지 못하고 있다는 점,[2] 그리고
똑같은 미토콘드리아 DNA 패턴이라도 다양한 해석이 가능하므로 상이한
결론이 나올 수 있다는 점 등을 근거로 아프리카 기원설을 반박했다.

다지역 기원설의 기본 관점은 인류의 진화가 다른 동물과 다르지 않으며
도태되는 종도 많고 때론 서너 종이 같은 가지에서 발생하기도 한다는 것이
다. 펜실베이니아대 교수인 커얼리튼 쿤(Carleton Coon)은 『인종의 기원 The
Origin of Races』(1962)이라는 책을 출간하면서 이렇게 썼다. "인류가 모두 같
은 조상에서 나온 것은 아니다. 세계 인류 중 분류될 수 있는 첫째 집단은 각
기 다른 지역에서 각기 다른 시대에 또한 독자적으로 진화되어 온 영장류,
즉 호모 에렉투스의 여러 후손들이다. 따라서 호모 사피엔스 사피엔스는 결

코 우리의 공통적인 조상으로 존재하지 않는다." 쿤에 따르면 25만 년 전에 이미 동아시아인·폴리네시아인·아메리카 인디언·중국인과 다른 몇몇 민족을 이루고 있던 몽골로이드와 유럽에 살고 있던 코카소이드, 훨씬 나중에 아프리카 흑인을 이룬 콩고로이드, 호텐토트 및 부시맨의 카포이드 그리고 오스트레일리아 원주민과 피그미, 멜라네시아인, 파푸아인을 이루는 오스트랄로이드가 존재했으며 이들 모두가 같은 조상에서 나온 것은 아니라고 한다.[3] 근년에 들어 새로운 화석들이 발굴되고 우리의 몸속에 네안데르탈 등 다른 종(種)의 유전자가 있다는 사실이 밝혀지면서 인류의 조상이 하나가 아니라는 주장이 제기되는가 하면, 아시아에서 인류가 시작됐다는 주장까지 나오면서 고인류학 연구가 대전환점을 맞고 있다.

2015년 9월 남아프리카공화국 비트바테르스란트대 연구팀에 의해 발견된 '호모 날레디(Homo naledi)'라는 새로운 인류 조상의 화석은 이러한 논쟁을 더욱 가열시키고 있다. '별'이라는 뜻을 가진 호모 날레디는 하나의 조상에서 한 계통으로 대물림하면서 진화한 것이 아니라 다양한 계통의 조상이 있었다는 증거가 되고 있다. 기존의 상식으로는 진화과정에서 인류의 조상들은 점차 원숭이의 특징과 멀어지고 영장류와 공유하는 특징 또한 사라져 현생 인류와 가까워져야 하지만, 호모 날레디는 화석의 형태만으로는 연대조차 짐작할 수 없는 복합적인 특징을 갖고 있다. 이 화석은 현생 인류에 비해 작은 뇌를 가졌지만 도구를 정교하게 다루기에 적합한 손바닥과 손가락뼈를 가지고 있었고, 직립보행에 적합한 길고 곧은 다리를 가지고 있었으며, 또한 엄지발가락이 다른 발가락과 나란히 배열돼 두 발로 걷고 뛸 수 있는 발의 구조를 가지고 있었다. 이러한 점들은 오늘날의 인류와 비슷한 특징들이지만, 나무에 매달리거나 올라타기에 적합한 길고 휘어진 손가락과 어깨는 오스트랄로피테쿠스와 비슷한 특징들이다. 근년에 발견된 인류 조상의 화석으로는 호모 날레디 외에도 인도네시아 플로레스섬에서 발견된 호모 플로레시엔시스, 남아공에서 발견된 오스트랄로피테쿠스 세디바가 있다. 2013년 에티오피아 레디-게라루 지역에서 발견된 인류 조상의 화석은 280만 년 전 것으로 추정되지만, 턱뼈는 호모 종류의 특징을 갖고 있는 반면 다른 특징들은 인류의 조상과는 상당한 차이가 있어 아직까지 오스트랄로피테쿠스 종류인지 호모 종류인지 결정되지 않았다.

이들 화석은 인류의 진화가 한 방향으로만 단선적으로 진행된 것이 아니라 여러 종이 공존하고 이종 간 짝짓기를 통해 유전자가 뒤섞이면서 다양한 방향으로 이어진 결과라는 증거가 된다. 최근 '아프리카 기원설'은 유전자 분석에 근거한 '다지역 기원설'의 공격을 받고 있다. 영국 런던대 마리아 토레스(Maria Torres) 연구팀은 2014년 중국 후난성의 한 동굴에서 8만~12만 5,000년 전 것으로 추정되는 현생 인류에 가까운 사람 치아 화석 47개를 발견한 것을 근거로 현생 인류의 기원이 아프리카가 아닌 아시아라는 학설을 제기했다. 한편 독일 막스플랑크 인류학연구소의 스반테 파보(Svante Paabo) 연구팀은 '현생 인류의 유전자에 네안데르탈인의 독특한 유전자가 1~3퍼센트 남아 있다'는 연구 결과를 2014년 국제학술지 『사이언스 _Science_』와 『네이처 _Nature_』에 발표했다. 이러한 연구 결과는 현생 인류의 조상이 네안데르탈인과 공존하면서 유전자가 섞였다는 증거이자, 현생 인류가 공통의 조상에서 진화한 것이 아니라 여러 종이 각기 다른 지역에서 진화한 결과라는 해석을 낳게 한다. 또한 액슬 티머먼(Axel Timmermman) 기초과학연구원(IBS) 기후물리 연구단장은 2016년 『네이처』에 발표한 논문에서 "인류가 최초로 유럽에 정착한 시점이 기존에 알려진 6만 년 전이 아니라 8만~9만 년 전이고 유럽이나 중동에서 다시 아프리카로 돌아가기도 했다"고 주장했는데, 이는 아프리카에서 중동을 거쳐 전 세계로 퍼져 나가는 '인류의 대이동(human migration)' 방식과 시기 또한 사실과 다르다는 것을 말해준다.[4]

인류의 기원론은 새로운 화석이 발견됨에 따라 계속 새롭게 바뀌고 있으며, 이에 따라 진화와 이동을 설명하기 위한 '미싱 링크'도 늘어나고 있다. 고고학적 발굴을 통해 드러나는 화석기록에는 공룡이나 원시인류만 있는 것이 아니라 초고대문명의 존재 가능성을 보여주는 증거들도 있다. 기원전 3000~2000년경 인도의 원주민인 드라비다인(Dravidian)들에 의해 건설되어 인더스문명을 꽃피운 고대 도시 모헨조다로(Mohenjodaro: '죽음의 언덕'을 뜻함)의 유적 중에서 특히 고고학자들을 딜레마에 빠지게 한 것은 이 유적에서 발굴된 유골들 가운데 매우 특이한 형태를 보이는 인골군(人骨群)—즉 고온 가열의 증거와 더불어 일시에 급격하게 이상한 죽음을 당한 것이라는 주목할 만한 보고 내용이다. 인도의 고고학자 가하 박사에 의해 제시된 이 보고 내용은 고대 인도의 대서사시 『마하바라타 Mahābhārata』나 『라마야나 Rāmāyaṇa』에 나오는 고대 핵전쟁을 시사하는 대목과 일치한다. 마하바라타에는 "태양이 흔들렸다. 우주는 불타버렸으며 이상한 열을 발하고 있었다.…물은 증발했으며, 그 안에 살아있는 생물은 모두 타버렸다. 모든 각도에서 불타고 있는 화살의 비가 격렬한 바람과 함께 퍼부어졌다. 벼락보다도 격렬하게 폭발한 이 무기로 인해 적의 전사들은 사나운 불에 타버린 나무처럼 쓰러졌다"고 나와 있고, 라마야나에는 "천지의 온갖 원소로 만들어져 스스로 불꽃을 뿜어내며, 그 무섭게 반짝이며 빛나는 거대한 창이 쏘아졌을 때 30만 대군도 한순간에 다 죽어버린다"고 나와 있다.

뿐만 아니라 1978년 영국과 이탈리아의 공동 조사단이 모헨조다로에서 발견한 녹색의 광택이 있는 검은 돌들은 세계 최초의 원자폭탄 실험이 있었던 미국 뉴멕시코 주 사막에서 발견된, 핵폭발의 높은 열로 모래가 녹았다가 응고되는 과정에서 생기는 유리 모양의 물질과 유사하며, 이 유리 결정체인 트리니타이트(Trinitite)는 다른 유리 결정체와는 달리 방사능 성분을 포함하고 있다는 것이 밝혀졌다. 영국 조사단의 데이비드 다벤포트(David Davenport)는 '유리가 되어버린 마을' 사방에 존재하는 검은 돌들과 고열에 녹은 뒤 굳어버린 항아리의 파편, 벽돌의 잔해 등을 분석 의뢰한 결과를 바탕으로 다음과 같은 주장을 했다. "이것을 핵폭발의 결과라고 주장하는 이유는 모헨조다로에서 우리가 관찰한 흔적을 남길 정도의 열파와 충격파를 순간적으로 발생시킬 수 있는 폭발물은 핵무기밖에 없다고 생각하기 때문이다." 그리하여 그는 당시 모헨조다로의 상당히 높은 상공에서 히로시마에서 터진 원자폭탄보다 소형인 수 킬로톤의 핵무기가 폭발했다며, 모헨조다로가 고대 핵전쟁의 전장이었다고 잠정 결론 내렸다.[5]

이 외에도 초고대문명은 제임스 처치워드가 50년 이상에 걸친 조사와 연구를 토대로 베일을 벗긴 태평양 상에 존재했던 '무(Mu)' 대륙의 문명, 플라톤이 대화편 중 『티마이오스 Timaeos』와 『크리티아스 Critias』에서 처음 언급한 대서양 상에 존재했던 아틀란티스(Atlantis) 대륙의 문명, 16세기 오스만 제국의 제독 피리 레이스가 모사한 지도에 나타난 빙기가 오기 전의 고대 남극 문명, 페루의 나스카 지상 그림, 고대 이집트의 오시리스 숫자, 이집트의 피라미드와 스핑크스 등 전 세계에 걸쳐 불가사의한 문명의 유산은 계승돼 왔다. 찰스 햅굿은 고대 지도가 제시하는 증거에 의하면 "전 세계적인 고대 문명, 혹은 상당한 기간 동안 세계의 대부분을 지배했음이 틀림없는 문명이 존재했다는 증거는 상당히 풍부하다"[6]고 결론내리며 단선적인 사회발전 단계이론은 포기되어야 한다고 주장한다. 이러한 초고대문명이 갑자기 사라져버린 것에 대해 그는 문명이 발전하면 할수록 스스로를 파괴하기에 충분한 기술을 개발해 사용하게 되므로 더 쉽게 파괴되며 그에 대한 증거 또한 더 쉽게 소멸될 것[7]이기 때문이라는 유익한 통찰력을 제공한다.

초고대문명의 연구자들은 구석기시대 문명에서 신석기시대, 청동기시대, 철기시대 문명으로 점진적인 단계를 밟아 역사가 진행한다는 단선적인 사회발전 단계이론의 관점을 거부한다. 생명체와 지구의 공진화라는 관점에서 볼 때 인류의 진화 과정 역시 단선적인 사회발전단계와 연계하는 방식으로는 전승되어 오는 초고대문명의 진실을 파악하기는 어려울 것이다. 현생인류의 진화에 대한 '다지역 기원설'이나 '아프리카 기원설'은 인류의 진화에 대한 관점 자체가 물리적인 지구 차원에 국한되어 있다는 점에서 본질적인 한계가 있다. 이 우주는 무수한 다차원으로 이루어져 있으며, 생명체 진화의 역사는 물리적인 지구 차원에 국한된 것이 아니라 전 우주적 차원에서 연동되어 진행되고 있다. 이 우주는 분리 자체가 불가능한 자기생성적 네트워크체제로 이루어져 있는 까닭에 지구와 지구 생명체 역시 우주적 진화에 동참하고 있을 뿐, 지구 생명체만의 '나홀로' 진화란 성립되지 않는다. 왜냐하면 원래 분리란 실재하는 것이 아니라 분리되어 있다는 착각, 즉 의식의 자기분열에서 오는 것이며, 진화란 공진화이기 때문이다.

우주의 실체는 의식이므로 우주의 진행 방향인 영적 진화(의식의 진화)와 분리된 인류의 진화란 실재성이 없다. 사회적 삶 자체가 의식의 자기교육을 위한 학습 과정이며, 의식을 탐구하는 수단으로서 감각기능이 주어지고 학습효과를 극대화하기 위한 학습기자재로서 상대계인 물질계가 존재하는 것이다. 말하자면 이 세상의 모든 것은 의식의 진화를 위한 학습여건 창출과 관계된다. 이러한 진화의 진실을 깨닫지 못하면 죽음에서 죽음으로 떠돌게 된다. 이른바 삼사라(samsara 生死輪廻)가 일어나는 것이다. 깊은 무지(ignorance) 속에서 무의식적인 삶이 일어나고 무의식적인 죽음이 일어나는 것이니 생과 사의 계곡을 끝없이 오가게 되는 것이다. 우리의 의식이 시공(時空)의 인큐베이터에 갇혀 있으면 우리의 앎은 '몸' 단계에 머무르게 되므로 고대 과학의 위대한 전통을 기반으로 역사상 실재했던 진보된 문명, 그 '사라진 문명'에 대한 주장이나 그런 증거들을 진지하게 받아들이지 못한다. 언젠가 고대문명의 비밀이 밝혀지게 되면 인류의 역사는 다시 써야 할지도 모른다. 지금까지의 진화론은—그것이 생물학적 진화든 사회학적 진화든 기술적 진화든 우주적 진화든—생멸(生滅 물질계)과 진여(眞如 의식계)를 변증법적으로 통합하는 일심의 세계와 연결시키지 못한 채 문명의 외피만 더듬는 수준에 머물렀다. 그러다보니 삶에 대한 심오한 존재론적 통찰이 일어나지 못했고, 대립과 갈등으로 점철된 분열의 역사를 만들어냈다.

인류의 진화든 인간 사회의 진화든, 모두 우주의 실체인 의식의 진화와 표리의 조응관계에 있다. 인간이 진화하면 할수록 고립된 '나'의 세계는 점차 상호 의존성이 증대되면서 '우리'와 '그들'의 세계로 나아가게 되고, 종국에는 '간주관성(intersubjectivity)'이 최고도로 발휘되면서 주관성과 객관성이 일체가 되는 '우리 모두'의 세계로 향하게 된다. 역사상 그 무수했던 국가의 명멸(明滅)과 문명의 부침(浮沈)과 정치적 및 종교적 대립과 갈등은 영원이라는 역사의 무대에서 보면 '우리 모두'의 세계로 향하는 지난(至難)한 교육 과정이었다! 일반적으로 기원전 11000년 이후를 현세(Holocene Epoch 沖積世)라고 부르고 있으므로 본서에서는 인류 진화의 기본 틀을 현세를 기점으로 다음과 같이 설정해 보았다. 현세 이전 플라이스토세(Pleistocene Epoch 洪積世, 258만 8,000년 전~11,000년 전)까지를 고립된 '나'의 세계로, '메타 경계(meta-boundary)'가 출현하고 농경과 '문명'이 발생하는 현세를 '우리'와 '그들'의 세계로, 그리고 포스트모던 시대를 '우리 모두'의 세계로 설정한 것이다. 비록 정교하지는 않지만 우주의 진행 방향인 영적 진화와 조응해 있고 또 우리 시대의 메가트렌드(megatrend)를 반영한 것이라는 점에서 세계 역사를 조망하는 유효한 틀이 될 수 있다고 생각한다. 본 장에서는 고립된 '나'의 세계에 속하는 초기 인류의 진화와 그 계보, 생명체의 진화와 세렝게티 법칙, 뇌의 진화와 지능의 탄생에 대해 순서대로 고찰하기로 한다.

초기 인류의 진화와 그 계보를 고찰함에 있어 유인원과 인류를 잇는 '미싱링크'가 모두 밝혀진 것은 아니어서 여러 가지 이론이 존재한다. 고인류학자들은 아직까지는 호미니드(hominid 사람科) 진화의 명백한 계보를 만들기는 어려우며 어쩌면 영원히 어려울지도 모른다고 생각한다. 또한 현재까지의 진화론은 관점 자체가 물리적인 지구 차원에 국한되어 있는 까닭에 무시무종(無始無終)이며 무소부재(無所不在)이고 불생불멸(不生不滅)인 생명[靈]의 자기조직화에 의해 만물이 생겨나는 것임을 깊이 통찰하지 못한 채 주로 물질적 생명체에 집중하여 형태학적, 발생학적 특징들에 주목하는 관계로 태생적인 한계가 있는 것이 사실이다. 우주의 모든 경우의 수만큼 우주가 존재한다는 평행우주론—양자역학, 팽창이론, 그리고 다중우주론으로 설명되는—의 관점에서 볼 때 우리에게 존재하는 것은 그 수많은 가능성[평행우주] 가운데 하나만이 선택된 것이며 나머지 수많은 가능성은 보이지 않는 곳에서 공존하게 되므로 단선적인 사회발전 단계이론의 관점은 초기 인류의 진화를 고찰함에 있어 적절치 않을지도 모른다. 그럼에도 불구하고 현재 지구상에 통용되고 있는 인류의 진화에 관한 가설들은 인류 의식의 현주소를 말해주는 것으로 고정불변한 것이 아니라 '포지티브 피드백(positive feedback 陽의 되먹임)'[*8] 방법으로 이들 성과 위에 올라서게 함으로써 계속해서 새로운 연구 성

---

* 미국의 미래학자 레이 커즈와일(Ray Kurzweil)에 의하면 '포지티브 피드백'이란 발전의 한 단계에서 생겨난 유용한 기법이 다음 단계를 만드는 데 사용되는 것으로, 진화는 이 포지티브 피드백 방법을 써서 기하급수적 속도로 진행된다.

과 또는 가설이 집적되어 언젠가는 기존의 연구 성과 또는 가설을 대체하게 될 것이므로 요점을 정리할 필요가 있다고 생각한다.

> 인간은 자신의 존재가 풀어야 할 문제가 되는 유일한 동물이다.
> Man is the only animal for whom his own existence is a problem he has to solve.[9]

유태인 독일계 미국의 사회심리학자 에리히 프롬(Erich Seligmann Fromm)의 말이다. 초기 인류의 진화와 그 계보를 고찰함에 있어 음미해볼 만한 문장이다. 자신의 존재 자체가 풀어야 할 문제가 되는 유일한 동물―인간, 그 존재론적 문제를 풀기 위해서는 다양한 과학 영역과 인문사회 영역을 아우르는 통섭적 지식이 필요하다. 다윈 이후 고생물학자들은 수 세대에 걸쳐 인간 기원의 역사를 밝히고자 노력해왔다. 새로 등장한 학제들 중 하나인 '이보디보(Evo-Devo: 진화발생생물학의 애칭)' 주창자들은 약 600만 년 전 인간과 침팬지의 공통 조상에서 인류가 분기되어 나오면서 생겨났던 형태와 기능의 변화는 인간의 발생과 유전자가 진화한 결과라고 보고 인간의 형태 진화를 화석기록, 비교신경생물학, 발생학, 유전학 등의 다양한 시각에서 고찰한다. 이보디보에 따르면 인간의 물리적 진화는 다른 종의 진화와 다를 바가 없으며, 직립자세, 커다란 뇌, 안쪽으로 접히는 엄지, 말, 언어 등 인간적 속성들의 진화는 기존 영장류나 대형 유인원 구조에서 발생학적 변화가 이루어져 수백만 년에 걸친 수많은 종 분화 사건들을 거치며 누적된 결과다.[10]

대략 600만 년에 달하는 사람과(hominid) 진화의 역사에서 볼 때 30만 년 정도인 호모 사피엔스의 역사는 극히 짧은 시간에 불과하다. 영국의 생물학자 토머스 핸리 헉슬리(Thomas Henry Huxley)가 그의 저서 『자연에서의 인간의 위치에 관한 증거 *Evidence as to Man's Place in Nature*』(1863)에서 유인원과 인간의 유연관계를 다룬 고생물학의 황금기로부터 오랜 세월이 흘러 새로운 화석기록들이 발견되면서 1980년대 중반 이후 20년간 많은 사람족 종들이 새로 확인되었다. '이보디보' 주창자 중 한 사람인 션 캐럴에 의하면 지금으로부터 600만~700만 년 전까지의 역사 속에서 15~20 사람족(hominin) 종들이 존재했던 것으로 나온다.[11] 화석기록과 유전학적 연대측정에 의거해 볼 때 사람족으로서 가장 오래된 종은 2002년 프랑스의 고인류학 연구팀에 의해 중앙아프리카의 차드(Chad)에서 약 600만 년~700만 년 전의 지층을 통해 발견된 초기 인류 화석 사헬란트로푸스 차덴시스(Sahelanthropus tchadensis)였다. '차드에 살았던 사헬이라는 인류'라는 뜻의 학명을 가진 이 종은 뇌 크기가 침팬지의 것과 비슷하지만 발견된 화석의 형태는 침팬지의 것과는 확연히 다른 것으로 나타난다. 이제까지 고인류 화석은 주로 남아프리카와 동아프리카에서 집중적으로 발견되었지만, 사헬란트로푸스의 발견으로 700만 년 전부터 중앙아프리카에도 고인류가 존재했음을 알 수 있게 되었다.

캐럴은 현재까지 발굴된 화석들을 놓고 볼 때 호미니드(사람科) 진화에서 크게 세 가지 이슈가 존재한다고 말한다. 첫째는 호미닌(사람族) 계통과 유인원들의 차이에 관한 것이고, 둘째는 현생 인류와 초기 호미닌의 차이에 관한 것이며, 셋째는 호미닌과 침팬지의 마지막 공통 조상(last common ancestor)의 특징에 관한 것이다. 여기서 호미니드는 인간과 아프리카 유인원 둘 다를 일컫는 용어이고, 호미닌은 인간과 유인원에서 분리된 고대의 인간 조상들만을 일컫는 용어이다. 션 캐럴은 인류의 진화에서 사람족 계통과 유인원을 구별할 만한 형태학적, 발생학적 특징들을 다음과 같이 제시한다. 즉 상대적 뇌 크기, 상대적 사지 길이, 두개골 크기와 모양, 몸통과 흉부 모양, 길어진 엄지와 짧아진 손가락들, 작은 송곳니, 작아진 저작기관(咀嚼器官: 음식물을 씹는 데 관여하는 기관과 구조들), 긴 임신 기간 및 수명, 척추에 똑바로 세워진 두개골, 신체 털의 감소, 골반의 크기, 섬세한 턱끝, S자 모양 척추, 뇌 내부의 구조 등이 그것이다. 또한 현생 인류와 초기 호미닌의 차이는 다음의 비교에서 분명해진다. 즉 일반적으로 최근의 종일수록 신체와 뇌 크기가 증가하고 몸통에 비해 다리가 길고 이빨이 작은 반면, 초기의 종일수록 뇌와 신체 크기가 작고 몸통에 비해 다리가 짧고 이빨이 크다.[12]

우리 종의 진화는 사람족 진화의 전체 역사에서 단지 작은 부분(약 3퍼센트)에 지나지 않으며, 주목할 만한 대부분의 물리적 진화는 호모 사피엔스가 등장하기 이전에 일어났다. 사람을 특징짓는 주요한 물리적 형질 중에는—이족보행(二足步行)을 위해 척추, 골반, 발, 사지의 균형이 함께 진화한 것처럼—골격과 근육구조가 동시에 진화한 것들이 있다. 침팬지도 두 발로 걸을 수는 있지만 걸음걸이가 사람과는 완전히 달라서, 무릎 관절을 펴 다리를 곧게 뻗지 못한다. 이족보행과 그에 수반되는 특징들은 사람 계통의 초기에 나타난 것이지만 큰 뇌는 그렇지 않았다. 뇌와 신체의 크기가 극적으로 커진 것은 지난 200만 년에 걸친 호모속(屬)의 역사에서였다.[13] 인간과 침팬지의 공통 조상에 대한 연구는 공통 조상이라 할 수 있는 화석이 아직 발견되지 않았기 때문에 명료하게 밝혀진 것은 없다. 한편 미국 조지워싱턴대 세르지오 알메시자(Sergio Almecija) 박사가 이끄는 공동 연구팀은 인류의 손이 수백만 년 전에 존재했던 인류와 침팬지의 '마지막 공통 조상'의 손에 가까울 가능성이 크다는 연구결과를 발표했다. 이들 연구팀은 현존하거나 화석으로 남은 원숭이의 손가락 길이 비율을 인류의 것과 비교 분석한 결과, 인류의 엄지와 다른 손가락 길이의 비율이 '마지막 공통 조상' 이후 거의 변화가 필요하지 않았던 것으로 나타난 반면, 침팬지와 오랑우탄의 손은 한 나뭇가지에서 다른 나뭇가지로 점프하며 이동하기 위해 엄지보다 다른 손가락이

길게 진화한 것으로 나타났다.[14]

오늘날 과학자들은 사람, 침팬지, 쥐의 완전한 게놈 서열(genome sequences)을 해독해냈다. 사람의 DNA 서열에는 약 30억 개의 염기쌍이 있으며 그중 98.8퍼센트가 침팬지의 DNA 서열과 동일하고 차이는 1.2퍼센트에 불과하다. 침팬지는 지구상에 존재하는 동물들 중에서 인간과의 DNA 서열 차이가 가장 적게 나는 동물이다. 그러나 1.2퍼센트 차이라 해도 염기쌍으로 보면 3,600만 개 차이다. 인간과 침팬지는 약 600만 년 전 분기되었기 때문에 차이 중 절반은 침팬지 계통에서 일어난 침팬지 특유의 것이고 나머지 절반은 인간 계통에서 일어난 인간 특유의 것이라고 가정할 수 있다. 논의의 편의상 숫자를 단순화시켜 말하면 공통 조상에서 분기된 이래 변화를 일으킨 염기쌍은 약 1,800만 개다. 그러나 유전자 돌연변이가 모두 의미 있는 것은 아니며 유전암호에는 중복이 많기 때문에 몇몇 염기가 바뀌어도 단백질이 변이되지 않을 수 있고, 또 우리 DNA 중 5퍼센트만이 암호나 조절기능에 관여하기 때문에 나머지 방대한 양의 DNA 서열에서 일어난 돌연변이들은 거의 영향을 미치지 못한다. 관련이 없는 두 사람의 경우 그 차이는 평균적으로 전체 DNA 염기쌍의 0.1퍼센트에 해당하는 약 300만 개 염기쌍의 차이지만, 이러한 차이에도 불구하고 모든 사람이 같은 종에 속한다는 것은 염기쌍 수백만 개 정도의 차이는 아무런 영향을 미치지 못할 수 있음을 뜻한다.[15]

인간의 게놈을 설치류(齧齒類 rodent)인 쥐와도 비교해 볼 수 있다. 설치류와 영장류는 7,500년 전에 분기되었으며, 정보처리를 하는 쥐 뇌 신피질(neocortex)의 크기가 영장류에 비해 훨씬 작고 인간에 비하면 없는 것이나 마찬가지일 정도로 아주 작다. 그러나 인간과 쥐의 게놈을 비교하면 인간 유전자의 99퍼센트 이상이 쥐에 대응물을 가지고 있고 그 역(逆)도 마찬가지다. 인간 유전자의 96퍼센트는 염색체에서의 순서까지 똑같이 쥐 염색체에도 있다. 이는 7,500년의 포유류의 진화에서, 그리고 최소한 5,500만 년의 영장류의 진화에서 사람과 쥐가 본질적으로 동일한 유전자들을 보존해왔음을 말해준다. 유전자 개수나 조직의 차이가 사람과 영장류의 기원에 그다지 큰 역할을 하지 못했다면, 대체 무엇으로 쥐나 침팬지와 사람의 현격한 차이를 설명할 수 있을 것인가? 캐럴은 유전자 증거들에 의거해 이렇게 결론 내렸다. "영장류와 대형 유인원과 사람의 진화는 유전자가 암호화한 단백질의 변이가 아니라 유전자 통제방식의 변화에서 기인하는 것이다."[16] 말하자면 진화를 단백질 합성에 관여하는 '구조 유전자'의 변화가 아니라 발생의 전 과정을 통제하는 '조절 유전자(스위치)'의 변화, 즉 공유된 '툴킷 유전자(tool kit gene)'의 변화로 보는 것이다.

화석 자료에 따르면 사람족의 진화는 각각의 형질이 서로 다른 시기에 다른 속도로 진화한 것으로 나타난다. 상이한 구조들의 발생이 오랜 시간에 걸쳐 조각조각, 비선형적으로 일어나는, 이른바 '모자이크 진화(the mosaic evolution)'라는 것이다. 이족보행 자세와 관련된 골격 변화는 뼈와 근육 구조 변화로 생긴 것으로 두개골의 성숙 속도 감소와는 독립적으로, 그보다 앞서 일어났고, 치아 발달은 뇌 크기 변화나 신체 비율 변화보다 뒤늦게 일어났다. 고생물학자들은 화석 치아의 법랑질 형태를 조사한 결과, 오스트랄로피테쿠스속(屬) 및 초기 호모속(屬)의 치아 형성 기간이 현생 인류보다 짧았다고 결론 내렸다. 인간 형태의 변화는 한순간에 갑자기 일어난 것이 아니라 뇌 크기, 신체 비율, 두개골 크기, 임신 기간, 청소년 발달 등에 있어서의 질적인 변이들이 수만 세대 동안 축적되어 일어난 것이다. 인간 형질의 변화 속도 또한 다른 포유류의 변화 속도와 별반 다를 바 없었다. 따라서 동물과 인간을 이루는 유전자 집합은 매우 비슷하며, 크든 작든 형태의 차이는 유전자들이 사용되는 방식에 있다는 것이 이보디보의 관점이다. 또한 유인원이나 오스트랄로피테쿠스속(屬) 같은 초기 사람족과 인간을 구분하는 특징으로 사람의 턱 근육 크기의 감소를 들 수 있는데, 이러한 턱 근육 및 관련된 두개골 속성의 변화는 초기 호모속(屬)에서 뇌가 커진 현상을 어느 정도 설명해 줄 수 있고 또 턱 근육 감소로 하악을 보다 정교하게 통제할 수 있게 됨으로써 말을 하는 데 있어 필수조건을 달성할 수 있게 되었다.[17]

가장 오래된 인류 화석인 사헬란트로푸스 차덴시스 이후 지구상에 등장한 인류는 유인원(類人猿)과 인류의 중간 형태를 가진 오스트랄로피테쿠스였다. '남방의 원숭이'란 뜻을 가진 오스트랄로피테쿠스는 1924년 남아프리카에서 처음 화석이 발견된 이후 많은 화석이 발견되었다. 이족(二足) 직립보행이 가능했던 오스트랄로피테쿠스는 약 450만 년 동안(500만 년 전~50만 년 전) 간단한 도구를 사용해 수렵과 채집생활을 하며 동부 아프리카, 남아프리카, 사하라 사막 일대에서 서식한 것으로 밝혀졌다. 초기에는 나무나 뿔, 뼈 등을 사용하다가 후기에는 단순한 형태의 석기를 사용하였다. 초기에는 오스트랄로피테쿠스 계보는 〈그림 5.1〉에서 보는 바와 같이 오스트랄로피테쿠스 라미두스(Australopithecus ramidus), 오스트랄로피테쿠스 아파렌시스(A. afarensis), 오스트랄로피테쿠스 아프리카누스(A. africanus), 오스트랄로피테쿠스 로부스투스(A. robustus), 오스트랄로피테쿠스 보이세이(A. Boisei), 오스트랄로피테쿠스 아에티오피쿠스(A. aethiopicus)가 있다.

오스트랄로피테쿠스 라미두스는 1992년 에티오피아 아와쉬 강(Awash 江)에서 미국 캘리포니아대 버클리캠퍼스 통합생물학(Integrative Biology) 교수 팀 화이트(Tim D. White) 연구팀에 의해 발견된 초기 유인원 화석으로 아르디피테쿠스 라미두스(Ardipithecus ramidus: 라미두스 猿人이라는 뜻)로 분류되기도 한다. 약 440만 년 전부터 420만 년 전 사이에 삼림지대에 살았던 라미두스의 키는 약 120cm, 몸무게는 약 54kg이었으며 직립보행을 했던 것으로 추정된다.

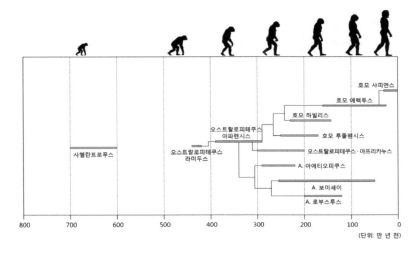

주요 도표 레이블:
- 사헬란트로푸스
- 오스트랄로피테쿠스 라미두스
- 오스트랄로피테쿠스 아파렌시스
- 호모 하빌리스
- 호모 에렉투스
- 호모 사피엔스
- 호모 루돌펜시스
- 오스트랄로피테쿠스·아프리카누스
- A. 아에티오피쿠스
- A. 보이세이
- A. 로부스투스

800 700 600 500 400 300 200 100 0

(단위: 만 년 전)

〈그림 5.1〉 인류 진화의 계통수[18]

한편 아르디피테쿠스 카다바(Ardipithecus kadabba)는 1994년 도쿄대 쓰와 겐 교수팀에 의해 에티오피아에서 발견된 580만 년 전부터 520만 년 전 사이의 화석으로 아르디피테쿠스 라미두스의 아종으로 분류되기도 한다.[19]

오스트랄로피테쿠스 아파렌시스는 1974년 에티오피아의 아파르(Afar) 지역에서 미국의 고인류학자 도널드 조핸슨(Donald Johanson)에 의해 발견되었다. 아파렌시스는 멸종된 사람족 종으로 약 390만 년 전부터 290만 년 전 사이에 생존했던 것으로 추정되는 직립원인의 화석이다. 두개골의 구조는 유인원에 가깝지만 나머지 골격구조는 현생 인류에 가깝다. 여성의 것으로 생각되는 이 화석 인골은 당시 유행하던 비틀즈의 '다이아몬드와 함께 하늘나라에 있는 루시(Lucy in the Sky with Diamonds)'라는 노래 제목에 나오는 여성의 이름을 따서 '루시'라는 애칭이 붙은 것으로 유명하다. 오스트랄로피테쿠스 속(屬)의 종과 현존하는 사람속(Homo)의 공통 조상으로 여겨지고 있는 이 화석은 직립보행을 가장 잘 보여주는 사례로 꼽히고 있다. 루시의 유골이 온전한 상태로 발굴되면서 초기 인류가 직립보행을 했다는 사실이 명확하게 밝혀진 것이다. 루시의 키는 110cm이고 몸무게는 29kg이며 아주 작은 뇌를 가지고 있었기 때문에 직립보행을 가능하게 한 요인이 두뇌 발달이 아니라 도구 제작 능력이라는 주장에 힘이 실리게 되었다.[20]

오스트랄로피테쿠스 아프리카누스는 1924년 남아프리카의 타웅(Taung)이라는 석회암 채석장에서 호주의 해부학자이자 고고학자인 레이먼드 다트(Raymond Arthur Dart)에 의해 발견되었다. 이 화석은 오스트랄로피테쿠스속 중 제일 처음 발굴된 화석으로 다트는 이 화석을 오스트랄로피테쿠스 아프리카누스로 명명하였다. 약 300만 년 전부터 200만 년 전 사이에 생존했던 것으로 추정되는 아프리카누스는 어린아이 화석이라 하여 '타웅 차일드(Taung child)'라고도 한다. 이 타웅 아이의 두개골을 분석한 다트는 대후두공이 인류 계통과 매우 흡사하게 형성되어 있어 인류 계통의 모습을 잘 보여주고 있다고 주장했다. 뿐만 아니라 직립보행을 했으며 치아 구조와 두개골 구조도 인간과 유사했고, 호모 에렉투스보다 뇌용량은 작았지만 유인원의 것과는 달랐다.[21] 아프리카누스가 인류의 화석으로 인정된 것은 1950년대 들어서이다.

오스트랄로피테쿠스 로부스투스는 1938년 남아프리카의 슈와르트크란스 채석장에서 스코틀랜드계 남아프리카의 해부학자이자 박물학자인 로버트 브룸(Robert Broom)에 의해 발견된 화석 인류로 파란트로푸스 로부스투스(Paranthropus robustus)로 분류되기도 한다. 브룸은 다트가 오스트랄로피테쿠스 아프리카누스 화석을 발견한 것에 자극을 받아 남아프리카로 가서 탐사 도중 인류의 화석을 발견하고 처음에는 오스트랄로피테쿠스와는 다른 속으로 분류했다가 고생물학자들 사이에서 논쟁이 뜨거워지고 또 뒤에 다른 화석들이 발견되면서 브룸은 오스트랄로피테쿠스 로부스투스로 재분류했다.

로부스투스는 '건장하다'라는 말에서 유래했으며 두개골과 안면 형태 및 치아 구조(특히 어금니)가 거대하고 튼튼한 것이 특징이며 약 200만 년 전부터 120만 년 전 사이에 생존했던 것으로 추정된다.

오스트랄로피테쿠스 보이세이는 1959년 탄자니아의 올두바이 조지(Olduvai Gorge) 계곡에서 케냐 출생의 영국 고고학자이자 인류학자인 루이스 리키(Louis Seymour Bazett Leakey)와 그의 아내 메리 리키(Mary Leakey)에 의해 발견된 화석 인류로 초기에는 진잔트로푸스 보이세이(Zinjanthropus boisei)로 명명되었다가 후에는 오스트랄로피테쿠스로 고쳐 부르게 되었다. 보이세이는 파란트로푸스 보이세이(Paranthropus boisei)로 분류되기도 하고, 처음에 발견된 화석의 해골 중 단단한 아래턱 때문에 '호두까는 사람(Nut-Cracker)'이라는 별명이 붙기도 했다. 보이세이는 260만 년 전부터 50만 년 전 사이에 동아프리카에서 살았으며, 보이세이 화석의 발견으로 인류의 기원이 아프리카라는 견해가 정착되었다. 보이세이의 키는 약 100~150cm, 몸무게는 약 45~50kg, 뇌 용량은 500cc 전후였다.

오스트랄로피테쿠스 아에티오피쿠스 또는 파란트로푸스 아에티오피쿠스는 1985년 케냐에서 토드 올슨(Todd Olson)에 의해 발견되었다. 이 화석은 약 290만 년 전부터 220만 년 전 사이에 아프리카에서 살았던 멸종된 원시 인류로 파란트로푸스속(屬) 중 제일 처음 생긴 종이다. 올슨이 발견한 이 화석은 '검은 두개골(Black-Skull)'로 불리는데, 아에티오피쿠스의 대표적인 화석이다. 아에티오피쿠스의 화석은 주로 에티오피아의 오모(Omo) 계곡 주변에서 발견되었다. 첫 화석은 1932년 프랑스의 인류학자 카밀레 아람버그(Camille Arambourg)에 의해 에티오피아의 오모 계곡에서 위턱뼈와 아래턱뼈가 발견되었고, 1967년 카밀레 아람버그와 이브 코팡스에 의해 에티오피아의 오모 강변에서 두개골과 신체 화석이 발견되었으며, 보다 완벽한 화석은

1985년 영국의 인류학자 미브 리키(Meave Leakey) 팀의 토드 올슨에 의해 에티오피아의 오모 계곡에서 성인 남성의 완벽한 화석이 발견되었다. 아파렌시스에서 진화하여 로부스투스와 보이세이의 공동 조상이 된 것으로 여겨지는 이 화석은 팀 화이트 등에 의해 오스트랄로피테쿠스 아에티오피쿠스로 분류되었다.[22]

호모 하빌리스(Homo habilis)는 1962년에서 1964년까지 탄자니아 세렝게티(Serengeti) 국립공원의 올두바이 협곡에서 루이스 리키와 그의 아내 메리 리키에 의해 발견된 사람속(屬) 화석인류이다. 오스트랄로피테쿠스와 호모 에렉투스 사이에 위치한 사람속에 속하는 이 멸종된 초기 화석인류는 약 230만 년 전부터 140만 년 전 사이에 사하라 사막 이남의 아프리카에서 살았으며, 리키 부부 등에 의해 '손재주 좋은 사람(도구를 사용하는 사람)'을 뜻하는 호모 하빌리스라는 이름이 붙여졌다. 이후 호모 하빌리스의 화석은 탄자니아의 올두바이 조지 계곡, 케냐의 마공(Magong), 에티오피아의 오모 계곡과 하다르(Hadar), 남아프리카의 슈와르트크란스 등에서 발견되었다. 호모 하빌리스는 석기와 동물의 뼈를 이용해서 오스트랄로피테쿠스보다 더욱 발전된 다양한 형태의 도구를 만들어 사용했고 또 더욱 복잡한 사회체계를 가지고 있었던 것으로 추정된다. 호모 하빌리스의 키는 약 130~150㎝, 뇌 용량은 약 600~850cc였다.[23]

호모 루돌펜시스(Homo rudolfensis)는 1972년 투르카나 호수(루돌프 호수) 동부의 250만 년 전 지층에서 루이스 리키의 차남 리처드 리키(Richard Erskine Frere Leakey)* 등에 의해 발견되었다. 이 화석은 체구는 작았으나 800cc의 뇌 용량

---

* 호모 루돌펜시스 화석을 처음으로 발견한 리처드 리키는 1953년 오스트랄로피테쿠스 보이세이 화석과 1964년 호모 하빌리스 화석을 처음으로 발견한 루이스 리키와 메리

을 가진 성인 남성의 완벽한 두개골 화석으로 발견되었는데 당시에는 그것
이 호모 루돌펜시스 화석의 첫 발견이라는 사실을 알지 못했다. 250만 년 전
부터 170만 년 전 사이에 생존했던 이 화석은 사람속(屬)에 속하는지 여부에
대한 논란이 많았으나 사람속의 공통된 특징을 많이 가지고 있어 결국 사람
속으로 분류되었다. 또한 처음에는 호모 하빌리스로 분류되기도 했으나 투
르카나 호수에서 발견된 다른 호모 하빌리스의 뇌 용량 및 신체 골격과의
차이점이 계속 나오면서, 1985년 직립보행에 더 적응하고 뇌 용량이 큰 종
을 호모 루돌펜시스로 따로 분류하자는 제안이 나타났고 2000년에 와서 이
제안이 승인되어 호모 루돌펜시스로 분류되었다.[24] 2012년 리처드 리키의
아내인 미브 리키(Meave Leakey)와 딸인 루이즈 리키(Louise Leakey)도 호모 루돌
펜시스의 화석을 발견했다.

호모 에렉투스(Homo erectus)는 180만 년 전 무렵 호모 하빌리스에서 파생
된 것으로 추정되며 호모 하빌리스와 호모 사피엔스의 중간 단계에 위치한
멸종된 고인류 화석이다. '직립 보행하는 사람'이란 뜻을 가진 이 화석은 약
180만 년 전부터 25만 년 전 사이에 아프리카 지역에서, 그리고 아시아와 유
럽의 일부 지역으로 이동해서 살았다. 일반적으로 호모 사피엔스의 직계 조
상으로 간주되며 최초로 불을 사용했고, 주먹도끼나 돌도끼 및 발달된 형태
의 찍개와 같은 도구를 사용했다. 호모 에렉투스라는 공식 명칭은 자바 원
인(Java 原人)이 발견된 이후에 만들어졌다. 자바 원인은 1891년 인도네시아
자바 섬의 솔로 강변에서 네덜란드의 군의관이자 인류학자인 외젠 뒤부아

리키의 차남이며, 2012년 호모 루돌펜시스 화석을 발견한 미브 리키와 그녀의 딸 루이
즈 리키는 각각 리처드 리키의 아내, 딸이다. 이로써 리키 가문은 3대에 걸쳐 인류의
기원을 밝히는 '고고학계 명문'이 되었다.

(Marie Eugène François Thomas Dubois)에 의해 발견된 화석 인류이다. 뒤부아는 '직립보행 원인'이라는 의미로 피테칸트로푸스 에렉투스(Pithecanthropus erectus)라고 명명했으나 뒤부아의 생존 시기에는 인정받지 못했다. 호모 에렉투스의 일종인 자바 원인의 뇌 용량은 900~1,000cc로 호모 사피엔스에 한결 가까워졌고 대퇴골도 발달해 현대인과 유사한 것으로 나타났다. 이후 1936년 뒤부아가 발견한 것과 유사한 크기의 두개골을 가진 보다 완벽한 종이 자바 중부의 마을에서 베를린 출신의 고고학자 쾨니히스발트(Gustav Heinrich Ralph von Koenigswald)에 의해 발견되었다.[25]

베이징 원인(Beijing 原人) 역시 호모 에렉투스의 대표적인 화석이다. 1921년 중국 베이징 교외 저우커우뎬(周口店) 원인동(猿人洞)에서 스웨덴의 지질학자 요한 군나르 안데르손(Johan Gunnar Andersson)과 미국의 고생물학자 월터 그랜저(Walter Granger)에 의해 인류의 것으로 생각되는 화석들이 발굴됐다. 1927년에는 저우커우뎬에서 캐나다의 인류학자 데이비드슨 블랙(Davidson Black)이 특이한 형태의 아래 어금니를 발견해 사람과의 종과 속을 추정하여 시난트로푸스 페키넨시스(Sinanthropus pekinensis)라고 명명했다. 오늘날에는 둘다 같은 종에 속하는 것이라고 재해석되어 호모 에렉투스라고 부르게 되었다. 지금까지 발견된 호모 에렉투스의 대표적인 화석으로는 자바 원인, 베이징 원인, 하이델베르크인, 탄자니아 올두바이 협곡에서 발견된 두개골이 있고, 이 외에도 케냐의 바링고(Baringo) 호수, 모로코의 토마스 채석장(Thoman Quarry), 알제리의 테르니피네(Ternifine), 쾨니히스발트의 모죠케르토(Mojokerto) 등지에서 다수의 호모 에렉투스 화석들이 발견됨에 따라 그 무렵에 인류가 널리 유라시아대륙에 진출했음을 알 수 있게 한다.

현생 인류와 동류인 호모 사피엔스(Homo sapiens)는 2017년 아프리카 모로코의 제벨 이르후드에서 독일 막스플랑크 진화인류학연구소의 장-자크 후블린(Jean-Jacques Hublin) 교수가 이끈 국제공동연구진에 의해 30만 년 전의 호모 사피엔스 두개골 화석들이 발굴됨에 따라 그 초기 연대가 19만 5,000년 전(에티오피아 오모키비시 발굴 화석)보다 10만 5,000년이 더 올라간 30만 년 전인 것으로 정정됐다. 국제공동연구진은 치아의 법랑질에 있는 극미량의 우라늄을 최신 기술로 분석한 결과, 화석의 연대가 30만 년 전인 것을 알아냈다. 화석 주변에서 다량 출토된 돌을 쪼아 만든 석기들 역시 그 연대가 30만 년 전인 것으로 측정됐다. 이번 모로코 화석은 "화석과 DNA 증거 사이의 간극을 메워줄 귀중한 발견"인 것으로 평가된다. 현생 인류와 네안데르탈인의 DNA를 비교하면 50만 년 전에는 공통 조상이었다가 40만 년 전에 분기된 것으로 나온다. 그런데 지금까지 발굴된 호모 사피엔스 화석은 모두 20만 년 전 이내여서 화석과 DNA 증거 사이에 간극이 발생하게 되는데 바로 이 간극을 이번에 발굴된 화석들이 처음으로 채운 초기 호모 사피엔스라는 것이다. 말하자면 인류 진화사의 미싱 링크가 발견된 것이다.

이번 모로코 화석의 두개골을 보면 유럽에서 출토된 호모 사피엔스 화석이나 현대인과 얼굴 형태가 거의 흡사하고 광대뼈나 눈썹뼈, 작은 얼굴 등이 40만 년 전의 네안데르탈인과는 확연히 구별되지만 뇌를 둘러싼 부분은 좀 다르게 나타난다. 현대인이나 유라시아의 호모 사피엔스는 뇌를 둘러싼 부분이 공 모양인데 비해 이번 화석은 뒤로 길쭉한 형태여서 오히려 이전 네안데르탈인과 유사했다. 이에 대해 후블린 교수는 "현대인과 네안데르탈인의 DNA를 비교하면 뇌와 신경계에 관여하는 유전자에서 차이가 컸다"며, 호모 사피엔스의 역사에 새로 추가된 10만 5,000년 동안 주로 뇌에서 진화가 이뤄져 지능이 급격히 높아졌고 두개골도 뒤로 길쭉한 형태였던 것이 오늘날의 공 형태로 바뀐 것이라고 설명했다.[26]

'지혜로운 사람' 또는 '생각하는 사람'이란 뜻을 가진 호모 사피엔스는 연대학적으로는 길게는 약 40만 년 전까지 거슬러 올라가는 화석인류(舊人)와 현생 인류인 호모 사피엔스 사피엔스(新人)가 속하는 사람속(屬)과 종(種)을 가리킨다. 사실 사람의 DNA 서열 중 98.8퍼센트가 침팬지의 DNA 서열과 동일한 점을 고려한다면 호모 사피엔스의 탄생은 매우 역설적이다. 호모 사피엔스는 아프로유라시아(Afro-Eurasia: 아프리카 · 유럽 · 아시아 세 대륙을 아우르는 이름) 등 세계 여러 지역에서 비슷한 시기에 등장했으며 남북아메리카 대륙이나 호주 대륙까지 널리 분포해 오늘날과 같은 인종적 분화를 이룩했다. 호모 사피엔스는 이족직립보행(二足直立步行)과 1,300~1,450cc의 뇌 용량, 높은 두부(頭部)와 발달된 전두부(前頭部), 작은 치아와 하악골, 발달된 턱과 섬세한 턱 끝 등의 신체적 특징을 가지고 있다. 호모 에렉투스도 이와 유사한 특징을 일부 지니고 있지만 뇌 용량 및 형태와 안면부의 형태 같은 형질적 특징이나 언어[27]와 문자 같은 상징들은 호모 사피엔스에 고유한 것이다.

현생 인류의 DNA 분석 결과를 보면 1~4퍼센트 정도가 3만 년 전 멸종한 네안데르탈인으로부터 물려받은 것으로 나온다. 1856년 독일 네안데르 계곡에서 발견된 네안데르탈인의 화석은 해부학적 구조가 호모 사피엔스와 비슷해 처음에는 호모 사피엔스의 아종으로 분류되어 호모 사피엔스 네안데르탈렌시스(Homo sapiens neanderthalensis)라고 했다가 몇 차례의 재분류 과정을 거쳐 1988년 이후에는 호모 네안데르탈렌시스로 구분하고 있지만, 최근 호모 사피엔스의 아종으로 재분류해야 한다는 주장이 다시 제기되고 있다.[28] 네안데르탈인들의 뇌 용량은 평균 1,600cc 정도로 호모 사피엔스보다 컸으며, 체구가 크고 근육이 발달해 유라시아 서남부에서 빙하기의 추운 기후에 잘 적응했다. 또한 이들은 시신을 매장할 때 꽃으로 장식하고 부장품과 함께 땅에 묻는 매장 풍습을 가지고 있었다. 네안데르탈인들은 현생 인류의 직계조상인 크로마뇽인에게 동화, 흡수되면서 멸종한 것으로 보인다.

이 외에도 2003년 인도네시아 플로레스 섬의 리앙부아(Liang Bua) 동굴에서 발견된 '플로레스인(호모 플로레시엔시스 Homo floresiensis)' 화석인류(약 9만 년 전~1만 3,000년 전 생존했던 것으로 추정됨), 2008년 시베리아 알타이산맥의 데니소바 동굴에서 발견된 '데니소바인(호모 데니소바 Homo Denisova)' 화석인류(약 8만 년 전~3, 4만 년 전 생존했던 것으로 추정됨)는 네안데르탈인이나 크로마뇽인과는 또 다른 새로운 고생 인류의 한 종이다.

이처럼 인류의 진화 과정에서 다양한 계통의 인간 종이 있었지만 대부분 멸종하고 현생 인류인 호모 사피엔스 계통만 살아남아 오늘날의 인류로 진화했다. 지난 1만여 년간 우리 종(種)이 지구상의 유일한 인간 종이다 보니 인류의 진화 과정이 마치 단일 계보의 종(種)으로 이루어진 것으로 생각하기 쉽지만 실제로는 다양한 인간 종이 동시에 살았다. 호모 사피엔스에서 '매우 지혜로운 사람'이란 뜻을 가진 호모 사피엔스 사피엔스로의 대전이(大轉移)는 대략 4만 년 전에서 3만 년 전 사이에 일어났는데, 지구의 나이를 하루 24시간으로 환산했을 때 호모 사피엔스 사피엔스가 등장한 것은 자정 0.7초 전쯤이다. 1868년 프랑스 크로마뇽 동굴에서 처음 발견된 크로마뇽인(Cro-Magnon man)의 화석은 유럽에서 발견된 가장 대표적인 호모 사피엔스 사피엔스 화석이다. 크로마뇽인은 3만 5,000년 전에서 1만 년 전 사이의 화석인류로, 두개골 및 골격 구조는 현생 인류와 거의 유사하지만 지능은 급격히 높아져 정교한 석기와 골각기를 만들어 사용했으며 시신을 매장하는 풍습을 가지고 있었다. 이들은 최초로 예술 활동을 했고 수준 높은 동굴벽화를 남겼으며 문화를 발전시켰다. 또한 농경과 가축 사육을 했고 사회체계가 발달함에 따라 교역을 통해 대도약을 했고 드디어 문명의 여명기에 들어서게 되었다.

호모 사피엔스 사피엔스의 대표적인 화석은 크로마뇽인의 화석 외에도

1901년 프랑스와 이탈리아 국경의 지중해 연안에 있는 그리말디 동굴에서 발견된 그리말디인(Grimaldi race) 화석인류, 1933년 중국 베이징의 저우커우뎬에서 동아시아 최초로 발견된 산딩둥인(山頂洞人) 화석인류, 1967년 일본 오키나와 현의 미나토가와에서 발견된 미나토가와인 화석인류(Minatogawa fossil humans) 등이 있다. 인류의 진화 계통수는 새로운 화석의 발견으로 계속 새롭게 바뀌고 있으며, 지구상에는 지금도 발굴을 기다리는 수많은 화석인류들이 도처에 산재해 있다. 호모 사피엔스의 출현 이후 변화의 가속화 경향이 지속되고 있고 또 '특이점(singularity)'의 도래에 대한 예단과 함께 수억 년에 걸친 진화의 여정이 매우 짧은 시간에 압축적으로 일어날 것으로 전망되고 있다. 과연 호모 사피엔스는 계속해서 살아남게 될 것인가? 아니면 새로운 종에 의해 대체될 것인가? 지금까지 초기 인류의 진화와 그 계보에 대한 고찰을 통해서 볼 때 현생 인류 역시 언젠가는 사피엔스가 아닌 새로운 인류와 경쟁하게 될 것이고 결국 보다 업그레이드된 새로운 종에 의해 대체되면서 지구적 삶은 완전히 다른 방향으로 전개될지도 모른다. 어쩌면 호모 사피엔스의 멸종은 현재진행형인 '사건'이라고 보는 것이 더 정확할지도 모른다.

생명체의 진화와 세렝게티 법칙

138억 2,000만 년 전 빅뱅 이후 우주의 복잡성은 계속 증가했다. 약 46억 년 전(빅뱅 92억 년 후) 태양계가 형성되고 45억 5,000만 년 전 지구가 형성되면서 또 지구에서 새로운 차원의 복잡성이 출현했다. 데이비드 크리스천은 우주의 역사, 지구의 역사, 생명체의 역사 그리고 인류의 역사를 '복잡성 증가의 임계국면'이라는 측면에서 여덟 가지로 간추려 설명한다. 즉 빅뱅(138억 2,000만 년 전), 별의 출현(136억 년 전), 새로운 원소의 출현(136억 년 전), 태양계와 지구(46~45억 년 전), 지구상의 생명(38억 년 전), 집단학습(30만 년 전), 농경(1만 1,000

년 전), 근대 혁명(250년 전)이다.[29] 여기서 연대표기는 최신 자료를 반영하여 필자가 수정 표기한 것이다. 지구의 역사를 하루 24시간으로 환산했을 때, 호모 사피엔스는 불과 자정 5.7초 전쯤(30만 년 전; 호모 사피엔스 사피엔스는 자정 0.7초 전쯤)에 나타나 단시간에 너무나 많은 일을 벌였다. 지구상에 나타난 지 5.7초 만에 호모 사피엔스는 75억 5,000만 명(2017년 4월 IMF(국제통화기금) 발표)에 이르렀고, 2050년에는 98억 명이 될 것으로 예상되며, 자원 고갈은 갈수록 심화되고 있다. 인구 과잉에 따른 결과가 기후 변화, 질병 등의 요인과 함께 생태계에 다중으로 공격을 가함에 따라 멸종 위기에 처한 동식물 종도 늘어나고 있다. 현재 과학자들은 지난 수백, 수천 년 동안 사라진 종의 수를 근거로 여섯 번째 대량멸종이 일어나는 중일 수 있다고 주장한다.

대량멸종 사건은 동식물 종의 75퍼센트 이상이 사라지는 사건을 가리킨다. 4억 4,000만 년 전 오르도비스기 대량멸종 사건 때는 빙하기가 연이어 찾아오면서 모든 종의 86퍼센트가 사라졌고, 3억 5,900만 년 전 데본기 사건 때에는 지구의 냉각과 온난화가 한꺼번에 이어지면서 모든 종의 75퍼센트가 사라졌으며, 2억 5,100만 년 전 페름기 사건 때에는 시베리아의 초화산이 분출하면서 모든 종의 96퍼센트가 사라졌다. 1억 9,960만 년 전 트라이아스기 사건 때에는 지구 온난화와 해양 산성화가 결합되어 모든 종의 80퍼센트가 사라졌고, 6,550만 년 전 백악기 사건 때에는 소행성 충돌로 모든 종의 76퍼센트가 전멸했다. 각 대량멸종 사건은 주된 원인들이 파악되긴 했지만, 대개 여러 원인이 복합적으로 작용한 결과다. 백악기 사건의 경우 소행성 충돌이 주된 원인이었지만, 인도의 데칸 용암 대지를 형성한 초화산도 복합적인 요인으로 작용했다. 파리 지구물리학연구소의 빈센트 쿠르티요는 "거의 동시에 일어난 칙술루브 운석 충돌보다 (초화산이) 기후를 바꾸는 기체를 10배나 더 많이 대기로 뿜어냈다"고 말한다. 그러나 생명은 복원력이 있기 때문에 대량멸종 뒤에는 회복이 이루어졌고, 생존자들은 경쟁이 거의 사라진 세계에서 진화적 창의성을 마음껏 분출했다. 페름기 대멸종으로 공룡이 지배력을 갖게 되었고, 백악기 대멸종으로 포유류와 인류가 지배력을 갖게 되었다. 동식물과 미생물은 인간이 멸종한 뒤에도 살아남아 적응하고 다양화하고 번식할 것이다.[30] '넥스트 종(the Next Species)' 역시 그런 방식으로 진화는 계속될 것이다.

많은 과학자들은 멸종이 생명체의 정상적인 과정이라고 생각한다. 스미소니언 박물관의 고생물학자 한스-디터 수스(Hans-Dieter Sues)는 "지금까지 지구에 살았던 생물의 거의 99.999퍼센트는 사라졌다. 호모 사피엔스도 그럴 것이다. 아마 1,000년 안에 성간 여행을 하는 법을 깨닫는다면, 이곳의 상황이 엉망이 될 때 밖으로 떠나서 다른 곳으로 갈 수 있을 것이다. 하지만 마찬가지로 우리가 자신의 유전체를 조작하여 일종의 초인 종족을 만들어내고 그들이 우리를 멸종시킬 가능성도 있을 것이다."[31] 인류 집단은 스스로 멸종을 자초하는 길을 가면서도 호모 사피엔스만은 멸종되어서는 안 된다는 역설에 빠져 있다. 생(生)·주(住)·이(異)·멸(滅) 사상(四相)의 변화에서 인류 종만은 제외되어야 한다는 도발적인 생각은 생명의 순환에 역행하는 것이며 우주섭리에 도전하는 것이다. 더욱이 호모 사피엔스라는 종은 자연 생태계에 치명적인 바이러스가 되어 오지 않았는가. 삼라만상은 죽어 없어지는 것이 아니라 단지 변화할 뿐이다. 우주 진화에 동참하고 있는 것이다. 지금까지 그래왔듯이 호모 사피엔스 역시 언젠가는 멸종되고 그 자리는 진화된 다른 새로운 종들로 채워질 것이다. 우리가 정작 슬퍼해야 할 것은 멸종이 아니라 왜 사는지도 모르고 죽어가야 한다는 것이다.

하버드 경영대 생명과학 프로젝트를 설립한 후안 엔리케스(Juan Enriquez)는 2012년 카타르에서 열린 테드엑스서밋(TEDxSummit)에서 "지금까지 인류는 약 25종이 있었는데, 왜 다른 종이 나올 수 없다는 것인가"[32]라는 질문을 던졌다. 어떤 동물이든 하나의 종은 존속할 튼튼한 기반이 되지 못하며 여러 종이 있을 때 더 잘 유지된다. 자연은 생물 종 다양성을 선호하며 모든 형태의 생물 종은 진화의 결과이다. 역사적으로 볼 때 인류 역시 지금처럼 한 종만 있기보다는 여러 종이 있는 것이 일반적이었다. 새로운 생물 종이 만들어지는 진화의 과정인 종분화(種分化)는 시간을 두고 유전형질이 변하여 나타나게 된다. 미국의 고생물학자 닐스 엘드리지(Niles Eldredge)와 스티븐 제이 굴드(Stephen Jay Gould)는 종분화가 매우 오랜 시간에 걸쳐 점진적으로 일어난다는 계통점진이론을 반박하여, 생물 종의 진화 양상이 상당 기간 안정적인 상태에 머무르고 있다가 특정한 시간대에 급속한 종분화가 일어난다는 단속평형이론(斷續平衡論 punctuated equilibrium)을 제기했다.

종분화의 주된 유형은 이소적 종분화(異所的種分化 allopatric speciation)와 동소적 종분화(同所的種分化 sympatric speciation)의 두 가지가 있다. 이소적 종분화는 지리적 격리에 따른 생식격리(生殖隔離)로 인해 유전적 변화가 일어나 결국 완전히 새로운 종으로 형성되는 종분화이다. 지리적 격리 이후 독립적으로 각각 진화하여 이후 지리적 장벽이 제거되더라도 서로 교배 자체가 불가능하게 되었을 때 종이 분화되었다고 본다. 본래 한 종이었던 개체군이 계곡이나 강과 같은 자연적인 물리적 장벽으로 인해 두 종으로 분화되는 경우들이 있고, 개체군이 새로운 장소를 찾아 이동함으로써 생식격리로 인해 종분화가 일어날 수도 있으며, 또한 느린 과정이긴 하지만 대륙이동과 같은 지질학적 변화과정을 통해 일어날 수도 있다. 동소적 종분화 또는 퀀텀 종분화(quantum speciation)는 지리적으로 격리되지 않은 동일한 지역에 서식하는 종 내에서 일어나는 종분화이다. 같은 호수에서 사는 어류가 일부는 수면 쪽에서, 일부는 바닥 쪽에서 사는 식으로 서로 다른 수심에서 살면, 시간이 지남에 따라 서로 다른 종으로 분화한다. 또 서로 다른 종류의 먹이를 먹는 쪽으로 분화하여 종이 진화할 수도 있다. 또한 중세 때 유럽의 유대인들처럼 바다나 산맥 때문이 아니라 외부의 편견에 맞서 유대교를 지키기 위해 타민족과의 혼인을 금지한 유대교의 율법 때문에 유전적으로 고립되어 일어나는 경우도 있다. 후안 엔리케스에 의하면 다른 방식의 동소적 진화는 이른바 '멋진 괴짜 증후군(sexy geek syndrome)—자기들끼리만 어울리고 혼인을 하는—이라는 것을 통해 격리가 일어날 수도 있다.[33]

많은 과학자들은 약 4~5만 년 전 인류가 자연에서 벗어나 스스로의 운명을 개척하기 시작했을 때 유럽에서는 호모 사피엔스의 자연 진화가 멈춘 것으로 본다. 인류는 더 많은 털을 제공하는 자연선택과는 반대로 바늘과 같은 발명품을 통해서 추위를 막을 따뜻한 옷을 만들었다. 인류는 기호를 써서 생각하기 시작했고, 그 기호는 단어가 되었고, 단어는 복잡한 언어로 발전했으며, 언어는 교역로를 구축하고 경험을 대물림하고 가장 좋은 식량을 어디서 어떻게 얻는지를 배우는 데에 유용한 협력의 열쇠가 되었다. 인류가 사용하는 도구들도 점점 더 복잡해졌다. 창, 투창기, 활과 화살이 나타나 커다란 근육이 없이도 커다란 동물을 잡을 수 있게 되었고. 그물, 작살, 낚싯바늘이 발명되면서 물고기도 잡을 수 있게 되었다. 그리하여 인류는 고기, 물고기, 열매를 먹을 수 있게 되었고, 이러한 식단의 다양화로 영양섭취가 이루어지면서 빙하기의 혹독한 추위에도 살아남을 수 있게 되었다. 또한 불과 토기를 이용해 요리를 하게 되면서 인류는 커다란 치아를 지닐 필요가 없어져 턱과 치아는 줄어들기 시작했다. 문화적 혁신이 진화에 영향을 미치기 시작한 것이다.[34]

미국 유타대학교의 고생물학자 그레고리 코크런(Gregory Cochran)과 헨리 하펜딩(Henry Harpending)은 지난 1만 년 사이에 현생 인류의 유전적 변화가 증가해왔다고 말한다. 『1만 년의 폭발 *10,000 year explosion: how civilization accelerated human evolution*』(2009)이란 이들의 저서 부제가 말해주듯이, 인류의 진화가 멈춘 것이 아니라 오히려 문명에 의해 더 가속되어왔다고 주장한다. 이들에 의하면 현재 우리 종의 장기 평균 진화 속도보다 약 100배 더 빠른 속도로 진화가 일어나고 있다는 것이다. 인간 유전체의 평균 변화량을 계산한 결과 100배 더 빨라진 것이 드러난 것이다. 인구가 100배 더 많으니 유전적 돌연변이가 일어날 표적이 100배 더 많아졌다는 것이다. 유전자가 많아질 때 돌연변이도 많아지는데, 이들 돌연변이 대부분은 폐기되고 정상적인 유전자가 선호되지만 어쩌다가 더 바람직한 돌연변이—자식을 더 많이 낳게 하거나, 질병에 더 잘 견디게 하거나, 수명을 더 늘리는 돌연변이들—가 나타나기도 한다. 그 돌연변이를 지닌 사람은 더 잘 살아가고 생존율이 더 높으므로 그러한 돌연변이는 선택되고 다음 세대로 대물림된다. 이 선호된 유전자 돌연변이들은 각기 다른 방식으로 인류에게 도움을 주었다. 고지대에 사는 안데스산맥의 사람들은 산소가 더 적은 공기에 적응하기 위해 커다란 가슴과 산소를 더 많이 머금은 혈액을 갖추는 쪽으로 진화한 반면, 티베트인들은 더 빨리 호흡하여 산소를 더 많이 흡입하는 쪽으로 적응했다. 티베트인들에게서 발견된 낮은 산소 농도에 적응하는 데 도움을 준 이 '새로운' 유전자들은 겨우 3,000년 전에 출현했다.

또한 하펜딩과 코크런은 인간 유전자 중 7퍼센트가 5,000년 전인 최근에 진화했다는 것도 밝혀냈다. 지난 1만 년 사이에 우리의 식문화와 질병 적응 능력이 빠르게 진화하면서 뼈와 치아에도 많은 유전적 변화가 일어났고, 키는 더 커졌고, 기대 수명도 훨씬 높아졌다. 하펜딩은 우리가 단일한 주류 인간형으로 수렴되는 것이 아니라 점점 서로 달라져가고 있다고 말한다. 호모 사피엔스가 유라시아로 이주했을 때, 진화를 통해 피부색을 바꾸고 추위에 적응한 형질들을 갖추었다. 농경이 시작되면서 인구가 조밀해지자, 콜레라, 말라리아, 천연두 같은 전염병이 늘어났지만 인류는 점차 이런 질병들에 어느 정도 유전적 내성을 갖게 되었다. 인간 유전체에서 가장 큰 변화를 가져온 돌연변이 중 하나는 젖당 내성(lactose tolerance)이다. 인간이 자란 뒤에도 젖을 소화시킬 수 있게 된 것이나, 역사상 인도유럽어족*의 인구가 가장 크게 늘어난 원인이 바로 이 돌연변이에 있다. 젖당 내성이 퍼지면서, 고기보다는 우유를 얻기 위해 낙농을 하는 사람들이 늘어났고, 젖당 내성은 더 건강하고 더 튼튼한 집단을 낳았다. 젖당 내성은 아라비아 반도에서 낙타를 기르는 집단이나 동아프리카에서 소를 치는 집단들에게서도 나타났다. 마사이족을 비롯한 많은 아프리카 부족들에게서 뚜렷이 드러나듯이, 젖소가 제공하는 우유는 다양한 인간 집단들에게 강력한 진화적 힘으로 작용했다.[35]

38억 년 전 지구상에 생명체가 처음 등장한 이후 멸종을 거듭하며 진화의 역사는 이어져 왔다. 삶의 연장선상에 있는 죽음이 진화의 한 과정이듯이, 멸종 또한 진화의 한 과정이다. 언제나 그래왔듯이 앞으로도 멸종 뒤에는 언젠가 다시 회복되고 번성할 것이다. 그리고 생존자들은 경쟁자가 사라진 세계에서 진화적 창의성을 한껏 발휘할 것이다. 앞서 논의된 초고대문명을 통해서도 알 수 있듯이─전 세계적인 고대문명이 존재했다는 증거는 상당히 풍부하다─지구의 과거는 종종 석기시대로 되돌리는 사건들로 점철되어 있었다. 모든 문명에는 스스로를 파괴하는 씨앗이 내포되어 있으며, 문명이 발전하면 할수록 스스로를 파괴하기에 충분한 기술을 개발하여 사용

---

* 인도유럽어족은 서로 유연관계가 있는 언어들을 쓰는 집단으로, 스페인어, 영어, 힌두어, 포르투갈어, 러시아어, 독일어, 마라티어, 프랑스어 등이 여기에 속한다. 오늘날 전 세계 30억 명 이상이 이 언어들을 모어로 쓴다.

하게 되므로 더 쉽게 파괴되며 그에 대한 증거 또한 더 쉽게 소멸되리라는 것은 짐작할 수 있는 일이다. 이는 오늘날의 초연결·초융합·초지능의 시대에는 더욱 그러하다. 핵전쟁이 발발했을 경우 또는 초대형 화산이 폭발했을 경우를 가정해보면 쉽게 이해될 수 있다. 따라서 인류의 진화 과정을 단선적인 사회발전단계와 연계하는 방식으로 논의를 진행하는 것은 실제와 부합하지 않을 수도 있다. 다만 처음 등장한 인류의 유일한 생활방식이었던 것으로 간주되는 수렵과 채집은 오늘날에도 일부 지역에 존재하는 생활방식이며, 농경은 지금도 여전히 주요한 생활방식이므로 인류사의 진화적 측면에서 둘 다 다룰 필요가 있다고 본다. 그러면 '수렵채집인'에 대해 다룬 뒤 생태적 법칙인 '세렝게티 법칙'에 대해 고찰하기로 하자. 농경에 대해서는 제6장 2절에서 다루기로 한다.

우선 수렵채집의 표준 정의부터 살펴보기로 하자. '수렵채집'은 "개 이외에는 어떤 동물도 사육하지 않고, 어떤 식물도 재배하지 않고, 야생에서 샤냥과 채집과 어로 활동으로 살아가는 것"을 말한다. 다시 말해 그것은 "활용자원의 유전자 풀(gene pool)에 대한 의도적 개조가 전혀 개입하지 않는" 에너지 획득 전략이다.[36] 수렵채집에는 여러 버전이 존재한다. 수렵채집 스펙트럼(foraging spectrum)에는 수렵채집과 농경이 결합된 원시농경(horticulture) 형태도 있고, 근현대에는 수렵채집에 일부 화석연료 생활이 결합한 형태도 나타났다. 수렵채집 생활은 곧 자연 생활이며, 모든 동물은 사실상 수렵채집자다. 인간 버전의 수렵채집 방식은 원시인에서 호모 사피엔스*로 진화하던

---

* 2017년 아프리카 모로코의 제벨 이르후드에서 30만 년 전의 호모 사피엔스 두개골 화석들이 발굴됨에 따라 그 초기 연대가 19만 5,000년 전(에티오피아 오모키비시 발굴 화석)에서 30만 년 전인 것으로 정정됐다.

시기에 중앙아프리카 열대우림 주변부를 따라 시작되었다. 인류사의 90퍼센트가 수렵채집 시대였고, 과거에 인류는 모두 수렵채집인이었으며, 오늘날까지도 소수는 수렵채집인으로 살아가고 있으니, 인류학계가 '수렵채집인'을 일관성 있는 분석 범주로 설정하는 것에 동의하는 것은 당연한 일이라 하겠다.[37]

'구석기 시대'로도 알려진 수렵채집 시대는 인류사에서 가장 긴 시기였으며 인류사의 기초가 마련된 시기이기도 했다. 수렵과 채집은 처음 등장한 인류(호모 사피엔스)의 유일한 생활방식인 것으로 알려져 있다. 수렵채집 시대에는 끊임없이 이동했기 때문에 부(富)의 축적은 의미가 없었으며, 수렵채집을 통해 좋은 것을 얻고도 나누지 않는 것은 죄악이었다. 수렵채집이라고 하는 에너지 획득 방식에 따른 경제적 및 사회적 제약 때문에 매우 평등한 사회였다고 볼 수 있다. 수렵채집인(hunter-gatherer)은 의식주와 제식 등의 목적으로 물자를 모았고, 언어라고 부르는 의사소통 형식을 발전시켜 집합적인 지식을 다음 세대에 전수하였으며, 문화적, 기술적 창의력에 힘입어 이들의 생활방식은 유사한 생활방식을 가진 다른 종들과는 확연히 구별되었다. 3만 5,000년 전에서 1만 년 전 사이의 인류는 다양한 문화와 기술 그리고 상징적 재현 방식을 발전시켰으며, 환경의 거대한 변화에 적응함으로써 지구 전체에 성공적으로 정착했다. 선사시대를 연구하는 학자들은 이들의 지적 능력이나 언어능력이 현대인과 다르지 않다고 본다. 수렵채집인 공동체는 오늘날에도 일부 지역에 존재하지만, 약 1만여 년 전 농업 공동체가 출현하면서 유일한 생활방식으로서의 역할을 잃게 되었다.

수렵채집 시대에 대한 연구는 문헌자료가 존재하지 않기 때문에 역사학자보다는 고고학자, 인류학자, 선사시대 연구자들에 의해 주도되어 왔다. 문헌자료가 부재하기 때문에 이 시대를 이해하기 위해서는 세 가지 증거를 다룰 필요가 있다. 첫째는 과거 사회가 남긴 유물, 즉 고고학적 증거이다. 고고학자들은 특히 뼈와 돌을 해석한다. 인간의 유골과 인간의 먹이가 되었던 다른 종의 유골, 석기와 다른 종류의 제조품, 음식 유물, 그리고 자연 환경이 남긴 증거를 연구한다. 연대 측정을 위해서는 방사성 탄소 연대 측정 기술이 활용된다. 프랑스 남부 라스코(lascaux) 동굴벽화와 스페인 북부 알타미라 (Altamira) 동굴벽화와 같은 예술작품은 수렵채집인들의 삶과 문화를 이해하는 데 도움을 준다. 둘째는 현존하는 수렵채집 공동체에 관한 연구, 즉 인류학적 증거이다. 오늘날에도 존재하는 수렵채집인의 생활방식은 정도 차이일 뿐 모두 현대의 영향을 받고 있기 때문에 연구 결과는 신중하게 활용되어야 한다. 그럼에도 오늘날의 수렵채집 생활방식에 대한 연구는 수렵채집 공동체의 기본적인 생활 패턴에 관해 많은 지식을 제공함으로써 선사시대의 유물 해석에 도움을 준다. 셋째는 현대인의 유전자 차이에 대한 비교 연구, 즉 유전학적 증거이다. 현대인들의 유전자 차이에 대한 비교 연구를 통해 인류의 나이뿐만 아니라 여러 인간 집단의 분기 시점도 추정해 볼 수 있다. 이처럼 고고학적, 인류학적, 유전학적 증거는 문헌자료와는 또 다른 종류의 정보를 제공해 준다.[38]

인간을 다른 유사한 종과 결정적으로 구분해주는 가장 강력한 표식은 언어이다. 많은 동물들 역시 초보적인 방식이긴 하지만 서로 소통하고 정보를 공유한다. 그러나 그들이 공유하는 정보의 양은 매우 제한적이며 저장되는 것도 아니다. 인간은 정확하면서도 많은 양의 정보를 공유하며 집단기억에 저장하고 세대를 이어 정보를 축적한다. '집단학습'이 세대를 이어 정보를 축적하는 과정은 환경과 상황 변화에 적응하는 인간의 탁월한 능력을 말해 주는 것으로, 이러한 능력은 인간에게만 나타나는 독특한 것이다. 이러한 능력으로 인해 인류는 새로운 환경에 새로운 방식으로 적응하여 생존할 수 있었으며, 또한 지구 자원을 활용할 수 있는 새로운 방식을 지속적으로 고안해낼 수 있었다. 복잡성 증가의 여섯 번째 임계국면인 집단학습은 우리를 하나의 종으로 정의한다. 이는 '왜 우리가 엄청난 복잡성의 사회 속에서 75억 5,000만 명의 인류를 부양할 수 있었는지를 설명해주며, 또한 왜 우리 인간이 38억 년 동안 생물권에서 이처럼 강력한 권력을 가지게 된 최초의 종이 되었는지를 설명해준다.'[39] 실로 인류세(anthropocene: 인류의 시대)로 불리는 지난 7만 년 동안 지구는 최초로 단일한 생태적 단위가 되었고, 호모 사피엔스는 '지구 생태계의 독보적 변인'이 되었다. 7만 년 사이에 인류세가 지구 생태계를 유례없는 방식으로 완전히 바꿔놓은 것이다.[40]

한편 미국 스탠퍼드대 역사학과 교수 이언 모리스(Ian Matthew Morris)는 수렵채집 시대 1인당 1일 에너지 획득량을 4,000kcal로 보고 있다. 이 시대의 생산성 수준은 매우 낮았다. 낮은 생산성 때문에 인구밀도도 낮았으며 광대한 지역에 소수의 사람들이 흩어져 살았다. 인구 밀도는 지역마다 다르지만, '1제곱마일당 1명 이하가 보통이고, 10제곱마일당 1명도 드물지 않다.'[41] 그는 인간의 가치체계가 에너지를 획득하는 방식에 최적화된 조직 형태에 의해 결정되어 왔다고 보고 가치관의 변화를 진화론에 입각해 조망한다. 1인당 에너지 획득량이 3만kcal로 증가하는 농경 시대부터는 재산과 권위가 중시되었고, 1인당 에너지 획득량이 23만kcal로 증가하는 산업시대에는 정치적·경제적 및 성적 평등이 중요한 가치가 되었다. 그는 "1인당 1일 에너지 획득량이 계속 급증해서 100만kcal에 육박하게 되면 지금의 우리와 100년 뒤 포스트휴먼의 차이는 네안데르탈인과 우리의 차이보다 크게 벌어질 수 있다"[42]며, "22세기 포스트휴먼 슈퍼 유기체의 생각과 가치관은 우리와는 전적으로 이질적인 것일 수밖에 없다"[43]고 단언한다. 이처럼 그는 '1인당 1일 에너지 획득량' 지수를 사용해 한 시대의 생산력이 임계점에 이를 때 가치관과 윤리의식, 사회체제와 국가의 유지 방식까지 바꾼다며, 에너지 획득 방식이 진화하면 그에 따라 높은 수준의 풍요를 제공하는 사회체제가 뒤따른다고 주장한다.

이렇게 볼 때 수렵채취 시대는 생산성도 낮고 인구밀도도 낮았기 때문에—소규모의 집단학습이 일어날 수 있는 공동체를 형성하긴 했지만—인류 역사의 발전단계에서 볼 때 아직은 모순의 요소, 발전의 요소가 발현되지 않은 '정(thesis)' 단계, 즉 고립된 '나의 세계'이다. 생산성도 높아지고 인구밀도도 높아지는 농경 시대에서 산업시대까지는 모순의 요소, 발전의 요소가 점차 발현되어 공동체의 수와 규모가 확대되고 '간주관성(intersubjectivity)'이 활성화되면서 주관과 객관이 대립을 이루는 '반(antithesis)' 단계, 즉 상호 의존성이 증대된 '우리'와 '그들'의 세계이다. 그리고 초연결·초융합·초지능의 포스트모던 시대는 시스템적 세계관으로의 패러다임 전환을 통해 모순의 요소, 발전의 요소가 점차 통합되고, 세계시민사회의 형성으로 지구촌이 동시간대에 연동되며, 시공간의 개념이 우주적 차원으로 확장되고, '간주관성'이 최고도로 발휘된 '합(synthesis)' 단계, 즉 주관성과 객관성이 일체가 된 '우리 모두'의 세계이다. 여기서 '간주관성'은 관계적 존재성을 함축한 개념이다. 진화란 관계성에 대한 인식을 통해 대긍정의 세계를 지향하는 끝없는 여정이다. 현재 우리는 후기산업시대에서 포스트모던 시대로의 초입 단계에 있다. 필자가 제5장 1절에서 인류 진화의 기본 틀을 설정함에 있어 현세 이전 플라이스토세(258만 8,000년 전~11,000년 전)까지를 고립된 '나'의 세계로, '메타 경계'가 출현하고 농경과 '문명'이 발생하는 현세를 '우리'와 '그들'의 세계로, 그리고 포스트모던 시대를 '우리 모두'의 세계로 설정한 것은 그만한 근거가 있는 것이다.

다시 수렵채집 시대로 돌아가 보기로 하자. 수렵재집인들의 생활방식은 현대의 수렵채집인과 마찬가지로 가까운 친족 중심의 소집단을 이루고 영역 확장을 위해 먼 거리를 이동하며 살았다. 이들 집단의 대다수는 유목민이었으며 끊임없이 이동하는 삶을 살아야 했기 때문에 물품을 축적하지 않았을 것이며, 인구 성장 역시 제한했을 것이다. 또한 이들은 이웃 집단들과 유대관계를 형성하고 함께 제식을 봉헌하며 집단의 대소사를 의론하고 분쟁을 해결하며 춤추고 노래했다. 친족의 유대는 점차 지역적인 네트워크를 형성하고 이웃 집단과의 교류를 원활하게 하는 통로가 되었다. 수렵채집인들에게 가족은 일종의 '사회'였다. 교환관계는 '상호성'에 기초해 있으며 현대 가족과 유사했을 것으로 보인다. 교환행위는 교환된 물품의 질보다 더 중요했으며 기존의 유대관계를 더욱 굳건히 하는 일반적인 방식이었다. 권력관계 역시 가족, 혹은 확장된 가족의 권력관계였으며, 처벌과 규율 역시 가족이 부과할 수 있는 것이었다. 여성과 남성은 각기 다른 임무를 부여받았겠지만 역할의 차이가 반드시 서열관계로 이어진 것은 아니었다. 여성은 대부분이 육아의 책임을 맡고 먹을 것을 채집하였으며, 남성은 주로 사냥을 담당했다. 온대지방과 열대지방에서 사냥은 식량의 원천으로서의 지위를 점차 잃었으며 수렵보다는 채집이 더 중요했다. 수렵채집 시대 전반에 걸쳐 인간관계는 서열관계라기보다는 개인적인 친밀감에 기초한 관계였기 때문에 현대 세계의 고도화된 제도적 장치는 필요하지 않았다. 여러 종류의 매장품과 예술품은 수렵채집인의 영적 세계를 암시한다. 이들에게 영적 세계와 자연 세계는 크게 확장된 가족의 일부분이었다.[44] 이들은 동식물 혹은 자연물을 친족으로 생각하는 토템신앙을 가지고 있었으며 만물에 정령이 깃들여 있다고 믿었다.

과학자들은 수렵채집인의 생활을 흔히 '고달프고 야만스럽고 짧은 삶'이라는 토머스 홉스의 글귀를 인용하여 설명한다. 수렵채집인들은 날마다 먹거리를 마련해야 하는 일에 쫓기고, 걸핏하면 굶어죽을 위기에 처하고, 편안한 잠자리나 옷가지와 같은 기본적인 물질적 혜택조차 받지 못하고, 또 짧은 삶을 살았다고 생각되기 때문이다. 『총, 균, 쇠 *Guns, Germs, and Steel*』(1997)의 저자인 캘리포니아주립대(UCLA) 생리학 교수 재레드 다이아몬드(Jared Diamond)는 "오늘날 식량 생산이 곧 육체노동 감소, 안락 증대, 굶주림으로부터의 자유, 평균수명 증가 등을 의미한다고 생각하는 것은 사실상 자기는 직접 먹거리를 기르지 않으면서도 풍요롭게 살고 있는 제1세계의 사람들뿐"이라며, "전 세계에서 실제 식량 생산자의 대다수를 차지하고 있는 대부분의 농경민이나 목축민들은 수렵채집인들보다 잘산다고 말하기 어렵다"[45]고 주장한다. 시간의 효율성에 대한 연구를 보더라도 농경민이나 목축민들의 노동시간이 수렵채집인들보다 오히려 길다는 것이다. 고고학적 연구 결과에 따르면 "많은 지역에서 최초의 농경민들이 수렵채집인을 교체했지만 그들은 수렵채집인보다 체격도 작고 영양상태도 좋지 않았으며, 심각한 질병을 더 많이 앓았고 평균적으로 더 젊은 나이에 죽었다."[46] 수렵채집인들은 이동성을 용이하게 하기 위해 물품을 축적하지는 않았지만, 필요한 것이 도처에 있었기 때문에 어떤 의미에서는 풍요로웠다고 볼 수도 있다.

수렵채집인들의 공동체는 그 구성원이 소수인데다가 끊임없이 이동하며 살았기 때문에 전염성 질병이 뿌리내릴 만한 오물이나 폐기물이 쌓이지 않았다. 이들의 삶은 여유로웠지만 기대 수명은 낮았을 것으로 보인다. 높은 유아사망률과 상해(傷害), 폭력, 사고 등으로 사망할 가능성은 현대 사회에서보다 더 높았을 것이다. 수렵채집인은 그들의 기술적 창조력에 힘입어 땅을 이용하고 거기에 정착할 수 있었다. 이러한 창조력은 우리 인류와 유인원을 구분하는 가장 결정적인 차이 가운데 하나였다. 수렵채집 시대의 역사는 기록되지는 않았지만, 새로운 환경으로 수많은 이주가 일어난 역사였다.[47] 새로운 환경으로의 이주는 인구 증가와 기술혁신의 증거이기도 하다. 인류가 더 많은 지역으로 퍼져나감에 따라 인구도 늘어났다. 데이비드 크리스천을 비롯한 여러 연구자들은 현생 인류가 아프리카에서 출현해 세계 각지로 퍼져 나갔다는 이른바 '아프리카 기원설'에 기초해 수렵채집인의 이주에 대한 논의를 전개하고 있다. 그러나 제5장 1절에서 살펴보았듯이, 현생 인류의 진화에 대한 가설로는 '아프리카 기원설' 외에도 '다지역 기원설'이 있으며, '다지역 기원설'에도 여러 버전이 존재한다. 현재의 전 세계 과학자들 사이에서는 '아프리카 기원설'에 대한 불신이 싹트고 있기 때문에 '아프리카 기원설'에 입각해 논의를 전개하지는 않기로 한다. 그렇다 하더라도 인구 증가와 기술혁신, 그리고 수렵과 채집이라는 생활방식의 특성상 수많은 이주가 이루어졌던 것은 사실이다.

재레드 다이아몬드의 연구 조사에 따르면, 오스트레일리아 뉴기니에 인간이 살게 된 것은 약 5만 년 전 '대약진(大躍進)'의 시기였다. 곧이어 인류의 범위는 유라시아의 극한지방까지 확장되었다. 네안데르탈인들과는 달리 해부학적 현생 인류는 바늘, 꿰매어 만든 털옷, 따뜻한 집 등을 비롯해 극한 기후에서 생존하는 데 필수적인 기술을 가지고 있었기 때문에 약 2만 년 전에 시베리아로 퍼져나갔다. 유라시아의 털매머드와 털코뿔소가 멸종한 것은 그러한 인류의 팽창 때문이었던 것으로 보인다. 유라시아와 아프리카에 이어 인간이 마지막으로 살게 된 곳은 남아메리카와 북아메리카였다. 최초의 아메리카인들은 기원전 12000년경 먹거리를 찾아 육로로 연결된 베링해협을 건너 시베리아에서 아메리카 대륙으로 건너간 것으로 일반적으로 알려져 있다. 남북아메리카에 인간이 살았음을 확실하게 증명하는 최고(最古) 유적은 기원전 12000년경으로 추정되는 알래스카 유적들이다. 그리고 캐나다 국경 이남의 미국과 멕시코 지역에서 기원전 11000년 직전 몇 세기 동안의 것으로 추정되는 많은 유적이 남아 있다. 통칭 클로비스(Clovis) 유적이라고 불리는 이 유적들은 현재 수백 개에 이르며 미국 본토의 48개주와 멕시코에 이르기까지 두루 분포되어 있다. 인간이 살았다는 확실한 증거는 아마존강 유역과 파타고니아에서도 나타난다. 이처럼 클로비스 유적들은 남북아메리카 두 대륙에 사람들이 두루 퍼져 살았음을 입증해준다.[48] 수렵채집인들의 이주는 새로운 기술, 새로운 지식, 새로운 생활방식을 필요로 하는 것이었다는 점에서 이주는 기술혁신이 일어났다는 증거이기도 하다.

오스트레일리아 뉴기니가 그랬듯이 남북아메리카에도 처음에는 대형 포유류가 엄청나게 많았다. 그러나 오스트레일리아 뉴기니에서처럼 남북아메리카에서도 대형 포유류는 대부분 멸종했다. 아메리카에서 포유류의 멸종 시기는 기원전 11000년경으로, 그 연대가 클로비스 수렵민이 도착한 시기와 일치하고 또 클로비스 창촉이 박힌 매머드의 유골이 많이 발견된다는 점에서 다이아몬드는 포유류의 멸종이 클로비스 수렵민들의 소행이라고 생각한다. 기원전 11000년경 최종 빙하기가 끝날 때 기후변화 때문에 멸종했다는 반론에 대해, 그는 '남북아메리카의 대형동물들이 이미 22회에 걸친 빙하기를 겪으면서도 살아남았는데, 인간이 정말 무해했다면 왜 하필 스물세 번째 와서 대부분이 한꺼번에 멸종하게 되었는가?'라고 묻는다. 또 하나의 문제는 과연 클로비스 수렵민들이 최초의 아메리카인이었는가* 하는 점이다. 이 문제에 대해서도 아직 의견이 엇갈리고 있지만, 두 가지 중 하나다. 남북아메리카에는 기원전 11000년경부터 처음으로 클로비스 수렵민들이

---

* 맹성렬, 『아담의 문명을 찾아서』(파주: 김영사, 2015)에서는 최근의 연구 결과 기원전 2만여 년 전 항해를 통해 아메리카 대륙에 도달한 사람들(순다랜드인들)이 있었다는 사실을 밝히고 있다.

살기 시작해 곧 대륙 전역에 퍼졌거나, 그보다 일찍 최초의 이주가 시작되었지만 클로비스 시대 이전의 이주민들은 기원전 11000년경에 이르기까지 그 수가 매우 적었거나 별다른 영향을 미치지 못했다. 어느 쪽이든 간에 클로비스 시대가 이후 아메리카의 선사시대 역사에 미친 영향을 이해하는 데는 아무런 문제가 없으며, 또한 다섯 대륙(아시아. 유럽, 아프리카, 북아메리카, 남아메리카) 가운데 남북아메리카가 선사시대의 인류 역사가 가장 짧았다는 사실에도 변함은 없다.[49] 수렵채집인들은 더 많은 곳에, 더욱 넓은 지역에 정착했지만 여전히 작은 유목민 공동체였다.

수렵채집인들이 환경에 미친 영향은 처음에는 미약했지만 점차 강력해졌다. 대형 포유류의 멸종과 '방화 농업(fire-stick farming)'의 확산은—여전히 논란의 여지가 있긴 하지만—그 영향이 강력해졌음을 보여주는 예다. 약 5만 년 전부터 기술 변화 속도가 빨라지기 시작하면서 새로운 기술과 기법도 급격히 늘어났다. 석기는 더욱 정교해지고 다양해졌으며, 동식물에서 얻은 새로운 재료를 활용하기 시작했고, 점차 새롭고 더 세련된 도구들이 나타났다. 동굴벽화와 나무, 뼈로 만든 조각품들이 여러 지역에서 나타나기 시작했고, 동물의 이빨이나 조개껍질로 만든 정교한 장식품들도 나타났다. 수렵채집 시대 기술의 대다수는 개별 공동체의 크기를 늘리지 않으면서 넓은 지역을 점유할 수 있도록 해 주기 때문에 더 규모가 크고 정착의 성격이 짙은 공동체를 만들 수 있었다. 이러한 변화를 가장 잘 보여주는 곳이 아프리카와 유라시아를 연결하는 지대, 즉 메소포타미아와 나일강 유역 사이의 회랑지대이다. 이러한 변화는 특히 2만 년 전~1만 5,000년 전의 기간에 흔히 나타났다. 풍요로운 환경에서 살았던 수렵채집인은 점차 유목민의 성격이 약해지고 기본 주거지에서 더 많은 시간을 보내는 경향이 있었으며, 또한 특정 지역에서 더 많은 자원을 얻게 해주는 기법이 발명되면서 점차 정착하는 경향이 나타났다.[50] 사실 수렵채집 시대는 변화의 속도가 매우 느렸기 때문에 이 시대를 살았던 사람들은 기술 변화를 거의 인식하지 못했다. 하지만 변화의 속도는 점차 빨라져 5만 년 전에는 수렵채집인이 사용한 기술과 기법이 더욱 다양해지고 정교해지면서 주변 환경을 더욱 집약적으로 이용할 수 있게 되었으니, 이는 결국 농경 시대의 도래로 이어지게 된다.

그러면 다음으로 생태적 법칙인 '세렝게티 법칙'에 대해 살펴보기로 하자. 션 캐럴은 그의 저서 『세렝게티 법칙 *The Serengeti Rules*』(2016)에서 "우리의 체내에 수많은 다른 종류의 분자와 세포를 조절하는 미시적 법칙이 있는 것과 마찬가지로, 주어진 환경에 서식하는 수많은 종류의 동식물을 조절하는 생태적 법칙이 있다"[51]며, 이를 '세렝게티 법칙(Serengeti Rules)'이라고 부른다. 세렝게티는 전설적인 야생동물 천국인 탄자니아의 세렝게티 국립공원에서 따온 이름이다. 세렝게티는 장기간 연구가 이루어져 관련 자료가 풍부하고, 또 이 법칙에 의해 아프리카 사바나에서 얼마나 많은 사자와 코끼리가 살 수 있는지 결정되기 때문에 '세렝게티 법칙'이라고 부르는 것이다. 이 법칙은 세렝게티 국립공원의 경계를 넘어 훨씬 더 광범위하게 적용되고 있으며, 육지에서뿐만 아니라 해양이나 호수에서도 이 법칙이 동일하게 적용된다는 것이 밝혀졌다. 세렝게티 법칙은 생명체 사이의 연관성을 설명해 주고, 동식물과 나무, 깨끗한 공기와 물을 생산하는 자연의 능력을 결정한다는 점에서 놀랍고도 심오한 법칙이다. 인체 내의 어떤 구성 요소가 너무 적거나 많으면 건강에 문제가 생기듯이, 생태계 내의 특정 개체군이 너무 적거나 많으면 생태계 전체가 병들 수밖에 없다는 것을 세렝게티 법칙을 통해 알 수 있다. 지구의 생산 능력 대비 인류의 생태적 수요 경향을 보면, 현재는 지구가 재생할 수 있는 한계를 50퍼센트 가량 초과했다.[52]

물리학에 통일장이론이 있다면, 생물학에는 세렝게티 법칙이 있다. 분자

세계의 미시적 법칙과 생태계의 거시적 법칙은 세부 사항은 다를 수 있어도 하나의 보편적 법칙이 관통하고 있다는 점에서 매우 비슷하다. 대장균에서 코끼리까지 모든 것은 조절된다는 것이다. '체내에 있는 모든 종류의 분자는 특정한 범위 안에서 유지되고, 체내의 각기 다른 세포들은 일정한 개수에 맞추어 생산되고 유지되며, 체내에서의 모든 과정은 특정한 하나의 물질 또는 여러 물질의 조합에 의해 제어된다.'[53] 질병이란 대부분 체내에서의 조절 과정이 비정상적으로 이루어져 나타나는 결과이다. 션 캐럴은 생명 현상이란 것이 그 구성 요소가 너무 많고 그들 간의 상호작용 또한 너무 복잡하기 때문에 그러한 현상을 깊이 이해한다는 것은 매우 어려운 일이라고 보고 있다. 하지만 이렇게 복잡해 보이는 현상을 보다 단순한 생명의 논리로 압축하는 것이 바로 보편적 법칙이 가진 힘이라는 것이다. 이러한 논리로 어떻게 세포나 몸이 어떤 물질을 많이 또는 적게 만들어내는지 설명할 수 있으며, 마찬가지 논리로 사바나의 코끼리 개체군이 늘어나고 줄어드는 현상도 설명할 수 있다는 것이다. 이 논리를 이해하면, 어떻게 생명이 상이한 수준, 즉 분자에서 인간으로, 코끼리에서 생태계로 작용하는가에 대한 이해력을 크게 증진시킬 수 있다.[54]

HSS 트리오—넬슨 헤어스턴 시니어(Nelson Hairston Sr.), 프레드릭 스미스(Frederick Smith), 로렌스 슬로보드킨(Lawrence Slobodkin)—의 녹색 세계 가설(green world hypothesis 또는 HSS 가설)에 따르면, 유기체는 다음의 네 영양 단계(trophic level) 중 하나에 속한다. 먹이사슬의 맨 밑바닥에는 유기물의 잔해를 분해하는 분해자(decomposers: 곰팡이와 벌레)가 있으며, 그 위에는 생산자(producers: 식물과 해조류), 즉 햇빛과 비, 토양의 양분에 의존하는 식물이 있고, 그 위에는 식물을 먹는 소비자인 초식동물(herbivores)이 있으며, 그리고 그 위에는 초식동물을 먹는 포식자 육식동물(carnivores)이 있다. 생태학계에서는 일반적으로 각 영양 단계가 다음 상위 단계를 제한한다는 것에 동의한다. 즉 식물이 증가하면 식물을 먹고사는 초식동물이 증가하고, 초식동물이 증가하면 초식동물을 먹고사는 육식동물이 증가하는 식으로, 개체군은 영양 단계의 밑바닥에서부터 위로 올라가며 양성적으로 조절된다는 것이다. 그러나 HSS에 따르면 초식동물의 개체군을 제한하는 것은 하위 영양 단계의 먹이 공급이 아니라 포식자이다. 포식자가 먹이사슬의 위에서 아래로 내려가며 초식동물 개체군을 음성적으로 조절한다는 것이다. 이 땅이 초록색인 것은 초식동물이 이용 가능한 식생을 모조리 소비하지는 않았기 때문이라는 것이다. 포식자와 피식자의 관계에 대한 생태학자들의 연구를 보면, 대개는 피식자의 수가 포식자의 수를 조절하는 것으로 여겨졌다. 따라서 포식자가 피식자의 수를 조절한다는 HSS의 생각은 급진적인 것이었다.[55]

그러면 선 캐럴이 제시하는 세렝게티 법칙 여섯 가지를 살펴보기로 하자. 캐럴은 개체군 조절에 관한 두 가지 법칙을 세렝게티 법칙 1, 2[56]로 나타내고 있다. 캐럴은 모든 포식자가 핵심종은 아니며, 모든 핵심종이 다 포식자는 아니라는 사실을 강조하면서, 모든 생태계가 반드시 핵심종을 갖는 것은 아니라고 하고 있다.

세렝게티 법칙 1

핵심종: 모든 종이 동등한 것은 아니다
Keystones: Not all species are equal

어떤 종은 개체 수나 생물 총량이 불균형한 군집의 안정과 다양성에 영향을 미친다. 핵심종의 중요성은 먹이사슬에서의 위치가 아니라 그들이 미치는 영향력의 크기다.
Some species exert effects on the stability and diversity of their communities that are disproportionate to their numbers or biomass. The importance of keystone species is the magnitude of their influence, not their rung in the food chain.

또한 캐럴은 영양 단계 사이에 다수의 강한 조절적 상호작용이 일어나는 곳이면 어디든 영양 종속이 존재한다며, 이는 포식자 대 포식자, 포식자 대 초식동물, 초식동물 대 생산자 간에 일어날 수 있지만, 군집에 속한 대부분의 종은 강한 상호작용을 나타내지 않는다는 점을 강조한다. 생태학자들은 세렝게티 법칙 1, 2에 나타난 핵심종과 영양 종속에 초점을 맞춤으로써 생태계의 구조와 조절을 이해할 수 있었다.[57]

세렝게티 법칙 2

어떤 종은 영양 종속을 통해 강한 간접적 영향을 매개한다
Some species mediate strong indirect effects through trophic cascades

먹이그물의 어떤 구성원은 불균형하게 강한 하향 효과를 나타내는데, 이 효과는 군집 전체로 퍼지며 보다 낮은 영양 단계에 있는 종에 간접적으로 영향을 미친다.
Some members of food webs have disproportionately strong (top-down) effects that ripple through communities and indirectly affect species at lower trophic levels.

세렝게티 법칙 3은 경쟁이 개체군의 수와 다양성을 조절하는 또 다른 주요한 수단임을 보여준다. 전염병이 없는 일반적인 상황에서 '먹느냐 먹히느냐'는 동물 세계의 실상을 단적으로 나타낸 표현이다. 이 진리는 특정 동물 개체군을 조절하는 두 가지 기본 방식이다. 첫째는 먹을 것이 있는가 하는 먹이의 이용가능성(영양 단계의 상향적 관점)에 의해, 둘째는 포식자들에 의해 먹히는 것(영양 단계의 하향적 관점)에 의해, 또는 이 둘의 적절한 조합에 의해 조절된다. 한 가지 분명한 사실은 성체의 몸 크기와 포식의 가능성 사이에 현저한 상관관계가 있다는 것이다. 몸집에 따른 포식률을 보면, 오리비나 임팔라, 토피 같은 작은 영양류는 주로 포식에 의해 죽거나 개체 수가 조절되는 반면, 기린이나 하마, 코끼리 같은 대형 포유류는 포식을 거의 경험하지 않

으며 그들의 개체 수는 먹이 공급에 의해 조절된다.[58]

세렝게티 법칙 3

경쟁: 어떤 종들은 공유 자원을 두고 경쟁한다
Competition: Some species compete for common resources

공간, 먹이, 서식처를 두고 경쟁하는 종은 다른 종의 풍부도를 조절할 수 있다.
Species that compete for space, food, or habitat can regulate the abundance of other species.

세렝게티 법칙 4는 동물의 몸 크기가 개체군의 조절 방식에 영향을 미친다고 보는 법칙이다. 만일 몸집이 너무 커서 포식자에게 먹히지 않을 수 있다는 것이 커다란 이점이라면, 포식자가 풍부한 서식지에서는 모든 종이 그런 방향으로 진화해 왔을 것이라 생각할 수 있지만 실상은 그렇지 않다. 세렝게티의 경우에도 코끼리나 물소 같은 대형 초식동물이 대다수를 차지하는 것이 아니라 그들의 수도 개체군의 밀도에 따라 조절된다.[59]

세렝게티 법칙 4

몸 크기가 조절의 방식에 영향을 미친다
Body size affects the mode of regulation

동물의 몸집은 먹이그물에서 개체군 조절 메커니즘의 중요한 결정요인이다. 작은 동물들은 포식자에 의해 조절되고(하향적 조절), 큰 동물들은 먹이 공급에 의해 조절된다(상향적 조절).
Animal body size is an important determinant of the mechanism of population regulation in food webs, with smaller animals regulated by predators (top-down regulation) and larger animals by food supply (bottom-up regulation).

세렝게티 법칙 5는 '어떤 종은 밀도 의존적 요인에 의해 조절된다'는 법칙이다. 이른바 '밀도 의존성 조절(density-dependent regulation)'로 알려진 현상이 이것이다. 밀도 의존 요인을 통한 피드백 조절은 동물의 수를 조절하는 광

범한 메커니즘이다. 동물의 개체 수를 조절하는 두 가지 방식, 즉 포식과 먹이 공급 가운데 포식의 경우 포식자로부터의 위험을 피하기 위한 한 가지 방법으로 몸집을 크게 진화시킨 경우를 들 수 있다.[60] 그렇다면 먹이 공급의 제한을 어느 정도 극복하고 '먹히지 않으면서 더 먹을 수 있는 방법(how to eat more without getting eaten)'은 없을까?

세렝게티 법칙 5

밀도: 어떤 종은 밀도에 따라 조절된다
Density: The regulation of some species depends on their density

어떤 동물 개체군은 개체군 크기를 안정화하려는 밀도 의존적 요인에 의해 조절된다
Some animal populations are regulated by density-dependent factors that tend to stabilize population size.

세렝게티 법칙 6은 이주(migration)가 동물의 개체 수를 증가시킨다고 보는 법칙이다. 말하자면 이주는 '먹히지 않으면서 더 먹을 수 있는 방법'이라는 것이다. 세렝게티에는 아프리카물소 같은 정주성 동물보다 검은꼬리누, 얼룩말과 톰슨 가젤 같은 이주성 동물 집단이 훨씬 더 많이 살고 있다. 정주성 종보다도 이주성 종의 개체 수가 훨씬 더 많은 현상은 아프리카의 다른 지역에서도 마찬가지로 나타난다. 이는 포식자를 피하고 풍부한 먹이에 접근할 수 있는 이점이 있기 때문에 훨씬 더 큰 밀도를 달성할 수 있게 된 것이다. 그렇다면 이주는 '밀도 의존성 조절'에 의해 주어진 한계를 뛰어넘는 또 다른 생태적 법칙이다.[61]

세렝게티 법칙은 전 세계 생태계에 적용할 수 있는 보편적 법칙이다. 이 법칙을 분자 수준에서의 생명의 논리 및 조절의 일반적 법칙과 비교하면 그 유사성이 현저하게 드러난다. 포식이나 영양 종속 등 조절의 구체적 방식은 분자 수준과 다르지만, 양성·음성 조절(positive and negative regulation), 이중부정의 논리(double-negative logic), 그리고 피드백 조절은 동일하게 개체 수를 제어한다. 양성 조절은 상위 영양 단계가 먹이 공급에 의해 조절되는 상향적 조절이며, 음성 조절은 포식자에 의해 일어나는 하향적 조절과 경쟁이다. 이중부정의 논리는 영양 종속으로 이는 A가 B를 조절함으로써 C에 강한 간접적 영향을 미치는 것이다. 피드백 조절은 '밀도 의존성 조절'로서 개체군의 성장률은 개체군이 증가함에 따라 감소한다.[62] 이러한 생태계의 법칙은 우리 삶 속에 자리 잡고 있는 법칙이며 생명체의 진화와 긴밀히 연계되어 작동한다. 질병을 치료하기 위해서는 미시적인 분자 수준에서의 조절 법칙을 이해해야 하듯이, 생태계를 진단하고 나아가 치료하기 위해서는 거시적인 생태계의 조절 법칙을 이해할 필요가 있다.

뇌의 진화와 지능의 탄생

영국의 동물학자 앨러나 콜렌(Alanna Collen)은 그의 저서 『10퍼센트 인간

10% Human』(2015)에서 인간의 몸은 살과 피, 근육과 뼈, 뇌와 피부 등 10퍼센트의 인체 세포와 박테리아, 곰팡이, 바이러스 등 90퍼센트의 미생물로 이루어져 있다고 말한다. "우리는 겨우 10퍼센트 인간일 뿐"이라는 것이다. 인간은 단순히 하나의 개체가 아니라 수많은 생명이 어우러진 하나의 집합체인 것이다. 그는 이렇게 말한다. "우리 몸에는 우리가 내 몸뚱이라고 부르는 인체의 세포 하나당 아홉 개의 사기꾼 세포가 무임승차를 한다.…엄밀히 말하면 내 몸은 내 몸이 아니다. 해저에서 수많은 해양 생물의 서식처 역할을 하는 산호초처럼, 우리의 장(腸)은 100조가 넘는 박테리아와 곰팡이의 보금자리다. 약 4,000종의 미생물들이 1.5미터짜리 대장 안에서 장벽의 주름을 편안한 더블베드로 삼아 삶의 터전을 일구어놓았다. 아마 우리는 평생 아프리카코끼리 다섯 마리의 몸무게에 해당하는 미생물의 숙주 노릇을 하게 될 것이다."[63] 그렇다면 무엇이 이 10퍼센트 인간을 '인간'으로 만드는가?

인간은 '재료'면에서는 다른 생명체와 별 차이가 없다. 신체가 수많은 세포로 구성되어 있는 점, DNA라는 유전 물질에 의해 대부분의 신체 형질이 유전되는 점, 그리고 근육이나 신경을 구성하는 세포들의 구조와 기능 등은 인간이 대부분의 생명체와 공유하는 점들이다. 그럼에도 인간은 손도끼와 바퀴, 무기와 농기구를 만들어 자연 세계를 개척했고 문명 세계를 건설했으며 우주산업에 박차를 가하고 있다. 인간이 이런 능력을 갖게 된 것은 바로 '지능(intelligence)'에 의해서이다. 지능을 통해 과학적 지식과 기술을 발전시켜 왔으며, 다른 동물과는 다른 인간만의 고유한 생존방식을 갖추게 되었다. 모든 생명체가 당면하는 생존과 번식의 문제를 해결하기 위해서는 어떤 형태로든 지능이 요구되기 때문에 지능의 역사는 생명체 자체의 역사와 같은 맥락에서 이해될 수 있다. 지능은 뇌가 '그 주체인 생명과 맺는 관계에서 나타난 다채로운 사고 작용'이다. 뇌가 행하는 모든 사고 작용은 그 주체, 즉 인간의 생존과 번영을 위한 것이며, 뇌는 그러한 목적을 효율적으로 달성할 수 있도록 최적화된 것이다. 따라서 뇌의 기능은 그 주체인 생명과 불가분의 관계에 있다.[64]

인간의 뇌는 어린 시절에 집중적으로 발달한다. 인간의 뇌는 태어나면서 약 1,000억 개의 뉴런(neuron 신경세포)을 할당받는다. 하지만 이것들은 기본 건축자재일 뿐이며 제대로 된 건축물을 지으려면 시냅스(synapse 신경세포 連接)라고 부르는 뉴런의 연결고리들을 세심하게 이어줄 필요가 있다. 새로운 자극으로 가득 찬 유아(乳兒)의 뇌에서는 매초 약 200만 개의 새로운 시냅스가 형성되는데 이들은 학습과 발달의 새로운 잠재력을 제공한다. 건강한 뇌는 기억과 망각이 완전히 균형을 이루어야 하므로 유년기에 형성되는 시냅스 대부분은 버려진다.[65] 인간 두뇌는 뉴런으로 조직되어 있고, 사고 활동은 시냅스의 작용으로 이루어진다. 지식을 두뇌의 뉴런이라고 한다면, 지성은 시냅스의 연결이다. 인간은 진화할수록 뉴런과 뉴런을 연결하는 시냅스가 확장되어 사고 능력이 증폭되고 지성이 높아지므로 포괄적 이해능력이 향상되어 공동체적 삶의 중요성을 인식하게 된다. 션 캐럴은 인간의 진화 내용이 뇌의 '미시구조'에 담겨 있을 가능성이 높다고 본다. 여기에는 '피질 영역들(cortical regions) 간의 상호연결, 국지적 배선 회로(local wiring circuits)의 설계구조, 피질 내 뉴런의 배치' 등이 포함된다. 캐럴은 인간 조상 뇌의 전문 영역들이 발생할 때 뉴런들의 수, 배치, 연결이 진화적으로 조정된 것에서 인간 능력의 기원을 찾고 있다.[66] 말하자면 뉴런들의 수, 배치, 연결이 진화적으로 조정됨으로 해서 인간이 동물과는 구별되는 지적 능력을 지니게 됐다는 것이다.

사람족 종들의 뇌와 신체 크기의 진화에 대한 연구를 보면, 일반적으로 최근의 종일수록 몸과 뇌의 크기가 증가하는 경향을 보이고 있다. 사람족 진화 계통수의 가지가 분화되어 온 것과는 별도로, 변화는 장구한 시간과 많은 종들에 걸쳐 전면적으로 일어났다. 우리 종의 역사는 사람족 진화의 전체 역사에 비하면 매우 작은 부분(약 3퍼센트)에 지나지 않으며, 관심을 가질 만한 대부분의 물리적 진화는 호모 사피엔스의 등장 이전에 이루어졌다. 이족보행(bipedalism) 및 그와 관련된 여러 특징들은 사람 계통의 초기에 이루어진 진화이지만, 뇌의 크기가 극적으로 커진 것은 지난 2백만 년의 호모속의 역사에서였다. 플라이스토세(홍적세) 시기에 약 1백만 년 간격의 상대적 정체기를 사이에 두고 두 차례 뇌의 절대적 크기가 급격하게 증가한 일이 있었다. 왜 이 기간 중에 우리 뇌가 그렇게 많이 커졌는가에 대해서는 여러 이론이 있지만, 그 중 하나로 기후변화에 대한 적응이라는 이론이 있다. 이 이론은 외력(external forces)이 진화 속도에 영향을 미친다는 관점을 잘 반영하고 있다. 끊임없이 변하는 기후조건에 적응하여 사람의 뇌 크기는 1백만 년 만에 대략 두 배가 되었다.[67] 아래 〈표 5.1〉은 사람족 종들의 뇌와 신체 크기의 진화를 나타낸 것이다.

종(Species)	추정 연대(백만 년 전)	신체 크기(kg)	뇌 크기(cm³)
호모 사피엔스	0~0.2	53	1355
호모 네안데르탈렌시스	0.03~0.3	76	1512
호모 하이델베르겐시스	0.3~0.4	62	1198
호모 에렉투스	0.2~1.9	57	1016
호모 에르가스테르	1.5~1.9	58	854
호모 하빌리스	1.6~2.3	34	552
파란트로푸스 보이세이	1.2~2.2	44	510
오스트랄로피테쿠스 아프리카누스	2.6~3.0	36	457
오스트랄로피테쿠스 아파렌시스	3.0~3.6	자료 없음	자료 없음
오스트랄로피테쿠스 아니멘시스	3.5~4.1	자료 없음	자료 없음
아디피테시스 라미두스 카다바	5.2~5.8	자료 없음	자료 없음
사헬란트로푸스 차덴시스	6~7	자료 없음	320~380

〈표 5.1〉 사람족 종들의 뇌와 신체 크기의 진화[68]

후대로 오면서 사람족의 뇌 크기가 현저하게 증가하면서 인지 능력도 증가했다. 절대적인 뇌 크기가 반드시 더 커다란 능력의 지표가 되는 것은 아니며, 신체 질량 대비 상대적 뇌 크기의 증가가 보다 합리적인 지표가 될 수 있다. 고래나 코끼리는 우리보다 뇌가 훨씬 크지만 몸무게 대비 비율로 보면 우리의 뇌가 15배 내지 20배 더 크다. 뇌는 성인이 소모하는 에너지의 25퍼센트를 사용한다는 점에서 에너지 소비 면에서 볼 때 매우 비싼 기관이다. 인간의 능력에 관하여 뇌 크기 증가의 어떤 측면들이 가장 의미 있는 것인가 하는 것은 신경해부학자들에게는 도전적인 과제가 되어왔다. 뇌를 이해하는 것과 행동의 생물학적 근거를 이해하는 것, 이 두 가지는 생물학에서 정복해야 할 과제다. 우리 뇌의 제일 위쪽에 있는 대뇌피질은 뇌의 대부분을 덮고 있는 신경 조직층으로, 이 층 한쪽에 있는 여섯 겹으로 이루어진 신피질은 포유류들만 갖고 있는 구조이다. 사람의 뇌 피질은 몇 개의 엽(lobes)으로 나뉜다. "전두엽(frontal lobe)은 사고, 계획, 감정에 관계하며, 두정엽(parietal lobe)은 고통, 촉감, 미각, 온도, 압력 감지와 수학 및 논리에 관계한다. 측두엽(temporal lobe)은 주로 청각에 관계하지만 기억이나 감정처리에도 관계한다. 후두엽(occipital lobe)은 시각 정보처리에 관계하며, 변연엽(limbic lobe)은 감정이나 성적 행동, 기억처리에 관계한다."[69]

초기 영장류의 뇌 진화는 포유류의 기반 위에서 더 정교하게 이뤄진 것이며, 유인원과 인간의 뇌 진화는 그렇게 진보한 영장류의 토대 위에서 이뤄진 것이다. 포유류의 신피질 발명은 초기의 진화과정에서 가장 중요한 것으로 꼽힌다. 진화적 측면에서 볼 때 신피질은 뇌의 처리 능력을 배가시키고 뇌의 기능적 분화 및 전문화로의 길을 열어 주었다. 션 캐럴에 의하면 포유류의 뇌 크기가 다른 것은 뇌의 모든 부분들이 일정한 비율로 확대되거나 감소했기 때문이 아니다. 오히려 그는 뇌가 '모자이크(mosaic)' 패턴으로 진화했다고 본다. 영장류에 보편적인 현상은 신피질이 확장되어 있다는 것이다. 몸무게가 비슷한 다른 포유류와 비교해 볼 때 영장류의 신피질은 평균 2.3배 가량 크다. 뇌 영역들의 크기에 상대적 변이가 생기는 것은 전문화 과정에서의 일반적인 특징이다. 또한 영장류는 후각보다는 시각에 훨씬 의존하는 방향으로 변이했으며, 이에 부응하여 피질 영역들의 크기도 상대적 변이를 겪었다. 영역 간 비율의 변이 외에도 새로운 중심들이 진화한 것으로는 영장류의 뇌에 새롭게 등장한 운동 조절 영역을 들 수 있다. 이 영역은 시각적 관찰을 통한 학습에 핵심적인 역할을 한다.[70]

인간의 진화에서 말과 언어가 엄청나게 중요한 역할을 했다는 것은 주지의 사실이다. 인간 뇌의 브로카 영역은 말과 언어에 전문화된 영역이다. '브로카'란 용어는 프랑스의 외과 의사이자 해부학자인 폴 브로카(Paul Pierre Broca)가 뇌졸중을 겪은 환자—'탠(tan)'이라는 단어밖에 말하지 못하게 된—의 뇌를 점검하던 중 전두엽의 한 부분이 손상된 것을 발견하고 그곳이 언어 영역이라고 결론내리면서 그의 성을 따서 붙여진 이름이다. 대부분의 사람은 말을 주로 통제하는 좌반구의 브로카 영역이 우반구 브로카 영역보다 두드러지는 해부학적 비대칭을 보이는데 이는 좌반구가 말에 전문화된 영역임을 보여준다. 또한 좌반구는 사람들이 오른손잡이가 되도록 오른 손의 움직임을 통제한다. 손동작 역시 의사소통에서 중요한 부분이다. 두 번째로 확인된 언어 영역은 측두엽에 있는 베르니케(Wernicke) 영역이다. 베르니케 영역 내부에 있는 측두평면이라는 지점은 언어 및 동작 의사소통과 음악적 재능에 관계하며 이들 모두 좌반구의 지배를 받는다. 베르니케 영역 역시 좌반구 영역이 두드러지는 해부학적 비대칭을 보인다. 이런 해부학적 비대칭이 대형 유인원들에게서도 발견되는 점으로 미루어 볼 때 전문화된 해부학적 영역들이 인간과 대형 유인원의 공통 조상에서 이미 결정되었음을 알

수 있다.[71]

　그렇다면 뇌는 어떻게 진화할 수 있었을까? 왜 생명체는 뇌와 같이 극도로 복잡한 기관을 마련할 필요가 있었던 것일까? 박테리아나 인간, 또는 그 사이에 있는 다양한 단계의 모든 생명체는 유전자 정보의 지시를 많은 부분 공유한다. 다시 말해 생명체마다 서로 다른 도서관을 갖고 있지만 그 안에 소장하고 있는 책들에는 같은 내용이 많이 있다는 것이다. 이는 다양한 생명체들이 공통 조상에서 진화했다는 또 하나의 증거가 된다. 현대 기술 문명은 생화학 반응의 지극히 사소한 부분만을 재현할 수 있지만, 인간의 육체는 그 모든 화학 반응을 쉽게 수행해 낸다. 생명체는 수십억 년에 걸친 진화를 통해 화학 반응에 대한 실습을 수없이 해 왔기 때문이다. 그런데 유전자 백과사전에 실려 있는 지시가 주위 환경의 급속한 변화로 더 이상 큰 의미를 갖지 못하게 된다면, 많은 장서를 갖춘 도서관이라고 해도 큰 쓸모가 없을 것이다. 바로 그러한 상황에 대비하기 위해 생명체는 뇌라는 특수 기관을 마련하게 된 것이다. 다른 기관과 마찬가지로 뇌도 수백만 년 동안의 진화를 통해 복잡성이 증가하고 더욱 많은 정보를 얻게 되었다. 뇌의 구조로 볼 때 뇌는 내부에서 외부로 진화했으며, 가장 깊숙한 곳에는 가장 오래된 부위인 뇌간(腦幹 brainstem)이 자리하고 있다. 뇌간은 심장박동과 호흡 등 기본이 되는 생물학적 기능을 수행한다.[72]

　미국의 뇌과학자 폴 맥린(Paul MacLean)에 따르면 뇌의 고차원적인 기능들은 세 단계에 걸쳐 진화했다. 즉 R-영역(R-complex), 변연계(limbic system), 대뇌피질(cerebral cortex)의 세 단계이다. 뇌간을 모자처럼 덮고 있는 R-영역은 수억 년 전 우리의 조상이 아직 파충류였던 시기에 진화한 것으로 공격적 행위, 의식(儀式) 행위, 세력권 방어 및 사회적 위계 유지에 관계한다. R-영역을 둘러싸고 있는 변연계는 수천만 년 전 우리의 조상이 아직 영장류가 되기 이

전의 포유류였던 시기에 진화한 것으로 기분과 감정, 걱정 등의 정서적 반응과 행동 그리고 자녀 보호 본능과 관계된다. 뇌의 가장 바깥 부분인 대뇌 피질은 수백만 년 전 우리의 조상이 영장류였던 시기에 진화한 것으로, 물질이 의식으로 변형되는 이 부위는 우리가 꿈꾸는 모든 우주여행의 시발점이다. 두뇌 질량의 3분의 2 이상을 차지하는 대뇌 피질은 직관과 비판적 분석의 영역이며, 아이디어 창출과 영감의 발현, 읽기와 쓰기, 수학적 추론과 작곡이 이루어지게 하고 의식적 삶을 가능케 함으로써 인류를 다른 종과 차별화하며 인간다움을 조장하는 부위이다. 말하자면 문명은 대뇌 피질의 산물이다. 뇌의 언어는 유전자 DNA 언어와는 다르며 우리가 알고 있는 모든 것은 뉴런이라고 불리는 세포 속에 암호로 씌어 있다. 뉴런은 굵기가 수백분의 1밀리미터로 미세한 전기화학적 스위치 회로의 역할을 수행하며 우리 몸속에 약 1,000억 개가 있다. 우리은하에도 그 정도 수의 별들이 존재한다. 많은 뉴런들은 하나가 수천 개의 이웃 뉴런과 연결되어 있으며 인간 대뇌 피질에는 그러한 연결이 1,014개가량 있다.[73]

영국의 생리학자 찰스 셰링턴(Sir Charles Scott Sherrington)은 우리가 잠에서 어렴풋이 깨어나면서 의식이 돌아오는 과정을 마치 우리은하가 우주적 무도(cosmic dance)를 펼치는 형국에 비유했다. 우리가 잠을 자고 있는 동안에도 뇌는 쉬지 않고 꿈과 기억과 추리의 기제를 통해 복잡한 인간사를 처리한다. 생각하는 것 하나에도 수백 개의 전기화학적 충동이 작용하며, 뉴런의 세계에서는 수많은 패턴들이 여기저기서 출현했다 사라진다. 대뇌 피질은 방대한 양의 정보를 저장할 수 있으며, 뇌의 회로망은 인간이 고안한 그 어떤 회로보다 훌륭한 구조이다. 두뇌의 기능은 1,014개의 신경망을 연결한 것에 지나지 않으며 그 이상의 무엇 때문에 의식(意識) 작용이 가능하다는 증거는 찾을 수 없다. 사고의 세계는 크게 두 개의 반구로 나뉜다. 대뇌 피질의 우반구는 패턴 인식, 직관, 감수성, 창의적 통찰을 관장하고, 좌반구는 이성적, 분석적, 비판적 사고를 관장한다. 두 개의 반구 사이에는 무수한 신경다발이 있으며 이를 통해 양측은 쉼 없이 정보를 교환한다. 창의성과 분석은 세상을 이해하는 데 필수적이며 이러한 뇌의 양쪽 반구의 상호 보완성이 인간의 의식 작용을 특징짓는다. 비트로 잰 인간 두뇌의 정보량은 뉴런 연결의 총수로 약 100조 비트(1,014비트)의 정보가 우리 뇌 안에 있다. 그 정보는 대략 2,000만권의 책에 해당하는 것으로 세계에서 가장 큰 도서관의 장서량 수준이다. 두뇌 도서관에서는 대부분의 책이 대뇌 피질에 보관된다.[74]

그러나 인간의 두뇌는 기억 장치 이상의 기능을 수행한다. 두뇌는 비교하고 통합하며 분석하고 추상하는 다양한 기능을 수행한다. 살아남기 위해 우리는 유전자가 제공하는 것 이상의 정보를 알아내야하기 때문에 두뇌 도서관의 규모는 유전자 도서관의 수만 배가 된다. 인간을 하나의 종으로 특징지을 수 있는 것은 감정이 아니라 사고 능력이며, 인간을 인간답게 만든 것은 대뇌 피질이다. 인간의 두뇌도 도시와 비슷하게 작은 중심부에서 시작해서서히 커졌다. 진화가 진행되는 동안에도 두뇌 안쪽의 오래된 부분은 생명현상의 근본을 좌우하는 기능을 수행하기 때문에 그대로 남아서 기존의 기능을 계속 수행해 왔다. 그래서 뇌간을 R-영역이 둘러싸고 그 위를 변연계가 덮고, 가장 바깥에 대뇌 피질이 자리하게 된 것이다. 생존에 필요한 모든 정보를 유전자에 저장할 수 없을 정도로 그 양이 증가하자 진화를 통해 서서히 두뇌가 만들어지기 시작했다. 약 1만 년 전쯤부터는 우리가 살아가는 데 필요한 정보의 양이 두뇌에 저장할 수 없을 정도로 늘어나자 우리 몸의 바깥에 거대한 양의 정보를 저장하게 되었다. 이처럼 진화를 통해 생존에 필요한 정보를 유전자나 뇌가 아니라 '기억의 창고'라 불리는 도서관과 같은 공용의 저장소를 만들어 보관하는 종은 인류밖에 없다.[75] 이렇게 볼 때 진화란 탐색 알고리즘(algorithm: 문제 해결을 위한 절차나 방법)의 한 종류라 할 수 있다.

뇌의 출현은 생명체가 진화를 통해 더욱 효율적으로 자기복제를 하는 과정에서 갖게 되는 두 가지 속성과 깊은 관련을 갖는다. 그것은 바로 다양성과 복잡성이다. 진화를 통해 생명체의 종류는 점차 다양해지는 한편, 그 구조는 복잡해졌다. 진화를 통해 다양한 생명체가 발생하는 것은 생명체의 환경이 진화의 방향을 결정하기 때문이다. 자기복제에 필요한 자원이 풍부한 특수한 환경에서만 자기복제를 한 초기의 생명체와는 달리, 시간이 지남에 따라 생명체는 각기 처한 환경에 따라 다른 방향으로 진화함으로써 생명체의 종류는 점점 다양해졌다. 또한 생명체는 진화를 통해 복잡성이라는 또다른 속성을 갖게 되었다. 특히 지능 및 행동과 밀접한 관련을 갖는 동물의 신경계는 진화를 통해 점점 더 복잡해지면서 결국 뇌의 출현으로 이어졌다. 그렇다고 진화를 통해 모든 생명체의 구조가 더 복잡해지는 것은 아니며 환경에 잘 적응하기 위해 몸의 크기를 줄이거나 구조가 단순해진 생명체들도 있다. 말하자면 진화를 통해 다양한 생명체가 등장함에 따라 그중 일부는 더욱 복잡한 구조를 갖게 된 것이다. 인간과 여타 포유류의 뇌가 그런 과정에서 생겨난 진화의 산물 중 하나다. 특히 유전자가 왜 뇌를 만들었는지를 설명하는 데 있어 분업(division of labor)과 위임(delegation)은 매우 유용한 메커니즘이다.

생명체의 진화 과정에서 분업과 위임은 생명체가 더욱 복잡한 구조를 갖게 되는 획기적인 전기를 마련했다. 최초의 생명체는 DNA나 단백질이 아닌 RNA로 이루어졌을 가능성이 높다. 그럴 경우 생명체의 역사에서 최초로 일어난 분업과 위임은 RNA가 자신의 기능을 DNA와 단백질에 넘겨줬을 때 일어났다고 할 수 있다. RNA가 전담하던 자기복제 기능 중에서 유전정보를 보존하는 역할은 DNA에, 그리고 복제를 위한 촉매 작용은 단백질에 위임하는 방식이다. 그럼에도 RNA가 더 이상 쓸모가 없어져 생명체 내에서 사라지는 일은 일어나지 않았으며, 지금도 여전히 DNA에 저장되어 있는 유전정보에 따라서 단백질을 합성하는 과정에서 중심 역할을 하고 있다. 생명체의 진화 과정에서 나타난 또 하나의 대표적인 분업과 위임의 예로는 다세포생명체의 등장을 들 수 있다. 자신의 복제에 필요한 수많은 기능을 하나의 세포 내에서 수행하는 단세포생명체와는 달리, 다세포생명체는 세포 분화의 과정을 거쳐 운동, 순환, 소화 그리고 생식과 같은 기능들을 전문적으로 수행하는 세포들을 만들어낸다. 다세포생명체의 출현 과정에서 가장 주목할 만한 것은 생식세포와 체세포 사이에 일어난 분업이다. 왜냐하면 번식기능을 생식세포가 전적으로 담당하게 되면서, 체세포는 개체의 죽음과 함께 자기복제라는 생명의 가장 근본적인 기능을 자발적으로 포기하게 되었기 때문이다. 체세포는 자기복제의 기능을 생식세포에 위임한 셈이고 생식세포는 번식 이외의 모든 기능을 체세포에 위임한 셈이다.[76]

다세포생명체는 체세포들이 서로 다른 특수한 기능을 수행하고 그에 따른 다양한 의사결정을 하게 되지만, 그중에서도 가장 중요한 의사결정을 하는 것은 근육을 제어하는 신경계와 뇌이다. 근육은 다른 어떤 세포나 조직보다도 빠른 속도로 물리적인 힘을 발생시킬 수 있기 때문에 신체의 특정 부위 또는 전체를 신속하게 움직일 수 있으며, 그런 점에서 생식세포를 포함해서 몸 안에 있는 모든 세포의 운명은 근육을 제어하는 신경계의 결정에 달려있다고 볼 수 있다. 하지만 정신적인 고통을 견디지 못해 뇌가 자살을 결심하면, 나머지 신체는 지도자인 뇌의 결정을 따를 수밖에 없다. 동물들은 빛과 소리를 통해서 전달되는 주위 환경에 대한 정보들을 신속하게 분석하여 생존과 번식에 가장 도움이 되는 행동을 선택한다. 뇌를 포함한 모든 체세포는 유전자가 자기복제를 하는 것을 돕기 위해서 존재한다. 생명체의 진화 과정에서 분업과 위임은 한 개체 안에서만 일어났던 것은 아니다. 화초와 곤충의 관계에서 보듯이 많은 생명체는 분업을 통해서 공생관계를 맺는다. 화초는 곤충에게 꿀과 같은 영양분을 공급하고 그 과정에서 곤충은 화초의 수분을 돕는 방식이다. 생명체가 분업과 위임을 이용하는 것은 생명체의 자기복제 과정을 더욱 효율적으로 만들 수 있기 때문이다. 하지만 여기에는 위험이 따를 수 있다. 예컨대 DNA와 단백질 사이의 분업 관계에서 단백질이 DNA의 복제를 제대로 수행하지 못하면 DNA에 저장된 정보와 단백질이 만들어내는 화학반응은 자기복제라는 원래의 목적에서 이탈하게 될 것이다.[77]

생명체의 가장 근본적인 속성은 자기복제이며, 성공적인 자기복제의 필연적인 결과로서 나타나는 것이 유전(heredity)이다. 뇌는 유전자가 자기복제를 위해 발명한 가장 경이로운 장치다. 정상적인 뇌를 만드는 모든 과정에 유전자가 관여하고 있긴 하지만, 유전자가 뇌의 모든 구조와 활동을 결정하는 것은 아니다. 유전자는 동물의 행동을 실시간으로 제어할 수 없기 때문에 동물에게는 뇌가 필요한 것이다. 뇌는 경험을 통해서 최선의 행동을 학습해야 하며, 이러한 학습이 바로 지능의 본질이다. 경험과 학습을 통해서 뇌의 기능이 수정된다는 점에서 유전자가 뇌를 완전히 제어할 수는 없지만, 그렇다고 뇌가 유전자로부터 완전히 자유로운 것은 아니다. 유전자의 복제를 돕지 않는 뇌는 진화과정에서 제거될 것이기 때문이다. 생물학적인 관점에서 개체의 주인은 뇌가 아니라 유전자이며, 뇌는 유전자의 안전과 복제기능을 보다 효율적으로 만드는 대리인이다. 한마디로 뇌는 "유전자의 자기복제를 효율적으로 수행하기 위해 만들어진 다세포 생명체의 부속기관이면서, 동시에 유전자의 구체적인 지시가 없더라도 독립적으로 행동을 선택하는 유전자의 '대리인'이다."[78] 경제학에서 경제 주체 간에 분업과 위임이 일어날 수 있는 조건을 분석하여 정립한 '본인-대리인 이론'은, 생명체의 진화 과정에서 유전자와 뇌 사이에 맺어진 본인(principal)과 대리인(agent)의 관계에도 원용될 수 있다.

경제학적인 분업 과정을 설명하기 위해 개발된 본인-대리인 이론은 다음과 같은 몇 가지 상황에서 성립한다. 즉 '1) 대리인의 행동이 본인에게 돌아가는 수익에 어떤 식으로든 영향을 미쳐야 하며, 2) 대리인이 본인에게 없는 정보를 갖고 있어야 하고, 3) 본인-대리인의 관계에서는 본인이 계약의 주도권을 가지며, 4) 본인과 대리인이 원하는 바가 완전히 일치하지는 않고, 5) 본인과 대리인은 합리적인 선택을 한다'는 것이 그것이다. '의사결정의 뇌과학' 분야를 국제적으로 이끌고 있는 예일대 신경과학과 석좌교수 이대열은 그의 저서 『지능의 탄생 The Birth of Intelligence』(2017)에서 본인-대리인 이론이 생물학적 분업 과정에도 적용될 수 있음을 보여준다. 우선 1)항과 관련해서는, 만일 DNA와 단백질을 자기복제의 목적을 달성하려는 RNA의 대리인으로 가정하면, DNA와 단백질의 행동은 RNA 복제의 효율적 진행에 영향을 미칠 수 있으므로 이 조건은 만족된다. 이는 유전자와 뇌 사이의 분업에도 마찬가지로 적용된다. 동물의 뇌가 선택하는 행동은 유전자 복제의 효율적 진행에 크게 영향을 미친다. 2)항과 관련해서는, RNA가 DNA와 단백질을 고용하는 과정에서 RNA가 모르는 정보들이 DNA와 단백질에 축적되기 마련이며, 다세포생명체의 경우에도 다양한 목적에 특화된 세포들이 환경으로부터 수집한 정보의 대부분을 생식세포와 공유하지 않으므로 이 조건은 만족된다. 이러한 정보의 비대칭성은 정보처리와 의사결정을 담당하는 뇌의 경우에 가장 현저하게 나타나는데, 이는 마치 국가의 정보기관이 국민이 모르는 수많은 종류의 정보를 수집해서 분석하고 있는 것과 유사하다.

3)항과 관련해서는, 유전자가 참여하는 생물학적인 분업과정에서 계약

의 주도권은 유전자 본인이 갖고 있으므로 이 조건은 만족된다. 다세포생명체에서 세포들이 특화되어 가는 방식을 결정하는 것이나, 동물의 뇌 구조와 기능을 결정하는 일차적인 역할을 하는 것, 모두 유전자이기 때문이다. 4) 항과 관련해서는, 유전자와 뇌의 이해관계가 항상 일치하는 것은 아니므로 이 조건은 만족된다. 이기적인 유전자는 효율적인 자기복제를 위해서 이기적인 뇌를 만들어냈지만, 이기적인 뇌는 스스로의 안전과 쾌락을 위해서 유전자의 이익에 반하는 행동을 선택할 수 있다. 5)항과 관련해서는, 유전자와 뇌는 둘 다 합리적인 의사결정의 주체로 볼 수 있으므로 이 조건은 만족된다. 진화란 유전자의 '적합성(fitness)'이 증가하는 과정이므로 유전자는 진화 과정을 통해서 합리적인 선택을 한다고 볼 수 있으며, 뇌 또한 완전하지는 않지만 합리적인 결정을 할 수 있는 능력을 보유하고 있다는 점에서 유전자와 뇌의 분업 관계는 본인-대리인 이론을 적용하기에 필요한 조건을 충족한다고 할 수 있다. 반면 세포 내부에서 일어나는 화학적 분업의 경우 DNA나 단백질 같은 화학물질이 합리적인 선택을 한다고 보기는 어려우므로 RNA와 DNA, 단백질 간에 유전자 복제를 위해 이루어지는 분업 관계에 본인-대리인 이론을 적용하기는 어렵다. 따라서 생명체 내에서 일어나는 분업들 중에서 본인-대리인 이론을 적용할 수 있는 관계는 유전자와 뇌의 관계밖에 없다.[79]

동물마다 뇌의 크기와 모양이 다르다는 사실은 유전자가 뇌와의 관계에서 발생하는 본인-대리인의 문제를 해결하기 위해 다양한 방법을 사용했다는 것을 암시한다. 다른 동물의 뇌와 마찬가지로 인간의 뇌도 유전자의 복제라는 생명체의 기능을 돕기 위해서 등장했고 진화해왔다. 뇌가 충분한 능력을 갖게 되면 유전자는 뇌에게 뇌 스스로가 원하는 결과를 얻도록 적절한 행동을 선택할 권한을 부여하게 된다. 이 경우 유전자가 뇌에게 제공하는 인센티브는 동물의 특정한 행동에 대해서가 아니라, 행동의 결과로 획득할 수 있는 대상에 효용값을 할당한다. 이는 뇌가 의사결정 과정에서 가장 적절한 행동을 선택하기 위해서는 예상되는 결과물에 따라 행동의 효용을 스스로 계산해야 한다는 것을 의미한다. 행동의 결과는 환경에 따라 항상 변할 수 있기 때문에 뇌는 환경의 변화에 적응하기 위해 계속해서 학습을 해야만 한다.[80] 뇌는 유전자가 해결할 수 없는 문제를 대신 해결하기 위해 등장한 일종의 대리인으로, 유전자가 예상하지 못한 환경 속에서 유전자를 복제할 수 있도록 다양한 학습 방법을 개발하게 된다. 학습 알고리즘은 강화학습(reinforcement learning)을 통해 생명체가 생존과 자기복제의 과정에서 발생하는 다양한 문제에 대한 해결 능력을 점진적으로 향상시키는 방법이다.

생명체는 자기복제를 통해 자신의 존재를 지속하기 위해 진화의 산물인 '지능'을 사용한다. 뇌와 더불어 지능은 유전자가 자기복제를 위해 발명한 가장 유용하고도 경이로운 도구다. 지능을 이해하는 것은 행동을 선택할 수 있는 의사결정에 있어서 뇌의 역할을 이해하는 것이다. 지능이란 "다양한 환경에서 복잡한 의사결정의 문제를 해결하는 능력"[81]이다. 의사결정은 단순히 가장 좋은 것을 선택하는 것이 아니라 다양한 변수와 요소들을 고려해 '대상들 간의 비교우위를 결정하는 역동적인 과정'이다. 이러한 의사결정의 역동성을 설명하는 데 있어 효용 이론은 매우 유용하다. 의사결정에서 효용(utility)은 선택의 문제를 쉽게 해결하는 방법을 제시할 뿐만 아니라, 의사결정 과정에 수반되는 불확실성과 시간적 지연 등의 문제를 손쉽게 다룰 수 있게 한다는 점에서 중요한 역할을 한다. 인간의 의사결정은 뇌의 기능이므로, 의사결정 과정이 효용에 의해 결정되는 것이라면 선택 가능한 대상에 관한 효용값을 뇌에서 직접 측정할 수 있을 것이며, 효용값을 뇌에서 측정할 수 있다면 그 사람의 선택을 예측할 수도 있을 것이다. 인간의 뇌에서 효용과 관련된 신호를 측정하는 데는 자기공명영상(magnetic resonance imaging, MRI)이라는 방법이 이용된다. 1980년대 말 MRI를 이용해서 혈중 산소량을 측정함으로써 뇌의 혈류에 관한 정보를 얻을 수 있다는 것을 발견하게 되고 그 결과 뇌의 기능적인 활동을 측정할 수 있는 방법으로 '기능적 자기공명영상(fMRI)'이 등장하게 되었다.[82]

fMRI는 혈중 산소량의 변화를 나타내는 볼드(blood-oxygen-level-dependent, BOLD) 신호를 관찰함으로써 간접적으로 뇌의 활동을 측정하는 것이다. 1990년대 중반부터 뇌 연구에 fMRI가 본격적으로 도입되면서 의사결정과 관련된 뇌의 기능을 연구하는 신경경제학(neuroeconomics)이 주목받기 시작했다. 수많은 실험과 검증을 통해 신경경제학자들은 인간의 뇌 중에서도 특히 전두엽의 일부인 배내측전전두피질(ventromedial prefrontal cortex, vmPFC)과 기저핵(basal ganglia)의 일부인 배측선조체(ventral striatum, VS)를 효용과 관련된 중요한 기능을 수행하는 뇌 영역으로 간주했다. 그런데 fMRI 기법은 뇌의 특정 영역에서 효용과 관련된 신호들을 발견하는 데 크게 기여하기는 했지만, 볼드 신호가 신경세포의 활동을 정확하게 반영하는 것은 아니기 때문에 뇌 속의 수많은 신경세포가 어떻게 효용값을 계산하고 의사결정에 영향을 미치는가에 대해 충분한 대답을 제공하지 못한다. 이러한 한계를 극복하기 위해서는 다른 동물을 이용한 실험이 요구된다. 영국의 생리학자 에드거 에이드리언(Edgar Douglas Adrian)은 개구리의 좌골신경(sciatic nerve)에서 발생하는 활동전압의 빈도 변화를 통해 정보가 전달되는 것을 규명함으로써 1932년 노벨 생리의학상을 수상했다. 이대열은 특히 원숭이의 대뇌피질에 대한 연구를 통해 그 결과가 fMRI 기법을 사용해서 얻은 실험 결과와 일치한다며, 인간의 전전두피질과 선조체에 있는 신경세포들이 효용값을 계산하고 의사결정에 관여하고 있다는 가능성을 뒷받침했다.[83]

유전자는 자기복제에 필요한 행동을 선택하는 역할을 뇌에게 일임했기 때문에 의사결정 기관의 역할을 하는 것은 뇌이다. 이때 뇌가 올바른 선택을 하기 위해 필수적인 것이 바로 학습이다. 학습이 없이는 진정한 지능도 존재할 수 없다. 왜냐하면 지능이란 옥스퍼드 영어사전에 나와 있듯이 '특정 지식이나 기술을 획득하여 적용할 수 능력' 또는 이스라엘의 심리학자 뢰벤 포이어스타인(Reuven Feuerstein)이 정의하듯이 '생존 환경의 변화에 적응하기 위해 인지적 기능을 변화시키는 인간 고유의 능력'이므로 뇌가 환경의 변화에 적응할 수 있도록 끊임없는 학습을 하지 않으면 발휘될 수 없는 능력이기 때문이다. 뇌가 학습을 통해서 장기적으로 유전자의 자기복제에 이로운 행동을 선택한다는 것은, 인간을 포함해서 동물이 다양한 자극들을 경험하는 동안 뇌의 기능과 구조에 변화가 일어난다는 것을 의미한다. 순간적인 불빛이나 소리 같은 일시적인 감각 자극은 뇌 안에 아주 짧은 순간 반응을 일으키고 사라져버리는 경우가 많지만, 자극이 사라진 다음에도 신경세포나 시냅스에 흔적을 남길 수 있다. 인간의 뇌 안에는 대략 100조에서 1,000조 개의 시냅스가 존재하는 것으로 추정되며, 학습은 이들 시냅스에서 일어나는 생리적인 변화를 통해서도 일어나게 된다. 신경세포의 지속적인 활동이 사라지고 난 후에도 이전의 경험이 동물의 행동을 변화시킬 수 있는 이유는, 이전에는 연결 강도가 약했던 두 신경세포가 경험을 통해서 시냅스가중치(synaptic weight)가 증가하기 때문이다. 이처럼 시냅스의 가중치가 변화하는 것을 시냅스의 '가소성(plasticity)'이라고 한다.[84]

시냅스가 학습에 중요한 역할을 하는 이유는, 학습이 시냅스의 가소성을 통해서 이루어지기 때문이다. 뇌 안에 특정한 학습이나 기억과 관련된 정보가 저장되어 있는 장소를 신경과학자들은 '엔그램(engram)'이라고 부르는데, 시냅스가중치가 늘어나는 '장기적 증강작용(long-term potentiation)'이 처음으로 발견된 것은 해마(hippocampus)라는 구조에서였다. 동물이 다양한 학습 방법을 이용하고 뇌의 여러 부위가 학습과 관련된 기능을 수행함으로 인해 엔그램을 찾는 일, 즉 뇌의 특정 부위가 학습 과정에 어떻게 기여하는지를 밝히는 일이 어려워지게 되면서 강화 학습 이론이 등장하게 된다. 이 이론은 경험에 의해서 효용값[가치함쉬]이 변화하는 방식을 명확하게 기술하는 이론이다. 효용 이론과 강화 학습 이론은 둘 다 의사결정을 연구하는 틀을 제공하지만, 전자가 경제학자들에 의해 만들어지고 발전되어 온 반면, 후자는 주로 심리학자와 컴퓨터공학자들에 의해 주도되어 왔다. 경제학에서는 효용치가 경험에 의해서 어떻게 변화하는지에 대해 많은 연구가 없었던 반면, 심리학과 컴퓨터공학에서는 가치함수가 변화하는 알고리즘에 대해 집중적인 연구를 해왔다. 강화 학습 이론은 행동의 변화를 유발하는 모든 학습 과정을 하나의 통일된 이론적 틀 안에서 설명한다는 장점이 있으며, 학습과 관련된 뇌의 기능을 이해하는 데도 중요한 기여를 했다.[85]

인간의 삶에서 지식을 습득하는 강화 학습의 과정은 결코 멈추지 않으며, 이렇게 얻은 지식을 이용해서 심적 시뮬레이션(mental simulation)을 통해 행동 가치값을 수정하는 과정도 멈추지 않는다. 이러한 강화 학습의 과정을 통해 인간의 지능이 탄생한 것이다. 지능은 뇌의 진화의 산물로서, 인간과 다른 동물의 지능을 비교할 때 현저한 차이점은 인간의 경우 사회적 지능이 특히 발달했다는 것이다. 사회적 지능의 발달은 사회적·정치적 동물로 불리는 인간의 사회적 삶과 관련된다. 우리가 접하는 수많은 의사결정의 문제들 중에 가장 어려운 것들은 주로 여러 사람이 복잡하게 얽혀 있는 사회적인 문제인 경우가 많다. 사회적인 의사결정이 어려운 것은 내 선택의 결과가 타인의 행동에 의해서 달라질 수 있기 때문에 최적의 선택을 하기 어려운 데 있다. 인간 사회의 많은 문제를 해결하려면 '죄수의 딜레마'라는 게임에서처럼 동료를 배반하고 사익만을 추구하기보다는 협동을 선택하는 것이 더 바람직한 결과를 가져올 수 있다. 자기복제만을 위해 존재하는 이기적인 유전자들이 이타적인 결정을 내릴 수 있는 뇌를 만들어내게 된 배경을 이해하는 것은, 다시 말해 유전자를 보다 효율적으로 복제하기 위한 방향으로 진화해온 인간의 뇌가 어떻게 해서 협동을 선택하게 되었는지를 이해하는 것은, 사회적 삶의 질을 개선하기 위해서도 중요한 일이다.

인간의 뇌가 진화하는 동안 죄수의 딜레마와 같은 게임을 반복적으로 경험했다면, 인간의 뇌는 반복적 죄수의 딜레마 게임의 최적의 전략을 선택하는 경향을 갖게 되었을 것이다. 흥미로운 것은 반복적 죄수의 딜레마에서 협동이 변절보다 더 좋은 결과를 가져오는 상황이 자주 발생한다는 것이다. 이는 집단을 형성하고 사회적인 삶을 살아가는 인간의 뇌가 진화해온 방향을 이해하는 데도 중요한 시사점을 갖는다. 현대인의 삶은 거의 전부가 사회적인 맥락에서 이루어진다. 사회적 의사결정이나 사회적 활동이 삶에서 큰 비중을 차지한다는 것은 뇌의 진화 과정에서 사회적 요인들이 중요한 역할을 했다는 것을 의미한다. 인간이 진화해오는 과정에서 사회적 활동의 비중이 증가함에 따라 인간의 뇌 안에 있는 여러 부위들은 더 많은 신경세포와 더 밀도 높은 연결을 요구하게 되었을 것이다. 복잡한 사회적 의사결정에 필요한 정보들을 신속하고 정확하게 처리하기 위해서 영장류의 뇌의 크기가 증가했다는 주장을 '사회적 지능 가설(social intelligence hypothesis)' 또는 '마키아벨리적 지능 가설(Marchiavellian intelligence hypothesis)'이라고 한다. 사회적인 삶에서 발생하는 복잡한 문제들은 뇌의 크기를 증가시켰을 뿐 아니라, 뇌 안에 사회적 의사결정을 전담하는 특수한 구조를 진화시켰다.[86] 이러한 사실은 인간이 진화하는 과정에서 사회적 삶이 생존에 필수적이었다는 것을 시사한다.

뇌가 살아 있는 한, 뇌에게 완전한 휴식이란 결코 일어나지 않는다. 우리가 휴식을 취하는 동안에도 뇌는 사회적인 심적 시뮬레이션을 계속하기 때문이다. 이처럼 풀타임 가동되는 뇌(그리고 지능)가 도달할 수 있는 최고의 경지는 자기인식일지도 모른다. 자기 자신의 정체성에 대해 의문을 갖는 생명체는 사실상 인간이 유일하기 때문이다. 인간이 자기 자신에 대해 이해할 수 있는 능력을 갖게 된 것은 뇌의 진화 과정에서 사회적 활동의 비중이 증대된 데 따른 것이다. 자기인식은 '유전자와 뇌가 공동으로 개발한 다양한 학습과 의사결정 방법의 결과'로서, 이렇게 학습의 규칙이 여러 가지 존재하고 그에 따른 의사결정의 방식도 여러 가지가 존재한다면 그러한 방법들 중에 어떤 것을 따를 것인가 하는 일종의 '메타선택(meta-selection)'의 문제가 발생한다. 이와 더불어 학습이나 의사결정의 정확도를 평가하는 인지과정에 대해서도 생각하게 되는데, 이를 '메타인지(meta-cognition)'라고 부른다. 여러 가지 학습 방법을 사용하여 최선의 행동을 선택하기 위해서는 메타인지와 메타선택과 관련된 기능을 할 수 있는 뇌의 구조를 만들어야 하고, 자기인식의 과정에서 생겨나게 되는 자기지시적 역설을 피해갈 수 있는 방법도 마련해야 하며, 강화 학습에 필요한 심적 시뮬레이션을 제어할 수 있는 장치도 마련해야 한다. 실망이나 후회, 공포와 같은 부정적인 감정 또한 의사결정 과정을 올바르게 이끌어가는 데 필수적인 것이다.[87]

이처럼 인간의 뇌는 강화 학습을 통해 생존과 자기복제의 과정에서 발생하는 다양한 의사결정의 문제를 해결하는 능력을 점진적으로 향상시켜왔다. 지능은 그러한 진화의 결과의 산물이다. 최상의 문제해결방법은 생명체의 필요와 선호도에 따라 달라질 수 있고, 환경에 따라서 가장 적합한 지능의 종류도 변화하게 되므로 지능의 높고 낮음을 하나의 수치로 나타내는 것은 큰 의미가 없다. 지능은 '수와 도형을 조작하는 능력 이상의 전반적인 문제 해결 능력'을 일컫는 것이므로 지능지수(intelligence quotient, IQ)가 높다고 해서 더 '지능적'으로 행동하는 것은 아니다. 지능과 지능지수는 같은 개념이 아니다. "지능은 보다 보편적이고 일반적인 인지 능력 전반에 적용될 수 있다. 즉 지능이란 생각하고 공감하고 꿈꾸고 개념을 생산하는 전반적인 지적 능력을 포괄하는 개념이다." 지능지수는 지능검사의 결과로서 시험점수에 지나지 않는다. 지능검사는 '인간의 기억력이나 추리 능력 같은 몇 가지의 특정한 인지 능력을 측정하기 위해 고안된 특별한 시험'이지만, 그것이 인간의 인지 능력을 포괄적으로 반영한다고 볼 수는 없다. 지능지수가 보편화된 것은 20세기의 산업구조와 관계가 있지만, 인공지능의 활동 범위가 급속도로 확장되고 있는 21세기에는 컴퓨터와 인공지능의 발달로 인간의 지능을 필요로 하는 일의 종류가 근본적으로 달라질 것이기 때문에 지능지수와 같은 표준화된 지능보다는 지능지수에 포함되지 않는 개인의 독특한 능력이 훨씬 더 중요한 역할을 하게 될 것으로 전망된다.[88]

인간의 지능은 특히 다른 영장류의 지능과 많은 유사점을 가지고 있지만, 인간의 사회적 지능과 메타인지 능력에 있어서는 현저한 차이를 보인다. 인공지능의 보편화에 따른 사회구조적 변화에 적절하게 대처하기 위해서는 인간의 사회적 지능과 메타인지 능력에 대한 심도 있는 이해가 요구된다. 인공지능과 관련된 기술의 발달로 인간의 사회적 지능과 메타인지에 관련된 기능 역시 점차 인공지능의 한 부분이 되어갈 것으로 전망되고 있다. 인공지능의 학습 능력이 인간의 지능을 능가한다고 해도 그 자체가 인간 존재에 위협이 되는 것은 아니다. 왜냐하면 인공지능이 인간 존재에 위협이 되기 위해서는 인간의 지능을 능가할 뿐 아니라 인간의 효용(가치)과 양립할 수 없는 인공지능 자체의 목표를 가지고 있어야 하기 때문이다. 이대열은 인간이 인공지능과의 관계에서 본인의 자격으로 남아 있기 위해서는 "인공지능을 장착한 기계가 스스로를 복제하는 것을 허락해서는 안 된다"고 주장하며 이렇게 결론 내렸다. "비록 지적 능력의 여러 측면에서 기계가 인간을 능가하는 시점이 오더라도 인공지능을 장착한 기계가 자기복제를 시작하지 않는 한 인공지능은 인간을 본인으로 하는 대리인의 자리를 지키게 될 것이다. 유전자와 뇌 사이에 본인-대리인의 관계가 성립되었듯이 인간이 인공지능을 관리하는 역할을 포기하지 않는 한 인간과 인공지능 사이의 관계도 본인-대리인의 관계를 유지하게 될 것이다."[89]

　그런데 만일 인공지능을 장착한 기계가 자기복제를 할 수 있게 된다면 그것이 바로 인공생명의 시작이지만, 인간의 대리인의 역할을 해온 인공지능이 과연 그와 같은 인공생명을 확보하는 것이 가능할 것인지, 그리고 인간 사회에 어떤 영향을 미치게 될지는 아무도 알 수 없다고 이대열은 말한다. 지구상에서 인류가 지배적인 위치를 차지하게 된 중요한 원인은 다른 동물들에 비해 정신적 능력이 더 발달되었기 때문이다. 인간이 가진 높은 지능 덕분에 문화를 효과적으로 전파할 수 있게 되었고, 누대에 걸쳐 지식과 기술을 축적해올 수 있었다. 이러한 지식과 기술의 축적 덕분에 오늘날 인공지능의 시대가 열렸고 우주 탐사가 본격화되었다. 지질학자들이 현시대를 인류세(Anthropocene)라고 부르는 것은 그만한 이유가 있는 것이다. 우리는 21세기의 과학기술을 이해해야 하고, 그중에서도 특히 생명공학과 컴퓨터 알고리즘의 힘을 이해할 필요가 있다. '21세기의 주력상품은 몸, 뇌, 마음이 될 것'이고, 몸과 뇌를 설계할 줄 아는 사람과 그렇지 못한 사람 사이의 격차는 현격하게 커질 것이다.[90] 끝으로 우리는 인간 존재의 의미를 탐구하기 위해 인류의 진화 방향을 연구한 프랑스 고생물학자 피에르 테야르 드 샤르댕(Pierre Teilhard de Chardin)의 다음 말을 깊이 음미해볼 필요가 있을지도 모른다.

우리는 영적 경험을 가진 인간이 아니라 인간적 경험을 가진 영적 존재다.

We are not human beings having a spiritual experience: we are spiritual beings having a human experience.

"자연 속에는 그 어떤 장벽이나 담장도 없다. 그럼에도 우리는 경계의 세계, 장벽과 한계의 세계, 속박과 투쟁의 세계 속에 완전히 매몰되어 살고 있는 것처럼 보인다. …'왜 근원적 경계가 생겨나는가?'라는 질문에 대한 유일하게 가능한 답은 '왜'가 존재하지 않는다는 것이다. 오히려 근원적 경계는 우리 자신의 현재 활동으로서, 원인 없는 활동 그 자체로서, 스스로 생겨난다."

"…there are no walls or fences in nature. Yet we seem to live almost completely within a world of boundaries, a world of walls and limits, bounds and battles.…the only possible answer to the question, "Why the primary boundary?," is that there is no why. Rather, the primary boundary arises of itself, as one's own present activity, but as an activity which is itself uncaused."

- Ken Wilber, *No Boundary*(1979)

06

홀로세(Holocene Epoch 沖積世(현세)):
'우리'와 '그들'의 세계

- '메타 경계(meta-boundary)' 출현
- 농경과 '문명'의 발생 그리고 전개
- 서구 문명의 동양적 기원과 리오리엔트

기원전 11000년경 이후 현세의 전개과정은 '메타 경계'의 출현과 맥을 같이 하는 것으로 볼 수 있다.…
오늘날 양자물리학자들은 경계라는 것이 실재하는 것이 아니라 일종의 관습에 불과하다는 것을 인식
하게 되었다. 경계란 실재를 느끼고 만지고 측정한 산물이 아니라, 영토를 지도로 그려내는 것처럼 실
재를 작도하고 편집한 방식의 산물이라는 것을 알게 된 것이다.…기원전 3500년에서 기원전 약 800
년까지 아프로유라시아 연결망의 중심에 있던 지역들은 안정된 도시와 거대한 규모의 제국을 건설하
고 유지할 만한 사회구조와 체계를 만들어냈다.…유럽인이 세계 탐사를 하기 직전인 1450년경 90퍼
센트에 가까운 인류는 문화적, 경제적, 정치적으로 이미 밀접하게 연결되어 아프로유라시아라는 하나
의 큰 세계에서 살았다.…서구 문명의 동양적 기원을 밝히려는 것은 단순히 동양의 우월성을 주장하
며 또 다른 이분법적 구도를 만들어내기 위한 것이 아니라, 사실 그대로의 역사를 밝히고 서양의 뿌리
문명에 대한 통찰을 통해 동서를 융섭하는 새로운 문명 창출의 토대를 마련하기 위한 것이다.

- 본문 중에서

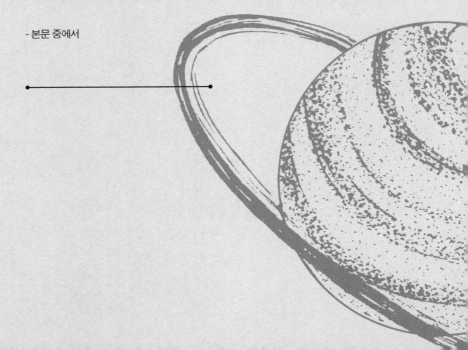

홀로세(Holocene Epoch 沖積世(현세)):
'우리'와 '그들'의 세계

'메타 경계(meta-boundary)' 출현

기원전 11000년경 이후 현세의 전개과정은 '메타 경계'의 출현과 맥을
같이 하는 것으로 볼 수 있다. 메타 경계란 '경계 위의 경계(boundary on a
boundary)'로서, 그 작용하는 방식은 다음과 같다. 첫 번째 또는 기본적인 유
형의 경계는 다른 사물들 사이에 구분하는 선을 긋고 그것들을 하나의 집단
또는 범주로 구성하고 나서 여러 가지 이름을 붙이는 것이다. 첫 번째 유형
의 경계가 만들어진 뒤엔 그 위에 두 번째 유형의 경계를 긋고 그것들을 셀
수 있게 된다. 첫 번째 경계가 사물의 범주를 만들어낸다면, 두 번째 경계는
사물의 '범주의 범주(class of classes)'를 만들어낸다. 예컨대 7이라는 수는 일곱
개로 이루어진 모든 집단을 나타내는 또 하나의 집단이라는 것이다. 그러므
로 그것은 범주의 범주, 경계 위의 경계가 된다. 이렇게 해서 인간은 수로써
새로운 유형의 경계, 보다 추상적이고 보편화된 '메타 경계'를 만들어냈다.
모든 경계에는 정치적, 기술적인 힘이 수반되기 때문에 자연에 대한 경계
긋기, 분류하기, 이름 붙이기는 기술적인 힘에 의한 자연 지배의 시작이었
다. 그러나 모든 경계는 기술적, 정치적인 힘을 수반하는 동시에 소외, 파편
화, 갈등도 수반한다. 무언가를 지배하기 위해 경계를 설정할 경우, 그 지배

하려는 대상으로부터 자신을 분리시키고 소외시켜야만 하기 때문이다.[1] 이렇게 해서 '우리'와 '그들'로 이분화된 세계가 시작되었다.

아담과 이브의 타락은 인류가 지식의 나무에서 선악과(善惡果)라는 열매를 따먹었을 때 발생하게 되는 이원론적 상황에 대한 인간 정신의 종속을 의미하는 것으로 이는 경계 긋기에서 시작되었다. 타락이란 파편화(fragmentation), 즉 분별지(分別智)의 작용에 기인하는 것으로 이른바 원죄(original sin)라는 것이 그것이다. 모든 죄악과 불행은 파편화된 지식(fragmentary knowledge)에서 비롯된 것이니, '선악과'를 따먹은 것이 원죄라고 한 것은 적절한 비유이다. 선과 악이라는 '분별지'가 작용하는 순간부터 경계 긋기가 시작되고 인간 정신이 이원론적 상황에 종속되면서 '나'와 '너', '이것'과 '저것'이 구분되고 대립하게 되어 마침내 스스로 낙원에서 멀어지게 되었기 때문이다. 아담과 이브가 그은 경계는 단지 여러 범주들을 분류하는 아주 단순한 종류의 경계였을 뿐 그러한 경계를 충분히 활용하지도 못했고 사물들의 이름 짓기에 착수하지도 못했다. 이들의 후예인 인류는 작도법과 경계선 구축법이라는 유산을 물려받아 각고의 노력 끝에 또다시 경계선을 만들고, 누세대가 지나면서 더욱 정교하고 추상적인 경계를 만들어내게 되었다.

위대한 지도제작자와 경계선 구축자들이 출현한 것은 고대 그리스에서였다. 이오니아의 자연철학자들은 수학·천문학 등의 과학적 사유체계에 입각하여 우주자연의 변화와 그 변화하는 현상의 배후에서 작용하는 궁극적인 원리에 대해 깊은 관심을 가졌다. 그러나 이들은 지구에 대한 과학적 관점을 수용하지 못하여 대체로 지구를 평평한 것으로 인식했다. 소피스트 (Sophist)[2]의 출현으로 아테네를 중심으로 한 그리스 철학의 물줄기가 피시스 (physis 자연)에서 노모스(nomos 인위)로 바뀌면서 경계 긋기가 시작되었다. 그 이전의 자연철학자들과는 달리 소피스트는 물리적 대상이 아닌, 사회의 도덕적·규범적 문제들, 나아가 인간의 본질을 철학적 탐구의 대상으로 삼았다. 자연적인 사물을 뜻하는 '피시스'와 인위적인 법률·습관·제도를 뜻하는 '노모스'는 기원전 4~5세기 그리스에서 유행한 대립 개념이다. 소피스트는 피시스 대 노모스를 자연 대 인위의 의미로 파악하여 땅·물·불·바람과 같은 주제가 아니라 도덕·종교·법률·제도·습관 등을 새로운 주제로 다루며 그리스 철학에 새로운 기운을 불러일으켰다. 소피스트는 각 개인의 인식 주관과 관점에 따른 상대성을 강조하였으며, 대우주보다는 소우주에 초점을 맞추어 우주자연의 문제보다는 인간과 문명, 관습의 문제를 다루며 범주화와 경계 긋기를 이어나갔다.

소피스트들에 의해 시작된 '피시스'에서 '노모스'로의 전환은 소크라테스에 의해서도 계속되었다. 그러나 진리의 상대성을 강조한 소피스트들과는 달리, 소크라테스는 진리의 절대성과 보편성을 강조하였다. 소크라테스에 의해 다뤄진 철학의 인간학적 주제는 그의 제자인 플라톤과 플라톤의 제자인 아리스토텔레스에 의해 체계화되면서, 정교하게 범주화된 경계들을 만들어냄으로써 서구 문화의 철학적 토대가 마련되었다. 플라톤의 도덕적 이상주의는 일상적인 감각적 지각의 세계와 참된 이데아의 세계를 극명하게 대비시킨 '동굴의 비유'[3]에서 잘 드러난다. 통치 계급의 지혜(wisdom)의 덕[4]에서 이성이 발휘되고, 전사 계급의 용기(courage)의 덕[5]에서 기개가 발휘되며, 생산 계급의 절제(moderation)의 덕[6]에서 욕구 억제가 발휘되는 도덕적인 국가에서 「선의 이데아(Idea of the Good)」*가 실현된다.[7] 아리스토텔레스는 육

---

* 『국가론』 제6권에는 「善의 이데아」의 의미를 설명하기 위해 '태양의 비유'가 등장하고, 「선의 이데아」를 인식하기 위한 앎의 대상과 단계들을 설명하기 위해 '線分의 비유'가 사용된다. '보는' 감각(sense of sight)과 '보이는' 힘(power to be seen)은 서로 빛으로 연결되어 있으며, 태양 빛을 잘 받는 사물이 뚜렷이 보이듯, 「선의 이데아」

체를 질료로, 영혼을 형상으로 보고 육체를 영혼의 자기실현을 위한 수단으로 간주함으로써 신과 물질적 우주의 긴밀한 연계성을 강조했다. 형상과 질료[8]는 아리스토텔레스 범주론의 골간을 이루는 것이다. 그의 범주론은 세계에 대한 총체적 분류로서 실체·분량·성질·관계·장소·시간·위치·상태·능동·수동이라는 열 가지 범주를 설정하고 있다. 여기서 형상은 '그 자체로서' 존재하는 실체이고, 질료는 실체인 형상에 '부대해서' 우연히 존재하는 분량·성질·관계·장소·시간·위치·상태·능동·수동의 아홉 가지 범주이다. 아리스토텔레스는 실체를 포함한 이 열 가지 범주를 세계의 분석틀로 삼아 존재에 대한 이론을 전개했다.

　서구 철학사에서 플라톤과 아리스토텔레스는 위대한 지도제작자이며 경계선 구축자였다. 역사의 새벽에 그들은 자연 속의 거의 모든 과정과 사물을 작도하고 분류하여 경계를 설정해놓음으로써 이 세계는 마치 분리된 사물과 사건의 복합체인 것처럼 보였다. 이렇게 설정된 범주와 경계들은 우리의 앎을 심화시키고 확장시킴으로써—마치 심(心)에 입각하여 무심(無心)

는 인식하는 자에게 진리와 존재를 통찰하는 힘을 부여한다는 것이 '태양의 비유'다 (Republic, Book VI, 508d-e). '線分의 비유'는 이데아 인식의 네 단계를 최하의 무지로부터 최고의 인식에까지 발전해 가는 과정을 '분할된 선'으로 묘사한 것이다. 우선, '의견[판단]의 대상이 되는 영역'과 '인식[이해]되는 영역'의 두 부류로 구분하는데, 전자는 가시적인 감각 대상의 영역이고, 후자는 지성으로 알 수 있는 사유의 영역이다 (Republic, Book VI, 509d-e). 이들을 재분할하여 의견의 대상이 되는 영역은 '영상들(그림자)'과 '실물들(동식물 및 인공물)'(Republic, Book VI, 509e-510a)로 구분하고, 인식되는 영역은 '수학적인 것들'과 '이데아 또는 형상들'(Republic, Book VI, 510c-511d)로 구분한다. '영상들', '실물들', '수학적인 것들', '이데아 또는 형상들'에 상응하는 주관의 상태는 각각 '상상(臆測)', '신념', '추론적 사고', '지성적 앎'의 네 단계(Republic, Book VI, 511e)로 구분한다. 플라톤은 시공을 초월한 불변의 실재, 즉 이데아에 대한 인식이 참된 인식이며, 이러한 초감각계는 지성에 의해 인식되는 세계로서 우리의 감각기관으로는 포착할 수 없다고 한다.

을 이루듯이—종국에는 무경계에 이르게 하는 통로가 된다. 여기서 우리는 수(數)를 통해 좀 더 미묘하고 추상적인 새로운 유형의 경계로 나아갈 수 있게 된다. 사과, 펜, 별 같은 이름이 사물을 대표할 수 있다면, 1, 2, 3과 같은 수는 개별적 사물의 특성을 초월할 수 있다. 예컨대 사과 하나에 하나를 더하면 두 개의 사과가 되고, 별 역시 하나에 하나를 더하면 두 개의 별이 된다. 둘이라는 수는 두 개로 된 모든 집단에 똑같이 적용되므로 개체적 특성을 초월하게 된다. 그리스의 수학자이자 철학자 피타고라스(Pythagoras)는 모든 다양한 사물과 사상의 범주들을 검토한 결과, 수(數)가 세계의 모든 것을 설명하는 기본 원리임을 알아냈다. 그는 만물의 근원이 수라고 보고 수를 인격화 또는 물화시킨 수비학(数秘學)을 발전시켰다. 그에게 자연 연구란 자연 속에 내재되어 있는 수의 조화를 밝혀내는 일이었다. 피타고라스의 사상은 플라톤을 통해 서양 철학 전체에 지대한 영향을 미쳤으며, 히포크라테스(Hippocrates), 헤라클레이데스(Heracleides Ponticus), 필롤라오스(Philolaus), 아르키타스(Archytas of Tarentum) 등으로 대표되는 피타고라스학파는 하나의 정치세력으로 등장하기도 했다.

인류 의식의 진화 과정에서 구체적인 사물로부터 마음을 해방시키는 일은 전체성과 개체성, 보편성과 특수성의 관계성에 대한 통찰을 통해 사물의 존재성을 명료하게 파악할 수 있게 한다는 점에서 매우 중요하다. 이런 일은 범주 설정이나 이름 짓기 등 첫 번째 유형의 경계를 통해서도 어느 정도까지는 가능했지만, 두 번째 유형의 경계인 추상적인 수에 의해 더 극적으로 진행되었다. 이러한 일련의 경계 설정 과정은 존재의 자기실현화 과정에서 주관적인 생각의 영역으로부터 객관적인 제도의 영역으로 나아가는 '외현화(externalization)'의 과정인 동시에 '삶과 죽음의 투쟁(life-and-death-struggle)'에 합류하는 과정이기도 하다. 이 세상의 그 어떤 조직이나 집단도 모두 수(數)

에 의해 단순 그루핑 될 수 있다는 점에서 수는 새로운 유형의 경계라 할 수 있다. 그것은 경계 위에 세워진 또 다른 경계, 보다 추상적이며 보편화된 메타 경계이다. 자연세계에 대한 인간의 지배는 정치적, 기술적인 힘을 수반하는 경계 설정을 통해 이루어졌다. 경계 설정을 통해 '아(我 self)'와 '비아(非我 other)'의 두 대립되는 자의식(self-consciousness)—이를 헤겔은 '주인과 노예의 변증법'[9]이라고 불렀다—은 에고(ego) 내에서와 마찬가지로 인간 사회의 역사 속에서도 면면히 나타나는 바, 이는 역사 과정의 참 동인(動因)이 되는 원리이기도 하다. 그 최후의 단계에서는 대립을 이루는 특수적 자의식(particular self-consciousness)이 통합을 이루어 보편적 자의식(universal self-consciousness)이 되면서 정신은 자유를 현실로서 실감하게 된다.

추상적인 수에 의한 이 미묘한 새로운 유형의 메타 경계는 구체적인 물질세계를 초월해 있었기 때문에 인류는 추상 대 구체, 이상 대 현실, 보편 대 특수라고 하는 두 개의 분리된 세계 속에서 살게 되었다. 2천 년이 넘도록 이러한 이원론은 여전히 조화를 이뤄내지 못한 채 합리주의 대 낭만주의, 관념 대 경험, 지성 대 본능, 질서 대 혼돈, 정신 대 물질의 전장(戰場)이 되었다. 이러한 구별은 적절하고 이성적인 선(線)에 기초해 있었지만, 그 선은 통상 경계와 전장으로 변질되었다. 수, 계산, 측정 등의 새로운 메타 경계는 17세기 갈릴레이와 케플러의 시대에 이르기까지는 자연과학자들에 의해 실제로 사용되지는 못했다. 그리스 시대와 고전물리학자들 사이의 중간 시기를 유럽 교회세력이 지배하고 있었기 때문이다. 토마스 아퀴나스(Saint Thomas Aquinas)의 영향을 받은 교회는 자연을 측정하거나 과학적인 셈법을 적용하지 않고 범주로써 분류하는 아리스토텔레스의 논리학에 가까운 입장을 취했다. 그러나 17세기 무렵 교회는 쇠퇴의 길을 걸었고, 이 시기에 등장한 갈릴레이와 케플러는 '측정'을 통해 아리스토텔레스가 그은 경계 위에다가 메타 경계를 그었다. 17세기 과학자들은 수(數)와 측정이라는 메타 경계를 부활시키고 더욱 세련되게 발전시켰을 뿐만 아니라 완전히 새로운 독자적인 경계를 도입했다. 그들은 대수학(algebra)으로 알려져 있는 메타-메타 경계(meta-meta-boundary), 즉 메타 경계 위에 또 하나의 새로운 경계를 발명해냈다.[10] 이를 간단히 요약하면 다음과 같다.

첫 번째 경계는 범주를 만들어낸다. 메타 경계는 수(數)라고 부르는 '범주의 범주'를 만들어내고, 제3의 메타-메타 경계는 변수(變數)라고 부르는 '범주의 범주의 범주'를 만들어낸다. 변수는 수학공식에서 일반적으로 x, y, z로 나타내며, 다음과 같이 작용한다. 수가 '모든 사물'을 나타낼 수 있는 것과 마찬가지로 변수는 '모든 수'를 나타낼 수 있다. '다섯'이 다섯 개로 이루어진 모든 사물을 나타낼 수 있듯이, x는 모든 범위의 모든 수를 나타낼 수 있다.

…the first boundary produces a class. The meta-boundary produces a class of classes, called number. The third or meta-meta-boundary produces a class of classes of classes, called the variable. The variable is best known as that which is represented in formulas as x, y, or z. And the variable works like this: just as a number can represent *any thing*, a variable can represent *any number*. Just as five can refer to any five things, x can refer to any number over a given range.[11]

초기 과학자들은 대수학을 사용함으로써 여러 요소들을 계산하고 측정하였으며, 이론, 법칙 및 원리로 표현되는 측정치들 사이의 추상적인 관계를 규명할 수도 있게 되었다. 이들 법칙은 어떤 의미에서는 첫 번째 유형의 경계로 분할된 모든 사물과 사상을 지배하거나 통제하는 것처럼 보였다. 새로운 유형의 메타-메타 경계는 근대 유럽에 새로운 지식과 더불어 폭발적인 기술력과 정치력을 가져다줌으로써 역사상 유례없는 지적 혁명으로 요동치게 했다. 뉴턴의 법칙이나 케플러의 법칙 등에 나타난 바와 같이 과학적 법칙을 공식화하는 과정은 세 가지 유형의 경계에 기초해 있었으며, 각각의 경계는 이전의 경계 위에 더 추상적이고 일반화된 형태로 설정되었다. 켄 윌버는 이 세 가지를 다음과 같이 요약한다. "첫째로는 분류하는 경계를 긋고 다른 사물과 사건들의 차이를 인식한다. 둘째로는 분류된 요소들 중에서 측정할 수 있는 것들을 찾아낸다. 이 메타 경계는 질을 양으로, 범주를 범주의 범주로, 요소들을 측정치로 변환시킨다. 셋째로는 두 번째 단계의 숫자들과 측정치들 사이의 관계를 탐구함으로써 그것들을 전부 포괄하는 대수공식을 만들어낸다. 이 메타-메타 경계는 측정치를 결론으로, 수를 원리로 전환시킨다."[12] 그러나 각 단계의 새로운 경계가 더 일반화된 지식과 그에 따른 더 큰 힘을 가져다주긴 했지만, 자연에 대한 인간의 지배력은 인간을 자연으로부터 근본적으로 분리시키는 결과를 초래했다.

16, 17세기 유럽에서 일어난 '과학혁명'이라 불리는 지적·문화적 전환기의 과학은 '최초의 경계와 메타 경계와 메타-메타 경계'를 기반으로 대상들을 정밀하게 측정하고 계산하여 과학적 법칙과 원리를 만들어냄으로써 자연을 통제하고 정복하려는 실천적 시도에 초점을 두었다. 데카르트-뉴턴의 기계론적 세계관에 입각한 합리적 정신과 과학적 방법은 모든 현상을 분할 가능한 입자의 기계적 상호작용으로 파악하여 드디어는 정신까지도 물질화하는 결과를 초래함으로써 물신 숭배가 전 지구적으로 만연하게 되었다. 근대 물질문명의 진보 과정은 과학기술과 밀접하게 관련된 '도구적 이

성(instrumental reason)**의 기형적 발달을 극명하게 보여주는 것으로 생태계 파괴, 생산성 제일주의, 무한경쟁, 공동체 의식 쇠퇴와 같은 심각한 폐해를 낳았다. 프랑크푸르트학파(Frankfurter Schule)의 중심인물인 아도르노(Theodor Wiesengrund Adorno)와 호르크하이머(Max Horkheimer)는 공저 『계몽의 변증법 Dialectic of Enlightenment』(2002)[13]에서 인류가 계몽이 진행됨에 따라 진정한 인간적인 상태에 들어간 것이 아니라 오히려 새로운 종류의 야만상태에 빠져들었다고 보았다. 도구적 이성의 발흥으로 기계론적, 환원론적 사고가 지배했던 반생태적인 근대 서구문명이 엔트로피(entropy)가 증가하는 방향으로 진행되어왔음은 부인할 수 없는 사실이다. 그리하여 반(反)생태적 패러다임이 사회 전반을 주도하게 되고, 힘의 논리에 입각한 파워 폴리틱스(power politics)가 횡행하면서 인류는 총체적인 인간 실존의 위기에 처하게 되었다.

파워 폴리틱스는 '최초의 경계와 메타 경계와 메타-메타 경계'를 기반으로 한 수직사회(vertical society)의 전형을 보여주는 것으로 제로섬(zero-sum) 게임에 입각해 있다. 파워 폴리틱스는 헤게모니 장악을 목표로 지배자와 피지배자, 강대국과 약소국, 선진국과 후진국을 이원화시켜 약육강식의 논리가 지배하는 대립적이고 분절적인 세계를 낳았다. "인간은 자유롭게 태어났음에도 도처에서 사슬에 얽매어 있다"고 한 루소의 말처럼, 대의정치 또한 우리에게 권력과 자유의 부조화라는 어두운 유산을 남겼다. 과연 대의정치가 지

---

* '도구적 이성'은 근대 문명에 대해 독자적인 비판을 제시한 아도르노 사상의 핵심 개념이다. 도구적 이성은 목적의 타당성이나 가치를 중요시하는 대신, 목표 달성의 효과성·효율성을 강조하는 서구 물질문명의 몰가치적(value free) 정향을 대변하는 개념으로 '도구적 합리성'은 근대적 합리성의 허구를 여실히 보여준다. 도구적 이성으로 계몽된 인간은 일체를 도구의 대상으로 파악하고 계측, 수량화하여 심지어는 人性까지도 物化시킴으로써 모든 것을 도구적 기능으로 환원시킨다는 것이다. 프랑크푸르트학파의 대표적 인물인 호르크하이머 역시 이러한 도구적 이성에 대해 비판하고 있다.

역·계급·신분·집단 등의 특수이익이 아닌, 전 국민의 일반이익을 대표하는 것이라고 말할 수 있을 것인가에 대한 비판의 목소리가 높아진 지 오래다. 작은 이치에는 밝지만 큰 이치에는 어두운, 무절제한 지식 욕구와 무익한 지적 호기심도 마찬가지다. 도대체 무엇을 위한 지식인가? 작은 도리에는 밝지만 큰 도리에는 어두운, 정치권의 실종된 윤리의식도 이와 다르지 않다. 도대체 누구를 위한 정치인가? 루소는 국가의 본질이 자유와 권력의 조화에 있는 것으로 보았다. 그러나 치자와 피치자 사이의 경계가 뚜렷해질수록 권력과 자유의 부조화도 커지게 된다. 역사를 통해서 볼 때 통치자의 주권 탈취로 인해 국민은 복종을 강요당하기는 해도 의무감을 느끼지는 않게 되어 사실상 국가의 해체에 이른 경우가 많았다. 루소는 그의 『사회계약론 *The Social Contract*』(1762)에서 '왜 대의정치가 아닌가' 그리고 '직접민주정치일 수밖에 없는가' 하는 것을 명료하게 보여준다.

주권은 양도될 수 없다는 이유와 같은 이유로 대표될 수도 없다. 주권의 본질은 일반의지이며, 의지는 대표될 수 있는 것이 아니기 때문이다.…따라서 인민의 대의원은 일반의지의 대표자가 아니며, 대표일 수도 없다. 그들은 단지 인민의 고용인일 뿐이다. 그들은 그 어떠한 일에서도 최종적인 결정을 내릴 수 없다. 인민이 직접 승인하지 않은 법률은 모두 무효이며, 절대로 법률이 아니다.

Sovereignty cannot be represented, for the same reason that it cannot be represented…Thus the people's deputies are not, and could not be, its representatives; they are merely its agents; and they cannot decide anything finally. Any law which the people has not ratified in person is void; it is not law at all.[14]

루소의 인민주권론은 양도할 수도, 분할할 수도 없는 개념이다. 루소에 의하면 법률은 일반의지(volonté générale)의 선언에 지나지 않으므로 국가의 심장(the heart of the state)인 입법권에서 인민이 대표될 수 없음은 명백하다.[15] 일반의지는 오직 공공의 이익을 지향하는 것으로 인민전체가 그 대상이며, 국가의 최고의지로서 불가오류성(infallibility)을 띠는 것으로 나타난다. 그런 까닭에 일반의지에 복종하기를 거부하는 자는 누구라도 전체에 의하여 그 것에 복종하도록 강제되어야 한다고 한 것이다. 따라서 개별적 특수의지의 총화에 불과한 전체의지(volonté de tous)와는 구별하고 있다. 이러한 그의 철저한 인민주권론은 인민의 자유가 결코 대의정치를 통해서는 구현될 수 없음을 말해 준다. 하여 비록 스스로는 자유라고 생각하고 있지만, 자유로운 것은 기껏해야 의원을 선거하는 동안만의 일이고, 선출됨과 동시에 인민은 노예가 되어버린다는 것이다. 말하자면 대표자를 가지게 됨과 동시에 인민은 존재하지 않게 되는 것이다. 이렇게 볼 때 루소의 일반의지는 오직 각 시민이 능동적으로 직접 입법업무에 참여하는 사회에서만 달성될 수 있으며 대의정치 하에서는 실현이 불가능하다. 일반의지는 모든 시민의 유기적 결합으로 존속하게 되는 정치체의 자발적 의지이다. 루소의 일반의지에 의한 직접민주정치는 치자와 피치자간의 고도의 자동성의 원리에 기초하여 오직 공공의 이익만을 추구하는 까닭에 권력과 자유의 조화가 가능한 것으로 나타난다.

근대 합리주의와 과학적 객관주의가 함축한 과도한 인간중심주의와 이원론적 사고 및 방법론은 20세기 들어 실험물리학(experimental physics)의 발달로 그 한계성을 지적받게 된다. 낡은 기계론적 세계관의 관점이 더 이상은 실제 세계를 반영하지도, 문제 해결의 유익한 단서를 제공하지도 못한다는 사실이 분명해지면서 '도구적 이성'과 '도구적 합리주의(instrumental ratonalism)'

에 대한 자기반성이 촉구되고 패러다임 전환의 필요성이 제기된 것이다. 현대 과학혁명과 그에 따른 패러다임 전환은 현재진행형이다. 근대 합리주의가 인간 이성을 자각하지 못한 중세적 패러다임을 비합리적인 것으로 규정하고 합리적 정신과 과학적 방법에 의해 세계를 재해석했던 것과 마찬가지방식으로, 오늘날의 생태합리주의는 생태계를 네트워크로 인식하지 못하는근대 합리주의를 비합리적인 것으로 규정하고 전일적(holistic)인 생태 패러다임에 의해 세계를 재해석하고 있다. 근대 과학혁명을 통해 새로운 정상과학(正常科學 normal science)이 기계론적 세계관의 새 패러다임에 의해 기존의 정상과학을 대체했듯이, 이제 현대 과학혁명을 통해 새로운 정상과학—특히 현대 물리학—이 시스템적 세계관(전일적 실재관)의 새 패러다임에 의해 기존의정상과학을 대체하는 작업이 진행 중에 있다.

20세기 물리학계에 나타난 가장 커다란 변화 중의 하나는 세계를 바라보는 관점이 비결정론적으로 바뀌었다는 사실이다. 즉 막스 플랑크의 양자가설에 이어, 광양자가설로 설명되는 아인슈타인의 광전효과, 그리고 결정적으로는 하이젠베르크의 행렬역학과 슈뢰딩거의 파동역학에 이르러 결정론적 세계관에 기초한 뉴턴의 고전역학이 양자역학이라는 새로운 패러다임으로 전환된 것이다. 1920년대 중엽에 이르기까지 이러한 일련의 패러다임전환은 고전물리학의 경계를 뛰어넘는 신호탄이 되었다. 1927년 하이젠베르크가 불확정성원리(uncertainty principle)를 통해 미시적 양자세계에서의 근원적 비예측성(unpredictability)을 입증하면서 결정론적 세계관은 결정적으로 빛을 잃게 되고, 낡은 경계들이 붕괴됨에 따라 물리세계는 인식론적 차원에서도 비결정론적이고 통계적인 것으로 변환되게 된다. 이와 같이 물리학의 안정된 기반이 허물어지면서, '최초의 경계와 메타 경계와 메타-메타 경계'를기반으로 한 고전물리학의 지도는 낡은 것이 되고 말았다. 실로 고전물리학자들의 눈에 비친 우주는 시간과 공간의 확연한 경계에 따라 서로 분리된 사물과 사건들이 조합된 것에 지나지 않았다. 프랑스의 이론물리학자 루이 드 브로이(Louis de Broglie)는 지적 세계의 역사상 '양자혁명'과 비견될 만한 대격변은 일찍이 없었다면서 이렇게 말했다. "양자(quanta)가 은밀하게 도입된 날, 고전물리학의 방대하고 웅장한 체계는 스스로가 그 기반부터 흔들리고 있음을 알게 되었다."[16]

이제 우리는 시간, 공간, 물질, 에테르, 전기, 메커니즘, 유기체, 원자배열, 구조, 패턴, 기능 등 모든 것이 재해석을 요구하는 시점에 살고 있다. 예컨대, 뉴턴의 중력법칙은 일상생활에는 여전히 유효하지만, 빛과 같이 질량이 0에 가까운 물질에는 적용할 수 없다는 한계가 있다. 반면 아인슈타인의 중력법칙(일반상대성이론)은 이런 상황에까지도 적용할 수 있다. 즉 뉴턴은 중력을 두 물체 사이에 작용하는 인력이라고 생각하여 '지구와 사과 사이의 만유인력'에 의해 사과가 떨어진다고 본 반면, 아인슈타인은 중력을 4차원 시공간에 작용하는 중력장(gravitational field)이라고 생각하여 '지구의 질량에 의해 휘어진 시공간 속으로 사과가 굴러 떨어지는 것'이라고 본다. 빛의 속도로 움직이는 차원에서는 아인슈타인의 상대성원리가 적용되는 것이다. 소립자란 독립적으로 존재하는 분리된 실체가 아니라 본질적으로 네트워크적 속성을 지니고 있는 까닭에 시간과 공간 속에서 그 어떤 형태의 객관적 위치라는 것을 갖고 있지 않다. 스피노자가 "여러 실체가 존재할 수 없고 오직 하나의 실체만이 존재할 수 있다"[17]고 말한 것도 실체의 비분리성·비이원성을 말해주는 것이다. 궁극적 실체는 경계가 없기 때문에 측정할 방법도 없다. 현대의 '전자구름 모형'이 말해 주듯이, 원자 이하의 소립자들은 경계가 없기 때문에 거기에는 메타 경계도, 측정도 있을 수 없으며, 따라서 메타-메타 경계와 법칙들도 있을 수 없다.

오늘날 양자물리학자들은 경계라는 것이 실재하는 것이 아니라 일종의 관습에 불과하다는 것을 인식하게 되었다. 경계란 실재를 느끼고 만지고 측정한 산물이 아니라, 영토를 지도로 그려내는 것처럼 실재를 작도하고 편집한 방식의 산물이라는 것을 알게 된 것이다. 말하자면 경계란 실재하는 것이 아니라 상상의 산물이다. 자연현상을 설명하는 자연법칙이라는 것도 실재에 대해 우리가 그어놓은 경계에 지나지 않기 때문에 실재를 묘사하는 것이 아니라 경계들의 네트워크를 묘사하는 것일 뿐이다. 한마디로 실재란 개별적인 사물이나 경계의 복합체가 아니라 '무경계 영토(the territory of no-boundary)'인 것이다. 분류되고, 경계 지워지고, 작도된, 메타 작도된 세계가 아니라 있는 그대로의 세계, 즉 하나의 거대한 전체이다.[18] 이러한 현대 물리학의 실재에 대한 개념은 의상 대사가 중(中)과 즉(卽)의 이론으로 파악한 법계연기론(法界緣起論)과 유사하다. 화엄교학의 중추를 이루는 법계연기설은 차별적인 현상계인 사법계(事法界), 평등무이(平等無二)한 본체계인 이법계(理法界), 본체와 현상이 원융한 이사무애법계(理事無碍法界), 현상계의 만유가 원융자재하고 상즉상입하여 원융무애한 세계를 끝없이 연기론적으로 펼쳐보이는 사사무애법계(事事無碍法界)의 4법계에서 살펴볼 수 있다. 모든 사물과 사건 사이에는 경계가 없으므로 제법상이 아무리 복잡하게 뒤얽혀 있어도 전체적으로는 조화와 균형을 유지하게 된다고 보는 것이 법계연기의 논리이다.

실재세계는 '무경계 영토'의 세계이므로 문자나 언어의 영역을 초월해 있다. 실재를 '도(道)'라고 부르기도 하지만 '도'라는 이름이 붙는 순간, 경계를 설정하게 되므로 이미 그것은 실재가 아니다. 그래서 이를 경계하여 『도덕경』 제1장에서는 "도라고 이름 붙여진 도는 상도(常道: 영원한 도)가 아니다(道可道 非常道)"라고 한 것이다. '도'라는 이름을 넘어서지 않고서는 결코 영원한

도, 즉 진리에 이를 수 없다는 것이다. 마찬가지로 "이름이라고 붙여진 이름은 상명(常名: 영원한 이름)이 아니다(名可名 非常名)." 이름은 경계이며 실재는 경계 그 너머에 있으므로 신(神)이나 도(道)와 같은 이름은 진리 그 자체가 아니라 '진리의 달'을 가리키는 손가락에 불과한 것이다. 동양에서는 모든 경계가 환상에 불과하다는 사실을 알고 있었기에 영토와 지도, 실재와 경계를 혼동하지 않았다. 실재란 '영원불변하고 두루 편재하는 유일자'[19]이다. 분리 자체가 근원적으로 불가능한 이 유일자(唯我)가 바로 '참나'이며 이 세상 모든 것이다. 전체와 분리된 '나'라는 에고로서의 존재는 실재하는 것이 아니다. 일체의 고통은—죽음마저도—에고 의식에서 비롯되는 까닭에 '나'라고 경계 지을만한 실체가 없음을 알고 집착을 버리면 고통에서 해방된다. 삶의 세계에서 일어나는 모든 문제는 인식의 빈곤 상태에서 기인하는 것이다, 무지와 망상, 분노와 증오, 갈망과 탐욕, 시기와 질투, 교만과 불신 등이 참된 인식을 가로막는 마야의 장막이다.

그 어떤 고통이나 두려움도 실체가 있는 것이 아니지만, 우리의 정신체, 감정체가 지닌 색상에 의해 채색되고 형상화되는 것이다. 삶은 선도 악도 아니며, 행도 불행도 아니다. 그것은 다만 에고의 해석일 뿐이다. 우주 속의 그 어떤 것도 분리될 수 있는 것이 아닌데 에고라는 잣대로 분리하는 데서 오는 것이다. 에고는 경계이며 분별지(分別智)의 다른 이름이다. 에고는 분리된 사물을 지각하는 것이 아니라 그것들을 무수히 만들어냄으로써 원초적인 소외감에 휩싸이게 된다. 우리가 대상이라고 여기는 이 세상의 모든 것은 단지 단일한 에너지(一氣)가 다양하게 현현한 것이다. '이것'의 의미는 '저것'과의 관계 속에 있으며, '우리'의 의미는 '그들'과의 관계 속에 있다. 에고 내에서 '나'와 '너'의 관계는 역사의 무대에서 '우리'와 '그들'의 관계로 치환된다. 근대에 이르기까지 역사의 무대에서 펼쳐진 무수한 국가의 명멸과 문명의 부침

(浮沈)은 이러한 관계성에 대한 인식을 통해 무경계를 통찰하기 위한 영적 진화의 여정이었다. 원래 자연에는 아무런 경계가 없지만, 분별지에 사로잡힌 에고로서의 존재가 온갖 경계를 그리면서, 삶과 죽음, 선과 악, 행복과 불행, 성공과 실패라는 이분법적 신화가 창조된 것이다. 영적 진화의 머나먼 여정은 심(心)에 입각하여 무심(無心)을 이루듯 '경계'에 입각하여 '무경계로 나아가는 것이며, 그것은 곧 티끌 속에서 티끌 없는 곳으로 가는 길이다.

'실재는 무경계(reality is no-boundary)'이다. 그것은 단순한 철학적 사변이 아니라 일상적이며 구체적인 삶의 문제이다. 경계가 애초에 환상이었다는 사실을 알아차리기만 하면 갈등 역시 환상이라는 것도 밝혀진다. 이런 궁극적인 지혜를 열반(nirvana) 또는 해탈(moksha)이라고 부른다. 인도의 성자 라마나 마하리쉬(Sri Ramana Maharshi)는 경계가 소멸된 궁극의 의식 상태(the ultimate state of consciousness)를 이렇게 나타내고 있다, "창조도 없고 파괴도 없다. 운명도 없고 자유의지도 없다. 길도 없고 성취도 없다. 이것이 궁극의 진리이다."[20] 또한 불교의 무아(無我) 교리를 설파한 『청정도론(淸淨道論 Visuddhimagga)』 제16장에는 이렇게 나와 있다. "괴로움이 있을 뿐, 괴로워하는 자는 없다. 행위가 있을 뿐, 행위 하는 자는 없다. 열반이 있을 뿐, 열반을 구하는 자는 없다. 길이 있을 뿐, 그 길을 가는 자는 없다." 우아일여(宇我一如)의 무경계 세계에는 내게 괴로움을 주는 대상은 존재하지 않는다. 켄 윌버는 통합의식(unity consciousness)이 곧 진정한 무경계의 세계라고 말한다. 파동역학의 창시자 에르빈 슈뢰딩거는 실재가 무경계라는 사실이 곧 우리의 진정한 정체성임을 다음과 같이 나타내고 있다.

대지 위에 자신을 던져 어머니인 대지 위에 몸을 누이면, 당신이 그녀와 하나이고 그녀가 당신과 하나임을 확신할 수 있게 된다.…'한 번'만이 아니라 수천 번

어머니 대지는 당신을 집어삼키고 또한 당신을 낳을 것이다. 단지 '어느 날'만이 아니라 지금, 오늘, 그리고 매일 그럴 것이다. 영원히 그리고 언제나, 오직 하나이며 동일한 '지금'만이 존재하고, 현재만이 유일하게 끝이 없기 때문이다.

you can throw yourself flat on the ground, stretched out upon Mother Earth, with the certain conviction that you are one with her and she with you.… And not merely 'some day': now, today, every day she is bringing you forth, not *once* but thousands of times, just as every day she engulfs you a thousand times over. For eternally and always there is only *now*, one and the same now; the present is the only thing that has no end.[21]

실재는 무경계이며 순수 현존(pure presence)이다. 그것은 과거의 기억이나 미래의 욕망 속에서가 아닌 '지금 여기(now here)'에 존재하는 방식이다. 'now here'를 붙여 쓰면 'nowhere', 즉 '어디에도 없는 곳'이라는 의미가 되는데 이는 '지금 여기'의 의미를 역설적으로 설명해 준다. '지금 여기'는 시공(時空)이 일어나지 않는 무심(無心)의 경계이므로 어디에도 없는 곳, 즉 유토피아다. 개체화(particularization) 의식이 일어나면 시공(時空)이 일어나고 경계가 생겨나게 되므로 과거도 미래도 아닌 '지금 여기'에 존재할 수 없게 된다. 순수 현존이란 시공을 초월하여 영원에 가 닿은 자만이 존재할 수 있는 방식이다. 영원에 가 닿기 위해선 과거나 미래와 연관된 사념(思念)의 구름이 완전히 사라져야 한다. 구름이 비가 되기 위해 있는 것이듯 마음 또한 무심(無心)이 되기 위해 있는 것이다. 심(心)에 입각하여 '무심'을 이룸으로써 에고를 초월하는 것이다. 그러나 '심(心)'이 없이는 '무심'의 경지를 알지 못한다. 육체적 자아가 없이는 우주적 자아(순수 현존)를 알 길이 없는 것이다. 그래서 앎을 존재로서 체험하기 위해 상대계인 물질계가 존재하는 것이다. 앎의 원을 완성하기 위해선 부단한 의식의 자기교육과정을 통해 즐거움과 괴로움, 성공과 실패, 삶과 죽음 등 일체의 양 극단이 한 맛(一味)임을 알아야 한다. 그러기 위해선 시련의 용광로를 통과함으로써 거칠고 방종한 자아가 길들여져야 하는 것이다. 시련은 영혼이 건강하지 못한 자에게 하늘이 내리는 사랑의 묘약(妙藥)이다. 영혼이 건강하지 못한 자란 분별지(分別智)에 사로잡혀 '나'와 '너', '이것'과 '저것'을 분리시키고 끝없이 경계를 만들어내는 의식이다.

순수 현존이란 유(有)도 아니요 무(無)도 아니요, 양 변을 멀리 떠나면서도 그렇다고 중간에 집착하지도 않는 무주(無住: 머무름이 없음)의 경계다. 무주의 덕이야말로 일심의 본체에 계합(契合)하는 것으로 순수 현존이 일어나게 하는 원천이다. 깨달음이란 마치 푸른 하늘을 덮고 있는 먹장구름이 걷히는 것과도 같이 본래 적정(寂靜)한 일심의 체성(體性)을 훼손하거나 파괴하는 것이 아니라 있는 그대로 드러나게 하는 것이므로 공(空)도 아니고 공 아닌 것도 아니다. 순수 현존이 일어나게 하는 '무주'의 덕을 지니기 위해선 일체의 대립상과 상대적 차별상을 떠나 만물을 평등한 것으로 볼 수 있어야 한다. 이는 곧 생명의 전일성에 대한 자각이다. 만물을 하나로 평등하게 보는 '도추(道樞)' 또는 '천균(天鈞)'의 경지에 이르게 되는 것이다. 이는 곧 무궁(無窮)의 품속에서 노니는 절대적 자유의 경지다. 삶과 죽음, 부와 빈곤, 기쁨과 슬픔, 선과 악과 같은 상대적 개념들에 편착하여 어느 한 쪽에 머물러서는 순수 현존이 일어날 수가 없다. 물질계의 양 극단의 존재는 긴장감의 조성을 통해 의식의 확장을 위한 학습효과를 극대화하려는 하늘의 배려다. 진속(眞俗) 평등의 본체를 체득함으로써 우리의 마음이 순수하게 일심의 본체에 계합할 때 '무주'의 덕을 지닌 순수 현존으로서 홍익중생(弘益衆生, 自利利他)을 실현할 수 있게 된다. 이를 일러 『대승기신론소』에서는 일체의 미망을 떠나 적정(寂靜)의 경지에 달하게 되면 "지혜의 광명이 모든 현상계를 두루 비쳐 평등무이하게 된다"²²라고 하고 있는데 이것이 곧 화쟁(和諍)의 실천이다. 『바가바드 기타 *Bhagavad Gita*』에서는 순수 현존을 평등성지(平等性智)의 발현으로 나타내고 있다.

물질 차원의 세 기운—밝은 기운(삿트바 sattva), 활동적인 기운(라자스 rajas), 어두운 기운(타마스 tamas)—을 초월한 사람은 어떤 상태를 싫어하거나 갈구하지 않으며 밝으면 밝은 대로, 활동적이면 활동적인 대로, 어두우면 어두운 대로 놔둔다. 물질의 기운들이 활동하는 것을 바라보며 아무런 영향을 받지 않고 흔들리지 않는 상태로 머문다. 그는 괴로움과 즐거움을 같은 것으로 보며, 황금과 돌과 흙을 하나로 여긴다. 칭찬을 들어도 기뻐하지 않고 비난을 받아도 불쾌해 하지 않는다. 명예와 불명예를 같은 것으로 보며, 친구와 적을 똑같은 마음으로 대하고 이기적인 행위를 도모하지 않는다.

He who hates not light, nor busy activity, nor even darkness, when they are near, neither longs for them when they are far; who unperturbed by changing conditions sits apart and watches and says 'the powers of nature go round', and remains firm and shakes not; who dwells in his inner self, and is the same in pleasure and pain; to whom gold or stones or earth are one, and what is pleasing or displeasing leave him in peace; who is beyond both praise and blame,…who is the same in honour or disgrace, and has the same love for enemies or friends, who surrenders all selfish undertakings—this man has gone beyond the three.²³

역사의 새벽에 인류는 '실재(reality)'를 잡기 위해 '경계(boundary)'라는 그물을 던졌다. '생각하기'와 '사물화하기'는 경계라는 그물에 붙인 두 개의 다른 이름이다. 그러나 세계 역사의 무대에서 에고(ego 個我)는 존재로서의 삶 자체가 의식의 자기교육을 위한 학습과정이며, 의식을 탐구하는 수단으로 감각기능이 주어지고, 학습효과를 극대화하기 위한 학습기자재로 상대계인 물질계가 존재한다는 사실을 알지 못한다. 그런 까닭에 스스로가 이르게 된 폐허로부터 벗어나려는 시도는 유보된 채 결과에 대한 집착으로 불순한 행위가 일어나고, 그로 인해 영성 계발을 위해 하늘이 쳐놓은 카르마(karma 業)의 그물에 걸리게 된다. 그러나 존재는 카르마의 그물에 걸렸다는 사실조차 알아차리지 못한 채 계속해서 자신의 욕망이 투영된 신기루(mirage) 같은 행위를 만들어낸다. 존재는 자신에게 가장 위험한 것이 무지(無知)가 아니라 알고 있다는 착각이라는 사실을 알지 못한 채 자기 생각 속에서만 존재하는 '금욕주의적 에고(the stoic ego)'로서 살아간다. 그리하여 삶을 실존으로서가 아닌, 단지 추상적인 이념으로서만 느끼며 자기동일성을 유지한다. 그런 까닭에 티끌세상의 불순함에 물들지 않고서는 순수 자아의 의미를 알 수가 없다는 사실을 인지하지 못한다. 죽음과 시련의 교육적 의미를 알지 못하니 앎의 원을 완성해야 한다는 자각도 일어나지 않는다. 다만 이 우주가 자신을 위해 존재하지 않는 것에 대해 하늘을 원망하고 땅을 원망하고 세상을 원망하며 실존이 아닌 추상태로서의 삶에 다함이 없는 갈증을 느낀다.

그러나 존재는 그러한 갈증이 물을 버리고 해갈(解渴)을 구하는 자의 갈증과도 같은 것이라는 사실을 아직은 알아차리지 못한다. 자신의 갈증이 생명의 수원(水源)과 단절된 꼿꼿이 삶을 영위하는 데서 오는 것이라는 사실을 인식하지 못하는 것이다. 그러한 갈증 속에서 어느 순간 존재는 '생각하는 이성(thinking reason)'이 되도록 촉구되고, 자기부정성에 의해 '회의주의적 에고(the skeptic ego)'가 된다. 자기 확신과 타자에의 구속이라는 이중의식 속에서 물질계의 양극성을 통합하지 못한 채 존재는 자기갈등과 자기연민을 동시에 표출하는 카오스적 의식으로 스스로를 드러낸다. 이러한 카오스적 의식은 '불행한 의식(unhappy consciousness)'의 단계에 이르러 그 진실을 드러내게 된다. 이 단계에서 삶은 추상성을 극복하고 종교적·정신적 세계에서 현실성을 띠게 된다. 존재는 자신을 불변성에 대치시킴으로써 스스로의 무존재성(nothingness)을 드러내게 되고 불행한 의식 속에선 본체와 작용, 불변성과 가변성, 신과 인간의 대립이 야기된다. 이러한 대립은 종교적·정신적 세계에서 자체적인 통합을 달성하기는 하지만 물질계와의 대립구조로 인해 지속적이 되지는 못하는 까닭에 존재는 스스로가 불행한 의식이라는 것을 비로소 알아차리게 된다. 그리하여 에고로서의 존재는 불행한 의식을 극복하고 실존적 삶을 구가할 수 있는 길을 모색하게 된다.

에고는 의식의 불을 밝히면 사라지는 어둠인 까닭에 분리의식이 사라지면 '지금 여기'에 순수 현존이 일어난다. 순수 현존은 불변성과 가변성, 보편성과 특수성의 화해가 이루어져 삶의 미망이 사라지면 스스로 그 모습을 드러내는 순수의식이다. 마침내 무경계를 자각하는 순간 에고가 무르익어 떨어져 나가면서 존재는 정신(Spirit)이 되어 앎의 원을 완성하고 무경계인 실재를 깨닫게 됨으로써 불행한 의식을 극복하게 된다. 참자아로서의 실존적 삶을 구가할 수 있게 된 것이다. 순수 현존은 일체의 인과법칙에서 벗어나 있는 까닭에 더 이상은 주관과 객관의 놀이가 일어나지 않는다. 자각적 인식이 결여된 무의식의 차원과는 달리 내재적 본성인 신성의 자각적 주체로서 행위 하게 되는 것이다. 이기적인 행위를 도모하지 않는 까닭에 그 행위는 전체적이며 카르마의 그물에 걸리는 일도 없다. 괴로움과 즐거움, 성공과 실패, 삶과 죽음 등 일체의 차별상이 그 속에 용해된다. 이 세상 그 어떤 것도 포괄하지 않음이 없고 포괄되지 않음도 없다. 마침내 존재는 순수 현존이 되어 내면의 하늘에 빛나는 진리의 달을 바라본다. 존재의 근무처는 '지금 여기'임을, 이 세상의 모든 문제는 근무처인 '지금 여기'에서 이탈함으로써 발생하는 것임을, 그리고 '지금 여기'에 있는 진리의 달은 보지 못하고 강물에 비친 달그림자에 미혹되는 데서 일어나는 것임을 명징하게 깨닫는다. 존재는 강물이 되어 흐르고 강물은 존재가 되어 흐른다.

농경과 '문명'의 발생 그리고 전개

농업이 대다수 인간 사회의 기반을 이루었던 농경 시대는 대략 1만~1만 1,000년 전 최초의 농업공동체들의 출현과 함께 시작되었다. 인간 버전의 수렵채집 시대에 해당하는 약 30만 년의 기간에 비하면 농경 시대는 1만 년 정도에 불과하지만, 인류 전체의 약 70퍼센트가 농경 시대를 거쳐 간 것으로 추정된다. 농업은 여러 지역에서 독자적으로 출현하여 점차 농업기술과 생활방식이 세계 전역으로 전파된 것으로 보인다. 농업이 발전한 지난 1만 년 동안의 변화는 인간의 개입이 없었던 수렵채집 시대와는 달리, 주변 환경에 대한 의도적인 개입과 집약적인 기술 변화를 통해 자연환경뿐만 아니라 문화와 생활방식에 대한 인간의 영향력을 더욱 강화시킴으로써 인류사의 한 시대를 혁명적으로 변화시켰으니, 이를 흔히 '농업혁명(Agricultural Revolution)'이라고 부른다. 그런데 여기서 질문이 제기될 수 있다. "왜 수렵채집 생활에 성공적으로 적응했던 인간이 전 세계적으로 그런 생활 방식을 버리고 농업을 선택했을까?" 하는 것이다. 또한 "플라이스토세(Pleistocene 洪積世)에는 불가능했던 농경이 어떻게 홀로세(Holocene 沖積世)에는 필수적인 것이 되었을까?" 하는 것이다. 이 두 가지 질문은 농경 발생의 주관적 및 객관적 요인에 관한 것이다.

유발 하라리는 농업혁명을 '역사상 최대 사기'라고 혹평했다. 그에 따르면, 한때 학자들은 농업혁명이 인간성을 향한 위대한 도약이라고 생각하며 진보의 이야기를 지어냈다. 즉 진화가 진행됨에 따라 사람들은 더 지능이 뛰어나고 똑똑해져서 자연의 비밀을 알아내고 양을 길들이며 밀을 재배할 수 있게 되면서, 수렵채집인의 삶을 포기하고 농부의 안정된 삶을 즐기기 위해 정착했다는 것이다. 그러나 하라리는 이 이야기가 환상이라고 말한다. 시간이 흘러 사람들이 더 총명해졌다는 증거는 없으며, 수렵채집인들은 농업혁명 훨씬 이전부터 동물 사냥과 식물 채집 과정에서 자연의 비밀을 알고 있었다는 것이다. 농업혁명은 안락한 새 시대를 열기는커녕, 농부들은 대체로 수렵채집인들보다 더 힘들고 불만스럽게 살았다는 것이다. 농업혁명 덕분에 식량의 총량이 확대된 것은 분명한 사실이지만, 여분의 식량이 더 나은 식사나 더 많은 여유시간을 의미하지도 않았고, 경제적 안정을 제공하지도 않았으며, 오히려 인구폭발과 방자한 엘리트를 낳았고, 평균적인 농부는 평균적인 수렵채집인보다 더 열심히 일했지만 더 열악한 식사를 했다는 것이다. 하라리는 어느 종이 성공적으로 진화했느냐의 여부는 굶주림이나 고통의 정도가 아니라 DNA 이중나선 복사본의 개수로 결정된다며, 농업혁명의 핵심은 더 많은 사람들을 더 열악한 환경에서 살아 있게 만드는 능력이라고 단언한다. 그는 '호모 사피엔스 DNA 복사본의 개수를 늘리기 위해 삶의 질을 포기하는 거래에 동의한 사람은 아무도 없었다'며, 한마디로 '농업혁명은 덫'이었다고 결론 내린다.[24]

고고학자들 역시 농업화된 음식으로의 전환이 우리가 먹는 음식의 질을 떨어뜨리고 개인당 노동량을 증가시켰다고 믿고 있다. 그렇다면 왜 인간은 농업을 선택했을까? 이언 모리스는 농경 발생의 주요 원인을 기후 변화라는 객관적 요인과 인구 증가에 따른 식량 조달의 필요라는 주관적 요인의 조합으로 본다. 기원전 14000년 이후부터 지구가 따뜻해지기 시작해 기원전 12700년까지는 온도가 근현대와 엇비슷해졌으며, 기원전 10800년경 극심하게 추운 소빙하기―'영거 드라이아스기(Younger Dryas Period)'라고 부르는―가 닥쳐서 세계는 다시 1,200년 동안 빙하로 뒤덮였지만 한랭기가 끝나자 온도 가 빠르게 상승해 세계는 오늘날보다 더 따뜻해졌다. 빙하기가 끝난 기원전 9600년 이후에도 여러 차례 기후변동이 있었지만 영거 드라이아스기에 비 견할 만한 변동은 없었다. 거의 1만 2천 년 전부터 우리는 고고학자 브라이 언 페이건(Brian Fagan)이 '긴 여름(the long summer)'이라고 명명한 안정된 간빙 기에 살고 있다. 바로 이 '긴 여름'이 농경의 발명에 객관적 필요조건이었다. 이 조건이 충분하려면 두 번째 조건이 필요했다. 그것은 인구 증가에 따른 식량 조달의 필요라고 하는 현생 인류의 주관적 조건이었다. 최종 빙하기의 절정기인 2만 년 전에는 지구상에 사람이 50만 명밖에 없었지만, 1만 년 전 에는 600만 명이었고, 다시 1만 년이 지난 지금은 세계 인구가 70억 명을 넘 어섰다. 수렵채집의 방식으로는 부양자원의 양을 확보하기에 한계가 있었 던 것이다. 이처럼 '긴 여름'이라는 기후 변화와 인구 압력의 조합으로 농경 이 발생하고 확산되었다.[25]

한편 제레드 다이아몬드는 식량 생산과 수렵채집을 상호경쟁의 대안 방 식으로 이해한다. 지난 1만 년 동안 나타난 지배적인 결과는 대체로 수렵채 집에서 식량 생산으로의 전환을 보여주고 있는데, 그는 수렵채집보다 식량 생산의 경쟁력이 더 커지게 만든 주요 요인을 대략 네 가지로 추려내고 있 다. 첫 번째 요인은 수렵채집인들의 야생 먹거리가 감소한 것이다. 남북아 메리카에서는 홍적세 말기에 대형 포유류가 대부분 멸종했고 유라시아와 아프리카에서도 일부가 멸종했다. '비옥한 초승달 지대(Fertile Crescent)''에서

도 그 지역의 수렵채집인에게 주요한 육류 공급원이었던 야생 가젤의 수효가 감소함에 따라 동물의 가축화가 야기되었다. 두 번째 요인은 야생동물의 감소로 수렵채집 생활의 보상이 줄어든 반면, 작물화할 수 있는 야생식물의 증가로 식물의 작물화에 따르는 보상이 많아졌다는 것이다. 비옥한 초승달 지대에서는 홍적세 말기의 기후 변화로 야생 곡류의 생식지가 크게 확대되어 막대한 양의 수확을 거둘 수 있게 되었는데, 이는 곧 이 지역 최초의 농작물인 밀, 보리 등 곡류를 작물화하는 일의 전 단계에 해당했다. 세 번째 요인은 야생 먹거리를 채집하거나 가공, 저장하는 등 식량 생산에 필요한 각종 기술이 계속 발전했다는 것이다. 이렇게 누적된 발전들은 식물의 작물화로 나아가는 첫 단계이기도 했다. 네 번째 요인은 인구밀도의 증가와 식량 생산의 도입이 양방향 관계였다는 것이다. 인구밀도가 증가하면서 더 많은 먹거리를 구해야 했고, 식량 생산은 수렵채집에 비해 단위면적당 더 많은 식품 열량을 얻게 하므로 결국 인구밀도를 상승시켰다. 결국 수렵채집인들은 식량 생산자들에 의해 쫓겨나든지 스스로 식량 생산을 받아들여야만 생존할 수 있었다.[26]

농업의 출현은 인류 문명을 가능하게 한 원동력이었다. 농업의 기원에 대해서는 메소포타미아와 메소아메리카(Mesoamerica)* 지역을 중심으로 세밀하게 연구되었다. 이 두 지역의 경우를 보면, 농업의 최초 단계는 선호하는 자

에 대한 雅稱이다. 이 지대의 범위는 왼쪽으로 이집트에서 시작해 지중해 연안인 시리아 · 요르단 · 팔레스타인 · 레바논과, 그 위의 터키, 오른쪽으로 이라크와 이란을 포함하는 초승달 모양의 지역이다.

* 메소아메리카는 오늘날의 멕시코, 과테말라, 온두라스, 엘살바도르, 니카라과, 코스타리카 등 중앙아메리카 일원을 지칭하는데, 크게 멕시코 이남의 고대 선진문명인 마야(Maya) 문명과 멕시코 이북의 중세 문명인 아즈텍(Aztec) 문명이 포함된다.

원을 이용해 해당 지역의 환경에 맞도록 도구와 기술의 효율성을 향상시키는 방식으로 나타났다. 이러한 새로운 기법을 활용해 전통적인 수렵채집인은 해당 지역에서 더 많은 자원을 획득함으로써 풍요로운 수렵채집인으로 탈바꿈했고, 그리하여 한 지역에서 충분한 자원을 얻을 수 있게 되면서 반(半)정주민이 되었다. 마지막 빙하기가 끝날 무렵 세계 도처에서, 특히 물고기나 야생곡물 같은 먹이 자원이 풍부한 지역에서 이러한 풍요로운 공동체들이 출현했다. 빙기의 종식은 수렵채집 시대에 일어난 전 지구적 이주의 최종 단계와 시기적으로 일치하며, 이때쯤 지구 전역에는 사람이 살고 있지 않은 지역이 거의 없었다. 더 온화하고 습기가 많고 비옥한 지역은 인구 압력의 증대와 인구 증가에 따른 지역 간 교환의 증가로 1만~1만 1,000년 전부터 세계 여러 지역에서 일부 수렵채집 공동체들이 정주하기 시작했고, 이러한 정주성 혹은 반(半)정주성을 가진 일부 수렵채집인이 생산의 집약화를 선택하면서 결국 농민이 되었다.[27]

이러한 발전의 전형적인 예는 기원전 1만 2500년~9500년에 메소포타미아의 비옥한 고지대에서 정착공동체를 만든 호모 나투피안스(Homo Natufians)에게서 찾아볼 수 있다. 거의 10만 년 간 추위와 굶주림을 이겨내야 했던 호모 사피엔스는 마지막 빙하기가 끝날 무렵 인류 최초로 유목생활을 접고 개나 돼지와 같은 동물을 가축으로 길들이며 인류의 운명을 바꿀 생활방식을 실험했다. 이들 '나투프인(Natufians)'은 헤엄치고, 걷고, 달리고, 기어다니고, 날아다니는 모든 동물과 야생 곡물과 지상의 과일·뿌리·열매·견과류 등 주위에 있는 모든 것을 먹었다. 이들의 주식은 야생영양이었다. 정착생활을 시작하면서 공동체 의식이 생겨났다. 초기 나투프 공동체들은 적은 수의 친족들로만 구성되어 있었지만 공동체의 규모가 커지면서 복잡한 문제들이 생겨났고 그에 따라 새로운 관계들이 형성되기 시작했다. 나투프 문화

(Natufian culture)*의 특징은 가옥과 마을의 형성, 공동묘지 조성과 독특한 매장 의식, 섬세한 예술적 표현, 새로운 석기와 값비싼 장식물, 종교지도자 샤먼, 물물교환 등에서 찾아볼 수 있다. 이들은 인구 밀도가 증가하고 토지와 먹거리, 자원을 둘러싼 경쟁이 날로 치열해지는 변화의 시기에 살았다. 이 시기는 농경에 필요한 문화적 기술을 축적한 시기이기도 했다. 나투프인들이 만든 수백 명이 함께 거주하는 정교한 정착공동체는 도시문명으로 가기 위한 중요한 발판이 되었다. 나투프 문화는 고대 근동에서 농경정착문화로 가는 인류의 긴 여정의 마지막 단계로서 농업 문화의 근간을 마련했다.[28]

농업의 출현을 알리는 최초의 증거는 아프리카와 유라시아를 잇는 나일 강 유역과 메소포타미아 사이의 회랑지대에서 나왔다. 비옥한 초승달 지대로 불리는 이곳에서는 기원전 8000년경부터 곡물 경작이 이루어졌다. 나일 강 서쪽 사하라 사막의 공동체들은 기원전 9000년 내지 8000년경에 가축을 길렀고 이로부터 1,000년이 안 되어 사탕수수를 재배하기 시작했다. 중국에서는 기원전 7000년경 쌀과 기타 곡물이 재배되었고, 비슷한 시기에 파푸아 뉴기니와 말레이 군도에서 감자와 타로토란이 재배되었으며, 메소아메리카에서는 기원전 7000년경 호박을 재배했던 것으로 보인다. 기원전 3000년경 남아메리카의 안데스 지역에서는 농작물이 재배되었으며, 이 무렵 메소포타미아와 이집트에서 국가와 도시가 출현했다. 아시아·유럽 및 아프리카의 세 대륙을 망라하는 아프로유라시아(Afro Eurasia)에서 농경 시대는 기원전 8000년경부터 최초의 도시들이 출현한 시기인 기원전 3000년경 사이에 걸쳐

---

* '나투프'라는 이름의 유래는 와덴나투프 계곡의 동굴 이름에서 온 것으로 거기서 발굴된 중석기 유물들의 연대를 추정하여 기원전 1만 2500년~9500년 시기의 문화를 나투프 문화라고 명명한 것이다.

있다. 수천 년에 걸친 농업의 발달로 인구의 규모와 밀도가 증가하고 지리적 팽창이 이루어지면서 점차 촌락에서 도시와 국가로 변화하는 패턴이 나타나게 된다. 기원전 2500년경 인도, 파키스탄, 중국 북부에서 도시와 국가가 출현했고, 기원전 1000년경에는 메소아메리카와 안데스 지역에도 도시와 국가가 출현했다.[29] 농경 시대의 주요 사건을 도표로 나타내면 다음과 같다.

연대	주요 사건
BCE 1만 3000년~ BCE 1만 1000년	일부 사람들이 정착 공동체를 만들어 생활 시작
BCE 9000년~ BCE 8000년	아프리카 사하라 지역에서 가축 출현
BCE 8000년	메소포타미아에서 곡물, 서아프리카에서 감자 재배
BCE 7000년	중국 남부와 북부에서 쌀과 기타 곡물 재배 파푸아 뉴기니에서 감자와 타로토란 재배 메소아메리카에서 호박 재배
BCE 4000년	아프로유라시아 일부 지역에서 2차 생산물 혁명
BCE 3000년	남아메리카의 안데스 지역에서 농작물 재배 메소포타미아와 이집트에서 국가와 도시 출현
BCE 2500년	인도, 파키스탄, 중국 북부에서 도시와 국가 출현
BCE 2000년	유라시아 무역 네트워크 발생
BCE 1000년	메소아메리카와 안데스 지역에서 도시와 국가 출현
BCE 500~ CE 1000년	새로운 도시와 국가 출현, 인구 증가, 지역 간 무역 네트워크 발생
CE 500~1200년	태평양의 대다수 섬에 사람 정착
CE 1500년	전 세계의 주요 지역들이 이주와 무역으로 연결
CE 1750년	산업화가 시작되고 전파됨으로써 농경 시대 종말

〈표 6.1〉 농경 시대의 주요 사건[30]*

---

* 여기서 사용되고 있는 BCE(Before Common Era/Before Current Era)와 CE(Common Era/Current Era)는 기독교적 맥락에서 역사를 구분하는 것으로 간주되는 BC(Before Christ)와 AD(Anno Domini)의 대안으로 제시된 용어이다. 2007년부터 『세계 연감(World Almanac)』에서도 BC와 AD 대신에 BCE와 CE를 사용하고 있다.

농업으로의 이행에 더 적합한 조건을 갖춘 곳은 '긴 여름'의 영향을 더 받은 지역, 이른바 '행운의 위도권(Lucky Latitudes)'이라 불리는 지역이었다. 구세계의 경우 중국에서 지중해에 이르는 지역, 신세계의 경우 페루에서 멕시코에 이르는 지역으로, 이언 모리스는 이들 지역을 '행운의 위도권'이라고 명명했다. 행운의 위도권에 속하는 지역은 낟알이 실한 식물(야생 밀, 보리, 쌀 등)과 살이 많은 대형 포유동물이 진화하기에 적합한 기후와 생태를 갖추고 있었기 때문에 수렵채집의 최적지였고, 따라서 인구가 크게 증가했다. 그 중에서도 요르단 강 유역 등 일부 지역은 연중 내내 한 장소에 머물러도 야생 식료를 충분히 조달할 수 있어서 수렵채집 무리들이 반영구 마을을 형성하고 정착해서 살았다. 그리하여 사람들은 점점 한곳에 머물렀고, 마을 주변의 동식물을 집중적으로 이용했으며, 그 중 일부를 선별적으로 기르기도 하면서 서서히 식료 자원의 유전적 구조에 변경을 가져오는 선택적 압력을 행사하게 되었다. 이처럼 동식물 길들이기 과정이 행운의 위도권에서 처음 발생한 것은 그곳에 길들이기 좋은 동식물이 집중적으로 분포해 있었기 때문이다. 20세기 과학혁명 이전에 가축화한 몸무게 45킬로그램 이상의 포유류 14종 가운데 9종이 행운의 위도권에서 유래했다는 사실은 동식물 길들이기가 가장 용이했던 곳에서 가장 먼저 발생했다는 것을 말해준다.[31]

동식물 길들이기는 행운의 위도권 중에서도 서남아시아의 비옥한 초승달 지대에서 처음 시작되었다. 소·양·염소·밀·보리·호밀의 야생 선조들이 모두 이 지대에서 진화했다. 이 지대에서 발견된 기르기 흔적 중 가장 오래된 것은 기원전 9500~9000년까지 거슬러 올라가고, 본격적인 길들이기의 증거는 기원전 7500년경으로 거슬러 올라간다. 식물마다 작물화의 난이도는 크게 달랐던 것으로 나타난다. 1만 년 전에 작물화되었던 밀, 보리, 완두콩을 비롯해 비옥한 초승달 지대 최초의 농작물들은 야생 상태에서도 수

확량이 많았던 야생 조상으로부터 생겨났다는 사실이 밝혀졌다. 재배하기도 쉬워서 뿌리거나 심는 것만으로 충분했으며, 성장 속도도 빨라서 몇 달만에 추수가 가능했고 또한 저장하기도 간단하여 초기 농경민들에게 커다란 이점을 안겨다주었다. 그리고 대부분이 자화수분(自花受粉) 식물이었기 때문에 인간에게 덜 유용한 다른 변종들과 교배할 필요가 없었으므로 좋은 유전자를 후손에게 그대로 물려주었다. 농작물 개발의 다음 단계에는 기원전 4000년경에 작물화되었던 최초의 과실수 및 견과수가 포함된다. 올리브, 무화과, 대추야자, 석류, 포도 등의 식물들은 곡류나 콩류와 비교할 때 심은 후 적어도 3년이 지나야 수확할 수 있고 최대의 생산량을 수확하려면 길게는 10년이 걸릴 수도 있어서 정착한 촌락민들에게만 재배가 가능한 일이었다. 그러나 이런 초기 과실류와 견과류도 나중에 작물화된 나무들과 달리 땅에 직접 꺾꽂이를 하거나 씨앗을 심는 것만으로도 재배할 수 있었기 때문에 재배하기 쉬운 것에 속했다.

세 번째 단계에는 사과, 배, 서양 자두, 버찌 등 재배하기 훨씬 어려웠던 과실수가 포함된다. 이 나무들은 꺾꽂이나 종자로는 재배가 안 되고 접목법이라는 까다로운 기술로 재배해야만 했다. 이 방법은 농업이 시작되고 오랜 세월이 지난 후 중국에서 처음 개발되었다. 재배가 늦어진 이 과실수들은 동일한 종이면서도 유전적으로 다른 변종에 속하는 다른 나무에 의해 타화수분(他花受粉)을 해야 했기 때문에 이들의 작물화는 고대까지 늦춰질 수밖에 없었다. 호밀과 귀리, 순무와 무, 비트와 리크, 양상추와 같이 잡초에서 출발한 농작물은 그와 비슷한 시기에 훨씬 적은 노력만으로도 작물화되었다. 이러한 비옥한 초승달 지대에서의 작물화의 단계는 다른 지역에서도 부분적으로나마 유사하게 나타났다. 특히 곡류 농작물은 성장이 빠르고 탄수화물 함량이 높으며 재배 면적당 식량 생산량이 매우 높아서 오늘날에도 곡류는 인간이 소비하는 총 열량의 절반 이상을 담당하고 있다. 식량 생산은 많은 지역에서 토종 곡류와 콩류가 결합된 형태의 작물화로부터 시작되었다. 비옥한 초승달 지대에서 밀, 보리와 완두콩, 렌즈콩의 결합, 중앙아메리카에서 옥수수와 완두류의 결합, 중국에서 벼, 기장류와 메주콩, 누에콩류의 결합 등이 그것이다. 비옥한 초승달 지대에서는 섬유를 얻기 위해 일찍이 아마를 작물화했으며, 중국, 중앙아메리카, 인도, 에티오피아, 사하라 이남 아프리카, 남아메리카 등지에서도 이와 유사한 대마, 목화, 유카, 용설란 등을 작물화했다.[32]

비옥한 초승달 지대는 도시, 문자, 제국 등을 기반으로 문명의 발전이 가장 먼저 일어났던 곳으로 알려져 있다. 이러한 발전이 가능했던 것은 우선 인구가 조밀했고, 잉여 식량을 비축할 수 있었으며, 농작물 재배 및 가축 사육에 의한 식량 생산 덕분에 농경에 종사하지 않는 전문가 집단도 부양할 수 있었기 때문이다. 비옥한 초승달 지대에서 일어난 변화 중에서도 시기적으로 가장 앞섰던 것은 식량 생산이었다. 어째서 비옥한 초승달 지대에서는 동식물의 가축화·작물화가 그렇게 빨랐는가 하는 문제는 현대 세계의 기원을 이해하기 위해서도 짚고 넘어갈 필요가 있다. 비옥한 초승달 지대의 첫 번째 이점은, 겨울은 온난다습하며 여름은 길고 덥고 건조한 지중해성기후대에 속한다는 점이다. 이러한 기후는 긴 건조기에도 살아남았다가 다시 비가 내리면 빠르게 성장을 재개할 수 있는 식물종을 선택하게 되는데, 이 지역의 많은 식물, 특히 곡류와 콩류는 그러한 방향으로 적응했다. 두 번째 이점은, 이 지역 식물군의 야생 조상이 이미 풍부하고 큰 군락을 이루고 있었으며 생산성이 높았던 경우가 많았다는 것이다. 비옥한 초승달 지대의 곡류는 야생 상태에서도 생산성이 높았기 때문에 재배가 시작된 후에도 많은 변화가 필요하지 않았으며 작물화도 쉬웠다. 세 번째 이점은, 대부분의 야생식물과는 달리 이 지역에는 자화수분 야생 식물의 비율이 높았다는 점이다. 결론적으로 비옥한 초승달 지대의 식물군에는 작물화에 적합한 야생식물의 비율이 월등히 높았기 때문에 식량 생산이 일찍이 시작될 수 있었다.[33]

그런데 비옥한 초승달 지대가 속해 있는 지중해성기후대는 남유럽과 아프리카 서북부의 많은 부분도 포함하고 있으며, 캘리포니아, 칠레, 오스트레일리아 서남부, 남아프리카공화국 등도 그와 유사한 지중해성기후를 가지고 있지만 이들 지역에서는 토착적인 농업을 시작하지도 못했다. 비옥한 초승달 지대에서 식량 생산이 시기적으로 가장 앞섰던 것은 다른 지중해성기후대에 비해 적어도 다섯 가지 이점이 있었다. 비옥한 초승달 지대의 지중해성기후대가 가진 첫 번째 이점은, 세계에서 가장 넓은 지중해성기후대가 있어서 야생 동식물이 다양했다는 점이다. 두 번째 이점은, 계절별·연도별 기후 변화가 가장 큰 지역이어서 식물군의 진화로 한해살이식물의 비율이 매우 컸다는 점이다. 세 번째 이점은, 단거리 안에서도 고도 및 지형 변동이 심하여 환경도 다양하고 야생식물도 매우 다양했다는 점이다. 네 번째 이점은, 이 지역의 생태학적 다양성으로 인해 농작물의 야생 조상뿐 아니라 가축화된 대형 포유류의 야생 조상도 풍부했다는 점이다. 이 지역에서는 염소, 양, 돼지, 소가 일찍부터 가축화되었다. 이 지역의 농업은 초기에 작물화한 8종의 '창시 작물'—곡류인 에머밀, 외톨밀, 보리와 콩류인 렌즈콩, 완두콩, 병아리콩, 쓴살갈퀴, 그리고 섬유작물인 아마—과 함께 시작되었다. 다섯 번째 이점은, 이 지역에는 큰 강이 별로 없고 해안선도 짧아서 수산자원이 빈약하여 수렵채집 생활의 경쟁력이 약했으리라는 점이다. 또한 식량 생산이 시작되기 전에도 이미 곡류에 기반을 둔 정주형 촌락들이 있었으므로 수렵채집에서 식량 생산으로의 전환은 비교적 신속하게 이루어졌다.[34]

농업은 세계 여러 지역에서 독자적으로 출현하여 해당 지역의 조건과 필요에 맞도록 작물화되었다. 농업생산성이 향상되면서 인구가 급속하게 증가함에 따라 적합한 땅을 찾아 개간하고 정착하는 과정에서 농업이 전파되었다. 농업이 확립된 지역에 인접한 곳이나 토양과 기후와 생태 환경이 비슷한 곳은 농업이 가장 손쉽게 전파되었다. 환경 조건이 다른 곳에서는 관개처럼 새로운 기법이 개발되거나, 새로운 정착지에 적응하는 새로운 작물이 개발된 다음에야 농업이 전파될 수 있었다. 유라시아 스텝의 변두리 지역과 같이 수천 년 동안 농업의 전파가 이루어지지 않다가 근대가 되어서야 비로소 도입된 경우도 있고, 파푸아뉴기니와 같이 20세기까지 초기 농업 사회가 지속된 경우도 있다. 농업공동체들은 문화적 다양성에도 불구하고 중요한 특징들을 공유하고 있었고 이런 공통된 기반이 농경 시대에 근본적인 일관성을 부여한다. 농경 시대의 특징으로는 "촌락에 기반을 둔 사회, 인구 통계학적 역동성, 빠른 속도의 기술혁신, 전염병의 존재, 새로운 유형의 권력과 서열, 비농경 공동체와의 지속적인 관계" 등을 들 수 있다.[35] 초기 농업 사회는 독립적으로 농업을 하는 촌락에 기반을 둔 사회였으며 각각의 촌락은 대부분 자급자족했다. 초기 농업공동체들은 수렵채집 공동체들과 공존했으며 또 다른 농업공동체들과 교역을 하기도 했다. 공동체를 능가하는 권위나 국가 권력 같은 것은 없었지만 외부 공동체들과의 교환 네트워크가 대부분의 공동체에 영향을 미쳤다.

초기 농업 시대 촌락들의 규모를 보면, 작게는 수십 개 정도의 가구가 있었고 크게는 수백 개의 가구가 있었다. 영구적인 거주지인 촌락의 건물들은 직사각형이나 정사각형의 모양으로 견고하게 지어졌고, 가족들의 거주 구역이 나누어졌으며, 개별 가구의 것이든 공동체 전체의 것이든 '재산'에 대한 분명한 개념도 등장했다. 초기 농업 사회의 말기 무렵 일부 지역에서는 방어를 위한 담이 등장하는데, 이는 촌락민들이 가족과 촌락 재산에 대한 분명한 개념이 형성되었음을 말해준다. 초기 농업 시대의 주요한 사회 구조는 미국의 인류학자 엘먼 서비스(Elman Service)가 '부족(tribe)'이라고 묘사한 것과 비슷한 것으로 보인다. 부족은 '무리(band)'—무리는 50명 이상인 경우가 거의 없고 보통은 그보다 훨씬 수가 적었다—와는 달리 그 안에 수백 명의 사람이 있었기 때문에 개인이나 가구들 사이의 관계를 분화하고 통합하는 정교한 방법이 필요했다. 수렵채집 사회가 대체로 평등주의적 사회였던 것과는 달리, 농업 사회는 부의 집중과 새로운 형태의 불평등이 출현할 수 있는 조건들을 만들어냈다. 유목 생활로서는 부의 큰 차이를 낳는 잉여의 축적을 할 수 없었던 반면, 농업은 잉여 생산물을 상시적으로 축적해야만 더 큰 공동체를 유지할 수 있었다. 또한 촌락 기반의 정착공동체가 직면한 문제는 개인들이 단순히 이동하거나 다른 집단에 합류함으로써 갈등을 해결할 수 없게 되었다는 것이다. 농업은 개인과 전체 집단을 특정한 곳에 긴밀하게 묶어놓기 때문에 때에 따라 집단적 행동을 할 수밖에 없게 만든다. 따라서 큰 공동체는 이런저런 이유로 지도자를 필요로 하게 되고 그에 따라 일정한 형태의 위계질서를 갖게 된다.[36]

농업 생활 방식으로의 전환 과정은 중동 지방의 가장 오래된 주요 신석기 유적지인 요르단 강 서안의 예리코(Jericho 여리고)와 터키 중남부 코니아 부근의 차탈휘위크(Catalhuyuk)에서 찾아볼 수 있다. 기원전 9000년경 중석기의 수렵민들이 이곳으로 찾아들었고 오랜 기간에 걸쳐 정착하여 기원전 8000년경에는 조직된 공동체로 발전했다. 예리코 정착민들은 주거지 주변에 홍수 통제 시설의 초기 형태로 생각되는 거대한 벽을 세웠으며 벽 안에는 진흙 벽돌집들이 붙어 있었다. 이들 정착민들은 양, 염소, 돼지 등을 길렀으며, 밀·보리·렌즈콩·완두 등을 재배했다. 이 지역에서 상당한 수준의 무역 활동도 행해졌음을 알 수 있게 하는 폭넓은 교환체제의 증거도 발견되었다.

터키의 흑요석(黑曜石)*, 시나이반도의 터키옥, 지중해와 홍해 지역의 조개껍데기 등이 예리코에서 발견됐다. 예리코에서 사용되던 흑요석은 터키에서 온 것으로, 당시 가장 큰 무역 중심지였던 차탈휘위크를 거쳐 왔을 것으로 추정된다. 차탈휘위크가 축적한 부의 일부는 그 근처의 산에서 나던 흑요석 무역을 통해 얻은 것이었다. 차탈휘위크에서 나온 부장품을 보면 사회적 평등이 유지되고 있었고, 모든 사람이 창조적·예술적 활동에 참여했으며, 구리와 납을 이용해 장식품, 제례용품 등을 만들었다. 이들의 활동은 사냥이나 채집이 중심이 되기는 했지만 가축의 사육과 농업, 그리고 무역이 함께 어우러진 정착 생활을 하고 있었음을 말해준다.[37]

정착 생활로 전환하면서 인간은 전보다 더 열심히 일해야 했고, 기후에 더 의존하게 됐으며, 더 많은 질병에 노출됐고, 일상생활도 단조로워졌으며, 환경에 대해서도 많은 비용을 지불해야 했다. '집약 목축'과 남벌로 인한 산림의 황폐화, 농업에 의한 토양의 감소 등의 폐해는 인구 증가로 더 심해졌다. 농사를 지으며 정착민으로서 살아간다는 것이 결코 쉬운 일이 아니었다. 중앙아시아의 말 유목민들처럼 약탈을 일삼는 유목민들이나 수렵채집인들의 공격에 직면해야 했고 그로 인한 갈등은 더욱 커졌다. 초기 농민들은 수렵채집인 못지않게 폭력적이었다. 수렵채집인들은 강적에게 몰리면 다른 장소로 옮길 수 있었지만, 농민들은 강력한 적의 위협을 당할 경우 후퇴는 곧 목초지와 집, 곡물저장소를 포기하는 것이었기에, 많은 경우 굶어 죽었다. 역사상 가장 오래된 문학작품인 『길가메시 서사시(Epic of Gilgamesh)』

---

* 흑요석은 점성질 용암이 급속히 냉각되어 형성되며 유리광택이 있는 화산암이다. 그것은 날카로운 날을 만들어내고 또 갈면 빛이 나기 때문에 품질이 좋은 무기, 도구, 장신구, 거울 등을 만드는 데 사용되었다.

에는 수렵채집인과 유목민 그리고 농업을 하는 사람들 사이의 갈등과, 정착 생활로 이행하는 과정에서 일어나는 개인의 갈등과, 폭압적인 통치자의 출현이 은유적으로 묘사되어 있다. 기원전 약 2100년에 수메르인들이 쓴 이 서사시는 수메르 남부의 도시 국가 우루크의 전설적인 왕 길가메시를 노래한 고대 메소포타미아의 서사시이다. 『길가메시 서사시』는 메소포타미아 문명을 탄생시켰던 수메르인들의 종교와 생활, 의식은 물론 삶에 대한 심오한 철학과 고뇌가 담겨져 있다.

여기서 우리는 수렵채집인들이 야생 밀 채취에서 집약적인 밀 경작으로 생활 방식을 전환한 목적이 정상적인 식량공급을 늘리기 위해서 였는가에 대해 좀 더 깊이 들여다 볼 필요가 있다. 터키 남동부에서 발견된 괴베클리 테페(Göbekli Tepe) 유적지와 밀의 작물화와의 관련성에 관한 것이다. 이 유적지는 T자 모양의 석회암 거석들이 원형을 이루는 기념비 구조물로서 그 거석들 중 일부는 높이가 5미터가 넘고 무게는 50톤에 달했으며 가장 큰 것의 폭은 30미터에 육박했다. 독일의 고고학자 클라우스 슈미트(Klaus Schmidt)가 이끄는 독일 발굴진이 1996년부터 슈미트가 사망한 2014년까지 발굴을 진행한 괴베클리 테페의 구조물들은 초기 신석기 시대의 가장 오래된 신전으로 그 연대가 기원전 9500년인 것으로 추정되며 수렵채집인들이 세운 것으로 밝혀졌다. 종교적 숭배 장소로 추정되는 영국의 솔즈베리 평원에 있는 스톤헨지(Stonehenge)보다 6,000년 이상 앞서는 구조물이다. 괴베클리 테페는 발굴면적만 해도 90,000sqm로 축구장 12개를 합친 것보다 크다. 이런 거대한 구조물을 건설하기 위해서는 수천 명의 수렵채집인들이 장기간 동원되었을 것이고 또 이들을 부양할 많은 식량 생산이 필요했을 것이다. 그런데 작물화된 밀의 변종 중 하나인 외알밀(einkorn wheat)의 발상지가 바로 괴베클리 테페에서 불과 30킬로미터 떨어진 카라사다그 언덕이라는 사실이 밝혀졌다.

그렇다면 괴베클리 테페는 인간에 의한 밀의 작물화, 밀에 의한 인간 길들이기와 연관되어 있었을 가능성이 높다. 정착 생활이 사원 건설과 복잡한 사회 구조의 전제조건이라는 가설이 오랫동안 유지되어 왔지만, 괴베클리 테페가 시사하는 바는 신전 건설이 정착 생활에 뒤이어 일어난 것이 아니라, 오히려 신전 건설을 위해 정착 생활이 필요했을 수도 있다는 것이다. 유발 하라리는 수렵채집인들이 야생 밀 채취에서 집약적인 밀 경작으로 전환한 목적이 "정상적인 식량 공급을 늘리기 위해서가 아니라 사원의 건설과 운영에 필요한 식량을 공급하기 위해서였는지도 모른다"[38]고 말한다. 말하자면 지금까지는 개척자들이 처음에 마을을 세우고 마을이 번성하면 그 중앙에 사원을 세웠을 것이라고 보았지만, 괴베클리 테페가 시사하는 바는 그 반대라는 것이다. 먼저 사원이 세워지고 나중에 그 주위에 마을이 형성되었다는 것이다.

　그래서 어쨌다는 것인가? 중요한 것은 세계 역사 속에 내재되어 있는 심오한 의미를 통찰하는 것이다. 인간 사회의 역사 속에 면면히 나타나는 주인과 노예, 권력과 자유의 변증법은 에고(個我) 내에서의 '아(我 self)'와 '비아(非我 other)'의 두 대립되는 자의식(自意識)이 '우리'와 '그들'의 관계로 치환되어 나타난 것으로 역사 과정의 참 동인(動因)이 되는 원리다. 그 최후의 단계에서는 대립을 이루는 특수적 자의식이 통합을 이루어 보편적 자의식이 되면서 정신은 자유를 현실로서 실감하게 된다. 단순히 선과 악의 진실게임에 빠져 이러한 역사의 심오한 의미를 간파하지 못한다면 결국 존재이유 자체가 상실되게 된다. 앞 절에서 현세의 전개과정을 경계, '메타 경계', '메타-메타 경계'의 출현과 같은 맥락에서 고찰한 것도, 이러한 관계성에 대한 인식을 통해 무경계를 통찰하기 위한 영적 진화의 여정이 바로 인류의 역사임을 밝히기 위한 것이었다.

다시 농경 시대로 돌아가기로 하자. 농업 사회는 생산성이 향상되면서 지역적 인구 압력과 지리적 팽창, 생각과 상품 교환의 증대 등으로 기술혁신의 속도가 빨라졌다. 이러한 혁신 가운데 '2차 생산물 혁명'은 아프로유라시아 세계에 일차적인 충격을 주었다. 2차 생산물은 가축을 죽이지 않고도 이용할 수 있는 것들, 즉 우유, 순모, 털, 퇴비, 견인력 등이다. 고고학자 앤드류 쉬라트(Andrew Sherratt)는 이러한 변화를 '2차 생산물 혁명'이라고 명명했다. 기원전 4000년경부터 혁신이 일어나 아프로유라시아의 농민들은 몸집이 큰 가축의 2차 생산물을 효과적으로 활용함으로써 유라시아의 스텝, 서남아시아의 사막, 동아프리카의 사바나 지역처럼 척박한 곳에서 완전히 새로운 목농을 탄생시켰다. 2차 생산물 혁명은 말, 낙타, 소 등이 무거운 쟁기를 끌고 사람과 상품을 운송하는 데 사용되기 시작한 농경지대에 가장 큰 영향을 주었다. 야마(낙타과 포유류)를 가축으로 삼은 것으로 보아 남아메리카 거주민들도 2차 생산물 혁명을 어느 정도 경험한 것으로 보이지만 아메리카에서는 가축화될 수 있는 동물들이 이미 수렵채집 시대에 대부분 멸종했기 때문에 2차 생산물 혁명의 영향은 아프로유라시아 권역에서 가장 컸다. 이러한 사회 경제적 이행은 '목농 유목민 공동체의 탄생, 지중해 농업 경제의 대두, 그리고 국가와 유사한 수준의 복잡한 사회의 출현'을 촉발했다.[39]

농업 생산성에 더 큰 영향을 미친 것은 '관개'로 알려진 물 관리 기술이다. 관개 기법을 사용해 작은 하천의 흐름을 바꿔 경작지로 연결했고 늪을 메워 새로운 경작지를 만들거나 해당 지역 전체로 연결되는 수로와 제방의 망을 건설했다. 아프로유라시아, 아메리카, 그리고 파푸아 뉴기니와 태평양 지역에서도 관개가 행해졌지만, 가장 큰 영향을 준 곳은 풍부한 토질을 가진 건조한 지역, 즉 이집트, 메소포타미아, 인도반도(IndianPeninsula), 중국 북부, 안데스산맥 저지대 등의 충적분지였다. 이들 지역에서 관개농업은 농업 생산성을 배가시켰으며 급속한 인구 증가를 초래했다. 농업이 널리 전파되고 생산성이 향상됨에 따라 더 크고 조밀하게 연결된 공동체가 형성되었다. 이들 공동체 내부에서의 인구 압력과 정보 교류의 활성화로 건축과 전쟁, 기록 보관, 운송과 거래, 과학과 예술 분야에서 점차 혁신이 이루어졌고, 이러한 혁신은 다시 인구 증가를 촉진했다. 그러나 인구 증가를 따라잡기에는 혁신의 속도가 느렸기 때문에 모든 농업 사회들은 수십 년 혹은 수백 년 단위로 —'맬서스 주기'*로 불리는— 성장과 몰락의 주기를 겪었다. 하지만 느린 성장에는 전염병의 창궐도 한 몫을 했다. 소규모로 늘 이동했던 수렵채집 공동체에서는 전염병이 없었지만, 농업공동체는 병원균이 창궐하는 데 더 유리한 환경을 제공했다. 첫 번째 1,000년 동안 유라시아 대부분의 지역에서 성장이 느렸던 것은 아프로유라시아 권역 내에서 이루어진 장기간에 걸친 역학적 교환으로 치명적인 전염병이 창궐했기 때문이다. 1500년 이후에 세계가 연결되자, 전염병은 면역성을 획득한 아프로유라시아를 제외한 지역에 파국적인 영향을 미쳤다.[40]

곡물 농업에 종사하는 촌락수가 늘어나고 생산성이 높아지자 식량의 대규모 잉여분을 축적하고 저장할 필요가 생겨났다. 이러한 잉여분을 관리하는 문제를 두고 일어난 갈등은 새로운 유형의 불평등과 권력체제의 발생을 추동하는 요인이 되었다. 잉여 식량 덕분에 공동체들은 성직자, 도공, 건축가, 병사나 장인과 같이 농업 비종사자들을 부양할 수 있었고, 그로 인해 인류사에서 최초로 복잡한 노동 분업 및 전문화가 나타났다. 잉여분의 양

---

* '맬서스 주기'라는 표현은 19세기 영국의 경제학자 토머스 맬서스(Thomas Robert Malthus)에게서 유래한 것이다. 맬서스는 '식량은 산술급수적으로 증가하는 데 반해 인구는 기하급수적으로 증가하므로 인구과잉, 식량부족 문제가 발생하고 기아 및 급격한 쇠퇴의 시기가 오게 된다'고 주장했다.

이 크게 증가하자 결국 엘리트 집단이 출현했고 이들이 통제와 관리를 담당하게 되었다. 어떤 집단이 다른 집단 구성원들을 착취하고, 착취당한 사람들은 다시 농민 계층을 착취하고, 농민은 다시 자연을 수탈하는 과정이 반복되면서 인간 사회에는 이른바 '거시기생(macroparasite)' 또는 '공물 수취자(tribute takers)'라 불리는 많은 계층이 생겨났다. 농업공동체는 비농경 공동체와도 관계를 맺고 있었다. 목농인과 수렵채집인은 농경지대 사이에서 물품을 이동하거나 기술을 소개해 주었으며, 모피와 상아 같은 물품을 거래했다. 농경 시대는 아프로유라시아의 경우 기원전 8000년부터 최초의 도시들이 출현한 시기인 기원전 3000년까지이며, 아메리카의 경우 좀 더 늦게 시작해 더 오래 지속되었고, 오스트레일리아와 태평양 권역의 일부 지역에서는 농경 시대가 근대까지 지속되었다. 농경 시대 촌락은 주로 인력—특히 여성의 노동—에 의존하는 원예 농업 형태와 유사한 농업을 했으며, 관개와 계단식 경작지 개간과 같은 혁신을 바탕으로 수천 년에 걸쳐 농업세계의 인구 증가와 지리적 팽창에 중요한 역할을 했다.[41]

농경은 데이비드 크리스천이 말하는 '복잡성이 증가하는 일곱 번째 주요 임계국면'이다. 농경은 점차 복잡성을 증가시킴으로써 피시스(자연)에서 노모스(인위)로, 자연에 대한 권력에서 인간에 대한 권력으로, 도시와 국가 그리고 '문명'의 세계로 이행하는 교량 역할을 했다. 생산성 증대에 따른 인구 증가로 공동체의 규모가 커지면서 저장된 자원을 관리하고 재판을 관장하며, 전쟁을 치르고 사원을 짓고 종교의식을 담당하는 새로운 역할이 생겨났고, 노동 분업 및 전문화가 진척되면서 새로운 형태의 계급질서가 생겨났다. 다산(多産)이 가장 큰 미덕인 농업 사회에서 여성의 전문화된 역할은 기대할 수 없었으며, 공동체 간의 경쟁이 격화되고 전쟁을 치르는 과정에서 남성의 역할이 컸다. 그리하여 촌락 외부의 권력 구조에서 남성이 압도적인 비율을 차지하게 됨으로써 젠더 사이의 서열이 제도화되어 '가부장제'로 알려진 권력관계의 강력한 망이 나타났다. 공동체가 더 광범한 교역 네트워크를 형성함에 따라 새로운 유형의 권력과 서열이 나타났고, 출생만큼이나 공동체의 필요에 부응하는 능력도 중시되었다. 지도자들이 활용할 수 있는 자원이 늘어나면서 전문화된 인력을 양성하거나 초보적인 형태의 군대를 양성할 수 있게 되었으며, 자원 징수와 노동 통제를 뒷받침할 힘을 얻게 되었다. 그리하여 마침내 '도시'라고 하는 대규모의 정주 공동체가 출현했고, 거의 같은 시기에 '국가'라고 하는 보다 강력한 정치 구조가 등장했다.

모든 세계권역 가운데 규모가 가장 크고 인구도 가장 많았던 아프로유라시아에서는 최초의 도시와 국가가 기원전 4000~3000년경에 출현했다. 도시와 국가의 출현을 보여주는 최초의 증거가 오랜 농업 전통을 지닌 지역에서 나왔다는 것은, 도시 및 국가의 출현이 농업 발달과 긴밀한 함수관계에 있음을 시사한다. 우선 문명을 뜻하는 'civilization'의 어원이 라틴어로 도시를 뜻하는 'civitas'인 데서도 알 수 있듯이, 문명은 '도시'와 연결된 새로운 생각과 구조물을 지칭하는 것으로 이해된다. 문명의 특징으로 흔히 거론되는 것으로는 '식량의 저장, 기념건조물, 중앙집권화된 정치, 비농경 전문가, 사회계층, 무역 증대, 문자 발명, 공물, 군대와 상비군의 발전, 거대 공공건물, 성불평등의 확산'[42] 등이 있다. '도시'라고 할 만큼 크고 '국가'라고 할 만큼 강력한 공동체의 출현을 보여주는 최초의 증거는 기원전 4000~3000년경 아프리카와 유라시아 대륙의 네 지역에 있는 큰 강 유역에서 나왔다. 티그리스 · 유프라테스 강 유역의 메소포타미아 문명, 나일 강 유역의 이집트문명, 인더스 강 유역의 인더스문명, 황허 유역의 황허문명이 발생한 이들 지역은 모두 교통이 편리하고 기후가 온화하며 토양이 비옥하고 관개 농업에 유리한 물이 풍부하여 고대 농업 발달에 유리한 조건을 갖추고 있었다. 또한 청동기, 문자, 도시 국가라는 키워드로 대표되는 공통된 문화적 특징을 지니고 있었다.

메소포타미아 문명에는 수메르 문명, 바빌로니아 문명, 아시리아 문명, 히타이트(Hittite) 문명, 페르시아 문명 등이 포함되어 있다. 남부 메소포타미아 혹은 수메르(Sumer)로 알려진 지역은 메소포타미아에서 최초의 문명이 발생한 지역으로 세계에서 가장 오래된 문명이다. 수메르인들이 수메르 지방에서 살기 시작한 것은 대략 기원전 7000년부터였으며, 기원전 제3천년기에 가장 융성했다. 수메르인들이 건설한 수메르 최초의 도시는 우루크(Uruk)*였다. 우루크는 밀집된 인구를 가진 세계 최초의 도시로 알려져 있다. 우루크는 약 60킬로미터 남방에 위치한 우르(Ur)와 약 60km 동방에 위치한 라가시(Lagash)와 함께 고대 도시군을 형성하여 도시 문명의 전형을 창조했다. 지구라트는 수메르 우르 제3왕조의 창설자 우르 남무왕(Ur-Nammu)이 건설한 것이다. 현존하는 인류 최초의 법전인 『우르남무법전(Ur-Nammu Code)』도 우르 남무왕이 제정한 것으로 바빌론의 함무라비 법전(기원전 1750년경)보다 약 300년 앞서 만들어져 함무라비 법전을 비롯한 중동 지방의 법체계에 영향을 주었다. 또한 우르는 『구약성서』 「창세기」에 기록된 이스라엘 민족의 조상 아브라함(Abraham)의 고향이기도 하다. 수메르인들은 나일 강 유역과 인더스 강 유역에 있던 다른 도시들과 무역을 했다. 수메르 문화의 대부분은 수메르어와 쐐기문자(설형문자 楔形文字)를 통해 고대 동방으로 전해졌다. 수메르 문명은 기원전 2000년경 메소포타미아 북쪽의 아카드 지방에 살던 셈족 계

---

* 우루크의 현재 명칭은 '와르카(Warka)'이고, 『구약성서』에는 '에렉'(Erech)으로 나온다. 전성기 우루크의 인구는 5~8만 명, 성벽 내의 크기는 6제곱킬로미터 정도였으며 당시로서는 가장 큰 도시였다.

통의 아카드인들이 수메르를 점령하고 바빌로니아를 세움으로써 국가 형태로서는 완전히 사멸되었지만, 수메르 종교와 문화의 흔적이 바빌로니아인, 아시리아인을 비롯한 여러 민족 및 문화 집단들의 신화와 전설, 민속과 신앙 속에 남아 있다.

여기서 우리는 세계 주요 언어의 기원인 것으로 알려져 있는 수메르어에 대해 좀 더 깊이 살펴볼 필요가 있다. 영어, 불어, 독어 등 세계 주요 언어의 기원이 라틴어이고, 라틴어의 기원이 산스크리트어이며, 산스크리트어의 기원이 수메르어라는 연구 결과는 상당히 광범하게 공유되고 있다. 수메르어는 접두사·접중사(接中辭)·접미사가 발달한 전형적인 교착어(膠着語)다. 이스라엘 히브리대학 객원교수 조철수는 '수메르어와 한국어가 같은 뿌리'라고 단언했다. 세계에서 11번째 수메르어 전공자인 그는 그 근거를 다음과 같이 요약하고 있다. 우선 수메르어는 한국어처럼 교착어로서 어간을 변화시키지 않고 어미를 변화시키는 특징을 갖는다. 또한 전치사가 아닌 조사가 발달해 있으며, 한국어와 마찬가지로 주어+목적어+동사(SOV)의 순서를 갖는다. 수메르어에서 제3자 인칭 복수를 가리키는 '네'는 한국어에서 제3자 인칭 복수를 가리키는 영희'네', 철수'네'의 '-네'와 같다. 한국어로 시골'내기', 신출'내기'처럼 '내기'는 수메르어로 'naki'다. 그래서 '아누나키'(Anu-naki)라는 수메르어는 하늘(Anu)-내기(naki), 즉 '하늘에 속한 이'라는 뜻으로 천사나 신들을 일컫는 말이 된다.[43] 또한 수메르어 '우뭄(umum)'은 한국어 '어멈(어머니)'과 같은 뜻으로 몽골어, 투르크어, 퉁구스어로는 어마이, 오마이 등으로 불리는데 이는 마고(麻姑)의 '마(Ma)'**에서 유래한 것이다. 그리고 수메르어 '아

---

* 麻姑는 몽골, 투르크, 만주, 퉁구스, 시베리아에서 '우마이(Umai)'라는 대모신(大母神)의 이름으로 등장하여 인간의 출생을 관장하는 생명의 여신으로 알려져 있고, 이 일대

붐(abum)'은 한국어 '아범(아버지)'과 같은 뜻으로 몽골어, 투르크어, 퉁구스어로는 '아바이(abai)'로 불리고, 수메르어 '아후(ahu)'는 한국어 '아우(후)'와 같은 뜻이다. 이러한 사례는 헤아릴 수 없이 많다.

수메르인들의 종교문학과 의식이 오늘날 서양 문명의 뿌리라고 할 수 있는 기독교에 상당한 영향을 미쳤다는 사실은 이미 밝혀졌다. 러시아 태생의 저명한 미국인 수메르학자 사무엘 크레이머(Samuel Creimer)는 인류 최초의 학교, 최초의 민주적 대의제도 등 인류의 문화·문명사에서 최초의 중요한 것 27가지가 모두 수메르인들의 발명이라고 밝히고 있다. 따라서 수메르인들이 우리 인류의 뿌리에 대한 비밀을 간직하고 있는 민족으로 여겨지는 것은 당연한지도 모른다. 그런데 세계에서 가장 오래된 수메르 문명, 이 불가사의한 선진 문명의 기원에 대해서는 잘 알려진 바가 없다. 수메르 문명은 상고시대 아시아의 대제국 환국(桓國 또는 한국)의 12연방 중의 하나인 '수밀이국(須密爾國)'의 문명이었다. 환국은 한민족 최초의 나라였던 것으로 『환단고기(桓檀古記)』[44*] 등의 문헌에 나온다. 『삼국유사』 중종임신간본(中宗壬申刊本)에는

여성무당 또한 어마이, 오마이 등으로 불린다. 마고의 '마(Ma)'는 어머니, 엄마, 어멈 등의 뜻으로 영어의 mother, mom, mama, 수메르어의 우뭄(Umum), 고타마 싯다르타의 어머니 마야(Maya)부인, 성모 마리아(Mary), 러시아의 토속인형 마트료시카, 일본의 아마테라스 오오미카미(天照大神), 마야 문명, 마고 삼신을 모시는 베트남의 토속종교 母敎, 마고 삼신을 의미하는 마을 어귀 '솟대에 앉은 오리 세 마리', 남제에서 부르던 백제의 다른 이름 固麻, 『우파니샤드』에서 우주만물과 유일신 브라흐마의 합일을 나타낸 불멸의 음성 '옴(OM)', 이들 모두 마고에서 유래한 것으로 볼 수 있다.

* 국내에서는 일부 연구자들이 『환단고기』의 사료적 가치에 대해 의문을 제기하기도 하지만, 일본에서는 그것의 사료적 중요성에 대해 일찍이 주목한 바 있다. 즉 대동아 전쟁이 끝나자 일본에서는 고사 고전 연구가 붐을 이루면서 한국의 『환단고기』가 일본의 고사 고전 가운데 『호쯔마 전(秀眞傳)』 및 웃가야(上伽倻) 왕조사의 내용과 부합하는 것에 주목한 것이 그것이다. 일본의 가시마(鹿島昇)는 『환단고기』를 일어로 全譯하고 그것이 또 하나의 웃가야 왕조사—기원전 3898년에 개창한 神市의 환웅 18대와

"옛날에 환국의 서자 환웅이 있어(昔有桓國庶子桓雄)…"로 시작하고 있다. 사실
상 일본인들도 한일합방 전에는『삼국유사』원본과 일본어 번역본에서처럼
분명히 '환인'이 아닌 '환국'이라고 했던 것으로 나타난다.『진서(晉書)』「사이
전(四夷傳)」에도 환국의 12연방 중 비리국(卑離國), 양운국(養雲國), 구막한국(寇
莫汗國), 일군국(一群國) 등이 나온다. 파나류산(波奈留山=天山崑崙=시베리아 중앙고원
=파미르 고원)을 도읍으로 환인(桓因 또는 桓仁)이 세운 환국의 12연방 중 하나인
수밀이국은 천부(天符)사상으로 수메르 문명을 발흥시켰다.『환단고기』「삼
성기전」(三聖紀全) 상편은 우리나라에서 가장 오래된 나라가 전일(소一)·광명
을 뜻하는 '환'(桓)한 나라 환국이라는 사실에서부터 시작하고 있다.

　『존재와 시간 Sein und Zeit』(1927)이라는 저서로 잘 알려진 독일의 철학자
마르틴 하이데거(Martin Heidegger)도 인지했듯이,『천부경』*은 환국이 세계의
정치적·종교적 중심지로서, 사해의 공도(公都)로서, 세계 문화의 산실(産室)
역할을 하게 했던 '천부보전(天符寶典)'이었다.『부도지』에는 파미르 고원의
마고성에서 발원한 한민족이 마고, 궁희, 황궁, 유인, 환인, 환웅, 단군에 이
르는 과정에서 전 세계로 퍼져 나가 천·지·인 삼신일체의 가르침에 토대

기원전 2333년에 창건한 고조선의 단군 47대와 기원 전후에 세운 부여와 고구려·백
제·신라로 이어지는 위대한 혈맥―라고 주장한다. 그는『환단고기』를 사서로서 뿐
만 아니라 문화서로서도 독자적 지위를 갖는 것으로 높이 평가하고 있다.

*　하이데거는 프랑스에서 만난 서울대 철학과 모 교수에게 자신이 유명해진 철학사상
은 동양의 無 사상인데, 동양철학을 공부하면서 아시아의 위대한 문명의 뿌리가 바로
한민족이라는 사실을 알게 됐다고 털어놓은 일화가 있다. 그는 세계 역사상 완전무결
한 평화적인 정치로 2천 년이 넘도록 아시아 대륙을 통치한 단군 고조선의 실재를 자
신이 인지하고 있다며, 한민족의 國祖 단군의 정치대전이었던『천부경』을 이해할 수
있도록 설명을 요청하면서 천부경을 펼쳐 놓더라는 것이다. 당연히 알고 있으려니 생
각하고 요청한 것이지만, 그 교수는 그것에 대해 아는 바가 없어 설명을 하지 못하고
돌아왔다고 한다. 아마도 하이데거는 천부경이야말로 인류 구원의 생명수임을 직감
적으로 알고 있었는지도 모른다.

를 둔 우리의 천부(天符) 문화를 세계 도처에 뿌리내리게 한 것으로 나온다.*
역사적 및 사상적 계보로 볼 때 수밀이국의 수메르 문명은 마고 문화의 자
취인 것으로 보인다. 한민족 고유의 천부사상은 동·서양의 문화·문명을
발흥시킨 모체였다. 천부경에서 전 세계 종교와 사상 및 문화가 수많은 갈
래로 나누어져 제각기 발전하여 꽃피우고 열매를 맺었다가 이제는 다시 하
나의 뿌리로 돌아가 통합되어야 할 시점에 이르렀다. 수메르인들은 자신들
을 '검은 머리 사람들(웅 상 기가 ùĝ saĝ gíg-ga)'이라고 불렀고, 그들의 땅을 '수메
르말을 쓰는 사람들의 땅(키엔기르 Ki-en-ĝir)'이라고 불렀다. 신지(神志)의 예언
에서는 "땅을 잃고 영혼만으로 대지를 방랑하는 자가 땅으로 돌아가고, 영
혼을 잃고 땅에 뿌리박혀 울던 자가 영혼을 찾으면 그것이 개벽의 시작이
다"라고 하였다. 1948년 유대인들은 이스라엘을 건국함으로써 잃었던 땅을
찾았고, 한민족은 역사 복원을 통하여 잃었던 영혼을 찾고 있다.

　인더스 강 주변에 사람들이 살기 시작한 것은 대략 기원전 7000년의 일이
다. 나일 강 유역의 도시 정착지들은 기원전 약 3100년에 하나의 복합사회
로 합쳐져 기원전 3000년경부터 인더스 강변에 도시가 건설되기 시작했다.
인더스문명은 2개의 대도시 하라파(Harappa)와 모헨조다로(Mohenjo-daro) 및 이
보다 작은 100개가 넘는 도시와 취락으로 구성되었다. 인더스 평원에 정착
했으며 거대한 수로의 가장자리를 따라 퍼져나갔다. 인더스문명의 대표적
유적지로 유명한 모헨조다로와 하라파 등의 발굴 조사에 의하면, 인도 북서
부를 흐르는 길이 약 3,000㎞의 인더스 강 유역에서는 기원전 3000~2000년

---

*　천부사상('한'사상, 삼신사상)은 天神敎, 神敎, 蘇塗敎, 代天敎(부여), 敬天敎(고구려),
　　眞倧敎(발해), 崇天敎·玄妙之道·風流(신라), 王儉敎(고려), 拜天敎(遼·金), 主神敎
　　(만주) 등으로 불리며 여러 갈래로 퍼져 나가 세계 주요 사상과 종교의 정수를 이루었
　　다.

경에 인도의 원주민인 드라비다인(Dravidian)들에 의해 고도의 인더스문명이 번성했던 것으로 추측된다. 모헨조다로와 하라파는 정연한 도시계획에 의해 건설된 도시로서 목욕탕 · 회의장 · 곡물 창고 · 상하수도 시설 등 공공시설을 갖추고 있었고, 고도의 청동기문명을 구가하였으며, 주민들의 일부는 농경이나 목축에 종사했고 가장 오래된 목화의 흔적이 발견되었으며, 메소포타미아 지방과의 교역에 이용한 것으로 추정되는 인더스 문자와 많은 인장도 발견되었다. 후세 인도의 민간신앙과 밀접한 관계를 갖는 시바(Śiva) 신상(神像)의 원형이 남아 있으며, 동물(소) 숭배, 수신(樹神: 보리수) 숭배, 성기(性器) 숭배 등의 습속은 후세의 문명에도 계승되었다. 이 지역의 도시들은 기원전 2000년경 쇠잔해져 기원전 1500년경이 되면 인더스 강변의 도시 생활은 완전히 사라지게 된다. 이민족 침입, 지나친 관개로 인한 토양의 염분화, 지진이나 홍수 같은 급격한 자연 변화 등이 그 원인으로 꼽히고 있다.

이집트문명은 기원전 3000년경 나일 강 하류의 비옥한 토지에서 발생했다. 나일 강변은 정기적인 범람으로 인한 비옥한 흙의 퇴적을 이용한 관개 농업이 발달하였다. 이러한 범람 때문에 이집트에서는 태양력과 천문학, 건축술과 기하학, 측량술과 수학, 그리고 관개 농업에 필요한 과학 기술이 발달하였으며, 이러한 과학적 지식과 기술은 피라미드나 신전을 짓는 데도 이용되었다. 투탕카멘의 무덤, 기자의 거대한 피라미드, 신성한 무덤을 지키기 위해 세워진 스핑크스 석상 등은 이집트문명의 뛰어난 건축술과 기하학을 보여준다. 기원전 2925년경에 상(上)이집트와 하(下)이집트가 메네스(Menes) 왕에 의해 통일되어 약 3,000년간 31개 왕조에 걸쳐 '파라오(pharaoh)'라고 불리는 절대 권력을 가진 왕을 중심으로 기원전 331년까지 지속되었다. 피라미드는 고왕국(古王國) 시대(이집트 제3~6왕조, BC 2686~BC 2181)의 유산이며, 오시리스 숭배와 조각의 세련미는 중왕국 시대(이집트 제11~12왕조, BC

2040~BC 1782)에 이뤄진 것이고, 제국시대와 유대인의 출애굽은 신왕국(또는 이집트 제국) 시대(이집트 제18~20왕조, BC 1570~BC 1070)에 속한다.[45] 이집트 문자는 기원전 약 3300년에서 3200년 사이에 발전된 체계로 등장한다. 나폴레옹 군대가 1799년 이집트에서 발견한 로제타석(Rosetta Stone)을 프랑스의 이집트학 연구가 장프랑수아 샹폴리옹(Jean-François Champollion)이 해석해내면서 이집트 상형문자가 해독됐다. 기원전 2세기경 제작된 로제타석 비문은 프톨레마이오스 5세(Ptolemaeos V)의 은혜를 요약한 내용이 이집트 상형문자, 민용문자(民用文字), 그리스문자로 적혀 있었다. 이집트에서 기록은 건조한 곳에서 보관이 용이한 파피루스에 쓴 후 말아서 보관되었다.

황허문명은 기원전 2000년경에 중국 황허(황허의 중·하류와 지류) 유역에서 발생한 중국 고대 문명이다. 황허 유역은 농경 생활을 하기에 적합한 비옥한 황토 지대를 이루고 있어 신석기 시대부터 농경문화가 크게 발달했다. 신석기시대 초기에는 허난 성의 페이리강(裴李崗) 문화와 허베이 성(河北省)의 츠산(磁山) 문화가 있었고, 후기에는 채색 토기를 주로 만들어 쓴 양사오 문화(仰韶文化 또는 彩陶文化, BC 5000~BC 3000)와 검은색 토기를 주로 만들어 쓴 룽산 문화(龍山文化, BC 3000~BC 2000)로 발달하였다. 그 후 황허 강의 치수에 큰 공을 세운 우(禹)가 요순(堯舜)시대의 천자였던 순(舜)으로부터 제위를 물려받아 중국 최초의 세습 왕조인 하(夏)나라를 세워 청동기 문화를 구가하였으며, 우(禹)에서 걸(桀)까지 17왕 472년 동안(BC 1600년 무렵까지) 존속되었다. 하나라 17대 왕인 걸(桀)을 몰아내고 탕(湯)이 은(殷 또는 商)나라(BC 1600~BC 1046)를 세워 갑골문자(oracle bone script)와 청동기 문화가 발달하였으며 점복(占卜)에 따르는 제정을 행하였고 갑골문자를 통해 최초로 문자 기록을 남겼다. 은나라 31대 왕인 주(紂)가 달기(妲己)에 빠져 폭정을 일삼다가 무왕(武王) 희발(姬發)에 의해 은나라가 멸망되고 주(周)나라(BC 1046~BC 256)가 세워졌다. 주나라는 중국 역사에서 가장 오래 유지된 나라로, 이 시기에 철기가 사용되었고 농업이 장려되었다. 주나라의 영향력은 중원에서 장쑤(江蘇), 안후이(安徽), 후베이(湖北) 등의 양쯔강 유역에까지 미쳤으며 그 광대한 영역을 효율적으로 통치하기 위해 봉건제도가 나타났다. 뒤이어 진(秦), 한(漢) 등으로 계속 이어지면서 황허 유역은 중국 문명의 주요 활동무대가 되었다

그런데 기존의 세계 4대 문명보다 1,000~2,000년가량 앞선 문명이 있으니, 그것이 바로 홍산문명(紅山文明)이다. 요하문명(遼河文明)의 대표 문화로 꼽히는 홍산문화는 내몽골 자치구 츠펑(赤峰) 시와 랴오닝 성 차오양(朝陽) 시 일대를 기반으로 하고 있으며 빗살무늬 토기와 적석총 등으로 대표된다. 홍산문화는 1908년 일본의 인류학자 도리이 류조에 의해 처음 발견되었으며, 1930년대 중반 일본인들에 의해 뉴허량(牛河梁) 홍산 유적지가 발굴되었으나 당시에는 이 유적지의 중요성이 그다지 부각되지 못했다. 1980년대부터 중국에 의해 본격적인 발굴이 진행되면서 1983~1985년에는 예상하지 못한 성과가 연이어 나타났다. 샤오허시문화(小河西文化, BC 7000~BC 6500), 싱룽와문화(興隆窪文化, BC 6200~BC 5500), 홍산문화 등 세계적으로도 이른 시기의 신석기 유적이 발견됨에 따라 요하 일대의 신석기문화를 세계의 새로운 문명으로 조명하고자 '요하문명'이라 명명하게 되었다. 홍산문화의 연대는 기원전 4700~2900년경으로 지금까지 츠펑, 링위안(凌源), 젠핑(建平), 차오양 등 요하 서부 지역(遼西)에 산재해 있는 500여 곳의 유적을 찾아냈다. 젠핑과 링위안 중간에 있는 뉴허량 홍산 유적에서는 대형 원형제단, 여신묘(사당), 적석총과 피라미드 그리고 성으로 둘러싸인 도시 형태와 돌로 쌓은 방형(方形) 모양의 광장을 갖춘 동북아 최고 문명이 발굴됐는데, 그 문화의 주인공은 빗살무늬 토기와 돌무지무덤 비파형 동검과 옥검의 사용 등으로 미루어 전형적인 동이족으로 밝혀졌다.[46]

오랑캐의 땅으로 멸시하던 만리장성 밖, 요하 유역에서 새로운 유적들이 계속 발견됨에 따라 연대는 상향 조정되고 있으며 이에 따라 홍산문화는 황허문명의 아류가 아니라 오히려 황허문명의 원류인 것으로 주목받고 있다. 여러 적석총에서 무더기로 쏟아져 나온 5,000년 전의 C자형 옥룡(玉龍), 비파형 옥검, 옥인장(玉印章) 등 옥기 부장품은 이미 5,500년 전에 제정일치의 국가조직을 갖춘 상고 문명이 존재했음을 시사하는 것이다.[47] 토양에 철 성분이 많아 붉은 기운이 도는 홍산 일대의 이 문화는 중국의 중원문화와는 구별되며 신시(神市), 고조선과 연계된 한반도 초기 역사와 밀접한 관련이 있는 것으로 나타난다. 후기 홍산문명은 『삼국유사』에 언급된 신시이고 샤자뎬 하층 문화는 고조선 시대로 비정할 수 있으며, 샤자뎬 하층 문화에서 하(夏)나라보다 800년 앞선 청동기들이 출토된 것이다. 그런데 중국인들이 홍산문화를 중국의 역사로 간주했다는 것은 중요한 사실을 시사한다. 즉 홍산문화 유적의 발견으로 중국 문명의 뿌리가 요령 지역이며 홍산문명이 황허문명보다도 빨리 고대 국가를 형성했고, 그동안 중국인이 아니라며 야만족이라고 비하했던 동이를 인정해야 하는 모순이 생긴다.[48]

중국은 하나라 이전 시기의 전설 속 인물인 '삼황오제(三皇五帝)'[49]가 실재 인물이라는 확실한 증거를 요하문명의 핵심인 홍산의 뉴허량 유적에서 찾은 것이다. 삼황오제가 누군가에 대해 이설(異說)이 있기는 하지만, 대개 복희(伏羲)·신농(神農)·헌원(軒轅)의 삼황과 소호(小昊)·전욱(顓頊)·제곡(帝嚳)·당요(唐堯, 요임금)·우순(虞舜, 순임금)의 오제를 일컫는다. 『환단고기』 신시본기(神市本紀)에서는 제5대 태우의(太虞儀) 환웅의 막내아들이 태호복희씨(太皡伏羲氏)이며, 염제신농씨(炎帝神農氏) 또한 고시씨(高矢氏)의 방계 자손인 동이 소전(少典)의 아들이라고 하고 있으니, 그들 모두 동이인이다. 또한 사마천(司馬遷)의 『사기(史記)』에는 중국 도교(道敎)의 시조인 황제 헌원(黃帝軒轅)으로부터 순(舜), 우(禹) 임금에 이르기까지 모두 동이 소전(少典)의 후손으로 같은 성에서 나왔으며 헌원의 8대손이 순임금이라고 하고 있다.[50] 또한 『사기』에서와 마찬가지로 『제왕운기』 「삼황오제」(三皇五帝)에서도 헌원의 호(號)를 유웅씨(有熊氏)*라고 하고 있는 것으로 보아 황제 헌원은 동이인임이 분명하다. 그렇게 되면 헌원의 후손인 5제(帝)도 모두 동이인인 셈이다. 이처럼 중국이 그들의 시조로 받드는 삼황오제가 모두 하나의 뿌리 즉 동이에서 나왔다는 사실은 중국 왕조의 시원을 짐작케 하는 것이다. 이렇게 되면 고대 중국의 역사는 동이족의 여러 지류가 중원으로 흘러 들어가 성립된 왕조들의 역사라는 주장이 설득력을 얻게 된다.

한편 타지키스탄 북서부 수드(Sughd) 주(州)의 고대 도시 사라즘의 최초의 도시 유적(Proto-urban site of Sarazm)은 기원전 제4천년기부터 기원전 제3천년기 말까지 중앙아시아에도 복잡하고 정교한 구조의 문화를 가진 촌락이 발달하였음을 보여준다. '땅이 시작되는 곳(where the land begins)'이라는 의미를 지닌 사라즘의 중심은 유목민이 목축을 하기에 적합한 산악 지역과 이 지역 초기 정착민이 농업과 관개를 발전시킨 커다란 계곡 지역 사이에 위치한다. 사라즘 고고학 유적지는 정교해진 주거 가옥 및 기반 시설 등에 관한 발굴을 통해 도시화 초기의 전형적인 모습을 보이면서 전문화된 다양한 정착촌이 생겨났음을 말해준다. 이곳은 농업과 목축업, 광물 자원과 수공업을 바탕으로 경제를 발전시켜 최초의 풍요로운 정착지가 되었다. 또한 사라즘은 중앙아시아와 투르크메니스탄의 스텝 지역에서 이란 고원, 인더스 강의 계

---

* 有熊氏는 곧 '곰'씨이며 이는 헌원이 '곰족'의 후예로 그의 뿌리가 동이인임을 말하여 준다. 이러한 사실은 단군왕검의 어머니가 곰을 토템으로 하는 종족의 熊氏 왕녀였다는 점을 생각하면 쉽게 알 수 있다.

곡, 나아가 인도양에 이르는 매우 광활한 지역에 걸쳐 상업 및 문화 교류, 무역 관계가 활발하게 이루어진 중심지이기도 했다.[51] 2010년 유네스코 세계 문화유산으로 등재되었다. 고대 도시 사라즘의 유적은 1976년 한 농부에 의해 발견되었고, 이듬해 압둘로 이사코프(Abdullo Isakov)와 프랑스 고고학팀이 발굴하였다.

아메리카에서도 촌락에서 도시와 국가로 변화하는 비슷한 패턴이 발견된다. 기원전 2000년경 메소아메리카의 올멕인(Olmecs)들이 살고 있던 멕시코 만(灣) 남부 해안에는 큰 규모의 공동체들과 강력한 지도자들이 존재했지만, 최초로 본격적인 도시와 국가가 나타난 것은 기원전 1200년 무렵이다. '올멕'은 원주민 언어로 '고무가 나는 곳에서 사는 사람들'이라는 뜻이다. 메소아메리카 지역에서 가장 오래된 문명인 올멕 문명의 유적은 멕시코 만의 라벤타와 산로렌소에 있다. 산로렌소는 비록 중앙집권적인 국가의 수도는 아니었지만, 종교, 경제, 정치의 중심지로서 주변 지역의 주민들을 통치했고, 그곳의 천연자원에 대한 소유권을 행사했으며, 많은 공공사업을 벌였다. 라벤타 역시 거대한 규모의 피라미드가 말해 주듯 올멕 문명 최대의 중심지가 되었다. 트레스사포테스 지역도 뛰어난 문화 수준을 자랑했다. 이들 지역을 중심으로 형성된 올멕 문명은 천문학, 문자, 역법, 종교, 건축, 조형예술 등이 고도로 발달하여 올멕 문명 이후에 나타나는 여러 문명에 큰 영향을 끼친 관계로 메소아메리카의 '어머니 문명'이라 부른다. 올멕인들은 거석 인두상(人頭像)과 석비를 세우기도 했다. 홍수가 자주 발생하는 자연환경으로 인해 농업 기반은 매우 취약했으며 필요한 물품은 무역을 통해 조달했다. 이 문명은 아즈텍(아스텍) 문명(Aztecan civilization)과 마야문명으로 계승되었다.[52]

안데스 지역 역시 차빈(Chavín) 문명이나 모체(Moche) 문명처럼 국가와 유사한 공동체들이 기원전 1000년이 끝날 무렵에 나타났다. 안데스문명은 태평양 연안을 따라 발전한 해안 문명과 안데스의 산악 지역에서 발전한 고지대 문명으로 나눌 수 있다. 해안 문명의 대표적인 것으로는 파라카스 문명, 나스카 문명, 모체 문명 등이 있고, 고지대 문명으로는 차빈 문명, 티아우아나코 문명, 잉카문명 등이 있다.[53] 페루의 여러 부족국가는 15세기 잉카족의 지배체계로 편입되었으며, 15세기 중엽에서 16세기 초에는 안데스를 중심으로 에콰도르, 볼리비아, 칠레 북부까지 지배하는 광대한 영역의 잉카제국이 건설되었다. 또한 미국의 과학 전문지 『사이언스』 2001년 4월 27일자에 따르면 남미의 페루에 잉카문명을 앞서는 고도의 문명사회가 존재했던 것으로 밝혀졌다. 페루의 수도 리마 북쪽에 있는 카랄(Caral) 유적의 연대를 정밀 측정한 결과 기원전 3000~2000년경에 조성된 것으로 판명됐다. 페루 수페 골짜기에 있는 18개 유적지 가운데 하나로 고대 도시문명의 형태가 보존돼 있는 카랄 유적에서는 피라미드, 관개수로, 집단가옥 등이 발견됐다. 이집트인들이 대형 피라미드를 건설하고 메소포타미아, 중국, 인도에서 초기 문명이 일어나고 있을 당시, 남미의 페루에서는 대규모 석조물과 피라미드 주거지가 건설되는 등 문명이 융성하고 있었고 농어업 및 수공업 문화가 발달해 있었으며 당시 카랄은 사회·문화적 전통의 중심지로서 역할을 하고 있었다. 고고학계에서는 카랄 유적을 만든 고대인이 잉카문명의 선조라고 생각한다. 기록 방법으로 결승문자(結繩文字 quipu)를 사용하고 강력한 종교 이데올로기가 존재했던 이 도시는 충분히 발달된 사회 정치적 국가로서 수페 계곡과 다른 지역 거주지들에 커다란 영향력을 미쳤다.[54]

이처럼 문명은 한 곳에서 시작해서 다른 곳으로 전파되었다기보다는 다양한 문화가 여러 지역에서 각각 일어나 서로 다른 경로를 통해 창출되게 된 것이다. 기원전 3500년에서 기원전 약 800년까지 아프로유라시아 연결망의 중심에 있던 지역들은 안정된 도시와 거대한 규모의 제국을 건설하고 유지할 만한 사회구조와 체계를 만들어냈다. 농업문명이 수렵채집인과 목농민이 살고 있던 지역을 점점 잠식해 들어가면서 도시가 건설되고 제국이 건설되게 된 것이다. 이미 기원전 2000년경 중국과 지중해 지역을 연결하는 실크로드를 따라 교역이 이루어지면서 유라시아 전체를 아우르는 단일한 교류 체계가 형성되었으며, 그리스에서는 폴리스가 발전했다. 아프로유라시아 지역 권역에 있던 도시와 농업문명들 사이의 연결망이 더욱 강화된 것이다. 기원전 800년에서 기원후 200년 사이에 국가의 힘과 규모, 수가 늘어나고 독자적인 관료제와 종교제도가 만들어지고 교역 네트워크의 범위도 확장되면서 아프로유라시아 네트워크가 형성되었다. 기원전 6세기 페르시아(지금의 이란)에 세워진 아케메니드(Acaemenid) 제국, 중국의 한(漢) 왕조 (BC 206~AD 220), 지중해의 로마제국(BC 27~AD 476(서로마 제국 멸망, 비잔틴제국 멸망은 1453년)), 인도의 마우리아(Mauria) 제국(BC 317~BC 180), 기원후 750년 메소포타미아의 대부분을 차지했던 이슬람의 압바시드(Abbasid) 제국은 국가 권력이 크게 늘어났음을 보여주는 대표적인 사례이다.

한편 마케도니아 왕국의 왕 필리포스 2세(Philip II of Macedon, 재위 BC 359~BC 336)와 그의 아들 알렉산더 대왕(Alexandros the Great, 재위 BC 336~BC 323)의 치세 동안 그리스에 대한 마케도니아의 지배권이 강화되면서 동서 문화가 융섭하는 계기를 맞게 되었다. 알렉산더 대왕은 그리스·페르시아·인도에 이르는 대제국을 건설하여 그리스 문화와 동방 문화를 융합시킨 새로운 헬레니즘(Hellenism) 문화를 꽃피웠다. 이는 동서 문화의 융섭을 통한 의식 확장의 전기를 마련한 것이라는 점에서 의식의 진화와 인류 사회의 역사 발전 과정이 조응관계에 있음을 보여준다. 알렉산드로스 3세(별칭 알렉산더 대왕)가 사망한 기원전 323년을 기점으로─또는 그의 스승이었던 아리스토텔레스가 사망한 기원전 322년을 기점으로─그 이전의 시대를 그리스적 문화의 시대라고 한다면, 그 이후의 시대는 헬레니즘 문화의 시대(BC 323~BC 30)*이다. 말하자면 알렉산더 대왕 사망 이전의 시기가 그리스 본토 아테네를 중심으로 한 고대 철학의 최전성기였다면, 그 이후의 시기는 도시국가의 황혼기로서 그리스 문화의 세계화가 돋보이는 시기이다. 지역적 범위는 마케도니아·그리스에서부터 대왕의 정복지 전역(인더스 유역·박트리아·메소포타미아·소아시아·이집트)과 대왕의 뒤를 이은 여러 왕들에 의해 점령되고 지배되어 새로이 헬레니즘화한 지역까지 포괄하는 것으로 이해하기로 한다. 헬레니즘 문화는 한때 에게 해(Aegean Sea) 주변의 전 지중해 세계를 지배하고, 카르타고 등의 다른 나라에까지 확산되었으며 그 영향력이 서쪽은 영국, 동쪽은 인도의 펀자브 지방에까지 미쳤다.

예수의 십자가 죽음은 생명의 비밀을 드러낸 역사적 사건이다. 예수는 온갖 죄악의 근원이 되는 생명의 파편화 현상이 영적 무지에 기인하는 것임을, 삶과 죽음의 이원화에 기인하는 것임을 알고 십자가 죽음이라는 충격적인 요법과 부활을 통해 순수 현존을 드러냄으로써 삶과 죽음을 통섭하는 생명의 비밀을 인류에게 영원히 각인시켰다. 죽음이란 물질적 사고로만 가능한 한갓 관념일 뿐, 영적 사고로는 실재하지 않는 것이다. 참자아는 죽일 수도 없고 죽을 수도 없기 때문이다. 예수의 십자가 죽음은 생명의 영원성

---

* 여기서 아리스토텔레스의 사망을 헬레니즘 문화 시대의 기점으로 볼 수 있는 것은, 그리스 본토 아테네를 중심으로 한 고대 철학의 최전성기가 아리스토텔레스의 사망을 기점으로 사실상 막을 내린 것이라는 점에서 나름대로 의미가 있거니와, 아리스토텔레스가 서양 문화의 발전에 미친 영향이 그만큼 지대했기 때문이다. 헬레니즘은 19세기 초 인도의 역사가 드로이젠(J. G. Droysen)에 의해 정의된 것이다. 그리스 문화와 동방 문화가 융합하여 이루어진 헬레니즘 문화의 시대적 범위에 관해서는 여러 설이 있는데, 여기서는 브리태니커 백과사전의 설을 따라 시대적 범위는 알렉산더 대왕의 죽음에서 로마 제국에 의한 이집트 합병(BC 323~BC 30)까지의 대략 3세기에 걸친 기간을 일컫는 것으로 이해한다.

을 각인시킨 죽음의 가장 큰 역설이다. 예수의 십자가 죽음 이후 로마제국의 탄압에도 불구하고 특히 사도 바울(Paul, 원명은 Saul) 등의 노력으로 그리스도교의 교의가 그리스어를 사용하는 헬레니즘의 세계와 라틴어를 사용하는 로마제국으로 전파된 것은 유럽의 사상적·문화적 및 정신적 전통에서 커다란 의미를 갖는다. 그것은 고대 히브리인의 사상·문화 및 그 전통, 즉 신의 율법을 근간으로 한 유대교와 신의 사랑을 근간으로 한 그리스도교의 정통을 총괄하여 일컫는 헤브라이즘(Hebraism)의 헬레니즘화 내지는 헤브라이즘과 헬레니즘의 퓨전을 의미하는 것으로 이는 그리스도교가 명실공히 헤브라이즘의 울타리를 벗어나 유럽적이고 서구적인 종교로 변모해 가는 것을 의미한다. 또한 의지적·윤리적·종교적 특성을 띤 헤브라이즘이 이성적·과학적·미적 특성을 띤 헬레니즘과 융합하여 유럽 사상·문화의 2대 원류로서 유럽의 정신적 전통을 형성하였다는 점에서 그 의미가 실로 크다.

기원전 800년에서 서기 200년 사이에 정치, 상업, 지적 교류의 네트워크 범위가 확대됨에 따라 상호 교류가 증대되고 다양한 사상이 전파되면서 최초의 세계종교가 등장했다. 기원전 6세기경 창시된 조로아스터교에 이어 불교가 도시화와 국가 팽창의 시기에 북부 인도에서 창시되었다. 기독교는 313년 콘스탄티누스(Constantinus) 대제의 기독교 공인*과 392년 테오도시우스(Theodosius) 1세의 기독교 국교화로 그 영향력이 확산되었다. 7세기 서남아시아에서 창시된 이슬람교는 무력 정복을 통해 북아프리카, 중앙아시아, 동남아시아로 널리 전파되었으며 나중에는 이슬람 선교사와 '수피(sufi)'로 알

---

* 그리스도교의 교세가 확장함에 따라 콘스탄티누스 대제는 기독교 공인에 이어 325년 니케아(Nicaea) 종교회의(니케아 공의회 Concilium Nicaenum Primum)를 열어 삼위일체 교리를 정통 교리로 규정하고 아리우스(Arius)를 이단으로 정죄하여 교회에서 추방했다.

려진 수도승들을 통해 전파되어 역사상 유례없는 확장을 이루었다. 서기 200년에서 1000년 사이에 아프로유라시아 대륙의 연결망은 급격하게 확장되고 심화되었으며 제국주의적이고 관료주의적인 통치체제를 발전시켰다. 이러한 전환 과정에서 심대한 불평등이 생겨났고 침략과 약탈, 전쟁이 이어졌다. 교통과 무역의 발전으로 강력한 상업적 네트워크가 형성되면서 새로운 단계로의 발전이 나타나기 시작했다. 한편 이 기간 동안 서유럽은 아프로유라시아 네트워크의 주변부로 밀려났으며 중앙정부나 안정된 무역로를 갖지 못했다, 이 시기에 훈족·아바르족·하자르족·동(東)고트족·마자르족 등 초원 민족들이 대거 동유럽으로 들어갔다. 아프리카 북부는 네트워크 안으로 편입된 반면, 사하라 남쪽은 고립되었고, 다른 경계 지역에서는 바이킹들이 아이슬란드 등지에 정착했다. 인구의 지속적인 증가와 밀집으로 인해 계층과 조직 면에서 복잡성이 증가하고 기술과 지식의 전문화가 증가되었다.

아메리카 대륙은 지구상에서 호모 사피엔스가 마지막으로 정착한 대륙이다. 미 대륙은 1492년 이탈리아의 탐험가 크리스토퍼 콜럼버스(Christopher Columbus)에 의해 처음 발견된 것이 아니라 콜럼버스보다 약 300년 전인 12세기에 한 이슬람교도에 의해 발견됐다고 주장하는 역사가도 있다. 콜럼버스는 쿠바 해안에 있는 산 정상에서 이슬람 사원을 봤다고 항해 일지를 썼으며 이는 '이슬람교도가 미 대륙에 퍼져 있었다는 증거'라고 주장하는 것이다. 그러나 미 대륙의 최초의 발견자는 시베리아에 사람이 살기 시작한 후에 베링육교를 통해 아메리카로 건너가 정착한 아메리카 원주민인 인디언들일 것이다. 남북아메리카에 인간이 살았던 흔적이 확실하게 증명되는 최고(最古) 유적은 기원전 12000년경으로 추정되는 알래스카 유적들이다. 메소아메리카에서는 1000년대에 도시국가와 초기 제국의 복합적인 체제들이 등장했다 멕시코의 대도시 테오티우아칸(Teotihuacan)은 메소아메리카 대부분의 무역 네트워크를 장악했으며, 좀 더 남쪽에는 마야 문명권에 속하는 수많은 지역 국가들이 있었다. 이들의 정치 전통은 다음에 등장할 더욱 강력한 국가들의 문화적 기반이 되었다. 아메리카 대륙이 아프로유라시아 대륙과 완전히 떨어져서 발전하긴 했지만 농업 생활로 전환하면서 발전을 위해 먼저 사제의 도움이 필요했고, 이후 전사들의 도움이 필요했으며, 지배계층이 생겨나면서 군사적 지배계급이 사제들과 연합하는 매우 유사한 발전 과정을 거쳤다.

유라시아 스텝 지역과 같이 농업문명권 이외의 지역에서도 인구가 증가하면서 새로운 유형의 서열이 만들어졌다. 유목민들이 동맹체를 결성해 인접 농업 지역을 침범해 징세하는가 하면, 초원의 기마민족 흉노족이 중국과 북방유라시아뿐만 아니라 중동·이집트 등 농경지대에서 정복 왕조를 세웠다. 농경과 함께 일어난 목축을 토대로 한 기마민족은 교통로와 교역로, 즉 초원길, 비단길, 오아시스 길 등을 넓혀 세계 문명과 국가 형성에 큰 역할을 했다. 어환(魚豢)의 『위략(魏略)』에는 흉노의 거수(渠帥 우두머리)가 '단자(檀柘)'였다고 나오는데, 흉노의 우두머리가 단씨(檀氏)였다는 것은 흉노의 지배자가 단군조선에서 파견된 고조선 왕족이었거나 왕족으로 봉해진 것임을 시사한다. 『한서(漢書)』에는 흉노의 우두머리를 '두만(頭曼)'이라고 했는데, '두만'은 병사 1만 명을 지휘하는 고조선의 군사령관을 가리키는 것이다. 따라서 흉노는 고조선이 파견한 고조선 왕족의 사령관을 통치자로 한 고조선 후국(侯國)의 하나로 해석된다. 이들은 기원전 3세기에 흉노족 두만(頭曼)의 아들 모돈(冒頓)이 부족들과 연합해 흉노제국을 건설하고 제위에 올라 '탕리고도선우(撑犁孤塗單于 Tengrikodo Danwu)'라는 단우(單于) 호칭을 사용했다고 한다(『漢書』

卷94, 匈奴傳).[55][*]

한편 13세기 말 소아시아(아나톨리아)에서는 오스만 1세가 터키 제국(오스만 제국)을 건설하여 1453년에 비잔틴제국을 멸망시키고 이스탄불로 수도를 옮겨 1922년 국민혁명으로 멸망할 때까지 번성하였다. 태평양 권역에서는 기원전 1200년경 뉴기니 북쪽 비스마르크제도에서 농경, 어업, 항해 등에 종사하던 사람들이 폴리네시아(Polynesia)의 일부 섬에 도달하였고 그들의 후손은 이후 몇 세기에 걸쳐 태평양에서 주거가 가능한 모든 지역에 이주하여 살았다. 이러한 이주 과정은 서기 500년에 이르러 거의 완수되었으며 1000년경에는 마지막까지 남아 있던 몇 개의 섬에도 사람이 살기 시작했다.[56] 뉴기니와 멜라네시아 너머의 태평양에 흩어져 있는 수천 개의 섬은 하와이 제도, 뉴질랜드, 이스터 섬을 잇는 삼각형 안의 섬들로 폴리네시아라고 불린다. 이에 속하는 다른 섬들로는 사모아, 통가, 프랑스령 폴리네시아가 있다. 이스터 섬에 사람이 살기 시작한 것은 6세기 무렵으로 추측되며, 뉴질랜드에는 폴리네시아 농경민의 후손인 마오리족이 1000년경에 이주했다. 그로

---

[*] 서울대 신용하 교수는 흉노왕의 호칭 '단우'가 중국식으로 '선우(Shanyu)'이나 흉노식으로 '단우'로 읽는다고 했다. 아울러 '頭曼'의 성씨가 '檀'이므로 單은 곧 檀이며, '于'는 '왕'을 가리키는 고조선 식 용어이고 '檀'은 '밝달족(고조선족)'의 후예임과 '天'의 뜻을 담고 있다고 보고 있다. 또한 '탱그리(撑犁)'는 '天', '孤塗'는 '아들(子)'의 뜻으로 天子를 의미한다. 이 명칭들은 고조선 祖語와 일치하고, 현대 몽골어와 일어에도 흔적이 남아 있다고 한다. 단재 신채호의 『조선상고사』에는 흉노가 고조선 문화와 동일한 문화를 가지고 있음을 다음과 같은 근거로 제시하고 있다. 姓을 가진 귀족이 있음이 신라와 같고, 좌우 賢王이 있음이 고(구)려 · 백제와 같으며, 5월의 祭天이 馬韓과 같고 茂 · 己日을 숭상함이 고려와 같다고 했다. 또한 王公을 '한(汗)'이라 함이 삼국의 '干'과 같으며, 官名의 끝 자에 '鞮'라는 음이 있음이 고조선과 같고, 왕후를 閼氏라고 하는 것이 '아씨'의 번역일 것이며, 사람과 가축을 회계하는 곳을 '儋林' '屠林'이라 하는 것이 '살림'의 뜻이고, '休屠'와 그 내용이 삼한 蘇塗와 같다고 했다(http://www.skyedaily.com/news/news_view.html?ID=36949).

부터 얼마 지나지 않아 마오리족의 한 무리가 다시 채텀제도로 이주하여 모리오리족이 되었다. 두 집단은 헤어진 후 몇 세기에 걸쳐 반대 방향으로 발전했다. 마침내 두 집단이 충돌했을 때, 수렵채집인으로 되돌아간 모리오리족은 점점 더 복잡한 기술과 정치조직을 발전시키고 더욱 집약적인 농업에 집중한 북섬의 마오리족에 의해 잔혹하게 도살당했다. 또한 비(非)폴리네시아인의 땅인 오스트레일리아와 뉴기니에 사람이 살기 시작한 것은 대약진 시기로 3만~4만 년 전이다. 당시 아시아 본토에서 오스트레일리아와 뉴기니로 건너가려면 최소한 여덟 개의 해협을 지나야 했으므로 이는 곧 역사상 처음으로 배가 사용되었음을 말해준다.[57]

중앙아시아의 고원지대와 초원지대에 살던 유목민이었던 몽골족은 1206년 테무진이 부족연합의 군장 칭기즈 칸(Genghis Khan, 1155/62/67?~1227))으로 추대되면서 통일제국의 성립을 보았다. 세계 역사상 가장 넓은 대륙을 점유한 몽골제국은 동(東)으로는 태평양 연안에서 서(西)로는 우랄을 넘어 동유럽에까지 이르는 인류 사상 최대의 대제국을 건설하여 동서 문화의 실크로드를 개척했다. 중국사에 원(元) 태조로 기록되는 칭기즈 칸은 '능력위주의 군 인사행정, 개방적인 인재흡수, 기동성이 뛰어난 군대, 상인들을 통한 정확한 정보수집, 타종교에 대한 존중, 학자 야율초재 기용' 등을 바탕으로 강한 군대를 이끌어 역사상 가장 성공한 군사, 정치지도자가 되었다. 칭기즈 칸은 역설적으로 가장 광대한 지역에 전쟁의 처참함을 가져온 후에 가장 분쟁이 적은 평화의 시기를 가져왔다고 평가되고 있다.[58] 몽골제국의 영토를 1메가미터(10만 제곱킬로미터)라는 단위를 사용해 다양한 국가와 제국들에 의해 통치되었던 영토와 비교해 보면 그 크기를 짐작하는 데 도움이 된다. 중국의 한(漢) 왕조는 약 6메가미터, 로마의 카이사르는 약 4메가미터, 7, 8세기 초기 이슬람 제국들은 약 10메가미터, 잉카와 아즈텍 문명은 각각 약 2메가미터 정도의 영토를 다스렸다. 그에 비해 몽골제국의 통치자였던 칸들은 무려 25 메가미터가 넘는 광대한 크기의 영토를 다스렸다.[59] 1260년 칭기즈 칸의 손 자인 쿠빌라이는 송(宋)나라를 멸망시키고 중국 전체를 통일하여 1271년 국 호를 원(元)으로 개칭하고 1294년까지 통치했다.

몽골제국의 전성기 동안 중국과 이슬람 세계, 유럽을 잇는 단일한 상업적 네트워크를 가진 하나의 소세계가 생겨남으로써 동서 문화의 융섭이 활발 하게 이루어졌다. 몽골제국의 등장이 동서 문화의 소통성을 강화하고 사고 의 새로운 지평을 연 계기가 되었음은 14세기 중국 장시 성(江西省) 출신인 왕 력(王力)의 글에 잘 나타나 있다. "쿠빌라이 칸의 시대가 되면 사해(四海) 안의 모든 땅이 한가족의 영토처럼 된다. 문명은 모든 곳에 퍼졌으며 어떤 장벽 도 존재하지 않았다. 남과 북에서 부와 명예를 찾는 사람들에게 천 리 길은 단지 옆집에 다니러 가는 것 같았으며, 만리 길도 이웃 동네로 놀러 가는 것 과 같았다. (…) 사람들 사이의 형제애는 새로운 지평에 들어섰다."[60] 그런데 1331년 쿠빌라이 칸이 수도를 세웠던 허베이 성(河北省)에서 인구의 약 90퍼 센트가 흑사병으로 목숨을 잃은 이후 무서운 속도로 퍼져나가 14세기에 유 라시아 대부분의 지역에서 흑사병이 발병했다. 칭기즈 칸이 세운 제국은 흑 사병과 내분으로 분열될 때까지 아프로유라시아 대륙의 연결망이 활성화되 도록 안정된 환경을 제공했고 그 지역의 부와 권력을 역사상 최고 수준으로 까지 끌어올렸다. 원나라는 1368년 명(明)나라를 세운 주원장(朱元璋)에 의해 붕괴되었지만 몽골 본토와 중앙아시아에서는 몽골족의 지배가 계속돼 14세 기 말에는 인도에서 지중해에 이르는 몽골족의 예전 영토가 회복되는데, 그 후손들이 인도 무굴족의 시원이 된다. 무굴제국 황제 샤 자한(Shah Jahan)이 아내인 아르주만드 바누 베감을 기리기 위해 지은 영묘 타지마할은 이슬람 문명의 미(美)의 정수를 보여주는 걸작으로 꼽힌다.

한편 유럽은 4세기에 들어 '정통 신앙의 아버지'로 불리는 알렉산드리아의 총대주교 아타나시우스(Athanasius)와 교부철학(敎父哲學 patristic philosophy)의 대성자(大成者)인 성 아우구스티누스(성 어거스틴 Saint Augustine of Canterbury) 등의 정통파의 확립이 이루어져 이 파의 설이 유럽 중세 천여 년의 신조가 되었다. 이로부터 교회에 복종하고 봉사하는 교회 중심의 도덕이 자리 잡게 되었고, 이러한 교회 중심의 생활 태도는 보편적인 중세 문화 발전의 커다란 원동력이 되었으며, 십자군(十字軍 Crusade) 시대에 와서 그 절정에 달하였다. 십자군 원정은 중세 서유럽의 로마 가톨릭 국가들이 중동의 이슬람 국가에 대항하여 성지 예수살렘 탈환을 목적으로 행해진 대규모의 군사 원정이다. 십자군 원정의 직접적인 원인은 이슬람 세력인 셀주크 투르크가 성지 예루살렘을 찾는 기독교 순례자들을 박해하고 소아시아까지 진출하여 비잔틴제국을 위협한 데 있었다. 비잔틴제국의 황제가 구원을 요청하자, 교황 우르반 2세는 1095년 11월 클레르몽 공의회를 열어 성지 회복을 위한 십자군 원정을 호소하였고, 이에 국왕, 봉건 영주, 상인, 농민들이 전쟁에 참가하게 되었다. 한편 11세기 이후 서유럽 사회에서의 인구 및 농업 생산력의 증가, 도시의 부활 등으로 내적 힘이 축적되면서 밖으로 식민 운동 및 이슬람교도들에 대한 재정복 운동이 전개되고 있었던 것도 십자군 원정의 복합적인 요인으로 작용하였다. 십자군측이 예루살렘을 확보한 기간은 1099~1187년, 1229~1244년뿐이었으며, 예루살렘은 7세기부터 20세기까지 이슬람의 지배를 받았다.

11~13세기에 감행된 십자군 원정의 실패로 교황의 권위가 크게 실추되면서 교회의 교리에 대한 비판적인 회의가 일고, 특히 십자군 원정으로 인한 사라센[이슬람] 문화의 유입은 유럽인들의 지성을 자극하고 이성에 눈을 뜨게 하여 그리스도교 교리체계 전반에 대한 비판적 정서를 낳았다. 이처럼

472 | 빅 히스토리

절대적 진리로 인식되고 있던 그리스도교 교리가 회의적이 되고 교회가 위기에 처하게 되자, 교리의 우월성과 신앙의 정당성을 철학적 · 이론적 논증을 통해 설명하고 조직화할 필요가 생겨나면서 스콜라철학(Scholasticism)이 등장하게 되었다. 스콜라철학은 중세 철학과 학문의 절정을 이룬 중세의 종합적 세계관으로서 이론으로 신앙을 변호하고, 철학으로 교회를 옹호하며, 합리적 논증으로 교리를 지지함으로써 신앙[계시]과 이성, 종교와 철학의 유기적인 조화를 강조했다. 11세기부터 15세기까지 중세 유럽의 본산 학교와 수도원 학교, 그리고 나중에 설립된 중세 대학 교육의 목적, 내용 및 방법에 결정적 영향을 끼쳤다. 스콜라철학의 대표자이며 자연 신학의 선구자인 토마스 아퀴나스(Thomas Aquinas)는 아리스토텔레스의 이원론적 철학 방법을 가톨릭 세계관에 도입하여 이성과 신앙, 도덕과 은총, 철학과 신학을 구별하는 동시에 조화를 모색함으로써 스콜라철학을 종합적으로 체계화하였다. 그것은 바로 중세 그리스도교적 보편사회로의 통일이다. 아우구스티누스의 사상에서 나타난 신국과 지상국가, 신앙과 이성의 분리된 두 세계의 대립은 13세기에 이르러 이성에 대한 신앙의 우위를 철학적으로 입증한 아퀴나스에 의해 종결되면서 중세는 그 절정에 달하였다. 신학이 모든 학문의 중심이 되면서 철학은 신학의 시녀가 되고 이렇게 해서 이성에 대한 종교의 학대가 만연하게 되었다.[61]

이상에서와 같이 유럽인이 세계 탐사를 하기 직전인 1450년경 90퍼센트에 가까운 인류는 문화적, 경제적, 정치적으로 이미 밀접하게 연결되어 아프로유라시아라는 하나의 큰 세계에서 살았다. 나머지 10퍼센트에 해당하는 인류는 상당한 규모와 복잡성을 지닌 네 개의 세계로 분리되어 있었다. 즉 중미 대부분과 북미 일부를 아우르는 메소아메리카 세계, 남미 서부의 대부분을 아우르는 안데스 세계, 호주 대륙을 아우르는 호주 세계, 그리고 하와이에서 뉴질랜드에 이르는 남서 태평양의 섬 대부분을 아우르는 대양 세계가 그것이다.[62] 이후 300년간 아프로유라시아는 세계의 나머지 지역 전부를 영향권에 편입시켰다. 15세기 초 명나라 황제 영락제(永樂帝)의 명령에 따라 장군 정화(鄭和)의 함대는 일곱 차례의 대원정을 떠나게 되는데, 동남아시아, 인도를 거쳐 아라비아 반도, 아프리카까지 항해하였다. 1488년에는 포르투갈의 선장 바르톨로뮤 디아스(Bartolomeu Diaz)가 아프리카 최남단 희망봉에 도착했고, 1498년에는 포르투갈의 항해자 바스코 다 가마(Vasco da Gama)가 인도 항로를 개척했다. 1492년에는 스페인 이사벨 여왕의 후원으로 항해를 떠난 콜럼버스가 쿠바, 아이티, 트리니다드 등을 발견했는데, 그의 서인도 항로 발견으로 아메리카대륙은 유럽인들의 활동 무대가 되었으며 스페인이 주축이 된 신대륙 식민지 경영이 시작되었다. 1519년 향신료 제도(인도네시아에 속하는 말루쿠 제도)로 가는 서쪽 바닷길을 찾아서 항해를 시작했던 포르투갈의 페르디난드 마젤란(Ferdinand Magellan)은 1521년 태평양의 여러 섬에 스페인의 깃발을 꽂았으며, 1521년 스페인은 아즈텍 제국을 정복했다. 1532년 잉카제국이 스페인 정복자들에 의해 멸망함으로써 안데스 세계는 붕괴했다. 호주 대륙에 유럽인이 처음 상륙한 것은 1606년이었고, 영국에 의해 식민지화가 본격화된 것은 1788년이었다.

따라서 지구의 통일 과정에서 실질적으로 가장 중요한 단계는 제국들이 확장되고 무역이 활발해진 지난 몇 세기 동안 진행됐으며, 아프로유라시아, 미국, 호주, 오세아니아 사람들 사이에는 점점 더 건고한 유대가 형성되었다. 그런데 이데올로기적으로는 기원전 첫 밀레니엄(BC 1000~BC 1) 동안 더욱 중요한 발전이 이루어졌으니, 바로 보편적 질서라는 개념이 뿌리를 내리게 된 것이다. 이 시기 동안에 보편적 질서가 될 잠재력이 있는 후보 세 가지가 출현했다. 이 세 가지 중 하나를 믿는 사람들은 처음으로 세계와 인류를 하나의 법체계로 통치되는 하나의 단위로 생각할 수 있었다. 최초로 등장한 보편적 질서는 경제적인 것으로 화폐 질서였고, 두 번째 보편적 질서는 정치적인 것으로 제국의 질서였으며, 세 번째 보편적 질서는 종교적인 것으로 불교, 기독교, 이슬람교 같은 보편적 종교의 질서였다. 상인, 정복자, 예언자들은 인류의 잠재적 통일을 내다볼 수 있었던 사람들이었다. 상인들에게는 세계 전체가 단일시장이었고 모든 인간은 잠재적 고객이었다. 정복자들에게는 세계 전체가 단일제국이었고 모든 인간은 잠재적 신민이었다. 예언자들에게는 온 세상에 진리는 하나뿐이었고 모든 인간은 잠재적 신자였다. 이들 모두는 어디에서나 누구에게나 적용되는 보편 질서를 세우고자 했다. 지난 3천 년간 사람들은 통합된 지구적 비전을 실현하기 위해 더욱 더 야심찬 시도를 했다. 유발 하라리는 그의 저서 『사피엔스 *Sapiens*』(2011)에서 화폐와 제국과 보편종교가 어떻게 퍼져나가 오늘날의 통합된 문명 세계의 기초를 닦았는가를 이야기해 준다.[63]

그의 이야기는 '역사상 최대의 정복자, 극도의 관용과 융통성을 지녔으며 사람들을 열렬한 사도로 만들었던 정복자'에 대한 것으로부터 시작한다. 이 위대한(?) 정복자는 바로 돈이다. 미국이라는 나라를 증오하는 자도 미국 달러는 좋아한다. 신과 왕이 실패한 곳에서도 돈이 성공할 수 있었던 것은, 많은 사람들이 돈으로만 나을 수 있는 마음의 병을 앓고 있었기 때문이다. 북아프리카의 무슬림 상인들은 기독교 주화를 이용해 사업을 했고, 기독교인들을 상대로 성전을 벌였던 무슬림 통치자들조차 예수와 성모 마리아를 새겨 넣은 주화로 세금을 받았다. 한편 기독교인 정복자들이 찍어낸 주화에는 아라비아 문자로 "알라 외에 다른 신은 없으며 무함마드는 알라의 사자다"라는 선언이 새겨져 있었다. 가톨릭의 주교들은 이 무슬림 주화를 복제해 발행했고, 기독교인들은 이를 기쁘게 사용했다. 사실상 '돈은 거의 모든 것을 다른 거의 모든 것으로 바꿀 수 있게 해주는 보편적인 교환수단'이다. 돈은 '보편적 전환성'과 '보편적 신뢰'라는 두 가지 보편적 원리를 기반으로 하고 있는 까닭에 수백만 명의 사람들이 무역과 산업에서 효과적으로 협력할 수 있었다. 하지만 돈은 지역 전통, 인간적 가치와 친밀한 관계를 부식시키고, 나아가 공동체, 신앙, 국가라는 댐을 무너뜨려 세상을 하나의 크고 비정한 시장이 되게 할 위험이 있다. 독실한 기독교인은 살인과 도둑질과 사기를 저질러 얻은 돈으로 면죄부를 샀다. 야망에 찬 기사들은 자신의 충성심을 가장 높은 값을 부르는 사람에게 팔았으며 시종들의 충성심도 현금 지불로써 확보했다. 부족의 땅은 글로벌 경제에 진입하는 티켓의 대가로 지구 반대편에서 온 낯선 사람에게 팔렸다.[64]

그러나 수천 개의 고립된 문화로부터 오늘날 지구촌 형성까지의 과정을 순수하게 경제적인 과정으로만 볼 수는 없다. 21세기를 사는 거의 모든 사람이 제국의 후예라는 것은, 제국이 가진 문화의 다양성과 영토의 탄력성이라는 두 가지 중요한 특징에 기인한다. 사실상 1세기 전에는 지구상의 거의 어떤 지역이라도 대영제국의 일부가 될 수 있었다. 문화의 다양성과 영토의 탄력성이라는 두 가지 특징 덕분에 제국은 다양한 소수민족과 생태적 지역들을 하나의 정치세력권으로 편입시킬 수 있었고 점점 더 큰 부분을 하나로 융합했다. 제국은 반드시 군사적 정복을 통해 등장할 필요도 없다. 아테네 제국과 같이 자발적 동맹으로 등장한 경우도 있고, 또는 합스부르크 제국과 같이 혼인으로 탄생해 결혼동맹에 의해 유지된 경우도 있다. 또한 제국은 반드시 독재적 황제에 의해 통치될 필요도 없다. 역사상 최대 규모였던 대영제국의 통치체제는 민주주의였다. 근현대의 네덜란드, 프랑스, 벨기에, 미국, 그리고 근대 이전의 로마, 카르타고, 아테네는 모두 민주적 제국에 속한다. 제국의 조건에 있어 크기 역시 실제로는 문제가 되지 않는다. 제국은 왜소할 수도 있다는 말이다. 아테네 제국이나 아즈텍 제국은 크기와 인구가 오늘날의 그리스나 멕시코보다 작았다. 그러나 아테네는 독립된 도시국가 1백여 곳을 지배했고, 아즈텍 제국은 과세 기록에 따르면 371개의 부족과 해당 부족민을 통치했다.[65]

많은 경우 하나의 제국이 붕괴하면 새로운 제국이 발을 들여놓았다. 중동 지역이 그 가장 명백한 예이다. 중동은 기원전 8세기 네오 아시리아 제국이 발흥한 이래 20세기 중반 대영제국과 프랑스 제국이 붕괴할 때까지 한 제국의 손에서 다른 제국의 손으로 넘어가는 일을 반복했다. 사르곤 대제의 아카드 제국은 그 통치권이 페르시아 만에서 지중해 연안까지 미쳤으며 오늘날의 이라크와 시리아 대부분, 그리고 이란과 터키의 일부를 포함했다. 그로부터 1,700년간 아시리아, 바빌로니아, 히타이트의 왕은 사르곤을 역할 모델로 삼아 정복전쟁을 벌였다. 기원전 550년경 페르시아의 키루스 대왕이 등장한 이래 제국의 이데올로기는 모든 것을 아우르는 경향이 있었다. 이러한 새로운 제국관은 알렉산드로스 대왕에게로, 다시 고대 그리스의 왕, 로마의 황제, 무슬림 칼리프, 인도의 세습군주, 그리고 마침내 소련의 지도자와 미국 대통령에게로 이어졌다. 페르시아 모델과 비슷한 제국관이 세계 도처에서 개발되었으니, 중앙아메리카, 안데스 산맥 영역, 중국이 대표적이다. 제국의 일반적 수단으로 꼽히는 것은 전쟁, 노예화, 국외 추방, 대량학살이다. 그렇다고 제국이 후세에 아무런 가치 있는 것을 남기지 않은 것은 아니다. 지금까지 인류의 문화적 성취 중 상당 부분은 제국이 피정복민을 착취한 덕분에 생겨날 수 있었다. 키케로와 세네카, 성 아우구스티누스가 사색과 집필을 할 수 있었던 것은 로마제국이 제공한 이익과 번역 덕분이었으며, 타지마할이 건설될 수 있었던 것도 무굴제국이 인도 신민을 착취해서 축적한 부(富) 덕분이었다. 오늘날 대부분의 사람들은 조상들이 칼로써 강요

당했던 제국의 언어로 말하고 생각하고 꿈꾼다.[66]

단계	로마	이슬람	유럽 제국주의
작은 집단이 큰 제국 건설	로마인들이 로마제국 건설	아랍인들이 칼리프가 다스리는 제국 건설	유럽인들이 유럽 제국 건설
제국 문화 구축	그리스 로마 문화	아랍 이슬람 문화	서구 문화
제국 문화가 피지배 민족에게 받아들여짐	피지배 민족이 라틴어, 로마법, 로마의 정치사상 등을 받아들임	피지배 민족이 아랍어, 이슬람교 등을 받아들임	피지배 민족이 영어, 프랑스어, 사회주의, 민족주의, 인권 등을 받아들임
피지배 민족이 공통의 제국적 가치의 이름으로 동일한 지위 요구	일리리아, 갈리아, 카르타고 사람들이 로마적 가치의 이름으로 로마인과 동등한 지위 요구	이집트, 이란, 베르베르 사람들이 무슬림 가치의 이름으로 아랍인과 동등한 대우 요구	인도, 중국, 아프리카 사람들이 민족주의, 사회주의, 인권 등 서구적 가치의 이름 아래 유럽인과 동등한 지위 요구
제국을 설립한 자들이 지배력 잃음	로마인은 더 이상 특유의 인종집단으로 존재하지 않게 됨. 제국의 통제권은 새로운 다인종 엘리트로 넘어감	아랍인들이 무슬림 세계의 통제권을 잃음. 통제권은 다인종 무슬림 엘리트에게 넘어감	유럽인들이 지구촌의 통제권을 잃음. 통제권은 서구적 가치와 사고방식에 대체로 충실한 다인종 엘리트에게 넘어감
제국의 문화는 계속 꽃피고 발전함	일리리아, 갈리아, 카르타고 사람들은 스스로 채택한 로마 문화를 계속 발전시킴	이집트, 이란, 베르베르 사람들은 스스로 채택한 무슬림 문화를 계속 발전시킴	인도, 중국, 아프리카 사람들은 스스로 받아들인 서구 문화를 계속 발전시킴

〈표 6.2〉 제국의 주기[67]

〈표 6.2〉에서 보는 바와 같이, 20세기에 서구의 가치를 받아들인 아프로아시아 사람들은 서구적 가치의 이름 아래 유럽인과 동등한 지위를 요구했다. 수많은 반식민지 투쟁이 서구의 유산인 민족자결, 사회주의 인권의 기치 아래 벌어졌다. 오늘날 많은 아프로아시아 사람들은 자신들을 지배했던 제국 문화를 받아들여 상황과 필요, 전통에 맞게 변형시켜왔다. 기원전 200년경 이후 인간은 대부분 제국에 속해 살았고, 앞으로도 대부분 하나의 제국 안에서 살게 될 전망이다. 이탈리아 최고의 시인이자 르네상스의 문화

적 지평을 연 알리기에리 단테(Alighieri Dante)는 신성로마제국의 권위가 유명무실해지고 민족국가 내지는 도시국가들이 대두하던 르네상스기 새벽의 정치상황을 배경으로 세계정부의 이상을 제시했다. 단테는 그의 『제정론 De Monarchia』[68]에서 제권(帝權)이 인류의 평화, 정의, 행복을 보장할 수 있는 유일한 체제라고 보고, 단일 군주 밑에 통합된 인류와 그리스도교의 보편 교회에 상응하는 보편 제국(universale Imperium)을 논구하는 것을 과제로 삼았다. 이 논구에서 그가 사용하는 인류 사회(humana civilitas)와 전 인류의 보편 사회라는 용어는 인류의 공동체의식 발달에 중요한 전기를 제공했다. 그가 사용하는 '제권' 개념은 인류 전체의 협력 속에서 이루어지는 고유한 활동과 보편적 평화(pax universalis)와 단일 군주(unus Monarcha)의 개념을 상정한 보편 군주제(universalis Monarchia)로서 세계정부의 이상과 상통해 있다. 그가 말하는 '보편 제국'은 전 인류의 연합과 통일에 의해 보편적 평화가 보장되는 유기체적인 세계시민사회이다.

단테의 '제권' 개념을 기반으로 한 세계정부의 이상은 유엔의 개혁 방향에 유효한 단서를 제공한다. 전 지구적 차원의 내전이나 다름없는 테러와의 전쟁, 세계화가 가져온 광신도들에 의한 종교적 갈등과 정치적 충돌, 배금주의자들에 의한 경제적, 생태적 재앙으로 인류가 파멸의 위기에 처해 있는 지금, 유엔의 개혁은 인류의 지상과제로 떠오르고 있다. 유엔이 명실상부한 세계정부로서의 기능을 다할 수 있기 위해서는—단테의 용어를 빌리자면—유엔의 '제권'을 위협하는 존재가 있어서는 안 될 것이다. 그러나 국제연합은 국익을 기반으로 한 국가 간의 연합인 까닭에 강대국의 횡포를 제어할 제도적 장치가 없다. 따라서 유엔은 초국가적 실체에 기초한 연합으로 거듭나지 않으면 안 된다. 프랑스 사회학자 에드가 모랭(Edgar Morin)이 제창하는 '세계 연방(Confederation mondiale)'론과 같은 역사적 단계에 대해 생각해 볼 수도 있을 것이다. 이는 국가를 없애지 않으면서 국가가 연방과 관련해 상대적으로 존재하는 단계인데, 이를테면 아랍·이슬람권 전체가 연방에서 하나의 거대한 지방이 되고, 세계 연방은 빈국에 대한 마셜 플랜(Marshall Plan)을 실시하고, 의약품과 치료 지원을 전담하는 국제기구를 창설하는 것 등이 그것이다. 그러나 이러한 유엔의 개혁도 인류의 자각과 인식 전환이 선행되지 않고서는 요원한 과제일 수밖에 없다. 세계인 장보고(張保皐)의 '제권(帝權)' 하에 통합되어 국경 없이 다스려졌던 9세기 동북아는 새로운 지구제국의 건설에 유효한 단서를 제공한다. 장보고의 인의지심(仁義之心)과 의용지심(義勇之心) 그리고 탁월한 군사·경영 능력과 도량(度量)·명견(明見)·감화력 등은 오늘날 지구촌 경영에도 절실히 요망되는 것들이다.

화폐(상업)와 제국에 이어 보편적 질서가 될 잠재력이 있는 세 번째 후보는 보편 종교이다. 불교나 이슬람교처럼 역사상 가장 잘 알려진 종교는 보편적이면서 선교적이다. 종교는 보편적이고 초인적인 질서를 설파함과 동시에 이러한 믿음을 많은 사람에게 전파할 것을 요구하는 속성을 지닌다. 보편적이고 선교적인 종교는 기원전 1000년 무렵에 등장하기 시작했다. 역사상 가장 중요한 혁명의 하나로 간주되는 이들의 출현은 보편적 제국과 보편적 화폐의 등장과 마찬가지로 인류의 통일에 크게 기여했다. 농업혁명은 종교혁명을 수반했다. 수렵채집인들에게 동식물은 호모 사피엔스와 동등한 지위를 지닌 것이었다. 그러나 농부들은 동식물을 소유하고 조작했다. 농업혁명이 초래한 최초의 종교적 효과는 '동식물을 영혼의 원탁에 앉은 동등한 존재에서 소유물로 격하시킨 것'이다. 농업혁명 이래 수천 년간 종교의식은 주로 인간이 신에게 양과 포도주를 바치고 그 대가로 풍성한 수확과 가축의 다산을 약속받는 것이었다. 하지만 왕국과 교역망이 확대되자, 확대된 세력권 전체를 아우르는 권력과 권위를 지닌 존재들이 필요해졌고, 이에 부응하여 풍요의 여신, 비의 신, 전쟁의 신 등을 숭배하는 다신교가 출현하게 되었다. 일신교에 세뇌된 서구인들은 다신교를 우상숭배로 간주했다.[69] 그러나 일신교(monotheism)와 다신교(polytheism) 또는 일원론(monism)과 다원론(pluralism)은 동전의 양면과도 같이 하나다. 생명의 본체는 분리될 수 없는 '하나'이니 본체의 측면에서는 유일신(唯一神, '하나'님)이지만, 그 본체가 자기복제로서의 작용을 통해 우주만물이 되는 것이니 작용의 측면에서는 다신(多神, 우주만물)이 되는 것이다. 말하자면 '유일신'과 '다신'으로 표징되는 일신교와 다신교는 숲[전체성]과 나무[개체성]의 관계와도 같이 결국 하나다.

다신교는 일신교와는 달리 본질적으로 열려 있으며 '이단'이나 '이교도'를 처형하는 일이 드물다. 심지어 거대한 제국을 정복했을 때도 피정복민을 개종시키려는 시도를 하지 않았다. 로마인들이 오랫동안 관용을 거부했던 유일한 신은 기독교의 신이었다. 로마제국은 기독교인들에게 신앙과 의례를 포기할 것을 요구하지는 않았지만 제국의 수호신과 황제의 신성에 경의를 표하는 정치적 충성을 기대했다. 그러나 기독교인들이 이를 격렬하게 거부하자, 로마인들은 정치적 전복을 도모하는 세력으로 몰아 박해로 대응했다. 3세기에 걸친 모든 박해의 희생자를 다 합쳐도 로마인들이 살해한 기독교인은 몇 천 명을 넘지 않았다. 그런데 이후 1,500년간 기독교인은 기독교에 대한 조금 다른 해석을 지키기 위해서 다른 기독교인 수백만 명을 학살했다. 특히 16~17세기 유럽에서 일어난 가톨릭과 개신교 사이의 종교전쟁은 악명 높은 것이다. 시간이 흐르면서 다신교는 자신의 수호신이 유일신이라며 여기저기서 다양한 일신교를 잉태했으나 주변부에 머물렀다. 유대교의 경우 유일신의 주된 관심이 유대국가와 이스라엘 땅에 있다고 주장했지만 선교를 하지는 않았으며 '지역적 일신론' 단계에 머물렀다. 기독교 신앙은 나자렛 예수가 구세주라는 것을 유대인에게 확신시키려 했던 비전(秘傳)

의 유대교 분파에서 시작되었다. 우주의 최고 권력이 인류를 구원하기 위해 인간 존재로 화신하여 십자가에서 돌아가셨다며 이러한 복음을 전 세계로 전파할 필요가 있다는 사도 바울의 주장에 따라 광범위한 선교활동이 조직되기 시작했다. 313년 콘스탄티누스 대제의 기독교 공인으로 유대교 분파는 마침내 강력한 로마제국을 접수했다.[70]

기독교의 성공은 7세기 아라비아 반도에서 출현한 또 다른 일신교인 이슬람교*의 모델이 되었다. 이슬람교(또는 回敎)는 예언자 무함마드(Muhammad)**가 창시한 종교로, 610년경 무함마드가 대천사 가브리엘로부터 받은 알라(Allah: 아랍어로 '하나님', '신'이라는 뜻)의 계시를 기록한 『코란(꾸란)』을 경전으로 하고 있다. 당시 아라비아 각지에는 유대인들과 기독교 신자들이 거주하고 있었으며, 이들의 영향으로 유일신 사상이 아라비아 반도에 전해지긴 했지만 대부분은 여전히 다신교 신앙을 가지고 살고 있었다. 사회적으로도 급속한 상업 경제의 발전에 따른 부작용과 갈등이 나타나고 있었다. 이슬람도 기독교와

---

* 이슬람은 '복종 · 순종'이란 뜻이다. 이슬람 신도는 남성일 경우 무슬림(Muslim)이라고 하고, 여성일 경우 무슬리마(Muslimah)라고 한다. 이슬람의 대표적인 종파로는 전체 무슬림의 80~90퍼센트를 차지하는 수니파와 10~20퍼센트를 차지하는 시아파가 있는데, 수니파의 맹주는 사우디이고 시아파의 맹주는 이란이다.

** 무함마드(마호메트라고도 함)는 이슬람의 聖地 메카의 지배 계급인 쿠라이시족 중의 하심가 출신이다. 상인인 아버지의 죽음으로 유복자로 태어난 그는 6세 때 어머니마저 잃고 친척의 손에 자랐다. 목동이었던 무함마드는 삼촌 아부 탈리브의 소개로 과부이자 거부였던 하디자의 고용인으로 들어가 그녀를 대신해 시리아 지방으로 대상 무역을 떠나게 되는데, 이 무역에서 큰 성공을 거둔 그는 15세 연상의 하디자로부터 청혼을 받고 25세 때 결혼했다. 경제적인 안정을 찾게 되자 그는 금식하고 사색하며 진리 탐색에 매진하다가 610년 대천사 가브리엘을 통해 신의 말씀을 계시 받고 傳敎에 들어가 이슬람교를 세웠다. 630년 1만 명의 무슬림은 메카로의 무혈입성에 성공했고, 무함마드는 카바 신전의 우상들을 파괴하고 '유일신 알라 외에 다른 신은 존재하지 않는다'고 공포했다. 그리하여 아라비아 반도를 통일하고 이슬람 제국을 설립했다

마찬가지로 작은 분파로 시작했지만, 아라비아 사막에서 벗어나 대서양에서 인도에 이르는 방대한 제국을 정복하기에 이름으로써 기독교보다 더 놀라운 업적을 이룩했다. 이 시기를 기점으로 일신교는 세계사에서 중심적인 역할을 수행하게 되었다. 기원후 1세기 초반까지만 해도 세상에는 일신론자가 전혀 없다시피 했지만, 기원후 500년경에는 로마제국이 기독교 국가가 되었으며, 첫 1천 년이 끝날 무렵에는 유럽, 서아시아, 북아프리카인들의 대부분이 일신론자였고, 대서양에서 히말라야에 이르는 여러 제국들이 자신들은 유일신으로부터 자격을 인정받았다고 주장했다. 16세기 초에는 아프로아시아에서 동아시아와 아프리카 남부를 제외한 대부분의 지역을 일신교가 지배했으며, 남아프리카, 아메리카, 오세아니아에도 진출하기 시작했다. 오늘날에는 동아시아를 제외한 여타 지역 사람들은 대부분 이런저런 유일신을 믿고 있으며, 세계 정치질서 또한 유일신적 토대 위에 세워져 있다.[71]

그러나 세계 종교사는 일신교와 다신교에서 흔히 주장하는 신[物神]들의 역사로만 이루어져 있는 것은 아니다. 기원전 1000년부터 완전히 새로운 패턴의 종교가 아프로아시아로 전파되기 시작했다. 인도의 자이나교와 불교, 중국의 도교와 유교, 지중해 지역의 스토아철학, 견유철학, 에피쿠로스주의와 같은 종교들의 특징은 신을 숭배하지 않는다는 것이다. 세상을 지배하는 초인적 질서는 신의 주관적 의지가 아닌 자연법칙의 소산이라고 믿었으며 신의 존재를 자연법칙과 동일시했다.[72] 그 대표적인 종교가 고타마 붓다(Gotama Buddha, 아명은 싯다르타)*가 창시한 불교이다. 고타마 붓다가 출세한 기

---

* 싯다르타는 마가다국의 변방 카필라바스투국의 淨飯王과 摩耶부인 사이의 왕자로 태어나 16세에 결혼해 아들을 하나 두었으나 인생무상을 느껴 29세에 출가하여 6년간 고행을 하다가 35세에 부다가야의 보리수 아래에서 禪定을 통해 깨달음을 얻어 붓다(佛陀: 깨달은 자)가 되었다. 석가족의 깨달은 자라는 의미로 석가모니(釋迦世尊)로

원전 5, 6세기 당시의 인도는 상공업 및 화폐경제의 발달로 전통적인 농경 사회가 붕괴되고 상업적인 도시국가가 성장하여 기원전 6세기에는 강력한 군주국인 코살라(Kosala)국과 마가다(Magadha)국을 필두로 16개 대국이 서로 다투게 되었다. 대부분의 사람들은 끊임없는 전쟁과 전제군주의 폭정과 수탈 속에서 참담한 삶을 살았으며, 도시국가의 발달로 종래의 브라만 우월적 계급제도는 서서히 무너지고 무사·왕족이었던 크샤트리아 계급은 괄목할 만한 신장을 보였다. 당시 사상계의 동향을 보면, 인도사회를 지배해온 전통 브라만교와 베다 성전의 권위가 무너지고 새롭고 다양하며 혁신적인 종교와 철학사상이 풍미했으며 신흥 제국의 정신문화는 혁신적인 출가 사문들이 대표하게 되었다. 특히 마가다국은 이들이 활동하는 중심 무대가 되었으며, 싯다르타가 붓다가 되기 전 가르침을 받은 두 스승 알라라 칼라마(Ālāra Kālāma)와 웃다카 라마풋타(Uddaka Rāmaputta)도 이곳에 있었다. 붓다의 출현은 이러한 시대적·사회적·사상적 배경에서 이루어진 것이다.

고타마 붓다는 진리의 정수를 관통한 온유한 혁명가다. "스스로를 등불로 삼고, 진리를 등불로 삼으라(自燈明 法燈明)"고 한 그의 유훈이 말하여 주듯 그는 너무도 온유한 방식으로 인간을 신(神)으로부터 해방시켰다. 억압적이고 파괴적이며 가학적(加虐的)인 신에 길들여진 사람에게는 붓다는 인간 붓다일 뿐이다. 그래서 그들은 불교에는 신이 없다고 말한다. 바로 여기서 중대한

도 존칭된다. 正覺을 이룬 그날 새벽 마지막 별이 사라지는 것을 보며 붓다는 이렇게 말했다. "마지막 별이 사라지고 나도 사라졌다." 이후 붓다는 45년간 북쪽으로는 그의 고향인 카필라로부터, 남쪽으로는 마가다국의 王舍城에 이르기까지 인도의 거의 전 역에 걸쳐 진리를 설파하며 교화활동을 전개하여 많은 사람들의 공명을 일으켰다. 오늘에 이르러 불교는 그리스도교(1세기에 성립), 이슬람교(7세기에 성립)와 함께 세계 3대 종교의 하나로 성장했다. 80세 때 고향으로 돌아가는 도중에 쿠사나가라 숲속의 사라수 아래에서 열반에 들었다.

인식론적 문제가 제기된다. 대체 신이란 무엇인가? 인류 역사상 신이란 용어만큼 논쟁적이며 파괴로 치달은 것도 없을 것이다. 우주의 본원을 유일신이라고 부르든, 하늘(님)이라고 부르든, 브라흐마라고 부르든, 알라라고 부르든, 도(道)라고 부르든, 그 밖의 다른 어떤 이름으로 부르든, 그것은 전혀 중요하지 않다. 이름을 달리 명명한다고 해서 그 본질이 달라지는 것은 아니기 때문이다. 진리는 전체성인 까닭에 이런저런 이름을 붙여 분리할 수 있는 것이 아니다. 그럼에도 유일신과 알라가 다르게 느껴지는 것은 의식이 3차원의 언어수준에 머물러 있기 때문이다. '나'의 유일신 또는 '내 종교'만의 유일신은 개체화된 자아 관념이 만들어낸 허구의 물신(物神)이다. 일신교나 다신교에서 주장하는 대부분의 신은 짚신이나 나막신 수준의 '물신'에 불과한 것이었다. 신은 그 어떤 것으로도 구획 짓거나 제약할 수 없는, 분리의식 저 너머에 있는 전체성이기 때문이다. 일심의 원천으로 돌아가 참자아와 하나가 되지 않고서는 결코 신의 정수(精髓)에 가 닿을 수가 없다.

진리는 신의 다른 이름이다. 우리가 생명을 이해할 때, 생명의 자기조직화를 이해할 때, 그리하여 생명의 전일성과 자기근원성을 깨달을 때, 그때 비로소 온전히 진리[신]를 이해할 수 있다. 진리는 존재와 비존재, 물성과 영성의 경계를 넘어서 있는 까닭에 감각적으로 지각되거나 경험될 수 없다. 그럼에도 사람들은 이런저런 이름을 붙여 진리를 재단하고, 신을 개체화·물질화시켜 종교의 성벽 속에 가둬놓기를 좋아한다. '유일신'이나 '알라'를 특정 종교의 신으로 인식하는 것 자체가 보편자인 신을 종교의 성벽 속에 가두고 학대하는 것이다. 이러한 인간의 가학적 성향이 역으로 인간을 학대하고 벌하는 분노의 신, 파괴의 신의 모습으로 부메랑이 되어 돌아오고 있는 것이다. '만법유식(萬法唯識)', 즉 일체 현상이 오직 의식의 작용일 뿐이라고 한 것은 이 우주에는 심판자가 따로 있는 것이 아니라 자기 자신이 심판자임을 나타낸 것으로 우주의 실체가 의식임을 말하여 준다. 붓다가 신이 아니라 신성을 이야기한 것은 이 때문이다. 진리에 대한 이해를 통하여 사실 그대로의 우주를 관조할 수 있을 때, 그때 우리의 마음은 이미 해방된 것이다. 해방된 마음속에는 더 이상은 '군림하는 신'은 존재하지 않는다. 붓다가 인간을 신으로부터 해방시킨 것도 이러한 방식에 의해서이다. 신이라는 이름을 넘어서지 않고서는 결코 신에 이를 수 없다는 것이 신의 역설이다. 붓다는 바로 이러한 진리의 정수를 꿰뚫었다. 진실로 종교의 정수를 꿰뚫은 자만이 종교로부터 완전히 자유롭다. 종교의 정수를 꿰뚫으면 거기엔 이미 종교란 이름은 없기 때문이다, 붓다의 위대함이 여기에 있다.

붓다가 부다가야의 보리수 아래에서 선정을 통해 얻은 깨달음의 요체는 『중아함경(中阿含經)』에 나오는 연기(緣起)의 진리이다. 연기법은 일체가 무상(無常), 무아(無我), 고(苦), 무자성(無自性), 공(空)임을 밝히려는 것이다. 초전법륜에서 설해진 사법인(四法印), 즉 제행무상(諸行無常), 제법무아(諸法無我), 일체개고(一切皆苦), 열반적정(涅槃寂靜)은 연기의 진리를 잘 설명해 준다. 제행무상이란 모든 것이 인연에 따라 생멸하므로 일체가 무상하다는 것이다. 이는 현상이라는 환영(幻影)에 미혹되는 것을 경계한 것이다. 제법무아란 그 어떤 것에도 '나'라고 할 만한 실체가 없다는 것이다. 모든 것은 다른 것과의 연관 속에서만 존재할 수 있을 뿐, 독립적으로 존재할 수는 없기 때문이다. 일체개고란 일체가 무상하고 '나'라고 할 만한 실체가 없음에도 영원한 것으로 착각하고 '나'라는 것에 집착하기 때문에 괴로움이 따른다는 것이다. 열반적정이란 무상과 무아의 이치를 깨달을 때, 만유의 실상이 공(空)함을 깨달을 때 해탈한다는 것이다. 일체의 고(苦)는 근본적인 무명(無明 avidya)에서 비롯되며, 연기의 진리에 대한 통찰을 통하여 얻은 지혜로 '고'를 소멸시키는 것이 붓다의 근본적인 가르침이다. 붓다는 이러한 연기의 기본 원리를 보다 구체적으로 12연기(十二緣起)를 통해 나타내고 있다. 즉 무명(無明), 행(行), 식(識), 명색(名色), 육입(六入), 촉(觸), 수(受), 애(愛), 취(取), 유(有), 생(生), 노사(老死)의 12단계로 풀어놓은 것이 그것이다. 인간이란 오온(五蘊), 즉 물질 요소인 색(色: 地水火風 4대)과 정신 요소인 수(受: 감수 작용)·상(想: 지각 표상작용)·행(行: 의지 작용)·식(識: 인식 판단의 작용)의 다섯 가지 요소가 모여 쌓인 것으로 모든 존재가 연기에 의한 것일 뿐 실체가 없다는 것이 붓다의 인식론과 존재론의 요점이다.

삶의 모든 괴로움은 무명, 즉 연기의 진리에 대한 무지 때문에 생겨나는 것이다. 초전법륜에서 설해진 사성제(四聖諦: 네 가지 성스러운 진리), 즉 고제(苦諦)·집제(集諦)·멸제(滅諦)·도제(道諦) 또한 연기적 관찰을 통하여 괴로움의 극복을 제시한 실천적 교설이다. 고제는 인생은 괴로움이라는 진리이다. 여기에는 8고(八苦)가 있는데, 사랑하는 이와 헤어져야 하는 괴로움(愛別離苦), 미워하는 이와 만나야 하는 괴로움(怨憎會苦), 구하고자 하나 얻지 못하는 괴로움(求不得苦), 이러한 괴로움의 근본인 오온(五蘊: 色·受·想·行·識)에 대한 집착에서 오는 괴로움(五取蘊苦)의 4고(四苦)와 생로병사(生老病死)의 4고(四苦)를 합한 것이 그것이다. 집제는 괴로움의 원인을 밝힌 진리이다. 인생이 괴로운 것은 마음속 깊이 갈애(渴愛: 貪·瞋·癡 三毒心)가 있기 때문이다. 갈애에는 감각적 욕망에 대한 갈애인 욕애(慾愛), 존재에 대한 갈애인 유애(有愛), 비존재에 대한 갈애인 무유애(無有愛)의 세 가지가 있다. 갈애는 모든 욕망의 근저가 되는 것으로 채워질 수 없는 욕망인 까닭에 번뇌와 괴로움의 원인이 되는 것이다. 멸제는 괴로움을 소멸시키는 진리이다. 괴로움의 원인이 소멸되면 해탈과 열반의 경지에 이르게 된다. 도제는 괴로움을 소멸시키는 길을 밝힌 진리이다. 그 수행방법은 정견(正見)·정사(正思)·정어(正語)·정업(正業)·정명(正命)·정정진(正精進)·정념(正念)·정정(正定)의 팔정도(八正道)이다. 팔정도는 곧 중도(中道)의 핵심이며, 중도는 붓다 교설의 핵심을 이루는 실천덕목이다.[73] 불교는 동아시아 각 지역에 불교 국가를 수립하고 세계 여러 지역으로 전파되어 인류 의식의 진화에 결정적인 기여를 했다.

상업과 제국에 이어 보편 종교가 인류의 통일에 크게 기여한 것은 사실이지만, 대부분의 종교가 기복(祈福)신앙에 그치고 있어 여전히 내적 자아(inner self)의 결속으로까지 이어지지는 못하고 있다. 종교의 사명은 '참사랑'을 실천하게 하고 영적 진화의 길로 나아갈 수 있도록 안내하는 것이다. 따라서 진리의 편린에 집착하는 교리적 배타성이나 기복신앙 차원에서 벗어나 인류의 영적 진화를 선도함으로써 새로운 계몽의 시대를 열 수 있어야 한다. 상업과 제국 그리고 보편 종교가 근대로의 이행에 중요한 역할을 한 것은 사실이지만, 근대 세계의 출현에 결정적인 역할을 할 상업적, 지적 에너지가 형성된 것은 16세기에 이루어진 주요 세계권역들의 통합으로 글로벌 네트워크가 만들어진 데 따른 것이다. 16세기 이후부터 세계무역과 세계시장, 그리고 자본의 현대적 역사가 시작된 것이다. 새로운 글로벌 교역체제로 변화를 겪은 첫 번째 지역은 아메리카와 유럽이다. 스페인 정복자들의 무기와, 더 중요하게는 이들이 몸에 지니고 들여온 천연두 같은 유라시아 병원균의 충격은 면역성이 없었던 아메리카 원주민 대다수를 죽음으로 몰아넣었고, 결국 아즈텍과 잉카 제국을 멸망하게 했다. 글로벌 교역체제의 지배로 유럽의 국가들은 막대한 상업적 부를 축적하고 새로운 정보의 유입을 촉진함으로써 근대 과학혁명으로의 길을 닦았다. 글로벌 교역체제에서 이제 유럽의 국가들은 아프로유라시아 대륙과 아메리카 대륙을 연결함으로써 역사상 세계 최대 규모이자 가장 활력적인 네트워크 허브를 차지하게 되었고, 이러한 네트워크를 따라 이어지는 부와 정보의 거대한 흐름은 유럽과 대서양 지역의 획기적인 역할 증대를 가져옴으로써 마침내 전 세계를 변화시켰다.

농경 시대가 1만 년 정도 지속되었던 반면, 근대는 약 250년 정도에 불과했다. 산업화는 아프로유라시아 대륙이 연결되면서 시작되어 전 세계가 하나로 연결되면서 더욱 강화되었다. 산업화는 영국에서 처음 시작되었지만 그 시기는 지역에 따라 편차현상이 컸다. 인간이 화석연료를 사용하고 제조업을 시작한 것은 인류 역사상 농업이나 도시로의 전환만큼이나 근본적인 변화였다. 산업화의 발전 과정에서 폭발적인 인구 증가와 급격한 경제 발전이 일어났다. 1870년에 유럽은 전 세계 무역의 70퍼센트를 장악했고, 1914년에는 유럽이 전 세계 육지의 80퍼센트를 점령하거나 통제했다. 반면 중국은 1800년에 전 세계 상품 생산의 33퍼센트를 차지했고, 1900년에는 대폭 감소하여 불과 6퍼센트를 차지했다. 인도의 경우 1800년에 전 세계 상품 생산의 25퍼센트를 차지했고, 1900년에는 대폭 감소하여 불과 2퍼센트를 차지했다. 그리고 아프리카 대륙은 유럽의 강국들에 의해 분할되었다.[74] 대서양 무역이 증가하면서 정치혁명도 일어났다. 대부분이 자산 계급이던 북아메리카 대륙의 영국 식민지 건설자들은 높은 세율에 저항해 1776년 영국에 전쟁을 선포했고, 결국 독립을 쟁취했다. 미국이 독립혁명에 성공하자, 프랑스에서도 1789년에 프랑스대혁명이 일어나 억압받던 민중들이 삼부회(三部會)와 힘을 합쳐 군주를 몰아냈다. 한편 베네수엘라 출신으로 '남아메리카의 해방자'라고 불리는 시몬 볼리바르(Simón Bolívar)는 1824년 스페인의 식민지였던 콜롬비아, 에콰도르, 파나마, 베네수엘라를 그란 콜롬비아로 독립시켰다. 브라질은 1822년에 포르투갈로부터 독립했으며, 제정 러시아는 1917년 혁명으로 붕괴했다.

산업화된 국가들은 막강한 군사력을 이용해 세계를 분할 점령했다. 1840년대 이후에 무기와 통신수단에서 국가 간에 심각한 불균형이 발생했고 19세기 말이 되면 자동식 소총과 기관총의 발달, 그리고 질병을 예방할 수 있는 의학적 능력의 발달 등으로 그런 불균형은 더욱 심화되었다. 19세기 마지막 수십 년간 아프리카에 대한 산업 열강들의 침략은 더욱 강화되어, 유럽 국가들은 라이베리아와 에티오피아를 제외한 아프리카의 모든 지역을 식민지화 했다. 식민지 경쟁에서 최고의 수혜자는 영국이었다. 1914년이 되면 대영제국은 전 세계로 퍼져나가 역사상 가장 큰 제국이 된다(육지로 이어진 크기로만 보면 몽골제국이 최고의 기록을 갖고 있음). 인도는 몽골제국이 그 영향력을 잃은 후 1750년부터 1860년 사이에 서서히 영국의 식민지가 되었다. 이외에도 영국은 캐나다, 오스트레일리아, 뉴질랜드, 남아프리카공화국, 이집트, 그리고 아프리카의 많은 지역을 식민지로 삼았으며, 19세기 말에는 아프리카 전체 인구의 60퍼센트를 통치할 정도로 영향력을 확장했다. 중국은 식민지가 된 적은 없었지만 1840년 아편전쟁으로 인해 사회 불안이 가중되면서 1850년부터 1864년까지 19세기 최대의 군사 분쟁이었던 '태평천국의 난'으로 이어졌고, 그로 인해 2천만 명에서 3천만 명 정도의 중국인이 목숨을 잃었다.[75] 청나라는 1911년 신해혁명으로 멸망했고, 혁명의 중심인물 쑨원은 아시아 최초의 공화국인 중화민국을 수립했다.

　미국은 1898년 스페인(에스파냐)과의 전쟁을 통해 스페인의 식민지였던 푸에르토리코와 필리핀을 차지했고(1945년까지), 러시아는 2014년에 우크라이나에 속한 크림반도를 병합한 이후 2008년 조지아(러시아명 그루지야)로부터 독립을 선포한 압하지야 공화국과 군사·경제 통합을 가속화하는 조약 체결을 통해 흑해 연안에 대한 통제권을 강화했다. 일본은 1895년 대만을 식민지화(1945.10.25. 중화민국으로 반환) 했고, 1910년에는 한국을 식민지화(1945.8.15. 해방) 했으며, 1918~1925년에는 사할린 섬 북부 전역을 점령했다. 제국주의 열풍이 몰아치는 동안에 유럽과 미국에서는 인종주의에 기초한 정책과 사상들이 전면에 부상했다. 인종주의적 논리는 20세기에 세 지역 사람들에 의해 주로 형성되고 완성됐다. 1890년대부터 1950년대까지 아프리카 출신의 미국인들에 대해서 미국 남부 사람들이, 1910년대부터 1980년대까지 아프리카 사람들에 대해서 남아프리카공화국의 유럽 식민지 건설자들이, 그리고 1933년부터 1945년까지 유대인들에 대해 히틀러 치하의 독일이 인종주의적 사고를 만들어냈다.

19세기 중반에 유럽과 미국의 많은 사람들은 그들이 세계를 지배하게 된 근거를 문화적이고 기술적인 혹은 지리적인 이점에서 찾기보다는 선천적인 생물학적 우월성에서 찾았다. 영국, 프랑스, 독일, 포르투갈, 벨기에, 그리고 미국은 이런 인종주의적 이데올로기를 이용해 새로운 식민지를 얻는 일을 정당화했다.[76] 그러나 제국주의 국가들의 야망은 결국 세계대전을 점화시켰고, 유럽 제국주의는 종말을 맞이하게 된다. 유럽 제국주의의 종말은 제1차 세계대전(1914~1918)부터 시작됐다. 이 전쟁의 근본적인 발발 배경에는 19세기 말부터 20세기 초에 걸쳐 형성된 세계 제국주의가 있었다. 당시 세계는 제국주의 열강에 의해 거의 분할되었으며, 20세기에 들어 제국주의 열강의 재분할 경쟁의 초점이 된 것은 중국과 투르크(터키)였다. 중국 동북(만주)과 한반도의 지배를 놓고 일본과 러시아 사이에 제국주의 전쟁이 벌어졌고, 그 배후에는 각각 영국 · 미국과 프랑스 · 독일이 있었다. 러 · 일 전쟁 배후에 영 · 일 동맹과 러 · 불 동맹이 있었던 것이다. 1905년까지 제국주의의 국제 대립의 중심은 동아시아에서의 러시아와 영국 간의 항쟁에 있었다.

러 · 일 전쟁에서 승리한 일본은 1905년 대한제국의 외교권을 박탈하기 위해 열강(미국, 영국 등)의 묵인 하에 강제로 을사늑약(乙巳勒約)을 체결했다. 전쟁에서 패한 러시아는 그 진로를 발칸 · 중근동으로 바꾸었기 때문에, 이후 제1차 세계대전 발발까지 제국주의 열강의 국제 대립의 무대는 오스만 투르크제국의 지배영역이었던 발칸 · 근동지역으로 옮겨졌고, 그곳에서 대립의 주역은 영국과 신흥 독일이었다. 제1차 세계대전은 신흥 독일이 다른 유럽 국가들과 식민지 재분할 경쟁을 벌인 데서 비롯됐지만, 직접적으로는 1914년 6월 28일 사라예보에서 오스트리아-헝가리 제국 왕위 계승자인 프란츠 페르디난트(Franz Ferdinand) 대공이 세르비아 국민주의자에게 암살당한 것이 그 단초가 되었다. 1914년 7월 28일 오스트리아-헝가리 제국의 대 세르비아 선전 포고로 시작된 제1차 세계대전은 영국·프랑스·러시아 등 협상국(연합국)과, 독일, 오스트리아 등 동맹국 간의 전쟁으로 발전한 제국주의 전쟁이었다. 수십 년에 걸쳐 형성된 국제적 동맹이 서로 연결되어 이탈리아,* 일본, 미국이 연합국에 가담하고, 오스만제국, 불가리아가 동맹국에 가담하면서 전역은 코카서스, 메소포타미아, 시나이 반도 등으로 확대되어 전 세계로 퍼져나갔다. 이 세계적 규모의 전쟁은 1918년 11월 11일 독일의 항복으로 막을 내렸다. 5개월여에 걸친 파리 평화회담 결과, 연합국과 독일 사이에 체결된 베르사유(Versailles) 조약은 1919년 6월 28일 서명되어 1920년 1월 10일 공포되었다. 이 조약은 국제연맹(League of Nations)의 탄생과 패전국의 수장이었던 독일에 대한 제재를 규정하는 내용을 포함했다. 이 조약에서 독일은 모든 해외 식민지와 상업적 이익(은행의 식민지 지점들, 관세 협정 등) 포기, 알자스로렌을 프랑스에 반환하는 등 일부 영토의 포기, 군비의 제한, 막대한 전쟁 배상금 지불 등의 요구를 받았다.

　미국 윌슨(Woodrow Wilson) 대통령의 민족 자결주의 원칙이 패전국의 식민지에만 적용되어 독립국이 출현했다. 윌슨 대통령의 14개조 원칙을 기본으

---

* 이탈리아는 독일, 오스트리아-헝가리와 함께 삼국동맹에 가입해 있었지만 동맹국에 참가하지 않고 나중에 협상국(연합국)의 일원으로 참가하며 오스트라아-헝가리를 침공했다.

로 체결된 베르사유 조약은 패전국에 대한 철저한 응징을 기본 내용으로 전승국의 현실적인 이해관계가 반영된 것이어서 패전국인 독일의 불만이 컸다. 연합국의 일원으로 참가했던 이탈리아에서도 불평은 강하게 표출되었다. 연합국이 영토 분할에 관해 약속한 바를 제대로 이행하지 않았기 때문이다. 또한 미국 상원은 미국의 국제연맹 가입에 대한 비준을 거부했다. 파리 평화회담의 주된 목적은 제1차 세계대전과 같은 전쟁의 참화가 재현되지 않도록 하는 데 있었지만, 그 구체적인 방안에 대해서는 의견이 엇갈렸으며, 그 결과 베르사유 조약의 내용은 그 누구도 만족시키지 못한 채 끝나고 말았다. 베르사유 조약으로 제1차 세계대전은 공식 종결됐고, 이 조약에 의해 베르사유 체제라는 국제질서가 성립됐다. 베르사유 체제가 사실상 허울뿐인 평화체제였음은 제1차 세계대전 이후 불과 20년 만에 제2차 세계대전이 발발한 데서 알 수 있다. 1929년 10월 24일 미국 뉴욕 주식시장의 붕괴로 촉발되어 전 세계로 확대된 세계대공황(Great Depression)으로 인해 세계경제와 세계무역은 현저하게 축소됐다. 한편 일본 제국과 나치 독일은 1933년에, 이탈리아는 1937년에 국제연맹에서 탈퇴했으며, 소련은 1939년 핀란드 침공을 이유로 제명됐다. 일본은 만주사변과 중·일전쟁을 일으키는 등 중국과 아시아 국가들을 침략했고, 이탈리아도 에티오피아 수도 아디스아바바를 함락하는 등 침략을 일삼았다. 그리하여 제1차 세계대전이 끝난 이후 제2차 세계대전이 발발하기까지 '20년간의 위기(the twenty years' crisis)'가 지속되었다.

제2차 세계대전은 제1차 세계대전에서 미해결된 분쟁이 재점화된 것으로 여러 측면에서 제1차 세계대전의 연장선상에 있었다. 민족주의가 만연한 가운데 독일의 히틀러와 이탈리아의 무솔리니, 그리고 일본의 제국주의자들의 야심이 새로운 전쟁의 불씨를 붙였다. 독일은 배상금 체불로 인해 경제적 혼란이 가중되고 실업자가 만연하자, 독일 국민들의 분노와 불만을 등에 업고 1933년 아돌프 히틀러(Adolf Hitler)가 집권했다. 그는 독일이 배상금을 낼 필요가 없다며 1935년 독일 재군비 선언과 함께 베르사유 조약을 공식 파기했다. 이탈리아에서는 베니토 무솔리니(Benito A. A. Mussolini)가 1922년 쿠데타로 독재 정권을 수립하고 1939년 독일과 군사동맹을 체결하여 나치스 독일, 일본과 함께 국제 파시즘 진영을 구성했다. 1933년 국제연맹에서 '만주를 국제연맹 관리 하에 둔다'는 것을 제안한 리튼 조사단 보고서를 채택하는 회의에서 일본은 연맹 탈퇴를 선언했다. 이렇게 해서 제2차 세계대전의 전열이 갖추어지기 시작했다. 이 전쟁은 독일 · 이탈리아 · 일본의 추축국과 영국 · 프랑스 · 미국 · 소련 · 중국의 연합국 간의 전쟁이었다. 1939년 9월 독일의 폴란드 침공과 이에 대한 영국과 프랑스의 대독 선전포고로 시작되어 1939년 11월 소련의 핀란드 침공, 1941년 독일의 소련 침공, 일본의 진주만 공격을 계기로 발발한 태평양 전쟁 등으로 이어져 유럽 대륙 전역은 물론 태평양의 섬들, 중국과 동남아시아, 북아프리카, 세계의 바다를 무대로 그 규모가 확대되었으며, 1945년 8월 히로시마와 나가사키에 원폭이 투하되면서 일본의 항복으로 전쟁은 종결됐다. 인류 역사상 가장 큰 인명 피해와 재산 피해를 낳았던 이 전쟁에서 사망자 수는 약 5,500만 명에 이르는 것으로 추산된다.

제2차 세계대전의 판세가 연합국에 유리하게 기울던 시기에 1943년 12월 1일 공표된 카이로선언(Cairo Declaration)은 전후(戰後) 한반도 문제에 관한 연합국의 구상이 처음 공식적으로 발표된 것이다. 이 선언은 미국 · 영국 · 중국 3대 연합국 수뇌들이 서명하고 뒤에 스탈린이 동의함으로써 대한의 독립이 국제적으로 확정된 것이다. 카이로선언은 제2차 세계대전을 마무리하는 과정에서 모든 국제회의의 기준이 되었다. 미국 국무부가 얄타회담(Yalta

Conference, 1945. 2. 4~2. 11)과 포츠담회담(Potsdam Conference, 1945. 7. 17~8. 2)을 준비하고 진행하는 과정에서도 카이로선언을 기본으로 삼아 대한독립과 중국의 영토회복을 챙겼다고 한다. 카이로선언에서 연합국에 의해 대한독립이 선언된 후 얄타회담과 포츠담회담에서 내용이 거듭 확인되었으나 '인 듀 코스(in due course)'라는 독립유보 조항으로 시간을 지체하다가 일본의 무조건(unconditional) 항복이 있은 후 대한독립의 과제는 1945년 창설된 국제연합(United Nations, UN)으로 이관되었고, 유엔감시단에 의한 국민투표가 실시됨으로써 1948년 8월 15일 대한민국정부가 수립되어 유엔에 의해 한반도 유일 합법정부로 인정되었다. 또한 1960년대까지 패전국의 지배 아래 있던 식민지 국가들의 상당수가 주권국가로 독립을 이루면서 국제 관계에도 큰 변화가 나타났다.

제2차 세계대전으로 소련 군대가 주둔한 동유럽, 외몽고, 북한 등에는 공산주의정권이 들어섰고, 중국에서는 1949년 공산당 정권이 수립되었으며, 세계의 지배권은 유럽 국가에서 미국과 소련으로 넘어가게 됨으로써 양극체제(bipolar system)가 형성되었다. 즉 세계는 미국을 중심으로 한 서방의 자본주의 진영과 소련을 중심으로 동유럽과 중국을 포함하는 공산주의 진영으로 재편된 것이다. 전후 경제 질서의 회복을 위해 1944년 체결된 '브레튼 우즈(Bretton Woods) 협정'으로 달러가 세계의 기축통화(基軸通貨 key currency)로 자리 잡게 됨으로써 미국 중심의 경제체제가 성립하였다. 미국과 소련을 중심으로 형성된 냉전체제는 1949년 소련의 핵무기 개발로 더욱 심화됐다. 이러한 양 진영의 대립 구조는 긴장과 완화, 군비경쟁과 군비감축이라는 역동적인 형태를 보이면서 1989년 12월 몰타(Malta) 선언에 이르기까지 지속되었다. 그러나 동유럽 공산권의 몰락(1989)과 소연방의 해체(1991)에 따른 냉전체제의 종식으로 국제 질서의 구조에도 커다란 변화가 발생했다. 냉전의 종식은 양극 구조였던 국제관계를 전 지구적으로 확장시킴으로써 이데올로기적 구분에 의한 국제관계의 영역화가 축소되고 시장경제 논리가 전 세계로 확산되었다. 말하자면 세계화(globalization)가 가속화된 것이다. 냉전 종식 이후 대부분의 국가들은 군사안보 논리가 지배하는 양극 구조의 틀에서 벗어나 적극적 행위자로서 국제관계에 참여하고 있고, 국제기구들의 위상과 역할 또한 새롭게 변화하고 있으며, 비정부기구(NGO)와 다국적기업의 활동 증대 및 초국적 실체의 등장으로 시민사회의 정치화가 가속화되고 있다.

그에 따라 미·소를 정점으로 한 '위계적 균형체계(hierarchical equilibrium)'[77]는 다양한 행위자들 간의 관계에 기초한 일종의 '역동적 균형체계(dynamic equilibrium)'로 변모되었다. 특히 국제정치경제 질서의 측면에서 이러한 역동적 변화는 탈패권(post-hegemony)·탈냉전(post-Cold War)의 조류 속에서 한편으론 1995년 1월 세계무역기구(WTO)의 출범에 따른 WTO 체제의 등장, 다른 한편으론 유럽연합(EU)의 발전 및 북미자유무역지대(NAFTA)의 출범, 아시아태평양경제협력체(APEC) 설립 그리고 아세안자유무역지대(AFTA) 설치 등으로 인하여 세계화와 지역화가 교차하는 특징적 형태를 보이고 있다. WTO 체제의 등장과 자유무역협정(FTA) 체결의 확산으로 자본주의 경제의 세계화가 가속화되고 국제경제관계에서 자유주의 경제 원칙이 확대·강화되고 있으며, 이러한 경제적 자유주의를 구현할 수 있는 다자주의(multilateralism) 원칙이 세계경제의 운용 원칙으로 제도화되게 되었다. 이러한 세계적 경제 통합의 추세와 더불어 특기할 만한 것은 선별적 자유무역주의, 경제적 지역주의 등 경제 경쟁적 양태가 세계경제의 중심 구조로 자리 잡게 됐다는 점이다. 이렇듯 냉전의 종식은 세계화를 촉진시켰지만 다른 한편으로는 인종적·민족적·종교적 갈등과 분쟁을 증대시키고 경쟁적 지역주의를 촉발시키는 계기가 되었다. 체코슬로바키아의 분리와 체첸의 저항, 유고슬라비아 연방의 붕괴와 인종 및 종교 집단 간에 이루어진 내전은 바로 냉전 구조의 해체가 초래한 결과이다. 북아프리카에서 촉발돼 아랍권 전역으로 번진 민주화 시위 도미노 현상 또한 탈냉전 이후 또 한 가지 특기할 만한 것이다.

생태학적 측면에서 본 오늘의 국제관계는 경제적 제국주의와 맞물려 작동하는 '환경제국주의(environmental imperialism)' 또는 '생태제국주의(ecological imperialism)'[78] 구조에 의해 지배되고 있다. 미국의 역사학자 알프레드 크로스비(Alfred W. Crosby)는 그의 저서 『생태제국주의 Ecological Imperialism』(1991)에서 10세기부터 19세기까지 이루어진 유럽인들의 신대륙—북미, 호주, 뉴질랜드, 아프리카 등—진출을 생태적 정복이라는 관점에서 설명하면서 생태제국주의라는 용어를 사용하고 있다. 환경제국주의는 대개 3단계로 구분될 수 있다. 제1단계는 1492년 신대륙 발견으로부터 19세기에 이르는 기간에 유럽과 신대륙 간에 이루어진 생태학적 불평등 교환에 의거해 있고, 제2단계는 1960년대 이래 지속되어온 선진산업국가에 의한 공해산업의 해외수출 및 후진국 국제채무['자연 대 채무 교환정책' debt-for-nature-swaps]의 환경파괴적 메커니즘에 의거해 있으며, 제3단계는 지구온난화에 따른 생태위기의 전 지구적 확산과 관계된 것이다.[79] 생태경제학자 레스터 브라운(Lester R. Brown)은 코페르니쿠스의 지동설(地動說)이 사고의 혁명과 더불어 새로운 세계관을 형성했듯이 지구와 경제활동간의 관계를 파악하는 우리의 세계관 역시 이와 유사한 전환이 필요하다고 본다. 즉 환경이 경제의 일부인가 아니면 경제가 환경의 일부인가라는 차원이다. 경제학자들은 환경을 경제의 일부로 간주하는 반면, 생태학자들은 경제를 환경의 일부로 인식한다는 것이다.[80]

2012년 6월 20~22일 브라질 리우데자네이루에서 개최된 유엔 리우+20 지구정상회담을 앞두고 지구가 대규모 재앙의 티핑포인트(tipping point)로 다가서고 있다며 국제사회의 공동 대응을 촉구하는 경고가 잇달아 나왔다. 2012

년 6월 6일 유엔환경계획(UNEP)은 3년 동안 연구진 300명이 참여해 만든 525쪽짜리 '제5차 지구환경 전망' 보고서에서 "지구 환경이 생물학적 한계점에 다가가고 있다"며, "인구 증가와 지속 불가능한 경제성장으로 지구 생태계가 재앙과도 같은 변화를 갑작스레 맞을 수 있다"고 전망했다. 생물·생태·복잡계 이론의 저명한 과학자 22명도 『네이처』 기고문에서 "생태계 붕괴가 몇 세대 안에 벌어지면서 금세기 말 지구가 지금과는 매우 다른 장소가 될 가능성이 크다"고 경고했다.[81] 한편 세계보건기구(WHO), 세계은행 등 세계 26개 연구기관은 기후변화가 이미 전 세계 수백 만 명의 건강을 해치고 있다는 공동 연구 결과를 내놓았다. 금세기 들어 기후관련 재해가 전 세계 46퍼센트 증가했으며, 2016년 한 해에만 기후변화로 1,290억 달러의 경제적 손실이 발생했고, 저소득 국가에서는 이런 손실의 99퍼센트가 보험 혜택을 받지 못하고 있다는 것이다. 또한 전 세계 도시의 87퍼센트가 WHO의 대기오염 가이드라인을 위반하고 있다고 지적했는데, 이는 수십 억 인구가 대기 중 초미세먼지(PM 2.5)에 노출돼 있다는 뜻으로, 기존에 알려진 것보다 훨씬 심각한 수준이다.[82]

오늘날의 생태 위기는 오염과 자원고갈에 대한 법적·제도적 조처만으로 해결하기에는 그 깊이와 폭이 너무 깊고 광범하다. 근대적, 과학적, 산업적, 성장 중심적인 유물론적 세계관과 삶의 방식의 기초에 대해 생태적 관점에서 근원적인 의문이 제기되고 있고 또 새로운 윤리체계 수립의 필요성이 역설되고 있다. 특히 현대 과학에 생태윤리적인(ecoethical) 표준을 도입하는 것이 긴요한 것으로 나타난다. 이를테면 핵무기 체제를 설계하는 물리학자들이나 지구 환경을 오염시키는 화학자들과 미지의 형태의 미생물을 풀어 놓는 생물학자들에게 생태윤리적인 표준의 설정은 시급한 것이다. 17세기 과학혁명 시기에 가치가 사실로부터 분리된 이후 과학적 사실은 몰가치적(value free) 정향을 띠는 것으로 인식되어 왔다. 그러나 실제에 있어 과학적 사실은 분리될 수 없는 인간의 인지(認知)와 가치, 행동의 총체에서 나오는 까닭에 적어도 연구가 수행되는 큰 패러다임은 결코 몰가치적이 될 수 없으며, 그런 점에서 과학자는 지적으로 뿐만 아니라 도덕적으로도 자신의 연구에 책임이 있다.[83] 인류 문명의 대변곡점을 지칭하는 '특이점(Singularity)'의 도래가 임박했다는 예단이 나오면서 새로운 문명의 가능성에 대한 논의가 급물살을 타고 있다. '특이점주의자'들은 미래 문명의 지능 대부분이 결국에는 비생물학적인 형태가 될 것이지만 그것은 생물학적 설계에서 파생되어 나올 것이기 때문에 인간성에 대한 이해가 생물학적인 기원을 넘어서긴 하겠지만 여러 가지 면에서 미래 문명은 현재보다 더 인간적인 전형이 될 것이라고 본다. 이에 관한 진전된 논의는 본서 제3부에서 살펴보기로 한다.

서구 문명의 동양적 기원과

리오리엔트(ReOrient)

역사는 우리에게 '강력한 사회는 보편화하며 허약한 사회는 특수화한다'는 사실을 일깨워 준다. 오늘날 우리가 살고 있는 세계는 여전히 서구중심주의(Eurocentrism)에 의해 지배되고 있다. 서구적인 것이 근대적인 것이고 과학적인 것이며 이성적인 것이고 합리적인 것이라는 등식화가 만연해 있는 것이다. 심지어 유럽과 미국의 많은 사람들은 그들이 세계를 지배하게 된 근거를 선천적인 생물학적 우월성에서 찾기도 한다. 그리하여 동양과 동양인들에 대한 지배력의 행사를 정당화하고 진보적인 발전을 서양의 전유물인 것으로 간주한다. 본 절에서 서구 문명의 동양적 기원을 밝히려는 것은 단순히 동양의 우월성을 주장하며 또 다른 이분법적 구도를 만들어내기 위한 것이 아니라, 사실 그대로의 역사를 밝히고 서양의 뿌리 문명에 대한 통찰을 통해 동서를 융섭하는 새로운 문명 창출의 토대를 마련하기 위한 것이다.

그런데 유럽의 문화가 선진 문화로 거듭나게 된 것은 근대 이후의 일이다. 그 전까지는 동양의 문화가 훨씬 앞서 있었다. 십자군 원정으로 인한 사라센(이슬람) 문화의 유입은 유럽인들의 지성을 자극하고 이성에 눈을 뜨게하는 계기가 되었다. 십자군 원정을 통한 천문학, 기하학, 수학 등 자연과학을 비롯한 다양한 이슬람의 선진 과학기술 및 문물의 도입은 유럽의 과학및 학문의 발달에 커다란 영향을 미쳤다. 또한 유럽은 몽골제국의 무역체계로부터 전 세계의 어느 곳보다 더 많은 혜택을 받았다. 유럽인들은 원나라와의 교역을 통해 인쇄술과 무기, 화약 기술, 항해용 기기 등 16세기 이후에세계를 지배할 도구를 얻었다. 인류의 4대 발명품으로 꼽히는 화약, 나침반,인쇄술, 종이는 모두 동양에서 비롯되어 서양으로 전수된 것이다. 동양의나침반이 유럽으로 전래되어 폐쇄적이었던 중세 유럽의 세계관을 타파하고대항해의 시대를 열게 했으며 신대륙의 발견으로 이어졌다. 또한 유럽인들은 동양에서 유입된 화약 기술에 기초해 무기를 만들어내기 시작했다. 유럽의 양피지는 종이로 대체됐고—종이는 유럽에 알려져 있긴 했지만 거의 사용되지 않고 있었다—각지에 대학이 세워지면서 필사본 책에 대한 수요도늘어나 지식의 전파 속도도 빨라졌다.

특히 문명의 선진화 정도를 가늠하는 척도가 되는 금속활자의 사용은 문헌상으로 1234년(고려 고종 21년) 최윤의(崔允儀)가 편찬한 『상정고금예문(詳定古今禮文)』이 가장 오래된 금속활자본이라는 기록이 있지만 현존하지는 않는다. 이는 1454년에 금속활자를 사용한 독일의 요하네스 구텐베르크(Johannes Gutenberg)의 『성경』보다 220년 앞선 것이다. 현존하는 세계 최고(最古)의 금속활자본은 1377년(고려 우왕 3년) 금속활자를 직접 주조하여 청주 흥덕사에서인쇄한 『백운화상초록불조직지심체요절(白雲和尙抄錄佛祖直指心體要節)』로서 구텐베르크의 『성경』보다 거의 80년 앞선 것이다. 『직지심체요절』은 상·하두 권으로 발행되었는데, 현재 하권만 남아 있으며 유네스코 세계기록유산으로 등재되어 있다. 규장각에 보관되어 있던 이 책을 병인양요 때 프랑스가 퇴각하면서 가져갔다고 하며, 현재 프랑스 국립도서관에 보관되어 있다. 13세기 당시 세계 최고의 문자 문화를 이룩한 고려 금속활자 기술이 원나라를 통해 유럽에 전파됐을 정황적 증거도 있다. 재불(在佛) 서지학자 박병선이 1967년부터 13년 동안 프랑스 국립도서관에 근무하면서 서고를 뒤져 소문으로만 돌던 『직지심체요절』과 외규장각 도서 297권을 찾아내 한국 측에 그 존재를 알렸다.

앨 고어(Al Gore) 전(前) 미국 부통령은 2005년 5월 19일 서울 신라호텔에서 열린 '서울디지털포럼 2005'에서 "서양에서는 구텐베르크가 인쇄술을 발명한 것으로 알고 있지만 이는 당시 교황 사절단이 한국을 방문한 이후 얻어온 기술"이라고 말했다. 그는 이 사실을 "스위스의 인쇄박물관에서 알게 된것"이라며 "구텐베르크가 인쇄술을 발명할 때 교황의 사절단과 이야기했는데 그 사절단은 한국을 방문하고 여러 가지 인쇄기술 기록을 가져온 구텐베르크의 친구였다"고 전했다. 또한 그는 "한국에서 일어나고 있는 디지털 혁명이 역사적으로 보면 인쇄술에 이어 두 번째로 획기적이고 혁신적인 기술발전에 기여하는 사례가 될 것"이라며 "전 세계가 인쇄술에 이어 한국으로부터 두 번째로 큰 혜택을 보게 되는 것"이라고 밝혔다.[84]

서구 문명의 동양적 기원에 대해서는 미국의 저명한 수메르학자 사무엘크레이머가 인류 최초의 학교, 최초의 민주적 대의제도 등 인류의 문화·문명사에서 최초의 중요한 것 27가지가 모두 수메르인들의 발명품이라고 밝히고 있으니, 수메르 문명(아시아의 대제국 桓國의 12연방 중 하나인 須密爾國의 문명)이 우리 인류의 뿌리에 대한 비밀을 간직하고 있는 문명으로 여겨지는 것은 당연하다 할 것이다. 특히 수메르인들의 종교문학과 의식이 오늘날 서양 문명의 뿌리라고 할 수 있는 기독교에 상당한 영향을 미쳤다는 사실은 이미 밝혀진 바이다. 서양철학의 기원으로 알려진 그리스 철학이 기원전 600년경 주로 이오니아(Ionia)의 여러 지방에서 활동하던 그리스 철학자들을 중심으로 시작된 것을 보더라도 동양의 영향을 짐작할 수 있다. 소아시아의 서쪽 변방인 이오니아 지방의 도시국가들은 동방과 서방이 교차하는 지점에 위치해 있었던 관계로 상업적 · 문화적 교류가 빈번하게 이루어져 그리스 본토보다도 풍요로운 생활을 누렸으며, 또한 인적 · 물적 자원의 집결로 인해 새로운 철학이 태동할 만한 사상적 토양을 갖추고 있었다. 그리스 철학의 발상지가 본토가 아닌 이오니아였다는 점에서 수학 · 천문학과 긴밀히 연계된 그리스 철학이 이집트의 수학이나 바빌로니아의 천문학 등의 영향을 받았다고 보는 것은 무리가 아니다.

바빌로니아는 기원전 2000년경 메소포타미아 북쪽의 아카드 지방에 살던 셈족 계통의 아카드인들이 메소포타미아 남쪽의 수메르를 점령하고 세운 나라로 그 일대는 오늘날 서양 문명의 뿌리라고 할 수 있는 기독교에 상당한 영향을 미친 것으로 밝혀진 수메르 문명의 발상지이다. 기원전 6세기 피타고라스(Samos 섬 출신)는 청년기에는 이집트에 가서 23년 동안 이집트문명을 연구했고, 나중에는 페르시아에 포로로 잡혀가서 12년 동안 바빌론 문명을 연구했다. 그리하여 만년에 남부 이탈리아의 항구도시 크로톤에서 그가 평생 연구한 바를 세상에 펼쳤다. 사실 최초의 수비학(数秘學)은 피타고라스 수비학이 나타나기 수천 년 전 메소포타미아의 남부 지역 칼데아에서 기원했는데, 칼데아 수비학은 이미 기원전 3500년경에 정립된 것으로 밝혀졌다.

기원전 6~7세기 밀레투스학파(Milesian School)*의 시조이자 그리스 철학의 시조인 탈레스 또한 이집트로 건너가서 그곳에 비전(秘傳)되어 오는 수학과 천문학에 관한 책을 읽고 연구한 끝에 대성하였다. 미국의 철학자 윌 듀란트(Will Durant)는 "서양의 이야기는 동양에서 시작된다.…동양의 문명들이 서양의 시작인 그리스와 로마 문화의 배경과 토대를 형성했기 때문이다.…그리스와 로마가 현대 지성의 모든 원천은 아니며, 서양 문명에 절대 없어선 안될 발명품들, 즉 서양의 정치 및 경제 기구, 과학과 문학, 철학과 종교의 뿌리가 상당 부분 이집트와 동양에 그 기원을 두고 있다는 사실을 알면 놀라울 따름"[85]이라고 지적했다.

문화적 상대주의를 옹호하는 미국의 인류학자 루스 베네딕트(Ruth Benedict)는 유럽중심적 신화에 반대하며 이렇게 말한다. "역사는 어느 한 집단의 사람들에게만 속해 있는 것처럼 쓸 수는 없다. 문명은, 지금은 어느 한 집단, 다음 시기에는 또 다른 집단의 기여에 의해 점차적으로 형성되는 것이다. 모든 문명을 유럽인의 공으로 돌린다면, 이는 인류학자들이 언제나 자기들에 대한 이야기만 하는 원시 부족에게서 들을 수 있는 주장을 하는 것에 지나지 않는다. 그들 역시 세상에서 가장 중요한 모든 것이 자기들과 함께 시

---

* 소크라테스 이전의 자연철학자들은 우주자연의 변화와 그 변화하는 현상의 배후에서 작용하는 궁극적인 원리, 즉 아르케(archē)에 대해 깊은 관심을 가졌다. 그들은 운동과 변화 속에서 통일의 원리를 간파하였으며, 종래의 신화적·의인관적 사고방식에서 벗어나 수학·천문학 등의 과학적 사유체계에 토대를 두고 있었다. 이들 중 一元論적이고 物活論(hylozoism)적이며 우주론적인 자연철학을 전개한 당시의 대표적 철학자로는 우주의 아르케를 물(water)이라고 본 탈레스, 탈레스의 제자로서 '아페이론(apeiron 無限者)'이라고 본 아낙시만드로스(Anaximander), 아낙시만드로스의 제자로서 공기(air)라고 본 아낙시메네스(Anaximenes)가 있었는데, 이들 세 사람은 이오니아 지방의 그리스인 식민도시 밀레투스(Miletus) 출신으로 출신 지역이 같은데다가 사상적인 연계성으로 인하여 밀레투스학파라고 불린다.

작하고 끝난다고 믿기 때문이다."[86] 또한 미국의 인류학자 에릭 울프(Eric R. Wolf)는 서양이 동양과는 대립되는 독립적이고 자발적인 혈통을 가지고 있다고 믿는 것은 역사를 도덕적인 성공담으로 간주하는 것이 되므로 잘못된 설정이라고 지적한다. 그렇게 해서 역사는 미덕을 지닌 서양이 나쁜 동양을 어떻게 이겼는지를 보여주는, 미덕을 장려하는 이야기로 개조되기에 이르렀다는 것이다. 울프의 다음 말은 우리가 논의하고자 하는 주제에 많은 시사점을 제공한다.

> 우리는 교실 안팎에서 서양이라는 존재가 있으며, 이 서양은 다른 사회나 문명들(예를 들면 동양)과 대립하는 독립적인 사회와 문명이라고 배웠다. 심지어는 이 서양이 고대 그리스가 로마를 낳고, 로마가 유럽의 기독교 세계를 낳고, 유럽의 기독교 세계가 문예부흥을 낳고, 문예부흥이 계몽운동과 계몽운동의 정치적 민주주의와 산업혁명으로 이어지는 자발적인 혈통을 가지고 있다고 믿으며 성장했다. 결국 민주주의와 맞물린 산업이 미국에 굴복하면서 생명, 자유, 행복 추구에 대한 권리를 구현했다.…이것은 잘못된 설정이다. 무엇보다 하나의 역사를 도덕적인 성공담, 즉 서양의 각 주자들이 때가 되면 자유의 횃불을 다음 주자에게 넘겨주는 경주로 간주하기 때문이다. 이에 따라 역사는 미덕을 지닌 자(예를 들면 서양)가 나쁜 자들(동양)을 어떻게 이겼는지를 보여주는, 미덕을 장려하는 이야기로 개조되기에 이르렀다.[87]

　실제로 많은 유럽 국가들과 미국은 이런 인종주의적 이데올로기를 이용해 새로운 식민지를 얻는 일을 정당화했다. 미국의 영문학자 에드워드 사이드(Edward Said)는 1978년에 최초로 '오리엔탈리즘(orientalism)'이라는 용어를 사용했다. 오리엔탈리즘 또는 유럽중심주의는 동양에 비해 서양의 선천적 우월성을 강조하는 이분법적 세계관의 전형이다. 서양이 현대 세계를 독자적으로 창조하고 개척해왔다는 것이다. 오리엔탈리즘에 의해 대변되는 '동양'은 동양인 자신이 아니라 서구인들에 의해 '재구성' 되거나 '표상된' 허상일 뿐이며 그 배후에는 동양에 대한 '체계적인 편견'과 인종차별적 왜곡이 숨어 있고, 서구의 문화적 우월성을 확보함과 동시에 타지역에 대한 지배력의 행사를 정당화하기 위해서였다.[88] 영국의 역사학자 존 홉슨(John M. Hobson)은 그의 저서 『서구 문명의 동양적 기원 The Eastern Origins of Western Civilisation』(2004)에서 "이 책의 주된 주장은 가장 기본적인 유럽중심적 가정, 즉 동양이 서양 강국들의 희생양 혹은 하수인일 뿐 아니라 세계 발전사의 수동적인 방관자이기 때문에 세계 역사의 발전사에서 당연히 제외될 수밖에 없다는 가정에 반대한다는 것이다"[89]라는 그의 관점을 피력했다. 또한 그는 세계적인 역사가 펠리페 페르난데스 아르메스토(Felipe Fernndez-Armesto)가 그의 저서에서 추구하는 다음과 같은 신념에 공감한다고 했다. "세계 역사라는 목적을 위해 때로는 중심보다 변두리에 더 많은 관심을 가져야 한다. 이 책이 의도하는 것 중 하나는 흔히 주변이라고 무시하는 곳, 열등하다고 제쳐두는 사람들, 단역과 각주로 격하되는 개인들과 더불어 간과되고 무시되는 모든 것의 명예를 회복하는 것이다."[90]

홉슨은 미국의 흑인운동 지도자 듀 보이스(W. E. B. Du Bois)의 책 서문을 인용해 "아프리카를 세계 역사에서 생략함으로써 흑인 노예를 합리화하려는 지속적인 노력이 있었다"며, 같은 맥락으로 유럽중심적 시각에서 동양의 매개적 역할을 부인하고 세계 발전사에서 동양을 누락하는 것은 매우 부당하다고 주장했다. 홉슨에 따르면 서양인은 서양의 발흥에 대해 상당히 왜곡된 관점을 가지고 있으며, 동양이 수동적인 대상이거나 서양 세계사의 주류에서 변방으로 흐르는 물줄기일 뿐이라는 내용 외에는 동양에 대해 배운 바가 거의 없다고 실토했다. 그래서인지 서구의 세계적인 석학들조차도 종종 동양에 대한 총체적인 지식의 박피를 드러내는가 하면, 더 심각한 것은 그러한 무지에 대해 학자로서의 부끄러움을 전혀 느끼지 못한다는 사실이다. 아마도 그들에게 동양과 동양인은 세계 발전사에서 누락된 존재이기 때문일 것이다. 홉슨에 의하면 동양이 배제된 데에는 다음의 세 가지 사실이 감추어져 있기 때문이다. 즉 "동양은 약 500년 이후에 독자적이며 실질적인 경제 개발을 적극 선도했다는 점, 동양은 500년 이후 세계 경제를 적극적으로 창조하고 유지했다는 점, 그리고 무엇보다도 동양은 수많은 진보한 '자원 목록(기술, 제도, 사상 등)'을 개발해 서양으로 전파함으로써 서양의 발흥에 상당히 적극적으로 기여했다는 점"[91]이 그것이다.

동양의 세계화를 통한 매개적인 역할과 진보한 동양적 '자원'의 전파가 있었다고 해서 서양이 이를 수동적으로만 받아들였던 것은 아니며 이들 역시 자신들의 운명을 적극적으로 개척했다. 홉슨에 의하면 동양인은 500년 이후 세계 경제와 세계적 통신망을 구축함에 따라 동양의 사상, 제도, 기술과 같은 '자원 목록'이 서양으로 전파되었고, 유럽은 동양적 세계화 과정을 통해 순차적으로 동화되었으며, 1492년 이후 유럽인은 제국주의를 무기로 서양의 발흥을 가져온 동양의 모든 경제적 자원을 도용했다. 말하자면 전파와 동화 그리고 도용이라는 과정을 통해 서양의 발흥이 이루어진 것이다. 동양과 서양은 500년 이후 세계화를 통해 근본적이고 지속적으로 연결되어 왔으며 동양의 도움 없이 서양의 발흥은 불가능했다. 유럽 중심의 관점은 우리에게 익숙하긴 하지만 여러 가지 이유로 잘못된 것이다. 그럼에도 종종 사람들은—심지어 동양인들조차도—서양의 잣대로 동양을 분석하고 평가하려는 유혹을 떨쳐버리지 못한다. 그것은 아마도 '서구적 보편주의'라는 치명적인 함정에 빠져 있기 때문일 것이다. 홉슨은 동양이 현대 서양 문명의 발흥을 가능하게 한 중추적인 역할을 했다는 점에서 '동양적 서양'이라는 개념을 사용한다. 그는 『서구 문명의 동양적 기원』에서 동양적 서양의 발흥에 동양이 기여했다는 다양한 증거들을 추적하고 있다.

유럽의 우월성에 관한 일반적인 인식은 16세기 네덜란드의 지도 제작자 메르카토르의 세계 지도에서도 확인되고 있다. 실제로는 남반구의 대륙 면적이 북반구의 2배인데도, 메르카토르의 지도에는 북반구의 대륙이 지도의 3분의 2를 차지하는 데 비해 남반구의 대륙은 3분의 1에 불과한 것으로 나타난다. 따라서 스칸디나비아 반도는 인도 면적의 3분의 1 정도인데도 지도상에는 동일한 크기로 나타나 있으며, 또 중국의 실제 면적은 그린란드의 4배인데도 지도상에는 그린란드의 크기가 중국의 2배에 이르고 있다. 독일의 역사학자이자 지도 제작자 아르노 페터스(Arno Peters)는 '동등한 시각으로 보는 세계 역사(synchronoptic world history)' 연구 프로젝트를 추진했는데, 이 프로젝트는 1974년 갈-페터스 도법에 기초해 페터스 세계 지도로 마무리되었다. 유럽의 인종적 특권에 기초한 시각을 수정하고 세계의 국가들을 실제 면적에 맞게 나타내기 위해 시도된 이 지도에는 남반구가 더 적절하게 나타나 있으며 유럽은 상당히 축소되었다. 홉슨은 페터스가 유럽 중심의 시각에서 벗어나 동양 대 서양의 상대적인 중요성을 발견함으로써 세계 지리에 대한 정확한 인식을 도모한 것과 같이 세계 역사에 대한 우리의 인식 또한 수정될 필요가 있다고 본다.[92]

홉슨은 동양과 서양의 분열 구도가 유럽인의 생각 속에서 완전히 고착화된 시기는 18~19세기라고 본다. 1700년에서 1850년 사이 유럽인은 그들의 생각 속에서 전 세계를 서양과 동양 또는 서양과 여타 지역이라는 극단적인 두 개의 진영으로 분할하여 서양의 태생적 우월성을 강조했다. 서구적 보편주의가 전 지구적으로 확산되면서 비서구인들도 그렇게 세뇌되기 시작했다. 서구적인 것이 전 지구적 문명의 표준이 되기 시작한 것이다. 그리하여 서양은 이성적이고, 합리적이고, 과학적이고, 근면하고, 생산적이고, 자유민주적이고, 정직하고, 진보적이고, 독창적이고, 혁신적이고, 독립적이고, 능동적이라는 미덕과 연결되는 반면, 동양은 비이성적이고, 비합리적이고, 비과학적이고, 나태하고, 비생산적이고, 광폭하고, 부패하고, 뒤떨어지고, 모방적이고, 진부하고, 의존적이고, 수동적이라는 악덕과 연결되었다. 문제는 이러한 인식이 18~19세기 이후에만 적용되는 것이 아니라 서양이 언제나 우월했다는 것을 기정사실화했다는 데 있다. 그리하여 '능동적인 서양' 대 '침체된 동양'이라는 고정된 심상을 낳았다.[93] 이러한 유럽인의 비약적인 상상력과 자신감은 17세기에 정점에 이른 근대 과학혁명(Scientific Revolution)이 과학기술의 비약적인 발전과 더불어 물질적 풍요의 혜택을 가져옴으로써 인류의 문명사에 획기적인 전기를 마련한 데서 찾을 수 있다.

근대 합리주의 철학의 창시자인 프랑스의 르네 데카르트(René Descartes) 이후 과학혁명을 거치면서 자리 잡기 시작한 근대 합리주의는 이성에 대한 믿음과 합리적 사고를 중시하는 18세기 계몽주의와 산업혁명 등 일련의 서구 문명의 흐름과 연결되면서 지난 수백 년 간 서구 문화와 여타 세계를 지배한 기초적 패러다임이 되었다. 과학기술의 발전이 경제적 측면에 응용되면서 자본주의의 발달을 가져오고 또한 이를 운용하기 위한 제도로서의 민주주의가 나타나게 되면서 바야흐로 근대 민족국가, 나아가 근대 국민국가로 일컬어지는 근대세계가 열리게 된 것이다. 이렇게 볼 때 자본주의와 민주주의 그리고 근대 국민국가의 형성과정은 그 맥이 같은 것이다. 이성적이고 과학적이며 합리적인 근대세계의 특성은 흔히 근대성으로 통칭되어 근대세계를 규정짓는 근본원리가 되었을 뿐 아니라 인류의 보편적인 세계관과 가치체계를 추동해내는 원리로 작용하였으며, 오늘에 이르기까지도 과학적 방법론과 합리주의는 연구영역은 물론 자본주의적 원리를 따르는 경제활동과 사회정치적인 실천영역에서도 충실하게 이행되고 있다. 말하자면 오늘의 세계는 서구의 근대성에서 비롯되어 근대성에 의해 지배되어 온 것이다.

서양의 오리엔탈리즘적 시각은 동양을 수동적인 상대로 간주함으로써 오로지 서양만이 독자적이며 진보적인 발전을 이룩할 수 있다는 주장을 낳았다. 실제로 유럽인이 이룩한 지적 혁명의 소산은 '혁신적인' 유럽이라는 주체와 '수동적인' 동양이라는 객체의 이분법적 구조에 기초해 있었다. "동양은 동양이고 서양은 서양이니, 그 둘은 결코 만나지 못할 것이다(Oh, East is East and West is West, and never the twain shall meet)"라고 한 조지프 러디어드 키플링(Joseph Rudyard Kipling)의 말은 마야의 장막(the veil of Maya)이라고 일컬어지는 분리의식을 조장함으로써 동양이 서양에 가져다준 긍정적인 영향을 인식하지 못하도록 만들었다. 그리하여 서양이 고대 그리스 이후 동양의 도움 없이 처음부터 선구적으로 독자적인 발전을 이룩했다는 서양의 신화가 만들어졌다. 이러한 서양의 정체성이 재형성되는 과정은 19세기에 절정에 달했고 이 시기에 사회과학 또한 완벽하게 출현했다. 그때부터 유럽인은 전 세계를 지적으로 이분화 했다. 하지만 19세기부터 현재까지 서양의 정통적인 사회과학자들은 이러한 양극화를 비판하지 않고 진실로 받아들일 뿐만 아니라 그것을 서양의 발흥과 현대 자본주의의 기원에 관한 이론에 접목하기까지 했다.

이런 일이 발생할 수 있었던 근저에는 '인간의 모든 역사가 서양의 근대적 자본주의라는 종점으로 불가피하게 이어진다'고 하는 잠재되어 있는 서양의 목적론이 있었다. 따라서 세계 역사에 대한 전통적인 서술은 모든 것이 고대 그리스에서 시작하여 중세의 유럽식 농업혁명으로 발전한 후에 이탈리아인이 주도한 상업의 부흥으로 이어졌고, 이어 과학혁명, 계몽운동, 민주주의의 발생이 맞물리면서 유럽은 산업화와 자본주의적 근대화로 약진하게 되었다는 것이다. 이처럼 서양은 늘 주된 문명으로 표현되는 반면, 동양은 이야기의 주변에 위치하는 것으로 표현되며 동양 고유의 퇴화적인 속성 때문에 발전이 지체된 것으로 설명된다. 이처럼 '서양의 발흥과 정복 이야기는 서양이 처음부터 우월했다고 상상하는 이야기이며, 동양 혹은 '비서양'에 대한 언급 없이 들려주는 이야기'로서 유럽중심적인 정복자의 개념을 강화해준다. 결국 현대 자본주의와 문명의 이야기는 서양의 이야기일 뿐이다.[94]

또한 홉슨은 마르크시즘과, 특히 베버주의를 오리엔탈리스트의 담론 속에 포함시키고 있다. 그에 의하면 독일의 사상가이자 경제학자 칼 마르크스(Karl Marx)는 유럽 자본주의를 혹평하긴 했지만 서양을 발전적인 세계 역사의 능동적인 주체로 격상시키고 동양을 수동적인 객체로 격하시켰다. 홉슨은 역사에 대한 마르크스의 총론이 오리엔탈리스트나 유럽중심주의자의 목적론을 충실하게 재현했다는 점에 주목한다. 마르크스는 근대 자본주의의 기원을 문명의 원천인 고대 그리스에 두었으며, 유럽의 봉건주의, 자본주의, 사회주의를 거쳐 공산주의라는 종점에 도착하는, 직선적이고 내재적인 진보라는 유럽중심적인 서술을 나타내 보이고 있다. 무산계급의 '즉자계급(class-in-itself: 무력과 수동성을 대표)과 대자계급(class-for-itself: 자유를 향한 혁신적 성향을 대표)'의 차이에 관한 마르크스의 논의 역시 동양은 처음부터 '대자계급'이 될 수 없는 '즉자계급'으로 본 반면, 서양은 처음부터 '대자계급'이었다.

홉슨은 특히 베버주의의 오리엔탈리스트적 근거를 제시한다. 그에 의하면 독일의 사회학자 막스 베버(Max Weber)는 사회과학적인 중심 개념에 유럽중심적인 범주를 완벽하게 구현했다. 베버는 현대 자본주의의 본질이 '합리성(rationality)'과 '예측 가능성(predictability)'에 있다고 보고 이들 가치를 서양에서만 발견되는 가치로 귀속시켰다. 베버는 특히 〈표 6.3〉의 마지막 두 범주를 강조한다. 베버에 따르면 동양과 서양을 구분하는 첫 번째 특징은, 서양의 현대적 자본주의가 공적 영역과 사적 영역을 근본적으로 구분하는 특징을 가지고 있는 데 반해, 동양의 전통 사회에서는 그러한 구분이 없다. 그런 구분이 없이는 정치, 군사, 경제, 사회, 문화 등 모든 영역에 합리적 제도가 뿌리내릴 수 없다는 것이다. 동양과 서양을 구분하는 두 번째 특징은, 서양에는 '사회적 힘의 균형'이 존재하지만 동양에는 그러한 균형이 없다는 것이다. 여기서는 국가들 간의 투쟁이—동양의 단일 국가에서는 존재하지 않았던—유럽의 발흥에 기여한 중요한 역할이 강조된다. 1500년까지 유럽의 통치자들은 국가들 간의 군사적 경쟁에 대처하기 위한 세금 수익을 늘리기 위해 자본주의를 활성화하려는 노력을 했지만, 동양에서는 '단일 국가 체제'의 통치가 계속 이어졌고, 군사적 경쟁이 없어 사회 발전을 위한 압력에서 자유로울 수 있었다는 것이다.

서양(현대성)	동양(전통성)
합리적인 (공공의) 법률	임시적인 (사적인) 법률
복식 부기	합리적 회계 결여
자유롭고 독립적인 도시	정치적·행정적 주둔지
독립적인 도시의 중산층	국가가 관리하는 상인
합리적인 법적 (그리고 민주적인) 국가	세습적인 (동양적 전제) 국가
합리적 과학	신비주의
프로테스탄트 윤리와 합리적 개인의 출현	억압적인 종교와 집단성의 지배
서양의 기본 제도에 관한 해석	동양의 기본 제도에 관한 해석
모든 집단과 제도 간의 사회적 힘이 균형을 이루는 다원 문명 (즉 다중 국가 체계 혹은 다중 권력자의 문명)	집단과 제도 간의 사회적 힘의 균형을 이루지 못한 단일 문명 (즉 단일 국가 체계 혹은 통치 왕국)
공적 및 사적 영역의 분리(합리적 제도)	공적 및 사적 영역의 융합(비합리적 제도)

〈표 6.3〉 막스 베버의 '동양'과 '서양'에 관한 오리엔탈리스트적 관점: 위대한 '합리성'에 따른 분할[95]

유럽중심적인 이론의 전형을 보이는 베버의 관점은 서양의 발흥에 대한 거의 모든 유럽 중심의 서술을 확산시키는 단초가 되고 있다. 이는 모든 주류 학자들이 '동양이 침체의 늪에서 허우적대는 동안 서양은 어떻게 현대 자본주의를 발전시켰는가' 하는 베버주의적 질문을 제기함으로써 분석을 시작하는 데서도 알 수 있다. 유럽중심주의는 현대 자본주의를 서양의 최종적 혁신이라는 관점에서 동양을 평가한다. 그러나 자본주의 역시 역사 발전의 한 단계일 뿐 최종적 혁신의 산물이 아니라는 것은 오늘날 글로벌 자본주의의 폐해가 만연하면서 넥스트 자본주의에 대한 논의가 활발하게 일어나는 데서도 알 수 있다. 서구적인 것을 문명의 표준으로 설정해 놓고 거기에 의거해 동양의 모든 것을 평가하는 것 자체가 넌센스다. 베버와 마르크스의 주장이 서로 내용은 달라도 오리엔탈리즘이라는 골격을 중심으로 작용한다는 점에서는 다를 바 없다며, "유럽중심주의의 생각처럼 서양이 독창적이거나 도덕적으로 우월하다는 증거를 어디에서도 찾을 수 없기 때문에 서양의 발흥은 절대 필연적이지 않다. 500~1800년 사이에 더 진보한 동양의 도움이 없었더라면 서양은 십중팔구 현대화로 진입하지 못했을 것이다"라고 홉슨은 결론 내린다.[96] 역사적인 실증기록이 지난 1,000년간 동양이 세계 발전을 주도해왔다는 것을 증명하고 있으며, 서양은 더 진보한 동양의 자원을 이용함으로써 현대화에 진입할 수 있었다는 것이다.

홉슨은 한 가지 대표적인 예로서 포르투갈의 탐험가 '바스코 다 가마의 신화'를 들고 있다. 서양인은 바스코 다 가마가 희망봉을 돌아서 동인도 제국까지 항해함으로써 인도 종족과 처음으로 접촉한 것으로 알고 있지만, 그보다 20~50년 정도 앞선 시기에 이슬람의 항해자 아마드 이븐마지드(Ahmad Ibn Majid)가 먼저 희망봉을 돌아서 서아프리카 해안을 거슬러 올라가 지브롤터 해협을 통해 지중해로 진입한 기록이 있다는 것이다. 더욱이 사산 왕조의 페르시아인은 1,000년의 첫 몇 세기에 걸쳐 인도와 중국까지 항해했으며, 에티오피아인, 나중에는 무슬림까지 (약 650년 이후) 같은 여행에 동참했고, 자바인·인도인·중국인도 이미 희망봉에 도달했는데, 이는 바스코 다 가마보다 몇 세기 또는 수십 년은 족히 앞섰다는 것이다. 바스코 다 가마가 인도에 도착할 수 있었던 것은 인도 구자라티 출신 이슬람 키잡이의 안내 덕분이었으며, 실제로 그 여행을 가능하게 한 항해술과 항해법은 모두 중국이나 중동에서 발명된 것이었다. 인도인은 바스코 다 가마에 의해 발견되기 오래 전부터 아시아·동아프리카와 직접 무역했고, 또한 발견되기 몇 세기 전부터 유럽과도 간접적으로 접촉했다. 500~1800년에 동양은 세계화를 통해 세계를 발견하고 주도했다. 500년 이후 동양과 서양은 하나의 세계망으로 연결되어 있었기 때문에 양자를 완전히 개별적이고 대조적인 것으로 표현하는 유럽 중심의 가정은 성립될 수 없다는 것이 홉슨의 관점이다.

실로 동양의 자원들은 유럽의 주요 전환기마다 중대한 영향을 미쳤다. 홉슨은 그의 『서구 문명의 동양적 기원』에서 600년 이후 중세 유럽의 농업혁명을 가능하게 했던 대부분의 중요한 기술이 동양으로부터 유입되었고(5~6장), 1000년 이후 유럽의 상업·생산·금융·군사·항해 혁명을 자극한 중요한 기술과 사상, 제도가 동양에서 발전해 유럽으로 전해졌으며(6~8장), 1700년 이후에는 영국의 농업혁명 및 산업혁명에 박차를 가한 중요한 기술과 기술적인 아이디어가 중국으로부터 전파되었고(9장), 유럽의 계몽운동을 자극했던 사상 역시 동양으로부터 유입되었다는 사실을 자세히 설명하고 있다. 홉슨은 여기서 유럽의 힘 혹은 정체성의 역할을 강조하고 있다. 유럽인은 제국주의적 정체성을 형성함으로써 서양의 발흥을 가능하게 했다. 유럽의 제국주의적 도용에 있어 종교도 예외는 아니었다. 중세 초기의 유럽인은 이슬람과 대비해 스스로를 정의했는데 이는 기독교 국가 건설을 위한 필요조건이었고 결국 1000년이 끝날 무렵에 출현한 봉건 경제와 정치체계를 병합하는 데 기여했다. 십자군 원정도 이 같은 정체성에서 비롯되었다.[97] 원래 기독교는 유럽이 아니라 중동에서 발생했지만 이후에는 서구화하고 유럽화하여 십자군 운동 당시 이슬람에 대항하는 '서구 문명'의 방어벽이 되었다. 유럽의 정체성이 중동의 이슬람교와 대비되는 기독교로 형성되었기 때문에 유럽은 '기독교 왕국'으로 알려지게 되었다. 유럽은 기독교의 원천을 상징했고, 보편적 메시지를 전 세계로 확산해 '이교도'를 복종시키는 임무를 띠게 되었다. 결국 유럽을 기독교 국가로 만든 것은 경제적·정치적으로 불평등한 봉건 제도에 질서와 정당성을 부여하기 위한 필요조건인 셈이었다.[98]

기독교 사상이 아메리카에 전파되면서 유럽인은 아프리카 흑인뿐만 아니라 아메리카 원주민도 열등하다고 믿게 되면서 이들에 대한 착취와 억압, 그리고 아메리카 금은의 도용을 정당한 것으로 간주했다. 또한 18세기에 촉발된 유럽의 정체성 재형성은 인종주의의 형성으로 이어져 제국주의적인 '문명화 사명'의 도덕적 필요성이라는 사상을 낳게 했다. 유럽의 지식인들은 자신들이 제국주의를 통해 동양을 문명화하고 있다고 믿었고, 결국 제국주의를 통해 유럽 외적인 자원을 도용함으로써 영국은 산업혁명을 일으킬 수 있었다. 서양의 발흥은 동양의 세계화를 통한 물질적이며 관념적인 자원의 전파와 유럽의 동화, 그리고 유럽의 제국주의적 정체성 형성과 제국주의적 도용의 산물이었다. 따라서 서양의 발흥에 대한 올바른 이해를 위해 '승리자 서양'이라는 유럽중심적 개념을 해체하고 유럽중심주의를 피해야만 하는 것은 그만한 충분한 실증적 이유가 있다. 그런 까닭에 홉슨은 "서양의 발흥과 승리에 관한 유럽중심적 설명과 관점이 무효화해야 하는 신화에 불과하다"고 강력하게 주장한다.[99] "만약 철학자로서 지구상에서 어떤 일들이 일어나는지 알고 싶다면, 맨 먼저 모든 예술의 요람이자 서양이 모든 것을 빚지고 있는 동양을 향해 시선을 고정하라"고 한 프랑스의 계몽사상가 볼테르(Voltaire)의 말은 홉슨의 관점과 같은 맥락에서 이해될 수 있다.

한편 세계적인 경제사 학자이자 종속이론의 선구자로 알려진 안드레 군더 프랑크(Andre Gunder Frank)는 그의 저서 『리오리엔트 *ReOrient*』(1998) 서문에서 "이 책에서 나는 '글로벌학적(globological)' 관점을 활용하여 지금까지 통념으로 받아들여 온 유럽중심적 역사서술과 사회이론을 뒤엎으려고 한다"[100]는 말로써 시작하고 있다. "부분의 합 이상인 전체를 분석하지 않고서는 유럽이라는 부분을 포함해서 어떤 부분이 어떻게 발전해 왔는지를 제대로 설명할 수 없다"[101]며, 글로벌한 관점에서 보면 근세 세계사에서 중심무대를 장악한 것은 유럽이 아니라 아시아이므로 '서양의 발흥'은 이런 맥락에서 다루어야 한다고 주장하며, 마르크스·베버·토인비·월러스틴 그리고 대부분의 현대 사회이론가들이 기초하고 있는 반(反)역사적이고 반(反)과학적인 유럽중심주의의 역사성을 비판한다. 이들은 모두 현실의 세계경제에서는 유럽이 한 번도 무대의 중심에 서지 못했음에도 불구하고 자신들이 세운 이론의 중심에 유럽을 위치시키는 오류를 범했다는 것이다. 또한 프랑크는 유럽이 스스로를 확대하여 '유럽 세계-경제/체제' 안으로 여타 지역을 '포섭'했다는 주장은 근거 없는 낭설이며, 오히려 "이미 존재하고 있던 세계경제와 세계체제에 뒤늦게 합류했거나, 아니면 그 체제와의 느슨했던 연결고리를 강화했다고 보는 편이 옳다"[102]고 주장한다. 프랑크의 논지는 다음의 짧은 경구로 요약된다.

서양은 아시아 경제라고 하는 열차의 3등칸에 달랑 표 한 장을 끊어 올라탔다가 얼마 뒤 객차를 통째로 빌리더니 19세기에 들어서는 아시아인을 열차에서 몰아내고 주인 행세를 하는 데 성공했다.[103]

19세기에 발흥한 유럽중심적인 역사서술과 사회이론에 의해 억압당하기 전에는 유럽인과 아랍인 모두 훨씬 글로벌한 시각을 가지고 있었다는 것이 프랑크의 관점이다. 우리에게 필요한 것은 '유럽이 패권을 잡기 전 근대 아시아 세계체제의 시각'이라고 프랑크는 역설한다. 17세기 말이 되면 "(아시아의 이미지에) 전혀 영향 받지 않은 유럽의 식자층은 찾아보기 어려웠고, 당시의 문학·미술·학문·문화에도 그것은 뚜렷한 족적을 남겼다." 아시아 철학은 각광을 받았으며, 아시아의 의술·공예·산업, 그리고 이들 분야의 전문가들은 숭배와 선망의 대상이었다.[104] 그러나 19세기 중반에 이르러 유럽인의 대(對)아시아관, 특히 대중국관은 근본적으로 변했다. 산업혁명이 도래하고 아시아에 대한 유럽의 식민지배가 본격화하면서 이제 중국은 '실례와 모델'로 삼아야 할 나라가 아니라 '영원히 정체된 민족'이 되었으며, 유럽이 역사를 주도하는 것처럼 날조된 보편주의가 발명됐다. 19세기 후반부터는 세계사가 완전히 다시 씌어졌을 뿐 아니라 보편적 사회과학이란 것이 유럽 중심적 발명으로서 새롭게 나타났다. 19세기와 20세기의 고전적 역사가와 사회이론가는 세계를 훨씬 더 현실적으로 파악했던 18세기까지의 이슬람의 시각은 말할 것도 없고 기존의 유럽적 시각에서 크게 후퇴했다. 프랑크는 홉슨과 마찬가지로 유럽중심적 시각으로 세계를 바라보았던 대표적 인물로 마르크스와 베버를 지목했다.

두 사람과 그들의 추종자들에 의하면 '자본주의적 생산양식'의 본질적인 요소는 여타 세계에서는 찾아보기 어려우며 그 전파를 도운 것이 유럽이다. 이러한 주장의 근저에는 마르크스에 의한 '오리엔탈리즘적인' 가정들과 베버의 방대한 연구들 그리고 세계의 여타 지역에 대한 두 사람의 그릇된 주장들이 깔려 있다. 마르크스는 동양적 전제를 오리엔트 전체의 속성으로 보았고 그 바탕에는 고루한 '아시아적 생산양식'이 깔려 있으며, '전통적이고 후진적이며 정체된 상태'에 있던 아시아 전 지역의 생산력을 무기력으로부터 각성시킨 것은 서양의 침입과 함께 들어온 자본주의였다고 주장했다. 마르크스는 아시아가 정체된 원인이 '자본주의적 생산관계의 결여' 때문이라고 단정 짓고, 그러한 결여 때문에 아시아 전 지역은 "각 촌락으로 나누어져 저마다 완전히 분리된 조직을 가지고 있었으며 그 자체로 작은 세계를 형성했다"고 결론 내렸다. 이렇게 아시아가 작은 세계로 갈라졌다는 주장은 아시아를 '동양적 전제'로 특징짓는 그의 주장과는 모순되며, '동양적 전제'는 대규모 관개사업을 일으키는 데 필요한 사회정치조직의 일종으로 고립 분산된 촌락들과는 양립하기 어려운 것이다. 프랑크는 마르크스에 의해 규정된 아시아적 특징이 공상의 산물에 불과하며 아무런 역사적 현실성이 없다고 주장한다.[105]

베버는 이전의 사상가들보다 아시아의 현실에 접할 기회가 더 많았던 만큼 그의 논리는 한결 복잡하고 정교하다. 베버는 아시아에도 대도시가 있었다는 사실을 인정했지만 그것은 구조와 기능에서 유럽의 도시와는 근본적으로 다른 것이라고 생각했다. 그러나 중국의 한커우(漢口)라는 도시에 대한 베버의 논증을 치밀하게 검증한 윌리엄 로(William T. Rowe)의 연구[106]에서 이러한 베버의 생각은 오류였다는 것이 밝혀졌다. 유럽중심적 관념과 베버의 이론은 많은 연구자들에 의해 이용되고 남용되면서 역사적 세계를 바라보는 시각을 왜곡시켰다. 베버가 자본주의의 피와 살이라고 주장하는 '프로테스탄티즘의 윤리와 자본주의의 정신'의 수혜를 받은 유럽인과는 달리, 반(反)합리주의적인 요소를 가진 종교를 신봉하는 동양인들은 현실을 합리적으로 파악하는 데 불리한 입장에 놓일 수밖에 없었다는 것이 베버의 주장이다. 아시아인은 합리주의를 몰랐기 때문에 자본주의를 발달시킬 수도, 발전할 수도 없었으며 심지어 도시·생산·상업조차도 제대로 활용하지 못했다는 것이다. 그러나 유럽의 여러 도시에서 종교개혁이 일어나기 전에도 아시아인은 자치도시를 훌륭하게 운영했다. 또한 동유럽, 미국 남부, 카리브 해 일원은 일찍이 프로테스탄티즘의 윤리가 유입되었지만 자본주의가 제대로 발전하지 않았다.[107] 당시 유럽이 얼마나 고립적이고 주변적인 위치에 있었는가는 흑사병이 유럽에만 심각한 피해를 입힌 데서도 알 수 있다. 아프로유라시아 사람들은 오랜 옛날부터 무역뿐 아니라 침입이나 이민을 통해 상호 지속적으로 접촉해 왔기 때문에 병균에 대한 면역성이 강해져 있었던 것이다.

프랑크의 관점과 기본적인 맥을 같이 하는 이슬람 역사의 세계적 학자 마샬 호지슨이 펴낸 『세계사 재인식 Rethinking World History』(1993)[108]은 세계사의 총체적 연관 구조에 대한 접근의 중요성을 강조함으로써 세계사 연구를 유럽중심주의에서 벗어나게 하는 데 지대한 공헌을 했다. 이 책에서는 세계사에 대한 서양의 고정관념이 교정되지 않을 경우 엄청난 피해를 야기할 수 있으며 그런 피해는 지금 현실화되고 있다고 주장한다. 납득할 만한 증거가 없는 이상 18세기 이전의 이슬람 사회가 쇠퇴하고 있었다는 가정을 받아들여서는 안 된다고 역설한다. 근대의 대변화는 동반구의 여러 도시에 살았던 사람들의 수많은 발명과 발견에서 비롯되었다고 보고, 그런 발견의 초기 형태 중에서 상당수는 유럽에서 이루어진 것이 아니라고 주장한다. 아프로유라시아의 교역망을 중심으로 방대한 세계시장이 이미 가동되고 있었으며, 날로 확대되던 이 교역망을 1500년대까지 주도한 세력은 무슬림이었다는 사실을 강조한다. 서양을 하나의 구성부분으로 삼는 아프로유라시아 세계의 축적된 역사가 없었더라면 서양의 대변화는 상상할 수도 없었던 일이라고 호지슨은 결론 내린다.

프랑크는 여러 데이터를 근거로 18세기 이전의 경제에 대한 분석에서 유럽경제는 많은 부분을 아시아에 의존하고 있었으며, 13~14세기에도 세계

국가들은 세계적 무역체계에 참여하면서 특화산업에 기반을 둔 효율적 분업체계를 유지하고 있었다고 주장한다. 특히 중국은 저(低)생산비용·고(高)효율체제로 도자기, 차, 비단 등을 생산하여 거대한 무역수지 흑자를 내던 시기였고, 그 반대급부로 은이 중국으로 유입됐다. 이 시기에 유럽은 만성적인 무역적자를 메울 상품을 찾지 못한 채 아시아, 아메리카, 아프리카 사이에서 수출품을 이동시키는 중간 관리자 역할을 하며 차익을 챙겼다. 프랑크는 '서양의 발흥'에 대한 서양의 해석이 모두 '본말이 전도'되었다고 본다. 여타 유럽 지역에서 이루어진 모든 공헌은 무시하고 예외적인 유럽 내부의 원인과 결과에만 치중하는, 이른바 '터널 역사관'—마샬 호지슨(Marshall G. S. Hodgson)과 블로트(J. M. Blaut)의 표현을 빌리자면—에 불과하다는 것이다. 발전은 서양의 발전이 아니라 세계경제의 발전이었고, 세계경제 안에서 이루어진 발전이었다는 점을 강조하며, 프랑크는 세계경제의 중심이 다시 동양으로 이동하고 있다고 본다. 유럽은 아시아의 등에 업혔다가 이내 어깨를 타고 앉았지만 그것은 일시적인 현상일 뿐이며, 이제 그 지위를 다시 상실할 수밖에 없다는 것이다.

> 세계경제의 '주도권'—'패권'보다 한 차원 높은—은 한(두) 구역이나 지역에 일시적으로 '집중'되었다가 시간이 흐르면 다른 구역이나 지역으로 이동하는 법이다. 이 현상이 21세기의 벽두에 다시 일어나고 있다. 세계경제의 '중심'은 다시 '동양'으로 이동하고 있다.[109]

프랑크 책의 제목인 '리오리엔트'는 유럽중심주의 역사관을 바로잡고 동양이 세계사의 중심으로 재부상한다는 의미를 함축하고 있다. 유럽중심적인 역사서술과 사회이론을 바로 잡고자 하는 홉슨, 프랑크, 호지슨. 듀란트를 비롯한 많은 학자들의 시도는 아프로유라시아 여러 민족과 지역의 역사적 지위를 회복하는 데 도움을 줄 뿐만 아니라 서구적 보편주의의 망령을 타파함으로써 서구로 하여금 올바른 역사관을 갖도록 촉구하고 동양으로 하여금 주체적 시각을 정립하는 데 도움을 준다. 사실 동양인 자신들도 서구중심주의에 경도된 교육을 받은 관계로 서구중심의 역사서술과 사회이론에 취약한 실정이다. 오늘날 '리오리엔트'란 용어의 확산은 광범하게 운위(云謂)되고 있는 '문화적 르네상스(cultural renaissance)'의 부상과 맥을 같이 하는 것으로 볼 수 있다. 아시아의 경제 발전을 원동력으로 삼는 이 르네상스는 아시아 각국의 고유한 문화적 정체성과 서구 문화와 구별되는 아시아 문화의 공통성을 강조하는 시대적 분위기에서 감지되는데 이러한 현상은 아시아인이 더 이상은 서구적인 것, 미국적인 것에 대한 무조건적인 수용을 거부함을 뜻한다.[110] 동아시아의 경제발전은 문화적 자기주장을 낳고 점증하는 자신감이 아시아의 새로운 보편성을 낳고 있다. 이제 서구의 '오리엔탈리즘'이 아시아를 묘사했던 방식처럼 획일적이며 부정적으로 서구를 묘사하는 아시아의 '옥시덴탈리즘(occidentalism)'이 나타나고 있다. 이러한 현상을 헌팅턴은 서구의 '오리엔탈리즘'에 맞서 아시아의 '옥시덴탈리즘'이 나타나고 있는 것이라고 단언한다.[111]

'리오리엔트'란 용어의 광범한 사용은 이러한 사상적 조류와 그 맥을 같이 하는 것으로 볼 수 있다. 리오리엔트는 또한 20세기 역사의 중심 주제가 되었던 '서구의 몰락(the decline of the West)'과도 상응하는 개념이며, 또는 세계자본주의체제의 가공할 메커니즘에 의해 생성되는 욕구구조가 지배하는 근대 서구사회의 종언을 함축하고 있는 개념이기도 하다. 유럽중심주의의 중핵을 이루는 글로벌 자본주의는 사실상 수명이 다한 것으로 간주되면서 대안 경제모델이 나오고 있다. 인도의 철학자이자 경제사회 이론가인 사카르(Prabhat Ranjan Sarkar)는 그의 저서 『지성의 해방 *The Liberation of Intellect: Neohumanism*』에서 근대 휴머니즘에 결여되어 있는 영성(spirituality)을 강조하며 네오휴머니즘이란 용어를 사용한다. 사카르는 1955년에 사회적·영적 조직인 '아난다 마르가'(Ananda Marga 지복의 길)를 창설하였으며, 이미 1959년에 글로벌 자본주의의 폐해를 지적하며 대안 경제모델로 '프라우트(Prout: Progressive Utilization Theory)[112]를 제시했다. 지역공동체, 협동조합, 경제민주주의, 그리고 영성에 기반을 두고 생태적이며 영적인 시각을 제공하는 대안모델 '프라우트'는 '인간이 다른 존재들과 조화를 이루며 자신의 육체적, 정신적, 영적 잠재능력을 최대한 발휘하는 삶을 살 수 있도록 여건을 조성하는 것'[113]을 목표로 삼는다. 이는 곧 네오휴머니즘이 지향하는 목표이기도 하다. 사카르의 다음 말은 오늘날의 신자유주의를 넘어설 수 있는 열쇠로서의 네오휴머니즘의 진수를 보여준다.

> 인류 사회를 위한 가장 훌륭한 복지는 세계정부를 수립하거나, 아난다(모두가 한 가족의 구성원)를 이룩하고자 열망하는 사람들이 자신의 삶을 오직 건설적인 활동과 이기심 없는 봉사에 바칠 때 성취될 것이다. 그들은 흔들림 없는 사명감으로 마음에 한 점의 숨은 이기적 동기 없이 사회에 대한 봉사를 계속해 나가야 할 것이다.[114]

월 듀란트는 현재 미국과 유럽의 패권이 급격히 약화되고 아시아가 부활의 삶을 누리는 역사적 순간에 있다고 했다. 그는 이미 1970년대에 아시아가 부상할 것을 예견하고, 일본과 중국의 부상을 비롯한 아시아 시대가 열릴 것을 예고했다. 그런데 홉슨과 프랑크, 호지슨과 듀란트 등 유럽중심주의 역사관을 바로 잡아야 할 필요성을 역설하는 많은 학자들은 서구 문명의 동양적 기원을 밝히려는 시도를 하면서도 정작 동양 사상과 문화의 원형에 대해서는 알지 못한 채 퀴글리(Carroll Quigley)의 동반구의 문명에 관한 도표[115] 에서와 같이 동아시아에는 인도, 중국, 일본의 세 문명이 있는 것으로 간주한다. 그러나 이 세 문명의 뿌리 문명은 마고성(麻姑城) 시대로까지 거슬러 올라간다. 마고 문화의 자취는 동아시아 전역은 물론 세계 도처에 남아 있다.

본서 제1장 3절에서 밝힌 바와 같이, 동양 사상과 문화의 원형인 마고성 이야기는 서양 사상과 문화의 원형인 에덴동산 이야기와 마찬가지로 인류의 집단무의식 속에 자리 잡고 있는 인류의 시원에 관한 이야기이다. 파미르 고원의 마고성에서 시작된 한민족은 마고, 궁희, 황궁, 유인, 환인, 환웅, 단군에 이르는 과정에서 전 세계로 퍼져 나가 천·지·인 삼신일체의 가르침에 토대를 둔 우리의 천부 문화를 세계 도처에 뿌리내리게 한 것으로 나온다. 마고 문화의 자취가 유독 한민족에게 많이 전승되고 있는 것은 한민족이 황궁씨 계통의 장자민족이기 때문일 것이다. 『고려사』에는 당시 '고려' 라는 국호가 엄연히 존재했음에도 불구하고 백성들 사이에서는 우리나라의 옛 이름인 '마고지나(마고의 나라)'를 노래(阿也謠)로 지어 부른 것으로 나온다. 또한 서양 사상과 문화의 원형인 에덴동산 이야기는 서양 문명이 발원한 수메르 문명(메소포타미아 지역)과 관계되는 것으로, 수메르 문명은 아시아의 대제국 환국(한민족의 조상인 환인이 세운 나라)의 12연방 중의 하나인 수밀이국의 문명이다. 서양 기독교 문명의 뿌리가 수메르 문명이라는 것은 밝혀졌지만, 그것이 바로 환국에 속하는 수밀이국의 문명이며, 또한 환국은 마고성에서 기원한 것임을 알아야 동양과 서양이 하나의 시원에서 만나게 된다는 것을 알 수 있다. 이러한 동서양의 뿌리 문명에 대한 심도 있는 연구는 동서를 융섭하는 새로운 문명 창출의 토대를 마련하는 일이기도 하다.

또한 한일관계사에 대해 국내외에 유포되고 있는 책이나 논문 중에는 왜곡된 내용이 많이 있는데, 팩트의 핵심을 요약하면 다음과 같다. 『삼국사기』, 『중국 25사』 등에 보면, 일본은 서기 671년에야 국호가 처음으로 생겼는데 이는 백제 멸망 후 백제 본조(本朝)의 잔여 대집단이 왜땅 동조(東朝)로 건너가서 처음 만든 것이다. 그 어원은 원래 백제를 일컫던 '구다라'에서 온 것으로 큰 해(大日)라는 뜻의 고대 한국말인데 이를 한자로 옮긴 것이다. 사실 천황의 이름인 메이지(明治)는 광개토대왕의 손자이자 장수왕의 아들인 21대 문자왕의 연호를 그대로 따온 것이다. 2001년 12월 23일 아키히도 일왕은 50대 일왕 간무(桓武, 781~806) 생모가 백제 무령왕의 후손임을 공식 언급했다. 이는 결국 일본 왕가가 한국 혈통에서 나온 것이라는 사실을 시인하는 것이다. 고대 우리 한인들이 일본에 미친 영향은 단순한 도일(渡日)이나 문화교류의 정도를 넘어서 한반도가 일본 왕조의 발상지이며 일본 민족의 시원이라는 사실이 드러나고 있다.* 일인들은 중국에 있는 우리 광개토대왕릉비를 파괴·변조하고 7지도(七支刀)의 색인글자를 개서하여 터무니없는 일본 권력사를 만들어 세뇌교육을 하는가 하면, 총독부에 조선사편수회를 설치하여 『조선사』 35책을 조작함으로써 우리 역사의 가슴에 비수를 꽂았다. 게다가 일본이 한국보다 일찍이 강성해서 한국을 정복하고 한국 남단에 임나일본부라는 총독부를 설치해서 수백 년 간 지배했다는 허위사실을 유포시키기까지 하고 있다.[116] 이시와타리 신이치로(石渡信一郎)의 『백제에서 건

---

* 미국의 모 역사학자는 한국과 대만이 모두 일본제국주의 식민 지배를 받았는데, 대만과는 달리 왜 한국은 아직도 역사 복원을 하지 못하고 있는가? 라고 묻는다. 그 이유는 크게 두 가지이다. 한반도가 일본 왕조의 발상지이자 일본 민족의 시원이라는 사실을 은폐하고 일제의 한반도 침략을 정당화하기 위해 우리 역사를 말살하기 위한 조직적인 정책을 지속적으로 폈고(일제강점기 때는 물론이고 해방 이후 지금까지도), 또 그러한 일본의 황통사 식민주의에 세뇌된 역사가들에 의해 우리 전래의 역사가 부인되게 된 것이다.

너간 일본 천황』(2002)[117]이나, 존 코벨(Joan C. Covell)의 『한국문화의 뿌리를 찾아』(1999)[118]는 이러한 사실을 명징하게 보여 준다.

아시아개발은행(ADB)에서 펴낸 『아시아 미래 대예측 *Asia 2050: Realizing the Asian Century*』(2011)[119]에 따르면 최근 추세를 유지할 경우 2050년 아시아의 1인당 소득은 현재의 유럽 수준에 도달할 것이고, 2050년에는 전 세계 GDP(Gross Domestic Product 국내총생산)에서 아시아의 비중이 현재의 약 두 배로 증가해 52퍼센트가 되면서 산업혁명이 일어나기 전에 아시아가 누렸던 지배적인 경제적 위상을 되찾게 될 것이라고 한다. 아시아 세기로 향하는 과정에서 미국의 미래학자 제러미 리프킨(Jeremy Rifkin)의 '하이퍼 자본주의(hypercapitalism)'[120]는 넥스트 자본주의 탐색에 시사점을 제공한다. 소유지향적이 아니라 체험지향적인 하이퍼 자본주의의 새로운 문화상을 제시한 '접속의 시대'는 단순한 물질적 소유보다는 다양한 경험적 가치를 중시하는 완전한 문화적 자본주의로의 대변신을 '접속(access)'이라는 키워드로 정의하였다. 삶 자체를 소유 개념이 아닌 관계적인 접속 개념으로 인식함으로써 소유(possession)·사유화(privatization)·상품화(commercialization)와 더불어 시작된 자본주의가 새로운 국면을 맞게 될 것임을 예고한 것이다. 문화적 다양성의 유지는 생물 종(種) 다양성의 유지와 마찬가지로 지속가능한 문명의 토대를 이루는 것이다. 관계적인 접속을 통한 다양한 문화적 경험은 의식의 확장을 가져오는 단초가 되는 것이라는 점에서 개인주의와 소유의 개념에 입각한 서구중심주의를 극복하고 동양이 세계사의 중심으로 재부상하는 길로 나아갈 수 있게 하는 추동력을 제공할 것이다.

제3부

포스트모던 세계와
트랜스휴머니즘

"내 마음 파일이 여러 종류의 연산 기판을 옮겨 다니며 살아남아서 특정 하드웨어에 종속되지 않는 상태가 되었다면, 그 마음 파일을 가진 존재를 나라고 부를 수 있을까? 이로써 우리는 플라톤 이래 끊임없이 제기되어 온 의식과 정체성의 문제에 직면한다. 21세기의 과정에서 이 질문들은 점잖은 철학적 논제가 아니라 긴요하고, 현실적이고, 정치적이며, 법적인 문제로 부상할 것이다."

"But is that person based on my mind file, who migrates across many computational substrates and who outlives any particular thinking medium, really me? This consideration takes us back to the same questions of consciousness and identity that have been debated since Plato's dialogues. During the course of the twenty-first century these will not remain topics for polite philosophical debates but will have to be confronted as vital, practical, political, and legal issues."

-    Ray Kurzweil, *The Singularity is Near: When Humans Transcend Biology*(2005)

07

포스트모던 세계와
포스트휴먼
그리고 트랜스휴머니즘:
'우리 모두'의 세계

- 포스트모던 세계와 트랜스휴머니즘
- 포스트휴먼의 조건과 사이보그 시티즌
- 호모 사피엔스를 넘어서

트랜스휴머니즘은 과학기술의 발전으로 지능적, 육체적 한계가 극복되고 인체가 강화된 포스트휴먼의 등장과 접합된 개념으로 포스트휴먼에 의한 호모 사피엔스의 대체를 현재진행형인 '사건'으로 이해한다.…포스트구조주의는 포스트모더니즘 사조와 맞물려 이분법적인 근대의 도그마에 대한 근본적이고도 종합적인 비판과 이성의 자기성찰을 담고 있다.…포스트휴먼은 인간과 기계의 전반적인 수렴이 일어나 그 둘의 경계가 해체되는 시대의 인간으로 전통적인 인간관의 중대한 변환을 내포한 개념이다.…포스트휴먼 시대에 새롭게 등장하는 사이보그는 사물인터넷과 인간의 연계로 네트워크를 통해 인간의 능력이 증강된 '네트워크 사이보그'다.…트랜스휴머니스트들은 트랜스휴머니즘에 대해 낙관적인 전망을 하면서도 인간의 근본적 한계를 극복하기 위한 기술의 잠재적 위험과 새로운 기술의 오용에 대해서는 경계한다.…'직관지' 단계로 이행할수록 우주의 관계적 그물망 속에서 무한히 연쇄적으로 일어나는 인과의 원리를 전체적으로 통찰할 수 있는 참된 인식이 작용하므로 사리(私利)는 공리(公利)에 연결되어 조화적 질서를 형성할 수 있게 된다.

- 본문 중에서

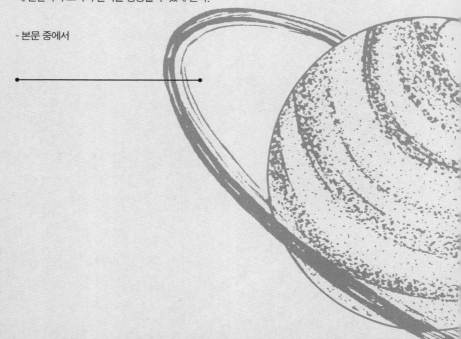

07 포스트모던 세계와 포스트휴먼 그리고 트랜스휴머니즘: '우리 모두'의 세계[1]

포스트모던 세계와
트랜스휴머니즘

본 장은 포스트모던 세계와 포스트휴먼 그리고 트랜스휴머니즘에 대한 분석적 고찰을 통해 우리가 처한 역사적 조건과 한계적 상황을 살펴보고, 호모 사피엔스(Homo sapiens)의 미래를 전망하며, 나아가 포스트휴먼으로의 성공적인 이행을 위한 조건을 탐색해보기 위한 것이다. 오늘날 인공지능의 급속한 발달로 인류는 자연선택을 지적(知的) 설계로 대체하고 있다. 포스트모던 담론은 근대 서구의 세계관과 가치체계의 근본적인 변화를 함축하고 있으며 공존의 대안사회 마련에 주안점을 둔다. 트랜스휴머니즘은 과학기술의 발전으로 지능적, 육체적 한계가 극복되고 인체가 강화된 포스트휴먼의 등장과 접합된 개념으로 포스트휴먼에 의한 호모 사피엔스의 대체를 현재진행형인 '사건'으로 이해한다. 호모 사피엔스가 인류 진화의 종착역은 아니며 진화는 지금도 계속되고 있다. 우리가 비의식적 지능과의 게임에서 살아남으려면 의식의 패턴 자체를 바꾸고 마음을 업그레이드하는 일에 적극 나서야 한다. 비분리성(nonseparability)·비이원성(nonduality)에 기초한 통섭적 사유체계는 포스트휴먼으로의 성공적인 이행과 더불어 새로운 계몽의 시대로 안내할 수 있을 것이며, 진정한 의미에서 '호모 데우스(Homo Deus)'로 가는 길을 제시할 것이다.

우리는 지금 근대와 탈근대가 중층화(重層化)된 구조를 이루는 과도기에 살고 있다. 근대 세계가 이성 중심주의와 과학적 합리주의를 근간으로 서구적 보편주의 또는 서구중심주의(Eurocentrism)가 지배하는 세계라고 한다면, 탈근대(postmodern) 세계는 탈중심주의(decentralism)와 해체주의(deconstructivism)를 근간으로 트랜스휴머니즘(transhumanism)이 지배하는 세계라고 할 수 있을 것이다. 1960년대 후반 포스트구조주의(poststructuralism)와 포스트모더니즘(postmodernism)의 주도로 일기 시작한 포스트모던 세계에 대한 담론은 서구적 근대의 도그마에 대한 근본적이고도 종합적인 비판과 이성의 자기성찰의 의미를 담고 있으며 다원화되고 탈중심화된 대안적인 세계관을 추구하는 것으로 나타났다. 역사상 유례없는 풍요를 이룩한 근대 산업사회의 원리와 구조 자체가 파멸적인 재앙의 근원으로 변모하는 '근대성의 역설(paradox of modernity)'을 직시하며 근대 합리주의의 비합리성을 비판하기에 이른 것이다. 특히 21세기에 들어 인공지능(AI), 사물인터넷(IoT), 빅데이터 등 정보통신기술(ICT) 분야에서의 기술혁신으로 인간과 인공지능 기계가 공생하는 사이보그 시티즌(cyborg citizen)에 대한 담론이 활성화되면서, 포스트휴먼(posthuman) 시대에 있어 인간이란 무엇인가에 대한 존재론적 물음이 제기되기 시작했다.

여기서는 설명의 편의상 포스트모던 세계에 대한 담론을 크게 초기와 후기의 두 시기로 나누어 고찰하고자 한다. 우선 초기 담론 시기는 1960년대 후반부터 대두되기 시작한 포스트구조주의의 탈중심적이고 탈이념적인 해체이론이 포스트모더니즘 사조와 맞물려 철학, 예술, 문예비평, 신학, 생태학, 건축, 인문사회과학, 정신분석학 등 학술 분야는 물론 대중문화에까지 널리 확산됨으로써 거의 모든 분야에서 세계적인 추세로 자리 잡은 시기이다. 모더니즘이 처한 존재론적 딜레마를 해결하고자 나타난 포스트모더니즘 사조는 인간 이성의 산물인 근대 사회의 획일화된 틀과 형식을 부정하고 근대 합리주의의 근간을 이루는 이분법을 해체하며, 인종적·문화적·성적(性的) 편견과 그에 따른 폭력 행사를 비판하는 등 사실상 근대 세계의 산물 전반에 대해 회의적인 태도를 갖고 이를 타파하려는 실천 차원의 운동과 연계되어 나타났다. 포스트구조주의와 포스트모더니즘 사조는 특히 냉전 종식 이후 이데올로기의 허구성이 입증되면서 더욱 가속화되어 근대의 도그마 속에 깃들어 있는 절대성과 중심성의 허구를 드러내는 해체 현상을 통해 포스트모던 시대를 열었다.

다음으로 후기 담론 시기는 21세기 들어 포스트모던 세계에 대한 담론이 정보통신분야에서의 기술혁신과 맞물려 보다 확장되고 심화되는 시기이다. 여기서 초기와 후기의 구분은 뚜렷하게 이분화 될 수 있는 것은 아니며 후기는 초기의 연장선상에서 확장되고 심화되는 시기이다. 이 시기는 사이보그 시티즌의 출현으로 인간에 대한 재정의(redefinition)가 촉구되고 인간과 인공지능의 공생이 포스터모던 담론의 핵심 이슈로 부상하는 시기이다. 현재 구글에서 인공두뇌 개발을 이끌고 있는 미국의 미래학자이자 가장 잘 알려진 트랜스휴머니스트 레이(먼드) 커즈와일(Ray(mond) Kurzweil)은 21세기 전반부에 'GNR(Genetics 유전학, Nanotechnology 나노기술, Robotics 로봇공학)' 혁명이 중첩적으로 일어나면 자연지능과 인공지능의 융합이 이루어져 인간의 지능이 심대하게 확장되고 점차 사이보그가 되어갈 것이라며, 2030~2040년대가 되면 보다 근본적인 인체의 재설계가 이루어져 버전 3.0 인체가 탄생할 것이라고 전망한다.[2]* 유전공학과 사이보그(cybernetic organism의 합성어로 기계와 유기체의 합성물을 뜻함) 기술의 발달로 머지않아 현생 인류가 포스트휴먼에 의해 대체될 것이라는 전망이 무성하게 나오면서, 이원적 인식론을 넘어선 트랜스휴머니즘이 지배하는 포스트모던 세계에 대한 새로운 버전의 담론이 힘을 얻고 있다.

미국의 고더드대 과학기술문화학과 교수 크리스 그레이(Chris Hables Gray)는 인간의 신체는 물론이고 생식, 노동, 전쟁 등 거의 모든 인간 활동이 사이보그화(cyborgization) 되고 있다며, 포스트모던 세계가 사이보그 사회와 사이보그 시티즌으로 구성될 것이라고 주장한다. 이어 그는 포스트모던 세계에서 새로운 시민권은 "현재 우리가 경험하고 있는 경제적 변화뿐만 아니라 우리 몸이 사이보그화를 통해 겪고 있는 실제적인 변화들도 반영한 것이어야 한다"며, "우리는 사이보그 시민에 관하여 생각해야 하며, 이는 누구에게 그런 시민의 자격이 있는지 결정해야 하는 것을 의미한다"[3]고 말한다. 미국의 페미니즘 이론가인 도나 해러웨이(Donna Haraway)는 단일한 지배적 세계관이 아닌 수많은 목소리들, 즉 헤테로글로시아(heteroglossia)적 세계관을 명명하기 위해 사이보그의 이미지를 이용한다.[4] 한편 이스라엘의 히브리대 역사학 교수 유발 하라리(Yuval Noah Harari)는 현대 과학이 자연선택에 의한 유기적 생명의 시대를 지적 설계에 의한 비유기적 생명의 시대로 대체하는 중이라며, 오늘날의 종교나 이데올로기, 국가나 계급 간에 벌어지고 있는 논쟁은 호모 사피엔스의 종말과 함께 사라질 것이 분명하기 때문에 우리가 집중해야 할 중요한 문제는 "우리는 무엇이 되고 싶은가?", 즉 '인간 강화(human

---

* 버전 3.0 인체가 탄생하면 분자나노기술(MNT) 조립법을 인체에 적용해 현실에서도 신체를 마음대로 순식간에 변화시킬 수 있게 된다.

enhancement)'[5]라고 말한다.

포스트모던 세계에서 트랜스휴머니즘은 근대 사회의 이분법적 구조와 틀 및 형식을 해체하고 분리된 개아(個我)로서의 인간 존재의 개념을 네트워크의 패턴으로 대체하고 있다. 포스트모던 세계에 대한 후기 담론은 과학기술의 발전으로 포스트휴먼에 의한 호모 사피엔스(Homo sapiens)의 대체를 현재 진행형인 '사건'으로 이해한다. 세계는 지금 인공지능(AI)을 넘어 인공일반지능(AGI)의 시대로 진입하고 있으며 우리 삶의 모든 측면은 이동하는 방식에서부터 정보를 얻거나 소통하는 방식까지도 과학기술에 의해 재편되고 있다. 스마트폰으로 시작된 인간과 인공지능 기계의 공생은 이미 우리 시대의 메타트렌드(metatrend: 사회 문화 전반에 걸친 광범위하고 보편적인 경향)가 되고 있다. 장애를 극복하기 위해 출발한 보조 장비 개발이 자연인 능력을 추월하고, 인간의 뇌와 기계를 연결하는 '브레인 임플란트(brain implant)'가 주목을 받고 있는 현 시점에서, '생물적 지능과 디지털 지능의 결합'을 통해 '인간 강화'를 시도하는 것은 기술혁신의 자연스런 수순일지 모른다. 그러나 과학기술을 이용해서 인류의 진화과정을 획기적으로 증진시켜 '포스트휴먼'을 만들어 내려는 프로젝트가 과학과 의식의 접합에 대한 심오한 자각 없이 과연 '슈퍼인텔리전스(superintelligence 超지능)'나 '슈퍼웰빙(superwellbeing 超웰빙)'을 달성할 수 있을까?

인류는 지금 스스로 만들어낸 과학기술에 도취되어 마치 그것이 모든 문제를 해결하고 새로운 세상을 만들 수 있을 것이라는 착각에 빠져 있다. 포스트휴먼 프로젝트는 기술적으로만 접근할 수 있는 것이 아니며 반복적인 학습을 통해 인류 의식의 패턴 자체가 바뀌어야 한다. 트랜스휴머니즘이 미완으로 그쳐버린 서구의 르네상스와 종교개혁을 완수하기 위해서는, 그리하여 진정한 의미에서 인간의 권위와 신의 권위를 회복하기 위해서는 과학과 의식의 접합에 대한 명료한 인식과 더불어 인간 존재의 개념을 '무경계 (no boundary)'로 확장할 수 있어야 한다. 그것은 시공(時空)의 인큐베이터에 갇혀 있는 호모 사피엔스의 경계를 넘어서는 것이다. 이러한 무경계의 세계는 양자계가 근원적으로 비분리성 또는 비국소성(non-locality)[초공간성]을 갖고 파동인 동시에 입자로서의 속성을 상보적으로 지닌다고 보는 양자역학(quantum mechanics)적 관점에 잘 나타나 있거니와, 동양사상 일반에도 잘 나타나 있다. 그러면 포스트모던 세계와 포스트휴먼 그리고 트랜스휴머니즘에 대한 분석적 고찰을 통해 우리가 처한 역사적 조건과 한계적 상황을 살펴보고, 호모 사피엔스의 미래를 전망하며, 나아가 포스트휴먼으로의 성공적인 이행을 위한 조건을 탐색해보기로 한다.

우선 포스트모던 세계에 대한 초기 담론의 분석 지평은 1960년대 후반부터 대두되기 시작한 포스트구조주의의 탈중심적이고 탈이념적인 해체이론이 포스트모더니즘 사조와 맞물려 거의 모든 분야에서 세계적인 추세로 자리 잡은 시기를 포괄한다. 여기서는 포스트모던 세계와 트랜스휴머니즘에 대해, 다음으로 포스트구조주의와 포스트모더니즘에 대해 차례로 고찰하기로 한다. 포스트모던 세계는 근대 세계가 처한 역사적 조건과 한계적 상황을 넘어선 세계이다. 여기서 근대 세계란 통상적인 역사적 시기 구분에 따라 근대가 열린 르네상스와 종교개혁 이후 20세기 이전까지의 세계를 지칭한다. 포스트모던 세계가 근간으로 삼고 있는 패러다임의 현대적 기원이 상대성이론과 양자물리학이라는 점을 감안하면—처음으로 양자 개념을 도입해 양자역학의 효시로 알려진 독일의 물리학자 막스 플랑크(Max Planck)가 양자가설(quantum hypothesis)을 제시한 것은 1900년이었다—20세기를 '모던'과 '포스트모던', 즉 근대와 탈근대의 경계로 삼는 것은 상당히 타당성이 있다.

그렇다면 모던 세계가 처한 역사적 조건과 한계적 상황을 넘어선다는 것은 구체적으로 어떤 의미를 담고 있는가?

포스트모던 세계에 대한 담론의 배경에는 이성과 영성, 현상과 실재, 주관과 객관, 기술과 도덕, 특수성과 보편성 간의 심연(abyss)이 자리 잡고 있다. 이러한 심연을 메우기 위한 시도로서의 포스트모던 담론은 지난 수백 년 간 서구 문화와 여타 세계를 지배한 기초적 패러다임이 되었던 근대 서구의 세계관과 가치체계의 근본적인 변화를 함축하고 있다. 말하자면 근대 서구 사회의 형성과 여타 세계에 심대한 영향을 끼쳤던 데카르트-뉴턴의 기계론적 세계관으로부터 전일적이고 유기론적인 시스템적 세계관으로의 패러다임 전환과 그 맥을 같이한다. 그것은 정신·물질, 자연·문명, 생산·생존 이원론의 극복을 통하여 생산성 제일주의 내지 성장 제일주의적 산업문명을 넘어서는 것이며, 근대 산업문명의 폐해라 할 수 있는 국가·지역·계층 간 빈부격차, 지배와 복종, 억압과 차별, 환경생태 파괴 등의 문제를 해결하고 공존의 대안적 사회를 마련하는 것이다. 한마디로 서구적인 것이 곧 근대적인 것이고 과학적인 것이고 이성적인 것이며 합리적인 것이라는 등식화가 깨어지는 것이다.

이러한 근대 합리주의에 대한 비판에 기용되고 있는 과학적 방법론은 주로 현대 물리학이 제공한 것이다. 근대의 과학적 합리주의가 함축하고 있는 과도한 인간중심주의와 이원론적 사고 및 과학적 방법론은 20세기에 들어 실험물리학의 발달로 그 한계성이 지적되고 전일적 패러다임으로의 대체 필요성이 역설되면서 서구 문명의 지양을 위한 새로운 패러다임, 즉 새로운 실재관의 정립에 관한 논의가 확산되게 된 것이다. 현재 인류가 직면하고 있는 지구환경의 급격한 변화와 더불어 복합적이며 다차원적인 세계적 변화는 우리의 세계관과 사고방식 및 가치 체계의 근본적인 변화의 필요성을 제기하며 인류 문명의 대전환을 예고하고 있다. 우리가 살고 있는 세계는 한편으론 근대화 담론에 기초하여 서구적 보편주의의 망령이 여전히 횡행하고 있고, 다른 한편으론 서구적 근대의 초극을 위한 대안 모색이 활발하게 이루어지고 있다. 독일의 사회학자 울리히 베크(Ulrich Beck)의 '성찰적 근대화(reflexive modernization)'[6] 명제는 근대성의 역설을 직시하고 과학기술의 가능성과 그 한계를 동시에 인식함으로써 인류의 문명을 보다 지속가능한 기반 위에 세울 수 있게 하는 지침을 제공한다. 베크가 제시하는 이른바 '제2의 근대화' 개념은 근대 합리주의의 해체와 그 맥을 같이하는 것으로 볼 수 있다. 근대 합리주의의 해체의 핵심은 그 근간을 이루는 이분법의 해체이며, 이러한 획일화된 근대성의 틀과 형식이 해체되면서 탈근대적이고 탈이념적인 포스트모더니즘 사조가 등장하게 되는 것이다.

미국의 초개인심리학자(transpersonal psychologist)이자 대표적 포스트모던 사상가인 켄 윌버(Ken Wilber)는 그의 저서 『감각과 영혼의 만남 The Marriage of Sense and Soul』(1998)에서 포스트모던 세계의 대홀라키에 관한 논의를 전개하며 근대 서양 문화의 치명적인 문제점을 이렇게 지적한다. "근대 서양은 인류 역사를 통틀어서 존재의 대홀라키(the Great Holarchy of Being)를 부인하게 된 최초의 주요 문화가 되었다"[7]라고. 여기서 '대홀라키'란 인류의 전승된 지혜의 요체인 '존재의 대사슬(the Great Chain of Being)'이다. 존재의 대사슬은 '물질(matter)에서 몸(body), 마음(mind), 혼(soul), 영(spirit)에 이르기까지 실재가 다양한 존재의 수준과 앎의 수준으로 이루어져 있으며 모든 성장 과정은 각 상위 차원이 그 하위 차원을 포괄하며 초월하는 방식으로 자연적 홀라키 혹은 '증가하는 전체성의 비가역적 홀라키(irreversible holarchy of increasing wholeness)'를 통하여 일어나는 것[8]을 말한다. '의식의 스펙트럼(the spectrum of consciousness)'의 가장 낮은 곳은 물질의 영역이고 가장 높은 곳은 영(靈)의 영역이다. '영'은 최고 수준의 인과의(causal) 영역이며 모든 수준의 비이원적(nondual) 기초이다. 그런데 계몽주의 시대 이래로 근대 서양은 존재의 최하위권인 '물질'을 제외한 모든 것을 부인하는 최초의 주요 문화가 되었다는 것이다.[9]

월버는 그의 저서 『만물의 짧은 역사 A Brief History of Everything』(2007)에서 포스트모던 사상들이 일치되게 공격하는 것은 '표상 패러다임(representation paradigm)'으로 알려진 근본적 계몽주의 패러다임(the fundamental Enlightenment paradigm)이라고 말한다. 그에 의하면 주요 계몽주의 이론가들은 모두 이 표상 패러다임에 동의했으며, 경험적 방법으로 지도화될 수 있는 하나의 단일한 경험적 세계에 대한 신념을 전적으로 지지한 것이다. 표상 패러다임은 반사 패러다임(reflection paradigm) 또는 '자연의 거울(mirror of nature)' 패러다임으로도 불린다. 탈계몽주의 혹은 포스트모던 집단들은 이 '자연의 거울' 패러다임—하나의 단일한 경험적 세계 혹은 경험적 자연만이 있으며 지식은 오로지 이 하나뿐인 진실한 세계를 거울같이 비치거나 반사시키거나 지도로 모사하는 데 있다는 관념—을 철저하게 공격했다. 월버는 모든 포스트모던 대이론가들, 즉 칸트로부터 시작하여 헤겔, 쇼펜하우어(Arthur Schopenhauer), 니체(Friedrich Wilhelm Nietzsche), 딜타이(Wilhelm Dilthey), 푸코(Michel Paul Foucault), 데리다(Jacques Derrida)에 이르는 그들 모두가 '자연의 거울' 패러다임을 강력하게 공격한 것은 계몽주의 지도화 패러다임이 애초부터 지도 작성자인 '자기(self)'를 고려하는 데 실패하고 있기 때문이라고 했다.[10]

이 '자기'는 애초부터 단지 자신이 볼 수 있는 것을 결정하는 맥락과 배경 속에 들어가 있기 때문에 객관적 세계에 대한 지도화는 주관성이 작용할 수밖에 없으므로 '객관적'이지도 않고 따라서 '하나뿐인 진실한 세계'일 수도 없는 것이다. 주체와 대상 혹은 주관과 객관의 분리란 실재하는 것이 아니며, 단지 영적 일체성(spiritual identity)의 결여로 인한 상상의 산물일 뿐이다. 지도 작성자는 그 자신의 진화 단계에 따라 매우 상이한 지도를 작성하게 될 것이다. 우리가 진화하면 할수록 주관과 객관의 합일을 인식하게 되므로 경험적 세계를 작성하는 지도 또한 달라질 수밖에 없다. 같은 책이라도 어렸을 적에 읽었을 때와 성인이 되어 읽었을 때 다르게 받아들이는 것처럼. 하나의 단일한 경험적 세계에 대한 신념에 기초한 계몽주의 이론가들과는 달리, 탈계몽주의 혹은 포스트모던 사상가들은 세계나 '자기'가 단순히 미리 정해진 것이 아니라고 본다. 계속해서 진화하고 그 과정에서 새로운 세계들이 탄생한다고 보는 것이 포스트모던적인 대발견이다.

> 포스트모던 사상의 위대함은, '자기'나 세계는 단순히 미리 주어져 있는 것이 아니고 그것들은 오히려 어떤 역사와 발달을 지니고 있는 맥락과 배경 속에 존재한다는 것을 발견한 데에 있다.
> So the great postmodern discovery was that neither the self nor the world is simply pregiven, but rather they exist in contexts and backgrounds that have a history, a development.[11]

포스트모던 세계의 등장과 맥을 같이 하는 트랜스휴머니즘은 "과학과 테크놀로지에 의해 현재의 인간 형태와 한계를 뛰어넘어 인간이라는 생명체의 진화를 추구하는 생명의 철학으로 종교와 도그마를 거부하고 생명증진 원리와 가치를 따른다."[12] 그것은 "인간 육체의 한계를 초월하고자 했던 인간의 고대로부터의 욕망과 과학이나 이성 및 개인의 자유에 대한 계몽주의적 믿음이 결합된 산물"[13]로서 '포스트휴먼으로의 변화를 긍정하고 지지하는 운동'이다. 트랜스휴머니즘이란 용어는 1957년 영국의 생물학자 줄리안

헉슬리(Sir Julian Sorell Huxley)에 의해 처음 사용되었다. 그는 저명한 생물학자 토머스 헨리 헉슬리(Thomas Henry Huxley)의 손자이기도 하고, 소설가이자 비평가인 올더스 헉슬리(Aldous Huxley)의 형이기도 하다. 트랜스휴머니즘이 현재의 의미를 갖게 된 것은 1980년대 미국의 미래학자들에 의해서이다. 1980년대 캘리포니아대학교 로스앤젤레스(UCLA)에서 자신들을 트랜스휴머니스트라고 소개한 사람들이 처음으로 정식 모임을 갖게 되면서 그곳은 트랜스휴머니즘 사상의 거점이 됐다. 1988년 막스 모어(Max More)와 톰 머로우(Tom Morrow)는《엑스트로피 매거진(Extropy Magazine)》창간호를 발행하였으며, 1992년 엑스트로피 연구소(Extropy Institute: http://www.extropy.org)를 설립했다.

1998년 스웨덴의 철학자이며 영국 옥스퍼드대 교수인 닉 보스트롬(Nick Bostrom)은 데이비드 피어스(David Pearce)와 함께 트랜스휴머니즘을 과학 연구와 공공정책의 정통 분야로 인식시키기 위한 국제 비정부 조직으로 세계 트랜스휴머니스트 협회(World Transhumanism Association, WTA)를 설립했으며, 앤더스 샌드버그(Anders Sandberg) 등과 함께 「트랜스휴머니스트 선언문」과 「트랜스휴머니스트 FAQ」 작성을 주도했다. WTA(2008년 단체명을 '휴머니티 플러스(Humanity+)'로 바꿈, 기호로 H+를 씀)는 트랜스휴머니스트 FAQ(frequently asked questions)에서 트랜스휴머니즘을 ① "노화를 제거하고 지능, 육체, 정신을 강화시키기 위한 기술을 개발하고 이성의 응용으로 인간 조건 개선의 가능성, 정당성을 지지하는 지적·문화적 운동 ② 인간의 근본적 한계를 극복하기 위한 기술의 잠재적 위험과 영향을 연구하고 그런 기술의 개발, 사용과 관련된 윤리적 문제를 연구하는 활동"으로 정의했다.[14]

트랜스휴머니즘에는 다양한 스펙트럼이 존재하지만 크게 두 가지 흐름으로 볼 수 있다. 그 하나는 WTA 후신으로 기술애호가적이며 시장 자유주의적 관점을 가진 휴머니티 플러스(Humanity+) 중심의 흐름이고, 다른 하나는

2004년 닉 보스트롬과 제임스 휴즈(James Hughes)에 의해 공동 설립되어 기술 진보주의적 관점을 가진 IEET(Institute for Ethics and Emerging Technologies) 중심의 흐름이다. 이들 모두 근대 계몽적 휴머니즘을 신봉하고 있다. 전자는 엑스트로피 연구소와 가까운 인물들에 의해 운영되고 있고, 자유주의적 성향을 가진 실리콘 밸리의 거부(巨富)들과 밀접하게 연관되어 있다. 후자는 WTA를 주도했던 인물들이 주로 활동하며 인간 능력을 확장하는 기술의 윤리적 사용의 필요성을 강조하고, 트랜스휴머니즘이나 인간 향상에 대해 더 학술 지향적인 태도를 취하고 있다. IEET가 휴머니티 플러스와 차이가 나는 점은 새로운 과학기술이 야기할 수 있는 위험을 보다 심각하게 받아들여 기술에 대한 민주주의적 통제나 진보된 기술을 이용한 사회복지 증진에 많은 관심을 기울이고 있다는 점이다. 휴즈의 분석에 따르면 이들은 문화적으로는 자유주의자이지만 경제적으로는 사회민주주의를 수용하는 트랜스휴머니스트들이다.[15]

한편 이반 칼루스(Ivan Callus)와 슈테판 헤어브레히터(Stefan Herbrechter)는 포스트휴머니즘을 포스트휴먼-이즘과 포스트-휴머니즘의 두 갈래로 나눌 수 있다고 보는데, 포스트휴먼-이즘은 트랜스휴머니즘으로 더 잘 알려져 있다.[16]* 말하자면 트랜스휴머니즘은 과학기술의 발전으로 지능적, 육체적 한계가 극복되고 인체가 강화된 포스트휴먼의 등장과 접합된 개념으로 포스트휴먼의 이즘(ism)이다. 트랜스휴머니스트들은 생명과학과 신생기술에 의해 장애, 질병, 노화, 죽음과 같은 현재의 인간 조건들이 해결되어 인류가 더

---

* 포스트휴먼-이즘과 포스트휴머니즘을 동일한 의미로 보는 견해가 있는가 하면, 트랜스휴머니즘(超人本主義)을 포스트휴머니즘의 적극적 표현으로 보고 트랜스휴머니즘이 '철학적 포스트휴머니즘'에 속하는 것이라고 보는 견해도 있는데, 필자는 양자가 본질적인 차이는 없다고 본다.

확장된 능력을 갖춘 존재로 스스로를 변형시킬 것이라며, 이렇게 변형된 인간을 '포스트휴먼'이라고 명명했다. 포스트휴먼 개념은 스스로를 엑스트로피언(Extropians 생명확장론자)이라고 부르는 사람들에 의해 지지를 받았고, '엑스트로피 원리(Principles of Extropy)'를 창안한 막스 모어는 현대적 트랜스휴머니즘의 기초를 마련했다. 우주의 모든 것이 카오스 쪽으로 쇠퇴하고 있다고 보는 엔트로피(entropy)와는 반대로, 엑스트로피는 생명의 자기조직적인 속성을 긍정하여 카오스로부터 질서가 나온다고 본다. 엑스트로피언의 관점은 '인간 조건을 더 좋게 변형할 수 있는 테크놀로지의 힘에 대한 낙관적인 믿음'에 기초하고 있다.[17] 모어는 트랜스휴머니즘을 다음과 같이 정의하고 있다.

> 트랜스휴머니즘은 우리를 포스트휴먼의 조건으로 인도하는 것을 모색하는 일군의 철학이다. 트랜스휴머니즘은 이성과 과학을 존중하고, 진보를 확신하며, 어떤 초자연적 '내세'보다는 이승에서의 인간적 (혹은 트랜스휴먼적) 존재를 가치 있게 여긴다는 점 등에서 휴머니즘과 많은 요소들을 공유한다. 트랜스휴머니즘은 신경과학이나 신경약물학, 수명 연장, 나노기술, 인공적인 초지능, 우주 거주와 같은 다양한 과학과 기술이 합리주의적 철학 및 가치체계와 결합해 야기할 우리 삶의 본성이나 가능성의 근본적인 변화를 인정하고 기대한다는 점에서 휴머니즘과 구분된다.[18]

미국의 로봇공학 전문가이자 또 다른 트랜스휴머니스트인 한스 모라벡(Hans Moravec)은 2040년대의 로봇을 우리의 '진화론적 계승자', '우리 마음의 자손'이라고 하면서, 장차 인간의 마음을 다운로드하여 영원히 살 수 있게 될 것이라고 주장했다. 그는 컴퓨터 성능이 향상되는 것을 땅에 물이 차오르는 것에 비유하며 머지않아 우리의 마음을 기계에 업로드하는 시점이 도래할 것으로 내다보았다. "컴퓨터 성능이 향상되는 일은 땅에 서서히 물이 차오르는 것과 같다. 반세기 전만 해도 저지대만 물에 잠겼다. 손으로 계산하는 일이 없어지고 기록관이 없어졌지만 대부분의 사람들은 피해를 입지 않았다. 이제 홍수는 산기슭까지 차올랐고. 우리의 전초기지를 철수해야 할지 숙고 중이다.…물이 계속 차올라 사람들이 많은 고지대까지 잠기면, 기계들은 수많은 다양한 분야들의 일을 잘 해낼 것이다. 기계 안에 어떤 생각하는 존재의 직관이 담기는 일이 흔해질 것이다. 가장 높은 봉우리까지 잠기면, 기계들은 어떤 주제에 대해서도 인간과 지적 소통을 할 수 있을 것이다. 그때가 되면 기계 안에 마음이 존재한다는 사실이 자명해질 것이다."[19]

트랜스휴머니즘은 광범한 주제에 걸쳐 지지자들과 비판자들 사이에 논쟁을 야기하고 있다. 학술적인 차원에서 비판론은 크게 기술적 가능성에 대한 비판과 윤리적 문제점들에 대한 비판의 두 가지로 나뉜다. 대표적인 트랜스휴머니즘 비판론자로는 미국의 정치경제학자 프랜시스 후쿠야마(Francis Yoshihiro Fukuyama)와 독일의 철학자이자 사회학자 위르겐 하버마스(Jürgen Habermas)를 들 수 있다. 이들은 과학기술의 발전에 대해 회의적이며 도구적인 관점에서만 소극적으로 수용하는 입장이다. 트랜스휴머니즘 옹호론자들 또한 기술의 발전이나 적용이 사회의 공익에 초점이 맞춰질 수 있도록 제도적 장치를 마련할 필요가 있다고 본다. 트랜스휴머니즘을 인류 최대의 위협이라고 논평한 후쿠야마에 대해, 베네수엘라대 교수이자 트랜스휴머니스트 호세 코르데이로(Jose Luis Cordeiro)는 '트랜스휴머니즘은 '열린계(界)'를 지향하며 누구나 발전할 수 있고 모두가 진화할 수 있다는 철학에 기초해 있으며, 인공 장기, 인공 뼈를 인간의 몸에 이식하고 더 오래 살기 위해 의약 기술을 이용하고 있다는 점에서 우린 모두 트랜스휴먼이며 트랜스휴먼으로

진화하고 있는 중이다'라고 말했다.[20]

　다음으로 포스트구조주의와 포스트모더니즘에 대해 살펴보기로 하자. 1960년대 후반에 등장한 포스트모더니즘은 모더니즘 이후의 탈근대적인 시대정신 내지는 철학 사조를 지칭한다. 프랑스와 미국을 중심으로 한 사회운동과 전위예술 및 문화운동으로 시작되어 1980년대 들어 철학, 예술, 문예비평, 신학, 생태학, 건축, 인문사회과학, 정신분석학 등 학술 분야와 대중문화에까지 널리 확산되었으며 지금은 거의 모든 분야에서 세계적인 추세가 되고 있다. 이성 중심주의와 과학적 합리주의를 근간으로 한 모더니즘은 획일화된 틀과 형식의 강조로 인해 이질적인 문화 영역 간의 소통 단절, 다양성과 개성의 약화, 인간소외, 환경파괴와 생태위기를 초래했다. 근대 세계에서 인간의 이성은 최적의 삶의 조건을 창출해낼 수 있을 것으로 기대되었으나 자본주의의 심화된 구조적 모순, 양차 세계대전의 참극(특히 600만의 유대인을 학살한 나치의 만행)을 목격하면서 이성의 산물인 근대 사회의 구조와 틀 자체를 부정하게 되고 나아가 인종적·문화적·성적(性的) 편견과 그에 따른 폭력 행사를 비판하는 등 근대 세계의 산물 전반에 대해 회의적인 태도를 갖게 되었다. 포스트모더니즘은 이러한 모더니즘이 처한 존재론적 딜레마를 해결하고자 나타난 시대사조로서 개성과 자율성, 다양성과 대중성을 중시하고 이분법을 해체하며 탈이념적이고 탈중심적이며 탈이성적인 사상적 경향을 띠게 된다.[21]

　포스트모더니즘의 사상적 배경은 1960년대 후반부터 대두되기 시작한 포스트구조주의이다. 포스트구조주의와 포스트모더니즘은 탈이성, 탈이념, 탈중심, 탈경계, 다양성 강조라는 공통된 특성에서 드러나듯이 본질적으로 깊이 연계되어 포스트모던 운동을 추동해왔기 때문에 양자를 분리시키는 것은 실제와도 부합되지 않는다. 포스트구조주의는 구조주의를 비판적으로 계승하면서 그 한계를 극복하려는 사상운동으로 나타났다. "구조주의는 어떠한 요소도 고립되어 있지 않으며 구조적 관계에서 차지하는 위치에 따라 그 의미가 결정된다고 보고 체계 전체를 연구 대상으로 하여 구조적 관계에 초점을 맞추어 상호 기능 작용을 설명하고자 하는 방법이다. 구조주의가 구조를 선험적·보편적인 것으로 생각하며 필연을 사유하고 결정론과 합리주의에 닿아 있다면, 포스트구조주의는 구조의 역사성과 상대성에 착안하여 다원화되고 탈중심화된 역동적인 형태를 띠는 것으로 나타난다."[22] 그러나 구조주의와 포스트구조주의가 시기적으로 겹쳐 있어 명확하게 구분하기가 쉽지 않고 또 명확한 형태를 갖춘 사상적 조류라고 보기는 어려워 포스트구조주의자들 사이에서도 통일된 견해를 수립하기가 쉽지 않은 것으로 나타난다. 그럼에도 포스트구조주의는 포스트모더니즘 사조와 맞물려 이분법적인 근대의 도그마에 대한 근본적이고도 종합적인 비판과 이성의 자기성찰을 담고 있다는 점에서 그 시사하는 바가 크다.

구조주의는 20세기 초 스위스의 언어학자 페르디낭 드 소쉬르(Ferdinand de Saussure)의 언어학 강의에서 시작되어 프랑스의 과학철학자 가스통 바슐라르(Gaston Bachelard), 프랑스의 인류학자 클로드 레비스트로스(Claude Lévi-Strauss)로 계승되고 1960년대에 들어 조르주 캉길렘(Georges Canguilhem), 루이 알튀세르(Louis Althusser), 자크 데리다, 미셸 푸코, 장 프랑수아 리오타르(J. F. Ryotard), 자크 라캉(Jacques Lacan), 롤랑 바르트(Roland Barthes), 질 들뢰즈(Gilles Deleuze) 등의 참여로 활기를 띠게 되면서 프랑스 사상계를 지배하게 된다. 데리다, 푸코, 리오타르, 들뢰즈, 라캉, 바르트 등은 흔히 포스트구조주의자로 일컬어진다. 이들 포스트구조주의자들은 근대 자유주의의 사상적 토대를 형성한 인식의 주체, 사유의 주체로서의 이성적이고 합리적인 자아의 진리관을 거부하고 주체를 해체시킴으로써 이성과 비이성, 주체와 객체의 명확한 구분이 사라지게 함으로써 포스트모던 시대를 열었다. 그들은 근대 사회의 이원화된 지배구조 속에서 '구성된 주체'는 능동이 아니라 피동이며, 자유가 아니라 충동이고, 상상에 의한 가상적 주체일 뿐이므로 그러한 주체는 해체되어야 한다고 주장한다. 이른바 '주체의 죽음'으로 나타나는 주체의 해체에 대한 시도는 서구의 전통적인 형이상학적 진리관을 해체시키려는 것이고, 그 '해체주의'의 연원은 니체의 실존철학 속에 내재된 해체주의적 요소에서 찾을 수 있다.[23] 따라서 니체의 반형이상학적인 실존철학이 하이데거로 계승되어 포스트모던 시대가 열리게 된 것이다.

실증주의와 실존철학이 주로 자연학과 인간학에 몰두하며 신의 절대성을 기반으로 한 종래의 형이상학적 진리관을 해체시키려했다면, 해체주의는 거의 모든 분야에서 이성의 절대성을 기반으로 한 종래의 형이상학적 진리관을 해체시키려하고 있는 것이다. 말하자면 신의 절대성, 중심성이 허구인 것처럼 이성의 절대성, 중심성 또한 허구인 까닭에 '존재의 형이상학'은 해체되어야 한다는 것이다.…중세 신의 도그마에 대한 반기로 실증주의와 실존철학이 나타나 관념체인 신성을 해체시키려했다면, 근대 이성의 도그마에 대한 반기로 해체주의가 나타나 관념체인 이성을 해체시키려 한 것이다. 정확하게 말하면 해체주의는 데카르트의 합리적 절대자아로부터 실증주의와 실존철학에 이르기까지 서구의 근대세계 전반에 대한 근본적이고도 종합적인 성찰적 의미를 지닌 것이라 할 수 있다.[24]

데리다, 푸코와 같은 포스트구조주의자들의 다원적이고 탈중심적인 경향은 포스트모더니즘의 사상적 배경을 이루며 포스트모더니즘의 해체현상을 이론적으로 조명해준다. 프랑스의 해체주의 철학자 데리다는 서구의 형이상학이 글보다 말이 더 본원적 의미에 가까운 것으로 여기는 서구의 전통에 입각해 있음을 비판하면서 말 또한 글과 마찬가지로 불완전한 이차 언어에 불과하다고 보고 이에 대항하는 자신의 이론을 '문자학(grammatology)'이라고 명명하며 다원적이고 탈중심적인 해체이론을 내놓았다. 말하기가 글쓰기를 억압한 것과 마찬가지 방식으로 이성이 감성을, 남성이 여성을, 백인이 흑인을 억압하였음을 이분법의 해체를 통해 드러냄으로써 개성과 다양성이 배제된 서구적 합리주의의 비합리성을 보여주었다. 서구의 형이상학의 토대가 되고 있는 이분법은 사회정치구조 속에 나타나는 지배문화와 지배이데올로기의 부당한 억압구조와 그에 따른 소외현상을 합리화하고 합법화하는 메커니즘으로 작용해온 까닭에 그러한 이분법의 경계를 해체해야 한다고 주장하는 것이다. 그의 해체이론에 따르면 지배체제가 의거해 있는 진리란 단지 당대의 지식과 권력이 담합하여 반대 논리를 억압해서 만들어 놓은 것에 불과하므로 허구에 지나지 않으며 그런 관계로 절대성과 중심성을 가질 수 없다는 것이다. 그의 해체이론이 의미하는 해체란 내부의 인식의 전환을 통한 해체로서 자기성찰을 통한 혁신의 한 방법일 수 있다.[25]

프랑스의 철학자이며 포스트구조주의의 대표자로 일컬어지는 푸코의 사회비평에 있어서도 다원화, 탈중심화 경향은 뚜렷하게 드러난다. 그는 『감시와 처벌 Surveiller et Punir』(1979)[26]에서 근대사회 자체를 하나의 거대한 감옥이라고 본다. 권력과 지식의 담합에 의해 운용되는 것으로 간주되는 이거대한 감시와 처벌의 체계에서 그의 관심의 초점은 '근대화'된 '이성적'인권력들이 은밀하게 펼치는 교묘한 지배방식이다. 그는 감옥이라는 제도가교정과 교화를 표방하며 출현했지만, 실상은 권력의 사회적 통제를 위한 전략적 산물로서 불법행위에 대한 권력의 응징이라는 정치적 기능과 더불어권력의 지배를 강화하기 위한 억압적 수단으로 전락했기 때문에 현대의 감옥제도는 실패했다고 본다. 신체에 대한 권력의 작용은 작업장, 군대, 학교 등 사회의 다양한 영역들에서도 일어나는데, 정상적인 질서에서 벗어나는 자들은 규율의 감시, 처벌, 교정의 대상이 되며 이 과정에서 과학은 권력이 최소비용으로 최대효과를 거둘 수 있도록 기여하게 된다는 것이다. 또한 그는 자의적으로 설정해 놓은 기준에서 벗어난 사상이나 행동을 억압하는 사회의 억압구조가 진리라는 이름으로 정당화되고 있다고 비판하면서 객관적이고 보편적인 진리로 여겨졌던 기존의 모든 지식체계를 회의했다. 사회적 합의란 상황적 힘의 균형에 불과하며, 진실과 허위, 선과 악의 구분이란 것도 자의적인 것에 지나지 않는다고 보았다. 그는 권력과 지식이 결탁한 감시와 처벌의 사회가 지배체제의 강화를 위해 동원하는 방법에 대한 세밀한 분석을 통해 권력의 복합성에 대한 심층적인 이해와 더불어 근대세계에 대한 비판적 통찰을 제공했다.

한편 켄 윌버는 포스트구조주의를 '포스트모던 포스트구조주의'로 나타내고 이를 포스트모더니즘과 동일시한다. 포스트모더니즘 철학은 근본주의(foundationalism), 본질주의(essentialism), 초월주의(transcendentalism)와 합리성, 대응적 진리(truth as correspondence), 표상적 지식(representational knowledge)을 거부한다. 또한 거대담론(metanarratives)과 실재론, 합목적적 용어들과 규범적인(canonical) 기술들을 모두 거부한다. 이러한 포스트모던 이론들은 종종 비정합적(incoherent)으로 들릴 때도 있는데, 윌버는 이러한 '거부들(rejections)'이 다음의 세 가지 핵심 가정에서 생겨난다고 본다. 즉 "① 실재는 모든 면에서 결코 미리 주어진 것(pregiven)이 아니라 어떤 의미 있는 방식으로의 구성(construction)이고 해석(interpretation)이다. ② 의미는 맥락의존적이고 맥락에는 경계가 없다. ③ 그러므로 인지에는 실재에 대한 단일한 조망을 내릴 특권이 부여되지 말아야 한다." 윌버는 이 세 가지 핵심 가정을 '구성주의

(constructivism)', '맥락주의(contextualism)', '통합적 무조망주의(integral-aperspectival)'
로 압축하고 있다.*

월버는 이 세 가지 포스트모던적 가정 모두가 매우 정확하며 그 어떤 통합적 관점에서도 존중되어야 하고 포함될 필요가 있다고 본다. 더욱이 이들은 각각 과학과 종교의 접합에 관해서도 중요한 관점을 시사하고 있으므로 연구될 필요가 있다고 본다. 첫 번째 핵심 가정인 구성주의와 관련하여, 사물들 간의 차이(difference)라는 것은 우리 마음이 그 차이를 '구성하고(construct)', 그것에 '의미를 부여하고(impose)', 그것을 '해석'한(interpret) 것이므로 인간 오성에서 '해석'이 차지하고 있는 본질적인 역할을 파악하지 않고서 포스트모더니즘을 이해할 수 있는 방법은 없다고 월버는 말한다. 우리가 지각하는 것으로 생각하는 대부분의 것이 실제로는 개념적인 것이고 심적인 것이지 경험적인 것이 아니라는 것이다. 포스트모더니스트들에게 있어 '해석'이 중요한 것은 온우주(Kosmos)를 이해하기 위해서 뿐만 아니라 그것이 바로 온우주의 참된 구조의 한 국면이며, '우주라는 직물의 본질적인 특성(an intrinsic feature of the fabric of the universe)'이기 때문이다. 그러나 월버는 해석이 차지하고 있는 부분적이지만 결정적으로 중요한 역할을 적시하는 것은 매우 의미 있는 일이지만 극단주의로 치달음으로써 객관적인 진리의 어떠한 요소도 전면적으로 부인하는 것은 논의를 비지적(非知的)으로 만드는 것이라며 경계한다.[27]

---

* Ken Wilber, *The Marriage of Sense and Soul: Integrating Science and Religion*, pp.120-121: "Reality is not in all ways pregiven, but in some significant ways is a construction, an interpretation (this view is often called 'constructivism')···Meaning is context-dependent, and contexts are boundless (this is often called 'contextualism'). Cognition must therefore privilege no single perspective (this is called 'integral-aperspectival')."

포스터모더니즘의 두 번째 핵심 가정인 '맥락주의'와 관련하여, 의미에 대한 맥락주의는 좋지만 극단적인 맥락주의는 문제가 있다고 월버는 말한다. "실재는 홀론(holon: 전체/부분을 지칭하는 용어)[28] 안에 홀론, 또 그 안에 홀론이 무한히 반복되는, 홀론으로 구성되어 있다는 바로 그 사실 때문에 의미의 맥락에는 실로 경계가 없다. 지금 이 순간의 전체 우주조차도 단순히 다음 순간의 우주의 한 부분이 될 뿐이므로 모든 전체는 끊임없이 언제나 하나의 부분일 뿐이다. 따라서 모든 인식 가능한 맥락에는 경계가 없다. 온우주가 홀론적이라고 말하는 것은 맨 위와 맨 아래에 이르기까지 끝없이 맥락적이라고 말하는 것과 같은 것이다."[29] 그러나 극단적인 포스트모더니스트들(특히 미국 '해체주의' 학파 주창자들)의 경우에서처럼 어떤 종류의 의미가 실제로 존재하거나 전달될 수 있는 것조차도 부인하기 위해 포스트모던적 진리를 이용하는 것은 경계해야 한다고 월버는 말한다. 왜냐하면 자기모순적인 의미의 맥락은 언제나 찾을 수 있으므로(끝이 없기 마련이므로) 일체의 가능한 모든 의미는 시작되는 순간부터 해체당할 수밖에 없기 때문이라는 것이다.[30] 이러한 '맥락주의'는 실재에 대한 다조망적 접근의 필요성을 함축하고 있다.

포스터모더니즘의 세 번째 핵심 가정인 '통합적 무조망주의'와 관련하여, 단일한 조망은 부분적이고 한계가 있으며 왜곡되기 쉬우므로 통합적인 관점을 획득하기 위해서는 무조망적인 접근을 필요로 한다고 월버는 말한다. 독일의 언어학자 진 갭서(Jean Gebser)는 다원적(pluralistic)이거나 다중-조망적 관점(multiple-perspectives view)을 지칭하기 위해 통합적-무조망적이란 용어를 고안해 냈다. 월버는 이것을 비전-논리적(vision-logic 혹은 network-logic)이라고 지칭한다. 갭서는 통합적-무조망적 관점을 그가 '조망적 이성(perspectival reason)'이라고 일컬었던 형식적 합리성과 대비시켜 설명했다. "조망적 이성이 특정한 주제에 대해 독점적인 조망의 특권을 부여해 그 좁은 렌즈를 통해 실재의 모든 것을 보려는 경향이 있다면, 통합적-무조망적 관점은 '그 어느 조망에도 특권을 부여하지 않고 모두 취합(adds up all the perspectives, privileging none)'하고 나서 통합적인 것, 전체적인 것, 맥락들 속의 다양한 맥락을 파악하려고 시도한다."[31] 윌버에 의하면 이 비전 논리는—진화적으로 보면 헤겔에 와서야 비로소 자의식(自意識)적이 된—상호 연관되어 있는 온우주의 본질적인 부분 그 자체로서 단지 온우주를 표상하는 것이 아니라 온우주의 퍼포먼스(performance) 그 자체인 것이다. 요약하면, 윌버는 포스트모더니스트들의 인식을 뒷받침하고 있는 것은 구성주의, 맥락주의, 통합적 무조망주의이며 극단적으로 치닫지 않는 한 통합적 관점에서 수용될 필요가 있다고 본다.

포스트휴먼의 조건과
사이보그 시티즌

포스트모던 세계에 대한 후기 담론의 분석 지평은 21세기 들어 포스트모던 세계에 대한 담론이 정보통신분야에서의 기술혁신과 맞물려 보다 확장되고 심화되는 시기를 포괄한다. 여기서는 포스트휴먼의 조건과 사이보그 시티즌에 대해, 다음으로 포스트휴먼 시대와 트랜스휴머니즘의 과제 및 전망에 대해 차례로 고찰하기로 한다. 포스트휴먼이란 용어의 의미는 '탈인간', '차세대 인간' 또는 신인류다. 즉 새롭게 진화된 인간이란 뜻으로 이 용어가 함축하고 있는 의미는 다의적이다. 포스트휴먼은 근대 휴머니즘의 한계를 극복하기 위한 새로운 휴머니즘(포스트휴머니즘 또는 네오휴머니즘)의 모색과 연결된 개념으로 사용되기도 한다. 말하자면 근대 휴머니즘(인본주의)의 토대를 이루는 인간중심주의, 남성중심주의, 유럽중심주의, 백인우월주의의 한계를 극복하고 대안적 인간상을 모색하는 맥락에서 이 개념이 사용되는 것이다. 또한 포스트휴먼은 인간과 기계의 전반적인 수렴이 일어나 그 둘의 경계가 해체되는 시대의 인간으로 전통적인 인간관의 중대한 변환을 내포한 개념이다. 닉 보스트롬에 의하면[32] 포스트휴먼은 그 기본적인 능력(건강수명, 인지, 감정 측면의 능력)이 근본적으로 현재의 인간을 넘어서 있어 현재의 기준으로는 더 이상 인간이라고 부를 수 없는 존재를 지칭하는 것이다.

포스트휴먼은 트랜스휴먼(transhuman)과 혼용되기도 하지만, 대표적인 엑스트로피언인 막스 모어는 양자의 관계를 이렇게 설명한다. "우리가 포스트휴먼이 되려고 추구하고 포스트휴먼 미래를 위해 준비하는 행동을 하는 한에서 우리는 트랜스휴먼이다. 이것은 우리의 능력과 생명 기대치를 증가시킬 수 있고 상식적 전제들에 의문을 제기하고 뒤떨어진 인간 믿음이나 행동을 뛰어넘도록 미래를 위하여 스스로를 변형시킬 수 있도록 해주는 새로운 기술을 배우고 이용하는 것과 관련된다."[33] 즉 트랜스휴먼이 과정적 개념이라면, 포스트휴먼은 그 과정이 축적된 결과로서의 개념이다. 그러나 과정과 결과는 이분화 될 수가 없으니, 모어의 관점에서 트랜스휴먼은 포스트휴먼으로 진화해 가는 개념이다. 모어는 포스트휴먼을 이렇게 정의하고 있다.

포스트휴먼은 전례가 없을 정도의 신체적·지적·심리적 능력을 갖춘 사람들로, 자기 프로그램화되고 자기 규정적이며 불멸의 잠재성을 갖고 제한받지 않는 개인들이다. 포스트휴먼은 인간으로 진화되어 왔던 생물학적·신경적·심리적 구속을 극복한다. 생명확장론자는 포스트휴머니티를 획득하는 최선의 방책을 초자연적인 접촉이나 외계나 신적 선물보다는 테크놀로지와 결정주의의 결합을 통해서 추구하는 것으로 본다. 포스트휴먼은 일부 또는 대체로 형태상 생물학적이며, 하지만 일부 또는 전체적으로 포스트생물학적이게 될 것 같다. 우리의 퍼스낼리티는 보다 더 영속적이고 더 변경 가능하며 더 빠르고 더 강력한 신체로 전환하고 있고 사고하는 하드웨어가 되고 있다. 우리가 포스트휴먼이 되도록 하는 데 역할을 할 것으로 기대되는 기술과학 가운데는 유전공학, 신경-컴퓨터 통합, 분자 나노테크놀로지와 인지과학이 있다.[34]

우리 자신이 그 일부를 구성하는 생체시스템은 유기적이면서 또한 기계적이며 그것은 진화하고 있다. 인간의 정신적, 육체적 한계 또는 유전이나 후천적 요인에 의한 장애 등을 극복하기 위해 유전공학, 신경-컴퓨터 통합, 분자 나노테크놀로지와 인지과학 등의 기술을 활용해 인체를 강화시킬 수 있다는 주장은 인공 장기 이식에서부터 알츠하이머, 간질 등 뇌 질환을 예방·치료하는 뇌 임플란트, 나아가 인간의 뇌를 스캔해서 컴퓨터로 전송하는 업로딩(uploading)에 의한 정신적인 확장까지도 인체 강화에 포함시키고 있다. 인간의 뇌를 다운로드해서 슈퍼컴퓨터에 업로드 하는 '트랜센던스(transcendence)' 프로젝트는 현재 여러 대학과 연구소에서 진행 중에 있다. 현재 컴퓨터의 1억 배 성능일 것으로 예상되는 양자컴퓨터(quantum computer)의 상용화가 머지않은 것으로 전망되고 있어 업로딩이 SF 영화 속에서 만이 아니라 현실 속에서 구현될 것이라는 기대도 높아지고 있다.

예술과 현대 인지과학의 접목, 테크놀로지와 예술의 접목을 통해 포스트휴먼 시대를 밝히는 데 주력해 온 로버트 페페렐(Robert Pepperell)은 '포스트휴먼 조건'이 의미하는 바를 크게 세 가지로 나타내고 있다.[35] 첫째, 포스트휴먼 조건이란 '인간의 종말'에 대한 것이 아니라 남성이 중심이 된 '인간 중심(human-centred)' 우주의 종말, 즉 근대 '휴머니즘'의 종말에 대한 것이다. 근대 휴머니즘은 유럽 근대사의 기점으로 간주되는 르네상스와 맥락적으로 연결된 개념이다. 르네상스는 14~16세기에 걸쳐 유럽의 전통 문화인 고대 그리스·로마 문화의 재생 또는 부활을 통하여 중세에서 르네상스에 이르기까지의 인간성이 말살된 시대정신을 극복하려는 운동으로 나타났다. 거기에는 단순한 복고 정신뿐만 아니라 인간성의 부활 내지는 인간의 지적·창조적 힘의 재흥(再興)이라는 의미가 담겨 있다. 그러나 근대 휴머니즘은 인간중심적이고 남성중심적이며 유럽중심적이고 백인우월주의적인 전제가 깔려 있는 관계로 인간과 인간, 인간과 자연의 분리를 조장하는 태생적 한계를 안고 있었다. 그럼에도 최소한 14세기 이래로 존재해온 휴머니즘의 이상에 대한 믿음은 미래에도 계속될 것이다.

둘째, 포스트휴먼 조건이란 유전학만이 아니라 모든 문화적·기술과학적 존재의 도구와 장치를 포함하는 과정으로서의 생명의 진화에 대한 것이다. 인간이 기계적 시스템과의 공동 작업에 더 적합하게 되고 인간 능력의 향상을 통해 더 효과적으로 존재할 수 있다면 포스트휴먼이 될 것이다. 포스트휴먼이 된다는 것이 반드시 인간 게놈의 소멸을 의미하는 것은 아니며, 만일 기계적 생명형태가 출현한다고 해도 다른 생명의 형태들을 대체할 것이라고 가정할 이유는 없으며 지구는 여전히 인간보다 앞서 발생한 종들로 가득 찰 것이다. 새로운 종의 생성이 오랜 종을 반드시 폐기하는 그런 것이 진화는 아니다.

셋째, 포스트휴먼 조건이란 우리가 어떻게 살 것이며, 환경과 동물 그리고 인간 상호간의 관계를 어떻게 설정할 것인가에 대한 것이다. 휴머니즘의 종말에 대한 가장 뚜렷한 징후는 여성에 대한 남성의 억압에 대항하는 페미니즘 운동, 동물에 대한 인간의 착취에 대항하는 동물권리운동, 지구 자원에 대한 인간의 착취에 대항하는 환경주의운동, 인간에 대한 인간의 착취에 대항하는 반노예운동에서 찾아볼 수 있다. 지난 200년 동안 이러한 운동들이 면면히 이어져 왔다는 것 자체가 남성이 중심이 된 '인간 중심' 세계의 점진적인 전복이 진행되어 왔음을 의미한다. 우주만물이 모두 하나로 연결되어 있다는 생태적 자각이 이루어지면 무언가를 해하는 것이 곧 자신을 해하는 것임을 알게 되므로 인간과 자연 모두를 대하는 방식이 달라질 것이다. "휴머니스트는 자신을 환경과 불화하고 있는 독특한 존재로 보는 반면, 포스트휴먼들은 자신을 확장된 기술과학세계에 구현된 존재로 본다."[36]

포스트휴먼은 기계, 기술과 융합된 인간, 즉 사이보그다. 사이보그는 사이버네틱 유기체(cybernetic organism)[37]의 합성어로 유기체와 기계장치가 결합된 디지털시대의 인간이다. 생물적 지능과 디지털 지능의 결합을 주장하는 배경에는 '인간 강화'에 대한 오랜 염원이 담겨 있다. 사이보그라는 용어는 1960년 미국의 컴퓨터 전문가인 맨프레드 클라인스(Manfred E. Clynes)와 정신과 의사인 네이선 클라인(Nathan S. Kline)이 쓴 논문에서 처음 사용되었다. 이 논문에서 이들은 인간이 우주복을 입지 않고도 우주에서 생존하기 위해서는 기술적으로 인체를 개조해야 한다고 주장하며 기계와 유기체의 합성물을 사이보그라고 명명했다. 현대의 사이보그는 신체에 탈착이 가능한 웨어러블 컴퓨터(wearable computer), 스마트 의류(smart clothes), HMD(Head Mounted Display)와 같은 가상현실 체험기기, 피부에 이식하는 임플란트 등으로 응용되어 다양한 분야에 활용되고 있다.** 사이보그는 자연적인 요소와 인공적인 요소가 하나의 시스템 안에서 결합된 '자가조절 유기체(self-regulating organism)'[38]이다. 제임스 러브록(James Lovelock)이 '가이아 이론(Gaia theory)'에서 제시한 지구 역시 자기조절 기능을 갖고 있으므로—말하자면 생물권이 자

---

* 기계와 유기체의 결합은 1980년대 우리나라에서도 방영되었던 〈6백만 불의 사나이〉(1974~1978)를 비롯해 〈터미네이터〉(1984), 〈로보캅〉(1987), 〈매트릭스〉(1999) 같은 SF 영화에서 단골 주제로 다뤄졌으며 그 주인공들은 모두 사이보그였다.

** 영국의 로봇공학 전문가이자 인공두뇌학의 세계적 권위자인 케빈 워릭(Kevin Warwick)은 1998년 자신의 왼쪽 팔에 실리콘 칩을 이식한 데 이어, 2002년에는 왼쪽 손목 밑에 실리콘 전극을 삽입하는 실험을 했고 또한 그의 아내에게도 인공지능 칩을 이식시켜 생각만으로 의사소통을 하게 되어 세계 최초의 사이보그 부부가 됐다.

가조절 시스템이므로―사이보그다.

　오늘날 사이보그 사회의 조짐들은 도처에서 쉽게 발견된다. 인터페이스 장치나 의수의족 등 그 어떤 방식으로도 아직 사이보그가 되지 않은 사람들도 많은 기계 혹은 유기적인 인공두뇌학적 시스템 속에서 살아가고 있다. 우리는 텔레비전 등의 기계에 무의식적으로 몰입하기도 하고, 또 어떤 기계들과는 좀 더 의식적으로 상호작용하기도 한다. 사이보그의 종류는 매우 다양하며 수많은 공학, 과학, 의료 분야의 중심에 위치해 있다. 크리스 그레이는 누구든지 어떤 유의미한 방식으로 기술적 개조가 있었다면 그 사람은 확실히 사이보그라고 말한다. 신체의 일부가 반드시 인간이어야 사이보그가 될 수 있는 것은 아니며, 유기적 과정을 기반으로 한 바이오컴퓨터나 생체공학적인 미생물 또한 다른 방식의 사이보그라는 것이다. 우리가 기술적으로 개조되지 않았다 하더라도, 거의 모든 인간 활동이 전방위적으로 사이보그화 되고 있는 사이보그 사회에서 살고 있기 때문에 사이보그 관련 쟁점들은 우리에게 영향을 미칠 것이다. 그레이는 인간이 기술적으로 스스로를 계속 변형시키는 이 과정의 전반적인 결과는 인간과 기계의 아주 특별한 공생이며, 인류 역사상 전혀 새로운 발전이고, 자연선택(natural selection)을 넘어서는 중대한 도약이며, 다윈이 '인공선택(artificial selection)'이라고 불렀던 의도적인 주의를 기울인 품종개량으로, 이것이 바로 맨프레드 클라인스가 처음 소개한 '참여적 진화(participatory evolution)'가 가리키는 현상이라고 설명한다.[39]

　또한 그레이는 그의 저서 『사이보그 시티즌: 포스트휴먼 시대의 정치학 *Cyborg Citizen: Politics in the Posthuman Age*』(2001)에서 참여적 진화가 참여적 정부(participatory government)를 필요로 한다는 것을 보여준다. 진화란 정보와 작용이 밀접하게 연결된 개방형 시스템으로, 우리가 참여적 진화를 진지하게 받아들인다면 맹목적인 우연/필연의 법칙에 의거한 '다윈 식의 관점'

이나 절대적 권위에 의거한 '창조론의 관점'에서 자유로워질 수 있는 기회가 생긴다며, 참여적 진화는 참여적 정부를 필요로 한다고 주장한다. 사이보그화 과정이 결국 근본적인 정치적 역할까지 수행하게 될 것이라고 보는 것이다. 참여적 진화는 인간이 다양한 선택을 통해 스스로 미래를 형성해야 함을 의미한다. 그레이는 정치 경제적인 결정들이 마땅히 그래야 하듯—비록 시행착오의 과정이 있다 할지라도—진화에 관한 결정은 풀뿌리에서 이루어져야 한다고 강조한다.[40]

그레이는 그의 책에서 사이보그 현상의 정치학에 초점을 맞추어 그가 사이보그 시민권의 중요성을 주장하는 논거를 제시한다. 그레이는 포스트모던 시대의 인공 진화가 다윈이 말한 품종개량 정도가 아니라 인간의 몸과 유전자에 대한 직접적인 개조까지 포함하며 머지않아 새로운 기술과학(technoscience)에 의해 인간으로 분류할 수조차 없는 개조된 생명체들이 창조될 것이라고 주장한다. 이렇게 인간의 잠재력이 극대화되면 모든 개조과정은 근본적으로 정치적 성격을 띠게 되며 결국 정치가 포스트휴머니티 안에서 우리가 어떤 가치를 수립할 것인지를 결정할 것이라고 그는 단언한다. 또한 그는 사이보그 국가란 것이 은유에 지나지 않으며 그 은유는 기술이 정치의 중심에 있음을 분명히 하고 또 현실세계의 현상들, 즉 살과 철의 관계들을 묘사한다는 사실을 명심해야 한다고 말한다. 사이보그 인식론은 이원적 인식론의 주장을 완전히 넘어서 있는 까닭에 "유토피아와 디스토피아, 착한 터미네이터와 악한 터미네이터 사이에 선택은 없으며 그들 모두 여기에 있고, 우리는 이 조립된 이중적인 몸에 거주하는 방법을 배우고 있다"는 것이다.[41]

또한 그레이는 '사이보그 국가' 혹은 '정치적인 사이보그의 몸'이란 용어가 현재 벌어지고 있는 일들을 민주정치의 오랜 전통과 연결한다며, 사이보그화된 우리의 몸이 사이보그 국가에서 정치적으로 얼마나 잘 활용될 수 있는지를 정확히 이해하기 위해서는 합법적인 정치권력의 원천부터 살펴볼 필요가 있다고 주장한다. 18세기 혁명가들에 따르면—그레이 자신도 동의하듯이—"그 원천은 바로 시민"이다. 합법적인 정치권력의 원천인 시민 개념에 입각하여 그레이는 사이보그 시티즌 개념을 제안한다. 또한 그는 '정치적인 몸, 즉 국가(body politic)'라는 은유가 아리스토텔레스(Aristotle) 이후 매우 중시되어 왔다는 점에 주목한다. 그는 특히 17세기 영국의 정치이론가이자 최초의 민주적 사회계약론자인 토머스 홉스(Thomas Hobbes)의 저서 『리바이어던 *Leviathan*』(1651)을 사이보그 시민이론의 출발점으로 본다. 서구 근대 정치철학의 토대를 마련한 이 책에서 홉스는 왕의 살아 있는 몸이 곧 국민국가의 모델이라는 '몸의 정치'를 주창했다. 오늘날에는 국가를 왕의 몸에서 찾지 않으며 형식적으로나 실제로나 사이보그가 그 자리를 대신 차지하고 있으며, 그런 점에서 리바이어던은 많은 사람들로 이루어진 사이보그라는 것이다.[42]

나아가 그레이는 "우리 사회가 어떤 도구, 어떤 기계, 어떤 사이보그를 보유해야 하고 어떤 것을 배제해야 하며 만들지조차 말아야 할 것인지를 판단하는 것"이야말로 포스트모던 시대의 진정한 쟁점이라고 전제하고, "우리는 사이보그 시민권을 제대로 만들고 가능한 모든 방법으로 그것을 옹호하고 확장해야 한다"고 역설한다.[43] 오늘날 사이보그화가 가속화됨에 따라 생물과 무생물, 인간과 기계, 인공과 자연의 경계가 점차 사라지고 있는 현실을 직시하지 못하는 사람들에 대한 그레이의 다음 경고는 우리가 깊이 새겨보아야 할 대목이다.

우리 사회는 도구, 기계 그리고 유기체로 이루어진 사이보그 사회이지만 우리는 그것을 부인한다. 유기체에 대한 우리의 관계를 부인하고, 우리가 포함되어 있는 세계를 부인하고, 우리가 만든 기술과학에 대한 책임마저도 부인한다. 유기적이고('자연적인') 기계적인(산업문명) 두 영역에 걸쳐 있는 우리의 사이보그적 상황과 타협하지 못하면 치명적인 결과를 초래할 것이며, 이 두 시스템 중 어느 쪽과 충돌하더라도 인류는 끝장날 것이다.

We are a cyborg society of tools, machines, and organisms but we deny it. We deny our connection to the organic, the world in which we are embedded, and we deny responsibility for the technosciences we make. To fail to come to terms with our cyborgian situation as part of both organic(the 'natural') and machine(industrial civilization) realms would be fatal. Crashing either of these systems will end humanity,···.[44]

다음으로 포스트휴먼 시대와 트랜스휴머니즘의 과제 및 전망에 대해 살펴보기로 하자. 우리는 지금 '불안정하고 복잡하고 무질서한' 포스트모던 세계에 살고 있다. 로버트 페페렐에 의하면 포스트휴먼 시대가 완전히 시작되는 것은 우리가 더 이상 생명과 기계, 자연과 인간 사이를 구분하는 것이 가능하지 않고 필요하지도 않다고 생각할 때, 다시 말해 우리가 진정으로 인간으로부터 포스트휴먼의 존재조건으로 넘어갈 때이다.[45] 현재 우리 모두는 미래가 형성될 방식에 영향력을 행사하고 있다는 점에서 포스트휴머니즘은 단지 미래에 대한 것이 아니라 미래에 대한 것인 만큼 현재에 대한 것이다. 포스트모더니즘적 변화에 있어 우리가 직면하는 난제는 페페렐이 지적하고 있듯이, '왜 우리는 그러한 기계를 발전시키기를 원하며 그러한 기계들이 어떠한 목적에로 향하도록 할 것인가'이다.[46] 이 문제는 트랜스휴머니즘의 새로운 전망과도 관계된다. 환원주의와 결정주의에 대한 휴머니즘의 오랜 집착에 도전하고 있는 카오스 이론(chaos theory)이나 카타스트로프 이론 (catastrophe theory 파국이론), 복잡계 이론(complex systems theory)들은 포스트휴먼 이론의 범주에 포함되는 것으로, 이는 곧 포스트휴먼 시대가 우주와 인간에 대한 새로운 인식론과 존재론을 바탕으로 하고 있음을 말해준다.

"세계가 어떻게 변화하고 있는가를 이해하는 것이 세계를 변화시키는 것이다"라고 페페렐은 말한다. 그의 저서 『포스트휴먼의 조건 *The Posthuman Condition*』(2003) 부록에 소개된 「포스트휴먼 선언문」은 포스트휴먼 시대와 맥락적으로 연결되어 있으므로 그 내용의 일부를 소개하기로 한다. "인간은 더 이상 우주에서 가장 중요한 것이 아님은 이제 명확하다. 인간 사회의 모든 기술과학적 진보는 인간 종의 변형을 향해 맞추어져 있다. 포스트휴먼 시대에 많은 신념이 잉여가 되었다. 특히 인간에 대한 신념이 그러하다. 신과 마찬가지로 인간도 우리가 그것이 존재한다고 믿는 만큼에 한에서만 존재할 뿐이다. 포스트휴먼 시대에 기계들은 더 이상 기계가 아닐 것이다. 복잡한 기계들은 생명의 창발적 형태이다. 컴퓨터가 더욱 인간처럼 발전함에 따라 인간도 더욱 컴퓨터처럼 발전한다. 우리가 기계에 대해 생각한다면, 그러면 기계는 생각을 할 수 있다. 생각하는 기계에 대해 우리가 생각할 수 있으면, 기계는 우리에 대해 생각할 수 있다. 인간과 환경은 에너지의 다른 표현일 뿐이다. 둘 사이에 유일한 차이는 에너지가 취하는 형태이다."[47]

근대 이후 대부분의 사람들이 생명 문제의 핵심적 이원성이라고 생각했던 인공과 자연, 인간과 기계의 분리는 포스트휴먼 시대에는 더 이상 유효하지 않다. 포스트휴먼 시대에 기계들은 더 이상 기계가 아닐 것이며 인간과 사물간의 분리가 사라지면서 포스트휴먼 사이보그로 진화할 것이기 때문이다. 전통적인 사이보그가 의족이나 심박장치, 인슐린 펌프 등 인간 신체의 일부분을 생체공학(Bionics) 보철로 대체한 것이었다면, 포스트휴먼 시대에 새롭게 등장하는 사이보그는 사물인터넷과 인간의 연계로 네트워크를 통해 인간의 능력이 증강된 '네트워크 사이보그'다. 이러한 '네트워크 사이보그'형 삶의 초기적 형태를 우리는 이미 스마트폰을 통해 경험하고 있다. 향후 더 진화된 네트워크 사이보그는 인간의 뇌와 컴퓨터의 직접적인 연결을 통해 구현될 전망이다. 테슬라 최고경영자(CEO)이자 민간 우주개발 업체 스페이스엑스(Space X) 최고경영자 일론 머스크(Elon Musk)는 2017년 3월 뇌 연구 스타트업 '뉴럴링크'(Neuralink)를 설립했는데, 그 목표는 컴퓨터와 직접 연결해 뇌 속의 정보를 컴퓨터로 업로드하거나 컴퓨터의 정보를 뇌로 다운로드함으로써 인간이 인공지능보다 더 높은 수준의 지능을 갖추는 것이다.[48] 인간과 인공지능 간 융합 효율성을 연구하는 '휴먼 컴퓨테이션(Human Computation)'은 최근 주목받는 연구 분야로 떠오르고 있다.

포스트휴먼 시대는 네트워크 사이보그 시대이며, 트랜스휴머니즘은 인류를 포스트휴먼의 조건으로 인도하려는 지적·문화적 운동이다. 오늘날 트랜스휴머니스트들의 세계관에 대한 표준적인 정의로 인정되고 있는 「트랜스휴머니스트 선언문」(2009.3)[49]과 「트랜스휴머니스트 FAQ」에도 나와 있듯이, 트랜스휴머니스트들은 '인류가 미래에 과학과 기술의 심대한 영향으로 노화·인지적 결함·고통을 극복하고, 지능·육체·정신을 강화시키기 위한 기술을 개발하고 확대함으로써 인간 조건을 근본적으로 향상시키며, 인간의 잠재력을 지구 행성 너머로 확장할 것'이라고 전망한다. 이러한 전망을 크게 세 가지로 분류하면, 첫째는 육체적 노화를 제거하는 것이다. 트랜스휴머니스트들은 인간의 노화가 자연적인 현상이 아니라 일종의 병이며, 그것은 '치유할 수 있는 병'이라고 본다. 이러한 관점은 고대로부터의 불로장생에 대한 인간의 희구와도 맞닿아 있다. 노화뿐만 아니라 선천적 및 후천적 장애도 극복될 수 있다고 본다. 둘째는 정신적 지능을 강화시키는 것이다. 트랜스휴머니스트들은 '인간의 잠재력이 대부분은 여전히 실현되지 않았으며 이러한 잠재력이 실현되면 인간 조건의 근본적인 향상으로 이어질 수 있다'[50]는 것이다. 셋째는 육체적 및 정신적 강화를 통해 심리적 웰빙을 달성하는 것이다. 여기서 심리적 웰빙이란 육체적 및 정신적 한계를 극복함으로써 인간으로서의 진정한 행복과 복지를 달성하는 것이다. 말하자면 인간의 행복추구권을 최대한으로 보장하는 것이다. 이 세 가지는 곧 '불로장생(superlongevity)', '슈퍼인텔리전스(superintelligence)', '슈퍼웰빙(superwellbeing)'으로 나타낼 수 있다.

트랜스휴머니스트들은 한편으로는 트랜스휴머니즘에 대해 낙관적인 전망을 하면서도 다른 한편으로는 인간의 근본적 한계를 극복하기 위한 기술의 잠재적 위험과 새로운 기술의 오용에 대해서는 경계한다. 하여 그런 기술의 개발 및 사용과 관련된 윤리적 문제를 연구하는 활동도 병행하고 있다. 트랜스휴머니즘의 과제에 대해서는 「트랜스휴머니스트 선언문」 제6조에 분명히 나와 있다. "기회와 위험 모두를 진지하게 고려하면서, 자율성과 도덕적 권리를 존중하고, 지구상의 모든 사람들에 대한 연대의식과 더불어 그들의 이익 및 존엄성에 대해 걱정하는, 책임 있고 포괄적인 도덕적 비전을 보여줄 수 있는 정책입안이 이루어져야 한다. 우리는 미래 세대들에 대한 도덕적 책임 또한 고려해야 한다." 또한 제7조에는 '트랜스휴머니즘이 인간과 비인간, 자연지능과 인공지능, 생명과 기계의 이원성을 넘어 모든 존재의 복지를 촉진시켜야 한다'고 나와 있고, 제5조에는 '위험의 감소 및 고통의 경감, 생명과 건강 보존을 위한 수단의 발전, 그리고 인간 지혜의 향상이 급선무로 다루어져야 하며 많은 재정이 투입되어야 한다'고 나와 있다.[51]

기술을 통한 인간의 무한한 진화를 믿는 호세 코르데이로는 트랜스휴머니즘에 대해 이렇게 전망한다. '8인치 크기의 플로피 디스크의 용량은 1K바이트에 불과했는데, 20년 뒤에 나온 메모리는 1G바이트로 100만 배나 용량이 커졌다. 향후 20년 뒤엔 어떤 메모리가 나올지, 기술이 얼마나 발전할지 가늠하기조차 힘들다. 만약 인간 두뇌의 기억용량을 배가시키는 신약이 나왔다고 상상해보면—코르데이로 자신은 20년 안에 그런 약이 나올 것으로 예상한다—수백만의 사람이 이전보다 훨씬 많은 데이터를 머리에 저장할 수 있다. 뇌는 컴퓨터에 비하면 믿을 수 없을 만큼 정보처리 속도가 느리다. 그래서 '브레인 업로딩' 기술 개발이 필요하다. 하지만 업로딩이 정신을 육체로부터 분리할 수 있다고 생각하지는 않는다. 다만 가상공간에서 활동하는 또 다른 나에게 내 기억을 전송해주어 가상공간에서 나처럼 활동하도록 해주고 다양하게 경험한 것을 실제 세계의 나에게 전송할 수 있게 함으로써 나는 여러 곳에 편재(遍在)하고 동시에 다양한 경험을 할 수 있게 된다. 트랜스휴머니즘은 나노과학, 정보과학, 바이오과학, 인지과학(인지심리학, 인공지능, 언어학을 다루는 과학)과 활발하게 연결될 것이다.'[54]

앞으로 나노과학, 정보과학, 바이오과학, 인지과학의 융합은 자연이나 인간 자신에 대한 가공할 통제력을 가져다줄 것이며, 경우에 따라서는 파국을 초래할 수도 있다. 기술진보적인 싱크탱크(technoprogressive think tank)인 IEET는 웹사이트(http://ieet.org)에서 자신들의 과업을 다음과 같이 규정하고 있다. "IEET는 기술적 진보가 어떻게 민주사회에서 자유, 행복 그리고 인간의 번영을 증진시킬 수 있을 것인지를 고민하는 비영리 싱크탱크다. 기술이 안전하고 공평하게 분배되는 것을 확고하게 하는 한에 있어서, 우리는 기술적 진보가 인류의 긍정적인 발전을 위한 촉매가 될 수 있을 것이라 믿는다.… 사회적 조건이나 인간 삶의 질을 긍정적으로 변형시킬 잠재력을 가진 새로운 기술들, 특히 인간 향상 기술들에 초점을 맞춰, IEET는 그런 기술들이 가진 긍정적 혹은 부정적 함축들에 대해서 학계, 전문가 집단, 대중 이해를 증진시키고, 이 기술들을 안전하고 공평하게 사용하기 위해 책임감 있는 공공 정책들을 장려할 방안을 모색한다."[53] 한마디로 기술적 진보가 인류의 긍정적인 발전을 위한 촉매가 될 수 있기 위해서는 반드시 기술이 안전하고 공평하게 분배되도록 해야 한다는 것이다.

닉 보스트롬은 그의 저서 『슈퍼인텔리전스 *Superintelligence*』(2014)에서 인류를 "폭발하지 않은 폭탄을 손에 들고 있는 아이"[54]에 비유했다. 폭발하지 않은 폭탄은 인공지능(AI)이고, 그 폭탄을 들고 있는 아이는 인류라는 것이다. 인간의 지능을 뛰어넘는 인공 초지능이 등장하고 지능 대확산(intelligence explosion)이 일어나면, 특히 인류에게 비우호적인 초지능이 등장하면 인간의 운명은 이 초지능에 의해서 결정될 것이라고 그는 주장한다. 우리 인류가 살아남을 수 있는 단 하나의 희망이 있다면, 그것은 우리 스스로가 초지능 개발 여정의 첫 시작을 선택할 수 있다는 것이다. 말하자면 인간 가치를 수호하도록 초기 조건을 설정하는 선택권이 우리 인류에게 있다는 것이다. 보스트롬은 이 해결책의 단초를 '최선의 인간 본성'[55]에서 찾고 있다. 최선의 인간 본성이 발현되어 문제를 해결하기를 바라며 이 책은 끝맺고 있다. 보스트롬은 기계와 인간이 공생하는 시대, 다시 말해 과학과 의식이 접합하는 시대에 우리가 살고 있음을 환기시킨다. 포스트휴먼 시대의 트랜스휴머니즘은—인간 능력을 확장하는 기술의 윤리적 사용에 대한 강조에서도 볼 수 있듯이—기술적으로만 접근할 수 있는 것이 아니며 인간 의식의 패턴 자체가 바뀌어야 함을 시사한다. 포스트휴먼이 된다는 것은 '윤리적 가치와 확대된 공동체 의식을 결합하는 새로운 방식'[56]을 의미한다.

호모 사피엔스를 넘어서

호모 사피엔스의 미래와 관련해서는 '자연선택에서 지적 설계로: 호모 데우스(Homo Deus)의 탄생'에 대해, 그리고 '무경계로 가는 길'에 대해 차례로 고찰하기로 한다. 영국의 여류작가 메리 셸리(Mary Shelley)의 소설 『프랑켄슈타인: 근대의 프로메테우스 *Frankenstein: The Modern Prometheus*』(1818)는 인간이 창조한 괴물의 이야기를 그린 과학소설의 고전이다. 이 공포소설은 무생물에 생명을 부여할 수 있는 방법을 찾아낸 물리학자 프랑켄슈타인이 자신이 창조한 괴물 때문에 결국 비극을 겪게 된다는 이야기다. 과학기술이 야기하는 사회적, 윤리적 문제를 다룬 최초의 소설로서 다양한 장르에서 수없이 많은 버전으로 재생산됐다. 프랑켄슈타인 신화는 생명을 조작하면 벌을 받게 되리라는 경고 외에도, 과학기술이 지금과 같은 속도로 발달할 경우 호모 사피엔스가 완전히 다른 존재로 대체되는 시대가 곧 도래할 것임을 암시한다.

과연 호모 사피엔스는 인류 진화의 종착역일까? 이에 대한 답은 몇 시간 동안만 인터넷 서핑을 해보아도 찾을 수 있다. 미셸 푸코의 말처럼 "인간은 최근의 발명품"이며, 이제 그 종말이 가까워지고 있다. 사피엔스는 지금 사이보그로 변하는 중이다. 인공지능을 갖춘 '로보 사피엔스(Robo sapiens)'가 '호모 사피엔스'와 공생하는 시대가 임박한 것으로 예측되고 있고 '특이점(singularity)'을 향한 카운트다운은 이미 시작되었다. 「포스트휴먼 선언문」에도 나와 있듯이, 인간 사회의 모든 기술과학적 진보는 '인간 종의 변형'을 향해 맞추어져 있으며 인공지능의 급속한 발달로 자연선택은 지적설계로 대체되고 있다. 미래학자들은 포스트휴먼이 현재의 인간보다 훨씬 업그레이드된 육체적, 지적 능력을 갖게 될 것이라고 전망한다. 인류 진화의 긴 여정을 돌이켜보면, 사실 호모 사피엔스가 살았던 시기에도 호모 플로레시엔시스(Homo floresiensis), 호모 데니소바(Homo Denisova), 호모 네안데르탈렌시스(Homo neanderthalensis) 같은 다양한 계통의 인간 종이 있었지만 대부분 멸종하고 현생 인류인 호모 사피엔스 계통만 살아남아 오늘날의 인류로 진화했다. 오늘의 인류가 받아들이고 싶지 않은 불편한 진실일 수도 있겠지만, 호모 사피엔스가 인류 진화의 종착역은 아니다. 진화는 지금도 계속되고 있다.

프랑스의 철학자 앙리 베르그송(Henri-Louis Bergson)은 인간의 본질을 도구를 사용하고 제작하는 점에서 파악하여 인간을 호모 파베르(Homo Faber: 도구적 인간)라고 명명했다. 이는 기술의 발전 역사가 인간 역사의 궤적과 함께 함을 말하여 준다. 기술은 인간 삶의 변화를 초래한 온갖 도구들을 만들었다. 이러한 기술에 대한 도구적 시각이 오늘날 기술의 급속한 지능화로 인해 바뀌고 있다. 머지않아 '기술적 특이점(technological singularity)'에 도달할 것이 예상되면서 기술의 도구적 내지 종속적 개념이 기술의 집합체인 기계와 인간의 공생관계로 점차 변모하고 있다. 밀레니엄 프로젝트 미래학자들이 뽑은 '2016년 현실이 된 30년 전 예측 기술 10'은 기술의 급속한 지능화를 보여준다. 즉 "① 인간 바둑 고수에 대한 인공지능의 승리 ② 자율주행차 배치 ③ 유전적으로 세 명의 부모를 가진 아기 출생 ④ 말기 뇌종양을 앓고 있는 소녀가 극저온 상태에 보존 ⑤ 473개의 유전자를 가진 인조 생명체 탄생 ⑥ 질병 인자를 잘라내서 병을 치료하는 유전자 가위기술 '크리스퍼' ⑦ 인간과 기계의 연결(뇌-컴퓨터 인터페이스)* ⑧ 가상현실 기술 마켓 출현 ⑨ 재생에너지를 이용한 발전 용량이 153기가와트 기록 ⑩ 핵융합을 위한 거보를 내딛는다"[57]가 그것이다.

유발 하라리는 세계적인 베스트셀러가 된 그의 저서 『사피엔스 *Sapiens*』(2011)에서 인류가 역사적으로 진화해 온 경로를 인지혁명, 농업혁명, 과학혁명의 3대 혁명에 의해 형성되었다고 보고, "지금과 같은 속도로 기술이 발달할 경우, 호모 사피엔스가 완전히 다른 존재로 대체되는 시대가 곧 올 것"[58]이라고 전망한다. 오늘날의 생명공학 혁명은 결국 인간의 영생을 목표로 하는 '길가메시[59] 프로젝트'를 성공적으로 이끌어 생명공학적 신인류, 영원히 살 수 있는 사이보그로 대체될 것이라며, 이제 "과학은 자연선택으로 빚어진 유기적 생명의 시대를 지적설계에 의해 빚어진 비유기적 생명의 시대로 대체하는 중"[60]이라고 주장한다. 말하자면 인류는 과학을 통해 자연선택을 지적설계로 대체하고 있다는 것이다. 그 대체하는 방법으로 하라리는 세 가지를 제시한다. 첫째는 생명공학이고, 둘째는 사이보그 공학이며, 셋째는 비유기물공학이다.

생명공학은 생명을 다루는 기술로서 유전자 이식과 같이 '생물학의 수준에서 인간이 계획적으로 개입하는 것'이다. 인간이 생명공학을 활용한 역사는 오래되었다. 그 예로서 거세된 황소(일을 시키기 위해 공격성이 덜 하도록 거세된 소), 거세된 환관, 거세되거나 여성으로 성 전환된 남성 등을 들 수 있다. 또한 유전공학을 이용해 생명체 대부분—식물, 곰팡이, 박테리아, 곤충—이 조작의 대상이 되고 있다. 유전학자들은 멸종 동물도 조작의 대상으로 삼는다. 과학자들은 시베리아의 얼음 속에서 발견된 매머드의 유전자 지도 작성을 완성했으며, 매머드에서 복원한 DNA를 현생 코끼리(코끼리 DNA가 제거된)에 삽입한 뒤 그 수정란을 암코끼리의 자궁에 집어넣는 방식으로 매머드를 만들어낼 계획을 세우고 있다. 유전공학자들은 벌레의 수명을 여섯 배로 늘렸고, 기억과 학습능력이 크게 개선된 천재 생쥐를 만드는 데도 성공했다. 그렇다면 유전공학이 인간의 수명도 몇 배로 늘리고 천재 인간도 만들지 못할 이유가 없다는 것이다. 그는 앞으로 유전공학과 생명공학 기술의 발달이 인간의 생리기능이나 면역계, 수명은 물론 지적, 정서적 능력까지 크게 변화시킬 것이라며, 그 결과 호모 사피엔스 종은 막을 내리게 될 가능성이 매우 크다고 주장한다.[61]

사이보그 공학은 생체공학적 생명체를 만드는 기술이다. 미국의 군사 연구기관에서는 정보 수집, 전송을 위해 곤충 사이보그를 개발 중이고, 독일 회사 '망막 임플란트(Retina Implant)'에서는 시각장애인이 부분적으로라도 볼 수 있도록 망막에 삽입하는 장치를 개발 중이다. 두 개의 생체공학 팔을 사용하는 미국의 한 전기기술자는 생각만으로 팔을 작동한다. 현재 진행되는 프로젝트 중에 가장 혁명적인 것은 뇌와 컴퓨터를 직접 연결하는 것이다. 뇌-컴퓨터 인터페이스는 아직은 초보적인 단계지만, 컴퓨터가 인간 뇌의 전기 신호를 해독하는 동시에 뇌가 해독할 수 있는 신호를 내보내는 방식으로 뇌와 컴퓨터를 직접 연결하거나 혹은 여러 개의 뇌를 직접 연결해서 일종의 뇌 인터넷을 만들어낸다면, 그리하여 뇌가 집단적인 기억은행에 직접 접속할 수 있게 된다면, 한 사이보그가 다른 사이보그의 기억을 검색할 수 있을 뿐만 아니라 마치 자신의 것인 양 기억하게 될 것이라고 하라리는 말한다. 또한 그는 마음이 집단으로 연결되면 자아나 성(性) 정체성 같은 개념은 어떻게 될 것이며, 또 어떻게 스스로를 알고 자신의 꿈을 좇을 것인가라는 심오한 물음을 제기한다.[62]

비유기물공학은 완전히 무생물적 존재를 제작하는 기술이다. 독립적인 진화를 할 수 있는 컴퓨터 프로그램과 컴퓨터 바이러스가 그 대표적인 예다. 컴퓨터 바이러스는 포식자인 백신 프로그램에 쫓기는 한편 사이버 공간 내의 자리를 놓고 다른 바이러스들과 경쟁하면서 무수히 스스로를 복제하며 인터넷을 통해 퍼져나갈 것이고 또 시간이 지나면 사이버 공간은 새 바이러스들로 가득 찰 것이다. 무기물로서 진화를 거친 이 개체들은 유기체 진화의 법칙이나 한계와는 무관한 새로운 진화과정에 의해 만들어진 것이다. 2005년 시작된 '블루브레인 프로젝트(Blue Brain Project)'—인간의 뇌 전부를 컴퓨터 안에서 재창조하는 것을 목표로 삼고 있는—책임자에 따르면, 자금 동원이 적절히 이루어질 경우 10~20년 내에 인간과 흡사하게 말하고 행동하는 인공두뇌를 컴퓨터 안에 가질 수 있을 것이다. 그렇게 되면 "생명이 유기화합물이라는 작은 세계 속에서 40억 년간 배회한 끝에 마침내 비유기물의 영역으로 뛰어 들어온다는 것을 의미"하는 것이다. 2013년 유럽연합은 이 프로젝트에 10억 유로의 보조금 지원을 결정했다. 하라리는 "인간의 마음이 디지털 컴퓨터와 비슷한 방식으로 작동하리라는 데 대해 모든 학자가 동의하는 것은 아니지만, 그 가능성을 무시하는 것은 어리석은 짓일 것"이라고 단언한다.[63]

또 다른 주목을 받고 있는 하라리의 도발적인 저서 『호모 데우스 *Homo Deus*』(2015)에서는 7만 년 전 인지혁명에 의한 마음의 혁신을 통해 호모 사피엔스가 상호주관적 영역에 접근하고 지구의 지배자가 되었다면, 두 번째 인지혁명은 유전공학, 나노기술, 뇌-컴퓨터 인터페이스의 도움으로 호모 데우스(神的 인간)의 탄생이 가능하다고 전망한다. 하라리는 인류에게서 기아, 역병, 전쟁의 위협이 마침내 사라지면, 인류의 다음 목표는 '불멸 · 행복 · 신성'이 될 것이라고 말한다. 21세기의 기술 인본주의가 '불멸 · 행복 · 신성'을 인류의 중심 의제로 설정하고 호모 데우스를 만들려는 플랜이 가동되는 것이다. 자연선택에서 지적 설계로의 변환 플랜은 인간 역시 동물이나 기계와 마찬가지로 하나의 알고리즘(정보 처리장치)일 뿐이라는 과학적 사고에 기초한 것이다. 하라리는 호모 데우스가 인간의 본질적 특징들을 그대로 보유하면서도 육체적, 정신적으로 업그레이드 된 능력을 갖추고 있기 때문에 정교한 비의식적 알고리즘들과의 경쟁에서 자기 자리를 지킬 수 있을 것이라고 본다.[64]

그러나 신으로 가는 길은 평탄하지 않다. 신이 되기를 꿈꾸다 데이터교(教) 신자로 전락하는 불상사가 일어날 수도 있다. 데이터교(教)는 "우주가 데이터의 흐름으로 이루어져 있고, 어떤 현상이나 실체의 가치는 데이터 처리에 기여하는 바에 따라 결정된다"[65]고 본다. 데이터교도들은 인간의 지식과 지혜보다는 빅데이터와 알고리즘을 더 믿는다. 18세기에 인본주의가 신중심의 세계관에서 인간 중심의 세계관으로 전환함으로써 신을 밀어냈듯이, 21세기에 데이터교는 인간 중심의 세계관에서 데이터 중심의 세계관으로 전환함으로써 인간을 밀어낼 것이다. 그런데 '종자' 알고리즘을 개발하는 것은 인간이지만, 이 알고리즘은 성장하면서 스스로 딥러닝을 통해 독립적으로 진화하기 때문에 알고리즘 전체를 이해하는 사람은 아무도 없다. '불멸·행복·신성'이라는 인본주의 과제는 막대한 양의 데이터 처리를 할 필요가 있으므로 결국 알고리즘들이 그 일을 할 것이고, 권한이 인간에게서 알고리즘으로 옮겨가면 비(非)인간 알고리즘들의 권한이 강화돼 인본주의 과제들은 폐기될 것이며 결국 우리가 창조의 정점이 아님을 알게 될 것이라고 하라리는 말한다. 그리하여 '만물인터넷(Internet-of-All-Things)'이라 불리는 훨씬 더 효율적인 데이터 처리 시스템을 창조하는 과업이 완수되면 호모 사피엔스는 사라질 것이라고 그는 단언한다.[66] 그러면서 그는 무서운 속도로 발전하고 있는 비의식적 지능과의 게임에서 인간이 밀려나지 않으려면 "인간은 마음을 업그레이드하는 일에 적극적으로 나서야 할 것"[67]이라고 주장한다.

비의식적 지능과의 게임에서 인간이 살아남으려면 '마음을 업그레이드하는 일에 적극적으로 나서야 할 것'이라는 하라리의 주장은, 해결책의 단초를 '최선의 인간 본성'에서 찾아야 한다는 보스트롬의 주장과 일맥상통한다. 이는 원효(元曉)의 '일체유심조(一切唯心造)'를 떠올리게 한다. 즉 일체가 오직 마음이 지어낸 것이니 마음이 조물자이고, 이 세상 그 어떤 것도 마음을 떠나 존재할 수 있는 것은 없으므로 '마음은 모든 것(mind is all)'이다. 그래서 원효는 "마음이 일어나면 갖가지 법이 일어나고 마음이 사라지면 갖가지 법이 사라지니, 삼계는 오직 마음뿐이요 만법은 오직 식(識)뿐이라(心生則種種法生 心滅則種種法滅 三界唯心 萬法唯識)"고 한 것이다. 삼계(欲界·色界·無色界)란 오직 마음의 작용일 뿐이며, 만법(현상계의 모든 것)이란 오직 의식의 투사영(投射影)일 뿐이다. 인공지능 역시 인간이 만드는 것이니 인간의 의식이 투영된 것이다.

　서구의 근대성 자체는 매우 잘못된 추이 속에서 영적인 것을 거부했다는 주장이 이 분야 대부분의 담론을 지배하고 있다. 그 전형적인 주장은 다음과 같다. 즉 "과학혁명에 의해 시작된 자연의 비신성화(desacrimentalization) 또는 폄하(devaluation)는 '계몽주의'라고 일컬어지는 것에 의해 완성되었다"[68]는 것이다. 20세기 들어 실험물리학이 발달하기 전까지는 과학과 의식의 접합에 대한 담론이 과학계에서 공론화되지 못했고 과학의 몰가치성이 운위되기도 했다. 인간 이성이 스스로의 운명을 통제할 수 있다는 근대적 확신은 참혹한 전쟁과 생태계 재앙 그리고 전 지구적 테러와 불평등 문제 등으로 인해 손상되었다. 지구과학의 현주소는 바로 우리 인류 의식의 현주소이며, 의식의 차원 전환 없는 과학의 차원 전환도 없다. 포스트휴먼 프로젝트는 기술적으로만 접근할 수 있는 것이 아니며, 중요한 것은 인류 의식의 패턴 자체가 바뀌는 것이다. 그러기 위해서는 마음을 업그레이드하는 일에 적극 나서야 한다. 비분리성·비이원성에 기초한 통섭적 세계관은 이분법에 기초한 서구적 근대의 태생적 한계를 극복하고 포스트휴먼으로의 성공적인 이행과 더불어 과학과 의식의 접합에 기초한 새로운 계몽의 시대로 안내할 수 있을 것이며, 진정한 의미에서 '호모 데우스'로 가는 길을 제시할 것이다.

　여기서 통섭적 세계관의 전형을 보여주는 스피노자의 『에티카 Ethica(원제는 『기하학적 질서에 따라 증명된 윤리학 Ethica in ordine geometrico demonstrata)』[69]에 대한 고찰은 포스트휴먼으로의 성공적인 이행에 유익한 통찰을 제공할 수 있을 것이다. 자유인의 삶을 향한 철학적 여정을 보여주는 『에티카』에는 인간적인, 너무나 인간적인 스피노자의 에코토피아적 비전이 함축되어 있다. '인간적인, 너무나 인간적인'이란 말은 포스트휴머니즘(네오휴머니즘)과 맥락적으로 연결된 의미로 사용한 것이다. 포스트휴머니즘의 사상적 스펙트럼이 비록 다양하긴 하지만 특기할만한 점은 근대의 휴머니즘에 결여되어 있는 영성(spirituality)을 강조하고 있다는 점이다. 사카르는 그의 『지성의 해방 *The Liberation of Intellect: Neohumanism*』에서 개인의 정서와 충성심을 전 지구, 나아가 전 우주로까지 확장하고 승화하여 영적 일체성을 지니게 하는 과정을 네오휴머니즘(포스트휴머니즘)이라는 용어로 나타내고 있다. 포스트휴머니즘은 인간의 기본적인 본성을 이해하는 데서 나온다. '오직 인간 본성의 법칙에 따라 존재하고 행동할 수 있는 힘을 보유하고 있는 한에서 인간은 자유롭다'[70]라고 스피노자는 말했다. 근대 철학이 새로운 면모를 갖추어 가던 17세기에 이미 스피노자는 실체와 양태의 필연적 관계성에 기초한 일원론적 범신론을 주창함으로써 생명의 전일성과 자기근원성을 본질로 하는 포스트휴머니즘의 새벽을 열었다.

스피노자의 에코토피아적 비전은 근대 합리주의의 비합리성을 비판하는 서구의 탈근대 논의에 나타난 생명관과 상통하는 바가 있다. 아른 네스(Arne Naess)와 빌 드볼(Bill Devall) 및 조지 세션(George Sessions)의 심층생태론(deep ecology)은 생태 중심의(ecocentric) 가치에 기초하여 일체 생명이 동일한 내재적 가치를 지니며 인간과 비인간 모두가 평등하다고 보는 점에서 스피노자의 일원론적 범신론에 대한 논의와 맥을 같이 한다. 스피노자에 의하면 '신이 곧 자연'이므로 실체와 양태, 즉 '능산적 자연(能産的 自然 natura naturans)'과 '소산적 자연(所産的 自然 natura naturata)'은 분리될 수 없는 하나다. 따라서 자연은 실체인 동시에 양태이며, 실체와 그 변용으로서의 양태는 본체와 작용의 관계로서 합일이다. 심층생태론은 생명계를 '살아있는 시스템'으로 인식한다는 점에서 인간 중심(anthropocentric)의 가치에 기초하여 자연의 도구적 존재성만을 인정하는 근대 서구의 표피생태론과는 질적으로 구별된다. 그런 점에서 심층생태론의 관점은 스피노자의 에코토피아적 비전과 상통한다.

스피노자의 통섭적 사유체계는 실체와 양태의 필연적 관계성에 대한 본질적인 규명을 통하여 '의식과 제도의 통섭, 영성과 이성의 통섭, 도덕과 정치의 묘합, 공동체와 개인의 조화 등에 관한 정치철학적 탐색과 더불어 에코토피아적 비전을 제시'[71]하고 있다는 점에서 심원한 사유체계라고 할 수 있다. 스피노자의 일원론적 범신론은 근대 인간 중심의 시각을 넘어 전체 생태권으로의 의식 확장을 통해 만유의 영적 주체성을 설파했다는 점에서 근대 휴머니즘의 태생적 한계를 극복할 수 있는 단초를 제공한 것이라 할 수 있다. 또한 비분리성·비이원성에 기초한 스피노자의 생태학적 사유체계는 21세기 문명의 대전환기에 생존의 영적 차원의 중요성을 인식하게 하고 대안적인 통섭학의 기본 틀과 더불어 공존의 대안사회 마련에 유효한 단서를 제공함으로써 평등하고 평화로운 이상세계를 창조하는 사상적 토대가 될 수 있다.

인간의 삶은 감각적 경험(sensory experience)의 영역, 감각의 영역을 포괄하면서 초월하는 정묘(精妙)한 정신의 영역, 그리고 감각과 이성의 영역을 포괄하면서 초월하는 인과의 궁극적인 '영(spirit)'의 영역으로 이루어져 있으며,[72] 이러한 인식의 세 단계에 조응하는 앎의 양태로 스피노자는 표상지(表象知), 이성지(理性知), 직관지(直觀知)를 들고 있다. 궁극적 실재인 신성[神]과 만나게 되는 것은 직관지 단계에서이다. 이 단계에 이르면 개인과 공동체의 조화력이 회복되므로 궁극적인 자유와 행복을 달성할 수 있게 된다. 포스트휴머니즘은 인간이 육체적, 정신적, 영적인 실체라는 자각에 기초하여 편협하고 왜곡된 인간중심주의에서 벗어나 이 우주의 역동적 그물망에 대한 이해를 전제로 하는 까닭에 새로운 인간관 및 우주관의 정립과 맥을 같이 한다. 말하자면 패러다임 전환을 내포하는 것이다. 우리가 경험하는 사회적인 감정들은 자기중심적으로 사물을 보는 우리의 불완전한 인식에서 비롯되는 것인 까닭에 제3종의 인식인 '직관지' 단계로 이행하면 자연히 극복된다. 우주만물이 '제1원인'인 신의 자기현현임을 이해한다면, 생명의 전일성과 자기근원성을 자연히 알게 되므로 부자유와 고통에서 해방되게 된다. 근대의 휴머니즘이 실천적인 사랑의 흐름으로 전개되지 못하고 지적인 관념의 영역에 머물렀던 것은, 정신·물질 이원론의 휴머니즘 토양에선 영성이 배태될 수 없었던 관계로 영적 일체성이 발휘될 수 없었기 때문이다.

포스트휴머니즘은 '직관지' 또는 '만사지(萬事知)'에 기초하여 생태계를 '살아 있는 시스템(living systems)', 즉 네트워크로 인식한다. 생태적 이상향을 뜻하는 용어로 널리 사용되고 있는 에코토피아는 이 세계를 복합적인 관계적 그물망으로 보는 오늘날의 생태학이나 양자역학적 관점을 반영하여 우주만물의 근원적 평등성과 유기적 통합성에 기초한 시스템적 세계관과 가치체계를 바탕으로 한다. 이러한 근원적 평등성과 유기적 통합성 속에는 다양성과 소통성 그리고 공공성이 그 본질로서 내재해 있다. 이 우주에는 오직 필연적인 자기법칙성에 의해 스스로 활동하는 유일 실체와 그 실체의 자기복제로서의 우주만물(양태)이 있을 뿐이므로 일체 생명은 자기근원적이며 전일적인 속성을 갖는다. 만유의 근원으로서의 유일 실체가 바로 유일신임에도 특정 종교의 유일신으로 인식하거나 여러 신(神)으로 구분하는 것은 저차원의 '표상지'의 산물이다. 오늘날 전 지구적으로 대립과 갈등, 폭력과 테러가 만연한 것은 현상계의 배후에 작용하고 있는 신의 필연적 법칙성을 인식하지 못하고 소유 개념에 집착하여 사물을 자기중심적으로 보는 데서 오는 것이다.

그러나 제3종의 인식인 '직관지' 단계로 이행할수록 우주의 관계적 그물망 속에서 무한히 연쇄적으로 일어나는 인과의 원리를 전체적으로 통찰할 수 있는 참된 인식이 작용하므로 사리(私利)는 공리(公利)에 연결되어 조화적 질서를 형성할 수 있게 된다. 『에티카』에 함축된 에코토피아적 비전은 특히 인간의 감정에 주목하여 우리가 갖게 되는 감정의 원인이 무엇이며 왜 그것을 경험하는지를 명석판명하게 인식하고 지각할 때 부분적이고 우연적이며 수동적인 인지는 전체적이고 필연적이며 능동적인 통찰과 이해로 대체됨으로써 감정의 동요 또한 사라지게 됨을 보여준다. "우리가 감정을 더 잘 인식할수록 그만큼 감정은 우리의 통제 하에 있게 되고, 또 정신은 그만큼 감정의 영향을 덜 받는다"[73]는 것이다. 말하자면 감정 자체를 외적 원인의 사유로부터 분리시켜 참된 사유와 결합시키면, 사랑과 미움 등의 변덕스런 감정이 소멸될 뿐만 아니라 또한 그러한 감정에서 생겨나는 충동이나 욕망도 과도해질 수 없다는 것이다.[74]

이 세상의 모든 갈등과 부자유와 불행은 변하기 쉽고 소유할 수 없는 것에 대한 지나친 집착에서 오는 것이다. 말하자면 적합한 인식에 도달하지 못한 데에 기인한다. 인간 사회의 병리학적인 현상을 치료함에 있어 "감정에 대한 참된 인식에 근거하는 치료법보다 더 탁월한 치료법은 우리의 능력 속에 없다"[75]라고 스피노자는 역설한다. 우리가 적합한 인식에 도달하면 생태적 이상향은 자연히 실현된다. 인간의 존재이유가 영적 진화(spiritual evolution)에 있으며 삶 자체를 참된 인식에 이르기 위한 정신의 여정으로 이해하고 우리가 경험하는 모든 일들이 우연적인 것이 아니라 신적 질서에 따른 필연적인 것임을 통찰할 수 있을 때, 다시 말해 자유와 필연의 조화적 원리를 깨달을 수 있을 때 우리는 감정에 대한 참된 인식과 통제력을 지닐 수 있게 된다. 인과의 원리를 보여주는 카르마의 법칙이나 작용·반작용의 법칙은 신적 질서의 필연성을 함축한 것이다.

스피노자의 관점에서 오늘날 전 지구적으로 종교 충돌 · 정치 충돌 · 문명 충돌이 만연한 것은 '자기원인'이자 만유의 원인인 신[실체 · 자연 · 진리]에 대한 참된 인식과 사랑이 결여된 데에 기인한다. 그러나 최고의 인식 단계인 '직관지'로 이행할수록 생명의 그물망 속에서 연기(緣起)하는 인과의 원리를 총체적으로 통찰할 수 있는 생태적 마인드(ecological mind)를 갖게 되므로 조화적 질서를 형성할 수 있게 된다. '신즉자연(神卽自然)'을 본질로 하는 스피노자의 철학체계에서 생태적 마인드란 신에 대한 참된 인식과 사랑이며, 신에 대한 사랑은 이성의 명령에 따라 추구할 수 있는 최고의 선이고 보편성을 띠므로 질투나 시기심의 감정으로 더럽혀질 수 없다.[76] 참된 인식은 전체적이며 필연적이고 능동적인 통찰과 이해로서만 접근할 수 있는 영역이다.

"자기 자신과 자신의 감정을 명석판명하게 인식하는 사람은 기쁨을 느끼며,[77] 그 기쁨은 신의 관념을 동반하므로[78] 신을 사랑한다. 그리고 자기 자신과 자신의 감정을 더 많이 인식할수록 더욱더 신을 사랑한다."[79] 우리의 인식이 제3종의 '직관지' 단계에 이르면 사랑은 소유 개념에서 탈피하여 영원불변한 신적 사랑을 향하여 움직이게 된다.[80] "인간에 대한 신의 사랑과 신에 대한 정신의 지적 사랑은 동일하다"[81]고 한 스피노자의 말은 천인합일의 이치를 함축한 것으로 생명의 전일성과 자기근원성에 기초한 에코토피아적 비전을 단적으로 보여준다. 신과 인간 본성에 관한 정치(精緻)한 분석을 통하여 가장 근원적인 의미에서 인간과 신[자연 · 실체]이 소통하는 세상을 구가하고자 했던 스피노자, 그는 진정한 의미에서의 혁명가이자 포스트휴머니즘의 구현자이다. 공공성과 소통성, 자율성과 평등성의 원리에 기초한 스피노자의 생명관은 이원론의 유산 극복의 과제를 안고 있는 근대 서구의 생명관을 대체함으로써 새로운 계몽의 시대로 안내할 수 있을 것이다. 또한 그의 에코토피아적 비전속에 함축된 포스트휴머니즘은 포스트휴먼으로의 성공적인 이행과 더불어 진정한 의미에서 '호모 데우스'로 가는 길을 제시할 것이다. 그것은 곧 무경계로 가는 길이다. 신[至]은 본래 무명(無名)이고 무규정자(無規定者)이며 일체 경계를 포괄하는 동시에 초월해 있기 때문이다.

이상에서 우리는 포스트모던 세계에 대한 담론을 크게 초기와 후기의 두 시기로 나누어 고찰하고 호모 사피엔스의 미래에 대해 전망해 보았다. 초기 담론 시기는 1960년대 후반부터 대두되기 시작한 포스트구조주의의 탈중심적이고 탈이념적인 해체이론이 포스트모더니즘 사조와 맞물려 학술 분야는 물론 대중문화에까지 널리 확산됨으로써 거의 모든 분야에서 세계적인 추세로 자리 잡은 시기이다. 이러한 추세는 특히 냉전 종식 이후 더욱 가속화되어 근대의 도그마 속에 깃들어 있는 절대성과 중심성의 허구를 드러내는 해체 현상을 통해 포스트모던 시대를 열었다. 초기 담론에서는 '포스트모던 세계와 트랜스휴머니즘'에 대해, 그리고 '포스트구조주의와 포스트모더니즘'에 대해 살펴보았다. 포스트모던 세계는 근대 세계가 처한 역사적 조건과 한계적 상황을 넘어선 세계이다. 포스트모던 담론은 근대 서구의 세계관과 가치체계의 근본적인 변화를 함축하고 있으며 공존의 대안사회 마련에 주안점을 둔다. 트랜스휴머니즘은 과학기술의 발전으로 지능적, 육체적 한계가 극복되고 인체가 강화된 포스트휴먼의 등장과 접합된 개념이다. 포스트모더니즘과 그 사상적 배경인 포스트구조주의는 탈이성, 탈이념, 탈중심, 탈경계, 다양성 강조라는 공통된 특성에서 드러나듯이 본질적으로 깊이 연계되어 포스트모던 운동을 추동해왔으며 이분법적인 근대의 도그마에 대한 근본적이고도 종합적인 비판과 이성의 자기성찰을 담고 있다. 켄 윌버는 포스트모던 이론의 핵심 가정을 '구성주의', '맥락주의', '통합적 무조망주의'로 압축하고 이들이 극단주의로 치닫지 않는 한 통합적 관점에 포함될 필요가 있다고 본다.

포스트모던 세계에 대한 후기 담론 시기는 21세기 들어 포스트모던 세계에 대한 담론이 정보통신분야에서의 기술혁신과 맞물려 보다 확장되고 심화되는 시기이다. 이 시기는 사이보그 시티즌의 출현으로 인간에 대한 재정의가 촉구되고 인간과 인공지능의 공생이 포스터모던 담론의 핵심 이슈로 부상하는 시기이다. 또한 과학기술의 발전으로 포스트휴먼에 의한 호모 사피엔스의 대체가 현재진행형인 '사건'으로 이해되면서, 트랜스휴머니즘이 지배하는 포스트모던 세계에 대한 새로운 버전의 담론이 힘을 얻는 시기이다. 후기 담론에서는 '포스트휴먼의 조건과 사이보그 시티즌'에 대해, 그리고 '포스트휴먼 시대와 트랜스휴머니즘의 과제 및 전망'에 대해 살펴보았다. 포스트휴먼은 인간과 기계의 전반적인 수렴이 일어나 그 둘의 경계가 해체되는 시대의 인간으로 전통적인 인간관의 중대한 변환을 내포한 개념이다. 포스트휴먼은 기계, 기술과 융합된 인간, 즉 사이보그다. 로버트 페페렐은 '포스트휴먼 조건'이 의미하는 바를 세 가지로 나타내고 있다. 즉 남성이 중심이 된 '인간 중심' 우주의 종말, 유전학만이 아니라 모든 문화적 · 기술과학적 존재의 도구와 장치를 포함하는 과정으로서의 생명의 진화, 그리고 우리가 어떻게 살 것이며, 환경과 동물 그리고 인간 상호간의 관계를 어떻게 설정할 것인가에 대한 것이다. 크리스 그레이는 인간이 기술적으로 스스로를 계속 변형시키는 이 과정의 전반적인 결과는 인간과 기계의 아주 특별한 공생이며, 인류 역사상 전혀 새로운 발전이고, 자연선택을 넘어서는 중대한 도약이며, '참여적 진화'가 가리키는 현상이라고 설명한다.

그레이는 참여적 진화가 참여적 정부를 필요로 한다고 주장하는데 이는 사이보그화 과정이 결국 근본적인 정치적 역할까지 수행하게 될 것이라고 보는 것이다. 그는 포스트모던 시대의 인공 진화가 인간의 몸과 유전자에 대한 직접적인 개조까지 포함하며 머지않아 새로운 기술과학에 의해 인간으로 분류할 수조차 없는 개조된 생명체들이 창조될 것이라며, 생물과 무생물, 인간과 기계의 경계가 점차 사라지고 있는 현실을 직시해야 한다고 주장한다. 나아가 그는 합법적인 정치권력의 원천인 시민 개념에 입각하여 사이보그 시티즌 개념을 제안하며, 사이보그 시민권을 제대로 만들고 그것을 최대한 확장해야 한다고 역설한다. 포스트모더니즘적 변화에 있어 우리가 직면하는 난제는 '왜 우리는 그러한 기계를 발전시키기를 원하며 그러한 기계들이 어떠한 목적에로 향하도록 할 것인가'이다. 이 문제는 트랜스휴머니즘의 새로운 전망과도 관계된다. 포스트휴먼 시대는 네트워크 사이보그 시대이며, 트랜스휴머니즘은 인류를 포스트휴먼의 조건으로 인도하려는 지적·문화적 운동이다. 트랜스휴머니스트들은 인류가 미래에 과학과 기술의 심대한 영향으로 육체적 노화를 제거하고, 정신적 지능을 강화하며, 심리적 웰빙을 달성할 것이라고 전망한다. 그러면서도 다른 한편으로는 기술의 잠재적 위험과 새로운 기술의 오용에 대해서는 경계하며, 그런 기술의 개발 및 사용과 관련된 윤리적 문제를 연구하는 활동도 병행하고 있다. 또한 기술적 진보가 인류의 긍정적인 발전을 위한 촉매가 될 수 있기 위해서는 반드시 기술이 안전하고 공평하게 분배되도록 해야 한다고 주장한다.

호모 사피엔스의 미래와 관련해서는 '자연선택에서 지적 설계로: 호모 데우스의 탄생'에 대해', 그리고 '무경계로 가는 길'에 대해 살펴보았다. 호모 사피엔스가 인류 진화의 종착역은 아니다. 진화는 지금도 계속되고 있다. 오늘날 기술의 급속한 지능화로 기술의 도구적 내지 종속적 개념이 기술의 집합체인 기계와 인간의 공생관계로 점차 변모하고 있다. 유발 하라리는 인류가 역사적으로 진화해 온 경로를 인지혁명, 농업혁명, 과학혁명의 3대 혁명에 의해 형성되었다고 보고, 지금과 같은 속도로 기술이 발달할 경우 호모 사피엔스가 완전히 다른 존재로 대체되는 시대가 곧 올 것이라고 주장한다. 그는 인류가 생명공학, 사이보그 공학, 비유기물공학을 통해 "자연선택으로 빚어진 유기적 생명의 시대를 지적설계에 의해 빚어진 비유기적 생명의 시대로 대체하는 중"이라며, 이번 두 번째 인지혁명은 유전공학, 나노기술, 뇌-컴퓨터 인터페이스의 도움으로 호모 데우스의 탄생이 가능하다고 전망한다. 그러나 신으로 가는 길은 평탄하지 않다. 신이 되기를 꿈꾸다 데이터교 신자로 전락하는 불상사가 일어날 수도 있기 때문이다. '만물인터넷'이라 불리는 훨씬 더 효율적인 데이터 처리 시스템을 창조하는 과업이 완수되면 호모 사피엔스 종은 막을 내리게 될 것이라고 그는 단언한다. 그러면서 그는 비의식적 지능과의 게임에서 인간이 살아남으려면 마음을 업그레이드하는 일에 적극 나서야 한다고 주장한다. 이러한 그의 주장은 해결책의 단초를 '최선의 인간 본성'에서 찾아야 한다는 닉 보스트롬의 주장과 일맥상통한다.

현상계의 모든 것은 오직 의식의 투사영일 뿐이며, 인공지능 역시 인간이 만드는 것이니 인간의 의식이 투영된 것이다. 서구적 근대의 태생적 한계를 극복하고 포스트휴먼으로의 성공적인 이행을 위해서는 인류 의식의 패턴 자체가 바뀌어야 하며, 과학과 의식의 접합에 기초한 새로운 계몽의 시대를 열어야 한다. 통섭적 세계관의 전형을 보여주는 스피노자의 에코토피아적 비전속에 함축된 포스트휴머니즘은 포스트휴먼으로의 성공적인 이행과 더불어 진정한 의미에서 '호모 데우스'로 가는 길을 제시할 것이다. 그것은 곧 무경계로 가는 길이다. 실로 스피노자의 통섭적 사유체계는 이원론의 유산 극복의 과제를 안고 있는 근대적 사유체계를 대체함으로써 포스트휴먼 시대가 처한 존재론적 딜레마를 해결하는 데 유효한 단서를 제공해 줄 수 있을 것이다.

"초지능이 풀 수 없거나, 최소한 인간이 푸는 것을 도울 수 없는 문제란 없다.
질병, 가난, 환경 파괴, 모든 종류의 불필요한 고통들—이 모든 것들을
발전된 나노기술을 장착한 초지능은 일소할 수 있다.
게다가 초지능은 무한한 수명을 줄 수 있다. 나노의학을 통해 노화 현상을
멈추거나 역전시키고, 우리 몸을 업로드하게 해줄 수도 있다. 초지능은 우리
자신의 지적, 감정적 능력을 크게 증진시킬 기회를 만들어 준다…"

"It is hard to think of any problem that a superintelligence could not either solve
or at least help us solve. Disease, poverty, environmental destruction, unnecessary
suffering of all kinds: these are things that a superintelligence equipped with
advanced nanotechnology would be capable of eliminating. Additionally a
superintelligence could give us indefinite lifespan, either by stopping and
reversing the aging process through the use of nanomedicine, or by offering us the
option to upload ourselves. A superintelligence could also create opportunities for
us to vastly increase our own intellectual and emotional capabilities…."

- Nick Bostrom, "Ethical Issues in Advanced Artificial Intelligence," 2003

08

4차 산업혁명과 'GNR'혁명 그리고 플랫폼 혁명

- '딥 시프트(Deep Shift)'의 시작, 4차 산업혁명
- 'GNR'혁명, 휴머니즘의 확장인가
- 사물인터넷과 플랫폼 혁명

4차 산업혁명에서 인간과 기계와 자원은 가상 물리 시스템(CPS)을 기반으로 전 과정 논스톱 커뮤니케
이션을 한다. 가상 물리 시스템은 분산 네트워크를 구축하고 자율적으로 최적화함으로써 인간과 기계
사이의 새로운 균형을 유지하고, 사람들을 '코피티션(coopetition)', 즉 협력적 경쟁의 단계로 이끌어 새로
운 부가가치와 비즈니스 모델의 탄생에 일대 혁신을 일으킬 것이다.…AI 혁명은 인간 문명이 경험하게
될 가장 심원한 변화여서 덜 복잡한 기술들보다 성숙하는 데 더 오랜 시일을 요할 것이다. 인간 문명의
가장 중요하고 가장 강력한 속성, 실로 우리 행성에서 일어난 진화의 전 과정을 포괄하는 것, 지능을
정복하는 것이기 때문이다.…사물인터넷은 다양한 플랫폼을 기반으로 사물과 인간과 서비스를 연결
하는 새로운 패러다임을 창출하고 있다. 사물인터넷은 인터넷이 센서나 통신기능을 갖춘 기기에 접속
하여 사람과 사람, 사물과 사물, 사람과 사물을 연결하여 역동적으로 정보를 교환할 수 있도록 한다.…
플랫폼의 파괴적 혁신은 궁극적으로 인간의 제 가치가 실현된 세상에 초점을 맞추어야 한다.

- 본문 중에서

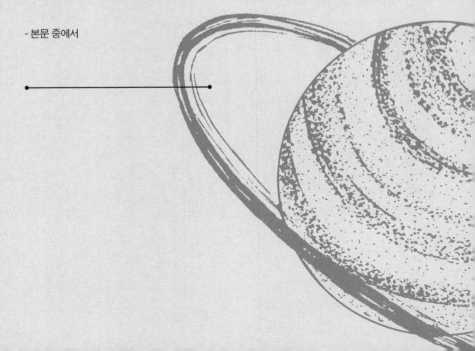

08 4차 산업혁명과 'GNR' 혁명
그리고 플랫폼 혁명

'딥 시프트(Deep Shift)'의 시작,
4차 산업혁명

미국의 소설가 윌리엄 깁슨(William Gibson)은 "미래는 이미 와 있다. 단지 널리 퍼져 있지 않을 뿐이다(The future is already here. It's just not very evenly distributed)"라고 했다. 4차 산업혁명은 이미 와 있는 미래다. 패러다임의 변화에 따른 과학의 혁명적 전환은 영국 · 프랑스 · 미국 등지에서의 정치혁명과 18세기 이래 3차에 걸친 산업혁명 그리고 이미 진행 중인 4차 산업혁명과 더불어 오늘의 세계를 규정하는 기본 틀이 되었다. 인류 문명은 지금 인쇄술과 석탄 동력의 증기기관이 조우한 1차 산업혁명, 전기통신기술과 석유 동력의 내연기관이 조우한 2차 산업혁명, 그리고 인터넷과 재생에너지가 결합한 3차 산업혁명[1]을 거쳐 독일의 인더스트리 4.0(Industrie 4.0: 지속적인 디지털화와 모든 생산단위의 연결성 강조)으로부터 촉발된 4차 산업혁명을 목도하고 있다. 인류 문명이 4차 산업혁명의 초기 단계에 진입하고 있다는 주장은 2016년 스위스 다보스포럼(세계경제포럼 WEF)에서 제기됐다. 포럼에서는 글로벌 경제위기를 극복할 수 있는 대안으로 4차 산업혁명을 다루었다.

오늘날 선진 민주국가에서 정치혁명은 더 이상 목표가 될 수 없지만, 과학의 각 분과별로 진행되는 바이오 혁명, 'GNR(유전학·나노기술·로봇공학)' 혁명, 플랫폼 혁명, 에너지 혁명, 그리고 ICT(정보통신기술) 융합사회로의 가속화 등으로 대표되는 4차 산업혁명은 국가 차원에서 정책적으로 적극 추진되고 있다. 4차 산업혁명은 'IBCA(IoT(Internet of things 사물인터넷), Big Data, CPS(Cyber Physical System 가상 물리 시스템), AI(인공지능))의 오케스트라'이다. 4차 산업혁명은 물리학, 디지털, 생물학 기술²을 다차원적으로 융합하여 인간과 기계, 현실세계와 가상세계, 공학적인 것과 생물학적인 것, 조직과 비조직을 융합하는 특징적 형태를 보이고 있다. 4차 산업혁명의 개념은 2010년 독일 제조업이 직면한 문제를 해결하기 위해 제조업에 ICT를 접목해 제시한 '인더스트리 4.0*'에서 출발했다. 2011년 하노버 산업박람회에서 소개된 이후 전 세계에서 사용되고 있고, 2016년 다보스포럼 이후에는 보다 광의의 개념인 4차 산업혁명이 더 자주 사용되고 있다. 최근에는 '인터넷 플랫폼을 기반으로 모든 사물·공간·산업·사람을 지능적으로 연결·융합해 인류의 사회·경제·생활방식을 변화'시킨다는 개념으로 확대되고 있다. 사물인터넷이 수평적 연결을 통해 빅데이터를 생성하고 인공지능이 해석하고 판단을 내려 자율 제어를 수행함으로써 지능적인 제품 생산과 서비스를 제공하는 것이다.

4차 산업혁명의 가시화 시기는 기술혁신 속도와 개발도상국의 확산 속도에 의해 결정될 것이다. 미국의 정보통신 시장조사기관 가트너가 제시한 하이프 사이클에 따르면, 4차 산업혁명을 주도하는 기술들의 가시화 속도가 빨라지고 있으며, 특히 자율주행차, 가상현실 기술, 3D 프린팅 기술은 현실

---

* 인더스트리 4.0에서는 "기계 및 장비를 초연결 네트워크로 연결하여 기계와 사람, 인터넷 서비스가 상호 최적화된 스마트 공장을 구현하고 확장하는 프로젝트"로 명시되고 있다.

화 단계에 진입하고 있다. 개도국의 확산 속도도 빨라질 것으로 전망된다. 4차 산업혁명이 진행되면서 향후 10년 내에 산업 · 경제 전반에 걸쳐 광범위한 변화와 혁신이 있을 것으로 전망되며, 특히 산업 패러다임이 대대적으로 바뀔 것이다. 지능형 로봇, 스마트 팩토리, 센싱과 사물인터넷 등을 통해 전 산업분야에서 생산성 혁신이 진행되고, 인공지능, 빅데이터, 3D 프린팅 등으로 개인 맞춤형 제조가 가능해지며, 자율주행차, 스마트 홈과 시티 등으로 편의와 안전성이 향상될 것이다. 2025년까지 예상되는 경제적 파급효과는 최대 36조 달러에 이를 것이다. 과거 산업혁명의 역사로 미루어 볼 때 4차 산업혁명을 주도하는 국가나 기업이 상당기간 시장과 산업을 지배하게 될 것이다. 미국도 2012년부터 GE · 시스코 · IBM 등 관련 기업 및 단체와 함께 '산업 인터넷(Industrial Internet: 산업혁명과 인터넷 혁명을 융합하는 신산업혁명)'* 등 첨단 제조업 강화 프로그램을 운영하며 기술 개발에도 적극 나서고 있다. 글로벌 기업들도 디지털화, 수직적 통합, 신사업 확장 등 다양한 방식으로 4차 산업혁명 시대에 대비하고 있다.[3]

한국 정부는 제조업 혁신 3.0, 민 · 관 협력 중심의 신산업 육성 정책 등을 발표하며 4차 산업혁명에 대비하고 있다. 핵심 내용은 스마트공장 보급 및 확산, 제조업의 소프트파워 강화 등을 통해 제조업을 혁신하고 스마트산업, 에너지신산업, 첨단소재 등 신산업을 육성하는 것이다. 이를 위해 인공지능 · 바이오 · 빅데이터 등 원천기술 확보에 연구개발을 집중하고 융합연구를 유도하고 있다. 한국 기업들도 미래형 포트폴리오로 재편하고 바이오 ·

---

* 미국의 첨단 기술 · 서비스 · 금융 기업인 GE(General Electric Company)는 2012년 사물인터넷 시대의 도래를 대비한 신전략으로 '산업 인터넷, 지성과 기계의 한계를 뛰어 넘다(Pushing the Boundaries of Minds and Machines)'라는 계획을 발표했다.

스마트카 등 유망 분야에 적극 투자하며 인공지능 기반의 스마트 팩토리 솔루션 개발 사업에도 진출하고 있다.[4] 대통령직속 4차산업혁명위원회는 4차산업혁명이 촉발하는 산업 · 경제, 사회 · 제도, 과학 · 기술 전 분야의 변화에 대응해 각 분야가 긴밀히 연계된 종합 정책을 통해 '사람 중심'의 4차 산업혁명 정책을 추진하겠다고 밝혔다. 산업 · 경제 분야에서는 모든 산업 분야를 '지능화 기술'과 전면적으로 융합해 경쟁력을 높이고 신산업과 일자리를 창출키로 하는 한편, 새로운 기술과 서비스가 시장에 안착할 수 있도록 혁신 친화적 방향으로 규제를 재설계하고, '규제 샌드박스(신기술 테스트를 한시적으로 허용)' 도입, '네거티브 규제(명확히 금지된 것 외에는 모두 허용)' 확대, 신산업 상용화에 맞춘 개별규제 해소, 공정한 경쟁시장 환경 조성 등도 추진키로 했다.[5]

중국 정부는 '중국제조 2025'로 차세대 정보통신, 자동차, 첨단장비 등 제조업의 하드웨어를 선진국 수준까지 높이고, '인터넷+'로 소프트웨어를 업그레이드하는 방식으로 4차 산업혁명에 대비하고 있다. 2015년에 발표된 '중국제조 2025'에 따르면, 산업구조의 고도화 계획을 향후 30년간 3단계로 구분하고 있다. 1단계(2015~2025년)는 중국 제조업을 독일 · 일본 수준으로 높여 세계 제조강국에 진입시키고, 2단계(2026~2035년)는 중국 제조업을 글로벌 제조강국 중간 수준까지 높이며, 마지막 3단계(2036~2045년)는 주요 산업에서 선진적인 경쟁력을 갖춰 세계시장을 혁신적으로 선도하는 제조업 제1강국으로 부상하는 것이다. 이를 위해 중국은 향후 성장 동력이 될 10대 산업을 선정해 전략적 산업으로 육성할 계획을 갖고 있다. 10대 산업에는 차세대 정보기술, 고정밀 수치제어 및 로봇, 항공우주장비, 해양장비 및 첨단기술 선박, 선진 궤도교통설비, 에너지 절약 및 신에너지 자동차, 전력설비, 농업기계장비, 신소재, 바이오의약 및 고성능 의료기기 등이 포함돼 있다. 이 중

많은 부분이 '4차 산업혁명'과 연결된다. '중국제조 2025'에서는 9가지 중점 추진사항도 명시하고 있는데, 그중 하나인 '스마트 제조(IT와 제조업의 융합)'가 중국판 '4차 산업혁명'과 맥을 같이한다. 중국의 부흥을 위한 '중국의 꿈(中國夢)' 프로젝트는 '중국제조 2025'·'인터넷+'와 '일대일로(一帶一路 One Belt One Road)*'가 연계되어 작동한다.

중국판 4차 산업혁명 대비에 대한 한국 기업의 대응 방안은 다음 몇 가지로 요약될 수 있다. 첫째, 중국 지방정부 차원의 정책 동향에 대한 모니터링이 필요하다. 2016년 이후 '중국제조 2025'와 '인터넷+' 두 분야를 아우르는 중국 정부의 정책, 법률·법규, 가이드라인이 쏟아지고 있기 때문이다. 스마트 팩토리가 2017년 일부 지방정부에 본격 적용되기 시작하면서 거대한 산업용 로봇 수요가 발생할 전망이다. 하지만 중국은 부품(리덕선 기어, 서보모터, 컨트롤러, 센서, 액추에이터 등) 대부분을 수입에 의존하고 있으므로 이들 분야에서 협력 모색이 필요하다. 둘째, 양국 간 경쟁 분야에 대한 대비가 요구된다. 한국은 2014년부터 '제조업 혁신 3.0' 정책을 통해 4차 산업혁명에 대비해 오고 있다. '중국제조 2025'와 '인터넷+' 정책을 보면 로봇, 사물인터넷, 3D 프린팅, 빅데이터, 인공지능, 스마트 팩토리 분야에서 양국 정부의 지

---

* 중국은 '中國夢'으로 불리는 2개의 100년 프로젝트를 추진 중이다. 그 하나는 중국 공산당 창건 100주년이 되는 2021년까지 중국 인민이 중산층이 되어 여유 있는 생활을 하게 되는 '샤오캉 사회(小康社會)'의 건설이고, 다른 하나는 중국 건국 100주년이 되는 2049년에 모두가 잘 사는 '다퉁 사회(大同社會)'의 건설이다. 21세기 新실크로드인 '일대일로'는 2049년까지 지속되는 장기 프로젝트다. 일대일로의 일대(One Belt)는 중국에서 중앙아시아를 거쳐 유럽으로 이어지는 육상 실크로드 경제벨트이고, 일로(One Road)는 동남아를 경유해 아프리카와 유럽으로 이어지는 21세기 해상 실크로드다. 이 지역을 육로와 해로로 연결해 관련 국가와 경제협력을 강화하자는 것이 이 프로젝트의 골자다. 시진핑 주석이 2013년 9월 카자흐스탄에서 실크로드 경제벨트를, 10월 인도네시아에서 21세기 해상 실크로드 개념을 처음 제시했다.

원 분야가 겹치고 있으므로 R&D 분야 등에서 상생 모델 도출이 필요하다. 셋째, 중국은 4차 산업혁명을 준비하면서 대거 M&A에 나설 전망이며 2025 년까지 인수 범위와 대상이 확대될 전망이므로 한국 기업의 전략을 명확히 해놓을 필요가 있다. 넷째, 2015년에 체결된 한중 FTA는 ICT 산업을 비중 있게 다루고 있는 만큼, 한중 FTA를 활용한 사업 기회를 적극 모색할 필요가 있다.[6]

한편 인도는 '디지털인디아(Digital India)' 정책으로 4차 산업혁명을 준비하고 있다. 인도의 고질적 병폐인 부정부패, 관료주의, 비효율성, 거대 지하경제 등을 철폐하기 위해서는 디지털화가 솔루션이라고 본 것이다. 인도 정부의 '메이크 인 인디아(Make in India)' 정책도 제조업과 IT의 결합을 추구한 것이다. 2014년에 발표한 이 정책은 GDP에서 차지하는 제조업 비중을 17퍼센트에서 25퍼센트까지 늘리고 청년층 일자리를 확대하겠다는 것이 핵심이다. 인도 정부는 이 정책을 성공적으로 실행하기 위해 독일과의 협력도 강화해 나가고 있다. 인도는 IT 소프트웨어 강국으로서의 위치가 4차 산업혁명 시대에 유리하게 작용할 것으로 기대하고 있다. 인도 IT 산업은 포춘 500대 기업의 80퍼센트가 넘는 기업에 IT-BPM(Business Process Management) 서비스를 제공하고 있고, 실리콘밸리와도 밀접하게 연결돼 있다. 한편 인도에는 IBM, 구글, 마이크로소프트 같은 IT 회사는 물론 GE, 지멘스, ABB 같은 기술기업 등 유수 글로벌 기업이 대부분 진출해 있다. 현재 인도는 25세 이하 인구 비중이 45퍼센트다. 인도는 4차 산업혁명 시대의 핵심 경쟁력인 인재 육성에 박차를 가하는 한편, 해외와 국내에서 글로벌 선진기업과 전문가와의 네트워크를 통해 4차 산업혁명시대를 준비하고 있다.[7]

일본 정부는 2016년 일본 제조업의 생산성 혁명을 주도할 최대 과제로 '제4차 산업혁명'을 설정했다. 일본 경제산업성은 4차 산업혁명에 대한 기본전략과 이를 실행하기 위한 7대 추진전략을 채택했다. 기본전략은 '미래를 향한 경제사회시스템의 재설계'가 목표다. 7대 추진전략은 ① 지적재산 정책 등 데이터 활용 촉진을 위한 환경 정비 ② 새로운 직업 니즈 등에 대응한 인재 육성 및 획득, 고용 시스템의 유연성 향상 ③ 오픈 이노베이션 시스템 구축 등을 통한 이노베이션 및 기술개발의 가속화, ④ 핀테크(FinTech) 등과 같은 금융 파이낸스 기능의 강화 ⑤ 산업구조 및 취업구조 전환의 원활화 ⑥ IoT 기반 구축 등을 통한 4차 산업혁명을 중소기업 및 지방 경제로 전파 ⑦ 정부 규제 범위 및 행정서비스 향상이다. 또한 일본은 독일과의 상호 협력도 강화해 나가기로 했다. 구체적인 민간 협력 사례로, 플랫폼 부문에서는 일본이 추진 중인 '로봇혁명 이니셔티브'와 독일의 '플랫폼 인더스트리 4.0' 간에 제휴협정이 체결됐다. 일본은 인구 고령화 및 생산가능 인구 감소에 따른 인력 부족을 극복하기 위해 '로봇에 의한 새로운 산업혁명'을 실현한다는 전략 하에 2015년에 '로봇 신전략'을 수립했다. 일본 제조업계도 스마트 매뉴팩처링 추진을 본격화하고 있다.[8]

싱가포르는 다보스포럼과 UBS그룹으로부터 4차 산업혁명을 선도하는 국가로 평가받는 등 전 세계에서 4차 산업혁명에 가장 적극적으로 대응하고 있다. 싱가포르는 지난 10년간 'Intelligent Nation 2015'라는 비전 아래 차세대 IT 인프라를 구축해 왔으며, 이를 기반으로 2014년 말부터 '스마트 국가(Smart Nation)'라는 목표를 발표하고 미래 기술을 통합적으로 활용하는 국가 네트워크의 첨단화와 '스마트 도시' 가시화를 추진하고 있다. 2017년 싱가포르 미래경제위원회(CFE)는 향후 10년의 경제발전을 위한 비전, 전략 및 성과 목표를 주된 내용으로 하는 보고서를 발표했다. 이 보고서에서는 미래지향적이고 건설적인 성장을 위한 7대 전략과 25개 권고안을 제시했다. "강력한 디지털 능력 확보를 목표로 기업의 디지털 기술 도입을 장려하는 한편 데이터 분석 능력 제고와 자산화를 지원하고, 사이버 보안 능력을 증강시킨다는 계획이 포함됐다. 다른 도시와 연계성이 높은 역동적 도시 건설을 목표로 국제도시로서의 기능을 강화하기 위한 투자전략도 제시하고 있다. 궁극적으로는 무인자동차가 현실화하고, 완벽한 수자원 재활용 에코시스템을 갖춘 미래형 도시 건설을 목표로 하면서 도시솔루션 기술의 수출까지 염두에 두고 있다." 싱가포르는 로봇 및 자동화, 디지털 생산, 3D 프린팅, 첨단소재를 4대 첨단기술로 선정해 중점 육성하고 있다.⁹

1967년에 독일 뮌헨에 설립된 유럽 최대의 전략 컨설팅 회사 롤랜드버거(Roland Berger)는 4차 산업혁명의 주요 특성을 다음의 일곱 가지로 대별하고 있다. 첫째, 가상 물리 시스템(CPS)과 시장이다. 4차 산업혁명에서 IT 시스템은 모든 하부 시스템, 프로세스, 공급자와 소비자 네트워크 등과 훨씬 더 긴밀하게 연결되므로 시장의 요구 강도는 높아질 것이다. IT 시스템은 표준 정의를 따르는 기계, 스토리지 시스템 및 공급 중심으로 구축될 것이며, 실시간 제어가 가능한 가상 물리 시스템(CPS)으로 연결될 것이다. 미래의 공장과 시스템에는 유사 인터페이스가 장착되고, 예고 없이도 생산 프로세스 변경이 가능하고, 다운 타임(down time: 비가동 시간)을 줄여 효율성을 높일 수 있을 것이다. 둘째, 4차 산업혁명에서 로봇은 상호 연결형 업무를 수행하고, 스마트 센서가 장착된 인간-기계 인터페이스(Human-Machine Interface, HMI)를 사용하게 될 것이다. 지능형 로봇은 비용구조, 기술구도 및 생산기지에 커다란 변화를 일으키며 생산성을 비약적으로 향상시킬 것이다. 셋째, 빅데이터다. 데이터는 21세기의 원자재다. 미래의 공장은 저장, 처리 및 분석할 필요가 있는 방대한 양의 데이터를 생산할 것이다. 빅데이터를 처리하고 클라우드 컴퓨팅의 잠재력을 이용하기 위한 혁신적인 방법은 정보를 활용하는 새로운 방법을 제공해 줄 것이다.

넷째, 연결성의 새로운 특성이다. 4차 산업혁명에서 연결성은 디지털 세계의 범위를 벗어나 실제 현실 세계의 특징이 된다. 기계, 가공물, 시스템, 인간이 쉼 없이 인터넷 프로토콜(protocol)을 통해 디지털 정보를 주고받으며 데이터 공간과 직접 연결될 것이다. 공장 역시 스스로 생산 스케줄을 조정하고 가동력을 최적화할 것이다. 다섯째, 에너지 효율성과 분산화이다. 4차 산업혁명 주체들에 영향을 미치는 기후변화와 자원 부족은 제조에 탄소 중립 기술사용의 필요성을 촉발함으로써 공장의 에너지 분산에 영향을 미친다. 미래에는 자가발전 생산기지가 많이 생겨날 것이며, 소규모 발전소와 같은 분산된 원자력발전소도 연구되고 있다. 여섯째, 가상 산업화이다. 4차 산업혁명 시대에는 실제 생산을 준비하기 위해 시뮬레이션을 거치고 가상에서 검증된 가상 공장과 제품이 적극 활용될 것이다. 일단 최종 솔루션이 준비되어야 실제 생산 준비가 완료된다. 몇몇 시도를 통해 자동차 부품 생산은 통상 3개월에서 3일 정도로 준비 기간이 단축되었다. 일곱째, 팩토리 4.0이다. 팩토리 4.0은 미시경제학적 차원에서 기업을 상호 연결된 하나의 글로벌 시스템으로 본다. 팩토리 4.0은 센서, 3D 프린터, 차세대 로봇과 같은 새로운 기술을 적용하고, 생산 프로세스는 미세 조정되고 보정되거나 실시간으로 다르게 수립되며, 제조의 완전한 연결을 지향한다.[10]

이러한 산업 지형의 '거대한 변화(deep shift)'는 위협인 동시에 기회가 된다. 한 가지 확실한 것은 4차 산업혁명 시기에 조직, 프로세스, 역량 등을 변화시키고 혁신하는 기업만이 생존할 수 있을 거라는 사실이다. 4차 산업혁명은 산업 주자들의 게임 규칙을 바꿔놓을 것이다. 우선 4차 산업혁명은 생산 과정에서 보다 많은 자유와 유연성을 제공하기 때문에 비교적 낮은 생산 원가로 고객 맞춤형 제품 생산이 가능해질 것이며 3D 프린터의 사용이 현저하게 확장될 수 있다. 3D 프린터 관련 서비스의 시장 규모는 2017년에 약

44억 유로로 성장할 전망인데 이는 생산 판도를 바꾸는 '게임 체인저(Game Changer)'가 되는 것이다. 산업계는 '산업 민주주의' 트렌드에 따라 작은 규모, 혹은 더 전문화된 기업에게 진입장벽을 낮춰줄 수 있으며, 작고 자율적인 '이동식 제조 조직(Mobile Manufacturing Unit)'이 현지 시장용 제품을 생산해낼 수 있다. 이런 유형의 게임 체인저는 외국인의 직접투자 환경을 변화시킬 가능성이 있다. 가치사슬의 분화로 제조 네트워크에서 설계자와 실제 제품 공급자의 역할, 고객과의 접점 등은 크게 바뀔 전망이다.

전통적 산업 경계가 희미해지고 산업과 비산업 응용 분야 사이의 경계 역시 흐려지면서, 고품질 디지털 서비스와 안전하고 종합적인 디지털 인프라가 성공적인 4차 산업혁명을 위한 전제조건이 될 것이다. 페이스북과 구글에서 보듯 IT 기업이 새로운 리더가 되는 경우도 있다. 가상 물리 시스템 세계에서는 물리적 기계와 도구를 공급하는 업체들의 중요도는 감소하는 대신, 센서, IT, 소프트웨어 공급자들의 중요도는 증가할 것이다. 4차 산업혁명에서 비즈니스는 사회적 측면과 기술적 측면 모두 향상된 기술을 필요로 할 것이다. 생산 중심의 사고에서 디자인 중심의 사고로 전환될 것이며, 끊임없는 직업훈련과 평생학습을 추구하는 기업 문화가 핵심 경쟁력이 될 것이다. 기술적 측면에서 네트워크의 연결은 많은 표준화 작업을 의미하므로 기술 경쟁력에 대한 분석은 특성화되어 있기보다는 범학문적일 것이다. 미래의 조직은 포괄적인 세계 진출보다는 특정 거점 지역에 집중할 것이다. '메이커 스페이스(Maker Space: 사물을 즉석에서 만들어낼 수 있는 협업 공간)'와 같은 개방형 생산기지와 클러스터가 조성되므로 조직은 훨씬 더 분산되고 유연해질 것이다.[11]

독일의 '플랫폼 인더스트리 4.0', 미국의 '산업 인터넷 컨소시엄', 중국의 '중국제조 2025'와 같은 세계 각국의 4차 산업혁명 프로젝트는 초점이 조금씩 다를 수 있겠지만 그 본질은 두 가지로 압축될 수 있다. "첫째는 사람과 기계 설비, 공장을 연결하고 모든 사물을 네트워크화하는 만물초지능 통신 기반을 구축하겠다는 것이고, 둘째는 이 기반 위에 제4차 산업혁명을 견인하는 플랫폼과 표준화를 선점하겠다는 것이다."[12] 미래 제조업은 고도로 네트워크화되고 유연해질 것이며, 유비쿼터스 센서와 지능형 알고리즘을 통해 제품들이 단일 품목과 같은 소규모 단위로 생산될 것이다. 초연결·초지능의 4차 산업혁명은 '불안하고(volatile), 불확실하고(uncertain), 복잡하고(complex), 모호한(ambiguous)' VUCA 시장의 경쟁을 근본적으로 혁신하고 있다. 현재 변화의 축을 이루는 요소는 속도와 유연성이다. 속도 면에서는, "제품 개발에서 시장 출시, 주문에서 도착까지의 소요 시간이 점차 단축되고 있다. 원격 모니터링과 예지 정비로 장비와 산업 플랜트의 고비용 다운타임이 사라지고 가동 중단 역시 줄어들고 있다." 유연성 면에서는, "디지털화, 연결성, 가상 도구 설계로 맞춤형 대량생산 시대가 열리고 있다. 궁극적으로 일련의 소규모 생산이 가능하고 수익도 발생한다. 중요한 것은 인간과 기계는 훨씬 더 생산적으로 일하고 자원은 좀 더 효율적으로 이용된다는 것이다."[13]

4차 산업혁명에서 인간과 기계와 자원은 가상 물리 시스템을 기반으로 전 과정 논스톱 커뮤니케이션을 한다. 가상 물리 시스템은 분산 네트워크를 구축하고 자율적으로 최적화함으로써 인간과 기계 사이의 새로운 균형을 유지하고, 사람들을 '코피티션(coopetition: cooperation과 competition의 합성어)', 즉 협력적 경쟁의 단계로 이끌어 새로운 부가가치와 비즈니스 모델의 탄생에 일대 혁신을 일으킬 것이다. 4차 산업혁명의 미래는 표준화에 대한 노력 여하에 달려 있다. 유럽은 M2M(Machine-to-Machine 사물통신)을 획기적으로 간소화시켜줄 통일된 데이터 구조와 공통 표준을 만들기 위해 전력을 기울이고 있다. 독일 단체 '플랫폼 인더스트리 4.0'은 현재 '표준화 로드맵'을 계획하고 있으며, 미국 스마트제조선도기업연합(SMLC)도 같은 문제를 다루고 있다. 개방형 시스템이 가동되면 모든 기업은 그 게임에 참여할 수 있다. 2020년 이 되면 오늘날의 10배에 해당하는 500억 개의 '지능형 객체'가 서로 통신할 수 있을 것이다. 유럽 기업들은 자신들의 강점인 우수한 센서 기술에 집중하고 있다. 이 경쟁의 독일 선두주자는 컨티넨털, 슬릭(Slick), 인피니온, SAP 등이다. 첨단산업 공급자들로 가득한 네덜란드에는 NXP반도체가 두드러지며, 스위스는 최고급 기계 및 공장 엔지니어링 분야에서 두각을 나타내고 있다. 4차 산업혁명 중심의 비즈니스 모델은 곳곳에 뿌리를 내리고 있으며, 독일 홈부르크 지역의 보쉬가 대표적인 예다.[14]

독일의 인더스트리 4.0 전략은 방어적인 동시에 공격적이다. 자국 생산체제를 유지하면서 국제시장의 위기에 더 유연하게 대처한다는 점에서는 방어적이고, 기술과 노하우는 독일에 두고 수출 모델을 지원한다는 점에서는 공격적이다. 독일 4차 산업혁명을 성공적으로 출범시킨 요소는 "전문가 단체의 초기 융합 연구와 산업계 현장 전문가의 피드백 그리고 이를 일반 기업에 공개한 산업박람회에 있다." 플랫폼을 중심으로 전문가 단체와 기업 및 정부가 지속적으로 피드백을 주고받은 것이다.[15] 독일의 4차 산업혁명은 〈표 8.1〉에서 보듯 3차 산업혁명의 연장선에서 "IoT, CPS 등에 의해 현실 시스템과 사이버 시스템 간의 경계가 사라지면서, 자원 조달에서부터 설계, 그리고 생산·유통·서비스에 이르는 기업의 공급사슬 전체 과정을 연결하는 '새로운 산업혁명'이다."[16]

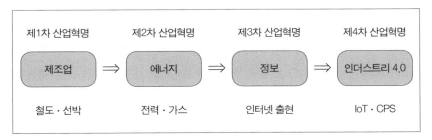

제1차 산업혁명   제2차 산업혁명   제3차 산업혁명   제4차 산업혁명

| 제조업 | ⇒ | 에너지 | ⇒ | 정보 | ⇒ | 인더스트리 4.0 |

철도 · 선박   전력 · 가스   인터넷 출현   IoT · CPS

〈표 8.1〉 독일의 제4차 산업혁명, '인더스트리 4.0'[17]

〈표 8.2〉는 2010년 독일에서 '인더스트리 4.0' 개념이 탄생한 이후 2011년부터 2015년까지 세계 여러 국가가 4차 산업혁명을 어떤 방식으로 도입하고 있는지를 보여준다.

2011년	미국	'첨단 제조 파트너십 2.0'. 고급 제조업 일자리 창출과 세계 경쟁력 강화
2011년	영국	'전송 센터'. 제조업의 GDP 기여를 두 배 확장
2012년	이탈리아	'지능형 공장 클러스터'. 4개의 프로젝트 연구 개발 및 활용 제조 커뮤니티 구성
2014년	벨기에	'지능형 공장 클러스터'. 미래형 공장 개발 지원
2014년	중국	'중국제조 2025'. 10개 부문 우선 디지털화와 현대화로 제조 강국으로 탈바꿈
2015년	일본	'재활성화 및 로봇 전략'. 서비스 산업 생산성 향상, 2020년까지 로봇 배치 증가
2015년	한국	'제조업 혁신 3.0'. 신기술 기반 제조업 생태계 구축 및 스마트 공장 개발 촉진
2015년	프랑스	'미래의 산업'. 자율주행차, 전기 비행기 등 특화 제품 개발 지원

〈표 8.2〉 4차 산업혁명에 대한 세계 주요 산업 강국의 대응[18]

프랑스는 산업 부활 전략을 채택하고 있다. 프랑스의 제조업 비중은 에너지 부문을 포함해 GDP의 12퍼센트에 불과하며 370만 개의 일자리만 제공한다. 프랑스는 그동안 산업 노후화가 진행돼왔지만, 디지털화 및 가상화

관련 전문 분야와 새롭게 성장하고 있는 스타트업 생태계가 산업 강국으로 재등장할 수 있는 기회를 마련할 수 있을 것이다. 채택된 산업 프로젝트들은 '미래의 산업(Industry of the Future)'을 포함해 34개의 정부 후원 실행 계획안에서 보조를 받게 될 것이다. 미국은 산업 재배치 전략을 채택하고 있다. 4차 산업혁명과 관련된 도전 과제는 부가가치를 높이고 현대화된 자산을 더 잘 활용하는 것이다. 첨단 제조 파트너십 정책은 공장 내 4차 산업혁명의 촉진, 부가가치 증가, 산업 활동의 재배치, 미국 전역에 걸친 고급기술 일자리 창출 등을 목표로 하고 있다. 일본은 산업 성장 회복 전략을 채택하고 있다. 일본의 제조업 부가가치는 지난 10년 동안 40퍼센트 축소됐고, 2000년부터 2014년 사이 200만 개의 일자리를 잃었다. 현재 일본의 자동화 수준을 고려할 때, 4차 산업혁명은 일본이 경쟁력과 유연성을 다시 확보할 수 있게 하고, 청년들의 산업 관심 부족 현상을 개선하며, 공장 내 작업 품질 향상을 위한 투자를 회복시켜 인구 감소의 영향을 보완할 수 있을 것이다. 중국은 한국과 일본처럼 저비용 수출국의 전통적인 청사진을 따르다가 이후 업스케일(Upscale)을 하는 시나리오를 그대로 따를지, 아니면 새로운 예외적 산업화의 사례가 될지 아직은 미지수다. 중국 산업 혁신과 현대화의 목표는 '메이드 인 차이나(Made in China)'에서 '크리에이티드 인 차이나(Created in China)'로 탈바꿈하는 것이다.[19]

일자리 문제는 4차 산업혁명과 관련해 가장 민감한 사안 중 하나다. 디지털화와 자동화의 혜택이 '기술적 실업(기술 진보에 따른 노동력의 수요 감소로 생기는 실업)'을 보충할 수 있을 것인가에 대해 롤랜드버거는 4차 산업혁명에는 수많은 일자리가 포함돼 있다고 본다. 3차 산업혁명에서 자동화, 공장 대량생산, 탈지역화는 타당한 수준으로 투자 규모를 늘려 원가를 최적화시켰다. 하지만 4차 산업혁명에서 가치 창출은 양적 크기, 규모 효과, 노동 비용 요인이 아니라, 제품과 서비스의 맞춤화 및 투입 자본의 감소에 의해 이루어질 것이며 이러한 새로운 가치 동인에는 새로운 활동과 일자리 창출의 가능성이 잠재되어 있다는 것이다. 4차 산업혁명은 최적화된 산업 자산으로 거의 노동 투입 없이 현지에서 제품이 생산되도록 하는 한편, 제품 소유보다는 사용을 중시하게 될 것이다. 매칭(Matching) 서비스와 사용한 만큼 지불하는 방식은 단위당 가격이나 생산 규모가 문제 되지 않는 대신, 늘어나는 사용량과 줄어드는 사용 비용이 중요해진다. 롤랜드버거는 이런 가치 창출이 서비스 분야에서 700만 개 이상의 일자리 창출을 할 수 있는 잠재력이 있다고 판단한다. 4차 산업혁명은 네 가지 주요 사안, 즉 자산 경쟁력의 향상, 유연성, 수요의 이동과 변화 대응 능력, 그리고 생산의 지역화에 대응하며, 작은 조직들을 인구 밀집 지역에 위치시켜 일종의 '가내공업 르네상스'를 촉진한다.[20]

한편 스위스 세계경제포럼(WEF)의 창립자이자 회장인 클라우스 슈밥(Klaus Schwab)은 과학기술 혁신이 노동시장에 끼치는 영향을 두고 낙관론과 비관론이 상충하고 있지만 실제 역사를 들여다보면 어느 한쪽에도 치우치지 않고 두 가지 관점의 중간에서 일어났다고 말한다. 정작 중요한 문제는 '더욱 긍정적인 결과를 도출해내고 변화로 인해 곤경에 처한 사람들을 돕기 위해서 어떻게 해야 하는가?' 하는 것이라며, 향후 수십 년 내에 다양한 산업 분야와 직군에서 기술혁신이 노동을 대체하게 되리라고 보았다. 이미 여러 직종에서 기계적인 단순 반복 업무나 정밀한 육체노동은 자동화되었으며, 예상보다 빠른 시일 내에 변호사, 재무분석가, 의사, 기자, 회계사, 보험판매자나 사서와 같은 직업군 역시 부분적으로 혹은 전면적으로 자동화가 이루어질 것으로 전망했다. 그는 4차 산업혁명이 전 세계적으로 노동시장과 업무 현장에 변화를 가져온다는 사실은 피할 수 없는 일이기 때문에 이 사태를 인간 대 기계의 딜레마로 해석해서는 안 된다고 본다. 그는 물리학, 디지털,

생물학 기술이 다차원적으로 융합하여 인간의 노동력과 인지능력을 고취시킨 점을 지적하며, 리더는 지능형 컴퓨터와 함께 협력해 나아갈 수 있도록 노동력을 대비시키고 교육 모델 개발에 주력해야 한다고 강조했다. 또한 그는 4차 산업혁명의 사회적 파급효과와 관련하여 긍정적 영향도 있지만 동시에 부정적 영향도 있기 때문에 특히 불평등, 고용, 노동시장에 관련된 문제들을 제대로 인식하고 다룰 필요가 있다고 본다.[21]

피어그룹 간 공유(peer-to-peer sharing)가 일상화되고, 사용자가 콘텐츠를 만들어내는 '지금의 세상(now world)'에서 디지털화 추세는 더 높은 투명성을 확보하는 방향으로 진행되고 있다. 이러한 디지털화 추세는 헬스케어 분야에서도 분명한 트렌드로 나타나고 있다. 2015년부터 2020년까지 디지털 헬스케어 시장은 매년 20퍼센트 이상 성장한다. 제약과 의학 기술 기업들의 디지털화는 R&D 또는 일반 관리 항목의 비용을 상당히 줄여줄 것이다. 아마존, 구글 등의 거대 기술 기업은 이미 헬스케어를 미래 핵심 투자 분야로 선정했다. 디지털 변화의 가치 정량화와 관련하여, 변화의 재무 효과 및 디지털 헬스 변화 프로세스의 기회와 위험을 평가하고 이를 바탕으로 경영자들이 올바른 결정을 내릴 수 있다면, 디지털 헬스는 보다 효율적이고 적합한 방향으로 수익성 강화에 기여할 수 있다.[22] 한편 롤랜드버거는 디지털화된 빅데이터가 비즈니스는 물론 공공정책에서도 효율성을 개선하여 공익을 도모할 수 있다고 보았다. 빅데이터는 흔히 용량(Volume), 다양성(Variety), 속도(Velocity)를 뜻하는 3V로 정의된다. 빅데이터는 세 분야의 주요 혁명이 융합되면서 등장했다. "인공지능은 비정형 데이터 처리를 가능하게 하고, 분산 컴퓨팅은 데이터 처리 능력을 획기적으로 개선하고, 머신 러닝은 데이터 학습이 가능한 스마트 알고리즘을 개발한다."[23]

4차 산업혁명은 거대한 변화의 시작이다. 이 거대한 변화의 물결은 어디를 향하고 있는 것일까? 앨빈 토플러(Alvin Toffler)와 더불어 미래학계의 양대 산맥으로 꼽히는 존 나이스빗(John Naisbitt)은 21세기 미래를 이끌어 갈 메가트렌드(megatrend) 중 가장 큰 하나로 경제의 글로벌화를 들고, '열린 마음(open mind)'과 '네트워크(network)'를 그 핵심으로 꼽는다. 그는 글로벌 경제의 기본단위(basic units)가 기업이며 국가의 역할은 사실상 끝난 것으로 보고 있다. 그에 따르면 지금까지 정부의 역할은 크게 두 가지, 즉 공평성(fairness)과 자유(freedom)를 달성하는 데 초점을 두어 왔으며, 대부분의 정부는 중앙집중적 계획을 통해 소득이나 복지를 재분배함으로써 공평성을 달성하고자 했지만 성공하지 못했고 앞으로도 성공할 수 없을 것이라고 단언한다. 따라서 앞으로 정부의 역할은 경제나 사회가 동력을 잃지 않으면서 발전해 나갈 수 있도록 경제적 자유도를 높이고 개인이나 기업이 서로 공평하게 경쟁할 수 있는 환경을 만드는 데 초점을 두어야 한다고 말한다.[24] 다시 말해 정부가 나서서 무엇을 해야 하는 시기는 지났다는 것이다. '제2물결'의 낡은 정치제도나 조직은 '제3물결' 시대에는 적용될 수 없을뿐더러 오히려 위기를 증폭시키는 요인이 된다는 것이다.

유럽 최고의 석학이라 불리는 세계적인 미래학자 자크 아탈리(Jacques Attali)는 과거와 현재의 다양한 흐름을 바탕으로 미래 사회의 변화를 예측하였다. 그는 일찍이 세계의 지정학적 중심이 태평양 쪽으로 이동할 것이라고 예측하면서 기상이변, 금융 거품 현상, 공산주의의 약화, 테러리즘의 위협, 노마디즘(nomadism)의 부상, 휴대폰과 인터넷을 비롯한 유목민적 상품의 만능 시대 등을 예고했다.[25] 그의 저서 『미래의 물결 *Une brève histoire de l'avenir*』(2006)에서는 아홉 개의 '거점'도시—브루게, 베네치아, 앤트워프, 제노바, 암스테르담, 런던, 보스턴, 뉴욕 그리고 로스앤젤레스—를 중심으로 한 자본주의의 발전 과정이 시장과 민주주의의 확장 과정이었으며, 2035년이 지나기 전에 미제국(美帝國)의 지배는 끝나게 될 것이고, 이후 세계는 '일레븐'—일본, 중국, 인도, 러시아, 인도네시아, 한국, 오스트레일리아, 캐나다, 남아프리카 공화국, 브라질, 멕시코—이라고 불리는 11대 강국에 의해서 운영되는 '다중심적 체제'[26]로 개편될 것이라고 전망한다.

아탈리는 세 가지 미래의 물결인 '하이퍼 제국(hyper empire)'·'하이퍼 분쟁(hyper conflict)'·'하이퍼 민주주의(hyper democracy)'가 변증법적으로 서로 연결돼 있으며, 실제로 지금도 연결돼 있다고 본다. 세계화를 통해 전 지구적인 거대 시장이 형성되고 있고, 정치적·종교적 충돌에 따른 테러와 폭력의 만연으로 전 지구적 내전이 진행 중이며, 그러는 속에서도 보편적이고 박애의 정신을 지닌 새로운 힘이 미약하게나마 꿈틀거리고 있는 것이다. 말하자면 우리는 하이퍼 제국·하이퍼 분쟁·하이퍼 민주주의의 초기 형태를 목격하고 있는 것이다. 아탈리는 하이퍼 민주주의가 결국 승리하리라고 믿는다. 그리고 그 시기는 우리가 생각하는 것보다 훨씬 가까이 다가와 있다고 말한다. 아탈리는 자신의 미래 예측이 바로 오늘을 이야기하는 것이라고 말한다. 오늘의 그러한 징후들이 어떤 형태로 발전할 것인가는 우리의 선택에 달려 있다.

하이퍼 제국, 하이퍼 분쟁과 같은 이 모든 현실을 더 이상은 견딜 수 없다는 각성이 일어나면 보편적이고 박애의 정신을 지닌 새로운 힘이 전 세계적으로 힘을 얻게 될 것이라고 아탈리는 말한다. 이 새로운 힘은 점진적으로 시장과 민주주의 사이에서 새로운 균형을 찾을 것이며, 이러한 새로운 균형이 전 지구적으로 확산될 것이라고 본다. 이 새로운 균형을 아탈리는 미래의 세 번째 물결인 '하이퍼 민주주의'라고 부른다. 그때가 되면 트랜스휴먼(transhuman)으로 불리는 전위적 주역들의 등장으로 관계의 경제(relational economy)라고 하는 새로운 경제활동이 시장경제와 병행해서 발전하다가 궁극적으로는 시장경제의 종말을 초래하게 될 것이라고 본다. 마치 몇 세기 전 시장경제라고 하는 새로운 경제활동이 봉건경제와 병행해서 발전하다가 결국 봉건경제의 종말을 초래한 것처럼. 그리하여 상업적 이익보다는 관계 위주의 새로운 집단생활을 창조할 것이며, 창조적인 능력을 공유하여 보편적인 지능(universal intelligence)을 탄생시킬 것이라고 본다.[27] 모든 생명체에 대한 사랑으로 충만하여 상호 협력하며 전체에 봉사할 준비가 돼 있는 새로운 인류의 출현, 미래학자 바바라 막스 허버드(Barbara Marx Hubbard)가 일컬은 '호모 유니버살리스(Homo Universalis)'의 출현을 우리는 정녕 볼 수 있는 것일까?

'GNR' 혁명,
휴머니즘의 확장인가

본 절에서는 4차 산업혁명을 견인할 대표적인 브레이크스루(breakthrough) 기술이자 21세기 인류 문명의 획기적인 전기를 마련할 것으로 주목받는 'GNR' 혁명에 대해 살펴보기로 한다. 여기서 'GNR'은 정보와 생물학의 교집합(交集合)인 'G(Genetics 유전학)', 정보와 물리세계의 교집합인 'N(Nanotechnology 나노기술)', 강력한 AI(인간 지능을 뛰어넘는 인공지능) 'R(Robotics 로봇공학)'을 총칭한 것이다. 레이 커즈와일은 21세기 전반부에 'GNR'이라는 세 개의 혁명, 즉 유전학의 혁명, 나노기술의 혁명, 로봇공학의 혁명이 중첩적으로 일어날 것이라고 전망한다. 이로써 그가 제5기라고 칭한 시대, 즉 인류 문명의 대변곡점인 특이점의 시대가 시작될 것이라고 본다.

현재 우리가 처한 시점은 'G' 혁명의 초기 단계다. 우리는 생명의 정보 처리 과정을 이해함으로써 질병을 근절하고 인간의 잠재력을 극적으로 확대하고 수명을 획기적으로 연장할 수 있도록 인체의 생물학을 재편하는 법을 익히고 있다.… 'N' 혁명은 생물학의 한계를 훨씬 넘어서게 해줄 것이다. 우리 몸과 뇌, 우리가 상호 작용하는 세상을 분자 수준으로 재설계하고 재조립하게 해줄 것이다. 'R' 혁명은 우리가 직면한 가장 강력한 혁명이다. 인간의 지능에서 파생되었지만 그보다 훨씬 강력하게 재설계될 인간 수준 로봇들이 등장할 것이다. R 혁명은 가장 의미 있는 변화다. 지능이란 우주에서 가장 강력한 '힘'이기 때문이다. We are in the early stages of the "G" revolution today. By understanding the information processes underlying life, we are starting to learn to reprogram our biology to achieve the virtual elimination of disease, dramatic expansion of human potential, and radical life extension.…The "N" revolution will enable us to redesign and rebuild—molecule by molecule —our bodies and brains and the world with which we interact, going far beyond the limitations of biology. The most powerful impending revolution is "R": human-level robots with their intelligence derived from our own but redesigned to far exceed human capabilities. R represents the most significant transformation, because intelligence is the most powerful "force" in the universe.[28]

커즈와일은 G, N, R 각 혁명이 우리가 직면해 있는 문제들을 풀어주기는 하겠지만 또한 새로운 위험을 끌어들이게 될 것이라고 본다. G 혁명은 질병과 노화라는 해묵은 문제를 풀겠지만 생체공학적 바이러스 위협 (bioengineered viral threats)이라는 새로운 잠재적 위협을 정착시킬 것이다. N 혁명이 충분히 발전하면 생물학적 위험에 대한 대비를 갖출 수 있겠지만 자기 복제하는 나노봇으로 인한 위험이 발생할 것이다. 생물학적인 그 어떤 문제보다 훨씬 더 심각한 문제가 야기되는 것이다. 이런 위험에 대비하려면 R 혁명을 충분히 발전시켜야 하는데, '인간의 지능보다 더 강력한 인공지능이 바람직하지 못한 방향으로 발전할 경우 우리 자신을 어떻게 보호할 것인가?'라는 문제에 봉착하게 된다. 이에 대해서는 나중에 다시 살펴보기로 하고, 우선 G, N, R 혁명에 대해 차례로 고찰하기로 하자.

유전학은 정보와 생물학의 교집합이다. 일리야 프리고진의 생명의 기원설에 따르면 분자들이 필요에 따라 모여서 큰 분자를 만들고, 큰 분자가 또 필요에 따라 모이는 식으로 해서 드디어 생명력이 있는 단세포가 만들어졌다. 무기물질인 분자들이 모여서 생명이 있는 유기물질로 변하는 과정을 그는 창발이라고 했다. 창발이란 부분에서 없던 성질이 전체가 되면 나타나는 현상을 말하는데, 예컨대 탄소, 수소, 산소 등은 단맛이 없지만 이것이 모여 설탕이 되면 단맛이 나타나는 것과 같은 이치다. 창발 현상이 가능한 것은 분자가 갖고 있는 '정보-에너지장(information-energy field)' 때문이며, 이 정보-에너지장(場)이 목적과 방향을 알고 필요에 따라 모여서 단세포 생물이 탄생하게 된다고 한다. 여기서 정보-에너지장은 자기조직화 하는 모든 시스템의 조직 원리인 것으로 나타나는 루퍼트 쉘드레이크의 '형태형성장(morphogenetic field)'과 같은 것이다. 물의 흐름이 있을 때에만 존재하는 소용돌이와도 같이 생명체는 영원히 변화하는 분자들로 이루어진 구조로서, 그 구조와 형태를 유지하기 위해 에너지의 항상적 흐름에 의존한다.[29] 따라서 개체의 존재성은 이러한 에너지의 흐름 속에서만 파악될 수 있다. 일체 생명 현상과 진화*

---

* 상이한 시스템 속에서의 자기조직화 현상을 탐구한 일단의 연구자들, 즉 일리야 프리고진, 헤르만 하켄, 만프레드 아이겐, 제임스 러브록, 린 마굴리스, 움베르토 마투라나, 프란시스코 바렐라는 자기조직화하는 과정을 진화의 과정으로 보아 새로운 구조 및 행동 양식이 창발된다고 보았다. 그런 점에서 진화는 창조(창발)와 분리될 수 없으며

그리고 세계의 변혁이 복잡계의 산일구조(dissipative structure)에서 발생하는 자기조직화─정보-에너지장에 의해 작동하는─로 설명된다.

커즈와일이 생명의 경이와 질병의 불행을 정보 처리 과정(information processes)과 연계시켜 설명하는 것도 위와 같은 맥락에서이다. 진화의 가장 초기 단계에서 생명체는 탄소 기반의 복잡한 유기분자 구조에 정보를 저장하는 법을 알아냈다. 수십억 년이 지난 후 생물학은 DNA 분자로 디지털 정보를 저장하고 가공하는 법을 알아냈다. 영국 캠브리지대 유전학과의 오브리 드 그레이(Aubrey de Grey)는 생물학적 정보 처리 과정을 변경함으로써 노화를 중단시킬 수 있다고 주장한다. 생물학의 정보 처리 과정을 역분석하는 속도가 가속화하고 그 과정을 변경할 수 있는 도구가 늘어남에 따라 생명공학은 다양한 분야에서 크게 성장하고 있다. 또한 최근 발달한 유전자 기술 덕분에 곧 유전자 발현 과정을 제어할 수 있게 될 것이다. 유전자 발현이란 RNA나 리보솜 같은 특정 세포 내 물질들을 동원해 특정 유전자 청사진이 지시하는 단백질들을 합성하는 과정이다. 이 유전자 발현 과정을 제어하는 것은 펩티드(최대 100개까지의 아미노산이 연결된 분자)와 짧은 RNA 조각들이다. RNAi(RNA 간섭)라는 강력한 새로운 도구는 특정 유전자의 mRNA(메신저 RNA)를 막음으로써 발현을 억제하고 단백질 생성을 막는다. 유전병은 많은 경우 문제 유전자의 한쪽에만 결함이 있다. 유전자는 부모로부터 하나씩 받은 쌍으로 존재하므로 질병을 유발하는 유전자를 막고 건강한 유전자를 남겨두면 필수 단백질을 합성할 수 있다. 한 쌍 모두 결함이 있으면 RNA 간섭으로 제어하고 건강한 유전자를 삽입할 수 있다.[30]

창조적 진화라고 하는 것이 보다 適確한 표현일 것이다.

유전자 발현을 막는 또 한 가지 중요한 방법은 세포 치료(Cell Therapies)다. 우리 자신의 세포, 조직, 심지어 장기 전체를 새로 배양해서 수술 없이 몸에 이식하는 방법이다. 이런 '치료용 복제(therapeutic cloning)' 기법은 특히 현재의 세포를 재활처리를 통해 젊은 상태로 만들어 그것으로부터 새 조직과 장기를 배양해낼 수 있다는 장점이 있다. 유전자 수천 개의 발현 패턴을 한 번에 비교 연구할 수 있는 유전자 칩(Gene Chips) 기술은 여러 측면에서 건강 증진을 크게 도울 수 있다. 이 기술의 적용 범위는 매우 넓고 기술적 장벽도 대부분 해소된 상태다. 'DIY 유전자 검사(do-it-yourself gene watching)'* 결과를 쉽게 해석할 수 있도록 방대한 자료도 축적되어 있다. 체세포 치료(Somatic Gene Therapy: 비생식 세포들에 대한 유전자 치료)는 기존 세포핵에 새로운 DNA를 주입함으로써 새로운 유전자를 창출하는 기법이다. 질병을 유발하는 나쁜 유전자를 억제하고, 노화를 늦추고 회춘까지 할 수 있는 좋은 새 유전자들을 주입하는 것이다. 또한 퇴행성 질환(Reversing Degenerative Disease)—심장병, 뇌졸중, 암, 제2형 당뇨병, 간질환, 신장병 등 사망 원인의 90퍼센트를 차지하는—치료에 대해서도 많은 연구가 진행되고 있고, 심장병이나 암을 극복하기 위한 치료법들도 줄기차게 개발되고 있다.[31]

노화는 하나의 단일한 과정이 아니라 여러 변화들의 총합으로 나타난 결과다. 노화를 역전시키기 위해서는 노화의 원인을 이해하고 그 대처 방안에 대해 살펴볼 필요가 있다. 드 그레이는 노화를 가져오는 일곱 가지 주요 과정을 지적하고 그 대처 방안을 제시하고 있다. 첫째는 DNA 돌연변이(DNA Mutations)다. 일반적으로 핵 DNA에 돌연변이가 일어나면 결함이 있는 세포

---

* 유전자 검사는 DNA 미세배열 기술을 이용해 특정 유전자들의 발현 여부를 검사하는 기법으로 유전자 프로파일링(gene profiling)이라고도 한다.

가 탄생하므로 세포는 금방 죽거나 최적의 기능을 하지 못한다. 가장 문제가 되는 돌연변이는 세포 복제에 영향을 미쳐 암을 일으키는 돌연변이다. 이 경우 유전자 치료법을 동원해 암을 치료할 수 있다. 둘째는 독소 세포들(Toxic Cells)이다. 지방세포의 과다 축적과 같이 세포 노화 현상이 일어난 경우 이런 세포들의 '자살 유전자(suicide genes)'를 활성화시키거나, 이런 세포들에 표시를 붙여 면역체계가 이들을 파괴하도록 유도하는 방법이 개발되고 있다. 셋째는 미토콘드리아 돌연변이(Mitochondrial Mutations)다. 세포의 에너지 공장인 미토콘드리아의 13개 유전자에 돌연변이가 누적되는 것도 노화의 원인이다. 미토콘드리아의 기능에 필요한 단백질 대부분은 핵 DNA에서도 만들어지는 것들이고, 핵 DNA에서 합성한 단백질을 미토콘드리아로 옮기는 기술이 가능하므로 반드시 미토콘드리아가 직접 단백질을 합성할 필요는 없다. 배양 세포 차원에서는 미토콘드리아 유전자를 핵으로 옮기는 데 성공했다.

넷째는 세포내 집합체(Intracellular Aggregates)다. 세포 안팎에서는 늘 독성물질이 만들어진다. 드 그레이는 체세포 유전자 치료법을 통해 새 유전자를 주입함으로써 '세포내 집합체'라 불리는 세포 내 독성 물질을 제거하는 방법을 제안했다. 세포 밖 독성 물질을 제거하는 방법 중에는 독성 물질의 구성 분자들을 공격하는 백신을 만드는 방법이 있다. 이 경우 독성 물질이 면역체계 세포에 흡수되어버릴 수도 있겠지만 그런 경우엔 세포내 집합체 제거 방식으로 처리하면 된다. 다섯째는 세포외 집합체(Extracellular Aggregates)다. AGES(advanced glycation end-products 최종 糖化 산물)는 유용한 분자끼리 바람직하지 못한 방식으로 결합할 때 생기는 물질인데, 과도한 혈당 때문에 생기는 부작용이다. 이런 교차 결합 물질이 생기면 단백질이 정상적인 기능을 못하고 노화가 일어난다. 실험 단계이기는 하지만 효과적인 신약이 개발돼 있다. 여섯째는 세포 소실과 위축(Cell Loss and Atrophy)이다. 인체의 조직들은 낡은 세포들을 교체하는 능력이 있지만 이는 특정 장기에만 국한돼 있기 때문에 효과적인 대응 방법은 자기 세포 복제법이다.[32]

일곱째는 인간 복제(Human Cloning)다. 생명의 기계 장치를 활용하는 가장 강력한 방법이긴 하지만, 실제 인간을 복제하기보다 '치료용 복제' 형태로 수명 연장 차원에서 사용될 것이다. 텔로미어(telomere)가 연장되고 DNA가 수정된 세포들(DNA-corrected cells)로 새 조직을 배양해서 수술 없이 결함이 있는 조직이나 장기를 교체하는 것이다. 그러나 안전성이 확실하게 검증되지 않은 기술로 인간 생명을 복제하는 것은 비윤리적이다. 그럼에도 인간 복제가 머지않아 일어날 가능성이 높은 것은 그것이 일종의 영생으로 가는 방법이기도 하고, 기타 추동력이 될 만한 요인들이 있기 때문이다. 복제가 의미 있는 기술이긴 하지만 그 활용의 정점은 인간 복제가 아니다. 복제 기술이 가져올 가장 직접적인 혜택은 바람직한 유전 형질만 가진 동물을 품종 개량해 약학적 목적으로 사용하는 것이다. 또한 멸종 위기 종(種)을 보전하고 멸종한 종을 회생시킬 수 있다. 인간 체세포 공학(Human Somatic-Cell Engineering 또는 transdifferentiation)은 환자의 특정 세포(가령 피부세포)를 다른 종류의 세포(가령 膵臟島세포나 심장세포)로 바꿈으로써 자신의 DNA를 가진 새로운 조직을 만들어내는 기술이다. 배아 줄기 세포 사용에 따르는 논란을 피할 수 있고 흔한 피부세포를 활용할 수 있다는 점에서 기대되는 분야다. 나아가 복제 기술을 통해 세계 기아 문제를 해결할 수도 있다는 전망이 나온다. 동물 근육 조직을 복제함으로써 고기와 기타 단백질원을 공장에서 생산하는 것이다.[33]*

---

* 동물 없이 동물 근육 조직을 복제할 경우 저비용이고, 농약이나 환경호르몬을 피할 수 있고, 환경오염이 줄고, 영양 성분의 균형을 맞출 수 있고, 동물의 고통도 없게 될 것

노화와 관련된 유전자 수는 많아도 수백 개 정도다. 동물의 유전자를 조작함으로써 획기적으로 수명 연장을 이뤄낸 사례들도 있고, 또 생명공학과 나노기술을 접목하면 세포 하나하나를 컴퓨터로 바꾸는 것도 가능하다고 한다. 노화 연구의 주요 대상으로 떠오르고 있는 것 중에 텔로미어라는 DNA '사슬(beads)'이 있다. 텔로미어는 그리스어로 '끝'을 뜻하는 텔로스(telos)와 '부분'을 뜻하는 메로스(meros)의 합성어다. 염색체 말단의 반복적 DNA 염기서열인 이 텔로미어 사슬은 세포가 한번 복제할 때마다 길이가 점점 짧아져 더이상 떨어져 나갈 텔로미어가 없게 되면 세포는 더 분열하지 못하고 사멸한다. 세포 복제가 멈춤으로써 죽는다는 사실이 밝혀지면서, 텔로미어의 길이가 노화와 수명을 결정하는 원인인 것으로 추정되고 있다. 최근 텔로메라제(telomerase)라는 한 가지 효소만 있으면 텔로미어 손실을 막을 수 있다는 사실이 밝혀졌지만 암을 일으키지 않는 수준으로 효소 적용 을 조정해야 하는 문제가 있다. 암 세포 또한 텔로메라제를 생성하는 유전자를 지니고 있어서 무한히 스스로를 복제하며 확장해 나간다. 따라서 어떻게 암 세포의 텔로메라제 형성 능력은 차단하면서 일반 세포의 텔로미어를 연장하는 노화 치료를 할 것인가 하는 과제가 있다.[34]

다음으로 'N' 혁명에 대해 고찰하기로 하자. 나노기술은 정보와 물리세계의 교집합이다. 미국과학재단의 나노기술 보고서에서는 나노기술이 다양한 잠재력을 지녔음을 이렇게 설명하고 있다. "인간 수행 능력을 향상시키고, 물질과 물과 에너지와 식량의 지속가능한 발달을 가져오고, 미지의 박테리아나 바이러스로부터 우리를 보호하고, 심지어 [전 세계적 풍요를 가져옴으로

이고, 광우병과 그 변종인 인간광우병 등 프리온(Prion: Protein(단백질)과 Infection(감염)의 합성어) 매개 질병의 위험을 줄일 수 있다는 이점이 있다.

쎄] 평화를 깨뜨릴 이유 자체를 줄일 것이다."[35] 나노기술은 우리 몸과 뇌를 포함한 물리세계를 분자 수준으로, 잠정적으로는 원자 수준으로 재설계하고 재조립할 수 있게 할 것이다. 지금까지의 속도대로라면 2020년경에는 대부분의 전자 기술과 다수의 기계 기술이 나노기술의 영역에 들어설 것으로 전망되고 있다.

우리의 적혈구를 로봇으로 대체하면 생물학적 상태일 때보다 수천 배 효율적으로 운영될 것이라고 한다. 나노기술의 역사 연구자들 대부분은 나노기술의 개념적 탄생을 미국의 물리학자 리처드 파인만(Richard Fdynman)의 1959년 연설―원자 수준에서 기계를 움직이게 될 날이 올 수밖에 없다고 주장한―에서 찾는다. 그보다 앞서 1950년대 초 미국의 정보 이론가 존 폰 노이만은 범용 컴퓨터와 결합된 보편적 생성자(universal constructor)라는 자기복제 모델을 고안해 나노기술의 개념적 토대를 공식화했다.[36] 미국의 물리학자이자 노벨 물리학상 수상자인 호르스트 슈퇴르머(Horst Ludwig Störmer)의 다음 말은 나노기술의 가능성을 간명하게 나타내고 있다.

나노기술은 우리에게 원자와 분자라는 자연 궁극의 장난감을 갖고 놀 수 있는 도구를 주었다. 모든 것이 그로부터 만들어진다…새로운 것을 창조해낼 가능성이 무한히 열렸다.

Nanotechnology has given us the tools…to play with the ultimate toy box of nature—atoms and molecules. Everything is made from it…The possibilities to create new things appear limitless.[37]

나노기술을 현대적 연구 분야로 정립한 사람은 나노과학의 창시자 에릭 드렉슬러(Eric Drexler)다. 1980년대 중반에 발표한 그의 박사학위 논문은

(1986년에 『창조의 엔진 *Engines of Creation*』이라는 책으로 나왔고, 1992년에 다시 『나노시스템 *Nanosystems*』이라는 제목으로 출간됐다) 나노기술의 초석을 놓았고, 오늘날에도 나노기술이 따라야 할 지침을 제공했다. 드렉슬러가 제안한 '분자 조립자(molecular assembler)'는 세상에 있는 거의 모든 것을 다 만들 수 있다. "가장 전형적인 분자 조립자는 책상에 올려놓을 만한 크기의 기기를 통해 소프트웨어만 있으면 컴퓨터, 옷, 예술 작품, 조리된 음식에 이르기까지 온갖 것들을 생산해내는 조립자다. 가구나, 차, 집처럼 큰 물건은 더 큰 조립자를 이용하거나 부품 조립 방식으로 만들 수 있다. 특히 중요한 점은 (자기복제의 잠재적 위험을 피하기 위해) 자기복제가 금지된 설계가 아니라면 조립자가 자기복제를 할 수 있다는 것이다."[38] 분자 제조 과정의 전체 비용은 만들어진 물건이 옷이든, 슈퍼컴퓨터든, 예술 작품이든 상관없이 킬로그램당 10~50센트 수준일 것으로 드렉슬러는 추산했다.[39] 실제 비용은 생산품의 정보 가치이기 때문에 제일 중요한 것은 조립 과정을 제어하는 소프트웨어다. 생산품의 정보 가치는 요즈음도 급격히 상승하고 있어서 전체 가치의 100퍼센트에 육박하는 점근선(漸近線 asymptote)에 가까워지고 있다.

분자 제조 과정을 제어하는 소프트웨어 자체도 오늘날의 전자 칩과 마찬가지로 광범위하게 자동화 작업에 의해 설계될 것이다. 칩 설계자가 컴퓨터 설계(CAD) 프로그램에 구체적인 기능과 형태를 입력하면 프로그램이 알아서 실제 칩 배치도를 그려주는 것과도 같이, 분자 제조 통제 소프트웨어도 CAD 프로그램으로 전문적으로 만들어낼 수 있을 것이다. '분자 조립자가 가능하다는 궁극적인 증거는 생명 그 자체'라고 커즈와일은 말한다. 생명 현상의 기원이 되는 정보 처리 과정을 이해하면 할수록 분자 조립자 설계에 유용한 아이디어를 얻을 수 있다는 것이다.[40] 드렉슬러의 다음 말은 생물학적 조립자의 개념을 잘 설명해 준다.

자연은 분자가 기계로 작동할 수 있음을 보여준다. 생명체는 모두 그런 분자 기계 덕분에 살아가고 있다. 효소란 서로 다른 분자들 사이의 결합을 만들고, 부수고, 다시 잇는 분자 기계나 다름없다. 근육이 움직이는 것은 분자 기계들이 근섬유를 이리저리 잡아당기기 때문이다. DNA는 데이터 저장소로 기능하며, 단백질 분자를 제조하는 분자 기계인 리보솜에 디지털 명령을 전송한다. 이렇게 생성된 단백질 분자들이 차례로 대부분의 분자 기계들의 구성 물질이 된다.

Nature shows that molecules can serve as machines because living things work by means of such machinery. Enzymes are molecular machines that make, break, and rearrange the bonds holding other molecules together. Muscles are driven by molecular machines that haul fibers past one another. DNA serves as a data-storage system, transmitting digital instructions to molecular machines, the ribosomes, that manufacture protein molecules. And these protein molecules, in turn, make up most of the molecular machinery.[41]

커즈와일은 나노컴퓨터와 나노봇으로 세포핵 업그레이드하기를 제안한다. 2020년대가 되어 나노기술이 충분히 발달하게 되면 우리는 세포핵 속의 생물학적 유전 정보 저장소를 나노기술로 만든 물질로 대체할 수 있을 것이라고 했다. 이처럼 세포핵을 나노기계로 대체하면 몇 가지 이점이 있다. "DNA 전사 오류가 축적되는 것을 막을 수 있어 노화가 방지된다. DNA를 교체하여 유전자를 근본적으로 재편할 수도 있다. 원치 않는 유전 정보의 복제를 차단함으로써 생물학적 병원체(박테리아, 바이러스, 암 세포)를 물리칠 수 있을 것이다."[42] 나노기계에 명령어 전파 구조를 탑재하면 원치 않는 복제 활동을 중단시킬 수 있기 때문에 암, 자가 면역 반응, 기타 질병이 진행되는 것을 막을 수 있다. 나노기술을 이용해 생명의 컴퓨터를 재구성할 수 있다면 남아있는 문제들을 모두 해결할 수 있을 것이고, 생물학적 한계를 뛰어넘는 영구성(durability)과 유연성(flexibility)을 갖추게 될 것이다. 드렉슬러의 나노기술 개념은 분자를 정교하게 제어하여 물질을 제작하는 내용을 다룬 것이었지만, 지금은 그 개념이 확장되어 몇 나노미터 수준(보통 100나노미터 아래)의 물체를 다루는 기술이면 모두 포괄하는 용어가 되었다. 전자공학은 이미 이 영역에 진입했고, 생물학이나 의학도 나노입자들을 다루는 방향으로 발전하고 있다.[43]

우리가 가장 역점을 두어야 할 부분은 나노기술을 활용해 깨끗하고, 재생 가능하고, 분산적이고, 안전한 에너지 기술을 개발하는 것이다. 미국의 화학자이자 노벨 화학상 공동 수상자인 리처드 스몰리(Richard Smalley)는 나노기술의 역량을 에너지 분야에 다양하게 활용할 방안을 제시했다. '태양열 집열판의 비용을 열 배에서 백 배까지 낮출 수 있는 태양광발전(photovoltaics), 물과 햇빛에서 수소를 생산하는 효율적인 신기술인 수소 생산(production of hydrogen), 연료 전지에 수소를 저장하는 가볍고 강한 소재인 수소 저장(hydrogen storage), 연료전지의 비용을 열 배에서 백 배까지 낮출 수 있는 연료전지(fuel cells), 에너지 저장 밀도를 열 배에서 백 배까지 높일 수 있는 전지와 축전지(batteries and supercapacitors)는 모두 나노기술의 활용으로 현실화될 수 있다. 또한 강하고 가벼운 나노 물질을 이용함으로써 차나 비행기 등의 에너지 효율을 높일 수 있으며, 강하고 가벼운 나노 물질로 대규모 에너지 수확 시스템(energy-harvesting systems)을 달을 포함하여 우주에 설치할 수 있다. 인공지능이 탑재된 나노 전자공학적 로봇들이 우주나 달에 에너지 생산 구조물을 자동으로 건설할 수 있다. 새로운 나노 물질을 코팅함으로써 시추에 드는 비용을 크게 줄일 수 있다. 나노 촉매를 통해 고온에서 석탄의 에너지 전환율을 높일 수 있다. 나노 필터를 사용해 고에너지 석탄 채취에서 발생하는 매연을 가둘 수 있다. 매연의 성분은 대부분 탄소이므로 이것을 다시 나노기술 설계의 원료로 재활용할 수 있다. 신소재를 활용하여 뜨겁고 건조한 바위를 지열(地熱) 에너지원(geothermal-energy sources)으로 개발할 수 있다(지구 핵의 열기를 에너지로 전환하는 것이다).'[44]

한편 UN대학 미국위원회가 수행하는 밀레니엄 프로젝트는 마이크로파를 통한 에너지 전송을 '깨끗하고 풍부한 미래 에너지(a clean, abundant energy future)'의 핵심 요소로 본다. 현재의 에너지 저장은 고도로 중앙집중화되어 있기 때문에 액화 천연가스 저장고나 다른 저장 시설들이 테러공격에 노출돼 있고 파국적인 사고를 일으킬 위험이 잠재돼 있어 매우 취약하다. 송유선이나 송유차도 마찬가지로 이러한 위험에 노출돼 있다. 앞으로의 에너지 저장방식은 연료전지가 될 것이며, 비효율적이고 취약한 중앙집중 설비는 효율적이고 안전하며 하부구조 전반에 폭넓게 분산된 형태로 바뀔 것이다. 기계, 자동차, 나아가 가정의 연료를 공급하는 큰 연료전지도 괄목할 만한 기술적 발전을 보이고 있으며, 머지않아 실용화될 것으로 보인다. 나노기술을 적용한 에너지 저장 방식으로 연료전지 외에 나노튜브(nanotubes)가 있다. 나노튜브는 이미 연산, 정보통신, 전력 전송, 극도로 강한 구조 물질 제작 등에서 산업적 가치를 인정받고 있는 만큼, 에너지 저장 면에서도 핵심 물질이 될 것으로 보인다.[45]

나노기술이 부상하면 환경에도 심대한 변화가 일어날 것이다. 환경에 나노기술을 적용하게 되면 오염 물질 방출이 획기적으로 감축된 제조 및 가공 기술이 등장할 것이고, 산업시대 전반에 걸쳐 축적된 오염을 개선하는 기술도 생겨날 것이다. 나노 태양열 집열판 등 깨끗하고 재생가능한 에너지원으로 에너지 수요를 충당하게 되면 환경에도 바람직한 결과를 가져올 것이다.

나노기술의 적용 사례는 계속 늘어나고 있다. 산업 과정의 효율을 높이고 환경오염 문제를 해결하기 위한 수많은 연구가 전 세계적으로 진행 중에 있는데, 몇 가지 예를 들면 다음과 같다. '나노입자를 사용하면 수많은 환경적 독성 물질들을 처리하고 비활성화시키고 제거할 수 있음이 밝혀졌다. 산화제, 환원제, 기타 활성 물질들을 나노입자 크기로 만들어 적용하면 나노입자가 유기 독성 물질에 결합하여 그들을 제거할 수 있다. 수질 정화에 나노 여과막을 사용하면 미립자 제거 능력이 탁월하며, 한 번 사용한 나노물질은 자력 분리 방법으로 오염물을 분리하여 재활용한다. 화학 산업에서 촉매나 촉매 보조제로 쓰기 위해 나노 결정 물질을 개발하기 위한 광범위한 연구가 진행 중이다. 나노 촉매는 화학 반응 산출량을 높이고, 독성 부산물을 줄이고, 오염물질을 제거하는 잠재력이 있다.'

또한 '자동차의 구조물로 나노 합성물을 널리 사용하게 되면 연간 휘발유 소모량을 15억 리터 절감하고 연간 이산화탄소 방출량을 50억 킬로그램 줄일 수 있으며, 그밖에 다른 환경적 이점도 많다. 나노 로봇공학은 핵폐기물 관리를 도울 것이며, 핵연료 처리 시 동위원소 폐기물을 분리하는 데 나노 여과막을 사용할 수 있다. 가정이나 산업 현장의 조명에 나노기술을 적용하면 전기 수요를 줄이고 연간 2억 톤의 탄소 방출량을 감소시킬 수 있다. 자기조립력을 갖춘 전자 기기들은 제조와 운용에 에너지를 덜 소모하게 될 것이므로 기존 반도체 제조 방식보다 유독 부산물도 적게 낼 것이다. 나노튜브를 사용한 새로운 컴퓨터 디스플레이 기술은 한편으론 디스플레이 성능을 현저하게 개선하면서 다른 한편으론 기존 디스플레이 기술에서 생겨나던 중금속 등 독성물질을 제거한다. 바이메탈 나노입자(Bimetallic nanoparticles)는 PCB, 살충제, 할로겐 첨가 유기 용매 등을 효과적으로 환원하는 촉매로 기능할 수 있다. 나노튜브는 다이옥신을 효과적으로 흡수하며 기존의 활성

탄소보다 훨씬 효능이 좋은 것으로 드러났다.'[46]

한편 나노로봇(나노봇)*은 오늘날 각광 받는 연구 분야 중 하나다. 박테리아와 자석 입자로 머리카락 굵기의 50분의 1에 불과한 초소형 트랜스포머 나노로봇이 세계 최초로 개발됐다. 미국 서던 메소디스트대 김민준 석좌교수팀이 개발한 이 로봇은 혈액 등 유체 환경의 변화에 따라 자율적으로 형태를 변형하는 트랜스포머 기능을 갖췄으며, 스스로 추진력을 조절해 제 몸 길이보다 먼 거리를 단 1초 만에 헤엄칠 수 있다. 이 트랜스포머 나노로봇은 살모넬라에서 추출 합성한 박테리아의 편모에 초상자성(superparamagnetic) 나노 입자를 붙여, 로봇이 체내외에 직접 약물을 전달할 수 있도록 설계됐다. 박테리아 편모를 붙인 나노로봇은 자기공명영상(MRI)의 회전 자기장 내에서 시계방향 혹은 반시계방향으로 회전하면서 움직이게 된다. 유체 내의 온도, 이온 농도, pH 등 유체 환경의 변화를 인식하고 가장 적합한 형태로 스스로 변화해, 정해진 위치나 경로에 표적약물을 전달할 수 있다. 강한 추진력으로 표적 세포벽을 뚫고 약물을 직접 전달할 수 있어 의료 분야에 획기적인 공헌을 하게 될 전망이다. 이 연구결과는 2017년 10월 25일 『네이처 Nature』 자매지인 국제 학술지 『사이언티픽 리포트 Scientific Reports』에 실렸다.[47]

선구적 나노기술 이론가이자 나노의학의 주창자인 로버트 프라이타스

---

* 나노봇의 존재에 대해 비관적인 관점도 있다. '나노봇은 피부를 뚫고 몸속으로 들어가면서 세포 속으로 손쉽게 들어갈 수 있다. 만약 세포 속으로 들어간 나노봇이 우리의 세포를 변형시켜 세포의 정상적인 성장과 분열을 방해한다면 정상세포를 암으로 바꾸는 치명적인 결과가 생길지도 모른다'는 것이다(http://100.daum.net/encyclopedia/view/73XXXXKS3418 (2017.11.8)). 하지만 기술적 진화를 통해 나노기술이 강력한 AI와 융합하게 되면 이러한 문제는 해결될 수 있지 않을까? 오히려 본질적인 문제는 강력한 AI를 어떻게 인간의 통제 하에 둘 수 있겠는가 하는 것이다.

주니어(Robert A. Freitas Jr.)는 생물학적인 적혈구보다 수백 수천 배 효과적으로 기능하는 로봇 적혈구를 설계했다. 커즈와일은 프라이타스의 연구 결과를 바탕으로 이렇게 단언한다. 프라이타스의 인공적혈구(respirocytes 로봇 적혈구)를 가지면 육상 선수는 숨 한 번 쉬지 않고도 15분을 달릴 수 있을 것이고, 프라이타스의 로봇 대식세포(macrophages)—'미생물 포식자 세포(microbivores)'라 불리는—는 생물학적 백혈구보다 훨씬 효과적으로 병원체와 싸울 수 있을 것이며, 프라이타스의 DNA 수리 로봇(DNA-repair robot)은 DNA 전사 오류(transcription error)를 바로 잡고, 필요한 경우 DNA에 변화를 줄 수 있을 것이라고. 이 외에도 세포 속의 불필요한 찌꺼기나 화합물을 제거하는 청소부 기능을 하는 로봇에 대해서도 생각해 볼 수 있다. 커즈와일은 프라이타스의 개념적 설계들이 현실화하려면 수십 년은 더 있어야 하지만 혈류용 기기들에 대한 연구는 놀랄 만큼 진척되고 있다며, 특히 혈류 속의 나노봇의 활약에 대해 강한 기대감을 나타냈다.[48]

다음으로 'R' 혁명에 대해 고찰하기로 하자. 4차 산업혁명을 견인할 GNR 혁명 중에서도 R 혁명은 가장 심원한 혁명이다. R은 로봇공학을 의미하지만 인간 지능을 뛰어넘는 강력한 인공지능(AI), 즉 비생물학적 지능의 탄생을 뜻하는 것이고, 지능은 우주에서 가장 강력한 힘이 될 것이기 때문이다. 커즈와일은 그럼에도 자신이 로봇공학을 강조하는 이유는 지능이 세상에 영향을 미치는 방법 중 한 가지로 물리적 실체가 필요하기 때문이며, 로봇을 만드는 물리적 기술마저도 기본적으로 지능에 포함된 것으로 볼 수 있다고 말한다. 기계 지능은 쉽게 지식과 자원을 공유하고, 기억은 정확하며 그 용량은 매년 두 배로 증가하고 있다. 또한 기계 지능은 최고의 기술을 항상 최고의 수준으로 수행할 수 있다. 인간의 지식이 점차 웹에 옮겨지고 있으므로 기계는 머지않아 모든 인간-기계 정보를 종합할 수 있을 것이며, 인간 지능만큼 미묘하고 광범하게 되면 '이중의' 기하급수적 성장을 지속할 것이다. 강력한 AI와 나노기술은 상호보완적이며, 두 분야 모두 가장 발전된 도구들을 이용해 나아갈 것이므로 한 분야에 진전이 이뤄지면 동시에 다른 분야도 진척이 이뤄질 것이다. 커즈와일은 전면적 분자 나노기술이 강력한 AI보다 먼저 나타날 것(나노기술은 2025년경, 강력한 AI는 2029년경)으로 기대한다.[49]

나노기술도 대단히 혁신적이겠지만 관리할 방도를 연구해볼 수 있겠으나, 초지능(superintelligence)은 통제 자체가 본질적으로 불가능하기 때문에 고삐 풀린 AI의 심대한 영향은 치명적일 것이라고 커즈와일은 말한다. 여기서 '고삐 풀린 AI(Runaway AI)'란 막스 모어가 묘사한 시나리오, "초지능 기계들, 처음에는 인간의 이익을 위해 길들여졌던 기계들이 곧 우리를 넘어서는 것(superintelligent machines, initially harnessed for human benefit, soon leave us behind)"을 일컫는 것이다. '스스로를 개선할 능력을 갖춘 AI가 자신의 하드웨어의 설계를 개량하고, 심지어는 새로 만들 수도 있을 것'이라고 한 대미언 브로데릭(Damien Broderick)의 관점과도 맥을 같이하는 것이다. 강력한 AI가 등장하면 거침없이 나아가며 힘을 증대시킬 것이다. 그것이 기계 능력의 근본적 속성이기 때문이라고 커즈와일은 말한다.

하나의 강력한 AI는 곧 수많은 강력한 AI를 낳을 것이고, 그들은 스스로의 설계에 접근해서 터득하고 개량함으로써 더 유능하고 지능적인 AI로 매우 빠르게 진화할 것이다. 진화 주기는 무한히 반복될 것이다. 각 주기마다 더욱 지능적인 AI가 탄생할 뿐 아니라, 주기에 걸리는 시간도 짧아질 것이다. 그것이 기술 진화(또는 모든 진화)의 속성이기 때문이다. 일단 강력한 AI가 등장하면 초지능이 온 우주로 퍼지는 것은 시간문제라는 것이다.

As one strong AI begets many strong AIs, the latter access their own design, understand and improve it, and thereby very rapidly evolve into a yet more capable, more intelligent AI, with the cycle repeating itself indefinitely. Each cycle not only creates a more intelligent AI but takes less time than the cycle before it, as is the nature of technological evolution (or any evolutionary process). The premise is that once strong AI is achieved, it will immediately become a runaway phenomenon of rapidly escalating superintelligence.[50]

커즈와일은 '고삐 풀린 AI'의 논리가 타당하지만 그 시기는 논의의 여지가 있다고 본다. 기계의 지능이 인간 수준에 도달한다고 해도 곧바로 통제 불능의 상황을 초래하는 것은 아니라는 것이다. 일단 튜링 테스트(Turing test)*를 통과하는 기계가 등장하면(2029년경) 다음 이어지는 시기는 비생물학적 지능이 급속하게 발전해가는 능력 강화의 시대가 될 것이지만, 특이점에 도달하려면 인간 지능의 수십억 배 이상 발전해야 하는데, 그건 2040년대 중반에야 일어날 것이라고 전망한다. 그에 따르면 우리는 이미 '좁은 AI(narrow AI)'의 시대에 들어섰다. 좁은 AI란 "한때 인간의 지능으로만 수행할 수 있었던 유용한 특정 기능들을 인간 수준으로, 혹은 그보다 낮게 수행하는 인공지능"[51]을 말한다. 좁은 AI는 종종 인간의 속도를 크게 초과하며 수천 가지 변수들을 동시에 고려하고 다룬다. 커즈와일은 AI 기술 발전 주기(수십 년간의 열광, 10여 년의 실망, 그리고 나서 15년의 탄탄한 채택 과정)가 인터넷이나 원격통신의 주

---

* 튜링 테스트는 1950년 영국의 수학자이자 논리학자 앨런 튜링(Alan Turing)이 제안한 인공지능 판별법이다. 그는 기계의 지능을 판별하는 기준으로 인간과의 대화를 제안했다. 컴퓨터와 대화를 나누어 컴퓨터의 반응을 인간의 반응과 구별할 수 없다면 해당 컴퓨터가 사고할 수 있는 능력을 갖춘 것으로 간주해야 한다고 주장했다.

기(10년이 아니라 연단위로 측정)에 비해 길어보일지 모르지만 두 가지 요소를 고려해야 한다고 본다. "첫째, 인터넷과 원격통신은 비교적 최근에 등장해서 패러다임 전환의 가속화 영향을 더 받았기 때문에 오늘날의 기술 채택 주기(호황, 불황, 회복)는 40년 전에 시작된 기술의 주기보다는 훨씬 더 빠를 수밖에 없다. 둘째, AI 혁명은 인간 문명이 경험하게 될 가장 심원한 변화여서 덜 복잡한 기술들보다 성숙하는 데 더 오랜 시일을 요할 것이다. 인간 문명의 가장 중요하고 가장 강력한 속성, 실로 우리 행성에서 일어난 진화의 전 과정을 포괄하는 것, 지능을 정복하는 것이기 때문이다."[52]

　AI 연구에서 출현해 수십 년 동안 개선과 개량을 거듭하며 발전한 강력한 도구들을 우리는 이미 가지고 있고, 여기에 뇌의 역분석에서 얻은 통찰, 즉 생물학적으로 영감을 얻은 새로운 자기조직화 기술에 대한 통찰을 접목하면 도구상자는 더 한층 풍성해질 것이고, 궁극에는 공학기술로 인간 지능을 증폭시킴으로써 100조 개의 너무도 느린 개재뉴런(interneuron) 연결을 극복할 수 있을 것이라고 커즈와일은 말한다. 그렇게 되면 결국 지능도 정보기술처럼 수확 가속의 법칙에 종속될 것이다. 커즈와일은 자신이 지난 수십 년간 인공지능 분야에서 경험한 바로는, 일단 AI 기술이 현실화하면 더 이상 AI로 여겨지지 않고 각 분야로 흡수된다는 것이다(문자 인식, 언어 인식, 기계 시각, 로봇 공학, 정보 추출, 의료정보학, 자동 투자 등). 지능이란 것은 일단 그 작동 방식이 충분히 이해되고 나면 '아무것도 아닌 것(nothing)'으로 여겨져서, 처음엔 뭔가 묘수라도 부리는 줄 알았다가 나중엔 당연한 것으로 받아들이게 되고 관심의 초점은 아직 밝혀지지 않은 문제들로 넘어가버린다는 것이다.[53] 그건 비단 AI 과학자들만이 겪는 일은 아니다. 우리가 새로운 것을 처음 접할 때, 또는 간절히 소망하던 바가 이루어졌을 때, 처음에는 경이로움으로 가득 차지만 얼마 지나지 않아 시들해져서 '아무것도 아닌 것'이 되어버리고 또 다시 새로운 것을 찾아 나서는 것과도 같은 것이다. 끊임없이 새로운 것을 추구하는 인간 본래의 속성이 아닐까?

　강건한 AI를 만드는 가장 강력한 방법은 인간의 뇌가 작동하는 기법들을 결합하는 것이다. 뇌는 하나의 커다란 신경망이 아니라 수백 개의 영역들로 이뤄진 체계로서 각 영역은 다른 방식으로 정보를 처리하도록 최적화되어 있다. 이들 영역들은 독자적으로는 인간 수준의 수행이라 할 만한 것을 못 하지만, 전체 시스템에서는 그런 능력이 생겨난다. 부분의 단순한 합이 전체는 아닌 것이다. 커즈와일은 현실에 적용되고 있는 좁은 AI의 적용 사례들을 몇 가지 소개하고 있다. 이 사례들은 특수 업무를 수행하기 위해 다양한 기법들을 통합하고 최적화한 것이다. 좁은 AI가 광범하게 사용되는 데에는 몇 가지 배경적 요인들이 있다. 연산 자원이 기하급수적으로 늘어난 것, 수천 개의 분야에 적용되며 실세계에서 광범위한 경험을 축적한 것, 인간 뇌의 지적 결정 과정에 대한 새로운 통찰력이 생겨난 것 등이 그런 요인들이다.[54] 그가 소개하는 '좁은 AI'의 적용 사례들[55]은 다음과 같다.

　첫째, 국방과 지능 분야다. 미 국방성은 선도적으로 광범하게 AI를 활용해 오고 있다. 크루즈 미사일과 같은 자율무기를 인도하는 소프트웨어는 패턴 인식 기법을 쓴다. 군대는 새로운 지역에 투입된 소대의 내부 연락체계를 위해 수천 개의 소통 노드들을 자율적으로 조직하는 자기조직적 의사소통망 시험판(prototypes)을 개발했다. 또한 복잡한 공급체계를 최적화하기 위해 베이즈망(Bayesian networks)과 유전 알고리즘을 결합한 전문가 시스템을 이용하기도 한다. 수백만 가지의 보급품, 공급 물자, 무기들을 급속하게 변화하는 전장의 필요에 맞게 배치하기 위해서다. AI는 핵무기나 미사일 등 무기의 성능을 시뮬레이션 하는 데도 자주 사용된다. 군대에서는 모든 곳에 로봇이 사용되고 있다. 로봇을 동원해 아프가니스탄의 동굴과 건물들을 수색하기도 한다. 해군은 항공모함을 비호하기 위해 작은 로봇 선박들을 사용한다. 전장에서는 인간 병사들이 빠른 속도로 사라지는 추세에 있다.

둘째, 우주 탐사 분야다. 미항공우주국(NASA)은 무인 우주선을 통제하는 소프트웨어에 자기이해 능력을 심고 있다. 우주선과 지구에 있는 통제실 사이에 상당한 교신 지체가 있기 때문에 우주 계획을 통제하는 소프트웨어는 전략적 의사 결정을 스스로 내릴 필요가 있게 된다. 하여 나사는 소프트웨어가 자신의 능력과 우주선의 능력을 상세히 이해하고 임무 수행 중에 발생할지도 모를 잠재적 문제들에 대해서도 이해하도록 설계하고 있다. 그런 AI 기반의 시스템은 사전에 프로그램된 규칙을 따르기보다 새로운 상황에 맞는 해법을 스스로 추론해낼 수 있다.* 또한 나사는 컴퓨터 연결망을 이용해 유전 알고리즘을 장착하여 지구 자기장 연구를 수행하게 될 세 대의 스페이스 테크놀로지 5 위성(three Space Technology 5 satellites)들에 설치할 안테나를 설계했다. 나사에는 매우 희미한 영상 속에서 항성과 은하를 구분하는 법을 배우는 AI 시스템도 있는데, 인간 천문학자들보다 훨씬 정확하게 구별해낸다. 지상에 설치된 로봇 망원경들 중에는 어디를 보아야 원하는 천문 현상을 발견할 가능성이 높은지 스스로 결정할 수 있는 것들이 있다. 이 시스템은 '자율적인 반(半)지능적 천문대(autonomous, semi-intelligent observatories)'라 불린다. 또한 망원경은 항성이 1 나노초(a nanosecond) 깜박이는 것도 알아낼 정도로 매우 미세한 현상도 탐지해낸다. 현재의 위성 기술은 지상의 물체를 1인치(2.54센티미터) 해상도로 관측할 수 있으며 기상조건에 전혀 영향을 받지 않는다.

---

* 1999년 소행성 탐사 임무를 띠고 발사되었던 딥 스페이스 1호(Deep Space One)는 조정 스위치 중 하나가 작동 불능으로 심각한 위기에 처했을 때, 스스로의 기술적 지식을 이용해 몇 가지 독창적인 해결책을 찾아냈다. 첫 번째는 실패했지만 두 번째 해결책은 성공하여 임무 수행을 무사히 마칠 수 있었다.

셋째, 의학 분야다. 병원에서 심전도(ECG)를 촬영하면 의사는 심전도 기록계에 딸린 자동 진단 시스템의 패턴 인식 기법을 통해 진단한다. 대형 제약 회사들은 신약을 개발할 때 패턴 인식과 지능적 정보를 추출하기 위해 AI 프로그램을 사용한다. 이들 대형 회사들은 병원균들에 대한 온갖 정보를 통합한 지식 기반을 구축하고 있으며, 지능형 정보 추출 도구들을 사용해 이들 병원체를 죽이거나 대사 작용을 방해하는 새로운 방법을 모색하는 것을 목표로 하고 있다. 다른 질병들에 대한 새로운 치료법을 찾아내기 위해서도 자동 발견 기법이 사용되며, 유전자의 기능과 질병에 미치는 영향을 알아내는 데도 마찬가지로 사용된다. 엠마뉴엘 페트리코인(Emanuel Petricoin)이 개발한 AI 적용 테스트는 암이 있을 때에만 나타나는 단백질의 독특한 패턴을 찾아내는데, 100퍼센트의 정확도로 초기 단계의 암을 찾아냈다고 한다.[56] 미국에서는 전체 자궁암 검사의 10퍼센트 정도는 포컬포인트(FocalPoint)라 불리는 자기학습형(self-learning) AI 프로그램에 의해 분석된다.

넷째, 과학과 수학 분야다. 웨일스대학이 만든 '로봇 과학자'는 독창적 이론을 만들 수 있도록 설계된 AI 기반 시스템으로, 자동으로 실험을 수행하는 로봇 시스템과 결과를 평가하는 추론 기계로 구성돼 있다. 연구자들은 시스템에 효모균의 유전자 발현 모델이라는 과제를 냈다. 그러자 시스템은 '관찰 결과를 설명하기 위한 가설들을 자율적으로 만들어냈고, 이 가설들을 시험하기 위한 실험을 고안했으며, 연구소 로봇을 이용해 실험을 하고, 결과를 해석하여 불일치하는 가설을 반증 처리하는 과정을 반복했다.'[57] 로봇 과학자가 설계한 실험들은 인간 과학자가 설계한 것들보다 비용은 3배 저렴한 데 비해, 성과는 기계가 발견한 것들이 인간이 수행한 연구 결과 못지않게 평가할 만한 것이었다. 미국 아르곤 국립연구소에서는 AI 시스템이 오랫동안 추측으로만 남아있던 대수 문제 한 가지를 풀었다. 수학자들은 기계의 증명이 '창의적'이라고 평했다.

다섯째, 기업, 금융, 제조업 분야다. 모든 산업 분야의 회사들은 물류를 통제하고 최적화하며, 사기와 돈세탁을 탐지해내고, 수많은 자료 속에서 지능적인 데이터 처리를 위해 AI 시스템을 활용한다. 회사는 지능적 정보 추출을 통해 가게마다 매일 특정 상품의 필요한 재고량을 상당히 정확하게 예측해낸다. AI 프로그램은 금융 거래에서 사기 행위를 탐지하는 데도 사용된다. 시스템은 경험을 통해 계속해서 기존 규칙을 수정하고 새로운 규칙들을 생성해간다. 미국 나스닥(NASDAQ)도 SONAR(보안 감독, 뉴스 분석 및 규제)라 불리는 자기학습 프로그램을 사용한다. 이 시스템은 모든 거래의 사기 여부는 물론 내부자 거래 가능성도 모니터링한다. 1972년에서 1997년까지 MIT의 AI 연구소를 주도했던 패트릭 윈스턴(Patrick Winston)은 어센트 테크놀로지(Ascent Technology)를 창립하여 유전 알고리즘에 기반을 둔 SAOC(스마트 공항 관제 센터)—공항의 복잡한 물류를 최적화하는 프로그램—을 개발했다. 어센트 사와 최초로 AI 기술 계약을 맺은 것은 군대였다. 1991년 이라크의 '사막의 폭풍 작전(Operation Desert Storm)' 시에 물류 관리를 위해 채택된 것이다.

여섯째, 제조업과 로봇공학 분야다. 컴퓨터 통합 생산(CIM)은 자원 이용을 최적화하고, 물류를 능률화하고, 부품을 적시 구매(just-in-time purchasing)하여 재고를 줄이기 위해 점차 AI 기술을 채택하고 있다. 최근 컴퓨터 통합 생산의 트렌드는 규칙 기반의 고정된 전문가 시스템보다는 사건에 따라 추론하는 유연성에 역점을 둔다. 로봇은 제조 산업에서 광범하게 사용되고 있다. 최근의 로봇들은 AI 기반의 유연한 기계 시야 시스템(machine-vision systems)을 탑재했다. 선구적인 로봇학자 중의 한 사람인 한스 모라벡(Hans Moravec)은 시그리드라는 회사를 설립해 제조 과정, 원료 가공, 군사 작전 등에 기계 시야

기술 적용을 시도하고 있다. 기계 시야의 성취를 인상적으로 보여준 예로는, AI 시스템을 갖춘 무인 자동차가 워싱턴 D.C.에서 샌디에이고까지 자율적으로 운전하는 데 성공한 것을 들 수 있다. 팰러앨토 연구센터(PARC)는 복잡한 환경을 돌아다니며 자료들을 수집하는 로봇 군단을 개발하고 있다. 이들은 재난 지역에서 부상자를 발견하는 일을 할 것이다.

일곱째, 음성과 언어 분야다. 인공지능에게 가장 도전적인 과제는 자연스럽게 언어를 다루는 것이다. 풍부한 어휘와 음성 인식 기술을 갖춘 자연어 시스템이 시장에 나와 있으며 전화를 통해 일상 업무를 처리하는 분야에 투입되고 있다. 브리티시 에어웨이 항공사는 가상 여행 안내자가 항공사의 비행기 예약을 받고, 메릴린치 금융회사도 가상 상담원을 통해 금융 거래를 할 수 있도록 했다. 컴퓨터 번역도 꾸준히 발전하고 있다. 인간 수준으로 언어를 이해하고 구사한다는 것은 튜링 테스트를 통과할 정도의 능력이므로 이 분야는 가장 마지막까지 기계가 인간을 따라올 수 없는 영역일 것이다. 서던 캘리포니아대 컴퓨터 과학자 프란츠 조셉 오크(Franz Josef Och)는 어떤 언어라도 몇 시간 내지 며칠 만에 번역을 할 수 있는 기술을 개발했다. 다만 한 언어의 글을 다른 언어의 글로 번역한 기준 텍스트가 필요하며, 번역된 글에 포함된 단어의 개수가 수백만 개 이상 되어야 한다. 그러면 시스템은 자기조직적 기법을 사용해 한 언어가 다른 언어로 번역되는 통계 모델을 구축한 뒤, 양 방향으로 모델을 발전시켜 나간다.

여덟째, 오락과 스포츠 분야다. 옥스퍼드대 과학자 토스텐 레일(Torsten Reil)은 유전 알고리즘을 적용해 가상 관절과 근육, 뇌 대용 신경망을 가진 생명체들을 창조했다. 그들에게 걸으라는 한 가지 임무를 부과하고, 유전 알고리즘에는 7백 개의 변수들을 입력했다. 진화를 통해 탄생한 개체들 중에는 부드럽고 평이한 방식으로 걷는 것들도 있었고, 유전 알고리즘의 속성(you get what you ask for)을 그대로 반영한 결과도 있었으며, 완전히 새로운 이동 방식을 만들어낸 개체들도 있었다. 스포츠 경기를 녹화한 비디오에서 중요한 장면만 발췌, 편집해주는 소프트웨어도 개발되고 있다.

커즈와일은 우리가 이미 '좁은 AI'의 봄에 들어섰다고 말한다. 만약 전 세계의 AI 시스템들이 일시에 기능을 멈추게 되면 경제의 하부구조는 순식간에 멈추어 서게 될 것이고, 은행은 업무 정지 상태에 들어갈 것이며, 대부분의 교통도 마비될 것이고, 대부분의 통신 역시 불가능할 것이다. 수많은 영역에서 이미 AI는 놀라운 능력을 발휘하고 있으며, 기계 지능이 인간 지능과 동등한 작업을 할 수 있는 분야가 점점 늘어나고 있다. 커즈와일은 강력한 AI의 등장 시나리오를 이렇게 설명한다. '우리는 뇌 전 영역을 역분석하여 인간 지능의 작동 원리를 터득하게 될 것이고, 2020년대가 되면 뇌 용량과 맞먹는 연산 플랫폼이 등장하게 될 것이므로 그곳에 인간 지능의 작동 원리들을 입력할 것이다. 2020년대 중반이나 말이 되면 우리는 매우 정교한 뇌 모델들을 가지게 될 것이다. 새 모델들을 갖게 되면 우리의 도구상자는 한층 풍성해질 것이고 뇌의 실제 작동법에 대한 심도 있는 지식을 갖추게 될 것이다. 뇌 역분석이 끝나면 비생물학적 지능이 언어와 상식의 상당 부분을 습득하게 되어 튜링 테스트를 통과할지 모른다. 2030년대는 진정한 AI의 시대가 될 것이고, 2040년대가 되면 우리 문명의 축적된 지식과 기술을 생물학적 인간 지능보다 수십억 배 유능한 연산 플랫폼에 모두 옮길 수 있을 것이다.'[58] 커즈와일은 강력한 AI의 도래가 금세기에 겪게 될 가장 중요한 변화라며, 결국 비생물학적 지능이 생물학적 지능을 압도하는 날이 올 것이라고 예단한다.

이상에서 우리는 'GNR' 혁명에 대해 살펴보았다. 'GNR' 혁명은 과연 휴머니즘의 확장인가? 결론부터 말하면 '그렇다'이다. 4차 산업혁명은 포스트모던 세계의 등장과 맥을 같이 한다. '우리 모두'의 열린 세계를 향하여 나아가고 있는 것이다. 인간중심적이고 남성중심적이며 유럽중심적이고 백인우월주의적인 전제가 깔려 있는 근대 휴머니즘은 인간과 인간, 인간과 자연의 분리를 조장하는 태생적 한계를 안고 있었다. 현재 인류는 4차 산업혁명으로 모든 것이 연결되고 확장되어 초연결·초지능 사회로의 진화가 가속화되고 있다. 커즈와일은 21세기 전반부에 'GNR'이라는 세 개의 혁명이 중첩적으로 일어남으로써 인류 문명의 대변곡점인 특이점의 시대가 시작될 것이라고 본다. "인간 수행 능력을 향상시키고, 물질과 물과 에너지와 식량의 지속가능한 발달을 가져오고, 미지의 박테리아나 바이러스로부터 우리를 보호하고, 심지어 [전 세계적 풍요를 가져옴으로써] 평화를 깨뜨릴 이유 자체를 줄일 것이다"라고 한 미국과학재단의 나노기술 보고서는 과학기술의 미래에 대한 원대한 비전을 담고 있다.

그렇다고 장밋빛 미래만 있는 것은 아니다. '인간의 지능보다 더 강력한 인공지능이 바람직하지 못한 방향으로 발전할 경우 우리 자신을 어떻게 보호할 것인가?'라는 문제가 제기될 수 있다. 특히 인류에게 비우호적인 초지능이 등장하면 인간의 운명은 이 초지능에 의해서 결정될 것이라고 닉 보스트롬은 주장한다. 보스트롬의 다음 말은 인류가 직면하게 될 초지능 딜레마에 대해 시사하는 바가 크다. "미래의 어느 날 우리가 인간의 일반 지능을 능가하는 기계 두뇌를 만들게 된다면, 이 새로운 슈퍼인텔리전스는 매우 강력한 존재가 될 것이다. 그리고 마치 지금의 고릴라들의 운명이 그들 스스로가 아니라 우리 인간에게 달린 것처럼, 인류의 운명도 기계 초지능의 행동에 의존하게 될 것이다. (고릴라보다) 우리가 유리한 점이 딱 하나 있다. 바로 우리는 우리 손으로 초지능을 만든다는 것이다. 이론상으로, 우리는 인간 가치를 수호하는 초지능을 만들 수도 있다. 우리에게는 그렇게 할 만한 강한 동기가 있다. 그러나 실제로는, 초지능을 통제하는 문제는 상당히 까다로워 보인다. 또한 초지능을 통제하기 위한 기회는 단 한번뿐일 것이다. 일단 인류에게 비우호적인 초지능이 만들어지면 그것을 대체하거나 변경하려는 시도는 그 비우호적인 초지능에 의해서 가로막히게 될 것이다. 그렇게 되면 우리의 운명은 돌이킬 수 없게 된다."[59]

스티븐 호킹 또한 "AI가 선(善)을 위해 일하고 인류와 조화를 이룰 수 있다는 낙관론을 믿고 있다"면서도 "인류는 AI의 위험성을 반드시 인지해야 한다"[60]고 거듭 강조했다. 그렇다면 해결책은 무엇인가? 그것은 우리 스스로가 초지능 개발 여정의 첫 시작을 선택할 수 있다는 데 있다. 인간 가치를 수호하도록 초기 조건을 설정하는 선택권이 우리 인류에게 있다는 말이다. 보스트롬은 이 해결책의 단초를 '최선의 인간 본성'[61]에서 찾고 있다. 그는 과학기술의 잠재적 위험에 대해 경고하면서도 초지능의 거대한 잠재력을 강조하며 인간 본성에 대한 강한 신뢰를 보이고 있다. 트랜스휴머니스트로서 그는 오늘날 인공지능을 비롯한 과학기술의 발달이 진화의 필연적 과정이며 휴머니즘의 확장을 가져올 것이라고 전망한다.

비생물학적 지능은 결국에는 인간으로부터 기술과 지식을 다운로드할 수 있게 될 것이므로 무엇보다도 인간 의식의 패턴 자체가 바뀌어야 한다. 유전학이든 나노기술이든 모두 불안 요소를 갖고 있지만, 기술혁신이 특정 집단의 이익이 아닌 공공의 이익을 위해 선용(善用)되어야 한다는 대전제에 인류가 합의하고 그러한 합의를 제도화시켜 나갈 수 있다면, 과학기술의 미래에 대한 디스토피아적 이야기는 한갓 기우에 지나지 않게 될 것이다. 4차 산업혁명으로 시작된 '거대한 변화'의 물결은 세계와 우리의 삶을 송두리째 바꿔놓을 것으로 전망된다. 우리는 그 변화의 물결에 능동적으로 올라타야 된다. 그것이 휴머니즘을 확장하는 길이다. 모든 것은 우리의 선택에 달려 있다.

사물인터넷과
플랫폼 혁명

4차 산업혁명(The Fourth Industrial Revolution)은 제조업에 디지털 혁명이 접목되는 방식으로 시작되었다. 무선 인터넷, 스마트폰, 클라우딩 컴퓨터(clouding computer)의 발전은 디지털 혁명의 기폭제가 되었다. 컴퓨터와 인터넷을 중심으로 한 20세기 디지털 기술과는 달리, 21세기 디지털 기술은 사물인터넷(Internet of Things, IoT)・만물인터넷(Internet of Everything, IoE), 가상 물리 시스템(Cyber Physical System, CPS), 인공지능(AI), 빅데이터 등을 중심으로 플랫폼 기반 네트워크에 기초해 있다.

전 세계의 전통적인 '파이프라인(pipeline) 모델'을 대체하게 될 '플랫폼 모델'은 오늘날 가장 빠른 성장세로 가장 강력한 파괴력을 지닌 기업들, 즉 구글(Google), 아마존(Amazon), 마이크로소프트(Microsoft), 우버(Uber), 에어비앤비(Airbnb), 이베이(eBay) 등이 거둔 성공의 토대였다. 알리바바(Alibaba), 텐센트(Tencent) 같은 아시아 플랫폼들 또한 전 세계로 세력을 확장해 가고 있다. 삼성전자와 LG전자 모두 안드로이드 플랫폼을 바탕으로 성장하면서 자사만의 생태계를 조성하고 관리하는 지속적인 노력을 하고 있다. 플랫폼은 경제뿐 아니라 사회의 다른 영역, 이를테면 교육과 행정, 의료와 에너지 분야에까지 변화를 가져오기 시작했다. 오늘날 플랫폼은 아직은 소수만이 이해할 수 있는 방식으로 이미 세상 자체를 바꾸고 있다. 디지털화된 오늘의 세계에서 우리가 무슨 일을 하든 플랫폼은 이미 우리의 삶 자체를 변화시키고 있다. 이러한 변화의 물결은 앞으로 더 깊숙이 우리의 일상 속으로 밀려들 것이다.[62]

세계 산업혁명의 주요 흐름을 보면, 1차 산업혁명은 1780년대 영국에서 일어났다. 방적기를 이용해 수작업의 옷감 생산을 대체했고, 증기기관차는 장거리 여행과 운송을 가능하게 했으며, 증기기관은 기계설비를 갖춘 공장에서 산업화의 핵심 동력을 제공했다. 2차 산업혁명은 전기 에너지를 이용한 콘베이어 벨트 생산방식의 대량생산 시스템이 20세기 초반 미국을 중심으로 시작됐으며 육류 가공과 포드자동차가 대표적인 것이다. 3차 산업혁명은 생산 공정의 자동화 시대로 1970년대 초반 전기전자와 정보통신기술이 사업장에 도입됐고, 대형 로봇이 사람이 하기 힘든 작업을 수행하고 공장 자동화를 높였으며, 현장 관리와 경영전략 수립을 위한 소프트웨어를 사용했다. 3차 산업혁명까지는 증기기관, 전기 사용, 컴퓨터 사용으로 인한 제조업 혁명과 그에 따른 사회·문화적인 변화를 그 시기가 지난 후에 각각의 개념으로 정의됐다. 4차 산업혁명은 이미 IP 주소 체계와 인터넷, 휴대폰, 클라우딩 컴퓨터가 이끌어내고 있으며, 초입단계부터 사물인터넷을 이용한 제품과 스마트 팩토리(smart factory)라는 사업장의 혁명으로 그려지고 있다.[63]

4차 산업혁명의 개념은 2010년 독일에서 처음 등장한 '인더스트리 4.0'에서 출발해 2011년 하노버 산업박람회에서 소개된 이후 전 세계에서 사용되고 있고, 특히 전통적인 제조 기반 사업에 디지털 트랜스포메이션(Digital Transformation: ICT를 포함한 디지털 기술의 활용과 디지털 요소의 결합·적용)이 빠르게 도입되고 있다. 2015년 하노버 산업박람회에서 독일 산업부와 교육연구부가 발표한 '플랫폼 인더스트리 4.0(Plattform Industrie 4.0, 약칭 Plattform I4.0)' 이니셔티브가 보여준 강력한 파급력으로 인해 4차 산업혁명은 산업계의 가장 중요한 화두가 되었으며, 2016년 다보스포럼 이후에는 보다 광의의 개념인 4차 산업혁명이 더 자주 사용되고 있다. 미국은 GE가 2012년 사물인터넷 시대의 도래에 대비해 산업혁명과 인터넷 혁명을 융합하는 신산업혁명이라는 개념으로 '산업 인터넷, 지성과 기계의 한계를 뛰어넘다'라는 신전략을 발표한 이후 이 용어를 사용하고 있다.

4차 산업혁명에서 사물인터넷과 플랫폼 역할의 중요성을 이해하기 위해서는 4차 산업혁명에 성공적으로 진입한 독일의 사례를 살펴볼 필요가 있다. 독일은 '플랫폼 인더스트리 4.0'을 기반으로 생산 디지털화, 스마트 팩토리 등의 연구 결과와 부가가치를 표준화를 통해 효율적으로 확산시키기 위해 인더스트리 4.0 표준화위원회를 출범시켰다. 스마트 팩토리 시대를 준비하는 견고한 산학네트워크 마련을 위한 포석이다. 이처럼 플랫폼을 중심으로 전문가 단체와 기업 및 정부가 지속적으로 피드백을 주고받은 것이 독일 4차 산업혁명을 성공적으로 출범시킨 요소다. 4차 산업혁명은 디지털 혁명을 제조업에 접목시키는 작업인 관계로 최소한 정보통신, 기계설비, 전기전자 업종은 상호 소통해야 한다. 개발된 기존의 기술들을 엮어내기 위해서는 서로 다른 전공자와 각기 다른 업종이 의사소통을 통해 공동의 비즈니스 모델을 만들어가야 하기 때문이다.[64] 바로 여기에 플랫폼 운영의 묘(妙)가 발휘될 수 있으며 독일은 이를 성공적으로 엮어낸 경우다.

독일의 4차 산업혁명에서는 사물, 사람, 서비스를 서로 연결하는 것을 핵심 요소로 삼고 있으며 사물인터넷(서비스 인터넷)은 그 중추적인 역할을 하고 있다. 앞으로 의사소통, 교육, 산업, 근무 환경, 건강, 이동, 여가생활 등 거의 모든 영역에서 새로운 변화가 일어날 것이며, 사람과 사물과 시스템의 상호 연결성은 더욱 깊고 광범하게 확장될 것이다. 사람이 원하는 서비스를 기준으로 제품과 기술 개발의 우선순위를 정하고 개별 고객이 원하는 서비스를 제공하게 될 것이다. 독일은 30여 년 전 컴퓨터를 제조업에 도입해 완전 자동화를 추구하는 컴퓨터 통합 생산(Computer Integrated Manufacturing, CIM)이라는 컴퓨터 기반 공정 프로세스 변화를 시도한 적이 있으나 실패로 끝났다. 여기서 독일이 얻은 두 가지 교훈 중 하나는 사람을 제외시켜서는 안 된다는 것, 다시 말해 근로자의 호응을 얻지 못하면 안 된다는 것이었다. 하여 그 이후에는 일자리 창출이 최우선 순위가 되었다. 또 하나의 교훈은 이러한 생산 시스템이 실제 현장에서 검증되어야 한다는 것이었다. 이러한 경험을 바탕으로 독일의 4차 산업혁명은 산업계 협회 중심의 플랫폼을 기본으로 출발하여 자동화와 사물인터넷을 연결하고 있다.

2015년까지만 해도 독일에서는 CIM이 실패했던 전례가 있었기 때문에 4차 산업혁명에 대한 의구심이 존재했다. 하여 독일은 연구 결과를 공개하는 방안을 도입하여 4차 산업혁명의 진행상황 모두를 산업박람회에 참가한 기업들에게 공개했다. 그 결과, 독일에서는 현장전문가인 기업가들이 자신들의 제품을 전시하는 자리에서 4차 산업혁명 포럼이 열리고, 기업들은 발표를 듣고 패널로 토론에 참가한다. 이론적인 연구만으로 한계를 보였던 과거의 실패를 반복하지 않고 현장에서의 적용 가능성을 다각적으로 검증받는 것이다. 이를 위해 지속적으로 전문가 단체와 기업 및 정부가 피드백을 주고받을 수 있는 다양한 방식의 의사소통을 핵심적인 인프라로 간주한다. 이처럼 독일 정부는 산업계에서 요구하고 합의한 내용을 공개하고 전문가와 일반인의 피드백을 통해 내용이 스스로 진화하도록 하는 개방형 플랫폼 방식으로 운영한다. 그 과정에서 정부는 지원할 사항들을 자체 연구 프로젝트 혹은 유럽연합 프로젝트를 통해 결정한다.[65]

독일이 추진하는 4차 산업혁명은 가상 물리 시스템(CPS)에 기초한다. 기계설비와 같은 사업장의 물리적인 실제 세계와 디지털 정보로 된 가상 세계는 디지털 트윈(Digital Twin)이 되어 거울처럼 대칭적으로 작동한다. 물리적인 실제 세계는 부착된 센서를 통해서 자신의 디지털 정보를 제공하고, 기계설비와 제품 보관소 등에서 일어난 상황 변화가 디지털 정보로 전달되며, 가상 세계에서 수집된 디지털 정보는 다시 물리적인 세계를 작동하게 하는 것이다. 트랙터를 생산한 기업은 부착된 RFID(무선전자태그: 소형 반도체 칩을 이용해 사물의 정보를 처리하는 기술)를 통해 트랙터의 전 생애 주기 이력을 분석해 부품 교체가 필요한 시점 등을 생산자가 알 수 있고 기계의 상태를 파악할 수도 있다. 이렇게 사물인터넷을 통해서 사람을 연결하거나 필요한 부품을 공급할 수 있다.[66] 독일 4차 산업혁명 비즈니스 모델의 주요 특징은 개별 기업이 4차 산업혁명의 새로운 비즈니스 모델 설계에서 검토해야 할 내용의 지침을 제공한다.

4차 산업혁명의 새로운 비즈니스 모델 설계에서 개별 기업이 검토해야 할 항목은 네 가지다. 첫째, 다른 기업과 협력할 수 있는 유연성을 가져야 한다는 점이다. 전 과정에서 가치 창출 네트워크에 적응할 수 있도록 유연한 생산 환경과 상호호환성 대응력을 점검해야 한다. 둘째, 로봇과 근로자의 작업환경 변화를 고려해야 한다는 점이다. 로봇의 도움과 사물인터넷으로 작업 설계를 유연하게 할 수 있지만, 로봇의 도입은 단기적으로는 실업률을 높일 수도 있기 때문에 더 높은 가치를 창출하면서도 일자리를 유지하는 혁신이 필요하다. 따라서 비즈니스 모델 설계에서는 기술적인 가능성과 경제적인 비용, 일자리 창출이라는 사회적 요구 사항을 고려해야 한다. 셋째, 4차 산업혁명에 따른 새로운 변화는 플랫폼 방식의 의사소통이라는 점이다. 모듈 방식으로 서로 다른 업종의 기업이 협력함으로써 상호 연결하는 수직과 수평 통합이 빈번하게 일어나 보다 높은 부가가치를 창출할 것이다. 넷째, 가치사슬과 관련된 경제주체의 연결망인 수평적 통합과, 제품을 중심으로 한 기업 내부의 수직적 통합이 활발히 이루어지면서 새로운 비즈니스 모델이 창출될 것이라는 점이다.[67]

독일 플랫폼 자문위원회는 4차 산업혁명에 필요한 연구와 혁신 로드맵을 산업계와 합의하여 5개 영역, 즉 수평 통합, 엔지니어링, 수직 통합, 노동 인프라, 공통 기술을 선정했다. 이 작업이 이루어지기 위해서는 연구와 혁신을 위한 5개 영역을 묶어주는 세 개의 작업이 지원되어야 한다. 즉 '표준과 규격이 합의되고, 연결된 시스템의 보안문제가 해결돼야 하며, 이 모든 작업이 새로운 법률적 여건 하에서 가능해야 한다.' 선정된 5개 영역을 자세히 살펴보기로 하자. 첫째, 가치사슬의 수평 통합은 기업 단위를 넘어서는 협업을 추구한다. 이는 공급업체, 중소기업, 제조 기업 등을 상호 연결해 새로운 시각과 방법을 도출하는 것이다. 둘째, 제품의 생애주기 전 과정을 연결하는 엔지니어링이다. 제품과 공정 설계, 나아가 전체 가치사슬을 하나의 엔지니어링이라는 시각, 즉 시스템 엔지니어링, 모델링, 시뮬레이션을 통합하는 시각으로 연결하는 것이다. 셋째, 연구와 혁신 부문의 수직 통합과 연결된 생산 시스템이다. 실시간 요구에 대응하기 위해 기업 내부의 다양한 IT 생산 시스템을 하나의 시스템으로 연결하는 것이다. 넷째, 노동의 새로운 사회적 인프라 구축이다. 노동조합과 경영자 단체가 사람을 핵심 개념으로 미래의 노동 인프라를 설계하고, 직업교육과 평생교육을 4차 산업혁명의 관점에서 개선하는 것이다. 다섯째, 네트워크 의사소통, 광대역 네트워크, 클라우드 컴퓨팅, 데이터 분석, 사이버 보안 등 관련된 기반기술이 지속적으로 개발되어야 한다.[68]

4차 산업혁명에서 사물인터넷과 플랫폼 역할의 중요성은 3차 산업혁명과 4차 산업혁명의 주요 특징을 비교하는 데서도 분명히 드러난다. 〈표 8.3〉에서 보는 바와 같이, 3차 산업혁명의 가장 큰 특징은 공장 자동화였던 데 비해, 4차 산업혁명에서는 그 범위가 확장되어 물리적 세계와 가상 세계가 연결되는 가상 물리 시스템이 가능해졌다. 즉 사물인터넷을 사업장 기계설비와 인터넷으로 연결함으로써 제품의 전 생애주기 이력을 분석할 수 있게 됨은 물론 다른 기업들과의 연결이 가능해져 가치 창출의 범위가 확대됐다. 도요타는 자사에 국한시켜 공장과 생산 프로세스 혁신을 추진한 반면, 독일은 국가, 연구소, 대학, 기업 등과 같은 다양한 주체 및 플레이어가 공유 개념의 플랫폼을 이용해 기술을 공유하고 의사소통을 하고 있다. 이는 독일 4차 산업혁명의 특징 중 대표적인 것이다. 다음으로 의사결정 방식에서 4차 산업혁명은 중앙집중식 통제 시스템과 분산시스템을 결합하고 있으며, 인터넷은 실시간으로 의사결정을 최적화할 수 있는 여건을 제공하고, 분산되어 있던 정보들은 사업 네트워크 플랫폼에서 통합된다. 이렇게 해서 4차 산업혁명은 산업 및 경제활동, 사회생활에서 새로운 변화를 가져왔다. 독일 4차 산업혁명의 비전은 스마트 서비스 세상(Smart Service Welt)을 만드는 것이고, 그 목표는 디지털 주권(Digitale Souveränität)을 확보하는 것이다. [69]

구분	3차 산업혁명	4차 산업혁명
공장 자동화	대규모 로봇 중심의 자동화 근로자로부터 로봇 격리	소형 로봇과 인간의 협력 같은 공간에서 함께 작업
생산단위	대량생산 위주 높은 가격 제품의 주문생산	낮은 가격으로 주문 생산 가능 '단품 생산(Lotsize 1)' 가능
가치 창출 범위	사업장 및 기업 단위 제품의 제조단계 중심 사업장과 기업의 경쟁	기업과 기업을 연결 제품의 전 과정(life cycle) 기업 생태계의 전쟁
정보통신기술	컴퓨터, ERP, MES 등	사물인터넷, CPS, 임베디드 시스템(내장형시스템)
의사결정 방식	중앙집중(Top Down)	분산형(Bottom Up)+중앙집중형 실시간(real time) 최적화

〈표 8.3〉 3차 및 4차 산업혁명의 주요 특징 비교[70]

그러면 사물인터넷의 발전 경과와 대표적인 적용 사례 그리고 플랫폼의 파괴력과 미래에 대해 살펴보기로 하자. 사물인터넷은 다양한 플랫폼을 기반으로 사물과 인간과 서비스를 연결하는 새로운 패러다임을 창출하고 있다. 사람과 사람, 사람과 애플리케이션을 연결하는 과거의 인터넷과는 달리, 사물인터넷은 인터넷이 센서나 통신기능을 갖춘 기기(스마트폰, 컴퓨터, TV,

자동차 등)에 접속하여 사람과 사람, 사물과 사물, 사람과 사물을 연결하여 역동적으로 정보를 교환할 수 있도록 한다. 오늘날 사물인터넷이 새로운 부가가치를 창출할 수 있게 된 것은 정보통신 관련 기술과 기기의 진화, 즉 정보통신기술, 빅데이터, 클라우드 기술의 진화와 더불어 그것을 사용할 수 있는 환경이 조성되었기 때문이다. 4차 산업혁명에서 생산기기와 생산품 간 상호 소통 체계를 구축하고 전체 생산 과정을 최적화하는 것도 바로 사물인터넷을 통해서다.

사물인터넷의 1단계는 기계나 기기를 네트워크로 직접 연결하는 M2M(Machine to Machine: 기계간의 통신, 즉 사물통신)으로, 빌딩의 공조(공기 조절 시설, 냉난방기 시설), 조명, 엘리베이터와 같은 시설관리나 자동판매기의 원격감시 등 특정 산업분야에 고가(高價)로 적용되었다. 그러나 기기와 스마트폰에 탑재된 센서와 무선통신 모듈의 소형화, 저가격화로 인해 1단계는 크게 전환하는 계기를 맞게 된다. 그리하여 스마트폰이나 웨어러블 단말기에 장착된 각종 센서 데이터, 생체정보를 근거리 무선통신망이나 이동통신망을 통해 수집하고 해석하여 서비스하는 새로운 비즈니스가 출현했다. 스마트폰에 탑재된 가속도 센서, GPS, 지자기 센서의 정보를 수집하여 이동경로나 관광안내에 이용하는 것, 웨어러블 단말기로 생체계측 정보를 수집·분석하여 건강관리에 활용하는 것 등이 대표적인 사례다. 사물인터넷 보급을 가속화하는 또 하나의 요인으로 통신캐리어와 MVNO(Mobile Virtual Network Operator)*에 의한 M2M 플랫폼 클라우드 제공을 들 수 있다. 이것이 사물인터넷의 2단계

---

* MVNO란 KT, SK텔레콤, LG 유플러스와 같은 이동통신망사업자(MNO)의 통신망을 임대하여 독자적인 이동통신서비스를 제공하는 가상이동통신망사업자(한국케이블텔레콤(KCT), 온세텔레콤 등)를 말한다.

다. 그리고 이들 센서망의 보급으로 인터넷상에 방대한 데이터가 축적되고 이 빅데이터를 인공지능 기술이나 비즈니스 인텔리전스(business intelligence, BI) 툴로 해석해 다양한 정보를 제공하는 서비스가 창출된 것을 3단계로 보고 있다.[71]

사물인터넷의 대표적인 적용사례를 보면, 산업 업종에는 '① 제조라인에 설치한 각종 센서정보(빅데이터)를 분석한 제조 프로세서의 효율화 · 에너지 절약 및 품질향상 ② 공장 또는 대규모 시설의 에너지 관리, 설비 · 기기의 가동감시나 부품교환 시기의 예측 및 보수의 효율화 ③ 납입제품의 가동데이터 수집 · 분석, 보수시기 등 진단정보 제공 ④ 연구자, 마케터, 시민, 기술자 등 타분야 관계자들 간의 협업에 의한 제조공정 혁신' 등의 사례가 있다. 자동차, 건설기계, 농업기계 업종에는 '① 주행하는 차의 센서정보를 수집 · 분석하여 교통정보 제공 ② 졸음방지 등 운전자 안전관리 ③ 자동정지 시스템 · 자동주차 시스템 등 안전운전 지원 ④ 자동운전 자동차 ⑤ 건설기계 · 농업기계의 무인화 · 자동운전' 등의 사례가 있다. 공공 업종에는 '① 철도 · 도로 · 수도 · 전기 · 가스 등 공공 인프라 감시 · 점검 · 보수 효율화 ② 로봇으로 공공 인프라 상시 감시, 일손 줄이는 보전 시스템 ③ 기상 데이터 수집 ④ 상세한 기상정보, 방재정보 제공 ⑤ 지역의 공공시설 · 교통 · 관광자원 정보를 집약 공개하여 민간활용' 등의 사례가 있다.

의료, 간병 업종에는 '① 리셉트 정보 · 전자카르텔 · 진료영상 데이터 공유 및 연계 ② EHR(전자건강기록)과 PHR(개인건강정보관리) 연계 ③ 유전자 정보 등 의료 데이터를 일원관리하여, 건강관리나 창업연구에 활용 ④ 수술로봇 · 재활 지원 · 고령자 돌봄이 · 완구로봇 등에 활용 ⑤ 센서기능 부착 소형 심전계의 데이터를 스마트폰으로 진찰하는 재택의료 지원' 등의 사례가 있다. 농업 업종에는 '① 재배에 관한 각종 모니터링 데이터 수집 · 제공 ②

드론으로 벼 재배관리(성장속도 확인, 비료시기 판단, 병의 판단) ③ 반도체 공장의 클린룸 등을 이용한 야채공장 ④ 무인농업기계로 경작 · 재배관리' 등의 사례가 있다. 일상생활에는 '① 전력 · 가스 · 수도 사용상황 감시와 노인 지킴이에 활용 ② 모바일 기기를 활용한 어린이 돌봄 ③ 가정전화기기, 방범감시카메라, 출입구 원격 제어' 등의 사례가 있다.[72]

한편 클라우스 슈밥은 1조 개의 센서가 인터넷에 연결되는 티핑 포인트가 2025년까지 도래할 것으로 예상하는 응답자가 89퍼센트에 이르는 것으로 집계했다. 미래에는 모든 상품이 유비쿼터스 통신 기반시설로 연결되어 사람들은 어디에나 존재하는 센서를 통해 자신이 처한 상황과 환경에 대해 정확하게 인식할 수 있을 것으로 전문가들은 예측한다. 슈밥이 요약하는 사물인터넷의 긍정적 및 부정적 효과는 다음과 같다. 긍정적 효과로는 '자원 활용의 효율성이 증가하고, 생산성이 증가하고, 삶의 질이 향상되고, 환경에 긍정적 영향을 주고, 서비스 제공의 가격이 인하되고, 자원 활용과 상황에 대한 투명성이 증가하고, (비행기, 식품 등의) 안전성이 증가하고, (로지스틱스(logistics) · 물류) 효율성이 늘어나고, 저장 공간과 대역폭에 대한 수요가 증가하고, 노동시장과 노동시장에서 요구하는 능력에 변화가 일어나고, 새로운 비즈니스가 창출되고, 표준 통신 네트워크상에서도 실시간 하드 애플리케이션이 실현 가능하고, 상품의 디자인이 '디지털로 연결 가능한' 방식으로 전환되고, 상품에 더해 디지털 서비스가 추가적으로 제공되고, 디지털 트윈*이 제공한 정밀 데이터로 모니터링, 통제, 예측이 가능하고, 디지털 트윈이

---

* 디지털 쌍둥이(Digital Twin)란 물리적인 실제 세계와 디지털 정보로 된 가상 세계가 거울처럼 대칭적으로 작동하는 것을 일컫는 것으로, 구체적으로는 실물과 똑같이 구현된 가상의 제품을 지칭한다.

사업, 정보, 사회 과정에 적극적인 참여자가 되고, 사물이 주변 환경에 대해 포괄적으로 인지하고 그에 따라 독자적으로 대응하고 행동하고, 연결된 '스마트' 사물을 통해 가치와 추가적인 지식이 발생한다'는 것을 들고 있다.

사물인터넷의 발달이 가져올 부정적 효과로는 '사생활 침해가 일어나고, 비숙련 노동자의 일자리가 감소하고, 해킹, 보안 위협(공익사업 및 사회기반 시설에 대한 위협 등)에 노출되고, 더 복잡해지고 통제력을 상실하게 된다'는 것을 들고 있다. 이 외에도 사물인터넷이 발달하면서 '디지털 진주만 습격'과 같은 예측 불가능한 일이 일어날 수도 있다(디지털 해커 또는 테러리스트가 사회기반 시설을 마비시켜 식료품과 연료, 전기를 몇 주간 차단하는 피해가 생길 수 있다).[73] 세상을 급속도로 바꾸는 4차 산업혁명의 파괴적 혁신은 우리로 하여금 예측 불가능한 미래와 마주하게 한다. 이는 4차 산업혁명의 속도(velocity), 범위와 깊이(breadth and depth), 시스템 충격(systems impact)이 가져오는 효과 때문이다. 우리가 살고 있는 세계는 다면적이고 깊이 연계되어 있으며 네트워크에 기초한 신기술의 등장으로 변화는 기하급수적인 속도로 진행되고 있다. 범위와 깊이에 있어서도, 디지털 혁명을 기반으로 한 4차 산업혁명은 다양한 과학기술을 융합해 경제뿐 아니라 개인과 사회 전체를 새로운 패러다임으로 안내한다. '무엇'을 '어떻게'라는 문제뿐 아니라 우리는 '누구'인가라는 인간 정체성에 대해서도 변화를 일으키고 있다. 시스템 충격 면에서도 4차 산업혁명은 국가 간, 기업 간, 산업 간 그리고 사회 전체 시스템의 변화를 수반하는 대전환의 물결이다.[74]

다음으로 플랫폼의 혁신적인 파괴력과 미래에 대해 알아보자. 플랫폼의 파괴력에 대해서는 혁신적인 플랫폼 몇 가지 사례를 보면 금방 알 수 있다. 에어비앤비는 호텔 방 하나 소유하지 않은 채 시작하여 현재 119개 국가에서 활발한 사업을 펼치는 거대 기업이 되었다. 10년도 안 되어 전통적인 숙박 서비스 산업으로부터 고객층을 흡수해 이룬 것이다. 에어비앤비는 원룸 아파트에서부터 성(城)에 이르기까지 50만 건 이상의 숙소가 등록되어 있고, 서비스 이용자가 1,000만 명을 넘어섰다. 2014년 4월 마지막 투자 라운드에서 평가한 에어비앤비의 기업 가치는 100억 달러를 넘었다고 한다. 이를 능가하는 회사는 소수의 세계 최대 호텔 체인들뿐이다. 이런 극적이고 예상치 못한 변화는 산업 격변 가운데 하나일 뿐 이와 유사한 DNA를 공유하는 사례들은 많다. 스마트폰 기반 차량 서비스 기업 우버는 2009년 샌프란시스코에서 서비스를 시작해 5년도 안 되어 기업 가치가 500억 달러 이상인 것으로 평가됐다. 단 한 대의 차량도 소유하지 않은 채 전 세계 200개 이상 도시에서 전통적인 택시 산업의 판도를 뒤바꾸고 택시 산업을 대체할 기세다.

또 다른 사례는 중국의 거대 소매 기업 알리바바다. 알리바바가 소유한 여러 비즈니스 포털 중 한 사이트인 타오바오(Taobao는 소비자간 전자 상거래 시장임)는 단 한 개의 재고도 소유하지 않고서 10억 종에 달하는 상품을 구비하고 있다. 영국의 주간지《이코노미스트 *The Economist*》는 알리바바를 '세계 최대의 장터'라고 불렀다. 또한 페이스북(Facebook)은 직접 창작한 콘텐츠 하나 없이도 연 광고 수익이 약 140억 달러(2015년)에 달하는 세계 최대의 미디어 기업이다. 15억 명이 넘는 가입자가 방문해서 정기적으로 뉴스를 읽고 사진을 보고 음악을 듣고 동영상을 본다. 이런 사례들은 기업 생존에 필수적인 자원조차 소유하지 않은 스타트업 기업들이 플랫폼 비즈니스 모델을 이용해 전통적인 산업을 지배하고 시장 판도를 뒤바꾸고 새로운 산업을 창출하고 직업 세계를 바꿀 수 있음을 보여준다. 이것이 바로 플랫폼의 위력이다. 사람과 조직, 자원을 인터랙티브(interactive)한 생태계에 연결해 엄청난 가치를 창출하고 교환할 수 있게 해 주는 것이 플랫폼의 기술이다. 위의 사례 외에도 애플(Apple), 구글, 아마존, 마이크로소프트, 이베이, 유튜브(YouTube), 위키피디아(Wikipedia), 아이폰(iPhone), 업워크(Upwork), 트위터(Twitter), 카약(KAYAK), 인스타그램(Instagram), 핀터레스트(Pinterest) 등 수십 개이상의 혁신적인 플랫폼이 있다.[75]

플랫폼은 그 작동 원리는 단순해 보이지만, 시공을 뛰어넘는 디지털 기술을 접목해 더욱 신속정확하고 간편하게 생산자와 소비자를 연결해 주는 소프트웨어 도구를 쥐고서 비즈니스와 경제 및 사회 생태계를 철저히 바꾸는 매우 혁신적인 개념이다. 이처럼 '사용자들을 서로 연결해 주고 상품과 서비스, 또는 사회적 통화를 교환하게 해 줌으로써 모든 참여자들이 가치를 창출할 수 있게 하는' 것이 플랫폼의 가장 중요한 목적이다. 플랫폼 비즈니스가 전통적인 비즈니스보다 훨씬 빠르게 성장할 수 있는 것은 자신들이 소유하거나 통제하지 않는 자원을 활용하여 가치를 창출하기 때문인데, 대부분의 가치는 자신들의 서비스를 이용하는 커뮤니티로부터 창출한다. 시가 총액 기준으로 볼 때 가치를 창출하는 플랫폼 기업들이 집중되어 있는 곳은 북아메리카다. 애플, 구글, 마이크로소프트, 페이스북, 아마존, 오라클(Oracle), 인텔(Intel)이 북아메리카의 플랫폼 기업들이다. 대규모의 동종 시장을 형성하고 있는 중국의 플랫폼 기업들도 빠르게 성장하고 있다. 알리바바, 텐센트, 소프트뱅크(Softbank), 제이디닷컴(JD.com)이 아시아의 플랫폼 기업들이다. 유럽 플랫폼 기업은 보다 세분화된 시장을 갖추고 있는데, 그 가치는 북아메리카 플랫폼 기업의 4분의 1미만이다. SAP, 스포티파이(Spotify)가 유럽의 플랫폼 기업들이다. 이 외에 라틴아메리카와 아프리카의 플랫폼 기업으로 나스퍼스(Naspers)가 있다.[76]

플랫폼 혁명의 후보 대상은 정보를 핵심 재료로 다루는 산업들, 이를테면 교육과 미디어 기업처럼 '최종 상품'이 정보인 기업은 물론 고객 요구·가격 변동·수요와 공급·시장 추세에 대한 정보 접근이 중요한 기업들이다. 따라서 대부분의 비즈니스가 플랫폼 혁명의 후보군에 속하고, 급성장세를 보이는 세계적인 브랜드들이 플랫폼 기업들인 것으로 나타난다. 2017년 글로벌 시가총액 기준 세계 5대 기업(애플, 구글, 마이크로소프트, 아마존, 페이스북) 모두 플랫폼 비즈니스 모델을 따르고 있으며 앞으로도 그 비중은 계속 늘어날 전망이다. 점점 더 많은 기업들이 '선형적 가치사슬(linear value chain)'로 설명되는 전통적인 '파이프라인' 구조에서 플랫폼 구조로 전환하고 있다. 가치의 창출과 이동이 단계적으로 일어나는 단선적인 파이프라인 방식이 생산자와 소비자 그리고 플랫폼이 변수로 개입되는 복합적인 관계로 변화하면서 플랫폼이 창출한 가치의 교환이 이루어진다. 말하자면 '전통적인 선형적 가치사슬에서 플랫폼의 복합적인 가치 매트릭스'로의 변화가 진행되고 있는 것이다.[77]

오늘날 플랫폼 모델이 다양한 산업으로 확산되면서 비즈니스는 거의 모든 측면에서 혁신적인 변화를 맞고 있다. 첫째 게이트키퍼(gate keeper)가 사라지고 있다. 동일한 시장에 진출하면 플랫폼 기반 기업들이 파이프라인 기반 기업들을 거의 언제나 이기는 이유는 파이프라인 기업들이 생산자에서 소비자로의 가치 이동을 통제할 때 비효율적인 게이트키퍼에 의존하기 때문이다. 아마존의 킨들(Kindle) 플랫폼은 실시간으로 소비자의 피드백을 받아가며 책의 성공 여부를 결정할 수 있다. 전통적 게이트키퍼인 편집자가 전체 독자 커뮤니티에서 제공하는 자동 시장 신호로 대체되기 때문에 플랫폼 시스템이 빠르게 효율적으로 확장하면서 성장할 수 있었던 것이다. 또한 게이트키퍼 역할을 수행하는 대학도 일괄적인 교육 서비스를 제공하던 관습에 더 많은 도전을 받게 될 것이고, 컨설팅 회사와 로펌들에서도 마찬가지로 전통적인 게이트키퍼들의 역할은 도전을 받게 될 것이다. 둘째, 공급자 성격이 달라지고 있다. 에어비앤비는 단 하나의 객실도 보유하고 있지 않지만 플랫폼 모델을 호텔 사업에 적용해 개별 판매자들로 하여금 고객들에게 직접 객실을 제공할 수 있게 해 주는 플랫폼을 운영하면서 플랫폼을 통해 지불된 임대료의 9~15퍼센트(평균 11퍼센트)를 수수료로 가져간다. 이제 공급은 '수요처에 불과했던 커뮤니티에서 유휴 자원, 장치, 설비 등을 제공하는 것을 의미'하는 것으로 성격이 바뀌고 있다.

셋째, 품질 관리 방식이 바뀌고 있다. 모든 종류의 플랫폼이 킨들 플랫폼과 유사한 피드백 고리(feedback loop)에 의존하는 방식으로 바뀌고 있다. 플랫폼이 유튜브의 경우처럼 콘텐츠의 품질에 대한 커뮤니티의 반응을 수집하고, 에어비앤비의 경우처럼 서비스 제공자의 평판에 대한 커뮤니티의 반응을 수집할수록 이후 시장에서 상호작용이 더 효율적으로 이뤄진다. 반면 전통적인 파이프라인 기업들은 편집자, 관리자, 감독자와 같은 통제 메커니즘에 의거해 품질을 보장하고 시장 내 상호작용의 틀을 만들어가지만 비효율적이며 비용이 많이 든다. 위키피디아는 플랫폼이 커뮤니티 피드백을 이용해 전통적인 공급 사슬의 대체 가능성을 보여주는 성공 사례다. 위키피디아가 플랫폼 모델을 사용해 구축한 콘텐츠는 질적으로나 다루는 범위로나 브리태니커 백과사전에 필적한다. 넷째, 기업 활동의 초점이 이동하고 있다. 플랫폼의 가치는 대부분 사용자 커뮤니티에 의해 생성되기 때문에 플랫폼 비즈니스의 초점이 내부에서 외부로 옮겨져야 한다. 최근에는 정보 기술 시스템도 아웃 오브 디 오피스(out-of-the-office) 실험이 소셜 미디어와 빅데이터를 활용하여 이뤄지고 있으며, 혁신은 더 이상 사내 전문가들과 연구 개발팀의 전유물이 아니라 크라우드소싱과 플랫폼에 있는 독립적인 참여자들의 아이디어를 통해 일어난다.[78]

따라서 플랫폼의 출현은 "새로운 공급원을 활용해 가치 창출 구조를 변경하고, 다른 형태의 소비자 행동을 가능케 함으로써 가치 소비 구조를 변경하며, 커뮤니티 주도 큐레이션을 통해 품질 관리 구조를 변경한다. 플랫폼의 출현은 다수의 산업에서 구조적 변화를 야기하고 있다. 특히 가치와 자산의 분리, 재중개화, 소유와 통제의 분리, 시장 통합을 통해 시장 구조에 변화를 가져왔다."[79] 향후 플랫폼 혁명에 합류할 가능성이 높은 유형의 산업, 다시 말해 플랫폼 모델에 취약한 산업은 정보 집약적이고, 확장성이 없는 게이트키퍼를 보유하고, 고도로 분화되어 있고, 정보 비대칭성이 극도로 큰 특징을 가진 산업들이다. 일찍이 플랫폼이 미디어와 통신을 점령한 데서도 알 수 있듯이, 정보의 중요성이 크면 클수록 해당 산업은 플랫폼에 의해 변화될 가능성도 더 커진다.

고비용에 확장이 가능하지 않은 인간 게이트키퍼를 고용하는 대표적인 산업인 소매업(게이트키퍼는 구매자와 재고 관리자)과 출판업(게이트키퍼는 편집자)도 디지털 플랫폼에 취약하므로 변화될 가능성이 크다. 플랫폼에 의한 시장 통합은 효율성 제고와 비용 절감 효과가 있으므로 고도로 분화된 산업 역시 변화될 가능성이 크다. 전통적인 시장, 의료 보험과 주택 담보 대출 시장에 이르기까지 정보 비대칭으로 인해 공정한 거래가 어려운 시장에서도 변화가 일어나고 있다. 한편 은행과 의료, 교육은 정보 집약적인 산업으로 플랫폼의 위력에 취약할 것처럼 보이지만 여전히 변화를 견디는 것은 정부 규제가 상당히 심하기 때문이다. 규제는 기존 산업에 우호적이며 스타트업들의 이익에 대해서는 비우호적이다.[80]

정부 규제가 심하고, 실패 비용이 높고, 자원 집약적인 산업(광업, 석유와 가스 탐사, 농업 등)은 단기간 플랫폼에 의해 바뀔 가능성이 낮은 산업들이다. 하지만 교육이나 의료 모두 정보 집약적이고, 확장성이 없는 게이트키퍼가 있고, 고도로 분화되어 있고, 정보 비대칭성을 갖추고 있기 때문에 플랫폼 혁명에 대비하지 않으면 도태되고 말 것이다. 에너지 생산과 분배에서는 단방향의 파이프라인 모델을 거쳐 수많은 개인과 조직이 서로 연결되어 있으면서 상황에 따라 에너지를 소비하고 또 생산해서 판매하는 다양한 역할을 수행하는 다방향 플랫폼 모델로 이동하고 있다. 소수의 대형 전력회사들이 지배했던 중앙집중식 에너지 생산과 통제방식은 앞으로 수백만에 달하는 소규모 생산자·소비자들로 대체될 것이다. 금융도 모두 플랫폼으로 향하고 있으며 플랫폼 모델은 점점 더 많은 금융업계 리더들에게 주된 혁신 메커니즘이 되고 있다.

물류와 수송은 고도로 효율적인 알고리즘을 지닌 플랫폼의 역량에 힘입어 차량과 자원의 이동을 넘어 수급 조절까지 맞추는 방향으로 진화하고 있다. 앞으로 모든 노동 및 전문 서비스 시장에 플랫폼 모델이 적용될 것이며, 그 결과 서비스 제공업체들 간에 부와 힘, 권위의 계층화가 더욱 뚜렷해질 것이며, 최고 수준의 전문 서비스 분야에서는 승자 독식 시장이 출현하게 될 가능성이 높다. 샌프란시스코에 의해 리드되고 있는 '플랫폼으로서의 정부'라는 개념은 점차 확산되고 있으며, 전 세계의 정부 플랫폼은 지원 기관과 정치 지도자들이 허용하는 만큼만 개방적이고 민주적이며 강력해질 것이다.[81] 전 세계 플랫폼의 플랫폼이랄 수 있는 사물인터넷의 발전 양상과 그 의미를 리프킨은 다음과 같이 요약했다.

현재 사물인터넷에 기기를 연결해 주는 센서가 110억 개에 달한다. 2030년까지 센서는 100조 개에 이를 것이며 (…) 지속적으로 빅데이터를 통신, 에너지 물류 인터넷에 전송할 것이다. 누구라도 사물인터넷에 접근할 수 있으며 빅데이터와 데이터 분석 도구를 이용하여 효율성 속도를 가속화하고 생산성을 급격히 증가시키며 에너지, 제품 및 서비스를 비롯한 물리적 사물의 생산과 유통의 한계 비용을 현재 정보재처럼 거의 0에 가깝게 낮출 수 있는 자동 완성 알고리즘을 개

발할 수 있게 될 것이다.[82]

　이상에서와 같이 플랫폼으로 인한 탁월한 효율성 개선, 혁신적 역량, 늘어난 소비자 선택지들은 새로운 형태의 가치를 창출하기 시작했다. 그러나 모든 혁명적 변화에는 위험이 뒤따르며 플랫폼 혁명도 예외가 아니다. 플랫폼 혁명은 궁극적으로 세상을 예측할 수 없는 방식으로 변화시킬 것이며, 사회 전반에 걸친 이러한 변화가 양산할 문제에 대해, 개인과 지역 사회가 불확실성과 손실로 고통 받게 되는 것에 대해, 사회는 반드시 인식하고 창조적인 균형사회를 만들기 위해 노력해야 할 것이다. 또한 우리 사회는 반드시 플랫폼 혁명이 창출한 구조적 변화에 대응해야 한다. 서구 사회가 18, 19세기 산업혁명의 부산물인 탈선과 착취에 효과적으로 대응하는 데 여러 세대가 걸렸듯이, 현대 사회가 플랫폼 혁명에 따른 경제·사회·정치권력의 변화에 적절히 대응하는 데도 시간이 걸릴 것이기 때문에 지금 이 문제에 대해 고민해야 한다. 플랫폼 혁명이 세상을 상당히 흥미롭게 변화시킬 것은 분명하지만, 바꾸지 못하는 한 가지는 기술, 비즈니스, 전체 경제 시스템이 추구하는 궁극의 목적이다. 개개인이 잠재력을 발휘할 사회적 여건을 조성하고 창조적이며 풍요로운 삶이 보장되는 사회를 건설하는 것이다. 플랫폼 혁명이 이러한 목적을 달성할 수 있을지는 그것을 운용하는 우리 모두에게 달려 있다.[83]

　플랫폼 혁명은 인간이 통제할 수 없는 외부 영역의 힘이 아니다. 클라우스 슈밥은 극적인 과학기술의 변화를 인간의 정체성과 세계관을 고찰하는 계기로 삼아야 한다고 주장한다. 과학기술 혁명과 관련된 이슈에 대해 더 많이 고민할수록 인간 스스로는 물론이고 그러한 기술들이 구현하게 될 근본적인 사회 모습 또한 더욱 면밀히 살피게 될 것이며, 더 나은 세상을 지향하는 방향으로 과학기술 혁명을 만들어낼 기회도 많아질 것이라는 것이다. 4차 산업혁명이 분열적이고 비인간화(dehumanizing)되기보다는 '따뜻한' 혁명이 되게 하는 것은 특정 이해관계자나 특정 부문에서만 할 수 있는 일이 아니다. 이 혁명의 근본적이고 글로벌한 특성은 모든 국가와 경제, 부문, 개인이 상호 영향을 주고받는다는 것을 의미하기 때문이다. 따라서 학문적, 사회적, 정치적, 국가적 그리고 산업적 경계를 아우르는 다양한 이해관계자 간의 협력과 파트너십에 관심과 에너지를 모으는 것이 중요하다.[84] 플랫폼의 파괴적 혁신은 궁극적으로 인간의 제 가치가 실현된 세상에 초점을 맞추어야 한다. 플랫폼 혁명이 창출할 구조적 변화에 대응하며, 부와 힘, 권위의 계층화 현상을 완화하고 적극적으로 해결하기 위한 솔루션에 대한 논의가 활성화될 수 있기를 기대해 본다.

"2030년대가 되면 우리 몸은 생물학적 부분보다 비생물학적 부분이 더 많게 될 것이다. 2040년대가 되면 비생물학적 지능은 생물학적 지능보다 수십억 배 뛰어난 상태가 되어 있을 것이다. ···나는 2030년대나 2040년대에 더 근본적인 인체의 재설계, 이른바 버전 3.0 인체가 탄생할 것이라고 본다. ···버전 3.0 인체의 특징 중 하나는 신체를 바꿀 수 있는 능력이다. ···분자나노기술 조립법을 인체에 적용해 신체를 마음대로 순식간에 바꿀 수 있을 것이다."

"···By the 2030s we will become more nonbiological than biological.... by the 2040s nonbiological intelligence will be billions of times more capable than our biological intelligence....I envision human body 3.0— in the 2030s and 2040s—as a more fundamental redesign.—One attribute I envision for version 3.0 is the ability to change our bodies.... We will incorporate MNT-based fabrication into ourselves, so we'll be able to rapidly alter our physical manifestation at will."

- Ray Kurzweil, *The Singularity is Near: When Humans Transcend Biology*(2005)

09

'특이점'의 도래와
새로운 문명의 가능성

-
 '특이점' 논의의 중요성과 미래적 함의
-
 기술의 진화와 사회적 파급효과 및 인공지능 윤리
-
 새로운 문명의 가능성

현재 인류는 인공지능, 네트워크 융합, 빅데이터 등으로 촉발된 4차 산업혁명(혁신 4.0)으로 산업 간 융합 활성화와 더불어 기술혁신에 따른 현실과 가상현실의 융합으로 모든 것이 연결되고 확장되어 보다 지능적인 사회로의 진화가 가속화되고 있다.···ICT 융합사회의 성공적인 안착은 다양한 사람들의 지속적인 피드백을 통해 이루어지는 플랫폼 방식의 의사소통 능력에 달려 있다.···지속적인 윤리 학습 강화와 플랫폼 방식의 의사소통 능력 그리고 공동연구 확대와 온라인 공론장 활성화를 통한 서명운동 확산, 이러한 것들이 인공지능의 추구 방향에 대한 일정한 가이드라인 역할을 할 수 있다.···인간이 기계와의 공존을 추구하려면 인간 스스로가 '업그레이드' 되지 않으면 안 된다. 설령 인간이 뇌를 완전히 판독한다 해도 인간 자체의 탐욕과 이기심이 바뀌지 않으면 인공지능은 사악한 자의 아바타가 되어 '킬러 로봇'의 임무에 충실할 것이다.···'특이점'을 향한 카운트다운은 이미 시작되었다. 문명의 대변곡점에서 우리는 인간과 세계의 개념을 재정립하고 인간과 인간, 인간과 자연의 관계 개념도 재정립해야 한다. 왜냐하면 인간의 의식이 바로 새로운 문명을 여는 마스터키이기 때문이다.

- 본문 중에서

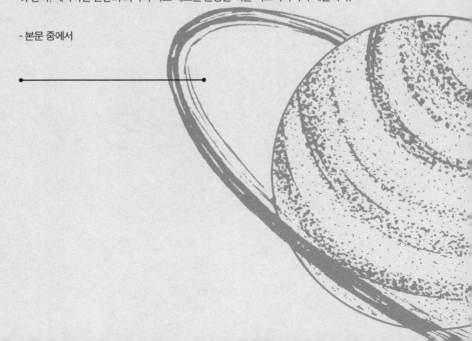

09 '특이점'의 도래와 새로운 문명의 가능성[1]

'특이점' 논의의 중요성과
미래적 함의

많은 과학자들은 인류 문명의 대변곡점을 지칭하는 '특이점(Singularity)'이 임박한 것으로 판단하고 있고 또한 그것이 우리 삶의 전 영역에 되돌릴 수 없는 변화를 가져올 것으로 예상하기 때문에 특이점에 대한 진지한 논의가 필요하다. '특이점주의자(singularitarian)'들은 미래 문명의 지능 대부분이 결국에는 비생물학적인 형태가 될 것이라고 본다. 그러나 비생물학적인 지능은 생물학적 설계에서 파생되어 나올 것이기 때문에 인간성에 대한 이해가 생물학적인 기원을 넘어서긴 하겠지만 여러 가지 면에서 미래 문명은 현재보다 더 인간적인 전형이 될 것이라고 본다. 특이점을 완전히 이해하면 인생관이나 삶의 태도가 본질적으로 바뀌기 때문에 이 시기에 대한 대처 능력을 증대시킬 수 있다. 인공지능(artificial intelligence, AI)은 인류의 집합의식이 이입된 것이기 때문에 인공지능 윤리 문제는 엄밀하게 말하면, 인간 자체의 윤리 문제다.

인공지능 딥블루가 체스에서 처음 인간을 이긴 후 왓슨이 퀴즈에서, 그리고 알파고가 바둑에서 잇단 승리를 거두면서 '특이점'의 도래가 임박했다는 예단이 나오고 있다. 인공지능이 체스에서 처음 인간을 이긴 후 20년도 안 걸려 체스와는 비교가 안 될 정도로 복잡한 패턴 이해력을 요구하는 바둑에서 이겼다는 것은 인공지능이 인간 고유의 영역까지 깊이 들어왔음을 확인시켜 주는 것이다. 1950년대에 헝가리 태생의 미국 수학자 존 폰 노이만(John von Neumann)은 "점점 가속화하는 기술의 발전이 인류 역사상 특이점의 도래를 촉발할 것이며, 그 후의 인간사는 우리가 알고 있는 것과는 전혀 다른 방향으로 진행될 것이다"[2]라고 예단한 바 있다. 수학뿐만 아니라 양자역학 연구, 게임이론 연구, 컴퓨터 구조 연구 등으로 물리학과 경제학 그리고 컴퓨터 과학에도 지대한 영향을 미친 그는 기술의 가속적 발전과 특이점의 상관관계를 규명함으로써 인간의 발전이 선형적이지 않고 기하급수적이며 이러한 기하급수적 증가의 폭발성이 완전한 변화를 가져올 것이라고 예견했다.

'특이점'이란 용어는 천체물리학에서는 '빅뱅 특이점'이라고 하여 대폭발(Big Bang) 전의 크기가 0이고 밀도와 온도가 무한대인 상태를 일컫는 것이지만, 이를 사회경제적인 의미로 원용하여 돌이킬 수 없는 인류 문명의 대변곡점을 지칭하는 것으로 광의로 사용되고 있다. 기술 발전의 가속화로 인류가 무한히 가파른 변화의 지점을 향해 나아가고 있으며 육체적으로나 지적으로 또는 영적으로 생물학적 한계를 뛰어넘는 시점, 이른바 '양자 변환(quantum transformation)'으로 일컬어지는 새로운 우주 주기에 곧 도달하게 된다는 것이다. 프랑스 고생물학자 피에르 테야르 드 샤르댕(Pierre Teilhard de Chardin)은 점증하는 복잡성과 상호연결로 표징되는 진화의 방향을 연구한 끝에 인류가 '오메가 포인트(Omega Point 영적 탄생)'를 향해 나아가고 있다고 주장했다. 샤르댕은 오메가 포인트로 이어지는 마지막 단계가 그리스도 의식의 탄생, 즉 '집단 영성의 탄생'이라고 보았는데, 그가 사망하기 직전 최초의 컴퓨터 개발을 목격하면서 이 같은 신기술이 오메가 포인트를 훨씬 더 앞당

길 것이라고 예측했다.

　독보적인 인공지능 개발자로서 현재 구글에서 인공두뇌 개발을 이끌고 있는 미국의 미래학자 레이 커즈와일(Ray Kurzweil)은 구글의 알파고가 이세돌 9단과의 대결에서 4승1패로 압승한 것은 가까운 미래에 두 개의 중요한 시점이 도래할 것임을 확신하게 하는 사건이라고 말한다. '우리 시대 최고의 미래학자'라는 평판을 얻고 있는 커즈와일에 따르면, "2029년에는 인공지능이 사람과 똑같이 생각하고 말하고 느끼게 되어 인류와 인공지능이 협업하는 시대가 되고, 2045년에는 인공지능과의 결합으로 인류의 육체적 · 지적 능력이 생물학적 한계를 뛰어넘는 특이점이 온다"는 것이다.[3] 이러한 커즈와일의 예단은 알파고의 딥러닝(deep learning: 머신러닝 알고리즘의 집합) 기술이 인공일반지능(AGI) 개발에 크게 기여할 것이라는 인공지능 분야 전문가들의 전망과 맥을 같이 한다. 최근 컴퓨터와 통신기술의 급속한 진보로 인공지능과 로봇의 결합이 가속화되고 있고 또한 인공지능을 갖춘 '로보 사피엔스(Robo Sapiens)'가 '호모 사피엔스'와 공생하는 시대가 임박한 것으로 예측되면서 특이점의 도래에 대한 커즈와일의 주장이 힘을 얻고 있다.

　커즈와일은 알파고와 같은 인공지능이 앞으로 우리의 신체적 · 지적 역량을 확장하고 인류와 공생하며 인류의 삶을 더욱 풍요롭게 해줄 도구라는 점을 강조하면서 인공지능의 발전을 두려워할 필요는 없다고 말한다. 이러한 그의 기술적 낙관론(technological optimism)은 희망적인 것이긴 하지만, 아무런 대비 없이 실현될 수 있는 것은 아니다. 인공지능은 혜택과 잠재적 위험이라는 양면성을 동시에 지니고 있기 때문이다. 인공지능의 미래에 대한 우려는 전문가들에 의해 끊임없이 제기돼 왔다. 인공지능 기술의 발전에 따른 '일자리 대체'나 '통제 불능' 문제에 대한 논의도 활발히 전개되고 있지만, 이와는 별개로 '인간 역할의 변화'와 '삶의 모습 변화'에 대한 논의도 꾸준히 제기돼 왔다. 미국의 컴퓨터 과학자이자 SF 작가 버너 빈지(Vernor Vinge)는 인류의 발전에도 특이점이 있을 것이라는 의견을 처음 제안하면서 인공지능이 '기술적 특이점(technological singularity)'에 도달하면 인간의 시대는 종말을 고할 것이라고 예견했다. 또한 인류 역사상 최초의 사이보그(cyborg)*가 되는 길을 선택한 인공두뇌학의 세계적 권위자 케빈 워릭(Kevin Warwick)은 그의 『기계들의 행진 *March of the Machines*』(1997)에서 21세기 지구의 주인은 로봇이라고 단언했다.

우리는 지금 인공지능, 사물인터넷(Internet of Things, IoT), 빅데이터(Big Data) 등 정보통신기술(ICT) 분야에서의 기술 혁신이 기존의 모든 것을 송두리째 바꿔놓을 것으로 예상되는 시점에 살고 있다. 이 외에도 가상현실(virtual reality, VR)과 증강현실(augmented reality, AR), 클라우드 컴퓨팅, 3D 프린팅, 웨어러블 디바이스 등의 신기술이 우리 삶 깊숙이 들어오면서, 인공지능 기계들이 진화의 선봉에 설 것이라는 의견과 더불어 우리의 의식을 컴퓨터에 다운로드 하는 형식으로 인간과 기계 사이에 지능의 융합이 이루어질 것이라는 의견도 나오고 있다. 인간과 인공지능 기계의 공생이 메타트렌드(metatrend: 사회 문화 전반에 걸친 광범위하고 보편적인 경향)가 되고 있는 우리 시대의 키워드는 '창조, 융합, 연결, 확장'[4]이다. 이원성과 분리성의 원천인 인간중심의 협소한 사고체계로는 인간과 기술의 공존을 담보하기 어렵다. 이미 스마트폰으로 시작된 인간과 인공지능의 공생관계는 '의미 있는 인간 제어' 없이는 기계에 권리를 넘기는 일이 발생할 것이라는 우려가 제기되고 있다.

따라서 자연지능과 인공지능이 소통하는 새로운 통합모델, 다시 말해 인

---

* 사이보그는 사이버네틱 유기체(cybernetic organism)의 합성어로 유기체와 기계장치가 결합된 디지털시대의 인간이다. 1950년대에 의학자들이 창안한 개념이다.

공지능 윤리가 준수될 수 있는 새로운 휴머니즘의 모색이 시급하다. 특이점은 아무런 윤리적 제약 없이 일사불란하게 핵폭탄 제조에 매진했던 '맨해튼 프로젝트(Manhattan Project)'가 되어서는 안 되기 때문이다. 본 연구는 이러한 문제의식을 기반으로 우선 특이점 논의의 중요성과 그것의 미래적 함의에 대해 살펴볼 것이다. 다음으로 지식혁명, 산업혁명, 디지털 혁명을 넘어 '특이점'을 향하고 있는 기술의 진화와 사회적 파급효과 및 인공지능 윤리에 대해 고찰할 것이다. 끝으로 새로운 문명의 가능성을 현실화하기 위한 인류의 선택과 과제에 대해 살펴볼 것이다.

우선 '특이점' 논의가 중요한 것은 많은 과학자들에 의해 특이점의 도래가 임박한 것으로 판단되고 있고 또한 그것이 우리 삶의 전 영역에 치명적인 변화를 가져올 것으로 예상되기 때문이다. 특이점은 '지난 백만 년간의 모든 변화들보다 더 큰 변화를 단 5분만에도 일으킬 수 있는 큰 사건'이기 때문에 깊은 이해와 통찰력이 요구된다. 정보기술의 경우 기하급수적인 기술 변화의 속도 자체가 기하급수적으로 증가하는, 이른바 '이중의(double)' 기하급수적 증가를 보이고 있고, 또한 인간을 능가하는 지능의 출현으로 진화의 역사가 새로운 국면을 맞게 될 것이라는 예측이 나오고 있다. 그렇다면 우리는 과연 버크민스터 풀러(Buckminster Fuller)가 말한 '진화의 기말고사'를 성공적으로 치를 수 있을 것인가? 특이점이란 대체 무엇이며, 특이점의 이해가 갖는 의미는 무엇인가? 방대하면서도 깊은 통찰력을 제공하는 커즈와일의 『특이점이 가까워지고 있다 *The Singularity is Near*』(2005)라는 저서에는 이렇게 나와 있다.

특이점이란 무엇인가? 그것은 미래에 기술 변화의 속도가 매우 빨라지고 그 영향이 매우 깊어서 인간의 삶이 되돌릴 수 없게 변화되는 시기이다. 유토피아도 디스토피아도 아닌 이 시기에는 비즈니스 모델로부터 삶과 죽음의 사이클에 이르기까지, 우리가 삶에 의미를 부여하기 위해 의거해 있는 개념들에 변화가 일어날 것이다. 특이점을 이해하면 과거의 의미와 미래의 다가올 것들에 대한 시각이 바뀐다. 진실로 특이점을 이해하면 일반적 삶이나 개별적 삶에 대한 인생관이 본질적으로 바뀐다.

What, then, is the Singularity? It's a future period during which the pace of technological change will be so rapid, its impact so deep, that human life will be irreversibly transformed. Although neither utopian nor dystopian, this epoch will transform the concepts that we rely on to give meaning to our lives, from our business models to the cycle of human life, including death itself. Understanding the Singularity will alter our perspective on the significance of our past and the ramifications for our future. To truly understand it inherently changes one's view of life in general and one's own particular life.[5]

커즈와일에 따르면 특이점은 기하급수적인 기술 변화와 그 영향으로 인해 인간의 삶이 되돌릴 수 없게 완전히 변화되는 시기이다. 현재 우리는 이러한 변화의 초기 단계에 있다. 정보기술의 발전 뿐 아니라 패러다임 전환 속도도 기하급수적인 증가 추세가 두드러지기 시작하는 단계에 근접하고 있다. 금세기 중반이 되기 전에 기술—우리 자신과 구별할 수 없게 될—의 증가 속도는 매우 급격해져서 거의 수직에 가깝게 될 것이다. 그는 정보 기반 기술들(information-based technologies)이 수십 년 내에 인간의 모든 지식과 기량을 망라하고 궁극적으로 인간 두뇌 자체의 패턴 인식(pattern recognition) 능력과 문제 해결 능력, 정서 및 도덕적 지능까지도 포함하게 될 것이라고 본다. 인간의 뇌는 100조 개의 개재뉴런(interneuron) 연결이 동시에 작용하는 고도의 병렬 처리를 이용해 미묘한 패턴을 빠르게 인식하지만, 우리의 사고는 극도로 느리며 신경 처리 속도는 오늘날의 전자 회로보다 수백만 배 느리다. 전반적인 인간 지식 기반은 기하급수적으로 증가하는 반면, 새로운 정보 처리를 위한 생리학적 대역폭은 극도로 제한되어 있다. 1.0 버전의 생물학적 인체는 허약하고 유지관리하기도 용이하지 않으며 인간의 사고 역시 대부분 제한적이다. 그는 특이점을 통해 이러한 생물학적 몸과 뇌의 한계를 극복할 수 있을 것이라고 본다.[6]

그는 세상의 역사를 근본적으로 패턴의 진화로 설명할 수 있다고 본다. 진화는 우회적으로 작동하는데,* 각 단계나 시기마다 이전 시기의 정보 처리 방법을 철저히 활용해 다음 시기를 창조하는 방식으로 점점 질서가 높은 패턴을 창조해가는 과정이다. 그는 진화의 역사—생물학적 진화와 기술적 진화 모두—를 여섯 시기로 개념화하고 있다. 특이점은 제5기에 시작되어 제6기에는 지구로부터 우주까지 확대될 것이라고 본다. '물리학과 화학'으로 표징되는 제1기는 정보가 원자 구조에 있다. 원자구조는 독립적으로 정보를 저장하고 표현한다. '생물학'으로 표징되는 제2기는 정보가 DNA에 있다. 이 시기에는 탄소 기반 화합물이 점점 더 복잡해져서 자기복제 기제를 갖춘 분자들의 복합체로 발전하였고, 마침내 생명체가 탄생했다. '뇌'로 표징되는 제3기는 정보가 신경 패턴에 있다. 이 시기에는 DNA가 안내하는 진화에 의해 유기체가 만들어졌는데, 이 유기체는 감각기관을 이용해 정보를 찾아서 그 정보를 뇌와 신경계에서 처리하고 저장했다. '기술'로 표징되는 제4기는 정보가 하드웨어와 소프트웨어 설계에 있다. 이 시기에는 간단한 기제들로부터 시작해 정교한 자동 기계 장치들로까지 발전했으며, 종국에는 정교한 연산 및 통신 장비를 이용해 정보의 정밀한 패턴을 감지하고 저장하고 평가할 수 있게 되었다.

기술과 인간 지능이 융합하는 제5기는 생물학(인간 지능을 포함한)의 방법론이 인간 기술 기반(기하급수적으로 확장되는)과 융합하는 시기이다. 몇 십 년 안에 특이점과 함께 도래할 이 시기는 인간 뇌에 축적된 광대한 지식이 훨씬 더 크고 빠른 역량과 속도, 지식 공유 능력을 갖춘 기술과 융합하면서 시작되어, 인간-기계 문명은 인간 뇌(연결이 100조 개에 불과해 처리 속도가 매우 느린)의 한계를 초월할 것이다. 우주가 잠에서 깨어나는 제6기는 우주의 물질과 에너지의 패턴이 지적 과정과 지식으로 가득 차는 시기이다. 특이점 이후 지능은 온 물질과 에너지에 깊숙이 스며들어 물질과 에너지를 재편하고 최적의 연산 수준을 달성하면서, 지구로부터 우주까지 확장해갈 것이다. 이것이 특이점과 우주의 궁극적 운명이다. 이상에서 보듯 각 시기의 정보 처리 기제는 그 이전 시기의 기제가 있었기에 가능했다. 제1기와 제2기에 걸쳐 DNA가 진화하고, 제2기와 제3기에 걸쳐 뇌가 진화하고, 제3기와 제4기에 걸쳐 기술이 진화하고, 제4기와 제5기에 걸쳐 기술이 생물학(인간 지능을 포함해서)의 방법론을 터득하고, 제5기와 제6기에 걸쳐 무한히 확장된 인간 지능(주로 비생물학적인)이 우주로 퍼진다.[7]

커즈와일이 제시한 '특이점을 향한 카운트다운' 도표를 보면, 생물학적 진화와 인간 기술이 모두 연속적인 가속을 나타내며 다음 사건까지 걸리는 시간이 점점 짧아진다. 진화의 선형 관점에서 보면 대부분의 주요 사건은 '최근'에 발생했으며, 질서와 복잡성 또한 기하급수적으로 증가한 것을 볼 수 있다. 10억 년 전에는 백만 년 동안에도 그다지 많은 사건이 발생하지 않은 반면, 25만 년 전에는 십만 년 정도의 기간에 인류의 진화와 같은 획기적인 사건들이 발생했다. 기술사를 보더라도 50만 년 전에는 천 년 동안에도 아무 일이 일어나지 않은 반면, 가까운 과거에는 단 10년 동안에 월드와이드웹(www) 같은 새로운 패러다임들이 시작되어 대중들에게 퍼지는 것을 볼 수 있다. 지능의 생물학적 진화와 기술적 진화의 발전 속도를 비교해 보더라도 생명이 시작된 후 세포가 등장하기까지 20억년이 걸린 반면, PC가 등장한 후 월드와이드웹이 등장하기까지는 불과 14년이 걸렸다. 또한 대부분의 고등 포유류의 뇌는 10만 년마다 1세제곱인치씩 커진 반면 컴퓨터의 연산 용량은 1년마다 대략 2배씩 늘고 있다.[8]

미국의 과학자 테렌스 맥케나(Terence McKenna)는 인류가 무한히 가파른 변화의 지점을 향해 나아가고 있다며, 새로움이 세계 속으로 진입하는 전반적 속도를 형상화한 프랙털(fractal) 함수를 고안해 내어 '타임웨이브(Timewave)'라고 명명했다. 그의 타임웨이브가 갖는 중요한 특성은 어떤 모양이 반복되면서 그 반복되는 간격이 점점 줄어든다는 것이다. 타임웨이브는 전 세계에서 거의 동시대에 노자, 플라톤, 조로아스터, 붓다, 그 밖의 많은 선지자들이 활동을 펼치던 기원전 500년경부터 '새로움'이 급증하였음을 보여주고 있다. 타임웨이브는 1960년대 후반에는 기원전 500년 때보다 반복이 64배 더 빠른 속도로 일어났고, 2010년에는 반복 패턴 역시 64배 더 빨라졌으며, 2012년에는 또 한 번 64배 더 빨라진 패턴이 나타난다는 것이다. 즉 변화 속도는 비약적으로 빨라지고 변화 간격은 1개월에서 1주를 거쳐 1일 단위로 압축되면서 대단히 빠른 속도로 0을 향하는데, 이를 일컬어 맥케나는 '0의 타임웨이브'라고 부른다.[9] 그것은 무한대의 새로움이 닥칠 시점을 함수로 나타낸 것이다.

영국 브리스톨대 교수 피터 러셀(Peter Russell)은 이러한 변화의 가속화 현상이 비단 인류에게만 국한된 것은 아니며 지구가 생성된 이래 끊임없이 지속되고 있는 일종의 '패턴'으로 그 속도는 점점 더 빨라지고 있고 이런 패턴은 미래에도 계속될 것이라고 본다. 1990년대 이전까지만 해도 월드와이드웹이 무엇이며, 이로 인해 우리 삶이 얼마나 극적으로 변하게 될지 조금이라도 이해했던 사람은 극소수에 불과했듯이, 어떤 기술의 혁신이나 발전이 향후 10년 뒤 우리 삶을 어떻게 변화시킬지는 아무도 알 수 없다며, 모든 진화의 방향이 특이점을 향해 나아가고 있다고 했다. 방정식이 붕괴하면서 규칙 자체가 바뀌고 이전과는 완전히 다른 무언가가 일어나는 시점을 향하고 있다는 것이다. 그 이후에도 진화는 가파른 속도로 계속될 것이며, 걸리는 시간 단위는 10년 단위에서 1년 단위로, 1개월 단위에서 1일, 1초로… 변화의 속도가 무한대인 0에 마침내 접근하게 되는데, 이것이 수학에서 말하는 진정한 의미의 특이점이라는 것이다.[10]

특이점을 이해하고 그것이 자신의 삶에 주는 의미를 숙고하는 사람을 커즈와일은 '특이점주의자'라고 부른다. 특이점주의자들이 특이점의 도래가 임박했다고 보는 근거는 상기에서 보듯 기술의 변화속도가 가속화되고 있고 기술의 힘이 기하급수적으로 확대되고 있다는 데 있다. 오늘날 컴퓨터 지능은 의료 진단 및 치료 시스템, 항공기 운항 시스템, 자동화 무기 제어시스템, 금융거래 시스템 등으로 활동 영역을 점차 확대해 나가고 있으며, 이들 시스템은 다양한 유형의 인공지능을 점점 더 통합적으로 운영하고 있다. 20세기 패러다임 전환의 속도는 10년마다 두 배씩 증가해 오늘날의 발전 속도에 이르렀다. 2000년도의 발전 속도는 20세기 100년 동안 성취한 것을 20년 만에 이룰 정도로 빨라졌고, 다음에는 그만한 성취를 14년 내로(2014년까지) 이룰 정도로 빨라졌으며, 또 다음에는 7년 내로 이룰 정도로 빨라져, 결과적으로 21세기 기술 발전은 20세기에 이룬 것보다 천 배 더 큰 발전을 이룰 수 있으리라는 전망이다.[11]

특이점은 생물학적 사고 및 존재와 기술의 융합이 이룬 절정으로 우리 삶이 의거해 있는 온갖 개념들에 총체적인 변화가 일어날 것이 예상되는 시기이다. 이러한 특이점을 이해하면 우리의 세계관이나 사고방식 및 가치체계와 인생관이 본질적으로 바뀔 수밖에 없고, 그렇게 되면 이 시기에 대한 대처 능력 또한 증대될 수 있기 때문에 특이점에 대한 충분한 논의가 필요한 것이다. 인공지능은 생물학적으로는 인간의 뇌에서 비롯되고 기술적으로는 인간의 창의력에서 비롯된 것이기 때문에 인공지능의 추구 방향에 대한 핵심 키는 인간이 가지고 있다. 그런 까닭에 현재 인공지능 윤리 문제에 대한 논의가 활발하게 일어나고 있고, 또한 컴퓨터에 도덕코드(moral code)를 심는 문제까지 제기되고 있다. 우리가 신뢰할 수 있고 인류에게 혜택을 주는 방향으로 기술과 인간 지능의 융합이 일어나려면 결국 그 원천인 인간 자체의 문제와 맞닥뜨리게 된다. 인간의 몸과 뇌의 패턴들을 개선하지 않으면 안 되는 것은 이 때문이다. 사실 인공지능이란 것도 결국 인간 자신의 산물이니 자연지능과 인공지능을 뚜렷이 구분하기란 어려운 것이다.

2016년 1월 스위스 다보스포럼(세계경제포럼 WEF)에서는 4차 산업혁명의 도래로 로봇과 인공지능이 인간의 일자리를 대체하면서 향후 5년간 일자리 710만개가 사라질 것이라는 예측이 나왔다. '일자리 대체'나 '통제 불능'의 문제를 야기할 수 있는 인공지능의 미래에 대해 우려를 표명한 전문가는 한둘이 아니다. 슈퍼컴퓨터들의 연산 능력이 매년 더욱 강력해지고 있는데다가 '뇌의 지도화' 작업이 완성되어 인간의 뇌를 시뮬레이션 할 수 있게 되면 마침내 인간을 능가하는 지성이 출현할 수 있다는 예측도 나오고 있다. 생물의 뇌신경 알고리즘을 내재화한 인공지능이 자의식에 눈을 떠서 인간이 명령하지도 않은 것을 스스로 생각해내고 제멋대로 행동한다고 상상해 보라. 실로 끔찍하지 않겠는가. 커즈와일은 2045년쯤이면 1,000달러짜리 컴퓨터가 오늘날 인류의 모든 지혜를 합친 것보다 10억 배 더 강력해질 것이라고 예견했다. 이제 인공지능은 〈매트릭스(The Matrix)〉나 〈터미네이터(The Terminator)〉, 〈아이로봇(I, Robot)〉 같은 SF 영화 속에서만이 아니라 현실 속에서 두려움의 대상으로 떠오르고 있다.

그러나 '특이점'을 향한 인류의 기하급수적 달음박질을 멈추게 할 수단은 없어 보인다. 미국의 '뇌 이니셔티브(BRAIN Initiative)'나 유럽연합(EU)의 '인간 뇌 프로젝트'(Human Brain Project)'와 같은 많은 연구기관들의 활동을 잠재적 위험성이 내재해 있다는 이유로 멈추게 할 수는 없을 것이다. 그것은 가능하지도 않을뿐더러 오히려 진화에 역행하는 결과를 초래할 수도 있다. '창조, 융합, 연결, 확장'을 통한 진화로의 길은 거역할 수 없는 대세이기 때문이다. 커즈와일의 『지적 기계의 시대 *The Age of Intelligent Machines*』(1989)와 『영적 기계의 시대 *The Age of Spiritual Machines*』(1999), 그리고 한스 모라벡(Hans Moravec)의 『로봇: 단순한 기계에서 초월적 마음으로 *Robot: Mere Machine to Transcendent Mind*』(1999)와 데미안 브로데릭(Damien Broderick)의 『스파이크: 상상할 수 없는 미래로의 가속화 *The Spike: Accelerating into the Unimaginable Future*』(1997)[12]는 특이점을 향한 인류의 질주가 필연적임을 분명히 보여준다. 특히 커즈와일이 밝히고 있는 특이점의 원리는 의미심장한 미래적 함의를 지니고 있으며, 특이점 이후를 준비하는 인류에게 많은 시사점을 제공한다. 그 핵심 내용을 요약하면 다음과 같다.

'인간 뇌 스캔은 기하급수적으로 향상되고 있으며 2020년대 말까지는 인간 지능을 완벽하게 모방하는 데 필요한 하드웨어와 소프트웨어가 모두 갖춰지면서 컴퓨터가 튜링 테스트(Turing test: 인간과의 대화를 통해 기계의 지능을 판별함)를 통과할 것이고, 더 이상 컴퓨터 지능을 생물학적 인간의 지능과 구별할 수 없게 될 것이다. 이러한 수준의 발전이 이루어지면 컴퓨터가 인간 지능의 전통적인 강점(패턴 인식 능력)과 기계 지능의 강점(속도, 메모리 용량과 정확성, 지식과 기술 공유 능력)을 결합할 수 있을 것이고, 기계는 인터넷을 통해 인간-기계 문명의 모든 지식에 접근해서 모든 지식을 습득할 수 있을 것이다. 기계 지능이 자신의 설계를 반복적으로 개선하는 주기가 점점 빨라지면서 생물학적 뇌보다 뛰어나게 될 것이고, 비생물학적 지능의 개선 주기가 가속되면서 나노기술로 나노봇(nanobots)*을 설계할 수 있을 것이다. 나노봇은 인간의 노화를 되돌리고 생물학적 뉴런과 상호작용하며 신경계 내에 가상현실을 창조함으로써 인간의 경험을 확장하며, 수십억 개의 나노봇이 뇌의 모세혈관에 이식됨으로써 인간의 지능은 크게 확장될 것이다. 미래 기계는 생물학적인 인간의 몸보다 훨씬 역량 있고 내구성 높은 '몸'과 지능을 가지고 인간의 감정을 이해하고 이에 대응하는 능력을 습득하며 세계와 상호작용할 것이다. 수확 가속의 법칙은 비생물학적 지능이 우리 주변 우주의 물질과 에너지를 인간-기계 지능으로 가득 채울 때까지 계속될 것이며, 궁극적으로 전 우주가 우리의 지능으로 포화될 것이다'[13]

커즈와일은 이것이 우주의 운명이며 우리가 스스로의 운명을 결정하게 될 것이라고 보았다. 그에 따르면 우주가 이 정도의 지능을 갖게 되기까지 걸리는 시간은 광속이 불변의 한계인가 아닌가에 달려 있으며, 이 한계를 벗어날 수 있는 미묘한 조짐이 보이고 있기 때문에 광대한 미래 문명의 지능이 이를 충분히 이용할 수 있다는 것이다. 인간 사고의 한계로 인해 특이점의 함의에 관해 완벽하게 이해하기는 어렵지만 특이점 이후의 삶에 관해

---

* 나노봇은 분자 수준에서 설계된 로봇으로 크기는 미크론(100만분의 1미터) 단위이며, '호흡세포(respirocytes: 기계로 만든 적혈구)' 같은 것을 그 예로 들 수 있다. 커즈와일에 따르면 비생물학적 지능이 뇌에 기반을 구축하기 시작하면 뇌 속의 기계 지능은 기하급수적으로 성장하여 궁극적으로는 지능의 비생물학적 부분이 우위를 점하게 될 것이다.

커즈와일은 의미 있는 진술을 하고 있다. 그는 미래 문명의 지능 대부분이 결국에는 비생물학적인 형태가 될 것이고, 금세기 말까지는 비생물학적 지능이 인간 지능보다 수조 배의 수조 배만큼 강력해질 것이라고 본다. 그러나 비생물학적인 지능은 생물학적 설계에서 파생되어 나올 것이기 때문에 생물학적 지능이 진화의 우위를 잃는다고 해서 그것이 곧 생물학적 지능의 종말을 뜻하는 것은 아니며 우리의 문명은 여전히 인간적일 것이라고 본다. 비록 인간성에 대한 이해가 생물학적인 기원을 넘어서긴 하겠지만, 실로 여러 가지 면에서 미래 문명은 현재보다 더 인간적인 전형이 될 것이라고 커즈와일은 말한다.[14]

한편 뇌과학 연구의 중대한 전환점을 이루는 '뇌 지도'가 처음으로 완성됐다. 2016년 7월 20일(현지 시각) 미국 워싱턴대와 영국 옥스퍼드대 등이 참여한 국제공동 연구진은 "자기공명영상(MRI)과 기능성 자기공명영상(fMRI) 장치로 210명의 대뇌피질(大腦皮質)을 살펴 기능 지도를 만들고, 담당하는 기능별로 180개의 영역을 구분해 내는 데 성공했다"고 밝혔다. 사람의 행동과 감각, 의사결정을 총괄하는 대뇌의 기능을 한눈에 볼 수 있는 뇌 지도를 살아 있는 사람들을 연구해 처음으로 만든 것이다. 이 연구를 주도한 매튜 글라서 워싱턴대 교수는 "AI 프로그램이 여러 사람의 fMRI 영상을 분석해 스스로 규칙을 찾아내도록 하면서, 210명의 뇌 지도를 종합한 한 장의 정밀한 뇌 지도를 얻어낼 수 있었다"고 말했다. 연구팀은 이번 뇌 지도가 대뇌피질 기능의 97퍼센트 가량을 파악한 것으로 추정했다. 알츠하이머·파킨슨병·뇌졸중 등 뇌와 관련된 질병은 대부분 대뇌피질에서 일어나기 때문에 대뇌피질 지도의 완성은 뇌과학 연구의 중요한 도구가 될 것으로 평가된다.[15]

최근 증강현실(AR)에 대한 관심의 고조는 스마트폰 게임인 '포켓몬 고' 열풍에서도 볼 수 있다. 2016년 6월 6일 첫 출시 후 35개국에서 서비스되고 있는 이 게임은 국내에선 아직 정식 출시되지 않았지만 속초와 양양 지역에선 게임이 작동하면서 뜨거운 반응을 보였다. 사실 우리의 현실은 스마트폰에 의해 이미 한 단계 증강됐다. 증강현실이란 "3D 가상현실(VR) 물체가 3D 현실 환경에 실시간으로 접목되는 것" 또는 "기술·정보·코드 등을 통해 현실과 가상현실이 합쳐지고 이에 따른 형상이 특정 공간과 시간 속에서 구현되는 것"[16]으로 정의될 수 있다. 포켓몬 고에 출현하는 포켓몬 형상들은 3D로 구현되지 않는다는 점에서 엄밀한 기술적 잣대를 적용하면 포켓몬 고는 증강현실 게임이 아니다. 그러나 전문가들은 포켓몬 고가 증강현실 기술의 기초적인 요소를 보여줬을 뿐만 아니라 게임이자 동시에 '소셜네트워크'로서 크라우드소싱(crowd sourcing: crowd+outsourcing)을 단계적으로 활용했고 또한 이미 20년 이상 세계적인 인기를 모은 '포켓몬스터'라는 강력한 콘텐츠를 이용해 스마트폰 사용자들의 향수를 불러일으켜 열광하게 만들었다는 점에서 IT 관련 산업의 첨단 트렌드와 스타트업의 다양한 성공방정식이 들어있다고 말한다.[17] 이처럼 실제 세계와 가상현실의 융합으로 인간의 경험은 더욱 확장되고 진화의 역사는 새로운 전기를 맞게 됐다.

커즈와일은 특이점을 수확 가속의 법칙(law of accelerating returns)이 가져올 필연적 결과라고 본다. 기술의 진화 과정은 기술의 역량을 기하급수적으로 증가시킨다. "진화는 인간을 창조했고, 인간은 기술을 창조했으며, 인간은 점점 발전하는 기술과 협력해서 차세대 기술을 창조하고 있다. 특이점의 시대에 이르러서는 인간과 기술 간의 구별이 사라질 것이다.…진화의 각 단계는 전 단계의 성과 위에 세워지므로 진화 과정의 발전 속도는 시간이 흐를수록 기하급수적으로 증가한다. 시간이 흐를수록 진화 과정에 축적된 정보의 '질서'(생존이라는 진화의 목적에 정보가 부합하는 정도를 나타내는 크기)가 증가하는 것이다.… 이제 기술적 진화는 생물학적 진화를 넘어서고 있다. 호모 사피엔스의 진화에는 수십만 년이 걸렸고, 원인(原人)이 창조한 초기 단계 기술(바퀴, 불, 석기)이 진화하고 널리 퍼지는 데는 수만 년이 걸렸으며, 500년 전 인쇄 기술이 널리 퍼지는 데는 한 세기 정도가 걸렸다. 오늘날 휴대전화나 월드 와이드 웹은 불과 몇 년 만에 널리 퍼졌다."[18]

정보기술의 기하급수적 추세는 인텔의 창립자 고든 무어(Gordon Moore)가 예측한 '무어의 법칙(Moore's Law)'—반도체 집적회로의 성능이 18개월마다 두 배씩 증가한다는 법칙—이 다루는 영역보다 더 광범위하다. 이렇게 볼 때 특이점에 대한 논의가 특이점을 이해하고 그것이 미래에 우리 개인적 및 사회적 삶에 주는 의미를 통찰할 수 있게 하며 나아가 이 시기에 대한 대처 능력을 증대시킬 수 있게 한다는 점에서 필요하고 또 중요하다는 것은 재론의 여지가 없다 하겠다.

기술의 진화와 사회적 파급효과 및 인공지능 윤리

우선 특이점을 향한 기술의 진화에 대해 살펴보기로 하자. 특이점은 진화 과정이 가속적이며 그 과정의 산물 또한 기하급수적으로 증가하는 것을 나타내는 수확 가속의 법칙이 가져올 필연적 결과다. 커즈와일이 제시하는 수확 가속 법칙의 원칙들을 이해하면 진화 알고리즘(algorithm)의 핵심을 파악할 수 있다. 그 원칙들을 요약하면 다음과 같다.

'진화는 발전(질서의 증가)의 한 단계에서 생겨난 유용한 기법이 다음 단계를 만드는 데 사용되는 포지티브 피드백(positive feedback 陽의 되먹임) 방법을 써서 기하급수적 속도로 진행되며, 시간이 흐를수록 진화 과정에 축적된 정보의 '질서(order)'도 기하급수적으로 증가한다. 특이점에 이르면 기계가 인간 이상으로 발전할 것이기 때문에 인간과 기술 간의 구별이 사라질 것이다. 정보

기반 기술의 힘과 가격 대 성능비의 기하급수적 성장은 컴퓨터뿐만 아니라 모든 정보기술과 다양한 인간 지식에도 적용되며, '정보기술'이라는 용어가 점점 더 포괄적으로 사용되어 궁극적으로는 모든 경제활동과 문화현상을 포함하게 될 것이다. 특정 진화 과정이 더 효과적이 될수록—예컨대, 연산의 용량과 비용 대비 효과(cost-effectiveness)가 높아질수록—활용되는 자원의 양도 커지므로 이중의 기하급수적 증가가 일어난다. 생물학적 진화는 완전히 열린계(open system)에서 일어나기 때문에 체계가 여러 수준에서 동시에 진화하며, 기술의 진화는 생물학적 진화를 뛰어넘고 있다. 특정 패러다임은 잠재력이 고갈될 때까지 기하급수적으로 성장하며, 마침내 패러다임 전환이 일어나고 이로 인해 기하급수적 성장이 계속된다.'[19] 여기서 체계가 여러 수준에서 동시에 진화한다는 것은 유전자에 포함된 정보가 더 큰 질서를 향해 진화할 뿐 아니라 전체 체계 자체도 같은 방향으로 진화하는 것을 말한다. 염색체 수와 염색체의 유전자 배열이 동시에 진화하는 것, 쌍으로 된 염색체에다 유전 정보를 반복해 둠으로써 한 쪽의 유전자가 손상되더라도 나머지 한 쪽은 유전 정보를 보호할 수 있게 한 것 등이 그 예로서 제시되고 있다.

생명체든 기술이든 점점 증가하는 질서 위에 올라서고 또 정보를 기록하고 조작하는 기법들도 점점 세련되기 때문에 진화의 속도는 빨라질 수밖에 없다. 진화가 창조해낸 기술혁신이 더 빠른 진화를 촉진하고 기술의 역량을 기하급수적으로 증가시키는 것이다. 미국 펜실베이니아대 교수이며 미래학자인 제러미 리프킨(Jeremy Rifkin)에 따르면 역사상 위대한 경제적 변혁은 새로운 커뮤니케이션 기술이 새로운 에너지 체계와 만날 때, 다시 말해 커뮤니케이션과 에너지 매트릭스가 만들어내는 승수효과(乘數效果)의 힘에 따라 발생한다. 즉 18세기 말 인쇄술과 석탄 동력의 증기기관이 조우하여 1차 산업혁명을 일으켰고, 20세기 초 전기 커뮤니케이션 기술과 석유 동력의 내

연기관이 조우하여 2차 산업혁명을 일으켰으며, 그리고 오늘날 인터넷 커뮤니케이션 기술과 재생에너지가 결합하여 3차 산업혁명을 일으키고 있다는 것이다.[20] 그는 이러한 기술의 진화 과정이 수평적 권력으로의 패러다임 전환을 촉구하고 에너지, 경제, 그리고 세계를 근본적으로 바꾸게 될 것이라고 전망했다. 그가 사용한 분석 틀은 오늘의 세계를 규정하는 기본 틀로서 여전히 유효하며 이러한 산업혁명의 연장선에서 이제 인류는 제4차 산업혁명의 여명기를 맞고 있다.

현재 인류는 지식·산업·디지털 혁명을 넘어 '혁신 4.0' 시대를 맞고 있다. 금속활자 발명으로 촉발된 지식혁명(혁신 1.0)으로 책 보급이 폭발적으로 증가하면서 근대가 시작됐고, 증기기관 발명으로 촉발된 산업혁명(혁신 2.0)으로 생산성이 획기적으로 향상되어 농업사회에서 산업사회로 이행했으며, 컴퓨터 발명으로 촉발된 디지털혁명(혁신 3.0)으로 정보폭발이 일어나고 후기산업사회로 이행하게 되었다. 이제 네트워크 융합, 빅데이터, 인공지능 등으로 촉발된 4차 산업혁명(혁신 4.0)으로 산업 간 융합 활성화와 더불어 개방형 공유경제로 이행하고 있다.[21] 스위스 다보스에서 개최된 2016 세계경제포럼에서 제4차 산업혁명이 공식적으로 제기되면서 제4차 산업혁명을 견인할 인공지능과 로봇, 3D 프린팅과 퀀텀 컴퓨팅(quantum computing), 빅데이터와 클라우딩, 나노·바이오 기술 등 신산업을 둘러싼 세계 각국의 주도권 경쟁이 치열해지고 있고, 국내의 경우 특히 사물인터넷[22]과 스마트 헬스 케어가 유망 신산업으로 떠오르고 있다. 기술혁신에 따른 현실과 가상현실의 융합으로 모든 것이 연결되고 확장되어 보다 지능적인 사회로의 진화가 가속화되고 있다.

클라우스 슈밥은 그의 『제4차 산업혁명 The Fourth Industrial Revolution』에서 4차 산업혁명이 그 규모와 속도, 범위와 복잡성(complexity) 면에서 과거에 인류가 경험했던 것과는 완전히 다르게 진전될 것이며, 우리의 삶과 일, 인간관계의 방식 또한 근본적으로 변화하게 될 것이라고 전망한다. 그는 4차 산업혁명이 진행 중이라는 사실을 뒷받침할 만한 근거로 다음 세 가지를 들고 있다. 즉 우선 속도 면에서 4차 산업혁명은 선형적 속도가 아닌 기하급수적인 속도로 진행되고 있다는 점, 다음으로 범위와 깊이 면에서 4차 산업혁명은 디지털 혁명을 기반으로 다양한 과학기술을 융합해 개인뿐만 아니라 경제, 기업, 사회를 근본적인 패러다임 전환으로 유도하며 인간의 존재양식에 대해서도 변화를 일으키고 있다는 점, 끝으로 시스템 충격 면에서 4차 산업혁명은 국가 간, 기업 간, 산업 간, 그리고 사회 전체 시스템의 변화를 수반하고 있다는 점[23]이 그것이다. '유비쿼터스 컴퓨팅(ubiquitous computing)', 더 작고 저렴하며 스마트해진 센서, 인공지능과 머신러닝(machine learning)은 4차 산업혁명의 특징을 잘 보여준다.

슈밥은 세계경제포럼의 연구와 포럼 내부 글로벌어젠다카운슬(Global Agenda Councils)의 다양한 결과물을 바탕으로 4차 산업혁명을 견인할 세 분야의 기술을 소개하고 있다. 상호 깊이 연관된 세 분야의 기술은 물리학 기술, 디지털 기술, 생물학 기술이다. 메가트렌드(megatrend)를 이루는 주요 물리학 기술로는 자율주행자동차, 드론, 트럭, 항공기, 보트를 포함한 다양한 무인 운송수단, 3D 프린팅, 첨단 로봇공학, 신소재가 있고, 주요 디지털 기술로는 사물인터넷, 블록체인(blockchain)* 시스템, 디지털 플랫폼 등이 있으며, 주요 생물학 기술로는 유전학과 합성생물학(synthetic biology) 분야의 기술, 바이오프린팅(bioprinting: 생체조직 프린팅 기술) 등이 있다.[24] 2015년 9월 출간된 『세계경

---

* 블록체인은 '거래 기록과 승인이 이루어지기 전에 컴퓨터 네트워크상에서 참여자 모두에게 검증을 받아야 하는 보안 프로토콜'이다.

제포럼보고서』는 미래의 디지털 초연결사회(hyper-connected society)를 구축하는 21가지 티핑 포인트(tipping point)를 밝히고 있다. 800명이 넘는 정보통신기술 분야의 경영진과 전문가가 참여한 조사를 바탕으로 작성된 이 보고서는 제4차 산업혁명으로 촉발된 변화와 관련하여 향후 10년 안에(2025년까지) 발생할 일들을 구체적으로 적시하고 있다는 점에서 특이점을 향한 기술 진화의 현주소를 가늠할 수 있게 한다. 다음 내용은 해당 항목을 꼽은 설문 응답자의 비율이 70퍼센트 이상인 것들이다.

"인구의 10퍼센트가 인터넷에 연결된 의류를 입는다. 인구의 90퍼센트가 무한 용량의 무료 저장소를 보유한다. 1조 개의 센서가 인터넷에 연결된다. 미국 최초의 로봇 약사가 등장한다. 10퍼센트의 인구가 인터넷이 연결된 안경을 쓴다. 인구의 80퍼센트가 인터넷상 디지털 정체성을 갖게 된다. 3D 프린터로 제작한 자동차가 최초로 생산된다. 인구조사를 위해 인구센서스 대신 빅데이터를 활용하는 최초의 정부가 등장한다. 상업화된 최초의 (인체) 삽입형 모바일폰이 등장한다. 소비자 제품 가운데 5퍼센트는 3D 프린터로 제작된다. 인구의 90퍼센트가 스마트폰을 사용한다. 인구의 90퍼센트가 언제 어디서나 인터넷 접속이 가능하다. 미국 도로를 달리는 차들 가운데 10퍼센트가 자율주행자동차다. 3D 프린터로 제작된 간이 최초로 이식된다. 인공지능이 기업 감사의 30퍼센트를 수행한다. 블록체인을 통해 세금을 징수하는 최초의 정부가 등장한다."[25]

4차 산업혁명은 사물인터넷(IoT)·만물인터넷(Internet of Everything, IoE), 사이버 시스템과 물리적 시스템이 연동되는 복합시스템인 가상 물리 시스템(Cyber Physical System, CPS), 빅데이터와 그것들의 게임체인저로서 인공지능(AI)이 내포하고 있는 기술혁신의 총체라는 함의를 지니고 있다. 그것의 본질은 '현실세계의 디지털화', '디지털 세계의 지능화', '지능화 시스템의 사회적 탑재와 적용'으로 설명될 수 있다. 기술적 관점에서 디지털 혁명의 방향성은 세 가지 진로로 나타낼 수 있다. "첫째는 현실세계의 디지털화와 네트워크화, 즉 사물인터넷과 만물인터넷이 인공지능을 만나 모든 것의 수평적 연결성이 지수함수적으로 확장되는 초연결화(IoT · IoE+AI)이다. 둘째는 초연결된 만물들이 생성하는 빅데이터에 대한 고도의 해석, 즉 AI의 진화로 판단의 고도화와 자율 제어가 가능해짐으로써 기존 사회 · 경제 시스템의 구조를 근본적으로 재구축하는 수직적 지능성이 지수함수적으로 강화되는 초지능화(CPS+AI)이다. 셋째는 초연결된 현실세계와 빅데이터 해석 역량이 강화된 사이버 세계와의 상호 관련이 심화된 유기체 복합시스템(CPS) 운용을 통해 미래의 불확실성을 감소시키고 합리성을 증대시키는 예측 가능성(빅데이터+AI)의 확장이다."[26]

커즈와일은 21세기 전반부에 'GNR'이라는 세 개의 혁명이 중첩적으로 일어날 것이라고 전망한다. 즉 'G(Genetics 유전학: 정보와 생물학의 交集合)' 혁명, 'N(Nanotechnology 나노기술: 정보와 물리세계의 交集合)' 혁명, 'R(Robotics 로봇공학: 강력한 AI)' 혁명이 그것이며, 그가 제5기(Epoch Five)라 칭한 시점인 특이점이 이 세 가지 혁명으로써 시작될 것이라고 본다. 현재 우리가 처한 시점은 'G' 혁명의 초기 단계로서 생명의 근원적인 정보 처리 과정을 이해함으로써 질병을 근절하고 인간의 잠재력을 극적으로 확장하고 수명을 획기적으로 연장할 수 있도록 인체의 생물학을 재편하는 법을 익혀나가고 있다. 또한 'N' 혁명은 우리의 몸과 뇌 그리고 우리가 사는 세상을 분자 수준으로 재설계하고 재조립할 수 있게 함으로써 생물학의 한계를 뛰어넘게 할 것이다. 그리고 'R' 혁명은 가장 강력하고도 가장 의미 있는 변화가 될 것으로 여겨지는데 이는 지능이 우주에서 가장 강력한 '힘'이기 때문이다.[27] '뉴럴 네트워크(neural network)'[28]*―알파고의 핵심기술도 뉴럴 네트워크다―를 기반으로 한 딥러닝이라는 인공지능 기술의 가속적 발전으로 머지않아 인간의 지능을 훨씬 능가하는 인간 수준의 로봇들이 등장하게 될 것이다.

다음으로 기술의 사회적 파급효과에 대해 살펴보기로 하자. 전문가들은 우리 인류가 기술의 진화 과정에서 '어떻게 기술을 올바르게 다룰 것인가'에 대한 답을 찾기도 전에 기술의 역량이 기하급수적으로 중대되는 현상에 대해 우려를 표명한다. 기술의 사회적 파급효과에 대해서는 인공지능 기술의 발전이 수백만 개의 일자리를 대체하고 통제 불능의 위기를 초래할 것이라고 보는 기술 회의론자들의 시각이 있는가 하면, '기계 문제(machinery question)'에 따른 실업 공포는 200여 년 전 증기기관 발명과 기계화가 진행되던 때에도 똑같이 있었다며 오히려 더 많은 일자리를 창출해낼 가능성이 높다고 보는 기술 낙관론자들의 시각도 있다. 그러나 4차 산업혁명의 물결이 거스를 수 없는 대세이고 혜택과 잠재적 위험이라는 양면성을 동시에 지니고 있으며 또한 경제 생태계와 우리 삶 전반에 미치는 파급효과가 심대할 것이 예상된다는 점에서 이분법적인 접근보다는 '열린 혁신'을 향한 총합적인 접근이 도전과제들에 대한 적극적인 대응 전략을 마련하는 데에도 실효성이 있지 않을까 생각된다.

커즈와일은 기술의 발달로 비생물학적 지능이 생물학 지능을 능가하게 되면 인간 경험의 본질이란 대체 무엇이며, 또한 강력한 인공지능과 나노 기술로 우리가 상상하는 어떤 상품이나 상황, 환경을 마음대로 만들어낼 수

---

* 뇌는 뉴런(neuron)이라는 세포와 뉴런을 연결하는 시냅스(synaps)가 네트워크를 구성하고 있으며, 이 신경 네트워크 구조를 개념적으로 모방한 알고리즘이 뉴럴 네트워크다.

있다면 인간-기계 문명이 의미하는 바는 무엇인가에 대해 묻고 있다. 인간의 상상을 현실로 만들어내는 도구가 기하급수적으로 강력해지면서 특이점이 다가오면 우리는 인간의 역할과 삶 자체에 대해 다시 생각해봐야 하고 각종 조직들도 재편해야 한다는 것이다. 기술의 진화가 초래할 사회적 파급영향 및 효과는 헤아릴 수 없이 많다. 커즈와일은 그 영향 및 파급효과를 인체, 뇌, 인간 수명, 전쟁, 학습, 일, 놀이, 우주의 지적 운명에 미칠 영향이라는 여덟 가지 측면에서 고찰하고 있는데 그 요점은 다음과 같다.

우선 인체에 미칠 영향 및 파급효과에 대해 살펴보면, 'G, N, R 혁명이 중첩적으로 일어나면 우리의 연약한 버전 1.0 몸은 훨씬 더 내구성 있고 역량 있는 버전 2.0으로 변화될 것이다.* 소화계 재설계(redesigning the digestive system), 나노기술을 바탕으로 적혈구·혈소판·백혈구 재설계를 통한 혈액 프로그래밍, 자동 혈구 나노봇들로 심장과 혈관계 대체, 뇌 재설계가 가능해지는 버전 2.0 인체에서는 나노봇 수십억 개가 몸과 뇌의 혈류를 타고 흐르며 병원체를 박멸하고 DNA 오류를 수정하고 독소를 제거하는 등 육체적 건강을 향상시키기 위한 다양한 임무를 수행할 것이다. 뇌에 널리 퍼진 나노봇들이 우리의 생물학적 뉴런과 상호작용하고, 우리의 생물학적 사고와 우리가 만들어낸 비생물학적 지능이 융합됨으로써 인간의 지능은 심대하게 확장될 것이며 점차 사이보그가 되어갈 것이다. 2030-2040년대가 되면 보다 근본적인 인체의 재설계가 이루어져 버전 3.0 인체가 탄생할 것이다. 그 특징 중 하나는 분자나노기술(MNT) 조립법을 인체에 적용해 현실에서도 신체를 마음대로 순식간에 변화시킬 수 있을 것이다.'[29]

뇌와 수명에 미칠 영향 및 파급효과에 대해 살펴보면, '나노봇 기술이 한층 발전하면 완전몰입형 가상현실이 가능할 것이다. 가상현실에서는 현실의 육체는 그대로 둔 채 가상환경에서만 모습을 바꿔 동시에 여러 사람에게

서로 다른 모습을 보여주거나, 상대방의 모습을 택해서 보거나 두 사람이 모습을 바꿔보는 식의 선택들이 쉽게 가능하다. 또한 다른 사람의 경험파에 접속해 그 사람으로 산다는 게 어떤 느낌인지 경험할 수 있다. 2030년 무렵 나노봇으로 할 수 있는 가장 중요한 일은 생물학적 지능과 비생물학적 지능을 융합함으로써 우리 마음을 확장하는 것이다. 사고의 방법과 구조가 바뀌고 패턴 인식능력이나 기억력 및 전반적 사고력이 크게 향상되며 강력한 비생물학적 지능과 직접 소통하거나 뇌끼리 무선통신 할 수도 있을 것이다.… 현재 인간은 육체라는 하드웨어가 망가지면 삶이라는 소프트웨어도 함께 죽는다. 하지만 뇌 속에 패턴을 이루고 있는 수천조 바이트의 정보들을 다른 곳에 저장할 방법을 알아내면 '마음 파일(mind file)'의 수명은 생물학적 몸이나 뇌와 같은 특정 하드웨어의 항구성에 좌우되지 않을 것이다. 인간이라는 소프트웨어는 인체라는 한계를 넘어 널리 확장될 것이고 웹에서 살며 필요할 때에만 육체를 가질 것이다.'[30]

전쟁에 미칠 영향 및 파급효과에 대해 살펴보면, '차세대 전투 시스템(FCS)은 "더 작고 더 가볍고 더 빠르고 더 치명적이고 더 스마트한" 특징을 지니며, 자기조직적인 집단 지능 원리와 고도로 분산된 통신망을 갖추고 군사 시스템이 원격화, 자율화, 소형화, 로봇화하는 추세다. 2025년에는 전투 병력이 대부분 로봇일 것이며 여기에는 일정 수준의 자율성을 갖는 전략적 자율 전투원들(TAC)—나노봇, 초소형 로봇, 대형 무인비행기 등의 탈 것과 자동화된 시스템—이 포함된다. 복잡한 감지 시스템인 '스마트 먼지(smart dust)'를 개발해 적진에 떨어뜨려 정탐하고 공격 임무를 뒷받침할 것이다. 나노기술을 적용한 무기, 지능형 스마트 무기가 등장하고 가상현실 환경을 통한 원격 조종이 이뤄지며 모든 전쟁의 핵심은 컴퓨터 전쟁이 될 것이다.' 학습에 미칠 영향 및 파급효과에 대해 살펴보면, '교육도 다른 모든 조직과 마찬가지로 분산화된 체제로 나아갈 것이고, 학생들은 완전몰입형에 초고해상도를 갖춘 시청각 가상현실에서 가상 수업을 통해 언제 어디서나 세계 최고의 교육에 접속할 수 있을 것이다. 우리가 비생물학적 지능과 융합하게 되면 그때는 지식이나 기술을 다운로드 받을 수 있기 때문에 교육의 본질 자체가 바뀔 것이다.'³¹

일과 놀이에 미칠 영향 및 파급효과에 대해 살펴보면, '분자나노기술 제조법이 현실화하면 상품을 만드는 데 드는 비용은 감소하고 제조과정에 대한 정보비용은 빠르게 상승하여 결국 100%에 가까워질 것이다. 비즈니스 모델의 입장에서는 지적 재산권을 보호하는 일이 매우 중요하게 된다. 첫 번째 산업혁명이 육체의 한계를 넘어서게 했다면, 두 번째 혁명은 마음의 한계를 넘어서게 할 것이다. 향후 몇 십 년 동안 거의 모든 일상적인 육체적, 정신적 작업이 자동화될 것이며, 몸이 어디에 있든 가상현실에서 거의 모든 일을 볼 수 있게 된다. 나노기술의 발전으로 연료전지나 태양에너지 활용에 박차가 가해지면 에너지원이 넓게 분산되어 하부구조 속으로 통합될 것이다. 버전 3.0 인체가 등장해 마음대로 몸의 형태를 바꿀 수 있고 뇌가 생물학의 구조적 한계를 넘어서게 되면, 인간이란 무엇인가에 대해 깊이 생각하게 된다.… 2020년대가 되면 완전몰입형 가상현실의 등장으로 다채로운 환경과 경험을 가능하게 하는 방대한 놀이터가 생겨날 것이다. 2020년대 말이 되면 가상현실은 모든 감각을 포함하고 신경학적으로 우리의 감정과 연결되어 현실과 차이가 없게 된다. 2030년대가 되면 인간과 기계, 현실과 가상현실, 일과 놀이 사이에는 뚜렷한 차이가 없게 된다.'³²

우주의 지적 운명에 미칠 영향 및 파급효과에 대해 살펴보면, '금세기말이 되면 지구에서는 비생물학적 지능이 생물학적 지능보다 수조 배 강력해져서 인류 문명도 비생물학적인 것이 되어 있을 것이다. 태양계 너머로 지능을 확장하는 임무는 생물학적 인간들을 보내는 방식이 아니라 자기복제력이 있는 나노봇으로 하여금 수행하게 할 것이다. 최고 수준의 지능이 빛의 속도로 우주 너머로 확장해갈 것이며 웜홀(wormholes)*을 통해 다른 장소로 빠르게 이동할 수 있을 것이다. 문명은 결국 중력과 다른 우주적 힘들을 제어하고 조작할 수 있게 될 것이다. 우주를 원하는 대로 만드는 것이 특이점의 목표다.'[33]

한편 슈밥은 제4차 산업혁명의 사회적 영향 및 파급효과와 관련하여 그것이 경제적 성장을 고취시키고 일부 세계적 문제를 완화할 수 있을 것이라고 보면서도 동시에 부정적 영향도 있기 때문에 특히 불평등, 고용, 노동시장에 관련된 문제들을 제대로 인식하고 다룰 필요가 있다고 본다. 제4차 산업혁명의 특징은 글로벌 플랫폼의 출현이며 기업은 물리학, 디지털, 생물학 기술을 다차원적으로 융합해 파괴적 혁신을 도모할 수 있어야 하고, 정부는 업계와 시민사회와의 효율적 소통을 통해 정의, 경쟁력, 공정성, 포용적 지적 재산, 안전, 신뢰를 유지하기 위한 새로운 규정을 만들고 견제와 균형을 이룰 필요가 있다는 것이다. 또한 초연결사회에서 증가하는 심대한 불평등이 분열과 분리, 사회불안을 심화시키며 폭력적 극단주의가 발생하는 상황을 만들 수 있으므로 다양한 개인·조직·국가들이 '모더스 비벤디(modus vivendi)'와 같은 타협안을 찾아내고 더 안전한 세상을 위하여 상호 협력해야 한다는 것이다. 그는 생명공학에서 인공지능까지 제4차 산업혁명으로 촉발

---

* 웜홀은 공간상의 가상터널을 지칭하는 용어로 이 공간(지름길)을 이용하면 광속 이상의 속도로 다른 공간으로 순식간에 이동할 수 있다. 다시 말해 웜홀은 '3차원을 넘어선 우주의 차원들에 접힌 주름'을 활용하는 것으로 어디에나 존재하기 때문에 이 지름길을 통해 다른 공간으로 빠르게 이동할 수 있다. 웜홀은 아인슈타인의 상대성이론에 근거를 두고 있다.

된 기술혁신이 인간이란 무엇인가에 대한 개념을 재정립하고 있다며, 이러한 혁신이 공공의 이익이 아닌 특정 집단의 이익을 위해 악용될 수 있음을 경계한다.[34]

인간의 신체능력이나 인지능력과 직결된 기술 트렌드의 등장이 인간의 존재양식에 큰 변화를 가져오면서 단순히 기술개발자 또는 서비스제공자의 관점을 넘어 기술과 인간의 상호작용에 대한 인문사회과학적 탐구가 그 어느 때보다도 중요해지고 있다. 정보통신정책연구원(KISDI)의 『포스트휴먼(Post-Human)시대 기술과 인간의 상호작용에 대한 인문사회 학제간 연구』 보고서는 최근 정보통신기술(ICT) 혁신의 파급효과가 물리적 시스템 변화뿐만 아니라 지금까지 사회생태계를 지탱해온 인간중심의 사고체계에 커다란 도전이 되고 있다며, 이러한 ICT 트렌드를 포스트휴먼 기술로의 전환이라는 관점에서 인간 주체의 역할 변화에 주목하고 있다. 최근 ICT에 의해 추동되고 있는 융합사회는 '초대형 복잡계'로서 ICT 생태계에서의 인간의 역할 변화와 더불어 인간과 사물의 융합까지도 포함함으로써 인간 중심의 사회에서 배제되었던 사물에 대한 새로운 정의, 역할, 기능 및 의미가 부활하는 새로운 생태계를 형성할 수 있기 때문에 이러한 현상에 대한 철학적·사회적 진단과 전망이 필요하다는 것이다. 특히 구글 글래스로 대표되는 웨어러블 디바이스나 모바일 헬스케어와 같은 기술이나 서비스의 인문학적 함의는 "인간과 기술의 상호작용이 인간 신체의 '연장'이라는 차원에서 인간의 존재양식을 변화시킨다는 데에 있다"고 말한다.[35]

근년에 들어 ICT 영역에서 인문학적 가치 또는 인문학적 상상력이 강조되고 빅데이터 기반의 사회과학적 분석이 보편화되고 있는 것은 인문사회과학적 지식이 기술혁신의 새로운 규범으로 자리 잡고 있음을 의미한다.[36] 그러면 ICT 융합사회의 가장 중요한 성공 조건은 무엇일까? 단순히 고부가가치 기술을 확보하고 새로운 비즈니스 모델을 개발하고 빅데이터를 활용해 품질을 향상하고 서비스를 혁신한다고 성공하는 것은 아니다. ICT 융합사회의 핵심은 역시 사람이다. ICT 융합사회의 성공적인 안착은 다양한 사람들의 지속적인 피드백을 통해 이루어지는 플랫폼 방식의 의사소통[37] 능력에 달려 있다. 사물과 제조, 서비스의 중심에 의사소통 플랫폼을 구축하고 사물과 제조업, 제조업과 서비스, 서비스와 사물을 유기적으로 연결하며 조절할 수 있다면 최대한의 시너지를 낼 수 있을 것이다. 기술이 진화할수록 인문사회과학적 분석 및 진단이 수반되어야 하는 것은 이 때문이다.

다음으로 인공지능 윤리의 딜레마에 대해 살펴보기로 하자. 영국《이코노미스트 *The Economist*》(2016.06.25)지에 따르면 기술 발전에 따른 실업 공포는 200년 전 산업혁명기에도 있었고, 기업들이 처음 컴퓨터와 로봇을 설치하기 시작한 1960년대와 PC가 책상 위에 놓이기 시작한 1980년대에도 있었지만 그때마다 사라진 것에 비해 더 많은 일자리와 노동 수요를 창출해냈다.* 단기적인 일자리 감소가 장기적인 일자리 창출에 의해 상쇄될 것으로 보이지만, 지금은 200년 전보다 기술이 더 급속하게 확산됨에 따라 전환이 보다 신속하게 충격적으로 이뤄질 것으로 예상된다. 기술이 일자리를 대체하는 시기에 숙련된 근로자들에게 혜택이 집중되면서 소득 불균형은 이미 증가하고 있다. 이는 고용주와 정책입안자에게 두 가지 과제를 제시한다. 즉 '어떻게 기존 근로자들이 새로운 기술을 습득하도록 도울 것인가', 그리고 '어떻게 미래 세대를 인공지능으로 채워진 일터에 대비시킬 것인가' 하는

---

* 예를 들면 은행창구직원들 일부가 ATM 기기로 대체되면서 신규지점을 여는 비용을 저감케 하고 고객서비스와 판매부문에서 더 많은 새로운 일자리를 창출해냈다. 이와 유사하게 전자 상거래는 내수분야에서 전반적으로 고용을 증대시켰다.

문제다. 고용정책 차원에서는 '평생교육'과 '현장중심의 직업교육', '시뮬레이션형 직능교육 확대', '인공지능을 활용한 맞춤형 교육과 재교육 기회 확대', 그리고 (기계가 대신할 수 없는) 사회적 공감능력과 소통능력이 요구되는 일에 근로자 역할 확대 등이 제시되고 있다. 복지정책 차원에서는 '고용유연성(flexicuruty)' 시스템 확보와 더불어 연금과 의료복지 혜택을 고용주들에게서 분리해 근로자 개인과 연계시키는 정책이 제시되고 있다.[38]

《이코노미스트》지에서 다루고 있는 이러한 이슈들은 본격적인 인공지능의 시대를 대비하는 보편적인 가이드라인을 제시해 준다. 인공지능 기술의 진화와 사회적 파급효과에 대한 관심이 고조되고 고민 또한 깊어지고 있는 것은 전 세계적 현상이다. 무기 통솔체계에서부터 민간 상업분야에 이르기까지 인공지능의 응용범위는 실로 방대하며 최근의 발전 추세로 볼 때 수없이 많은 우리 사회의 근간을 인공지능이 유·무선 네트워크로 제어하는 위치에 오를 것이 예상된다. 심지어 정보의 바다 자체가 인공지능의 자유의지와 자의식이 싹트는 토양이 될지도 모른다며 인간과 인공지능을 구분하는 마지노선이 무너지게 될 수도 있다는 우려까지 나오고 있다. 인간을 죽이는 자동화된 기계를 승인하는 순간, 다른 모든 곳에서 기계에 권리를 넘기는 일이 발생할 것이라는 우려도 있다. 그렇게 되면 인간이 기계의 아바타로만 존재하는 상황이 벌어질 수도 있다는 것이다. 인공지능에 대한 윤리적 제어를 통해 인간과 인공지능의 공존을 추구해야 한다는 목소리가 높아지고 있는 것은 이 때문이다. 여기서 제기되는 것이 인공지능 윤리 문제다.

영국의 세계적인 이론물리학자 스티븐 호킹(Stephen Hawking) 등은 《인디펜던트 *The Independent*》(2014.05.02)지에서 인공지능의 혜택은 누리면서 위험은 피할 수 있는 확률을 높이기 위해 우리가 지금 무엇을 할 수 있는지 함께 고민해야 할 때라며, "인공지능의 영향력은 단기적으로는 누가 통제하느냐에 달렸지만, 장기적으로는 결국 인공지능이 통제될 수 있을 것인가에 달려 있다"[39]고 함으로써 인공지능에 대한 인간 제어의 필요성을 역설했다. 2015년 7월 27일(현지시간) 스티븐 호킹과 테슬라 최고경영자 일런 머스크(Elon Musk), 애플 공동창업자 스티브 워즈니악(Steve Wozniak) 등 인공지능 분야 전문가 1,000여 명은 미국 미래생명연구소(Future of Life Institute, FLI)의 공개서한을 통해 "자동화 무기 시스템은 암살이나 국가 전복, 시위 진압, 특정 인종에 대한 선택적 살인 등의 임무를 수행하는데 최적화돼 있다"며, 인간의 개입 없이도 스스로 공격 대상을 파악해 공격하는 '킬러 로봇(killer robot)'이 원자폭탄보다 더 심각한 위협이 될 수 있다고 경고하며 화약과 핵무기에 이어 '제3의 전쟁 혁명'을 일으킬 수 있는 킬러 로봇의 개발 규제를 촉구했다.[40]*

인공지능 윤리는 개발자와 과학자들의 윤리, 인공지능 시스템에 내재한 윤리 코드, 인공지능 시스템이 학습하고 추론하는 과정에서 발생하는 윤리 문제로 대별될 수 있다. 인공지능 윤리와 관련된 연구를 하는 기관으로는 각 대학 내 연구기관, 국제적 기구 등 다양한 유형이 있다. 이들 기관이나 단체는 '인류의 공동선을 어떻게 추구할 것인가?' 그리고 '인류에게 해가될 수 있는 무분별한 개발을 어떻게 억제하면서 기술 진보를 이루어낼 것인가'를 핵심 연구 주제로 삼고 있다. 이 중에서 가장 적극적인 활동을 하는 기관은 '오픈 로봇윤리 이니셔티브(Open Roboethics initiative, ORi)'로 로봇 공학의 윤리, 법률, 사회적 이슈에 대해 적극적 토의를 주도하는 싱크 탱크이다. 이 외에도 2014년에 마이크로소프트 창업자 폴 앨런(Paul Allen)이 세우고 컴퓨

---

* 킬러 로봇 개발은 현재 구상 단계에 있으나 컴퓨터 기술과 인공지능의 급속한 발전으로 향후 20년 내에 현실화될 것으로 전망되며, 양자컴퓨터가 실용화되면 그 시기는 더욱 앞당겨질 전망이다.

터 과학자 오렌 에치오니(Oren Etzioni)가 리드하는 '앨런 연구소(AI2)', 일런 머스크와 와이콤비네이터(Y Combinator, YC) 최고경영자 샘 알트만(Sam Altman)이 설립을 주도한 비영리 '오픈 AI 연구소' 등이 있다. 학교 내에 있는 기관으로는 옥스포드대 철학교수 닉 보스트롬(Nick Bostrom)이 주도하는 인류미래연구소(Future of Humanity Institute, FHI), 마이크로소프트의 과학자 에릭 호로비츠(Eric Horovitz)가 주도하는 스탠포드대학의 '인공지능 100년 연구 프로젝트(One Hundred Year Study on Artificial Intelligence, AI100)' 등이 있다.[41]

그러나 인공지능 윤리를 구현하는 작업은 그렇게 단순하지가 않다. 인공지능 시스템에 보편적인 윤리 코드를 설정[42]할 경우 그것은 칸트의 정언명법(categorical imperative)과도 같이 어떤 동기나 목적, 결과와는 무관하게 자율과 선(善)의지에 따라 무조건적이고 절대적으로 지켜야하는 도덕법칙을 구체화하는 방식이 될 것이다. 스스로 도덕적 결정을 내리는 '인공 도덕 행위자(artificial moral agent, AMA)', 과연 그는 우리가 신뢰할 만한 인간의 아바타가 되어줄 수 있을까? 미국의 SF 작가이자 생화학자 아이작 아시모프(Isaac Asimov)의 단편『술래잡기 로봇 Runaround』(1942)에서 처음 제시된 '로봇공학의 삼원칙(Three Laws of Robotics)'은 이러한 의무론적 윤리를 구체화한 사례로 널리 알려져 있다. 세 가지 원칙은 다음과 같다: "1) 로봇은 인간에게 해를 가하거나, 행동하지 않음으로써 인간에게 해가 가도록 해서는 안 된다. 2) 로봇은 제1원칙에 위배되지 않는 한, 인간의 명령에 복종해야 한다. 3) 로봇은 제1, 2원칙에 위배되지 않는 한, 자신을 지켜야 한다."*

---

*   Three Laws of Robotics: 1) A robot may not injure a human being or, through inaction, allow a human being to come to harm. 2) A robot must obey orders given it by human beings except where such orders would conflict with the First Law. 3) A robot must protect its own existence as long as such protection does not conflict with

그러나 로봇 3원칙은 제1원칙의 '인간'에 대한 개념 정의부터 딜레마를 안고 있다. '인간에게 해를 가하거나 해가 가도록 해서는 안 된다'고 했지만, 인류 사회 자체가 인종적, 민족적, 국가적, 종교적, 이념적 갈등과 대립으로 서로 죽이고 죽임을 당하는 판국에 행동의 결과가 누구에게 해가 될 수 있는지 모든 변수를 정확히 찾아내어 일일이 제어하기란 실로 불가능하다. 또한 인간 자체가 분열성을 획책하는 일을 그만두지 않는 한, 착한 로봇들만 구현되기를 기대할 수는 없기 때문에 로봇은 인간적인 상황과 더불어 다른 로봇들의 상황도 파악할 수 있어야 한다. 더욱이 앞으로 생물학적 지능과 비생물학적 지능이 융합하는 융합사회가 도래하면 생물학적 특징만으로 인간을 정의하기가 어려워질 수 있기 때문에 로봇에 이를 구현하기란 쉬운 일이 아니다. 제2원칙 역시 어디까지가 제1원칙과 위배되지 않는 명령인지를 파악하기가 어렵고, 또 제1원칙과 제2원칙에 따라 행동하더라도 원칙에서 이탈하는 경우의 수가 얼마든지 발생할 수 있으며, 그리고 인간이 느끼는 위협의 시기와 강도를 로봇이 어떻게 판단할 수 있을 것인가 하는 문제가 제기될 수 있다.

공리주의를 로봇에 구현하는 경우 역시 딜레마를 안고 있다. 영국 공리주의의 개조 제러미 벤담(Jeremy Bentham)에 따르면 '최대다수의 최대행복'이라는 공리주의 원리가 의거하는 기초는 쾌락의 극대화와 고통의 극소화다. 그는 쾌락과 고통을 측정할 일곱 가지 기준으로 쾌락과 고통의 강도(intensity), 지속성(duration), 확실성 또는 불확실성(certainty ot uncertainty), 원근성(propinquity or remoteness), 생산성(fecundity), 순수성(purity), 그리고 범위 또는 연장성(extent or

---

the First or Second Law.

extension)[43]을 들고 있다. 하지만 모든 사람의 행복을 어떻게 정량화할 것이며, 또한 쾌락과 고통의 양을 어떻게 정확히 측정할 수 있을 것인가 하는 문제가 제기될 수 있다. 한편 벤담의 양적 공리주의를 수정해 질적 공리주의로 발전시킨 존 스튜어트 밀(John Stuart Mill)은 다수의 횡포의 위험성을 지적하고 소수 의견의 존중을 역설했다. 그렇다면 소수 의견을 존중하면서 최대다수의 최대행복을 구현하기 위해 로봇의 윤리적 의사 결정에 관련되는 모든 정보를 어떻게 고려할 수 있을 것인가 하는 문제가 제기된다.[44]

이 외에도 윤리적 판단 능력이나 '인공 도덕 행위자(AMA)'를 윤리 학습을 통해 구현하는 방법도 있다. 그러나 현재로서는 컴퓨터 과학자나 인공지능 연구자들의 윤리 학습이 더 시급한 과제다. 왜냐하면 인공지능의 윤리 문제는 결국 이들 과학자나 연구자들의 윤리 코드가 이입되어 나타난 결과이기 때문이다. 그럼에도 이들 분야 연구자들은 윤리학과의 관련성을 별로 인지하지 못하는 경우가 대부분이다. 따라서 인공지능 기술의 발전이 인류 사회의 이익을 극대화하고 지구 공동체 전체에 혜택을 주는 방향으로 이루어져야 한다는 내용의 공개서한이 온라인 서명을 통해 더욱 확산될 필요가 있다. 최근 수년 간 컴퓨터 과학 및 인공지능 전공자들의 윤리 학습 방법으로 주목받고 있는 방안은 'SF를 통한 컴퓨터 윤리학' 코스로 유니온 칼리지의 아나스타시아 피스(Anastasia Pease), 켄터키대의 쥬디 골드스미스(Judy Goldsmith), 호주 뉴사우스웨일스대의 니콜라스 마테이(Nicholas Matej) 등이 이러한 시도에 앞장서고 있다.[45]

오늘날 과학의 대중화와 더불어 인문사회과학적 지식이 기술혁신의 새로운 규범으로 자리 잡고 있는 지금, 인공지능 윤리 논의가 실효를 거두기 위해서는 과학, 공학, 인문학, 사회과학, 법학, 의학 등 다양한 분야의 전문가들이 통섭적 접근을 통한 공동연구와 더불어 이에 관한 토론을 활성화하고 플랫폼 방식의 의사소통 능력을 확대할 필요가 있다. 인공지능에 관한 과학과 공학 그리고 의학 차원의 기술발전 외에도 인공지능과 로봇의 법적 인격 및 권리와 책임문제, 인공지능과 로봇 관련 법제도와 지역적·세계적 거버넌스 등에 대한 논의와 연구를 국제협력을 통해 더욱 활발하게 전개해 나가야 할 것이다. 지속적인 윤리 학습 강화와 플랫폼 방식의 의사소통 능력 그리고 공동연구 확대와 온라인 공론장 활성화를 통한 서명운동 확산, 이러한 것들은 다가올 다중의 인공지능 에이전트 사회에서 '인공지능 시스템이 자기 코드를 수정하거나 스스로 다른 인공지능 시스템을 제작하는' 것을 방지하는 일정한 가이드라인 역할을 할 수 있다. 그러나 여전히 남은 문제는 결국 인간이다. 인간 자체가 근본적으로 변화하지 않으면 이러한 가이드라인은 실효성을 발휘할 수 없기 때문이다. 슈밥의 말처럼, 생명공학에서 인공지능까지 4차 산업혁명으로 촉발된 기술혁신이 결국 인간이란 무엇인가에 대한 개념을 재정립하는 것으로 귀결된다.

새로운 문명의 가능성:
인류의 선택과 과제

"당신이 찾아 헤매는 것은 찾아 헤매는 사람 그 자신이다(What you are looking for is who is looking)"라고 한 아시시의 성 프란체스코(St. Francis of Assisi)의 말은 전 인류에게 던지는 심오한 메시지인 동시에 인류 역사의 전 과정을 은유적으로 나타낸 말이기도 하다. 역사상 그 무수한 국가의 명멸(明滅)과 문명의 부침(浮沈)과 삶과 죽음의 투쟁, 그 모든 것은 존재로서의 체험을 통해 '참나'와 대면하기 위한 과정이었다! 인류 역사 속의 지배관계는 선(善)도 악(惡)도 아니며 단지 거칠고 방종한 자아를 길들이는(taming), 그리하여 의식을 진화시키는 교육기자재로서의 의미가 내재되어 있다. 이러한 물질계의 존재이유를 직시하지 못하고서는 지배적 쾌감이 주는 사디즘(sadism)적 유혹에서 벗어날 수가 없고 따라서 자유니 평등이니 정의니 평화니 인류애니 하는 주장들은 공허한 광야의 외침에 지나지 않게 된다.

유사 이래 인류가 그토록 간구(懇求)하던 진리는 '주관(主觀)의 늪'에 빠져 신음하고 있다. 고대에도 그러했고, 근대 계몽주의 시기에도 그러했고, 오늘날에도 그러하다. 그래서 아폴론 신(神)은 역사의 새벽에 그의 사자(使者) 소크라테스를 인간 세상에 보내, 독배라는 극약 처방을 써가며 인간의 무지를 일깨워 무소부재한 자신의 본성을 드러내고자 했다. 소크라테스는 독배를 마시고 죽은 것이 아니라 진리에 대한 영원한 축배를 든 것이었다! 맨발과 남루한 옷차림으로 '아고라'에서 사람들과의 문답을 통해 감각세계의 변화 저 너머에 있는 이성적 진리를 설파했다. 그런데 계몽주의 시대 이래로 근대 서양은 존재의 최하위권인 '물질'을 제외한 모든 것을 부인하는 최초의 주요 문화가 되었다. 그들이 운위하는 이성주의니 합리주의니 객관주의니 하는 것들은 인간중심주의 · 남성중심주의 · 유럽중심주의 · 백인우월주의라는 주관에 빠져 태생적으로 기형일 수밖에 없었다.

현대 물리학은 동양의 현자들이 설파했던 진리와 만나기 위해 참으로 머나먼 길을 걸어왔다. 우리가 딱딱한 물질이라고 지각하는 것도 기실은 특정 주파수대의 에너지 진동이며, 우리의 육체 또한 특정 주파수대의 에너지 진동으로 99.99퍼센트가 텅 빈 공간으로 이루어져 있다는 것은, 서양에서는 20세기 들어 실험물리학의 발달로 밝혀진 사실이지만 동양에서는 고대로부터 전승되어 온 것이다. 우리의 몸이 실제로 끝나거나 시작되는 곳은 없다. 생명을 개체화하고 물질화하는 시도는 우주의 진행방향에 역행하는 것이다. 특이점주의자 레이 커즈와일은 궁극의 존재론적 질문을 던진다. "나는 누구인가? 나는 무엇인가? 끊임없이 변해가는 나는 하나의 패턴에 불과한

가? 다른 사람이 패턴을 복사하면 어쩌겠는가? 나는 원본인 동시에 복사본인가? 원본이거나 복사본인가? 커즈와일은 '내 몸'이란 것이 자연스런 생물학적 과정에 따라 쉼 없이 바뀌고 있으며 영속하는 것은 다만 물질과 에너지의 특정 시공간적 패턴뿐이라는 과학자다운 답을 내놓는다.

지금 내 몸과 뇌를 이루는 입자들은 방금 전에 몸속에 있던 원자나 분자와는 사실상 완전히 다른 것들이다. 대부분의 세포들은 몇 주 간격으로 교체된다. 비교적 수명이 긴 편인 뉴런조차 한 달 내로 모든 구성 분자들을 교체한다. 미세소관(微細小管: 뉴런의 구조를 지탱하는 단백질 섬유)의 반감기는 약 10분이다. 수상돌기(樹狀突起)의 액틴 섬유는 40초마다 바뀐다. 시냅스를 움직이는 단백질은 한 시간마다 바뀐다. 시냅스에 있는 NMDA 수용체들은 비교적 길게 5일을 버틴다.…영속하는 것은 다만 물질과 에너지의 특정 시공간적 패턴뿐이다.

The specific set of particles that my body and brain comprise are in fact completely different from the atoms and molecules that I comprised only a short while ago. We know that most of our cells are turned over in a matter of weeks, and even our neurons, which persist as distinct cells for a relatively long time, nonetheless change all of their constituent molecules within a month. The half-life of a microtubule (a protein filament that provides the structure of a neuron) is about ten minutes. The actin filaments in dendrites are replaced about every forty seconds. The proteins that power the synapses are replaced about every hour. NMDA receptors in synapses stick around for a relatively long five days.…all that persists is my spatial and temporal pattern of matter and energy.[46]

커즈와일의 독백은 계속된다. "나는 한 달 전의 나와는 완전히 다른 물질로 이루어진 것이다. 존속하는 것은 물질의 조직 패턴이다. 패턴 역시 변하지만 느리게, 연속적으로 바뀐다. 어쩌면 나는 강물이 바위를 스치며 일으키는 물살의 패턴과도 같은 것이다. 물을 이루는 분자가 매초마다 바뀌어도 물살의 패턴은 몇 시간, 심지어 몇 년 동안 유지되는 것과도 같이. 그러므로 나는 물질과 에너지의 어떤 패턴으로서 오랜 시간에 걸쳐 존속하는 것이라고 해야 할 것이다. 그런데 이렇게 정의를 해도 문제가 있다. 이 패턴을 다른 물질에 업로드함으로써 원본과 구별할 수 없을 정도로 고도의 정교한 수준으로 내 몸과 뇌를 복제할 수 있을지 모르기 때문이다.…그런데 복사본이 내 패턴을 공유한다 해도 그게 나라고 말하기는 어렵다. 내가 여전히 여기 있기 때문이다.…이제 내 뇌의 아주 작은 부분을 뉴로모픽(neuromorphic: 딥러닝 등 인공지능 기능을 구현할 수 있는 차세대 반도체) 대체물로 바꿨다고 생각해보자. 다시, 그리고 또 다시…반복적으로 뇌 일부를 교체하고 내 패턴이 유지된다 해도 결국 교체된 나는 내가 아니라는 결론이다. 그러면 나는 방금 전의 나와 무척이나 닮은 누군가로 끝없이 교체되고 있다는 건가? 또 다시, 대체 나는 누구인가?"

이는 비단 커즈와일만의 문제는 아닐 것이다. 어쩌면 21세기 과학의 시대를 살고 있는 많은 사람들이 한 번쯤은 생각해보았을 법한 문제이기도 하다. 우리가 흔히 살아있다고 하는 것은 '나'라는 존재가 자신의 몸을 운전하고 있는 동안만이다. 운전자인 '나'라는 존재가 자신의 몸을 떠나버리면, 마치 운전자 없는 자동차와도 같이 몸은 더 이상 움직이지 않는다. 그 '나'라는 존재는 바로 '생명'이다. 생명은 인간이 인간일 수 있게 하고 만물이 만물일 수 있게 하는 '제1원인'이다. 그런데 문제는 그 '나'라는 '생명'을 자신의 몸 그 자체로 축소시킴으로써 전체와 분리된 에고(ego 個我)로서의 '나'가 되어버린

데 있다. 생각이 반복된 것이 습(習)이고, 반복된 '습'은 하나의 패턴을 형성하며, 그러한 패턴이 '나'를 '내 몸' 그 자체로 인식하게 만들었다. 그리하여 '나'와 '너', '우리'와 '그들'이라고 하는 가공의 분리가 시작된 것이다.

본래의 '참나'란 전체로서의 '나' 즉 대아(大我)를 일컫는 것이다. '참나'인 생명(에너지·지성·질료의 삼위일체)은 분리 자체가 근원적으로 불가능한 것이어서 유일자(唯一神, 지) 또는 유아(唯我)라고 부르기도 한다. 그래서 '유아독존(唯我獨尊: 오직 '내참나, 생명'만이 홀로 존귀하다)'이라고 한 것이고, 「요한복음」(14:6)에서는 "나는 길(道)이요 진리요 생명이니…"[47]라고 한 것이다. 본래의 '나'를 잃어버린 채 시시각각 변하는 몸을 '나'라고 인식하게 되면, '대체 나는 누구인가?'라는 의문이 일어날 수밖에 없다. 그러나 그 '나'란 것이 물질적인 '몸'이 아니라 '영(靈)'이라는 것을 알게 되면 더 이상은 '나는 누구인가?'라는 의문은 일어나지 않는다.

성 프란체스코의 메시지만큼이나 심오한 메시지가 또 있다. 삼위일체를 궁구하던 아우구스티누스가 머리도 식힐 겸 해변을 거닐고 있었다. 그때 한 조그만 아이가 모래밭에 구덩이를 파고는 조가비로 바닷물을 퍼서 자신이 파 놓은 구덩이에 붓곤 하는 것을 보았다. 그 아이는 계속해서 그 일을 반복했다. 아우구스티누스가 무엇을 하는 것이냐고 묻자, 그 아이는 이렇게 답하는 것이었다.

"저 바닷물을 죄다 퍼서 이 구덩이에 채울 거예요!"

그 말을 들은 아우구스티누스가 말했다.

"그 작은 조가비로 그 작은 구덩이에 무슨 수로 저 바닷물을 다 퍼다 붓는다는 말이냐? 그것은 불가능하고 어리석은 일이다."

그러자 그 아이는 이렇게 답하는 것이었다.

"그 작은 머리에 무슨 수로 삼위일체의 신비를 다 퍼다 부으려고 하십니

까? 사람의 머리로 하느님을 이해하려 하는 것보다 더 불가능하고 어리석은 일이 있을까요?"

그리고는 이내 사라졌다.

이 대화는 무척이나 은유적이다. 사람의 머리로 삼위일체의 신비나 하느님[진리, 생명]을 이해할 수 없다는 것은, 우리의 앎이 '몸' 단계에 머물면 생명은 곧 '몸' 그 자체가 되어버리기 때문이다. 의식이 진화하여 우리의 앎이 '영' 단계에 머물면 생명은 곧 '영'이 되므로 생명[진리]이 무엇인지를 이해할 수 있게 된다. 정치가 표방하는 제 가치가 실현될 수 없는 것은 그들의 앎이 '몸' 단계에 머물러 있는 관계로 '그들' 개인이나 '그들' 집단의 특수이익만 추구하기 때문이다. 인간은 육안으로 보이는 물질세계에만 너무 집착한 나머지 '보이는 우주[현상계, 물질계]'를 창조해내는 '보이지 않는 우주[본체계, 의식계]'에 대해서는 알 수 없게 된 것이다. 세계사의 무대는 '삶과 죽음의 투쟁(life-and-death-struggle)'이 난무하는 '에고'들의 싸움판이었다. 앎을 존재로서 체험하기 위한 놀이판이기도 했다. 우리가 살고 있는 물질세계가 '사상누각'임은 그것이 허물어지기 전까지는 알지 못한다. 그래서 존재로서의 체험이 필요한 것이다. 그 치열한 체험을 통해 인류는 마침내 자신의 내면으로 들어가는 입구를 발견하기 시작했다.

인도의 대서사시 『마하바라타 *Mahabharata*』에는 모두 700구절의 아름다운 영적(靈的)인 시로 이루어진 『바가바드 기타』('거룩한 자의 노래'란 뜻)가 나온다. 이 경전의 배경이 되고 있는 것은 인간 내면의 영적인 전쟁으로, 비슈누(Vishnu) 신의 화신인 크리슈나(Krishna)와 전사인 아르주나(Arjuna) 사이에 주고받는 대화로 이루어져 있다.

아르주나여,

아무리 죄 많은 사람일지라도

영적인 지혜의 배를 타면 죄악의 바다를 건널 수 있다.

타오르는 불길이 장작을 재로 만들 듯

영원한 지혜의 불은 행위로 인한 모든 카르마를 재로 만든다.

이 세상에 영적인 지혜의 불만큼 순수하게 정화시키는 것은 없다.

요가의 길을 가며 계속해서 영적인 지혜의 불을 타오르게 하는 사람은

참자아에 이르는 길이 자신의 내면에 있음을 깨닫게 될 것이다.

And even of thou wert the greatest of sinners,

with the help of the bark of wisdom thou shalt cross the sea of evil.

Even as a burning fire burns all fuel into ashes,

the fire of eternal wisdom burns into ashes all works.

Because there is nothing like wisdom

which can make us pure on this earth.

The man who lives in self-harmony finds this truth in his soul.[48]

우리가 살고 있는 물질세계는 아무런 방향성 없이 이리저리 흘러가는 것은 아니다. 우주의 진행방향은 영적 진화이며(내재된 필연적 법칙성에 따라 그렇게 모듈되어 있다), 물질세계의 진화는 영적 진화(의식의 진화)와 표리의 조응관계에 있다. 우리의 생각이 세상을 만드는 것이니 의식세계와 분리된 물질세계를 상정할 수는 없는 것이다. 우리가 살고 있는 상대계의 존재이유는 영적 진화를 위한 학습여건 창출과 관계된다. 그 시대 그 사회 사람들의 집단에너지의 총합이 영적 진화에 필요한 최적 조건을 창출해내는 것이다. 문명

의 전환이라고 하는 것도 그 시대 그 사회 사람들이 영적 진화에 필요한 학습을 끝내면 다음 단계의 새로운 학습여건 창출을 위해 새로운 문명이 나타나게 되는 것이다. 진화는 열린계에서 일어나며 의식이 열리지 않고서는 진화할 수가 없다. 인간의 의식이 계속해서 진화하고 그 과정에서 새로운 세계가 탄생하는 것이다. 이처럼 인간과 세계에 대한 개념을 재정립하는 것이 새로운 문명을 여는 단초가 될 것이다.

칸트로부터 시작하여 헤겔, 쇼펜하우어, 니체, 딜타이, 푸코, 데리다에 이르는 그들 모두가 근본적 계몽주의 패러다임을 강력하게 공격한 것도, 그 패러다임이 하나의 단일한 경험적 세계만이 실재한다고 보고 지식은 오로지 이 하나뿐인 진실한 세계를 거울같이 비치거나 반사시키거나 지도로 모사하는 데 있다고 주장했기 때문이다. 그것은 닫힌 의식의 전형이었고 상상의 산물에 불과한 것이었다. 칸트의 『판단력비판』은 '반성적 판단력(reflective judgement)'에 의한 비판으로서 합법칙성이 지배하는 자연의 세계[존재의 세계]와 도덕법칙이 지배하는 도덕의 세계[당위의 세계]로 이분된 세계를 합목적성이 지배하는 '미(美)와 생명의 세계[반성적 판단력의 세계]'에 의해 매개 · 통일시키고자 구상한 것이다. 말하자면 순수이성과 실천이성을 매개하는 반성적 판단력에 의해 칸트의 궁극적 목적인 자연과 자유, 이론과 실천의 영역이 하나의 전체로서 통일된다는 것이다.[49] 그러나 미와 생명에 대한 인식이 '몸', '내몸'의 단계에 머물러 있으면 비생산적이고 파괴적이 된다. 빅뱅 이후 138억 2,000만 년이라는 긴 시간의 터널을 빠져나오면서 커즈와일의 '나는 누구인가?'라는 존재론적 질문을 진지하게 다룬 것은, 그것이 바로 인류가 새로운 문명을 열기 위해 해결해야 할 가장 본질적인 문제이기 때문이다.

그러면 우리 지구촌의 현주소는 어떠한가? 세계는 지금 유례없는 과학과 기술 문명의 발전에도 불구하고 인류 의식은 아직도 '구석기 동굴'에 갇힌 채 '부족적' 증오와 갈등을 확대 재생산해내며 지구를 일촉즉발의 위기상황으로 몰아가고 있다. 무기체계의 개발에서 보듯 인간이 삶의 기술보다는 죽음의 기술 개발에 더 능한 것은 생명과 삶의 과학에 대한 깊은 통찰력을 갖지 못한 데 기인한다. 또한 인류가 개체화(particularization) 의식에 사로잡혀 있다는 반증이기도 하다. 근년에 들어 ICT 분야에서의 기술혁신이 가속화됨에 따라 고삐 풀린 과학기술이 재앙이 될 수 있다는 인식이 확산되면서 특히 인공지능 윤리 문제가 핵심 이슈로 떠오르고 있다. 그러나 지금까지 인공지능 윤리에 대한 분석과 표피적인 가이드라인은 많이 제시되고 있지만, '인공지능 시스템이 자기 코드를 수정하거나 스스로 다른 인공지능 시스템을 제작하는' 최악의 상황을 막을 근본적이고도 실효성 있는 대책은 강구되지 못하고 있다. 뿐만 아니라 많은 과학자들은 현재 인류가 '죽음의 소용돌이(vortex of death)'에 직면해 있으며 생태학적인 재해가 경제적 및 사회적 허리케인으로 연결되는 '대붕괴(great disruption)'[50]를 맞게 될 것이라고 경고한다. 과연 인류는 문명 전체의 파국으로 이어지는 이 위기를 새 하늘과 새 땅을 여는 기회로 바꿀 수 있을까?

20세기 '행동하는 지성'으로 알려진 영국의 정치철학자 버트런드 러셀(Bertrand Russell)은 그의 저서 『왜 사람들은 싸우는가? *Why Men Fight?*』(1916)에서 전쟁은 그 자체가 인간 본성의 한 측면을 실현하는 '항구적인 제도'라고 말한다. 그에 의하면 전쟁을 야기하는 것은 신중하게 계산된 사리 추구의 동기에 의해서가 아니라 충동에 의한 것이기 때문에 평화주의자들이 해결해야 할 근본적인 문제는 이러한 충동을 예방하는 것이며 이를 위해서는 교육과 경제구조 및 도덕적 원칙의 광범위한 변화가 필요하다고 한다.[51] 러셀은 교육과 관련하여, 교육은 무조건적인 수용 대신에 건설적인 의문과 지적 탐구심, 진취적인 세계관, 대담한 사고를 조장하는 것을 목표로 삼아야 한다고 주장한다.[52] 경제구조와 관련해서는, 소비자와 자본가의 이해관계를 융합시킨 협동조합제도, 생산자와 자본가의 이해관계를 융합시킨 생디칼리슴(Syndicalisme)을 통해 산업주의의 폐해를 치유할 수 있다고 주장한다.[53] 도덕적 원칙과 관련해서는, 도덕론자들이 의지를 통해서 충동을 완전히 억제하라고 훈계하는 것은 결코 바람직하지 않으며, 충동은 배제된 채 목적과 욕구에 의해서만 좌우되는 인생은 지루하다고 본다.[54]

그에 의하면 맹목적인 충동은 전쟁의 원천이 되어 파멸과 죽음을 낳기도 하지만, 과학, 예술, 사랑의 원천이 되어 세계 최고의 것을 낳기도 한다는 점에서 충동을 억제하기보다는 충동이 죽음과 퇴보를 향하지 않고 생명과 성장을 향하도록—말하자면 의식의 성장을 도모하도록—유도해야 한다는 것이다.[55] 또한 지성과 본능의 균형을 회복시키고 개인의 실존을 풍요롭게 하려면 영적인 생활에 의해 인도되어야만 하며, 행복과 평화를 되돌릴 수 있는 유일한 방법은 영혼에 의지하는 것뿐이라는 것이다. 이러한 러셀의 관점은 영성이 배제된 객관적 이성 중심주의 내지는 개성과 다양성이 배려되지 않은 전체성의 관점을 거부하고 있다. 또한 국가는 인간관계 속에 존재하는 폭력을 법률로 금지하여 개인을 보호하는 순기능적인 측면이 있는 반면, 권력을 주요 목표로 삼는 까닭에 대외적인 무력 사용을 촉진하고 개인의 자유를 축소하는 역기능적인 측면이 있으므로 국가의 역할은 연방 정부 혹은 중재재판소의 역할에 국한시키고 특별한 목적을 위해 자발적으로 조직된 집단에 정치적 창의성을 점차 이양해야 한다고 본다.[56] 영구평화로 가는 방안에 대해 그는 이렇게 말한다.

전쟁을 영원히 종식시킬 유일한 방안은 세계 연방이다. 수많은 주권국가가 각각

군대를 보유하는 한, 전쟁이 일어나지 않는다는 보장은 있을 수 없다. 전쟁이 일어나지 않으려면 세계에 군대가 단 하나뿐이어야 한다. 다시 말하면 국가의 군사적 기능에 관한 한, 전 세계를 통틀어서 단 하나의 국가만이 존재해야 한다.[57]

러셀의 세계 연방은 과학기술만능주의가 초래한 의식과 제도의 단절—자유민주주의의 치명적 약점이랄 수 있는—을 복구할 수 있을 정도로 정치(精緻)한 사상적 기반을 보여주고 있지는 못하다. '국가의 군사적 기능에 관한 한, 지구촌에 단 하나의 국가만이 존재해야 한다'고 한 러셀의 주장은, 칸트가 그의 저서 『영구평화론 Zum ewigen Frieden』(1795)에서 '상비군(직업군대)은 점차적으로 완전히 사라져야 한다'고 한 주장과도 상통하는 점이 있다. 또한 프랑스의 사회학자 에드가 모랭(Edgar Morin)이 제창하는 '세계 연방(Confederation mondiale)'론과도 접합되는 부분이 있다. 모랭의 세계 연방론은 국가를 존속시키면서 국가가 연방과 관련해 상대적으로 존재하는 단계이다. 러셀이나 모랭이 주장하는 세계 연방은 전 인류의 통일적 연대에 의해 보편적 평화가 보장되는 유기체적인 세계시민사회, 즉 지구생명공동체와 근친성을 갖는 것으로 볼 수 있다. 그러나 이들이 구상하는 세계 연방은 인류의 자각과 인식 전환이 선행되지 않고서는 요원한 과제일 수밖에 없다.

한편 50여 년간 문명의 발생, 이동 성장과 몰락을 탐구해 온 세계적 석학 재레드 다이아몬드(Jared Diamond)는 오늘날 전 세계가 직면한 가장 중대한 세 가지 유형의 문제를 다루고 있다. 첫 번째 유형의 문제는 지구의 기후변화(global climate change)다. 기후변화는 물리적인 원인, 생물학적인 원인, 사회적인 원인이 복합된 문제이기 때문에 사회적으로 큰 파장을 끼치게 될 것이며, 향후 10년 내에 우리 모두의 삶에 가장 큰 영향을 미치게 될 것이라고 본다. 기후변화에는 복잡한 인과관계가 얽혀 있기 때문에 그 인과관계를 이해하기 위해서는 기후변화가 무엇인지에 대해 알 필요가 있다. 그는 세계 인구와 일인당 평균 인간영향(human impact)에서부터 출발한다. 일인당 평균 인간영향은 일인당 평균 소비 자원량과 일인당 평균 생산 폐기물량을 합산한 것으로 현재 자원소비량과 폐기물 생산량은 계속 증가 추세에 있다. 인간 활동은 주로 화석연료를 태우기 때문에 이산화탄소를 발생시키고 그 이산화탄소는 대기로 배출된다. 이산화탄소 다음으로 큰 비중을 차지하는 온실가스는 메탄이다. 현재 메탄은 이산화탄소보다는 훨씬 적지만, 잠재적인 순환 고리를 고려하면 조만간 상당한 비중을 차지할 것으로 예측된다. 지구온난화로 영구동토층이 녹으면 메탄이 배출되고 그 메탄이 다시 지구온난화를 부추기면 그로 인해 더 많은 메탄이 배출될 것이기 때문이다.[58]

이산화탄소 배출의 일차효과로 가장 많이 거론되는 악영향은 대기에서 온실가스로 활동한다는 것이다. 말하자면 이산화탄소에 의해 지구의 적외복사가 대기에 흡수되고 그로 인해 대기의 온도가 상승하는 것이다. 이산화탄소에는 온실효과 이외에 두 가지 주된 영향이 있다. 그 하나는 인간 활동으로 발생한 이산화탄소가 대기만이 아니라 대양에도 축적된다는 것이다. 그로 인해 생성된 탄산에 의해, 1,500만 년 전 이후의 어느 시대보다 높은 대양의 산성도가 더 상승하고 있고, 이 때문에 해양생태계의 중요한 역할을 하는 산호초*가 죽어가고 있다. 다른 하나는 이산화탄소가 식물의 생장에 직접적으로 영향(긍정적인 경우도 있고 부정적인 경우도 있다)을 미친다는 것이다. 하지만 이산화탄소 배출이 지구에 미치는 영향으로 가장 많이 거론되는 것은 흔히 '지구온난화(global warming)'로 일컬어지는 대기 온도 상승이다. 다이아몬드는 이산화탄소가 대기에 미치는 영향이 매우 복잡해서 '지구온난화'라는 명칭은 부적절하다고 보는데, 그 이유로 다음 몇 가지를 들고 있다. 첫째는 대기가 뜨거워지면 전 지역이 더워져야 하지만 일부 지역은 더 차가워진다는 점, 둘째는 전반적인 온난화 추세도 인간 사회에 많은 영향을 미치지만 변덕스런 기후변화(폭풍, 홍수와 가뭄, 혹한과 혹서)의 증가도 이에 못지않게 중요하다는 점, 셋째는 대양이 이산화탄소를 축적한 후 서서히 배출할 때까지는 커다란 시차(時差 timelag)가 있다(화석연료의 연소를 완전히 중단하더라도 대기는 그 이후로도 수십 년 동안 계속 뜨거워질 것임)는 점, 넷째는 보수적인 예측보다 지구가 훨씬 빠른 속도로 뜨거워질 가능성이 매우 높다는 점이 그것이다.[59]

　전반적인 온난화 추세가 세계에 미치는 영향으로 다이아몬드는 네 가지를 들고 있다. 첫째는 가뭄이다. 가뭄은 농업에 치명적이다. 세계적인 기후변화에 의한 가뭄으로 최악의 피해를 입은 지역은 북아메리카, 지중해와 중동지역, 아프리카, 오스트레일리아의 곡창지대인 남부지역, 히말라야 산맥지역이다. 둘째는 식량 생산의 감소이다. 가뭄과 더불어 지표 온도의 상승도 식량 생산의 감소에 큰 역할을 한다. 현재도 식량 문제가 있는데다가 세계 인구와 생활수준이 향후 수십 년 동안 50퍼센트가량 증가할 것으로 추정되기 때문에 식량 생산의 감소가 문제인 것이다. 셋째는 열대성 질병을 옮기는 벌레가 온대지역까지 이동한 것이다. 전형적인 열대성 질병이던 치쿤구니아열(熱)이 이탈리아와 프랑스에서 발견됐고, 미국에서는 뎅기열이나 진드기가 매개인 질병들 그리고 말라리아와 바이러스성 뇌염이 확산됐다. 넷째는 해수면의 상승이다. 보수적으로 예상하면 금세기에 해수면이 1미터가량 상승할 것으로 추정된다. 평균 1미터만 상승해도 폭풍과 조수의 영향이 심해지면 세계 전역의 많은 인구 밀집 지역이 위협받을 것이다. 미국 동부의 해안지역과 방글라데시의 저지대가 대표적인 예이다. 하지만 과거에 비교하면 해수면이 벌써 23미터나 상승했고, 남극과 그린란드를 뒤덮은 빙상의 붕괴 여부가 가장 불확실하다.[60]

　다이아몬드는 세계적인 기후변화와 관련하여 우리가 구체적으로 초점을 맞추어야 할 문제들을 다음과 같이 예시하고 있다. ① "이산화탄소 배출량과 관련하여 어떻게 다자간협정, 혹은 세계적인 협정을 맺을 것인가? ② 이산화탄소 배출량을 줄이는 방향으로 국가와 개인을 유도하려는 다양한 법과 규제(예: 탄소세)의 장단점 ③ 세계 곳곳에서 예측되는 농업 생산량의 변화 ④ 세계 곳곳에서 예측되는 질병 유형의 변화 ⑤ 현재 70억 인구도 부양하기 힘든데 금세기 말에 예측되는 90억 인구를 어떻게 부양할 것인가? ⑥ 덜 소비하고 아기를 더 적게 낳도록 유도하는 방법 ⑦ 앞으로 더욱 빈번해질 기후변화와 해수면 상승을 어떻게 해결할 것인가? ⑧ 에너지를 덜 소비하는 동시에 에너지원을 화석연료에서 재생 가능한 에너지와 핵에너지로 교체하면서도 생활수준을 그대로 유지하는 방법"[61], 이상 여덟 가지를 예시하고 있다.

전 세계가 직면한 두 번째 유형의 문제는 불평등이다. 불평등은 한 국가 내에서만이 아니라 국가 간에도 존재한다. 국부(國富)는 구매력을 기준으로 한 일인당 평균소득으로 측정할 수도 있고, 일인당 국민총생산(GNP)으로 측정할 수도 있다. 어떤 방법으로 측정하든 세계에서 가장 부유한 국가인 노르웨이는 세계에서 가장 가난한 국가인 니제르공화국, 브룬디, 말라위보다 400배나 부유하다. 한국은 이들 국가보다 100배쯤 부유하다. 국부의 이런 차이로 인해 많은 국가에서 대부분의 국민은 선진국에서 당연한 것으로 여겨지는 넉넉한 식량, 깨끗한 물, 아동 교육, 직업 훈련, 공중 보건을 누릴 수 없다. 과거에는 이들 국가의 가난이 '그들'만의 문제로 치부되기도 했으나 지금처럼 세계화된 세계에서는 '그들'만의 문제가 아니라 우리 문제이기도 하다. 가난한 국가에서 부유한 국가로 전파된 질병으로는 에이즈 외에 돼지독감, 마르부르그 바이러스, 에볼라 바이러스, 치쿤구니아열, 뎅기열, 콜레라, 말라리아 등이 있다. 또한 가난한 조국을 버리고 부유한 국가로 이주하려는 시도가 끊이지 않고 있으며 불법 이민자와 난민 문제*는 세계적인 이슈가 되고 있다. 게다가 질투하고 분노하며 절망에 빠진 사람들이 자발적으로 테러리스트가 되거나, 테러리스트가 되려는 사람을 지원하고 있다.

이처럼 질병과 이민과 테러는 국가 간의 불평등에서 비롯되는 직접적인 결과이며, 국가 간의 빈부 차이가 줄어들지 않고서는 해결할 방법이 없다. 불평등은 한 국가 내에도 존재하며 종종 폭동의 형태로 발전하기도 한다. 미국은 상위 1퍼센트가 소유하는 비중이 증가 추세에 있고, 유럽의 경우에도 역시 문제가 되고 있다. 이러한 불평등을 줄이기 위해 다이아몬드가 제시하는 방안은 다음과 같다. 빈국을 상대로 부유한 국가의 해외 원조 프로그램을 늘리고 개선해야 하며, 국내적 차원에서는 사회개혁 프로그램을 개선해야 한다. 공중 보건 프로그램도 더 많은 투자와 연구가 필요하며, 공중 보건과 관련해 현명한 결정을 내리기 위해서는 공중 보건 경제학을 더욱 깊이 이해해야 한다. 이민 문제에 대해서도 더 나은 해결책을 강구할 필요가 있다. 요즘 미국과 오스트레일리아 및 유럽 국가들은 불법 이민자들 처리 문제에 골머리를 앓고 있는데, 불법 이민자들이 미국이나 유럽에 성공적으로 발을 들여놓을 경우 그들을 어떻게 해야 할 것인지에 대해서도 숙고해야 한다.[62]

전 세계가 직면한 세 번째 유형의 문제는 환경자원의 관리이다. 인간에게 중요한 위치를 차지하는 환경자원의 하나는 어류이다. 유럽연합은 유럽의 많은 어선에 막대한 보조금을 지원했고, 어선들은 닥치는 대로 물고기를 잡

---

* 유럽 각국에서는 난민 수용에 대한 부정적인 목소리가 확산되고 있다. 그 이유로는 경제적 부담의 증가와 더불어 테러 위협에 대한 공포심(난민에 뒤섞여 들어올지도 모를 폭력적 극단주의 테러리스트들에 대한 두려움)도 중요하게 작용했다.

왔다. 유럽의 어장을 지속가능하게 관리하는 것이 유럽연합의 정책이 아니었기 때문이다. 그 결과, 유럽에서는 야생 어류가 사라질 정도로 남획을 거듭했기 때문에 지난 수십 년 전부터 물고기 값이 크게 상승했다. 재생 가능한 자연자원에는 어류만이 아니라 숲과 토양, 담수가 포함된다. 모든 인간 사회는 재생 가능한 자원에 의존할 수밖에 없고, 자연자원은 우리에게 필수적인 소비재 제공은 물론 생태계 서비스(ecosystem service: 물과 공기를 정화하고 토양을 비옥하게 유지하는 것을 일컬음)까지 제공한다. 그러나 세계 전역에서 어장과 숲, 토양과 맑은 물 등 재생 가능한 자연자원이 점점 줄어들고 있다. 자연자원이 남용되고 남획되는 주된 원인은 인구 증가다. 그렇다고 자연자원의 관리에 관련된 세계적인 문제가 출산율이 낮은 부유한 국가의 잘못보다 출산율이 높은 빈국의 잘못이 더 크다고 말할 수는 없다고 다이아몬드는 말한다. 인구수가 자연자원 소모율을 좌우하는 유일한 변수가 아니기 때문이다. 자연자원의 소모율은 인구수에 일인당 평균 자원소모율을 곱한 값이다. 서유럽과 미국 등 부유국의 일인당 평균 자원소모율은 빈국의 일인당 평균소모율보다 32배나 높다. 따라서 세계 자원의 고갈 위험은 미국인 3억 명과 유럽인 8억 명의 높은 자원소모율에서 비롯되는 것이다. 다이아몬드는 지속가능한 자원관리 문제를 해결하려면 생물학적이고 물리학적인 문제 외에도 사회적, 경제적, 정치적인 면도 함께 고려해야 한다고 말한다.[63]

다이아몬드에 의하면 가까운 미래에 인류에게 영향을 미칠 세 가지 요인은 부의 불평등, 자원의 남용, 그리고 국가 간의 핵전쟁 가능성이나 테러리스트들의 핵공격 가능성(일어날 가능성과 그렇지 않을 가능성은 반반)이다. 이 세 가지 문제는 우리가 자초한 것이고 우리가 문제의 원인이기 때문에 우리가 결심하기만 하면 해결할 수 있다고 낙관한다. 해결하겠다는 쪽을 선택할 가능성이 51퍼센트이고, 그렇지 않을 가능성은 49퍼센트라는 것이다. 기후변화와 해수면 상승에 대한 해결책으로는, 화석연료의 소비를 줄이는 대신, 태양열과 바람과 조수 같은 재생 가능한 자원에서 더 많은 에너지를 얻도록 해야 하며, 전체 에너지 소비량을 줄일 것을 제안한다. 리더와 교육의 역할에 대해서는, 리더의 덕목은 문제를 정직하고 현실적으로 다루는 것이며, 국가의 인적 잠재력을 극대화하기 위해서도 대부분의 시민에게 최상의 교육을 제공하는 것을 원칙으로 삼아야 한다고 제안한다. 또한 테러리즘의 궁극적인 해결책으로는, 전 세계의 생활 조건을 향상시키는 동시에 경계를 늦추지 않고 스스로를 지켜야 한다고 제안한다.[64]

다이아몬드가 제시한 전 세계가 직면한 세 가지 유형의 문제, 즉 기후변화, 불평등, 환경자원의 관리 문제는 새로운 문명을 열기 위해 우리 인류가 시급히 해결해야 할 과제들이다. 그는 세계적인 기후변화와 관련하여 우리가 구체적으로 초점을 맞추어야 할 문제들을 예시하고 있고, 질병과 이민과 테러를 유발하는 부의 불평등 문제와 지속가능성을 파괴하는 자원의 남용 문제에 대해서도 경고하고 있다. 결론적으로 그는 우리가 지금보다 나은 선택을 한다면 인류에게 장밋빛 미래가 가능하다고 말한다. 생명공학에서 인공지능까지 제4차 산업혁명으로 촉발된 기술혁신이 결국 인간이란 무엇인가에 대한 개념을 재정립하는 것으로 귀결되듯이, 다이아몬드 또한 우리의 미래가 우리의 선택에 달려있다고 말한다. 이러한 문제들은 과학기술이나 제도적인 차원에서만 해결될 수 있는 것이 아니다. 그 배후에 인간이 있다는 사실을 우리는 진지하게 고려하지 않기 때문에 지금까지의 노력들이 그다지 가시적인 성과를 거두지 못하고 있다. 이에 대한 심도 있는 인식이 보다 광범하게 확산되어야 한다.

이상에서 우리는 특이점 논의의 중요성과 그 미래적 함의에 대해, 다음으로 특이점을 향한 기술의 진화와 사회적 파급효과 및 인공지능 윤리에 대해, 그리고 끝으로 새로운 문명의 가능성을 현실화하기 위한 인류의 선택과 과제에 대해 고찰하였다. 우선 특이점 논의가 중요한 것은 특이점의 도래 시기가 많은 과학자들에 의해 임박한 것으로 판단되고 있고 또한 그것이 우리 삶의 전 영역에 총체적이고도 치명적인 변화를 가져올 것으로 예상되기 때문이다. 특이점은 생물학적 사고 및 존재와 기술의 융합이 이룬 절정으로 인간의 삶이 되돌릴 수 없게 완전히 변화되는 시기이기 때문에 깊은 이해와 통찰을 통해 이에 대한 대처 능력을 증대시킬 필요가 있다. 특이점의 미래적 함의와 관련하여 커즈와일은 미래 문명의 지능 대부분이 결국에는 비생물학적인 형태가 될 것이고 금세기 말까지는 비생물학적 지능이 인간 지능보다 수조 배의 수조 배만큼 강력해질 것이라는 의미 있는 진술을 하고 있다. 그러나 그는 인간성에 대한 이해가 생물학적인 기원을 넘어서긴 하겠지만, 비생물학적인 지능 역시 생물학적 설계에서 파생되어 나올 것이기 때문에 여러 가지 면에서 미래 문명은 현재보다 더 인간적인 전형이 될 것이라고 말한다.

다음으로 특이점을 향한 기술의 진화는 수확 가속의 법칙에 의해 그 속도가 기하급수적으로 빨라지고 있다. 현재 인류는 인공지능, 네트워크 융합, 빅데이터 등으로 촉발된 제4차 산업혁명으로 산업 간 융합 활성화와 더불어 개방형 공유경제로 이행하고 있으며, 기술혁신에 따른 현실과 가상현실의 융합으로 모든 것이 연결되고 확장되어 보다 지능적인 사회로의 진화가 가속화되고 있다. 슈밥에 따르면 제4차 산업혁명은 기하급수적인 속도로 진행되고 있으며, 디지털 혁명을 기반으로 다양한 과학기술을 융합해 개인뿐만 아니라 경제, 기업, 사회를 근본적인 패러다임 전환으로 유도하며 인간의 존재양식에도 변화를 일으키고 있고, 국가 간, 기업 간, 산업 간, 그리고 사회 전체 시스템의 변화를 수반하고 있다. 4차 산업혁명의 본질은 '현실 세계의 디지털화', '디지털 세계의 지능화', '지능화 시스템의 사회적 탑재와 적용'으로 설명될 수 있다. 커즈와일은 21세기 전반부에 'GNR'이라는 세 개의 혁명이 중첩적으로 일어날 것이라고 전망하며 이 세 가지 혁명으로써 특이점이 시작될 것이라고 본다. 현재 우리가 처한 시점은 'G' 혁명의 초기 단계이며, 'R' 혁명은 가장 강력하고도 의미 있는 변화가 될 것으로 여겨진다.

기술의 사회적 영향 및 파급효과에 대해 전문가들은 제4차 산업혁명이 혜택과 잠재적 위협이라는 양면성을 동시에 지니고 있기 때문에 경제 생태계와 우리 삶 전반에 미치는 파급효과가 심대할 것으로 예상하고 있다. 커즈와일은 기술의 발달로 비생물학적 지능이 생물학 지능을 능가하게 되면 인간 경험의 본질이란 대체 무엇이며, 또한 강력한 인공지능과 나노기술로 우리가 상상하는 모든 것을 마음대로 만들어낼 수 있다면 인간-기계 문명이 의미하는 바는 무엇인가에 대해 묻고 있다. 덧붙여 그는 특이점이 다가오면 인간의 역할과 삶 자체에 대해 다시 생각해봐야 하고 각종 조직들도 재편해야 한다고 말한다. 슈밥은 제4차 산업혁명의 사회적 영향 및 파급효과와 관련하여 특히 불평등, 고용, 노동시장에 관련된 문제들을 제대로 인식하고 다룰 필요가 있다고 본다. 그에 따르면 제4차 산업혁명의 특징은 글로벌 플랫폼의 출현이며 기업은 물리학, 디지털, 생물학 기술을 다차원적으로 융합해 파괴적 혁신을 도모해야 하고, 정부는 업계와 시민사회와의 효율적 소통을 통해 상호 신뢰를 유지하기 위한 새로운 규정을 만들고 견제와 균형을 이루어야 한다. ICT 융합사회의 핵심은 역시 사람이며 인문사회과학적 지식이 기술혁신의 새로운 규범으로 정착돼야 한다.

다음으로 인공지능 윤리는 개발자와 과학자들의 윤리, 인공지능 시스템에 내재한 윤리 코드, 인공지능 시스템이 학습하고 추론하는 과정에서 발생하는 윤리 문제로 대별된다. 인공지능의 응용범위가 방대한 만큼 사회적 파급효과에 대한 고민도 깊어지면서 인공지능에 대한 윤리적 제어를 통해 인간과 인공지능의 공존을 추구해야 한다는 목소리가 높아지고 있다. 인공지능 윤리와 관련된 연구를 하는 기관이나 단체는 인류의 공동선을 추구하는 기술 진보를 핵심 연구 주제로 삼고 있지만 인공지능 윤리를 구현하는 작업은 그렇게 단순하지가 않다. 사실 인간 자체가 분열성을 획책하는 일을 그만두지 않는 한, 착한 로봇들만 구현되기를 기대할 수는 없기 때문이다. 인공지능의 윤리 문제는 결국 이들 과학자나 연구자들의 윤리 코드가 이입되어 나타난 결과다. 따라서 지속적인 윤리 학습 강화와 플랫폼 방식의 의사소통 능력 그리고 공동연구 확대와 온라인 공론장 활성화를 통한 서명운동 확산, 이러한 것들이 인공지능의 추구 방향에 대한 일정한 가이드라인 역할을 할 수 있다. 그러나 '인공지능 시스템이 자기 코드를 수정하거나 스스로 다른 인공지능 시스템을 제작하는' 최악의 상황을 막을 근본적이고도 실효성 있는 대책은 강구되지 못하고 있다. 여전히 남은 문제는 결국 인간이며, 인간 자체가 근본적으로 변화하지 않으면 이러한 가이드라인은 실효성을 발휘할 수 없다. 인간이 기계와의 공존을 추구하려면 인간 스스로가 '업그레이드' 되지 않으면 안 된다. 설령 인간이 뇌를 완전히 판독한다 해도 인간 자체의 탐욕과 이기심이 바뀌지 않으면 인공지능은 사악한 자의 아바타가 되어 '킬러 로봇'의 임무에 충실할 것이다.

끝으로, 많은 과학자들은 현재 인류가 '죽음의 소용돌이'에 직면해 있으며 생태학적인 재해가 경제적 및 사회적 허리케인으로 연결되는 '대붕괴'를 맞게 될 것이라고 경고한다. 전쟁을 영원히 종식시킬 유일한 방안으로 러셀이 제안한 세계 연방은 인류의 자각과 인식 전환이 선행되지 않는 한, 실효성을 발휘할 수 없다. 다이아몬드가 제시한 전 세계가 직면한 기후변화, 불평등, 환경자원의 관리 문제는 새로운 문명을 열기 위해 인류가 시급히 해결해야 할 과제들이지만, 이들 과제의 해결 역시 인간이 어떠한 선택을 하느냐에 달려 있다. 따라서 모든 것을 조정하는 마스터키는 바로 인간의 의식이며, 새로운 문명의 가능성은 의식의 진화에 달려 있다. 육체의 건강을 증진하고 마음의 영역을 확장하여 몸과 뇌의 패턴들을 개선해야 진화가 이루어진다. 4차 산업혁명으로 촉발된 기술혁신이 결국 인간이란 무엇인가에 대한 개념을 재정립하는 것으로 귀결되는 것도, 인류가 직면한 문제들이 과학기술이나 제도적인 차원에서만 해결될 수 있는 것이 아니기 때문이다. 지금까지 우리의 많은 노력들이 그다지 가시적인 성과를 거두지 못한 것은 그 배후에 '인간'이 있다는 사실을 진지하게 고려하지 않았기 때문이다.

지금까지 우리는 다중심적이며 통섭적인 시각에서 빅뱅에서부터 '포스트휴먼'에 이르기까지 우주와 지구 그리고 생명의 역사를 통합적으로 조망해 보았다. 138억 2,000만 년이라는 긴 시간의 터널을 빠져 나오면서 새로운 문명을 열기 위해 우리가 첫 대면을 하게 된 존재는 바로 '우리 자신'이다. 우리가 겪는 모든 문제는 우리 자신의 세계관과 사고방식, 가치체계에서 나온 것들이기 때문에 세상을 바라보고 받아들이는 방식 자체를 바꾸어야 해결책도 실효를 거둘 수 있다. '특이점'을 향한 카운트다운은 이미 시작되었다. 21세기 문명의 대변곡점에서 우리는 인간과 세계에 대한 개념을 재정립하고 인간과 인간, 인간과 자연의 관계에 대한 개념도 재정립해야 한다. 왜냐하면 인간의 의식이 바로 새로운 문명을 여는 마스터키이기 때문이다.

01 생명의 거대사(Big History)란?

1. 데이비드 크리스천 지음, 이근영 옮김,『시간의 지도』(서울: 심산출판사, 2013), 6쪽.

2. Fritjof Capra, The *Turning Point*(New York : Simon & Schuster, 1982), p.92.

3. 데이비드 봄에 따르면 '숨겨진 질서(implicate order)'는 우주의 창조적 에너지의 흐름, 즉 홀로무브먼트(holomovement) 그 자체이며, 주체와 객체의 이분법은 성립되지 않는다(David Bohm, *Wholeness and the Implicate Order*(London: Routledge & Kegan Paul, 1980), pp.190-197).

4. Gregg Braden, *The Divine Matrix*(New York: Hay House, Inc., 2007), p.4: "The Divine Matrix is the *container* that holds the universe, the *bridge* between all things, and the *mirror* that shows us what we have created."

5. Fritjof Capra, *The Tao of Physics*(Boston : Shambhala Publications, Inc., 1975), p.225.

6. J. J. Rousseau, *A Discourse on Inequality*, trans. Maurice Cranston(Loncon: Penguin Books Ltd., 1984), p.67: "The most useful and the least developed of all the sciences seems to me to be that of man."

7. 데이비드 크리스천 · 밥 베인 지음, 조지형 옮김,『빅 히스토리』(서울: 북하우스 퍼블리셔스, 2013), 196-199쪽.

8. Ken Wilber, *The Spectrum of Consciousness*(Wheaton, Illinois: Quest Books, 1993), pp.96-97.

9. Alan Watts, *Myth and Ritual in Christianity*(Boston: Beacon Press, 1970), p.52.

10. 본 절에 나오는 켄 윌버의 통합적 비전에 대한 고찰은 拙稿, 「켄 윌버의 홀라키적 전일주의(holarchic holism)와 수운의 「侍」에 나타난 통합적 비전」,『동학학보』 제23호, 동학학회, 2011, 12-22, 30-40쪽에서 발췌, 보완한 것임.

11. Ken Wilber, *The Spectrum of Consciousness*, ch.5, pp.94-142, especially pp.94-95, 114.

12. *Ibid.*, p.98.

13. Ken Wilber, *Integral Psychology: Consciousness, Spirit, Psychology, Therapy*(Boston, Massachusetts: Shambhala Publications Inc., 2000), p.5.

14. *Ibid.*, p.6.

15. Ken Wilber, *The Eye of Spirit*(Boston & London: Shambhala Publications Inc., 2001), p.76.

16. Ken Wilber, *Eye to Eye*(Boston, Massachusetts: Shambhala Publications Inc., 1999), pp.2-7.

17. Ken Wilber, *A Brief History of Everything*(Boston: Shambhala, 2007), pp.39-40.

18. Ken Wilber, *The Atman Project*: *A Transpersonal View of Human Development*(Wheaton, Illinois: Quest Books, 1996), ch.8, pp.73-81.

19. *Ibid.*, ch. 9, pp.83-91; Ken Wilber, *The Collected Works of Ken Wilber*, Vol. I(Boston & London: Shambhala, 1999), ch.10, pp.558-575.

20. Ken Wilber, *Eye to Eye*, p.6.

21. 윌버는 통합지도를 일컫는 다른 말로 '모든 四象限, 모든 수준, 모든 라인, 모든 상태, 모든 타입'을 간략하게 줄여서 아퀄(AQAL)이라고 표시하고 있다(켄 윌버 지음, 정창영 옮김, 『켄 윌버의 통합 비전』(서울: 물병자리, 2009), 66쪽).

22. 위의 책, 30-39쪽.

23. Ken Wilber, *Integral Psychology: Consciousness, Spirit, Psychology, Therapy*, pp.62, 67; Ken Wilber, *A Brief History of Everything*, pp.110-111.

24. Ken Wilber, *Integral Psychology: Consciousness, Spirit, Psychology, Therapy*, p.73; 켄 윌버 지음, 정창영 옮김, 앞의 책, 67-68쪽.

25. Ken Wilber, *A Brief History of Everything,* pp.188-189.

26. Ken Wilber, *Integral Psychology: Consciousness, Spirit, Psychology, Therapy*, p.158; Ken Wilber, *A Brief History of Everything*, p.516.

27. Ken Wilber, *Integral Psychology: Consciousness, Spirit, Psychology, Therapy*, p.67; Ken Wilber, *A Brief History of Everything*, p.516.

28. *Ibid.*, pp.512-520.

29. 켄 윌버 지음, 정창영 옮김, 앞의 책, 34-36쪽.

30. Ken Wilber, *The Spectrum of Consciousness*, ch.5, pp.110-111: "···the present Moment, because it has no past, is newly born; and, because it has no future, it is simultaneously dead. Birth and death, therefore, are simply two ways of talking about the same timeless Moment, and they are illusorily separated only by those 'who cannot escape from the standpoint of temporal succession'···In short, birth and death are one in this timeless Moment."

31. *Ibid.*, p.111.

32. 『金剛三昧經』: "尒時 佛告無住菩薩言 汝從何來 今至何所 無住菩薩 言 尊者 我從無本 來 今至無本所."

33. 元曉, 「金剛三昧經論」, 조명기 편, 『元曉大師全集』(서울: 보련각, 1978), 182쪽(이하 『金剛三昧經論』으로 약칭): "故知始終無本處來 今所至處 亦無本所···無來無至矣."

34. 이하 본 절의 생명에 관한 내용은 拙著, 『생명에 관한 81개조 테제: 생명정치의 구현 을 위한 眞知로의 접근』(서울: 모시는사람들, 2008), 27-76쪽, 96-99쪽에서 발췌, 보완 한 것임.

35. "John" in *Bible*, 14:6: "I am the way and the truth and the life···."

36. 『頓悟無生般若頌』에서는 一과 多가 같음을 理와 事의 관계를 통하여 나타내고 있다. "움직임과 고요함이 함께 妙하니, 理와 事는 모두 같은 것이다. 理는 그 淨한 곳을 통하여 事의 다양성 속에 도달하고, 事는 이렇게 해서 理와 상통하여 無礙의 妙를 나타낸다"(荷澤神會, 『頓悟無生般若頌』: "動寂俱妙 理事皆如 理淨處 事能通達 事理通無礙").

37. Fritjof Capra, *The Web of Life*(New York: Anchor Books, 1996), p.35: "…the network concept has been the key to the recent advances in the scientific understanding not only of ecosystems but of the very nature of life."

38. cf. Alfred North Whitehead, *Process and Reality*(New York: Macmillan, 1929); Ilya Prigogine, *From Being to Becoming*(San Francisco: Freeman, 1980).

39. Fritjof Capra, *The Tao of Physics*, p.278.

40. 拙著, 『생태정치학: 근대의 초극을 위한 생태정치학적 대응』(서울: 모시는사람들, 2007), 400-402쪽.

41. 홀로그램 가설의 태두로 여겨지는 봄과 프리브램을 중심으로 한 홀로그램 모델은 이후 물리학과 생리학은 물론 심리학, 의학 등 다양한 분야로 도입되게 되는데, 특히 현재의 과학으로는 풀리지 않는 과학계의 쟁점과 유체이탈, 임사체험, 전생체험, 텔레파시, 염력, 예지, 투시현상 등 거의 모든 초자연적인 현상을 푸는 열쇠를 제공해 준다.

42. cf. 元曉, 「大乘起信論疏」, 趙明基 편, 『元曉大師全集』(서울: 보련각, 1978), 427쪽(이하 『大乘起信論疏』로 약칭): "心生則種種法生 心滅則種種法滅 三界唯心 萬法唯識."

43. cf. 『道德經』 40장: "反者道之動." 되돌아가는 것이 道의 움직임이다. 근본으로 돌아감은 순환하여 서로 바뀐다는 뜻으로 이러한 운동과 변화는 일체의 事象이 대립·의존 관계에 있기 때문이며, 또한 대립물의 상호의존성은 調和의 美를 발현시키게 된다.

44. cf. 열역학 제1법칙(the first law of thermodynamics): 에너지는 한 형태에서 다른 형태로 변화할 수는 있지만 어떠한 물리적 변화에서도 모든 물체가 지닌 에너지의 합은 불변이라는 에너지보존의 법칙.

45. cf. 『六祖壇經』 卷上, VI 說一體三身佛相門, 24: "三身佛在自性中."

46. 1~2세기경 인도의 초기 대승불교 학자이자 불교시인이며 大論師인 馬鳴(Ashvaghosha 80?~150?)의 『大乘起信論 *Mahāyānaśraddhotpāda-sastra*』은 주로 일심에 대한 해명을 목적으로 眞如門과 生滅門의 二門을 설정하고 일심의 세 측면을 體·用·相 삼대로 나타내고 있다. 體는 우주만물의 근원인 眞如 그 자체, 相은 형태 및 속성, 用은 작용 또는 기능을 일컫는 것이다. 여기서 體는 法身(dharmakya), 법신의 相은 報身(sambhogakya), 법신의 用은 化身(nirmakya 應身)으로 일컬어지는 바, 법신인 體를 초논리·초이성·직관의 영역인 眞諦라고 한다면, 법신의 用인 화신은 감각적·지각적·경험적 영역인 俗諦이다. 진제와 속제의 관계는 곧 본체와 작용의

관계이며, 이 양 세계를 관통하는 원리가 내재된 것이 보신이다. 말하자면 보신은 본체와 작용의 합일의 영역이다.

47. 기독교의 삼위일체가 천 · 지 · 인 삼신일체와 조응하는 것은 주기도문에서 "…뜻이 하늘(天)에서 이루어진 것같이 땅(地)에서도 이루어지이다…"라고 한 데서 명징하게 드러난다. 여기서 天과 地는 기도하는 주체인 人[참본성 · 聖靈]과 연결된다. 기도하기 전후에 신자가 가슴에 긋는 聖號는 이를 상징적으로 보여준다. 즉 성부와 성자와 성령의 이름으로 이마, 가슴, 양쪽에 긋는 聖號는 각각 天, 地, 人을 상징하는 것으로, 天[성부]과 地[성자]는 이마(天 · 圓 ○)에서 가슴(地 · 方 □)으로 직선으로 연결되고 人[성령]은 양쪽으로 그음으로써 삼각형을 이루게 되는데 이는 천부경에서 사람과 우주만물(人物)을 상징하는 각(人 · 角 △)에 해당하는 것이다. 이 圓方角은 天地人 三神一體[三位一體]를 상징하는 것으로 三一圖(⊗)의 도형으로 나타난다.

48. 『桓檀古記』, 「檀君世紀」: "造化之神 降爲我性 敎化之神 降爲我命 治化之神 降爲我精."

49. 『桓檀古記』, 「檀君世紀」: "其性之靈覺也 與天神同其源 其命之現生也 與山川同其氣 其精之永續也 與蒼生同其業也 乃執一而含三 會三而歸一者 是也."

50. cf. 『三一神誥』: "人物 同受三眞 曰性命精 人全之 物偏之 眞性 無善惡 上哲通 眞命 無淸濁 中哲知 眞精 無厚薄 下哲保 返眞一神." 삼일신고에서는 생명의 본체인 '하나'의 眞性을 셋으로 표현하여 性 · 命 · 精이라고 하고 있다. 眞性은 참본성을 말하는 것으로 선함도 악함도 없으니 으뜸 밝은이(上哲)로서 막힘이 없이 두루 통하고, 眞命은 참목숨을 말하는 것으로 맑음도 흐림도 없으니 중간 밝은이(中哲)로서 미혹함이 없이 잘 알며, 眞精은 참정기를 말하는 것으로 두터움도 엷음도 없으니 아래 밝은이(下哲)로서 잘 보전하나니, 선악과 淸濁과 厚薄이 구분되기 이전의 三眞[根本智]으로 돌아가면 一神[一心]과 하나가 될 수 있다는 것이다.

51. cf. 『三一神誥』: "蒼蒼非天 玄玄非天 天無形質 無端倪 無上下四方 虛虛空空 無不在 無不容." 즉, "푸르고 푸른 것이 하늘(天, 天主, '하늘'님)이 아니며, 검고 검은 것이 하늘이 아니다. 하늘은 형상도 바탕도 없고, 시작도 끝도 없으며, 위아래 사방도 없어 텅 비어 있으나 있지 않은 곳이 없고 포용하지 않는 것이 없다."

52. 『海月神師法說』, 「靈符呪文」: "宇宙萬物 總貫一氣一心也."

53. 『海月神師法說』, 「待人接物」.

54. 『參佺戒經』 第45事 恃天(誠 5體 39用): "下誠 疑天 中誠 信天 大誠 恃天." 즉 "작은 정성은 하늘을 의심하고, 보통 정성은 하늘을 믿으며, 지극한 정성은 하늘을 믿고 의지한다."

55. cf. Ashvaghosha, *The Awakening of Faith*(大乘起信論), trans. Teitaro Suzuki(Mineola, New York: Dover Publications, INC., 2003), p.55: "In the one soul we may distinguish two aspects. The one is the Soul as suchness(眞如), the other is the soul as birth-and-death(生滅)…both are so closely interrelated that one cannot be

separated from the other."

56. cf.『金剛經』: "一切有爲法 如夢幻泡影 如露亦如電 應作如是觀." 즉, "생의 모든 현상은 꿈같고, 환상 같고, 물거품 같고, 그림자 같고, 이슬 같고, 번갯불 같으니, 그대는 마땅히 그와 같이 觀하여야 하리라"는 뜻이다. 생명은 본체[理]인 동시에 작용[氣]이니 우주만물 그 자체다.

57. Ashvaghosha, *op. cit.*, p.59 : "Suchness is neither that which is existence, nor that which is non-existence, nor that which is at once existence and non-existence, nor that which is not at once existence and non-existence."

58. *The Bhagavad Gita*, 2. 58. : "When in recollection he withdraws all his senses from the attractions of the pleasures of sense, even as a tortoise withdraws all its limbs, then his is a serene wisdom."

59. 『桓檀古記』,「太白逸史」三韓管境本紀 馬韓世家 上: "天地有機 見於吾心之機 地之有象 見於吾身之象 物之有宰 見於吾氣之宰也."

60. 인간의 본성을 찾아 깨달음의 세계에 이르는 심오한 禪宗의 사상을 담고 있는 尋牛圖에 보면, 禪의 수행단계를 소와 동자에 비유하여 10단계로 도해하고 있다. 즉 1) 심우(尋牛: 소를 찾아 나섬), 2) 견적(見跡: 소의 자취를 봄), 3) 견우(見牛: 소를 봄), 4) 득우(得牛: 소를 얻음), 5) 목우(牧牛: 소를 기름), 6) 기우귀가(騎牛歸家: 소를 타고 집으로 돌아감), 7) 망우존인 (忘牛存人: 소는 잊고 사람만 남음), 8) 인우구망 (人牛俱忘: 소와 사람, 둘 다 잊음), 9) 반본환원(返本還源: 근원으로 돌아감), 10) 입전수수 (入纏垂手: 저자에 들어가 중생을 도움), 이상의 10단계이다.

61. *Mandukya Upanishad* in *The Upanishads*, p.83: "OM. This eternal Word is all: what was, what is and what shall be, and what beyond is in eternity. All is OM." 이는 곧 본체와 작용, 파동과 입자, 개체성과 전체성, 특수성과 보편성의 합일을 말하여 주는 것으로 우주만물과 유일신 브라흐마가 분리될 수 없는 하나라는 것이다.

62. "Revelation" in *Bible*, 1:8 : "I am the Alpha and the Omega," says the Lord God, "who is, and who was, and who is to come, the Almighty." cf. "Revelation" in *Bible*, 21:6 : "I am the Alpha and the Omega, the Beginning and the End."

63. 유교 가치규범의 근간은 하늘(天)이다. 孔子가 50세에 '知天命' 즉 하늘의 명을 알 수 있었다고 한 것이나, 孟子가 民心으로 天命을 해석함으로써 失民心이 곧 失天下라고 한 것이 그것이다. 불교의 '佛'은 물질과 정신이 하나가 된 마음(一心)을 일컫는 것이다. 마음의 근본과 우주의 근본은 하나로 통하므로 一心은 곧 우주만물의 근원인 '하나'(님)[근원의식, 보편의식, 전체의식, 우주의식]이다. 道家의 道는 名과 無名의 피안에서 一과 多, 無와 有, 본체와 현상을 모두 포괄하는 동시에 초월하는 근원적 一者를 지칭한 것이다.

64. 우리 상고사상의 근본정신은 천ㆍ지ㆍ인 삼재의 융화에 기초해 있다. 고조선의 개조 제1대 단군은 敬天崇祖의 '報本思想'을 이전의 신시시대로부터 이어받아 고유의 玄

妙之道(風流)를 기반으로 하는 皀衣國仙의 國風을 열었다. '보본'이라 함은 '근본에 보답한다'는 뜻으로 孝와 忠을 기반으로 한 崇祖사상은 祭天을 기반으로 한 敬天(敬神)사상과 함께 한국전통사상의 골간을 형성해 왔다. 상고와 고대의 國中 대축제는 물론, 중세와 근세에도 제천 즉 천지의 주재자를 받들고 보본하는 예를 잊지 아니하였다. 이는 곧 우리의 전통사상이 천·지·인 삼재에 기초하여 하늘과 사람과 만물을 하나로 관통하고 있음을 보여 주는 것이다.

65. 『三一神誥』: "聲氣願禱 絶親見 自性求子 降在爾腦."

66. "Matthew" in *Bible*, 7:21 : "Not everyone who says to me, 'Lord, Lord,' will enter the kingdom of heaven, but only he who does the will of my Father who is in heaven."

67. "Matthew" in *Bible*, 22:37 : "Love the Lord your God with all your heart and with all your soul and with all your mind."

68. "Matthew" in *Bible*, 22:39 : "Love your neighbor as yourself."

69. 『中庸』: "天命之謂性 率性之謂道."

70. 『海月神師法說』, 「三敬」.

71. 『東經大全』. 「論學文」. 1860년 庚申 4월 5일 東學의 창시자 水雲 崔濟愚는 後天 오만 년을 펼칠 '今不聞古不聞 今不比古不比'의 만고 없는 無極大道를 '吾心卽汝心'의 心法과 함께 하늘로부터 받는 신비체험을 하게 된다. 밖으로는 接靈의 기운이 있고 안으로는 降話의 가르침이 있으되 보아도 보이지 아니하고 들어도 들리지 아니하는 내면으로부터의 가르침의 말씀은 '내 마음이 곧 네 마음'이라고 하는 것으로 시작된다. 이는 하늘마음이 바로 水雲의 마음과 같다는 뜻이다. 이어 세상 사람들은 천지의 형체만을 알 뿐 그 천지의 주재자인 하늘은 알지 못한다고 하고, 이에 水雲에게 무궁한 道를 줄 것이니 무궁한 德을 펼치라고 降靈之文에는 나와 있다.

72. cf. 『莊子』, 「齊物論」: "道惡乎往而不存?" 다함이 없는 변화[外有氣化] 속에서도 道는 우주만물에 내재[內有神靈]해 있으므로 道가 없는 곳이 없는 것이다.

73. 『參佺戒經』 第1事 「誠」: "誠者 衷心之所發 血性之所守." 제1강령인 誠에는 6體 47用이 있는데, 6體에는 敬神, 正心, 不忘, 不息, 至感, 大孝가 있다.

74. 拙著, 『통섭의 기술』(서울: 모시는사람들, 2010), 304쪽.

75. Ken Wilber, *A Brief History of Everything*, p.181.

76. Ken Wilber, *The Spectrum of Consciousness*, ch.5, p.108: "The actor, the Sole Actor, common in and to us all, Blake's eternal Man, becomes so absorbed in his role, in his Psychodrama, that He pretendingly renders unremembered the counsel of Philosophia, 'You have forgotten who you are.' And thus, in truly heroic fashion, Man's drama is played out on the raging stage of space and of time."

77. 데이비드 크리스천 지음, 이근영 옮김, 앞의 책, 30-31쪽에서 재인용.

78. 이하 본 절에 나오는 통섭 관련 내용은 拙著, 『통섭의 기술』, 57-66쪽에서 발췌, 보완한 것임.

빅 히스토리

79. Ken Wilber, *The Spectrum of Consciousness*, ch.5, p.108

80. *Ibid.*, pp.108, 110-112.

81. 『大乘起信論疏』, p.427: "心生則種種法生 心滅則種種法滅 三界唯心 萬法唯識."

82. 데이비드 크리스천 지음, 이근영 옮김, 앞의 책, 23쪽.

83. *The Bhagavad Gita*, 13. 26. : "Whatever is born, Arjuna, whether it moves or it moves not, know that it comes from the union of the field and the knower of the field."

84. *Maitri Upanishad* in *The Upanishads*, p.104: "Mind is indeed the source of bondage and also the source of liberation. To be bound to things of this world: this is bondage. To be free from them: this is liberation."

85. *The Bhagavad Gita*, 13. 14. : "···He is beyond all, and yet he supports all. He is beyond the world of matter, and yet he has joy in this world."

86. Gregg Braden, *op.cit.*, Introduction, pp.xxi-xxii.

87. Requoted from *Ibid.*, p.vii.

88. *Ibid.*, Introduction, p.xxv: "···our ability to understand and apply the 'rules' of the Divine Matrix holds the key to our deepest healing, our greatest joy, and our survival as a species."

89. *Ibid.*, Introduction, p.xxiv.

90. *Ibid.*, p.135.

91. *Ibid.*, p.89.

92. 拙著, 『스피노자의 사상과 그 현대적 부활』(서울: 모시는사람들, 2015), 74쪽.

93. 拙著, 『동서양의 사상에 나타난 인식과 존재의 변증법』, 652-653쪽.

94. 찰스 햅굿 지음, 김병화 옮김, 『고대 해양왕의 지도』(파주: 김영사, 2005), 293쪽.

95. 위의 책, 272-274쪽.

96. 제임스 처치워드 저, 박혜수 역, 『뮤 대륙의 비밀』(서울: 문화사랑, 1997), 36쪽.

97. 위의 책, 36-43쪽. 현재 과학계에서는 이를 능가하는 대재앙에 관한 예단을 내놓고 있다. 지구 자기장의 급속한 약화에 따른 지구 자극(N, S극)의 역전 가능성과 더불어 지축의 변화 가능성을 제기하며, 이 두 가지 변화가 동시에 일어날 경우 대규모 지진과 해일, 화산 폭발 등으로 지구상의 모든 생명체는 치명적인 손상을 입게 될 것이라고 예단한 것이 그것이다.

98. 마고는 몽고, 투르크, 만주, 퉁구스, 시베리아에서 '우마이(Umai)'라는 大母神의 이름으로 등장하여 인간의 출생을 관장하는 생명의 여신으로 알려져 있고, 이 일대 여성 무당 또한 어마이, 오마이 등으로 불린다. 마고의 '麻'는 마고성 일대에 삼(麻)을 많이 재배한 데서 붙여진 이름일 수도 있다는 점에서 마고는 '麻'가 많이 나는 땅의 여성 지도자를 의미하는 것으로 볼 수도 있다. 또한 마고의 '마(Ma)'는 어머니, 엄마, 어멈 등의 뜻으로 영어의 mother, mom, mama, 수메르어의 우뭄(Umum), 고타마 싯다르타의 어머니 마야(Maya)부인, 성모 마리아(Mary), 러시아의 토속인형 마툐르시카, 일본

의 아마데라스 오오미카미(天照大神), 마야문명, 마고 삼신을 모시는 베트남의 토속
종교 母教, 마고 삼신을 의미하는 마을 어귀 '솟대에 앉은 오리 세 마리', 남제에서 부
르던 백제의 다른 이름 固麻, 『우파니샤드』에서 우주만물과 유일신 브라흐마의 합일
을 나타낸 불멸의 음성 '옴(OM)', 이들 모두 마고에서 유래한 것으로 볼 수 있다.

99. '五味의 변'은 白巢氏족의 支巢氏가 보금자리 난간의 넝쿨에 달린 포도를 따먹게 되
면서 포도 속에 담긴 다섯 가지 감각적인 맛에 취해 참본성[神性]을 잃게 된 역사적
사건을 일컫는 것이다. 지소씨의 말을 듣고 포도를 따먹은 사람들은 피와 살이 탁해
지고 심기가 어지러워져서 마침내 천성을 잃게 되는데, 이는 살아 있는 생명을 해친
최초의 사건이자 신[神性]과 인간[理性]의 경계가 분리된 사건이다. 마고성 시대는 몇
대를 거치는 사이에 인구 증가로 식량이 부족하게 되었다. 어느 날 지소씨가 젖을 마
시려고 乳泉에 갔는데, 사람은 많고 샘은 작으므로 다른 사람에게 양보하여 마시지
못하는 일이 다섯 차례나 반복되면서 배가 고파 포도를 따먹게 된 것이다.

100. 『符都誌』第8章: "靑穹氏 率眷出東間之門 去雲海洲 白巢氏 率眷出西間之門 去月息
洲 黑巢氏 率眷出南間之門 去星生洲 黃穹氏 率眷出北間之門 去天山洲."

101. 『符都誌』第12章: "壬儉氏…遍踏四海 歷訪諸族 百年之間 無所不住 照證天符修身 盟
解惑復本之誓 定符都建設之約 此 地遠身絶 諸族之地言語風俗 漸變相異故 欲講天符
之理於會同協和之席而使明知也."

102. 제임스 처치워드 저, 박혜수 역, 앞의 책, 22쪽.

103. 위의 책, 39, 65쪽.

104. 拙著, 『통섭의 기술』, 127-128쪽

105. 환국의 疆域에 관한 『桓檀古記』의 내용은 당 태종 때 편찬된 『晉書』의 내용과 일치
하며, 『符都誌』에 나오는 중요한 기록의 대부분의 내용과 일치하고 있다. 1990년 7월
환국의 한 영역이었던 러시아 카자흐공화국의 수도 알마아타 서쪽 600km 지점 잠불
지역에서 한국 석기 유물과 닮은 유물이 많이 출토된 것 등은 환국의 강역에 관한 시
사점을 주는 것이다. 중국 지도에는 인도의 갠지스강이 지금도 '환하(桓河)'라고 표기
되어 있어 환국의 강역이었음을 실감케 한다. 또한 단군조선시대의 천문 현상—예를
들면, 『환단고기』「단군세기」에 나오는 13세 단군 屹達 50년(BC 1733) 戊辰에 수성,
금성, 화성, 목성, 토성의 다섯 행성이 결집한 五星聚婁 현상—을 박창범 연구팀이 컴
퓨터 합성 기법을 이용하여 시각화함으로써 그러한 사실을 과학적으로 검증한 것은
상고사 연구자들에게는 매우 고무적인 일이다. 『환단고기』의 내용은 北崖의 『揆園史
話』, 李承休의 『帝王韻紀』, 大野勃의 『檀奇古事』 등의 내용과 큰 줄기가 일치한다. 국
내에서는 일부 연구자들이 『환단고기』의 사료적 가치에 대해 의문을 제기하기도 하
지만, 일본에서는 그것의 사료적 중요성에 대해 일찍이 주목한 바 있다. 즉 대동아 전
쟁이 끝나자 일본에서는 고사 고전 연구가 붐을 이루면서 한국의 『환단고기』가 일본
의 고사 고전 가운데 『호쯔마 전(秀眞傳)』 및 웃가야(上伽倻) 왕조사의 내용과 부합
하는 것에 주목한 것이 그것이다. 일본의 가시마(鹿島昇)는 『환단고기』를 일어로 소

譯하고 사서로서 뿐만 아니라 문화서로서도 독자적 지위를 갖는 것으로 높이 평가했다.

106. 민속학자 노중평은 天文에서 麻姑와 동일시되는 별은 베가성으로 불리는 織女星이라고 하고, 마고는 지금으로부터 14,000년 전에 막고야산(마고산, 삼신산)에서 인류 최초로 문명을 시작했다고 본다.

107. 拙著, 『새로운 문명은 어떻게 만들어지는가: 한반도 發 21세기 과학혁명과 존재혁명』, 32-33쪽.

108. 동서양이 세상을 지각하는 방법에 대해서는 拙著, 『통섭의 기술』, 156-157쪽 참조.

109. Gregg Braden, *op. cit.*, p.70.

02 빅뱅과 우주의 탄생

1. http://www.yonhapnews.co.kr/bulletin/2015/09/21/0200000000AKR201509210 52500063.HTML?input=1179m (2016. 2. 15)

2. http://techholic.co.kr/archives/48640 (2016. 2. 15)

3. http://navercast.naver.com/contents.nhn?rid=20&contents_id=657 (2016. 2. 15)

4. https://www.ligo.caltech.edu/video/ligo20160211v2 (2016. 2. 15)
   https://www.youtube.com/watch?v=FlDtXIBrAYE (2016. 2. 15)

5. 『符都誌』第2章: "先天之時 大城 在於實達之城 竝列 火日暖照 無有具象 唯有八呂之 音 自天聞來 實達與虛達 皆出於此音之中 大城與麻姑 亦生於斯 是爲朕世."

6. 『符都誌』第10章: "有因氏 繼受天符三印 此卽天地本音之象而使知其眞一根本者也" 즉 "有因氏가 天符三印을 이어받으니 이것이 곧 天地本音의 象으로, 진실로 근본이 하나임을 알게 하는 것"이라는 뜻이다.

7. Fritjof Capra, *The Web of Life*, p.3.

8. *Kata Upanishad* in *The Upanishads*, 4, pp.62-63.

9. 『東經大全』,「論學文」.

10. *Isa Upanishad* in *The Upanishads*, p.49(parenthesis mine).

11. 그렉 브레이든 외 지음, 이창미 · 최지아 옮김, 『World Shock 2012』, 29쪽에서 재인용.

12. 파드마삼바바 지음, 유기천 옮김, 『티벳 해탈의 서』(서울: 정신세계사, 2000), 84쪽.

13. 拙著, 『통섭의 기술』, 268쪽.

14. 이하 『天符經』에 나오는 無爲의 천지창조에 관한 내용은 2011년 2월 15일(화) 오후 7시 국학원 주최로 대한출판문화협회 대강당에서 개최된 92회 「국민강좌」에서 필자의 저서 『천부경 · 삼일신고 · 참전계경』(2006)을 중심으로 필자가 강연한 것이다. 천부경은 본래 장이 나뉘어 있지 않았지만, 천부경이 담고 있는 의미를 좀 더 명료하게

풀기 위하여 그 구조를 셋으로 나누어 살펴보았다. 즉 상경(上經)「천리(天理)」, 중경(中經)「지전(地轉)」, 하경(下經)「인물(人物)」이라는 주제로 나눈 것이다. 천부경 81자 전문은 다음과 같다.

中	本	衍	運	三	三	一	盡	一
天	本	萬	三	大	天	三	本	始
地	心	往	四	三	二	一	天	無
一	本	萬	成	合	三	積	一	始
一	太	來	環	六	地	十	一	一
終	陽	用	五	生	二	鉅	地	析
無	昻	變	七	七	三	無	一	三
終	明	不	一	八	人	匱	二	極
一	人	動	妙	九	二	化	人	無

15. 『桓檀古記』「太白逸史」蘇塗經典本訓에는 이 절대유일의 '하나(一)'가 '무(無)'와 '유(有)'의 혼돈(混), '허(虛)'와 '조(粗)'의 현묘함(妙)으로 나타나고 있다.

16. 『黃極經世書』「纂圖指要・下」. 우주 1년의 理數를 처음으로 밝혀낸 중국 北宋의 巨儒 邵康節(이름은 擁, 1011~1077)에 의하면, 우주 1년의 12만 9,600년 가운데 인류 문명의 생존 기간은 乾運의 先天 5만 년과 坤運의 後天 5만 년을 합한 10만 년이며, 나머지 29,600년은 빙하기로 천지가 재충전을 하기 위한 휴식기이다. 宇宙曆 전반 6개월(春夏)을 生長・分裂의 先天時代라고 한ㅇㅌ다면, 후반 6개월(秋冬)은 收斂・統一의 後天時代이다. 先天 乾道시대가 天地否卦(䷋)인 陰陽相剋의 시대라면, 後天 坤道시대는 地天泰卦(䷊)인 陰陽之合(正陰正陽)의 시대이다. 천지의 始終은 一元(宇宙曆 1年)의 氣이며, 일원은 12만 9,600년이요 일원에는 12회(子會, 丑會, 寅會, 卯會, 辰會, 巳會, 午會, 未會, 申會, 酉會, 戌會, 亥會)가 있어 1회(一會, 宇宙曆 1개월)인 10,800년마다 소개벽이 일어나고 우주의 봄과 가을에 우주가 생장・분열하고 수렴・통일되는 先・後天의 대개벽이 순환하게 된다고 한다.

17. 『道德經』 42章: "道生一 一生二 二生三 三生萬物."

18. cf. 『華嚴一乘法界圖』: "生死般若常共和 理事冥然無分別"; 『大乘起信論別記』, 477쪽: "非無而非有 非有而非無."

19. 아가페(agape)적 사랑은 곧 우주적 사랑의 경계이며 이는 공자사상의 요체인 仁과도 상통한다. 공자가 그 제자인 번지(樊遲)와의 문답에서 "仁이란 남을 사랑하는 것이다"(『論語』「顏淵」二十二 : "樊遲問仁 子曰 愛人")라고 한 데서도 알 수 있듯이, 인을 실천한다는 것은 곧 남을 배려하는 마음을 갖는다는 것이다. 인의 실천방법은 忠恕의 道로 나타난다. 적극적인 면이 '忠'으로 나타난다면, 소극적인 면은 '恕'로 나타난다. 즉 "자기가 서려고 하면 남도 세워주고, 자신이 어떤 목적을 이루고자 하면 남도

이루어지도록 해주는 것"(『論語』「雍也」: "夫仁者 己欲立而立人 己欲達而達人")이 인의 적극적 실천방법인 '충'이라고 한다면, "자기가 하고 싶지 않은 일을 남에게 시키지 말라"(『論語』「顔淵」: "仲弓問仁 子曰 …己所不欲 勿施於人"; 『論語』「衛靈公」二十三: "子貢問曰「有一言而可以終身行之者乎」子曰「其恕乎 己所不欲 勿施於人」")고 한 것은 소극적 실천방법인 '서'이다. 孟子의 性善說은 사람이 仁을 실천할 수 있는 근거를 四端으로써 논증하고 있는데, 惻隱之心, 羞惡之心, 辭讓之心, 是非之心이 바로 그것이다. 儒家의 네 가지 덕목인 仁義禮智는 모든 사람의 본성인 이 四端을 충실하게 확충시켜 나가면 자연히 꽃피워질 수 있다고 본 것이다. 불교의 慈悲 즉 사랑하고 가엾게 여김은 유교의 仁과 다르지 않다. 천·지·인 삼재의 융화에 기초한 상고시대의 仙敎[神敎] 또한 하늘과 사람과 만물을 하나로 관통하는 平等性智의 結晶이라는 점에서 보편적 사랑이 그 요체가 되고 있다. 기독교의 핵심사상도 아가페적[그리스도적] 사랑이 그 요체다. 이렇듯 동·서양의 모든 가르침은 생명의 원리인 사랑과 조응해 있다.

20. 『莊子』「知北游」: "生也死之徒 死也生之始 孰知其紀 人之生 氣之聚也 聚則爲死 若死生爲徒 吾又何患 故萬物一也…故曰通天下一氣耳 聖人故貴一."

21. Capra, *The Web of Life*, p.85.

22. Ilya Prigogine and Isabelle Stengers, *Order out of Chaos: Man's New Dialogue with Nature*, foreword by Alvin Toffler(Toronto, New York: Bantam Books, 1984, p.292.

23. cf. Harold J. Morowitz, "Biology as a cosmological science," *Main Currents in Modern Thought*, vol. 28, 1972, p. 156.

24. Ilya Prigogine, *From Being to Becoming*(San Francisco: Freeman, 1980).

25. Erich Jantsch, *The Self-Organizing Universe*(New York: Pergamon, 1980).

26. Fritjof Capra, *The Web of Life*, p.85.

27. Ludwig von Bertalanffy, *General System Theory: Foundations, Development, Applications*(New York: Braziller, 1968) 참조.

28. http://blog.naver.com/stupa84/100017672367 (2016. 3. 3)

29. cf. "Revelation" in *Bible*, 1:8 : "I am the Alpha and the Omega," says the Lord God, "who is, and who was, and who is to come, the Almighty"

30. David Bohm, *op. cit.*, p.205.

31. 스티븐 호킹 지음, 현정준 옮김, 『시간의 역사 2』(서울: 청림출판, 1995), 5쪽.

32. Requoted from Gregg Braden, *op. cit.*, p.3: "When we understand us, our consciousness, we also understand the universe and the saparation disappears."

33. cf. "John" in *Bible*, 14:6: "I am the way and the truth and the life…."

34. Bertrand Russell, *The History of Western Philosophy*(New York: Simon & Schuster, Inc., 1972), 353-354.

35. 拙著, 『동서양의 사상에 나타난 인식과 존재의 변증법』, 383-385, 438-439쪽.

36. Thomas S. Kuhn, *The Structure of Scientific Revolutions*, 3rd edition(Chicago and London: The University of Chicago Press, 1996), p.124.

37. 스티븐 호킹 지음 · 김동광 옮김, 『그림으로 보는 시간의 역사』(서울: 까치, 1998), 23-24쪽.

38. Werner Heisenberg, *Physics and Beyond*(New York: Harper & Row, 1971) 참조.

39. 拙著, 『새로운 문명은 어떻게 만들어지는가: 한반도發 21세기 과학혁명과 존재혁명』, 110-111쪽.

40. 위의 책, 27-29쪽.

41. Stephen Hawking & Leonard Mlodinow, *A Briefer History of Time*(New York: Random House, Inc., 2005), pp.38-48.

42. *Ibid.*, pp.45-46.

43. *Ibid.*, pp.15-16.

44. *Ibid.*, pp.55-57, 62

45. *Ibid.*, pp.58-59.

46. 빅뱅과 우주의 진화에 대해서는 Stephen Hawking and Leonard Mlodinow, *op.cit.*, pp.68-85; Stephen Hawking, *The Universe in a Nutshell*(New York: Bantam Books, 2001), pp.69-99.

47. *Ibid.*, p.70.

48. Stephen Hawking, *The Universe in a Nutshell*(New York: Bantam, 2001), p.78; 벤 길리랜드 지음, 김성훈 옮김, 『인포그래픽으로 보는 우주 탄생의 비밀』(서울: RHK, 2015), pp.46-47; Cesare Emiliani, *The Scientific Companion: Exploring the Physical World with Facts, Figures, and Formulas*, 2nd.(New York: John Wiley & Sons, Inc., 1995), p.82 등을 참고해 재구성한 것임.

49. 벤 길리랜드 지음, 김성훈 옮김, 앞의 책, 49쪽.

50. 위의 책, 53-54, 58쪽.

51. 拙著, 『새로운 문명은 어떻게 만들어지는가: 한반도發 21세기 과학혁명과 존재혁명』, 148-149쪽.

52. 위의 책, 148쪽.

53. 스티븐 호킹, 레오나르드 플로디노프 지음, 전대호 옮김, 『위대한 설계』(서울: 까치, 2010), 13-14쪽.

54. 위의 책, 14-15쪽.

55. *The Bhagavad Gita*, 9. 7-8: "At the end of the night of time all things return to my nature; and when the new day of time begins I bring them again into light. Thus through my nature I bring forth all creation, and this rolls round in the circles of time." cf. *The Bhagavad Gita*, 8. 18-19: "···When that day comes, all the visible creation arises from the Invisible; and all creation disappears into the Invisible when the

night of darkness comes. Thus the infinity of beings which live again and again all powerlessly disappear when the night of darkness comes; and they all return again at the rising of the day."

56. 『金剛三昧經論』, 185쪽 : "非空非不空 無空不空."

57. 프랑스의 화학자 라부아지에(Antoine Laurent Lavoisier)는 모든 생명체를 화학적으로 분석하면 거의 같은 물질로 이루어져 있으며, 탄소, 수소, 산소, 질소와 같은 우주의 가장 보편적인 물질이 생명체의 99퍼센트를 구성하고 있다고 했다. 또한 모든 유기체는 같은 아미노산과 단백질 그리고 같은 DNA와 RNA를 가지고 있다는 점에서 근본적인 동일성이 있다(그레이엄 클라크 지음, 정기문 옮김, 『공간과 시간의 역사』(서울: 푸른 길, 1999), 232쪽).

58. http://terms.naver.com/entry.nhn?docId=933620&cid=43667&categoryId=43667 (2016. 6. 30)

59. https://unshelli.blogspot.kr/2015_04_01_archive.html (2016. 7. 1)

60. 벤 길리랜드 지음, 김성훈 옮김, 앞의 책, 86-88쪽.

61. 『黃極經世書』에서 元會運世의 數로 밝히는 천지운행의 원리는 天時와 人事가 조응하고 있음을 보여 준다. 「觀物內篇」에서는 會로 運을 헤아려 世數와 歲甲子를 나열하여 帝堯부터 五代에 이르는 역사 연표를 통해 천하의 離合治亂의 자취를 보여 줌으로써 天時가 人事에 徵驗되는 것을 나타내고 있고, 「觀物外篇·上下」에서는 運으로 世를 헤아려 世數와 歲甲子를 나열하여 帝堯부터 五代에 이르는 典籍을 통해 興敗治亂과 得失邪正의 자취를 보여 줌으로써 人事가 天時에 徵驗되는 것을 나타내고 있다.

62. 브라이언 그린 지음, 박병철 옮김, 『우주의 구조』(서울: 승산, 2005), 616-618쪽.

63. 위의 책, 617-619쪽.

64. 위의 책, 625쪽. 웜홀에 대해서는 Ray Kurzweil, *The Singularity is Near: When Humans Transcend Biology*(London: Penguin Books, 2005), pp.354-356.

65. 양자물리학과 평행우주에 대해서는 Fred Alan Wolf, *Parallel Universes*(New York: Simon & Schuster Paperbacks, 1988), pp.25-61.

66. http://biz.chosun.com/site/data/html_dir/2016/06/06/2016060600347.html (2016. 7. 1)

67. http://navercast.naver.com/contents.nhn?rid=57&contents_id=6727 (2016. 7. 1)

68. http://navercast.naver.com/contents.nhn?rid=57&contents_id=6727 (2016. 7. 1)

69. 벤 길리랜드 지음, 김성훈 옮김, 앞의 책, 51쪽.

70. 거대타원은하의 대표적인 예로는 처녀자리의 M87성운을 들 수 있고, 미니타원은하의 대표적인 예로는 안드로메다은하의 위성은하인 M32를 들 수 있다. 국내 연구진이 제시한 새로운 가설에 따르면 미니타원은하는 거대은하의 중력에 의해 파괴되고 남은 잔재가 아니라 질량이 작은 은하들끼리 병합해 만들어질 수 있다고 한다.

http://biz.chosun.com/site/data/html_dir/2016/04/19/2016041902282.html#csidx745a
af41e89ae529c358b2e60576589 (2016. 4. 19)

71. 불규칙은하의 제1형은 질량이 크고 매우 밝은 OB형에 속하는 별들이 많으며 나선은
    하의 연장과 같은 양상을 나타내는데 마젤란은하가 대표적인 예이고, 제2형은 가스
    성운의 집합체로 보이는 M82가 그 예이다.

72. http://www.dongascience.com/news.php?idx=14417 (2016. 11. 19) 크리스토퍼 콘
    셀라이스 교수팀은 허블우주망원경으로 촬영한 심우주 영상을 모아 3차원으로 변환
    하여 3차원 이미지에서 은하의 개수를 세고, 또 망원경으로 촬영할 수 없는 우주 영
    역의 은하 개수를 추정할 수 있는 수학 모델을 만들어 분석한 결과, 우주 초기에는 지
    금보다 단위 부피당 10배 이상의 은하들이 있었지만 시간이 지남에 따라 은하들이
    병합돼 현재에 이른 것으로 파악됐다.

73. Ken Wilber, "No Boundary," in *The Collected Works of Ken Wilber*, vol.
    I(Shambhala: Boston & London, 1999), p.462: "···there are no boundaries in the
    universe. Boundaries are illusions, products not of reality but of the way we map and
    edit reality. And while it is fine to map out the territory, it is fatal to confuse the two."

74. 벤 길리랜드 지음, 김성훈 옮김, 앞의 책, 106-107쪽.

75. 데이비드 크리스천 지음, 이근영 옮김, 앞의 책, 86쪽.

76. 벤 길리랜드 지음, 김성훈 옮김, 앞의 책, 108-109쪽.

77. 위의 책, 130-135쪽.

78. 위의 책, 138-140쪽.

79. 위의 책, 149-155, 166-169쪽. 초대질량 블랙홀은 항성의 형성을 지연시키거나 새로
    운 항성의 성장을 촉진하는 역할을 수행한다. 즉 활성화된 블랙홀이 있는 은하의 중
    심부에서는 항성이 거의 형성되지 않지만 그 가장자리에서는 육중한 청색 항성이 많
    이 형성될 수 있는 이상적인 조건이 마련되는 것이다. 은하의 진화가 블랙홀과 상호
    긴밀하게 연결된 공생관계라는 사실은 은하와 그 중심부에 있는 초대질량 블랙홀의
    질량의 비율이 언제나 정확하게 1,000 대 1의 정교한 비율로 맞춰져 있다는 데서 잘
    드러난다. 초대질량 블랙홀이 없었다면 우주에 존재하는 은하들이 결코 오늘날처럼
    진화하지 못했을지도 모른다(위의 책, 166-167쪽).

80. 위의 책, 189, 193쪽.

81. Howard T. Odum, *Environment, Power, and Society*(New York: Wiley-Interscience,
    1971), p.49.

82. Cesare Emiliani, *op. cit.*, p.50.

83. 벤 길리랜드 지음, 김성훈 옮김, 앞의 책, 190-191.

84. Carl Sagan, *Cosmos*(New York: Ballantine Books, 2013), pp.244-245.

85. 벤 길리랜드 지음, 김성훈 옮김, 앞의 책, 196-197쪽.

86. 위의 책, 203, 206쪽.

87. Cesare Emiliani, *op. cit.*, p.170.

88. 벤 길리랜드 지음, 김성훈 옮김, 앞의 책, 203, 205쪽.

89. http://biz.chosun.com/site/data/html_dir/2017/01/11/2017011103100.html (2017. 1. 20)

90. 우리은하에서 거대가스행성은 흔한 존재다. HAT-P2b는 육중한 거대가스행성 중 하나로 370광년 정도 떨어진 곳에 있으며 목성 8개를 합친 것과 맞먹는 질량을 가지고 있다(벤 길리랜드 지음, 김성훈 옮김, 앞의 책, 210쪽).

91. 위의 책, 208-212쪽.

92. http://www.kookje.co.kr/news2011/asp/newsbody.asp?code=0800&key=20161007.22019192954 (2016. 10. 6)

93. http://biz.chosun.com/site/data/html_dir/2016/09/28/2016092800256.html (2016. 10. 6)

94. http://news.chosun.com/site/data/html_dir/2017/01/06/2017010601978.html (2017. 1. 7)

03 지구, 생명체의 보고(寶庫)

1. 拙著, 『천부경·삼일신고·참전계경』, 171-178쪽.

2. cf. 『黃極經世書』, 「纂圖指要·下」: "天開於子 地闢於丑 人起於寅."

3. 우주만물의 제1원인 또는 제1원리인 一神[唯一神]은 흔히 '하나'님으로 명명된다. 여기서 하나님 또는 하느님이라고 하지 않고 '하나'님이라고 따옴표를 붙인 것은 우주섭리의 의인화로 인한 본질 왜곡에서 벗어나 우주 실체를 직시하게 하기 위한 것이다. '하나(一)'는 하늘(天)·天主[하느님, 하나님, 創造主, 絶對者, 造物者, 唯一神, ALLAH, 一神, 天神, 한울, 한얼]·道·佛·太極[無極]·브라흐마(Brahma: 梵, 創造神/Atman)·우주의식[전체의식, 보편의식, 순수의식, 근원의식(一心)]·우주의 창조적 에너지[至氣, 混元一氣]·진리[실체, 眞如(suchness), 불멸] 등으로 다양하게 명명되고 있는 근원적 一者 또는 궁극적 실재로서의 우주의 본원을 일컫는 것이고, 바로 이 우주의 본원인 混元一氣에서 우주만물이 나오니 하도 신령스러워 '님'자를 붙여 '하나'님이 된 것이다.

4. 『海月神師法說』, 「天地理氣」: "天地 陰陽日月於千萬物 化生之理 莫非一理氣造化也."

5. cf. 『東經大全』, 「論學文」: "吾心卽汝心(내 마음이 곧 네 마음)." 庚申年(1860) 4월 5일 水雲 崔濟愚가 하늘로부터 받은 '吾心卽汝心'의 心法은 하늘마음이 곧 사람마음임을 명징하게 보여준다.

6. http://terms.naver.com/entry.nhn?docId=1275947&cid=40942&categoryId=32302 (2017. 2. 15); http://terms.naver.com/entry.nhn?docId=523243&cid=46637&category

Id=46637 (2017. 2. 15)

7. https://ko.wikipedia.org/wiki/%ED%8C%90_%EA%B5%AC%EC%A1%B0%EB%A1
%A0 (2017. 2. 1)

8. 지구 대기권의 구성 물질에 대해서는 Cesare Emiliani, *op. cit.*, p.197 도표 참조. 원시
태양계 성운에서 유래한 대기를 1차 원시대기라고 하고, 원시지구가 성장하면서 화
산 폭발이나 미행성의 충돌 등에 의해 내부 가스가 방출돼 그것이 대기에 축적된 것
을 2차 원시대기라고 한다. 캘리포니아 공대 토머스 아렌스(Thomas Ahrens) 연구그
룹의 암석 충돌 실험결과에 따르면, 충돌에 의해 내부의 가스가 방출되려면 천체의
충돌 속도가 초속 1㎞를 넘어야 한다. 즉 원시지구의 크기가 2,000km 정도 되면 충돌
에 의해 내부 가스가 방출돼 원시대기에 서서히 축적된다(가와카미 신이치 · 도조 분
지 지음, 박인용 옮김, 『지구사』(서울: 전나무숲, 2010), 139쪽).

9. http://100.daum.net/encyclopedia/view/b12s3234a (2017. 3. 24)

10. 윤희봉, 『무기이온교환체 ACTIVA 연구와 응용의 실제와 가설 3권: 물의 물성과 물관
리 편』, 서울: 에코엑티바, 2007, 16-17쪽.

11. 위의 책, 17-20쪽.

12. James Lovelock, *The Revenge of Gaia*(New York: Basic Books, 2006).

13. 拙著, 『새로운 문명은 어떻게 만들어지는가: 한반도發 21세기 과학혁명과 존재혁명』,
103-104쪽.

14. http://news.chosun.com/site/data/html_dir/2016/10/28/2016102801558.html (2017.
3. 30)

15. http://terms.naver.com/entry.nhn?docId=1110460&cid=40942&categoryId=32334
(2017. 4. 4)

16. 가와카미 신이치 · 도조 분지 지음, 박인용 옮김, 앞의 책, 197-200쪽.

17. 곽영직, 『살아있는 지구』(서울: 지브레인, 2016), 99-100쪽.

18. 가와카미 신이치 · 도조 분지 지음, 박인용 옮김, 앞의 책, 194-195쪽.

19. 곽영직, 앞의 책, 100-102쪽.

20. 가와카미 신이치 · 도조 분지 지음, 박인용 옮김, 앞의 책, 202, 206-207쪽.

21. 앤드루 H. 놀 지음, 김명주 옮김, 『생명 최초의 30억 년』(서울: 뿌리와이파리, 2015),
159쪽,

22. 위의 책, 41-42, 44쪽.

23. 위의 책, 41-43쪽.

24. 본 절에 나오는 '理一分殊'에 관한 내용은 拙著, 『동서양의 사상에 나타난 인식과 존
재의 변증법』, 304-310쪽에서 발췌하여 보완한 것임.

25. Frederick Copleston, S. J., *A History of Philosophy*(Westminster, Maryland: The
Newman Press, 1962), p.311.

26. 『朱文公文集』 卷46: "則雖未有物而已有物之理 然亦 但有其理而已 未嘗實有是物也."

27. 『朱子語類』卷95: "形而上者 無形無影是此理 形而下者 有情有狀是此器."

28. 『答黃道夫書文集』卷58: "理也者 形而上之道也 生物之本也 氣也者 形而下之器也 生物之具也 是以人物之生 必稟此理 然後有性 必稟此氣 然後有形."

29. 『朱子語類』卷94: "事事物物皆有個極 是道理極至…總天地萬物之理 便是太極."

30. 『朱子語類』卷1: "在天地言 則天地中有太極; 在萬物言 則萬物中各有太極."

31. 『朱子語類』卷94: "本只是一太極 而萬物各有稟受 又自各全具一太極爾 如月在天 只一而已 及散在江湖 則隨處而見 不可謂月已分也."

32. 『朱子語類』卷94: "只是理有動靜 理不可見 因陰陽而後知 理搭在陰陽上 如人跨馬相似."

33. 『朱子語類』卷4: "天不曾生箇筆 人把兎毫來做筆 才有筆 便有理."

34. 『栗谷全書』卷10, 書2「答成浩原」: "理無形而氣有形 故理通而氣局."

35. 이러한 상통성은 율곡이 儒・佛・道 3교를 섭렵하기도 했고, 또 모든 진리는 하나로 통한다는 점에서 자연스런 현상이다. 다만 여기서는 그가 성리학자라는 점에서 성리학적 측면에서 살펴보고자 한다. 본 절에 나오는 율곡의 '이통기국'에 관한 내용은 拙著, 『동서양의 사상에 나타난 인식과 존재의 변증법』, 344-349쪽에서 발췌하여 보완한 것임.

36. 『栗谷全書』卷9, 書1「答成浩原」: "本然者 理之一也 流行者 分之殊也 捨流行之理 而別求本然之理 固不可 若以理之有善惡者爲理之本然 則亦不可 理一分殊四字 最宜體究."

37. 『栗谷全書』卷10, 書2「答成浩原」: "理通者何謂也? 理者 無本末也 無先後也…"

38. 『栗谷全書』卷10, 書2「答成浩原」: "至於清濁粹駁糟粕煨燼糞壤汚穢之中 理無所不在 各爲其性 而其本然之妙 則不害其自若也 此之謂理之通也."

39. 『栗谷全書』卷10, 書2「與成浩原」: "氣之一本者 理之通故也 理之萬殊者 氣之局故也."

40. 『栗谷全書』卷10, 書2「答成浩原」: "理雖一 而旣乘於氣 則其分萬殊."

41. 『栗谷全書』卷20「聖學輯要」2: "理無爲而氣有爲 故氣發而理乘."

42. 『栗谷全書』卷10, 書2「答成浩原」: "若朱子眞以爲理氣互有發用 相對各出 則是朱子亦誤也."

43. 『栗谷全書』卷10, 書2「答成浩原」: "陰陽動靜而太極乘之."

44. 『栗谷全書』卷10, 書2「答成浩原」: "氣局者何謂也? 氣已涉形迹 故有本末也 有先後也."

45. 『栗谷全書』卷10, 書2「與成浩原」: "人之性 非物之性者 氣之局也 人之理 卽物之理者 理之通也."

46. 『栗谷全書』卷10, 書2「與成浩原」: "方圓之器不同 而器中之水一也 大小之瓶不同 而瓶中之空一也."

47. 『栗谷全書』卷10, 書2「答成浩原」: "天地人物 雖各有其理 而天地之理 卽萬物之理 萬物之理 卽吾人之理也 此所謂統體一太極也 雖曰一理 而人之性 非物之性 犬之性 非牛

之性 此所謂各一其性者也."

48. 『栗谷全書』卷14「天道策」:"一氣運化 散爲萬殊 分而言之 則天地萬象 各一氣也 合而言之 則天地萬象 同一氣也."

49. Benedictus de Spinoza, *The Ethics*, in *The Benedict de Spinoza Reader*, translated from the Latin by R. H. M. Elwes(Radford VA: Wilder Publications, 2007), I, Proposition XV, Note, p.11(이하 *The Ethics*로 약칭). 본 절에 나오는 스피노자의 실체와 양태에 관한 내용은 拙著, 『동서양의 사상에 나타난 인식과 존재의 변증법』, 560-566쪽; 拙稿, 「『에티카』와 『해월신사법설』의 정치철학적 함의와 에코토피아적 비전」, 『동학학보』 제33호, 동학학회, 2014에서 발췌하여 보완한 것임.

50. *The Ethics*, I, Definition VI, p.5.

51. *The Ethics*, I, Proposition XVI, Corollary III, p.14: "···God is the absolutely first cause."

52. *The Ethics*, I, Proposition XVI, Corollary II, p.14: "···God is a cause in himself, and not through an accident of his nature."

53. *The Ethics*, I, Proposition XXXIV, Proof, p.23: "From the sole necessity of the essence of God it follows that God is the cause of himself and of all things."

54. *The Ethics*, I, Proposition XIV, Corollary I, II, p.11.

55. *The Ethics*, I, Proposition XIV, p.11: "Besides God no substance can be granted or conceived."

56. *The Ethics*, I, Proposition XXV, Corollary, p.18: "Individual things are nothing but modifications of the attributes of God, or modes by which the attributes of God are expressed in a fixed and definite manner."

57. *The Ethics*, I, Axiom VI, p.6: "A true idea must correspond with its ideate or object."

58. *The Ethics*, I, Proposition XXIX, Note, p.20.

59. *The Ethics*, II, Proposition XXXII, p.45.

60. *The Ethics*, II, Propositions XL-XLIX, esp. Prop. XL, Note II, p.49. cf. *On the Improvement of the Understanding*, pp.331-332. '표상지'는 감각 및 상상에 의한 인식 단계로서 부적합한 관념이나 오류의 원인이 되는 참되지 않은 인식이 나오는 원천이다. '이성지'는 이성 및 과학적 추론과 논증에 의한 인식 단계로서 보편적인 공통관념과 적합한 관념을 통한 사물의 원인 인식이며 보편타당성을 지닌다. '직관지'는 직관에 의한 최고의 인식 단계로서 사물의 본질 인식이다.

61. *The Ethics*, II, Proposition XLVII, p.52.

62. *The Ethics*, II, Proposition XLIV, Corollary II, Proof, p.51.

63. Capra, *The Web of Life*, p.85.

64. 프란시스코 J. 바렐라 지음, 유권종·박충식 옮김, 『윤리적 노하우』(서울: 갈무리, 2010), 150쪽.

65. 위의 책, 151쪽에서 재인용.

66. 더글러스 파머 지음, 강주헌 옮김, 『35억년, 지구 생명체의 역사』(고양: 위즈덤하우스, 2010) 참조.

67. 벤 길리랜드 지음, 김성훈 옮김, 앞의 책, 214-215쪽.

68. 위의 책, 215-217쪽.

69. 가와카미 신이치 · 도조 분지 지음, 박인용 옮김, 앞의 책, 143쪽.

70. http://100.daum.net/encyclopedia/view/73XXXXKS2157 (2017. 4. 23) 열수분출공이 있는 수심 2,000~3,000m에서는 압력이 200~300기압으로 높기 때문에 수온이 350℃나 됨에도 불구하고 수증기로 화하지 않고 뜨거운 물이 솟아나올 수 있다. 한편 뜨거운 물에 녹아있던 물질들이 분출되면서 주변의 찬 바닷물과 만나 식게 되면 열수분출공 주변에 침전되어 굴뚝을 만들게 된다. 이 굴뚝은 시간이 흐르면서 점점 자라나 높이가 수십 미터에 달하는 것도 있다.

71. http://100.daum.net/encyclopedia/view/73XXXXKS2157 (2017. 4. 24)

72. 각각의 미생물의 서식 온도에 대해서는 가와카미 신이치 · 도조 분지 지음, 박인용 옮김, 앞의 책, 146쪽 그림 3-17 참조.

73. 앤드루 H. 놀 지음, 김명주 옮김, 앞의 책, 44-45쪽.

74. 위의 책, 45-46쪽. 고세균이 다른 두 도메인에 속하는 박테리아나 진핵생물과는 뚜렷이 구별되지만, 이들과의 공통점도 있다. 고세균이 박테리아와 공유하는 중요한 특징은 원핵생물 세포조직, 리보솜의 분자구조, 한 개의 원형염색체 위에 유전자가 배열되는 점이다. 고세균이 진핵생물과 공통되는 점은 DNA 전사의 분자적 특징, 특정 항생제에 대한 감수성 등이다(위의 책, 46쪽).

75. 위의 책, 45쪽.

76. 위의 책, 53쪽.

77. 린 마굴리스 지음, 이한음 옮김, 『공생자 행성』(서울: 사시언스북스, 2014), 23쪽.

78. 위의 책, 78-80쪽.

79. http://100.daum.net/encyclopedia/view/24XXXXX71719 (2017. 4. 28)

80. 곽영직 지음, 앞의 책, 119, 137, 171, 200쪽; 가와카미 신이치 · 도조 분지 지음, 박인용 옮김, 앞의 책, 서두 '지구사 연대표'; 앤드루 H. 놀 지음, 김명주 옮김, 앞의 책, 12쪽; 피터 워드 · 조 커슈빙크 지음, 이한음 옮김, 『새로운 생명의 역사』(서울: 까치, 2015), 21쪽 등을 참고해 재구성하였음.

81. 앤드루 H. 놀 지음, 김명주 옮김, 앞의 책, 78쪽.

82. 피터 워드 · 조 커슈빙크 지음, 이한음 옮김, 앞의 책, 130-131쪽.

83. 곽영직 지음, 앞의 책, 125-128쪽.

84. 피터 워드 · 조 커슈빙크 지음, 이한음 옮김, 앞의 책, 135-138쪽.

85. 위의 책, 144쪽에서 재인용.

86. Sean B. Carroll, *Endless Forms Most Beautiful: The New Science of Evo Devo and The Making of the Animal Kingdom*(New York: W. W. Norton & Company, 2005),

pp.164-165; 션 B. 캐럴 지음, 김명남 옮김, 『이보디보: 생명의 블랙박스를 열다』(고양: 지호, 2007), 16-17쪽.

87. Sean B. Carroll, *op. cit.*, pp.64-65, 79.
88. 앤드루 H. 놀 지음, 김명주 옮김, 앞의 책, 274-275쪽.
89. 피터 워드 · 조 커슈빙크 지음, 이한음 옮김, 앞의 책, 157-158쪽.
90. 위의 책, 154-155쪽.
91. 앤드루 H. 놀 지음, 김명주 옮김, 앞의 책, 277쪽.
92. http://100.daum.net/encyclopedia/view/b19j0867b (2017. 5. 20)
93. 피터 워드 · 조 커슈빙크 지음, 이한음 옮김, 앞의 책, 152, 155-156쪽.
94. 데이빗 라우프 지음, 장대익 · 정재은 옮김, 『멸종—불량유전자 탓인가, 불운 때문인가』(서울: 문학과지성사, 2003) 참조.
95. 가와카미 신이치 · 도조 분지 지음, 박인용 옮김, 앞의 책, 301-304쪽.
96. 곽영직 지음, 앞의 책, 152-153쪽; 가와카미 신이치 · 도조 분지 지음, 박인용 옮김, 앞의 책, 312-316쪽.
97. 피터 워드 · 조 커슈빙크 지음, 이한음 옮김, 앞의 책, 366-367쪽.
98. Peter Ward, *The Medea Hypothesis*(Princeton, N.J.: Princeton University Press, 2015) 참조.
99. 피터 워드 · 조 커슈빙크 지음, 이한음 옮김, 앞의 책, 169-170쪽.
100. 가와카미 신이치 · 도조 분지 지음, 박인용 옮김, 앞의 책, 313쪽; 곽영직 지음, 앞의 책, 160쪽.
101. 마이클 테너슨 지음, 이한음 옮김, 『인간 이후』(파주: 쌤앤파커스, 2017), 18쪽.
102. 가와카미 신이치 · 도조 분지 지음, 박인용 옮김, 앞의 책, 321-325쪽; 곽영직 지음, 앞의 책, 165-168쪽.
103. 피터 워드 · 조 커슈빙크 지음, 이한음 옮김, 앞의 책, 248-250쪽.
104. 위의 책, 258-263쪽.
105. 위의 책, 278-279, 298-299쪽.
106. 곽영직 지음, 앞의 책, 192쪽 '백악기의 지구' 참조.
107. 피터 워드 · 조 커슈빙크 지음, 이한음 옮김, 앞의 책, 299-301쪽.
108. 위의 책, 340-342쪽.
109. 위의 책, 237-238쪽.
110. 곽영직 지음, 앞의 책, 199쪽 '신생대 초기인 팔레오세의 지구' 참조.
111. 피터 워드 · 조 커슈빙크 지음, 이한음 옮김, 앞의 책, 344-345쪽.
112. 신시아 브라운 지음, 이근영 옮김, 앞의 책, 68, 70-71쪽.
113. 가와카미 신이치 · 도조 분지 지음, 박인용 옮김, 앞의 책, 351-352쪽
114. 위의 책, 356-357쪽.
115. 곽영직 지음, 앞의 책, 206쪽 '신생대 제4기 플라이스토세(홍적세)의 지구' 참조.

116. http://biz.chosun.com/site/data/html_dir/2017/06/08/2017060800046.html (2017. 6.
    8)

117. https://ko.wikipedia.org/wiki/%EB%84%A4%EC%95%88%EB%8D%B0%EB%A5%B4
    %ED%83%88%EC%9D%B8 (2017.6.8)

04 과학과 영성 그리고 진화

1. 본 장은 拙稿, 「과학과 영성 그리고 진화: 지구 문명의 새로운 지평 탐색」, 『동학학
    보』 제41호, 동학학회, 2016, 125-170쪽의 내용을 확장, 발전시킨 것임.

2. 拙稿, 『동서양의 사상에 나타난 인식과 존재의 변증법』, 153쪽.

3. Ilya Prigogine and Isabelle Stengers, *Order out of Chaos: Man's New Dialogue with
    Nature*, foreword by Alvin Toffler(Toronto, New York: Bantam Books, 1984), p.292;
    Fritjof Capra, *The Web of Life*(New York: Anchor Books, 1996), p.85.

4. 오스트리아의 물리학자 에리히 얀츠(Erich Jantsch)의 저서 *The Self-Organizing
    Universe*(New York: Pergamon, 1980)에서는 일리야 프리고진(Ilya Prigogine)의 산일
    구조 이론을 기초로 공진화 개념을 도입하여 자기조직화에 의한 거시세계의 진화를
    설명한다.

5. 쟝 기통 지음, 김영일·김현주 옮김, 『신과 과학』(서울: 고려원, 1993), 33쪽.

6. 위의 책, 28쪽.

7. 위의 책, 31-32쪽.

8. 위의 책, 13쪽.

9. 프리초프 카프라·슈타인들-라스트·토마스 매터스 지음, 김재희 옮김, 『신과학과
    영성의 시대』(서울: 범양사 출판부, 1997), 11-12, 147-208쪽.

10. 위의 책, 12-15, 209-273쪽.

11. 위의 책, 11-12, 147-208쪽.

12. 위의 책, 12-15, 209-273쪽.

13. 과학과 영성의 경계를 탐색한 대표적인 연구로는 Fred Alan Wolf, *Dr. Quantum'
    s Little Book of Big Ideas: Where Science Meets Spirit*(Needham, Massachusetts:
    Moment Point Press, 2005); Fred Alan Wolf, *Mind Into Matter: A New Alchemy
    of Science and Spirit*(Needham, Massachusetts: Moment Point Press, 2000); Fred
    Alan Wolf, *The Spiritual Universe: One Physicist's Vision of Spirit, Soul, Matter and
    Self*(Portsmouth, NH: Moment Point Press, 1999); Norman Friedman, *Bridging
    Science and Spirit: Common Elements in David Bohm's Physics, the Perennial
    Philosophy and Seth*(New Jersey: The Woodbridge Group, 1993); Amit Goswami,
    The Self-Aware Universe: How Consciousness Creates the Material World(New York:

Tarcher/Putnam, 1995); Fritjof Capra, *Belonging to the Universe: Exploration on the frontiers of Science and Spirituality*(New York: Harper & Row Publishers, Inc., 1991) 등이 있다.

14. Requoted from Gregg Braden, *The Divine Matrix*(New York: Hay House, Inc., 2007), p.30.
15. 양자물리학과 영성의 접합에 대해서는 Amit Goswami, *op.cit.*, pp.24-47, 161-175.
16. http://www.suprememastertv.com/kr/ss/?wr_id=110&page=2#v (2016. 9. 24)
17. Fred Alan Wolf, *Dr. Quantum's Little Book of Big Ideas: Where Science Meets Spirit*, p.126.
18. 『金剛經』: "一切有爲法 如夢幻泡影 如露亦如電 應作如是觀."
19. Fritjof Capra, *The Tao of Physics*, p.278.
20. https://unshelli.blogspot.kr/2015_04_01_archive.html (2016. 10. 1)
21. http://www.suprememastertv.com/kr/vod/?wr_id=56&page=1&sca=ss#v(2016. 10. 1)
    통일장과 의식에 대해서는 http://egloos.zum.com/sockin/v/785263(2016. 10. 1) 참조.
22. 『大乘起信論別記』, 483쪽.
23. cf. Norman Friedman, *Bridging Science and Spirit: Common Elements in David Bohm's Physics, the Perennial Philosophy and Seth*, pp.275-280.
24. David Bohm, *op.cit.*, pp.188-189.
25. Sean B. Carroll, *The Serengeti Rules: The Quest to Discover How Life Works and Why It Matters*(Princeton, New Jersey: Princeton University Press, 2016), p.72.
26. 拙著, 『스피노자의 사상과 그 현대적 부활』, 256-259쪽.
27. 위의 책, 258쪽.
28. 에른스트 마이어 지음, 임지원 옮김, 『진화란 무엇인가』(서울: 사이언스북스, 2013), 5쪽.
29. 위의 책, 36쪽.
30. 위의 책, 42쪽.
31. Sean B. Carroll, *Endless Forms Most Beautiful: The New Science of Evo Devo and The Making of the Animal Kingdom*, pp.164-165; 션 B. 캐럴 지음, 김명남 옮김, 『이보디보: 생명의 블랙박스를 열다』(고양: 지호, 2007), 16-17쪽.
32. Sean B. Carroll, *Endless Forms Most Beautiful: The New Science of Evo Devo and The Making of the Animal Kingdom*, pp.213-214.
33. 앨프리드 러셀 윌리스 지음, 노승영 옮김, 『말레이 제도』(서울: 지오북, 2017), 790쪽.
34. 에른스트 마이어 지음, 임지원 옮김, 앞의 책, 239-243쪽.
35. 찰스 다윈 지음, 송철용 옮김, 『종의 기원』(서울: 동서문화사, 2013), 138-206쪽.

36. 에른스트 마이어 지음, 임지원 옮김, 앞의 책, 233쪽.

37. Ray Kurzweil, *The Singularity is Near: When Humans Transcend Biology*(London: Penguin Books, 2005), p.38: "Order is information that fits a purpose. The measure of order is the measure of how well the information fits the purpose."

38. *Ibid.*, pp.39-40.

39. *Ibid.*, pp.40-42.

40. 빅뱅과 우주의 진화에 대해서는 Stephen Hawking and Leonard Mlodinow, *A Briefer History of Time*(New York: Bantam Dell, 2005), pp.68-85; Stephen Hawking, *The Universe in a Nutshell*(New York: Bantam Books, 2001), pp.69-99.

41. 벤 길리랜드 지음, 김성훈 옮김, 『인포그래픽으로 보는 우주 탄생의 비밀』, 57-58쪽.

42. 『中阿含經』: "若見緣起便見法 若見法便見緣起."

43. *Isa Upanishad* in *The Upanishads*, translated from the Sanskrit with an introduction by Juan Mascaro(London: Penguin Books Ltd., 1962), p.49: "When a sage sees this great Unity and his Self has become all beings, what delusion and what sorrow can ever be near him?"

44. 『金剛三昧經論』, 182쪽: "故知始終無本處來 今所至處 亦無本所…無來無至矣."

45. 『莊子』, 「大宗師」: "殺生者不死 生生者不生."

46. 『莊子』, 「知北游」: "生也死之徒 死也生之始…故萬物一也…故曰 通天下一氣耳."

47. 『莊子』, 「大宗師」.

48. 제이콥 브로노우스키 지음, 임경순 옮김, 『과학과 인간의 미래』(파주: 김영사, 2011), 305쪽.

49. 생명에 관한 자세한 내용은 拙著, 『생명에 관한 81개조 테제: 생명정치의 구현을 위한 眞知로의 접근』(서울: 모시는사람들, 2008), 27-76쪽 참조.

50. Amit Goswami, *op.cit.*, pp.63-211.

51. *Ibid.*, pp.105-112.

52. 양자물리학과 평행우주에 대해서는 Fred Alan Wolf, *Parallel Universes*(New York: Simon & Schuster Paperbacks, 1988), pp.25-61.

53. G. W. F. Hegel, *The Phenomenology of Mind*, trans. by J. B. Baillie(London: George Allen & Nuwin, 1931), p.227.

54. *Ibid.*, pp.228-240, 462-506. See also G. W. F. Hegel, *Philosophy of Right*, ed. and trans. by T. M. Knox(Oxford: Oxford University Press, 1980), p.239; G. W. F. Hegel, *Philosophy of Mind*, translated from *the Encyclopedia of the Philosophical Sciences* by William Wallace(Oxford: The Clarendon Press, 1894), p.175.

55. 이에 대한 좋은 해설서로는 Walter Kaufmann, *Hegel: Texts and Commentary*(New York: Anchor Books, Doubleday, 1965)가 있다.

56. 『明心寶鑑』, 「天命篇」: "種瓜得瓜 種豆得豆 天網 恢恢 疎而不漏."

57. 미국의 사회사상가이자 미래학자인 제러미 리프킨(Jeremy Rifkin)은 그의 저서 『공감의 문명 *The Empathic Civilization: The Race to Global Consciousness in a World in Crisis*』(2009)에서 다윈식 적자생존은 21세기에는 부적합하므로 폐기되어야 하며 그 대신에 '공감(empathy)'이 인간을 이해하는 새로운 패러다임으로 떠오르고 있다고 본다.
58. 유발 하라리 지음, 조현욱 옮김, 『사피엔스』(파주: 김영사, 2015), 592-593쪽에서 재인용.
59. 拙著, 『동서양의 사상에 나타난 인식과 존재의 변증법』, 41-43쪽.
60. 디팩 초프라 · 레너드 플로디노프 지음, 류운 옮김, 『세계관의 전쟁』(파주: 문학동네, 2013), 21-22쪽.
61. 위의 책, 35-36쪽.
62. Ashvaghosha, *op. cit.*, p.55.
63. Requoted from Thomas S. Kuhn, *The Structure of Scientific Revolutions*, 3rd edition(Chicago and London: The University of Chicago Press, 1996), p.151.
64. 『東經大全』, 「論學文」: "侍者 內有神靈 外有氣化 一世之人 各知不移者也."
65. 『海月神師法說』, 「靈符呪文」: "心者 在我之本然天也 天地萬物 本來一心."
66. 『海月神師法說』, 「三敬」: "吾心不敬 卽天地不敬."
67. 『大乘起信論疏』, 397쪽; 『大乘起信論別記』, 467쪽.
68. 『海月神師法說』, 「靈符呪文」: "內有神靈者 落地初赤子之心也 外有氣化者 胞胎時 理氣應質而成體也."
69. 『海月神師法說』, 「天地理氣」: "初宣氣 理也 成形後運動 氣也 氣則理也 何必分而二之."
70. 『義菴聖師法說』, 「講論經義」: "··· 靈與氣 本非兩端 都是一氣也."
71. 이에 관한 자세한 내용은 拙著, 『동서양의 사상에 나타난 인식과 존재의 변증법』, 423-432, 438-440, 560-565쪽 참조.
72. 『龍潭遺詞』, 「敎訓歌」.
73. 『龍潭遺詞』, 「敎訓歌」; 『海月神師法說』, 「靈符呪文」: "心者 在我之本然天也 天地萬物 本來一心"; 『海月神師法說』, 「靈符呪文」: "彼鳥聲 亦是 侍天主之聲也."
74. 이는 檀君八條敎 제2조의 가르침과도 일치한다. 즉 "하늘의 홍범은 언제나 하나이고 사람의 마음 또한 다 같게 마련이니 내 마음으로 미루어 남의 마음을 헤아리도록 하라···"(『桓檀古記』, 「檀君世紀」).
75. 『海月神師法說』, 「靈符呪文」: "宇宙萬物 總貫一氣一心也."
76. 『東經大全』, 「修德文」: "仁義禮智 先聖之所敎 修心正氣 惟我之更定"; 『海月神師法說』, 「守心正氣」: "若非守心正氣則 仁義禮智之道 難以實踐也"; 『海月神師法說』, 「守心正氣」: "守心正氣之法 孝悌溫恭 保護此心 如保赤子 寂寂無忿起之心 惺惺無昏昧之心 加也."

77. 『海月神師法說』,「誠・敬・信」: "純一之謂誠 無息之謂誠…."

78. 『龍潭遺詞』,「道修詞」: "誠敬二字 지켜내어 차차차차 닦아내면 무극대도 아닐런가 시호시호 그때 오면 道成立德 아닐런가."

79. 海月 崔時亨의 '삼경'사상에 대해서는 拙著,「우주진화적 측면에서 본 해월의 '삼경'사상」,『동학학보』제3호, 동학학회, 2002, 279-327쪽 참조.

80. 『海月神師法說』,「三敬」.

81. 『東經大全』,「論學文」에서는 '造化'를 '無爲而化'라고 하고, '定'을 '合其德定其心'이라고 하고 있다.

82. 『東經大全』,「後八節」: "我爲我而非他."

83. '中一'은 '人中天地一'의 약어로 天・地・人 삼신일체의 天道가 인간 존재 속에 구현되는 것을 말한다.

84. Requoted from Gregg Braden, *op. cit.*, p.3.

85. http://biz.chosun.com/site/data/html_dir/2016/10/27/2016102700313.html (2016. 11. 5) 5억4000만 년 전 캄브리아기에 지구 생물의 종류가 폭발적으로 늘어났듯이 앞으로는 모든 기기가 인터넷에 연결되면서 데이터를 폭발적으로 생산할 것이라는 뜻이다.

86. cf. 톰 하트만 지음, 김옥수 옮김, 『우리 문명의 마지막 시간들』(서울: 아름드리미디어, 1999), 31쪽.

05 인류의 진화 계통수와 생명체 진화의 역사: '나'의 세계

1. 재레드 다이아몬드 지음, 김진준 옮김, 『총, 균, 쇠』(서울: 문학사상, 2013), 46쪽.

2. http://100.daum.net/encyclopedia/view/61XX10600002 (2017. 7. 1)

3. http://100.daum.net/encyclopedia/view/61XX10600002 (2017. 7. 2)

4. http://v.media.daum.net/v/20170107030611531 (2017. 7.3)

5. http://100.daum.net/encyclopedia/view/61XX10800054 (2017. 7. 3)

6. 찰스 햅굿 지음, 김병화 옮김, 『고대 해양왕의 지도』(파주: 김영사, 2005), 293쪽.

7. 위의 책, 272-274쪽.

8. Ray Kurzweil, *The Singularity is Near: When Humans Transcend Biology*(London: Penguin Books, 2005), p.40.

9. Requoted from Sean B. Carroll, *op. cit.*, p.250.

10. *Ibid.*, pp.251-252.

11. *Ibid.*, pp.254-256.

12. *Ibid.*, pp.255-257.

13. *Ibid.*, pp.257, 259.

14. http://nownews.seoul.co.kr/news/newsView.php?id=20150715601020 (2017. 7. 5)

15. Sean B. Carroll, *op. cit.*, pp.268-269.

16. *Ibid.*, pp.269-270. 세계적인 유전학자 메리 클레어 킹(Mary Claire King)과 앨런 윌슨 (Allan Wilson) 등은 침팬지와 사람의 단백질 서열이 거의 동일하며 진화적 차이는 유전자 조절방식의 변화에 기인하는 것이라고 일찍이 결론 내린 바 있다.

17. *Ibid.*, pp.267, 273.

18. 가와카미 신이치 · 도조 분지 지음, 박인용 옮김, 앞의 책, 359쪽 '인류 진화의 계통수' 를 위키피디아의 연대를 적용하여 재구성한 것임.

19. https://ko.wikipedia.org/wiki/%EC%95%84%EB%A5%B4%EB%94%94%ED%94%BC %ED%85%8C%EC%BF%A0%EC%8A%A4 (2017.7.7)

20. https://ko.wikipedia.org/wiki/%EC%98%A4%EC%8A%A4%ED%8A%B8%EB%9E%84 %EB%A1%9C%ED%94%BC%ED%85%8C%EC%BF%A0%EC%8A%A4_%EC%95%84% ED%8C%8C%EB%A0%8C%EC%8B%9C%EC%8A%A4 (2017.7.7)

21. http://terms.naver.com/entry.nhn?docId=1639334&cid=43065&categoryId=43065 (2017.7.7)

22. https://ko.wikipedia.org/wiki/%ED%8C%8C%EB%9E%80%ED%8A%B8%EB%A1%9C %ED%91%B8%EC%8A%A4_%EC%95%84%EC%97%90%EB%8B%B0%EC%98%A4%E D%94%BC%EC%BF%A0%EC%8A%A4 (2017.7.7)

23. https://ko.wikipedia.org/wiki/%ED%98%B8%EB%AA%A8_%ED%95%98%EB%B9%8 C%EB%A6%AC%EC%8A%A4 (2017.7.8)

24. https://ko.wikipedia.org/wiki/%ED%98%B8%EB%AA%A8_%EB%A3%A8%EB%8F%8 C%ED%8E%9C%EC%8B%9C%EC%8A%A4 (2017.7.8)

25. https://ko.wikipedia.org/wiki/%EC%9E%90%EB%B0%94_%EC%9B%90%EC%9D %B8 (2017.7.9)

26. http://biz.chosun.com/site/data/html_dir/2017/06/08/2017060800046.html (2017.7.9)

27. 인류학자들은 호모 사피엔스가 언어 유전자인 FOXP2를 네안데르탈인에게서 받았을 것이라고 본다. 이 두 인류 종이 상당 기간 공존하는 동안 공통의 도구를 이용했다는 증거가 있고 또 두 종에 공통의 유전자가 있는 것으로 보아 상호 교배가 이루어졌고 의사소통이 있었을 것으로 보는 것이다(마이클 테너슨 지음, 이한음 옮김, 『인간 이후: 인류의 대량 멸종과 그 이후의 세상』(파주: 쌤앤파커스, 2017), 89쪽에서 재인용).

28. https://ko.wikipedia.org/wiki/%EB%84%A4%EC%95%88%EB%8D%B0%EB%A5%B4 %ED%83%88%EC%9D%B8 (2017.7.10)

29. 데이비드 크리스천 · 밥 베인 지음, 조지형 옮김, 『빅 히스토리』, 29쪽.

30. 마이클 테너슨 지음, 이한음 옮김, 『인간 이후』(파주: 쌤앤파커스, 2017), 17-19, 351 쪽.

31. 위의 책, 20-21쪽.

32. 위의 책, 325쪽.

33. 위의 책, 328-329쪽. 컴퓨터 프로그래머들이 자기들끼리만 어울리고 혼인을 한다면 그런 일이 일어날 수도 있다. 캘리포니아 마운틴뷰에 있는 구글 본사에서 이미 일어나고 있는 일이다. 구글은 직원을 보호하고, 높은 보수를 주며, 필요한 모든 것을 제공하는 업무 환경을 갖추고 있고, 매주 하루는 자기 나름의 과제를 할 수 있도록 허용함으로써 모든 구성원이 그곳에 강한 애착을 갖게 되어 결과적으로 구글플렉스(Googleplex) 자체가 주변으로부터 격리되게 된다. 더욱이 그곳에서 24시간 일해야 하는 컴퓨터 프로그래머들은 짝을 찾을 수 있는 시간 자체도 부족해져서 이러한 격리가 언젠가는 종분화를 이룰 수 있게 된다는 것이다(위의 책, 330-331쪽).

34. 위의 책, 306-307쪽.

35. 위의 책, 307-312쪽.

36. 이언 모리스 지음, 이재경 옮김, 『가치관의 탄생』(서울: 반니, 2017), 53쪽에서 재인용.

37. 위의 책, 23-24쪽.

38. 데이비드 크리스천 지음, 김서형·김용우 옮김, 『거대사』(파주: 서해문집, 2009), 37-41쪽.

39. 데이비드 크리스천·밥 베인 지음, 조지형 옮김, 『빅 히스토리』(서울: 북하우스 퍼블리셔스, 2013), 278-279쪽.

40. 유발 하라리 지음, 김명주 옮김, 『호모 데우스』(파주: 김영사, 2017), 107-109쪽.

41. 이언 모리스 지음, 이재경 옮김, 앞의 책, 61쪽에서 재인용.

42. 위의 책, 238쪽.

43. 위의 책, 382쪽.

44. 데이비드 크리스천 지음, 김서형·김용우 옮김, 앞의 책, 50-51쪽.

45. 재레드 다이아몬드 지음, 김진준 옮김, 『총, 균, 쇠』(서울: 문학사상, 2013), 169쪽.

46. 위의 책.

47. 데이비드 크리스천 지음, 김서형·김용우 옮김, 앞의 책, 54, 56-57쪽.

48. 재레드 다이아몬드 지음, 김진준 옮김, 58-60쪽.

49. 위의 책, 62-63, 66-67쪽.

50. 데이비드 크리스천 지음, 김서형·김용우 옮김, 앞의 책, 62, 64-65쪽.

51. Sean B. Carroll, *The Serengeti Rules*(Princeton, New Jersey: Princeton University Press, 2016), p.7.

52. *Ibid.*, pp.7-9.

53. *Ibid.*, p.5.

54. *Ibid.*, pp.10-11.

55. *Ibid.*, pp.115-117.

56. *Ibid.*, pp.126-127.

57. *Ibid.*, p.127.

58. *Ibid.*, pp.144-145.

59. *Ibid.*, pp.146-147.

60. *Ibid.*, p.150.

61. *Ibid.*, pp.150-152.

62. *Ibid.*, p.153.

63. 앨러나 콜렌 지음, 조은영 옮김, 『10퍼센트 인간』(서울: 시공사, 2016), 7-8쪽.

64. 이대열 지음, 『지능의 탄생』(서울: 바다출판사, 2017), 12-14, 22쪽.

65. 앨러나 콜렌 지음, 조은영 옮김, 앞의 책, 160쪽.

66. Sean B. Carroll, *Endless Forms Most Beautiful*, p.266.

67. *Ibid.*, pp.257-260.

68. *Ibid.*, p.259.

69. *Ibid.*, pp.261-262.

70. *Ibid.*, pp.263-264.

71. *Ibid.*, pp.264-265.

72. Carl Sagan, *Cosmos*, pp.290-291.

73. *Ibid.*, pp.291-292.

74. *Ibid.*, pp.292-293.

75. *Ibid.*, pp.294-295.

76. 이대열 지음, 앞의 책, 141-145쪽.

77. 위의 책, 145-148쪽. 다세포생명체에서 특화된 기능을 수행하는 정상 세포들 대신 비정상적인 세포분열을 하는 암세포와 같은 것이 나타나면 생명체는 더 이상 유지될 수 없다. 만일 공생관계에서 그러한 의무 실행이 제대로 이루어지지 못하면, 그것은 더 이상 공생이 아니라 기생이며 숙주는 그것을 제거하려고 할 것이다(위의 책, 148쪽)

78. 위의 책, 138-139쪽.

79. 위의 책, 150-155쪽.

80. 위의 책, 158-159쪽.

81. 위의 책, 26쪽.

82. 위의 책, 56-57, 71-72쪽.

83. 위의 책, 72-79쪽.

84. 위의 책, 189-193쪽.

85. 위의 책, 193-195, 200-201쪽. 강화 학습 이론에서는 지식을 이용한 심적 시뮬레이션(mental simulation)을 통해서 행동가치값을 수정하는 과정을 '모델에 기초한 강화 학습(model-based reinforcement learning)'이라고 하는 반면, 지식을 이용하지 않는 단순한 고전적 조건화와 기구적 조건화 같은 학습은 '모델 없는(model-free

reinforcement learning) 강화 학습'이라고 한다. 고전적 조건화와 기구적 조건화에 대해서는 위의 책, 201-203쪽 참조.

86. 위의 책, 235-236, 256-257쪽.

87. 위의 책, 271-272, 282-283쪽.

88. 위의 책, 9, 23-24, 286쪽.

89. 위의 책, 287-289쪽.

90. 유발 하라리 지음, 김명주 옮김, 앞의 책, 378쪽.

06 홀로세(Holocene Epoch 沖積世(현세)): '우리'와 '그들'의 세계

1. Ken Wilber, "No-Boundary," in *The Collected Works of Ken Wilber*(Boston & London: Shambhala, 1999), pp.462-464.

2. '소피스트'란 말은 '현인', '직업적 교사', '지혜의 교사—'Sophist'란 말의 어원은 지혜를 의미하는 'sophia'임—의 뜻으로 사용되었으며, 이들의 활동은 기원전 5세기 무렵 전성기에 달했다가 기원전 4세기에는 이미 퇴폐하여 '궤변론자'라는 뜻으로 쓰이게 되었다. 소피스트의 출현 배경으로는 두 가지 정도를 들 수 있다. 그 하나는 소피스트 이전의 자연철학적 방법으로는 확실한 지식의 획득이 불가능하다는 회의주의적 분위기의 팽배로 철학의 새로운 방향 모색이 요구된 것이고, 다른 하나는 아테네 도시국가의 변화에 따른 사회적 요구에 부응할 필요가 생겨난 것이다. 이들 소피스트는 주로 아테네의 자유민으로서 그리스 청년들과 민중들로부터 수업료를 받고 폴리스의 민주주의 사회에서 요구되는 교양이나 학예, 특히 수사학(rhetoric)과 변론술 등을 가르치는 일을 직업으로 삼았으며, 폴리스의 사회생활과 인간 지식의 문제에 집중했다. 이들은 문화적·예술적·사회정치적 문제들에 필요한 기술적인 지식을 제공하고 사회 계몽적인 역할을 한 점에서 그리스의 철학 발전에 중요한 공헌을 하였다. 이들의 철학은 소피즘(sophism)이라 불린다. 대표적인 소피스트로는 프로타고라스(Protagoras), 고르기아스(Gorgias), 트라시마쿠스(Thrasymachus), 히피아스(Hippias), 프로디쿠스(Prodicus) 등이 있다.

3. *Republic*, Book VII, 514a-517a.

4. *Republic*, Book IV, 428a-429a.

5. *Republic*, Book IV, 429a-430c.

6. *Republic*, Book IV, 430d-432a.

7. 플라톤의 이상 국가에는 이들 세 기본계급을 전체적으로 지배하고 세 덕성을 상호 조절함으로써 자연적 조화를 유지하는 제4의 요소가 있으니, 그것이 바로 국가의 기본적 덕성이라고 할 수 있는 정의(justice), 즉 '모든 사람이 자신의 일을 함(everyone's doing his own work)'이다(*Republic*, Book IV, 433d-434a). 플라톤은 이 네 가지 덕이

관념상으로는 구별될 수 있으나 현실적으로는 분리될 수 없다고 보고 '덕은 하나'라
고 했다. 정의란 그 결과 때문만이 아니라 심적 조화 그 자체만으로도 추구할 만한 가
치가 있다(*Republic*, Book II, 367c-d).

8. *De Anima*, Book II, 4, 415b; *Metaphysics*, Book I, 3, 983a25-30; Frederick Copleston, S. J., *op. cit.*, , p.306.

9. G. W. F. Hegel, *The Phenomenology of Mind*, pp.228-240, 462-506; G. W. F. Hegel, *Philosophy of Right*, ed. and trans. by T. M. Knox(Oxford: Oxford University Press, 1980), p.239; G. W. F. Hegel, *Philosophy of Mind*, translated from *the Encyclopedia of the Philosophical Sciences* by William Wallace(Oxford: The Clarendon Press, 1894), p.175.

10. Ken Wilber, "No-Boundary," in *The Collected Works of Ken Wilber*, pp.464-465.

11. *Ibid.*, p.465.

12. *Ibid.*, pp.465-466.

13. Max Horkheimer and Theodor W. Adorno, *Dialectic of Enlightenment*(San Francisco: Stanford University Press, 2002).

14. J. J. Rousseau, *The Social Contract*, translated and introduced by Maurice Cranston(London: Penguin Books Ltd., 1968), Book III, ch.15, p.141.

15. *Ibid.*, p.142: "Since the law is nothing other than a declaration of the general will, it is clear that there cannot be representation of the people in the legislative power."

16. Requoted from Ken Wilber, "No-Boundary," in *The Collected Works of Ken Wilber*, pp.466-467.

17. Benedictus de Spinoza, *The Ethics,* in *The Benedict de Spinoza Reader*, translated from the Latin by R. H. M. Elwes(Radford VA: Wilder Publications, 2007), I, Proposition V, Proof, p.6(이하 *The Ethics*로 약칭): "…there cannot be granted several substances, but one substance only."

18. Ken Wilber, "No-Boundary," in *The Collected Works of Ken Wilber*, pp.468-469.

19. *The Bhagavad Gita*, 2. 23-25: "…the Spirit is everlasting, omnipresent, never-changing, never-moving ever One."

20. Requoted from Ken Wilber, "No-Boundary," in *The Collected Works of Ken Wilber*, p.558: "There is neither creatjion nor destruction, neither destiny nor free-will; neither path nor achievement; this is the final truth."

21. *Ibid.*, p.111.

22. 『大乘起信論疏』, 410쪽 : "有慧光明遍照法界平等無二."

23. *The Bhagavad Gita*, 14. 22-25.

24. 유발 하라리 지음, 조현욱 옮김, 앞의 책, 123-124, 129쪽.

25. 이언 모리스 지음, 이재경 옮김, 앞의 책, 210-212쪽.

26. 제레드 다이아몬드 지음, 김진준 옮김, 앞의 책, 176-180쪽.

27. 데이비드 크리스천 지음, 김서형·김용우 옮김, 『거대사』, 79-81쪽.

28. http://jmagazine.joins.com/monthly/view/315224 (2017.10.3);
    http://www.yonhapnews.co.kr/bulletin/2013/07/05/0200000000A
    KR20130705085600009.HTML?input=1179m (2017.10.3)

29. 데이비드 크리스천 지음, 김서형·김용우 옮김, 앞의 책, 76-77쪽.

30. 위의 책, 77쪽.

31. 이언 모리스 지음, 이재경 옮김, 앞의 책, 212-214쪽.

32. 제레드 다이아몬드 지음, 김진준 옮김, 앞의 책, 197-202쪽.

33. 위의 책, 212-216쪽.

34. 위의 책, 218-223쪽.

35. 데이비드 크리스천 지음, 김서형·김용우 옮김, 앞의 책, 84-85쪽.

36. 데이비드 크리스천 지음, 이근영 옮김, 앞의 책, 365-367쪽.

37. 신시아 브라운 지음, 이근영 옮김, 앞의 책, 150-152쪽.

38. 유발 하라리 지음, 조현욱 옮김, 앞의 책, 140쪽.

39. 데이비드 크리스천 지음, 김서형·김용우 옮김, 앞의 책, 87-89쪽.

40. 위의 책, 89-91쪽.

41. 위의 책, 92-94쪽.

42. 신시아 브라운 지음, 이근영 옮김, 앞의 책, 169쪽; Peter N. Stearns, *World History: Patterns of Change and Continuity*(New York: Harper and Row, 1987), PP.13-16.

43. http://www.futurekorea.co.kr/news/articleView.html?idxno=27336 (2017.10.8);
    http://newslibrary.naver.com/viewer/index.nhn?articleId=1997070800329117006&ed
    tNo=45&printCount=1&publishDate=1997-07-08&officeId=00032&pageNo=17&print
    No=16153&publishType=00010 (2017.10.8)

44. 일본의 『桓檀古記』 연구에 대해서는 최태영, 『인간단군을 찾아서』(서울: 학고재, 2000), 269-274쪽.

45. http://100.daum.net/encyclopedia/view/v081mc132c2 (2017.10.8)

46. https://ko.wikipedia.org/wiki/%ED%9B%99%EC%82%B0_%EB%AC%B8%
    ED%99%94 (2017.10.9);
    http://www.anewsa.com/detail.php?number=952945 (2017.10.9)

47. http://www.anewsa.com/detail.php?number=952945 (2017.10.9)

48. http://100.daum.net/encyclopedia/view/61XX10800031 (2017.10.9)

49. 李承休, 『帝王韻紀』 「三皇五帝」.

50. 司馬遷 지음, 丁範鎭 외 옮김, 『史記本紀』(1) 「五帝本紀」(1)(서울: 까치, 1994), 7~27쪽.

51. http://terms.naver.com/entry.nhn?docId=1392485&cid=50407&categoryId=50408

(2017.10.18)

52. http://terms.naver.com/entry.nhn?docId=1668816&cid=41874&categoryId=41874; http://terms.naver.com/entry.nhn?docId=1717292&cid=43050&categoryId=43050 (2017.10.18)

53. http://terms.naver.com/entry.nhn?docId=1717291&cid=43050&categoryId=43050 (2017.10.18)

54. http://blog.daum.net/gmania65/1042 (2017.10.18)

55. http://www.skyedaily.com/news/news_view.html?ID=36949 (2017.10.20.)

56. 제레드 다이아몬드 지음, 김진준 옮김, 앞의 책, 75쪽.

57. 위의 책, 53-54, 73-74쪽.

58. https://ko.wikipedia.org/wiki/%EC%B9%AD%EA%B8%B0%EC%A6%88_%EC%B9 %B8 (2017.10.21.)

59. 신시아 브라운 지음, 이근영 옮김, 앞의 책, 290쪽에서 재인용.

60. 위의 책, 298쪽에서 재인용.

61. 拙著, 『동서양의 사상에 나타난 인식과 존재의 변증법』, 464-465, 483-484쪽.

62. 유발 하라리 지음, 조현욱 옮김, 앞의 책, 241-242쪽.

63. 위의 책, 245-247쪽.

64. 위의 책, 247-268쪽.

65. 위의 책, 273-276쪽.

66. 위의 책, 276-282쪽.

67. 위의 책, 290쪽.

68. Alighieri Dante, *De Monarchia*, ed. by E. Moore, with an introduction on the Political Theory of Dante by W. H. V. Reade(Oxford: Oxford University Press, 1916).

69. 유발 하라리 지음, 조현욱 옮김, 앞의 책, 299-303쪽.

70. 위의 책, 305-309쪽.

71. 위의 책, 309-311쪽.

72. 위의 책, 317-318쪽.

73. 붓다 교설의 핵심 사상은 拙著, 『동서양의 사상에 나타난 인식과 존재의 변증법』, 171-185쪽에서 발췌하여 요약한 것임.

74. 신시아 브라운 지음, 이근영 옮김, 앞의 책, 375쪽에서 재인용.

75. 위의 책, 376-378쪽.

76. 신시아 브라운 지음, 이근영 옮김, 앞의 책, 375-376쪽.

77. Manus I. Midlarsky, "Hierarchical Equilibria and the Long-Run Instability of Multipolar Systems," in Midlarsky(ed.), *Handbook of War Studies*(Boston: Unwin Hyman, 1989).

78. A. W. Crosby, *Ecological Imperialism: The Biological Expansion of Europe, 900-1900*(Cambridge: Cambridge University Press, 1986). 이와 유사한 개념으로 '녹색

제국주의(green imperialism)'라는 용어도 사용되고 있다(G. Porter and J. W. Brown, *Global Environmental Politics*(Boulder, Colo.: Westview Press, 1991), p.127).

79. 황태연, 『환경정치학과 현대정치사상』(서울: 나남출판, 1994), 18-33쪽.

80. 레스터 브라운 지음, 한국생태경제연구회 옮김, 『에코 이코노미』(서울: 도서출판 도요새, 2003), 21쪽.

81. http://news.khan.co.kr/kh_news/khan_art_view.html?artid=201206071123061&code=970100 (2017.10.30)

82. http://www.greened.kr/news/articleView.html?idxno=37644 (2017.10.30)

83. Fritjof Capra, *The Web of Life*, p.11.

84. http://cafe.sayclub.com/cb_board.nwz?tbtype=&act=read&clubsrl=2851948&bsrl=18&page=1&aseq=134909211 (2017.10.31.)

85. 윌 듀런트 지음, 왕수민·한상석 옮김, 『문명 이야기(동양 문명 1-1)』(서울: 민음사, 2011), 7쪽.

86. 존 M. 홉슨 지음, 정경옥 옮김, 『서구 문명은 동양에서 시작되었다』(서울: 에코리브르, 2005), 19쪽에서 재인용.

87. 위의 책.

88. 이승환, "오리엔탈리즘을 해부한다," 『전통과 현대』, 1997년 겨울호, pp.206-223.

89. 존 M. 홉슨 지음, 정경옥 옮김, 앞의 책, 22쪽.

90. 위의 책, 22-23쪽에서 재인용.

91. 위의 책, 23-24쪽.

92. 위의 책, 20-21, 24-25쪽.

93. 위의 책, 26-27쪽.

94. 위의 책, 28-31쪽.

95. 위의 책, 37쪽.

96. 위의 책, 35-42쪽. 안드레 군더 프랑크(Andre Gunder Frank) 또한 그의 저서에서 "1800년까지는 또는 그 이후까지도, 유럽과 서양은 세계경제의 중심이 결코 아니었다. 중심이라는 표현을 군이 쓰고 싶다면 객관적으로 보았을 때 그런 용어로 지칭될 자격이 있는 지역은 주변에 불과했던 유럽이 아니라 중국이었다"(안드레 군더 프랑크 지음, 이희재 옮김, 『리오리엔트』(서울: 이산, 2003), 27쪽)라고 했다.

97. 존 M. 홉슨 지음, 정경옥 옮김, 앞의 책, 44-47쪽.

98. 위의 책, 154-155쪽.

99. 위의 책, 47-49쪽.

100. 안드레 군더 프랑크 지음, 이희재 옮김, 앞의 책, 31쪽.

101. 위의 책.

102. 위의 책, 43쪽.

103. 위의 책, 106쪽. 프랑크는 유럽이 산업혁명을 통해 궁극적으로 세계를 제패했다고 하

지만 그것이 유럽의 내적 요인만으로는 제대로 설명되지 않으며 또한 아메리카 식민
지에서 빼돌린 자본을 축적했다는 설명을 덧붙여도 부실하기는 마찬가지라고 보고,
이 글로벌한 과정을 세계경제의 논리로 해석하고 설명할 수 있어야 한다고 주장한
다.

104. 위의 책, 68-69쪽에서 재인용.

105. 위의 책, 67-75쪽.

106. William T. Rowe, *Hankow: Conflict and Community in a Chinese City,
1796-1895*(Stanford: Stanford University Press, 1989).

107. 안드레 군더 프랑크 지음, 이희재 옮김, 앞의 책, 76-78쪽.

108. Marshall G. S. Hodgson, *Rethinking World History*(New York: Cambridge University
Press, 1993).

109. 안드레 군더 프랑크 지음, 이희재 옮김, 앞의 책, 63쪽.

110. Tommy Koh, *America's Role in Asia : Asian Views*, Asia Foundation, Center for Asian
Pacific Affairs, Report No.13, Nov. 1993, p.1 참조.

111. Samuel P. Huntington, *The Clash of Civilizations and the Remaking of World
Order*(New York : Simon & Schuster, 1996), p.109.

112. '프라우트'의 자세한 내용에 대해서는 다다 마헤슈와라난다 지음, 다다 칫따란잔아난
다 옮김, 『자본주의를 넘어 *After Capitalism*』(서울: 한살림, 2014), 79-109, 439-467쪽.

113. 위의 책, 582쪽. "프라우트는 협동조합 체제의 수립을 지지한다. 협동조합에 내재하
는 정신이 바로 대등한 협동(coordinated cooperation)이기 때문이다. 오직 협동조합
체제만이 인류 사회의 건전한 인간성의 진보와 다양한 인류 종족 간의 완전하고도
영속적인 단결을 가져올 수 있다(위의 책 198쪽에서 재인용-)."

114. 위의 책, 438쪽에서 재인용; P. R. Sarkar, *Problems of the Day*(Calcutta; Ananda
Marga Publications, 1968), ch.32.

115. Carroll Quigley, *The Evolution of Civilizations : An Introduction to Historical Analysis*,
2nd ed. (Indianapolis : Liberty Press, 1979), p.83.

116. 한국 상고사와 일본의 역사왜곡에 대해서는 최태영, 『한국상고사』(서울: 유풍출판사,
1990); 최태영, 『인간 단군을 찾아서』(서울: 학고재, 2000); 최태영, 『한국 고대사를 생
각한다』(서울: 눈빛, 2002); 拙稿, 「단군조선의 건국이념과 정치사상」, 한국동양정치
사상사학회 편, 『한국정치사상사』(서울: 백산서당, 2005) 참조.

117. 이시와타리 신이치로 지음, 안희탁 옮김, 『백제에서 건너간 일본 천황』(서울: 지식여
행, 2002).

118. 존 카터 코벨 지음, 김유경 옮김, 『한국문화의 뿌리를 찾아』(서울: 학고재, 1999).

119. Asian Development Bank, *Asia 2050: Realizing the Asian Century*(New Delhi,
London, Los Angeles, Singapore and Washington D.C.: SAGE Publications India Pvt.
Ltd., 2011).

120. Jeremy Rifkin, *The Age of Access*: *The New Culture of Hypercapitalism, Where All of Life is a Paid-For Experience*(New York: Penguin Group, 2001).

07 포스트모던 세계와 포스트휴먼 그리고 트랜스휴머니즘: '우리 모두'의 세계

1. 본 장은 拙稿, 「포스트모던 세계와 포스트휴먼 그리고 트랜스휴머니즘」, 『동학학보』 제44호, 동학학회, 2017, 129-179쪽의 내용을 확장, 발전시킨 것임.

2. Ray Kurzweil, *The Singularity is Near: When Humans Transcend Biology*(London: Penguin Books, 2005), p.310. 생물학적 지능과 인공지능 사이의 긴밀한 관계에 대해서는 Ray Kurzweil, *The Age of Spiritual Machines: When Computers Exceed Human Intelligence*(New York: Penguin Books, 1999) 참조.

3. Chris Hables Gray, *Cyborg Citizen*(New York and London: Routledge, 2002), p.24.

4. *Ibid.*, p.17.

5. 유발 하라리 지음, 조현욱 옮김, 『사피엔스』(파주: 김영사, 2016), 7, 585쪽.

6. Ulrich Beck, Anthony Giddens and Scott Lash, *Reflexive Modernity : Politics, Tradition and Aesthetics in the Modern Social Order*(UK : Polity Press, 1994) 참조.

7. Ken Wilber, *The Marriage of Sense and Soul: Integrating Science and Religion*(New York: Broadway Books, 1998), p.189.

8. Ken Wilber, *A Brief History of Everything*(Boston: Shambhala, 2007), pp.39-40; Ken Wilber, *Integral Psychology: Consciousness, Spirit, Psychology, Therapy*(Boston, Massachusetts: Shambhala Publications Inc., 2000), p.5.

9. Ken Wilber, *The Marriage of Sense and Soul: Integrating Science and Religion*, p.187.

10. Ken Wilber, *A Brief History of Everything*, pp.86-88.

11. 위의 책, p.88.

12. http://www.extropy.org (2017.7.15); http://humanityplus.org (2017.7.15); 로버트 페페렐 지음, 이선주 옮김, 『포스트휴먼의 조건: 뇌를 넘어선 의식』(파주: 아카넷, 2017), 270쪽.

13. 신상규, 『호모 사피엔스의 미래: 포스트휴먼과 트랜스휴머니즘』(파주; 아카넷, 2017), 109쪽.

14. https://ko.wikipedia.org/wiki/%ED%8A%B8%EB%9E%9C%EC%8A%A4%ED%9C%B4%EB%A8%B8%EB%8B%88%EC%A6%98 (2017.7.15)

15. 신상규, 앞의 책, 120-122쪽. 트랜스휴머니즘의 역사, 이론, 실천 등에 대해서는 https://en.wikipedia.org/wiki/Transhumanism (2017.7.15)

16. 한국포스트휴먼연구소·한국포스트휴먼학회 편저, 『포스트휴먼시대의 휴먼』(파주: 아카넷, 2016), 278쪽. 포스트-휴머니즘, 즉 포스트휴머니즘(脫인본주의)은 기술의 발

달이 휴머니즘의 극복을 선도함으로써 불필요한 억압이나 차별이 없어진다고 본다. '로봇에게도 인격이 있는가?, 로봇의 인권도 보장할 것인가?'와 같은 물음을 제기한다 (위의 책, 278-279쪽).

17. 로버트 페페렐 지음, 이선주 옮김, 『포스트휴먼의 조건』, 앞의 책, 269쪽.

18. 신상규, 앞의 책, 115쪽.

19. Ray Kurzweil, *The Singularity is Near: When Humans Transcend Biology*, pp.289-290: "Advancing computer performance is like water slowly flooding the landscape. A half century ago it began to drown the lowlands, driving out human calculators and record clerks, but leaving most of us dry. Now the flood has reached the foothills, and our outposts there are contemplating retreat. ⋯As the rising flood reaches more populated heights, machines will begin to do well in areas a greater number can appreciate. The visceral sense of a thinking presence in machinery will become increasingly widespread. When the highest peaks are covered, there will be machines that can interact as intelligently as any human on any subject. The presence of minds in machines will then become self-evident."

20. http://shindonga.donga.com/3/all/13/105582/5 (2017.7.15)

21. 拙著, 『생태정치학: 근대의 초극을 위한 생태정치학적 대응』, 463-464쪽.

22. 위의 책, 468-469쪽.

23. 마단 사럽 지음, 임헌규 옮김, 『데리다와 푸꼬 그리고 포스트모더니즘』(서울: 인간사랑, 1999) 참조. 한국칸트학회, 『포스트모던 칸트』(서울: 문학과지성사, 2006)에서는 흔히 니체의 적자로만 알려진 데리다, 푸코, 리오타르, 들뢰즈 등 포스트모던 철학자들이 실상은 칸트 철학의 磁場안에 있는 것으로 본다.

24. 拙著, 『생태정치학: 근대의 초극을 위한 생태정치학적 대응』, 465-466쪽.

25. 자크 데리다(Jacques Derrida)의 해체이론에 관해서는 Michael Naas, *Taking on the Tradition: Jacques Derrida and the Legacies of Deconstruction*(Stanford, CA: Stanford University Press, 2003); 김영한, "푸코, 데리다, 료타르의 해체사상," 『해석학연구』 제4집, 한국해석학회, 1997, 259-278쪽 참조.

26. Michel Foucault, *Discipline and Punish: the Birth of the Prison*, translated from the French by Alan Sheridan(New York: Vintage Books, 1979), 미셸 푸코 지음, 오생근 옮김, 『감시와 처벌: 감옥의 역사』(서울: 나남, 2003). 푸코의 사회비평은 「비평이란 무엇인가 What is Critique?」라는 논문에서 드러나듯 근대의 방식 그 자체에 대한 비평이며 대안적 세계에 대한 비전과는 분리된 것이라는 입장을 보이고 있다 (Michel Foucault, "What is Critique?", in James Schmidt(ed.), *What is Enlightenment? Eighteenth-Century Answers and Twentieth-Century Question*(Berkely: Univ. of California Press, 1996)).

27. *Ibid.*, pp.117, 121, 123.

28. 홀론은 "부분으로서 전체의 구성에 관여함과 동시에 각각이 하나의 전체적, 자율적 통합을 가지는 단위"이다(http://dic.daum.net/word/view.do?wordid=kkw000294517 &supid=kku000375760 (2017.7.17))

29. Ken Wilber, *The Marriage of Sense and Soul: Integrating Science and Religion*, p.124: "···contexts are indeed boundless precisely because reality is composed of holons within holons within holons indefinitely,···. Even the entire present universe is simply a part of the next moment's universe. Every whole is always a part, endlessly. And therefore every conceivable context is boundless. To say that the Kosmos is holonic is to say it is contextual, all the way up and down."

30. *Ibid.*.

31. *Ibid.*, p.131.

32. Nick Bostrom, "Why I Want to be a Posthuman When I Grow Up," in Bert Gordijn and Ruth Chadwick(eds.), *Medical Enhancement and Posthumanity*(New York: Springer, 2008).

33. 로버트 페페렐 지음, 이선주 옮김, 앞의 책, 269-270쪽.

34. 위의 책, 270쪽; http://www.extropy.org (2017.7.17)

35. 로버트 페페렐 지음, 이선주 옮김, 앞의 책, 271-272쪽.

36. 위의 책, 6쪽에서 재인용.

37. 사이버네틱스(인공두뇌학)는 미국의 수학자 노버트 위너(Norbert Wiener)의 저서 *Cybernetics: Control and Communication in the Animal and the Machine*(1948)에 소개된 이론으로, "생물의 自己制御의 원리를 기계 장치에 적용하여 통신, 제어, 정보 처리 등의 기술을 종합적으로 연구하는 학문 분야"(http://dic.daum.net/word/view. do?wordid=kkw000129547&supid=kku000160850 (2017.7.19))이다. 사이버네틱스의 지향점은 스스로 최적의 상태에 도달할 수 있도록 자동조절 되는 시스템이다.

38. Chris Hables Gray, *op.cit.*, p.2.

39. *Ibid.*, pp.2-3: "···Overall the effect is an extraordinary symbiosis of humans and machines. This is a fundamentally new development in the history of the human. Now with the advent of genetic engineering, we not only can consciously evolve and invent our machine companions, we can do the same for our bodies. This is clearly a major step beyond natural selection and the careful breeding Darwin called artificial selection. It is, in a phrase coined by Manfred Clynes···participatory evolution."

40. *Ibid.*, p.3.

41. *Ibid.*, pp.11, 19-20.

42. *Ibid.*, pp.19-20.

43. *Ibid.*, pp.6, 31.

44. *Ibid.*, p.194.

45. 로버트 페페렐 지음, 이선주 옮김, 앞의 책, 256쪽.

46. 위의 책, 272쪽. 트랜스휴머니즘의 부상에 따른 과학기술 정책이슈에 대해서는 박성 원 외, 『트랜스휴머니즘 부상에 따른 과학기술 정책이슈의 탐색』(정책연구 2016-19), 과학기술정책연구원, 2016 참조.

47. 로버트 페페렐 지음, 이선주 옮김, 앞의 책, 280-281, 286쪽.

48. http://www.asiae.co.kr/news/view.htm?idxno=2017061615054207450 (2017.7.20)

49. 신상규, 앞의 책, 108-109쪽.

50. 위의 책, 108쪽.

51. 위의 책, 108-109쪽.

52. http://shindonga.donga.com/3/all/13/105582/5 (2017.7.21)

53. 신상규, 앞의 책, 123쪽.

54. 닉 보스트롬 지음, 조성진 옮김, 『슈퍼인텔리전스: 경로, 위험, 전략』(서울: 까치, 2017), 457쪽.

55. 위의 책, 456쪽.

56. 로지 브라이도티 지음, 이경란 옮김, 『포스트휴먼』(파주: 아카넷, 2016), 243쪽.

57. 박영숙·제롬 글렌 지음, 『세계미래보고서 2055』(서울: 비즈니스북스, 2017), 16-19 쪽. * 2016년은 뇌-컴퓨터 인터페이스 분야에 커다란 진전이 이루어진 해였다. 미국 듀크대학교 연구팀은 무선 두뇌 인터페이스를 개발해 원숭이가 생각만으로 로봇 휠 체어의 움직임을 제어할 수 있도록 했고, 스위스 로잔의 연방공학연구소 연구팀은 신 경 임플란트를 이용해 다리가 마비된 포유류가 다시 걸을 수 있도록 했으며, 네덜란 드의 연구진들은 심한 루게릭병을 앓고 있는 환자가 분당 2자의 속도로 메시지를 보 낼 수 있는 뇌 임플란트 실험에 성공했다(위의 책, 18쪽).

58. 유발 하라리 지음, 조현욱 옮김, 앞의 책, 582쪽.

59. '길가메시(Gilgamesh)'는 고대 메소포타미아 수메르 왕조 초기 시대에 永生을 추구했 던 우루크의 전설적인 왕으로 『길가메시 서사시』의 주인공이다.

60. 유발 하라리 지음, 조현욱 옮김, 앞의 책, 7쪽.

61. 위의 책, 565-571쪽.

62. 위의 책, 572-573, 575-576쪽.

63. 위의 책, 576-578쪽.

64. 유발 하라리 지음, 김명주 옮김, 『호모데우스』(파주: 김영사, 2017), 39, 482-483쪽.

65. 위의 책, 503쪽.

66. 위의 책, 504, 534, 538-542쪽.

67. 위의 책, 482쪽.

68. Ken Wilber, *The Marriage of Sense and Soul: Integrating Science and Religion*, p.188: "The desacrimentalization or devaluation of nature that was begun by the scientific revolution was completed by what is called 'the enlightenment'."

69. 여기서 스피노자의 『에티카』에 대한 고찰은 拙著, 『스피노자의 사상과 그 현대적 부활』(서울: 모시는사람들, 2015), 238-248쪽에서 부분적으로 발췌한 것임. cf. 『義菴聖師法說』, 「無體法經」: : "聖賢 不然 恒不忘我本來 固而守之 强而不奪故…是謂解脫心…解脫 在自天自覺…我天 不二 性心 不二 聖凡 不二 我世不二 生死不二." 통섭적 세계관은 「無體法經」에서도 확연히 드러난다. 「무체법경」에 나타난 眞心不染의 통일사상은 이분법적 사유체계를 초월한 참된 마음이 조화적 통일과 대통합의 원천이 됨을 보여준다. 성심수련을 통해 自天自覺하여 '진심불염'의 경지에 이르면 "나와 하늘이 둘이 아니고, 성품과 마음이 둘이 아니고, 성인과 범인이 둘이 아니고, 나와 세상이 둘이 아니고, 삶과 죽음이 둘이 아니다"라고 하며 조화로운 통일체로서의 무극대도의 세계가 현실 속에 구현될 수 있다고 보았다. 완전한 소통성과 平等無二의 세계관은 開闔의 논리를 이용하여 理와 事, 性과 心, 즉 본체와 작용을 회통시키는 데서도 잘 드러난다. 「無體法經」에 나타난 眞心不染의 통일사상에 대해서는 拙稿, 「『화엄일승법계도』와 『무체법경』에 나타난 통일사상」, 『동학학보』 제26호, 동학학회, 2012, 424, 427-428쪽 참조.

70. Benedictus de Spinoza, *Political Treatise*, translated by Samuel Shirley, Introduction and Notes by Steven Barbone and Lee Rice, Prefatory Essay by Douglas Den Uyl(Indianapolis/Cambridge: Hackett Publishing Company, Inc., 2000), ch.2, sec.7, p.40: "…he can be called free only in so far as he has the power to exist and to act in accordance with the laws of human nature."

71. 拙稿, 「『에티카』와 『해월신사법설』의 정치철학적 함의와 Ecotopia적 비전」, 『동학학보』 제33호, 동학학회, 2014, 400쪽.

72. Ken Wilber, *Eye to Eye*(Boston, Massachusetts: Shambhala Publications Inc., 1999), pp.2-7; Ken Wilber, *The Eye of Spirit*(Boston & London: Shambhala Publications Inc., 2001), p.76.

73. Benedictus de Spinoza, *The Ethics*, in *The Benedict de Spinoza Reader*, translated from the Latin by R. H. M. Elwes(Radford VA: Wilder Publications, 2007), V, Proposition III, Corollary, pp.136-137(이하 *The Ethics*로 약칭): "An emotion therefore becomes more under our control, and the mind is less passive in respect to it, in proportion as it is more known to us."

74. *The Ethics*, V, Proposition IV, Note, p.137.

75. *The Ethics*, V, Proposition IV, Note, p.137: "Than this remedy for the emotions…, which consists in a true knowledge thereof, nothing more excellent, being within our power, can be devised."

76. *The Ethics*, V, Proposition XX, p.142.

77. *The Ethics*, III, Proposition LVIII, Proof, p.86.

78. *The Ethics*, V, Proposition XIV, p.141.

79. *The Ethics*, V, Proposition XV, p.141.
80. *The Ethics*, V, Proposition XX, Note, p.142.
81. *The Ethics*, V, Proposition XXXVI, Corollary, p.147: "···the love of God towards men, and the intellectual love of the mind towards God are identical."

08 4차 산업혁명과 'GNR' 혁명 그리고 플랫폼 혁명

1. 제러미 리프킨 지음, 안진환 옮김, 『3차 산업혁명』(서울: 민음사, 2012), 56-57쪽.
2. 물리학, 디지털, 생물학 기술에 대한 자세한 내용은 클라우스 슈밥 지음, 송경진 옮김, 『제4차 산업혁명』(서울: 메가스터디(주), 2016), 36-50쪽.
3. 최동용, 「4차 산업혁명과 제조업의 변화」, 포스코경영연구원, 『친디아플러스(Chindia plus)』 vol.122, March/April 2017, 11-13쪽.
4. 위의 글, 13쪽.
5. http://www.sntd.co.kr/bbs/board.php?bo_table=B04&wr_id=2608 (2017.11.5)
6. 김동하, 「'중국제조 2025'와 '인터넷+'」, 포스코경영연구원, 앞의 책, 15-17쪽.
7. 임정성, 「디지털 인프라 갖추는 인도」, 포스코경영연구원, 위의 책, 18-19쪽. 인도의 4차 산업혁명 전략에 대해서는 하원규·최남희 지음, 『제4차 산업혁명』(서울: 콘텐츠하다, 2015), 208-217쪽 참조.
8. 이민근, 「일본의 로봇혁명 이니셔티브」, 포스코경영연구원, 앞의 책, 20-21쪽. 일본의 4차 산업혁명 전략에 대해서는 하원규·최남희 지음, 앞의 책, 172-193쪽 참조.
9. 이승우, 「싱가포르의 스마트 국가 프로젝트」, 포스코경영연구원, 앞의 책, 22-23쪽.
10. 롤랜드버거 지음, 김정희·조원영 옮김, 『4차 산업혁명 이미 와 있는 미래』(파주: 다산, 2017), 23-27쪽.
11. 위의 책, 28-31쪽.
12. 하원규·최남희 지음, 앞의 책, 279쪽.
13. 롤랜드버거 지음, 김정희·조원영 옮김, 앞의 책, 32, 42쪽.
14. 위의 책, 46-58쪽.
15. 김인숙·남유선 지음, 『4차 산업혁명, 새로운 미래의 물결』(수원: 호이테북스, 2016), 21쪽.
16. 하원규·최남희 지음, 앞의 책, 153-154쪽.
17. 위의 책, 153쪽.
18. 롤랜드버거 지음, 김정희·조원영 옮김, 앞의 책, 65쪽.
19. 위의 책, 67-71쪽.
20. 위의 책, 73-80쪽.
21. 클라우스 슈밥 지음, 송경진 옮김, 앞의 책, 64, 66-71쪽.

22. 롤랜드버거 지음, 김정희 · 조원영 옮김, 앞의 책, 140, 155-158쪽.

23. 위의 책, 167쪽.

24. John Naisbitt and Patricia Aburdene, *Megatrends 2000*(New York: William Morrow and Company, Inc., 1990); John Naisbitt, *Global Paradox: The Bigger the World Economy, the More Powerful Its Smallest Players*(New York: William Morrow and Company, Inc., 1994) 참조. 본 절의 이하 부분은 拙著, 『새로운 문명은 어떻게 만들어지는가: 한반도發 21세기 과학혁명과 존재혁명』, 312-316쪽에서 부분적으로 발췌한 것임.

25. 자크 아탈리 지음, 양영란 옮김, 『미래의 물결』(서울: 위즈덤하우스, 2007), 20쪽.

26. 위의 책, 15쪽.

27. 위의 책, 18-19쪽.

28. Ray Kurzweil, *The Singularity is Near: When Humans Transcend Biology*, pp.205-206,

29. cf. Harold J. Morowitz, "Biology as a cosmological science," *Main Currents in Modern Thought*, vol. 28, 1972, p.156.

30. Ray Kurzweil, *The Singularity is Near: When Humans Transcend Biology*, pp.206-207, 213-214.

31. *Ibid.*, pp.214-218.

32. *Ibid.*, pp.219-220.

33. *Ibid.*, pp.221-224

34. *Ibid.*, p.218; 박영숙 · 제롬 글렌 지음, 『세계미래보고서 2055』(서울: 비즈니스북스, 2017), 86쪽.

35. Requoted from Ray Kurzweil, *The Singularity is Near: When Humans Transcend Biology*, p.226: "Nanotechnology has the potential to enhance human performance, to bring sustainable development for materials, water, energy, and food, to protect against unknown bacteria and viruses, and even to diminish the reasons for breaking the peace [by creating universal abundance]."

36. *Ibid.*, pp.226-228.

37. Requoted from Ray Kurzweil, *The Singularity is Near: When Humans Transcend Biology*, p.253.

38. *Ibid.*, pp.228, 230

39. Eric Drexler, *Nanosystems: Molecular Machinery, Manufacturing, and Computation*(New York: Wiley Interscience, 1992), p.441.

40. Ray Kurzweil, *The Singularity is Near: When Humans Transcend Biology*, pp.230-232.

41. Requoted from *Ibid.*, pp.231-232.

42. *Ibid.*, pp.232-233.
43. *Ibid.*, pp.233, 242.
44. *Ibid.*, p.246.
45. *Ibid.*, pp.247-248.
46. *Ibid.*, pp.250-253.
47. http://www.irobotnews.com/news/articleView.html?idxno=12091 (2017.11.5.)
48. Ray Kurzweil, *The Singularity is Near: When Humans Transcend Biology*, pp.254-255. * Robert A. Freitas Jr., "Exploratory Design in Medical Nanotechnology: A Mechanical Artificial Red Cell," *Artificial Cells, Blood Substitutes, and Immobilization Biotechnology* 26(1998), pp.411-430.
49. Ray Kurzweil, *The Singularity is Near: When Humans Transcend Biology*, pp.260-262. 인공일반지능(AGI)에 대해서는 박영숙·제롬 글렌 지음, 앞의 책, 113-118쪽.
50. Ray Kurzweil, *The Singularity is Near: When Humans Transcend Biology*, p.262.
51. *Ibid.*, p.264.
52. *Ibid.*, pp.264-265.
53. *Ibid.*, pp.265-266.
54. *Ibid.*, pp.278-279.
55. *Ibid.*, pp.279-289.
56. Emanuel F. Petricoin III et al., "Use of Proteomic Patterns in Serum to Identify Ovarian Cancer," *Lancet* 359.9306 (February 16, 2002), pp.572-577.
57. Ross D. King et al., "Functional Genomic Hypothesis Generation and Experimentation by a Robot Scientist," *Nature* 427 (January 15, 2004), pp.247-252.
58. Ray Kurzweil, *The Singularity is Near: When Humans Transcend Biology*, pp.289, 293-294, 296.
59. 닉 보스트롬 지음, 조성진 옮김, 앞의 책, 11쪽.
60. http://daily.hankooki.com/lpage/ittech/201711/dh20171107135431138290.htm (2017.11.8)
61. 닉 보스트롬 지음, 조성진 옮김, 앞의 책, 456쪽.
62. 마셜 밴 앨스타인·상지트 폴 초더리·제프리 파커 지음, 이현경 옮김, 『플랫폼 레볼루션』(서울: 부키, 2017), 17-19쪽.
63. 김인숙·남유선 지음, 『4차 산업혁명, 새로운 미래의 물결』(수원: 호이테북스, 2016), 21-23쪽.
64. 위의 책, 12, 21쪽.
65. 위의 책, 24-27쪽. 정부가 지원할 사항들을 예를 들면, 현장에서 중소기업과 대기업의 협력을 유도하고, 연결된 클러스터 사업을 적극 지원하며, 중소기업이 디지털 경제로 전환할 수 있는 여건을 조성하고, 공동의 기술 플랫폼에서 기술 노하우를 공유하고,

새로운 비즈니스 모델을 추구하도록 하는 것이다.

66. 위의 책, 37-38쪽. 독일의 '하이테크 전략 2020'에서 제시한 5대 중점 분야와 10대 미래 프로젝트에 대해서는 하원규 · 최남희 지음, 앞의 책, 157쪽 〈표 10〉 참조.

67. 김인숙 · 남유선 지음, 38-40쪽. 기존의 사업 범주에서 새로운 가치를 창출하는 데는 한계가 있으므로 새로운 비즈니스 모델을 창출하기 위해서는 가치사슬의 대상이 더욱 확대될 수밖에 없다.

68. 위의 책, 41-44쪽.

69. 위의 책, 50-57쪽. 스마트 서비스 세상은 독일 4차 산업혁명이 추구하는 미래의 모습으로, 스마트 공간, 스마트 데이터, 스마트 서비스, 스마트 제품을 총괄하는 개념이다. 제조업에 디지털 혁명(IoT, CPS, AI, 빅데이터 등)을 접목해서 4차 산업혁명을 공급 측면에서 추진한 후, 시장 수요의 스마트 서비스와 연결하는 큰 그림을 그리려는 것이다. 디지털 주권은 '디지털 핵심 기술, 서비스 및 플랫폼을 개발하고 평가할 수 있는 고유의 능력인 동시에, 기업, 소비자, 행정기관에서 디지털 기술을 보다 안전하고 독립적으로 자기결정권을 가지고 투입하는 능력으로, 곧 시장 선도자를 뜻한다.'

70. 위의 책, 51쪽.

71. 요시카와 료조 편저, 한일IT경영협회 지음, KMAC 옮김, 『제4차 산업혁명』(서울: KMAC, 2016), 142-145쪽. 실시간 처리로 확대 · 발전하는 빅데이터 활용은 산업을 포함한 의료, 농업, 공공 서비스 등 광범한 분야에 도전적인 테마로 부상하고 있다. 그러나 이 빅데이터를 분야의 벽을 넘어 유통과 연계해 이용하기 위해서는 축적되는 데이터의 공통포맷과 이용하는 API(Application Programming Interface 응용 프로그램 프로그래밍 인터페이스)의 오픈화 등 해결해야 할 과제가 있다.

72. 위의 책, 143-144쪽.

73. 클라우스 슈밥 지음, 송경진 옮김, 앞의 책, 198-200쪽.

74. 위의 책, 12-13쪽.

75. 마셜 밴 앨스타인 · 상지트 폴 초더리 · 제프리 파커 지음, 이현경 옮김, 앞의 책, 31-32쪽.

76. 위의 책, 49, 33쪽.

77. 위의 책, 33-34, 36-37쪽. 파이프라인은 기업들이 전반적으로 채택하고 있는 전통적인 시스템으로, 파이프라인의 양쪽 끝에는 각각 생산자와 소비자가 있고, 가치의 창출과 이동이 단계적으로 일어난다. 즉 회사가 먼저 제품이나 서비스를 디자인한 다음, 제품을 제조해서 판매하거나 서비스를 제공하기 위한 시스템이 작동하고, 마지막으로 고객이 등장해 제품이나 서비스를 구매한다. 이러한 단선적 형태로 인해 파이프라인 비즈니스는 '선형적 가치사슬'로 설명되기도 한다. 위의 책, 33-34, 36-37쪽.

78. 위의 책, 38-45쪽. 플랫폼 세계에서는 전통적인 마케팅에서 사용하는 푸시(push) 전략보다 바이럴(viral) 확산을 촉진하도록 설계된 풀 전략이 더 중요하다는 점이 플랫폼 비즈니스와 파이프라인 비즈니스의 중요한 차이점이다(위의 책, 187쪽).

79. 위의 책, 146쪽. 기존 기업들도 플랫폼의 시각으로 자신이 속한 산업을 연구하고 나이키와 GE처럼 그들만의 가치 창출 생태계를 구축함으로써 플랫폼 주도의 파괴적 혁신에 반격을 가할 수 있다.

80. 위의 책, 418-419쪽.

81. 위의 책, 420-448쪽.

82. 위의 책, 450쪽에서 재인용.

83. 위의 책, 450-453쪽.

84. 클라우스 슈밥 지음, 송경진 옮김, 앞의 책, 14쪽.

09 '특이점'의 도래와 새로운 문명의 가능성

1. 본 장은 拙稿, 「'특이점'의 도래와 새로운 문명의 가능성」, 『동학학보』 제40호, 동학학회, 2016, 7-58쪽의 내용을 확장, 발전시킨 것임.

2. Requoted from Ray Kurzweil, *The Singularity is Near: When Humans Transcend Biology*(London: Penguin Books, 2005), p.10: "…the ever-accelerating progress of technology…gives the appearance of approaching some essential singularity in the history of the race beyond which human affairs, as we know them, could not continue."

3. http://news.chosun.com/site/data/html_dir/2016/03/11/2016031100283.html (2016.7.7)

4. 박영숙 · 제롬 글렌 지음, 『유엔미래보고서 2050』(파주: 교보문고, 2016)은 미래적 비전을 함축하고 있는 키워드로 창조, 융합, 연결, 확장을 들고 있다.

5. Ray Kurzweil, *op. cit.*, p.7.

6. *Ibid.*, pp. 8-9.

7. *Ibid.*, pp.14-21. 진화가 우회적으로 작동한다는 것은 어떤 능력을 창조한 뒤 그 능력을 이용해서 다음 단계로 진화하는 것을 말한다(*Ibid.*, p.15: "Evolution works through indirection: it creates a capability and then uses that capability to evolve the next stage."). 말하자면 과학기술의 패러다임 전환을 통해 더 높은 단계의 '우회 기법'을 확보함으로써 진화를 계속하는 것이다.

8. *Ibid.*, pp.17-20.

9. 피터 러셀, 「시간의 특이점, 무한대의 진화를 가져올 '0의 타임웨이브」, 그렉 브레이든 외 지음, 이창미 · 최지아 옮김, 『World Shock 2012』(서울: 쌤앤파커스, 2008), 40-41쪽.

10. 위의 책, 35-39쪽.

11. Ray Kurzweil, *op. cit.*, pp.8, 11.

12. Ray Kurzweil, *The Age of Intelligent Machines*(Cambridge, Mass.: MIT Press, 1989); Ray Kurzweil, *The Age of Spiritual Machines: When Computers Exceed Human Intelligence*(New York: Viking, 1999); Hans Moravec, *Robot: Mere Machine to Transcendent Mind*(New York: Oxford University Press, 1999); Damien Broderick), *The Spike: Accelerating into the Unimaginable Future*(Sydney, Australia: Reed Books, 1997).

13. Ray Kurzweil, *The Singularity is Near: When Humans Transcend Biology*, pp.25-29.

14. Ray Kurzweil, *The Singularity is Near: When Humans Transcend Biology*, pp.29-30.

15. http://biz.chosun.com/site/data/html_dir/2016/07/21/2016072100204.html (2016. 7. 22)

16. http://biz.chosun.com/site/data/html_dir/2016/07/22/2016072201768.html (2016. 7. 23)

17. http://biz.chosun.com/site/data/html_dir/2016/07/22/2016072201747.html (2016. 7. 23)

18. Ray Kurzweil, *The Singularity is Near: When Humans Transcend Biology*, pp.40-43.

19. *Ibid.*.

20. 제러미 리프킨 지음, 안진환 옮김, 『3차 산업혁명』(서울: 민음사, 2012), 56-57쪽.

21. http://news.chosun.com/site/data/html_dir/2016/05/17/2016051700301.html (2016. 7. 24)

22. 사물인터넷의 자세한 내용에 대해서는 요시카와 료조 편저 · 한일IT경영협회 지음, KMAC 옮김, 『제4차 산업혁명』(서울: KMAC, 2016), 140-154쪽 참조.

23. 클라우스 슈밥 지음, 송경진 옮김, 『제4차 산업혁명』(서울: 메가스터디(주), 2016), 12-13쪽.

24. 위의 책, 36-48쪽.

25. 위의 책, 51-52쪽에서 재인용; WEF, *Deep Shift — Technology Tipping Points and Societal Impact*, Survey Report, Global Agenda Council on the Future of Software and Society, September 2015.

26. 하원규 · 최남희 지음, 『제4차 산업혁명』(서울: (주)콘텐츠하다, 2015), 15-17쪽.

27. Ray Kurzweil, *The Singularity is Near: When Humans Transcend Biology*, pp.205-206. 'G' 혁명에 대해서는 *Ibid.*, pp.205-225; 'N' 혁명에 대해서는 *Ibid.*, pp.226-255; 'R' 혁명에 대해서는 *Ibid.*, pp.259-297.

28. 뉴럴 네트워크에 대해서는 전승우, 「알파고 지능의 핵심 '뉴럴 네트워크'」, 『한경 Business』, 2016 05 23-29, 72-74쪽.

29. Ray Kurzweil, *The Singularity is Near: When Humans Transcend Biology*, pp.299-310. * 새로운 인체를 개념적으로 설계한 것 중에 아티스트이자 문화 촉진자인 나타샤 비타-모어(Natasha Vita-More)가 고안한 프리모 포스트휴먼(Primo Posthuman)이

라는 것이 있는데, 이 설계는 인체의 이동성, 유연성, 내구성을 최적화한 것으로 메타브레인(metabrain)과 스마트 피부 그리고 고감도 감각 기능을 갖추었다(*Ibid.*, p.302).

30. *Ibid.*, pp.313-317, 325.

31. *Ibid.*, pp.331-335, 336-337.

32. *Ibid.*, pp.338-342. 이 외에도 커즈와일은 GNR 기술이 엄청난 부를 창조할 잠재력을 지니고 있기 때문에 이삼십 년이 지나면 빈곤층은 대부분 사라질 것이며(The 2004 World Bank report 인용), 반면에 근본주의자들이나 러다이트(Luddite)들의 반대 활동은 급증할 것이라고 말한다(*Ibid.*, p.338).

33. *Ibid.*, pp.352-364.

34. 클라우스 슈밥 지음, 송경진 옮김, 앞의 책, 64, 103-104, 116-117, 131, 139, 158쪽.

35. 이원태 외 8인, 『포스트휴먼(Post-Human)시대 기술과 인간의 상호작용에 대한 인문사회 학제간 연구』, 정책연구(14-59), 정보통신정책연구원(KISDI), 2014, 166-167쪽.

36. 위의 책, 168쪽.

37. 김인숙·남유선 지음, 『4차 산업혁명, 새로운 미래의 물결』(수원: 호이테북스, 2016), 258-260쪽.

38. *The Economist*, "Artificial Intelligence 'March of the Machines'", The Economist, 25 June 2016, p.9.

39. 클라우스 슈밥 지음, 송경진 옮김, 앞의 책, 158쪽에서 재인용; Stephen Hawking, Stuart Russell, Max Tegmark, Frank Wilczek, "Stephen Hawking: Transcendence looks at the implications of artificial intelligence — but are we taking AI seriously enough?", *The Independent*, 2 May 2014.

40. http://www.newsis.com/ar_detail/view.html?ar_id=NISX20150728_0010189851&cID=10101&pID=10100 (2016. 7. 29)

41. http://slownews.kr/55083 (2016. 7. 29)

42. 도덕이 프로그램화 될 수 있는가에 관해서는 http://futureoflife.org/category/ai (2016. 7. 30)
    http://futurism.com/the-evolution-of-ai-can-morality-be-programmed (2016. 7. 30)

43. Jeremy Bentham, *An Introduction to the Principles of Morals and Legislation*, edited by J. H. Burns and H. L. A. Hart(London and New York: Methuen University Paperback edition, 1982), ch.IV, p.39.

44. cf. http://slownews.kr/54694 (2016. 7.30)

45. http://slownews.kr/56435 (2016. 7. 31)

46. Ray Kurzweil, *The Singularity is Near: When Humans Transcend Biology*, p.383.

47. "John" in *Bible*, 14:6: "I am the way and the truth and the life…."

48. *The Bhagavad Gita*, 4. 36-38.

49. Immanuel Kant, "The Critique of Judgement," in *Kant's Critiques: The Critique of Pure*

Reason, The Critique of Practical Reason, The Critique of Judgement(Radford, VA: Wilder Publications, 2008), pp.499ff.

50. Paul Gilding, *The Great Disruption*(London: Bloomsbury Publishing PLC, 2011) 참조.

51. 버트런드 러셀 지음, 이순희 옮김, 『왜 사람들은 싸우는가?』(서울: 비아북, 2010), 84쪽.

52. 위의 책, 146쪽

53. 위의 책, 116쪽

54. 위의 책, 22쪽

55. 위의 책.

56. 위의 책, 54쪽.

57. 위의 책, 84쪽.

58. 재레드 다이아몬드 지음, 강주헌 옮김, 『재레드 다이아몬드의 나와 세계』(파주: 김영사, 2016), 183-186쪽.

59. 위의 책, 186-187쪽. * 산호초는 바닷물고기의 주된 요람 역할을 하는 동시에 열대와 아열대지역의 해안을 파도와 쓰나미로부터 보호하는 역할도 한다. 현재 세계 전역에서 산호초가 매년 1~2퍼센트가량 줄어들고 있는데, 이는 금세기 내에 산호초가 완전히 사라질 수 있다는 뜻이며, 그렇게 되면 해양생물도 크게 줄어들 것이고 열대지역의 해안도 안전하지 않을 것이다(위의 책, 186쪽).

60. 위의 책, 187-189쪽.

61. 위의 책, 190-191쪽.

62. 위의 책, 191-200쪽.

63. 위의 책, 200-206쪽.

64. 위의 책, 210-215쪽.

1. 경전 및 사서

『高麗史』　　　　　　『金剛經』　　　　　　『金剛經五家解』

『金剛三昧經』　　　　『金剛三昧經論』　　　『檀奇古事』

『答黃道夫書文集』　　『大乘起信論』　　　　『大乘起信論別記』

『大乘起信論疏』　　　『道德經』　　　　　　『頓悟無生般若頌』

『東經大全』　　　　　『明心寶鑑』　　　　　『無體法經』

『符都誌』　　　　　　『三國遺事』　　　　　『三一神誥』

『易經』　　　　　　　『涅槃宗要』　　　　　『龍潭遺詞』

『六祖壇經』　　　　　『栗谷全書』　　　　　『義菴聖師法說』

『莊子』　　　　　　　『帝王韻紀』　　　　　『朱文公文集』

『朱子語類』　　　　　『中阿含經』　　　　　『中庸』

『參佺戒經』　　　　　『天道教經典』　　　　『天符經』

『太極圖說』　　　　　『海月神師法說』　　　『華嚴經』

『華嚴一乘法界圖』　　『桓檀古記』　　　　　『黃極經世書』

Bible　　　　　　　*The Bhagavad Gita*　　*The Upanishads*

2. 국내 저서 및 논문

가와카미 신이치 · 도조 분지 지음, 박인용 옮김, 『지구사』, 서울: 전나무숲, 2010.

곽영직, 『살아있는 지구』, 서울: 지브레인, 2016.

그레이엄 클라크 지음, 정기문 옮김, 『공간과 시간의 역사』, 서울: 푸른 길, 1999.

그렉 브레이든 외 지음, 이창미 · 최지아 옮김, 『World Shock 2012』, 서울: 쌤앤파커스,
　　2008.

김대식, 『인간 vs 기계』, 서울: 동아시아, 2016.

김동하, 「'중국제조 2025'와 '인터넷+'」, 포스코경영연구원, 『친디아플러스(Chindia plus)』
　　vol. 122, March/April 2017.

김영한, "푸코, 데리다, 료타르의 해체사상," 『해석학연구』 제4집, 한국해석학회, 1997.

김인숙 · 남유선 지음, 『4차 산업혁명, 새로운 미래의 물결』, 수원: 호이테북스, 2016.

나카가와 다카(中川孝) 주해, 양기봉 옮김, 『육조단경』, 서울: 김영사, 1994.

닉 보스트롬 지음, 조성진 옮김, 『슈퍼인텔리전스: 경로, 위험, 전략』, 서울: 까치, 2017.

다다 마헤슈와라난다 지음, 다다 칫따란잔아난다 옮김, 『자본주의를 넘어 After Capitalism』, 서울: 한살림, 2014.

더글러스 파머 지음, 강주헌 옮김, 『35억년, 지구 생명체의 역사』, 고양: 위즈덤하우스, 2010.

데이비드 크리스천 지음, 이근영 옮김, 『시간의 지도』, 서울: 심산출판사, 2013.

데이비드 크리스천 · 밥 베인 지음, 조지형 옮김, 『빅 히스토리』, 서울: 북하우스 퍼블리셔스, 2013.

데이비드 크리스천 지음, 김서형 · 김용우 옮김, 『거대사』, 파주: 서해문집, 2009.

데이빗 라우프 지음, 장대익 · 정재은 옮김, 『멸종—불량유전자 탓인가, 불운 때문인가』, 서울: 문학과지성사, 2003.

도미니크 바뱅 지음, 양영란 옮김, 『포스트휴먼과의 만남』, 서울: 궁리, 2007.

디팩 초프라 · 레너드 블로디노프 지음, 류운 옮김, 『세계관의 전쟁』, 파주: 문학동네, 2013.

레스터 브라운 지음, 한국생태경제연구회 옮김, 『에코 이코노미』, 서울: 도서출판 도요새, 2003.

레이 커즈와일 지음, 김명남 · 장시형 옮김, 『특이점이 온다』, 파주: 김영사, 2007.

로버트 페페렐 지음, 이선주 옮김, 『포스트휴먼의 조건: 뇌를 넘어선 의식』, 파주: 아카넷, 2017.

로지 브라이도티 지음, 이경란 옮김, 『포스트휴먼』, 파주: 아카넷, 2016.

롤랜드버거 지음, 김정희 · 조원영 옮김, 『4차 산업혁명 이미 와 있는 미래』, 파주: 다산, 2017.

류강 지음, 이재훈 옮김, 『고지도의 비밀』, 파주: 글항아리, 2011.

리처드 니스벳 지음, 최인철 옮김, 『생각의 지도』, 서울: 김영사, 2004.

린 마굴리스 지음, 이한음 옮김, 『공생자 행성』, 서울: 사이언스북스, 2014.

마단 사럽 지음, 임헌규 옮김, 『데리다와 푸꼬 그리고 포스트모더니즘』, 서울: 인간사랑, 1999.

마셜 밴 앨스타인 · 상지트 폴 초더리 · 제프리 파커 지음, 이현경 옮김, 『플랫폼 레볼류션』, 서울: 부키, 2017.

마이클 테너슨 지음, 이한음 옮김, 『인간 이후』, 파주: 쌤앤파커스, 2017.

맹성렬, 『아담의 문명을 찾아서』, 파주: 김영사, 2015.

미셸 푸코 지음, 오생근 옮김, 『감시와 처벌: 감옥의 역사』, 서울: 나남, 2003.

박영숙 · 제롬 글렌 지음, 『세계미래보고서 2055』, 서울: 비즈니스북스, 2017.

박영숙 · 제롬 글렌 지음, 『유엔미래보고서 2050』, 파주: 교보문고, 2016.

박성원 외, 『트랜스휴머니즘 부상에 따른 과학기술 정책이슈의 탐색』(정책연구 2016-19), 과학기술정책연구원, 2016

벤 길리랜드 지음, 김성훈 옮김, 『인포그래픽으로 보는 우주 탄생의 비밀』, 서울: RHK, 2015.

브라이언 그린 지음, 박병철 옮김, 『우주의 구조』, 서울: 승산, 2005.

司馬遷 지음, 丁範鎭 외 옮김, 『史記本紀』(1) 「五帝本紀」(1), 서울: 까치, 1994.

션 B. 캐럴 지음, 김명남 옮김, 『이보디보: 생명의 블랙박스를 열다』, 고양: 지호, 2007.

스티븐 호킹, 레오나르드 플로디노프 지음, 전대호 옮김, 『위대한 설계』, 서울: 까치, 2010.

스티븐 호킹 지음 · 김동광 옮김, 『그림으로 보는 시간의 역사』, 서울: 까치, 1998.

스티븐 호킹 지음, 현정준 옮김, 『시간의 역사 2』, 서울: 청림출판, 1995.

신상규, 『호모 사피엔스의 미래: 포스트휴먼과 트랜스휴머니즘』, 파주; 아카넷, 2017.

안드레 군더 프랑크 지음, 이희재 옮김, 『리오리엔트』, 서울: 이산, 2003.

앤드루 H. 놀 지음, 김명주 옮김, 『생명 최초의 30억 년』, 서울: 뿌리와이파리, 2015.

앨러나 콜렌 지음, 조은영 옮김, 『10퍼센트 인간』, 서울: 시공사, 2016.

앨프리드 러셀 월리스 지음, 노승영 옮김, 『말레이 제도』, 서울: 지오북, 2017.

에른스트 마이어 지음, 임지원 옮김, 『진화란 무엇인가』, 서울: 사이언스북스, 2013.

요시카와 료조 편저 · 한일IT경영협회 지음, KMAC 옮김, 『제4차 산업혁명』, 서울: KMAC, 2016.

유발 하라리 지음, 김명주 옮김, 『호모데우스』, 파주: 김영사, 2017.

유발 하라리 지음, 조현욱 옮김, 『사피엔스』, 파주: 김영사, 2015.

윤희봉, 『무기이온교환체 ACTIVA 연구와 응용의 실제와 가설 1권: 기초 점토연구 편』, 서울: 에코엑티바, 1988.

_____, 『무기이온교환체 ACTIVA 연구와 응용의 실제와 가설 2권: 파동과학으로 보는 새 원자 모델 편』, 서울: 에코엑티바, 1999.

_____, 『무기이온교환체 ACTIVA 연구와 응용의 실제와 가설 3권: 물의 물성과 물관리 편』, 서울: 에코엑티바, 2007.

월 듀런트 지음, 왕수민 · 한상석 옮김, 『문명 이야기(동양 문명 1-1)』, 서울: 민음사, 2011.

이대열 지음, 『지능의 탄생』, 서울: 바다출판사, 2017.

이민근, 「일본의 로봇혁명 이니셔티브」, 포스코경영연구원, 『친디아플러스(Chindia plus)』 vol. 122, March/April 2017.

이승우, 「싱가포르의 스마트 국가 프로젝트」, 포스코경영연구원, 『친디아플러스(Chindia plus)』 vol. 122, March/April 2017.

이승환, "오리엔탈리즘을 해부한다," 『전통과 현대』, 1997년 겨울호.

이시와타리 신이치로 지음, 안희탁 옮김, 『백제에서 건너간 일본 천황』, 서울: 지식여행, 2002.

이언 모리스 지음, 이재경 옮김, 『가치관의 탄생』, 서울: 반니, 2017.

이원태 외 8인, 『포스트휴먼(Post-Human)시대 기술과 인간의 상호작용에 대한 인문사회 학제간 연구』, 정책연구(14-59), 정보통신정책연구원(KISDI), 2014.

임정성, 「디지털 인프라 갖추는 인도」, 포스코경영연구원, 『친디아플러스(Chindia plus)』 vol. 122, March/April 2017.

이화인문과학원 엮음, 『분열된 신체와 텍스트』, 파주, 아카넷, 2017.

자크 아탈리 지음, 양영란 옮김,『미래의 물결』, 서울: 위즈덤하우스, 2007.

쟝 기똥 지음, 김영일 · 김현주 옮김,『신과 과학』, 서울: 고려원, 1993.

재레드 다이아몬드 지음, 강주헌 옮김,『재레드 다이아몬드의 나와 세계』, 파주: 김영사, 2016.

재레드 다이아몬드 지음, 김진준 옮김,『총, 균, 쇠』, 서울: 문학사상, 2013.

전승우,「알파고 지능의 핵심 '뉴럴 네트워크'」,『한경Business』, 2016 05 23-29.

제러미 리프킨 지음, 안진환 옮김,『3차 산업혁명』, 서울: 민음사, 2012.

제러미 리프킨 지음, 이경남 옮김,『공감의 시대』, 서울: 민음사, 2010.

제이콥 브로노우스키 지음, 임경순 옮김,『과학과 인간의 미래』, 파주: 김영사, 2011.

제임스 처치워드 저, 박혜수 역,『뮤 대륙의 비밀』, 서울: 문화사랑, 1997.

조명기 편,『원효대사전집』, 서울: 보련각, 1978.

조이스 위틀리 호크스 지음, 이민정 옮김,『공명』, 서울: 불광출판사, 2012.

존 M. 홉슨 지음, 정경옥 옮김,『서구 문명은 동양에서 시작되었다』, 서울: 에코리브르, 2005.

존 카터 코벨 지음, 김유경 옮김,『한국문화의 뿌리를 찾아』, 서울: 학고재, 1999.

찰스 다윈 지음, 송철용 옮김,『종의 기원』, 서울: 동서문화사, 2013.

찰스 햅굿 지음, 김병화 옮김,『고대 해양왕의 지도』, 파주: 김영사, 2005.

최동용,「4차 산업혁명과 제조업의 변화」, 포스코경영연구원,『친디아플러스(Chindia plus)』 vol.122, March/April 2017.

최민자,『스피노자의 사상과 그 현대적 부활』, 서울: 모시는사람들, 2015.

_____,『새로운 문명은 어떻게 만들어지는가: 한반도 發 21세기 과학혁명과 존재혁명』, 서울: 모시는사람들, 2013.

_____,『동서양의 사상에 나타난 인식과 존재의 변증법, 서울: 모시는사람들, 2011.

_____,『통섭의 기술』, 서울: 모시는사람들, 2010.

_____,『생명에 관한 81개조 테제: 생명정치의 구현을 위한 眞知로의 접근』, 서울: 모시는사람들, 2008.

_____,『생태정치학: 근대의 초극을 위한 생태정치학적 대응』, 서울: 모시는사람들, 2007.

_____,『천부경 · 삼일신고 · 참전계경』, 서울: 모시는사람들, 2006.

_____,「단군조선의 건국이념과 정치사상」, 한국동양정치사상사학회 편,『한국정치사상사』, 서울: 백산서당, 2005.

최태영,『한국 고대사를 생각한다』, 서울: 눈빛, 2002.

_____,『인간단군을 찾아서』, 서울: 학고재, 2000.

켄 윌버 지음, 정창영 옮김,『켄 윌버의 통합 비전』, 서울: 물병자리, 2009.

클라우스 슈밥 지음, 송경진 옮김,『제4차 산업혁명』, 서울: 메가스터디(주), 2016.

톰 하트만 지음, 김옥수 옮김,『우리 문명의 마지막 시간들』, 서울: 아름드리미디어, 1999.

파드마삼바바 지음, 유기천 옮김,『티벳 해탈의 서』, 서울: 정신세계사, 2000.

폴커 게르하르트 지음, 김종기 옮김, 『칸트의 영구평화론』, 서울: 백산서당, 2007.

프란시스코 J. 바렐라 지음, 유권종·박충식 옮김, 『윤리적 노하우』, 서울: 갈무리, 2010.

프리초프 카프라·슈타인들-라스트·토마스 매터스 지음, 김재희 옮김, 『신과학과 영성
　　의 시대』, 서울: 범양사 출판부, 1997.

피터 러셀, 「시간의 특이점, 무한대의 진화를 가져올 '0의 타임웨이브」, 그렉 브레이든 외
　　지음, 이창미·최지아 옮김, 『World Shock 2012』, 서울: 쌤앤파커스, 2008.

피터 워드·조 커슈빙크 지음, 이한음 옮김, 『새로운 생명의 역사』, 서울: 까치, 2015.

하원규·최남희 지음, 『제4차 산업혁명』, 서울: 콘텐츠하다, 2015.

한국칸트학회, 『포스트모던 칸트』, 서울: 문학과지성사, 2006.

한국포스트휴먼연구소·한국포스트휴먼학회 편저, 『포스트휴먼시대의 휴먼』, 파주: 아
　　카넷, 2016.

황태연, 『환경정치학과 현대정치사상』, 서울: 나남출판, 1994.

3. 국외 저서 및 논문

Aristotle, *Politics*, edited and translated by Ernest Barker, Oxford: Oxford University Press, 1962.

_____, *Nicomachean Ethics*, translated by J. L. Ackrill, London: Faber & Faber Ltd., 1973.

_____, *Aristotle Selections*, translated with Introduction, Notes, and Glossary by Terence Irwin and Gail Fine, Indianapolis/Cambridge: Hackett Publishing Company, Inc., 1995.

Ashby, Ross, "Principles of the Self-Organizing System," *Journal of General Psychology*, vol. 37, 1947.

Ashvaghosha, *The Awakening of Faith*, trans. Teitaro Suzuki, Mineola, New York: Dover Publications, INC., 2003.

Asian Development Bank, *Asia 2050: Realizing the Asian Century*, New Delhi, London, Los Angeles, Singapore and Washington D.C.: SAGE Publications India Pvt. Ltd., 2011.

Beck, Ulrich, Anthony Giddens and Scott Lash, *Reflexive Modernity: Politics, Tradition and Aesthetics in the Modern Social Order*, UK: Polity Press, 1994.

Bentham, Jeremy, *An Introduction to the Principles of Morals and Legislation*, edited by J. H. Burns and H. L. A. Hart, London and New York: Methuen University Paperback edition, 1982.

Bertalanffy, Ludwig von, *General System Theory: Foundations, Development,*

Applications, New York: Braziller, 1968.

Bohm, David, *Wholeness and the Implicate Order*, London: Routledge & Kegan Paul, 1980.

Bostrom, Nick, "Why I Want to be a Posthuman When I Grow Up," in Bert Gordijn and Ruth Chadwick(eds.), *Medical Enhancement and Posthumanity*, New York: Springer, 2008.

Braden, Gregg, *The Divine Matrix*, New York: Hay House, Inc., 2007.

Broderick, Damien, *The Spike: Accelerating into the Unimaginable Future*, Sydney, Australia: Reed Books, 1997.

Brown, J. W., *Global Environmental Politics*, Boulder, Colo.: Westview Press, 1991.

Capra, Fritjof, *The Hidden Connections*, New York: Random House Inc., 2004.

_____, *The Web of Life*, New York: Anchor Books, 1996.

_____, *Belonging to the Universe: Exploration on the frontiers of Science and Spirituality*, New York: Harper & Row Publishers, Inc., 1991.

_____, *The Turning Point*, New York: Simon & Schuster, 1982

_____, *The Tao of Physics*, Boston: Shambhala Publications, Inc., 1975.

Carroll, Sean B., *The Serengeti Rules: The Quest to Discover How Life Works and Why It Matters*, Princeton, New Jersey: Princeton University Press, 2016.

_____, *Endless Forms Most Beautiful: The New Science of Evo Devo and The Making of the Animal Kingdom*, New York: W. W. Norton & Company, 2005.

Copleston, S. J. Frederick, *A History of Philosophy*, Westminster, Maryland: The Newman Press, 1962.

Crosby, A. W., *Ecological Imperialism: The Biological Expansion of Europe, 900-1900*, Cambridge: Cambridge University Press, 1986.

Dante, Alighieri, *De Monarchia*, ed. by E. Moore, with an introduction on the Political Theory of Dante by W. H. V. Reade, Oxford: Oxford University Press, 1916.

Drexler, Eric, *Nanosystems: Molecular Machinery, Manufacturing, and Computation*, New York: Wiley Interscience, 1992.

Emiliani, Cesare, *The Scientific Companion: Exploring the Physical World with Facts, Figures, and Formulas*, 2nd., New York: John Wiley & Sons, Inc., 1995.

Foucault, Michel, "What is Critique?", in James Schmidt(ed.), *What is Enlightenment? Eighteenth-Century Answers and Twentieth-Century Question*, Berkely: Univ. of California Press, 1996.

_____, *Discipline and Punish: the Birth of the Prison*, translated from the French by Alan Sheridan, New York: Vintage Books, 1979.

Freitas, Robert A. Jr., "Exploratory Design in Medical Nanotechnology: A Mechanical Artificial Red Cell," *Artificial Cells, Blood Substitutes, and Immobilization*

Biotechnology 26(1998).

Friedman, Norman, *Bridging Science and Spirit: Common Elements in David Bohm's Physics, the Perennial Philosophy and Seth*, New Jersey: The Woodbridge Group, 1993.

Goswami, Amit, *The Self-Aware Universe: How Consciousness Creates the Material World*, New York: Tarcher/Putnam, 1995.

Gray, Chris Hables, *Cyborg Citizen*, New York: Routledge Inc., 2001.

Gilding, Paul, *The Great Disruption*, London: Bloomsbury Publishing PLC, 2011.

Hawking, Stephen, *The Universe in a Nutshell*, New York: Bantam Books, 2001.

Hawking, Stephen and Leonard Mlodinow, *A Briefer History of Time*, New York: Bantam Dell, 2005.

Hawking, Stephen, Stuart Russell, Max Tegmark, Frank Wilczek, "Stephen Hawking: Transcendence looks at the implications of artificial intelligence — but are we taking AI seriously enough?", *The Independent*, 2 May 2014.

Hegel, G. W. F., *Philosophy of Mind*, translated from the Encyclopedia of the Philosophical Sciences by William Wallace, Oxford: The Clarendon Press, 1894.

_____, *The Phenomenology of Mind*, trans. by J. B. Baillie, London: George Allen & Nuwin, 1931.

_____, *Philosophy of Right*, ed. and trans. by T. M. Knox, Oxford: Oxford University Press, 1980.

_____, *The Philosophy of History*, translated by J. Sibree, New York: Dover Publications, 1956.

Heisenberg, Werner, *Physics and Beyond*, New York: Harper & Row, 1971.

Hodgson, Marshall G. S., *Rethinking World History*, New York: Cambridge University Press, 1993.

Horkheimer, Max and Theodor W. Adorno, *Dialectic of Enlightenment*, San Francisco: Stanford University Press, 2002.

Huntington, Samuel P., *The Clash of Civilizations and the Remaking of World Order*, New York: Simon & Schuster, 1996.

Ilya Prigogine and Isabelle Stengers, *Order out of Chaos: Man's New Dialogue with Nature*, foreword by Alvin Toffler, Toronto, New York: Bantam Books, 1984.

Isa Upanishad in *The Upanishads*, translated from the Sanskrit with an introduction by Juan Mascaro, London: Penguin Books Ltd., 1962.

Jantsch, Erich, *The Self-Organizing Universe*, New York: Pergamon, 1980.

Kant, Immanuel, "The Critique of Pure Reason," in *Kant's Critiques: The Critique of Pure Reason, The Critique of Practical Reason, The Critique of Judgement*, Radford, VA: Wilder Publications, 2008.

_____, "The Critique of Judgement," in *Kant's Critiques: The Critique of Pure Reason*, The Critique of Practical Reason, *The Critique of Judgement*, Radford, VA: Wilder Publications, 2008.

Kaufmann, Walter, *Hegel: Texts and Commentary*, New York: Anchor Books, Doubleday, 1965.

Koh, Tommy, *America's Role in Asia: Asian Views, Asia Foundation*, Center for Asian Pacific Affairs, Report No.13, Noember 1993.

Kuhn, Thomas S., *The Structure of Scientific Revolutions*, 3rd edition, Chicago and London: The University of Chicago Press, 1996.

Kurzweil, Ray, *The Singularity is Near: When Humans Transcend Biology*, London: Penguin Books, 2005.

_____, *The Age of Spiritual Machines: When Computers Exceed Human Intelligence*, New York: Penguin Books, 1999.

_____, The Age of Intelligent Machines, Cambridge, Mass.: MIT Press, 1989.

Laino, Charlene, "New Blood Test Spots Cancer," December 13, 2002, http://my.webmd.com/content/Article/56/65831.htm

Lovelock, James, *The Revenge of Gaia*, New York: Basic Books, 2006.

Midlarsky, Manus I., "Hierarchical Equilibria and the Long-Run Instability of Multipolar Systems," in Midlarsky(ed.), *Handbook of War Studies*, Boston: Unwin Hyman, 1989.

Moravec, Hans, *Robot: Mere Machine to Transcendent Mind*, New York: Oxford University Press, 1999.

_____, "When Will Computer Hardware Match the Human Brain?", *Journal of Evolution and Technology* 1(1998).

_____, *Mind Children: The Future of Robot and Human Intelligence*, Cambridge, Mass.: Harvard University Press, 1988.

Morowitz, Harold J., "Biology as a cosmological science," *Main Currents in Modern Thought*, vol. 28, 1972.

Naas, Michael, *Taking on the Tradition: Jacques Derrida and the Legacies of Deconstruction*, Stanford, CA: Stanford University Press, 2003.

Naisbitt, John and Patricia Aburdene, *Megatrends 2000*, New York: William Morrow and Company, Inc., 1990.

Naisbitt, John, *Global Paradox: The Bigger the World Economy, the More Powerful Its Smallest Players*, New York: William Morrow and Company, Inc., 1994

Odum, Howard T., *Environment, Power, and Society*, New York: Wiley-Interscience, 1971.

Petricoin III, Emanuel F., et al., "Use of Proteomic Patterns in Serum to Identify Ovarian

Cancer," *Lancet* 359.9306 (February 16, 2002).

Plato, *Republic*, translated by G. M. A. Grube, revised by C. D. C. Reeve, Indianapolis/ Cambridge: Hackett Publishing Company Inc., 1992.

_____, *Plato's Statesman*, translated by J. B. Skemp, Indianapolis/Cambridge: Hackett Publishing Company Inc., 1992.

_____, *Apology from The Dialogues of Plato*, Vol. II, translated by Benjamin Jowett, Oxford: Oxford University Press, 1892.

Prigogine, Ilya, *From Being to Becoming*, San Francisco: Freeman, 1980.

Prigogine, Ilya and Isabelle Stengers, *Order out of Chaos: Man's New Dialogue with Nature*, foreword by Alvin Toffler, Toronto, New York: Bantam Books, 1984.

Quigley, Carroll, *The Evolution of Civilizations: An Introduction to Historical Analysis*, 2nd ed., Indianapolis: Liberty Press, 1979.

Rifkin, Jeremy, *The Age of Access: The New Culture of Hypercapitalism, Where All of Life is a Paid-For Experience*, New York: Penguin Group, 2001.

Rousseau, J. J., *A Discourse on Inequality*, trans. Maurice Cranston, Loncon: Penguin Books Ltd., 1984.

_____, *The Social Contract*, translated and introduced by Maurice Cranston, London: Penguin Books Ltd., 1968.

Rowe, William T., *Hankow: Conflict and Community in a Chinese City*, 1796-1895, Stanford: Stanford University Press, 1989.

Russell, Bertrand, *The History of Western Philosophy*, New York: Simon & Schuster, Inc., 1972.

Sagan, Carl, *Cosmos*, New York: Ballantine Books, 2013.

Sarkar, P. R., *Problems of the Day*, Calcutta; Ananda Marga Publications, 1968.

Spinoza, Benedictus de, *The Ethics*, in The Benedict de Spinoza Reader, translated from the Latin by R. H. M. Elwes, Radford VA: Wilder Publications, 2007.

_____, *Political Treatise*, translated by Samuel Shirley, Introduction and Notes by Steven Barbone and Lee Rice, Prefatory Essay by Douglas Den Uyl, Indianapolis/ Cambridge: Hackett Publishing Company, Inc., 2000.

Stearns, Peter N., *World History: Patterns of Change and Continuity*, New York: Harper and Row, 1987.

The Bhagavad Gita, translated from the Sanskrit with an introduction by Juan Mascaro, London: Penguin Books Ltd., 1962.

The Economist, "Artificial Intelligence 'March of the Machines'", *The Economist*, 25 June 2016.

The Upanishads, translated from the Sanskrit with an introduction by Juan Mascaro, London: Penguin Books Ltd., 1962.

Ward, Peter, *The Medea Hypothesis*, Princeton, N.J.: Princeton University Press, 2015.

Watts, Alan, *Myth and Ritual in Christianity*, Boston: Beacon Press, 1970.

WEF, *Deep Shift—Technology Tipping Points and Societal Impact*, Survey Report, Global Agenda Council on the Future of Software and Society, September 2015.

Whitehead, Alfred North, *Process and Reality*, New York: Macmillan, 1929.

Wilber, Ken, *A Brief History of Everything*, Boston: Shambhala, 2007.

_____, *Integral Psychology: Consciousness, Spirit, Psychology, Therapy*, Boston, Massachusetts: Shambhala Publications Inc., 2000.

_____, *Eye to Eye*, Boston, Massachusetts: Shambhala Publications Inc., 1999.

_____, "No Boundary," in *The Collected Works of Ken Wilber*, vol. I, Shambhala: Boston & London, 1999.

_____, *The Marriage of Sense and Soul: Integrating Science and Religion*, New York: Broadway Books, 1998.

_____, *The Atman Project: A Transpersonal View of Human Development,* Wheaton, Illinois: Quest Books, 1996.

_____, *The Collected Works of Ken Wilber*, Vol. I, Boston & London: Shambhala, 1999.

_____, Ken Wilber, *The Spectrum of Consciousness*, Wheaton, Illinois: Quest Books, 1993.

Wolf, Fred Alan, *Dr. Quantum's Little Book of Big Ideas: Where Science Meets Spirit*, Needham, Massachusetts: Moment Point Press, 2005.

_____, *Mind Into Matter: A New Alchemy of Science and Spirit*, Needham, Massachusetts: Moment Point Press, 2000.

_____, *The Spiritual Universe: One Physicist's Vision of Spirit, Soul, Matter and Self*, Portsmouth, NH: Moment Point Press, 1999.

_____, *Parallel Universes*, New York: Simon & Schuster Paperbacks, 1988.

Jantsch, Erich, *The Self-Organizing Universe*, New York: Pergamon, 1980.

4. 인터넷 사이트

http://www.yonhapnews.co.kr/bulletin/2015/09/21/0200000000AKR20150921052500063 .HTML?input=1179m (2016.2.15.)

http://techholic.co.kr/archives/48640 (2016.2.15.)

https://www.ligo.caltech.edu/video/ligo20160211v2 (2016.2.15.)

https://www.ligo.caltech.edu/video/ligo20160211v2 (2016.2.15.)

https://www.youtube.com/watch?v=QyDcTbR-kEA (2016.2.15.)

http://navercast.naver.com/contents.nhn?rid=20&contents_id=657 (2016.2.15.)

https://www.ligo.caltech.edu/video/ligo20160211v2 (2016.2.15.)

https://www.youtube.com/watch?v=FlDtXIBrAYE (2016.2.15.)

http://blog.naver.com/stupa84/100017672367 (2016.3.3.)

http://biz.chosun.com/site/data/html_dir/2016/04/19/2016041902282.html#csidx745aaf4
1e89ae529c358b2e60576589 (2016.4.19.)

https://ko.wikipedia.org/wiki/M%EC%9D%B4%EB%A1%A0 (2016.6.6.)

http://terms.naver.com/entry.nhn?docId=933620&cid=43667&categoryId=43667
(2016.6.30.)

https://unshelli.blogspot.kr/2015_04_01_archive.html (2016.7.1.)

http://biz.chosun.com/site/data/html_dir/2016/06/06/2016060600347.html (2016.7.1.)

http://navercast.naver.com/contents.nhn?rid=57&contents_id=6727 (2016.7.1.)

http://navercast.naver.com/contents.nhn?rid=57&contents_id=6727 (2016.7.1.)

http://news.chosun.com/site/data/html_dir/2016/03/11/2016031100283.html (2016.7.7.)

http://biz.chosun.com/site/data/html_dir/2016/07/21/2016072100204.html (2016.7.22.)

http://biz.chosun.com/site/data/html_dir/2016/07/22/2016072201768.html (2016.7.23.)

http://biz.chosun.com/site/data/html_dir/2016/07/22/2016072201747.html (2016.7.23.)

http://news.chosun.com/site/data/html_dir/2016/05/17/2016051700301.html
(2016.7.24.)

http://www.newsis.com/ar_detail/view.html?ar_id=NISX20150728_0010189851&cID=10
101&pID=10100 (2016.7.29.)

http://slownews.kr/55083 (2016.7.29.)

http://futureoflife.org/category/ai (2016.7.30.)

http://futurism.com/the-evolution-of-ai-can-morality-be-programmed (2016.7.30.)

http://slownews.kr/54694 (2016.7.30.)

http://slownews.kr/56435 (2016.7.31.)

http://www.suprememastertv.com/kr/ss/?wr_id=110&page=2#v (2016.9.24.)

https://unshelli.blogspot.kr/2015_04_01_archive.html (2016.10.1.)

http://www.suprememastertv.com/kr/vod/?wr_id=56&page=1&sca=ss#v (2016.10.1.)

http://egloos.zum.com/sockin/v/785263 (2016.10.1.)

http://www.kookje.co.kr/news2011/asp/newsbody.asp?code=0800&k
ey=20161007.22019192954 (2016.10.6.)

http://biz.chosun.com/site/data/html_dir/2016/09/28/2016092800256.html (2016.10.6.)

http://biz.chosun.com/site/data/html_dir/2016/10/27/2016102700313.html (2016.11.5.)

http://www.dongascience.com/news.php?idx=14417 (2016.11.19.)

http://news.chosun.com/site/data/html_dir/2017/01/06/2017010601978.html (2017.1.7.)

http://biz.chosun.com/site/data/html_dir/2017/01/11/2017011103100.html (2017.1.20.)

http://terms.naver.com/entry.nhn?docId=3408746&cid=58413&categoryId=58413
(2017.2.1.)

https://ko.wikipedia.org/wiki/%ED%8C%90_%EA%B5%AC%EC%A1%B0%EB%A1%A0
(2017.2.1.)

http://www.edunet.net/redu/contsvc/viewWkstCont.do?clss_
id=CLSS0000018053&contents_id=e454b1d0-b8a6-41ab-92a1-252557a0c970&op
tion=independent|layer|open|return&return_url=http%3A//www.edunet.net/
redu/contsvc/listWkstContForm.do%3Fclss_id%3DCLSS0000000362%26menu_
id%3D0042&contents_openapi=naverdic (2017.2.13.)

http://terms.naver.com/entry.nhn?docId=1275947&cid=40942&categoryId=32302
(2017.2.15.)

http://terms.naver.com/entry.nhn?docId=523243&cid=46637&categoryId=46637
(2017.2.15.)

http://terms.naver.com/entry.nhn?docId=1526588&cid=47340&categoryId=47340
(2017.3.3.)

http://100.daum.net/encyclopedia/view/39XXX8700030 (2017.3.24.)

http://100.daum.net/encyclopedia/view/b12s3234a (2017.3.24.)

http://news.chosun.com/site/data/html_dir/2016/10/28/2016102801558.html
(2017.3.30.)

http://terms.naver.com/entry.nhn?docId=1110460&cid=40942&categoryId=32334
(2017.4.4.)

http://100.daum.net/encyclopedia/view/73XXXXKS2157 (2017.4.23.)

http://100.daum.net/encyclopedia/view/73XXXXKS2157 (2017.4.24.)

http://100.daum.net/encyclopedia/view/24XXXXX71719 (2017.4.28.)

http://100.daum.net/encyclopedia/view/b19j0867b (2017.5.20.)

http://biz.chosun.com/site/data/html_dir/2017/06/08/2017060800046.html (2017.6.8.)

https://ko.wikipedia.org/wiki/%EB%84%A4%EC%95%88%EB%8D%B0%EB%A5%B4%E
D%83%88%EC%9D%B8 (2017.6.8.)

http://100.daum.net/encyclopedia/view/61XX10600002 (2017.7.1.)

http://100.daum.net/encyclopedia/view/61XX10600002 (2017.7.2.)

http://v.media.daum.net/v/20170107030611531 (2017.7.3.)

http://100.daum.net/encyclopedia/view/61XX10800054 (2017.7.3.)

http://nownews.seoul.co.kr/news/newsView.php?id=20150715601020 (2017.7.5.)

https://ko.wikipedia.org/wiki/%EC%95%84%EB%A5%B4%EB%94%94%ED%94%BC%ED
%85%8C%EC%BF%A0%EC%8A%A4 (2017.7.7.)

https://ko.wikipedia.org/wiki/%EC%98%A4%EC%8A%A4%ED%8A%B8%EB%9E%84%EB
%A1%9C%ED%94%BC%ED%85%8C%EC%BF%A0%EC%8A%A4_%EC%95%84%

ED%8C%8C%EB%A0%8C%EC%8B%9C%EC%8A%A4 (2017.7.7.)

http://terms.naver.com/entry.nhn?docId=1639334&cid=43065&categoryId=43065 (2017.7.7.)

https://ko.wikipedia.org/wiki/%ED%8C%8C%EB%9E%80%ED%8A%B8%EB%A1%9C%ED%91%B8%EC%8A%A4_%EC%95%EC%97%90%ED%8B%B0%EC%98%A4%ED%94%BC%EC%BF%A0%EC%8A%A4 (2017.7.7.)

https://ko.wikipedia.org/wiki/%ED%98%B8%EB%AA%A8_%ED%95%98%EB%B9%8C%EB%A6%AC%EC%8A%A4 (2017.7.8.)

https://ko.wikipedia.org/wiki/%ED%98%B8%EB%AA%A8_%EB%A3%A8%EB%8F%8C%ED%8E%9C%EC%8B%9C%EC%8A%A4 (2017.7.8.)

https://ko.wikipedia.org/wiki/%EC%9E%90%EB%B0%94_%EC%9B%90%EC%9D%B8 (2017.7.9.)

http://biz.chosun.com/site/data/html_dir/2017/06/08/2017060800046.html (2017.7.10.)

https://ko.wikipedia.org/wiki/%EB%84%A4%EC%95%88%EB%8D%B0%EB%A5%B4%ED%83%88%EC%9D%B8 (2017.7.10.)

http://humanityplus.org (2017.7.15.)

http://www.extropy.org (2017.7.15.)

https://ko.wikipedia.org/wiki/%ED%8A%B8%EB%9E%9C%EC%8A%A4%ED%9C%B4%EB%A8%B8%EB%8B%88%EC%A6%98 (2017.7.15.)

https://en.wikipedia.org/wiki/Transhumanism (2017.7.15.)

http://shindonga.donga.com/3/all/13/105582/5 (2017.7.15.)

http://dic.daum.net/word/view.do?wordid=kkw000294517&supid=kku000375760 (2017.7.17.)

http://dic.daum.net/word/view.do?wordid=kkw000129547&supid=kku000160850 (2017.7.19.)

http://www.asiae.co.kr/news/view.htm?idxno=2017061615054207450 (2017.7.20.)

http://jmagazine.joins.com/monthly/view/315224 (2017.10.3.)

http://www.yonhapnews.co.kr/bulletin/2013/07/05/0200000000AKR20130705085600009.HTML?input=1179m (2017.10.3.)

http://www.futurekorea.co.kr/news/articleView.html?idxno=27336 (2017.10.8.)

http://newslibrary.naver.com/viewer/index.nhn?articleId=1997070800329117006&edtNo=45&printCount=1&publishDate=1997-07-08&officeId=00032&pageNo=17&printNo=16153&publishType=00010 (2017.10.8.)

http://100.daum.net/encyclopedia/view/v081mc132c2 (2017.10.8.)

https://ko.wikipedia.org/wiki/%ED%9B%99%EC%82%B0_%EB%AC%B8%ED%99%94 (2017.10.9.)

http://www.anewsa.com/detail.php?number=952945 (2017.10.9.)

http://www.anewsa.com/detail.php?number=952945 (2017.10.9.)

http://100.daum.net/encyclopedia/view/61XX10800031 (2017.10.9.)

http://terms.naver.com/entry.nhn?docId=1392485&cid=50407&categoryId=50408 (2017.10.18.)

http://terms.naver.com/entry.nhn?docId=1668816&cid=41874&categoryId=41874 (2017.10.18.)

http://terms.naver.com/entry.nhn?docId=1717292&cid=43050&categoryId=43050 (2017.10.18.)

http://terms.naver.com/entry.nhn?docId=1717291&cid=43050&categoryId=43050 (2017.10.18.)

http://blog.daum.net/gmania65/1042 (2017.10.18.)

http://www.skyedaily.com/news/news_view.html?ID=36949 (2017.10.20.)

http://www.skyedaily.com/news/news_view.html?ID=36949 (2017.10.20.)

https://ko.wikipedia.org/wiki/%EC%B9%AD%EA%B8%B0%EC%A6%88_%EC%B9%B8 (2017.10.21.)

http://news.khan.co.kr/kh_news/khan_art_view.html?artid=201206071123061&code=970100 (2017.10.30.)

http://www.greened.kr/news/articleView.html?idxno=37644 (2017.10.30.)

http://cafe.sayclub.com/cb_board.nwz?tbtype=&act=read&clubsrl=2851948&bsrl=18&page=1&aseq=134909211 (2017.10.31.)

http://www.sntd.co.kr/bbs/board.php?bo_table=B04&wr_id=2608 (2017.11.5.)

http://www.irobotnews.com/news/articleView.html?idxno=12091 (2017.11.5.)

http://100.daum.net/encyclopedia/view/73XXXXKS3418 (2017.11.8.)

http://my.webmd.com/content/Article/56/65831.htm (2017.11.8.)

http://daily.hankooki.com/lpage/ittech/201711/dh20171107135431138290.htm (2017.11.8.)

[용어편]

【ㄱ】

[도서편]

빅 히스토리

등록 1994.7.1 제1-1071
1쇄 발행 2018년 1월 15일

지은이   최민자
펴낸이   박길수
편집인   소경희
편 집   조영준
관 리   위현정
디자인   이주향
펴낸곳   도서출판 모시는사람들
            03147 서울시 종로구 삼일대로 457 (경운동 수운회관) 1207호
전 화   02-735-7173, 02-737-7173 / 팩스 02-730-7173
홈페이지   http://www.mosinsaram.com/

인 쇄   천일문화사(031-955-8100)
배 본   문화유통북스(031-937-6100)

값은 뒤표지에 있습니다.
ISBN   979-11-88765-01-0   93100

이 도서의 국립중앙도서관 출판예정도서목록(CIP)은 서지정보유통지원시스템 홈페이지(http://
seoji.nl.go.kr)와 국가자료공동목록시스템(http://www.nl.go.kr/kolisnet)에서 이용하실 수 있습
니다. (CIP제어번호: CIP2017033859)